Richard Ofshe, Ethan Watters:

Die mißbrauchte Erinnerung

Richard Ofshe, Ethan Watters:

Die mißbrauchte Erinnerung

Von einer Therapie, die Väter zu Tätern macht

Aus dem Amerikanischen von Matthias Reiss
und Birgit Brandau

[redacted]

Deutscher
Taschenbuch
Verlag

dtv

Deutsche Erstausgabe
September 1996
Deutscher Taschenbuch Verlag GmbH & Co. KG, München

Titel der amerikanischen Originalausgabe:
Making Monsters. False Memories, Psychotherapy, and Sexual Hysteria
Charles Scribner's Sons, New York 1994
ISBN 0-684-19698-0

Umschlaggestaltung: Klaus Meyer
Umschlagfoto: Wilfried Petzi
Autorenfoto: © Jay Blakesberg
Gesetzt aus der Garamond 10,5/12 Punkt
Gedruckt auf säurefreiem, chlorfrei gebleichtem Papier
Satz: Design-Typo-Print GmbH, Ismaning
Druck und Bindung: Kösel, Kempten
Printed in Germany · ISBN 3-423-30556-8

Für unsere Eltern, mit denen wir kostbare Erinnerungen teilen

Inhalt

Vorwort 9
Einführung 12

Die Mythen der Erinnerung 33
Auf der Suche nach Bedeutung 79
Symptome einer Pseudowissenschaft 108
Wie die Mißbrauchsgeschichte entsteht 135
Ringen um den Glauben 172
Leben mit Vater 196
Hypnose, oder wie man Pseudoerinnerungen erzeugt 219
Zwei Beispiele, wie unter Hypnose Geschichten erfunden werden 243
Vernunft und Finsternis: Die seltsamen Geschichten vom satanischen Mißbrauch 274
Multiple Persönlichkeitsstörung: Eine Krankheit wird produziert 316
Therapie einer Hohepriesterin 346
Der Mord, die Zeugin und die Psychiaterin 386
Todesfälle in der Familie 414
Schlußfolgerung: Die Ätiologie der Therapie zur Aufdeckung von Erinnerungen 436

Anhang: Drei Untersuchungen 459
Anmerkungen 472
Literaturverzeichnis 485

Vorwort

Wir haben dieses Buch geschrieben, als gerade eine erbitterte Diskussion über die Praktiken der Therapie zur Aufdeckung von Erinnerungen und die Behandlung der Multiplen Persönlichkeitsstörung entbrannt war. Deshalb handelt es sich bei diesem Text teils um angewandte Sozialwissenschaft, teils um einen aktuellen Bericht über eine sich immer mehr zuspitzende Kontroverse. Unser Ziel ist es, unzweifelhaft nachzuweisen, daß innerhalb bestimmter therapeutischer Richtungen verheerende Fehler gemacht werden. Wir stützen uns beim größten Teil unseres Materials auf veröffentlichte Texte klinisch arbeitender Praktiker aus dem Bereich der Therapie zur Aufdeckung von Erinnerungen. Auf diese Weise wollen wir zeigen, daß es sich hier nicht um Fehler handelt, die von wenigen abweichenden Klinikern begangen werden, sondern um solche, die eine nicht unwesentliche Therapeutengruppe macht, die zudem eine ganze Bewegung mit wissenschaftlichen und populären Veröffentlichungen, mit Konferenzen für Praktiker, Zeitschriften, Rundbriefen und mit einer Reihe prominenter Experten ins Leben gerufen hat. Diese Arbeit ist der Versuch, eine pseudowissenschaftliche Unternehmung zu entlarven, die das Leben besonders hilfebedürftiger Menschen zerstört.

Obwohl wir uns meist bemüht haben, die Bewegung zur Aufdeckung von Erinnerungen möglichst objektiv zu beurteilen, versuchen wir nicht, den Ärger zu verbergen, den man zwischen den Zeilen herauslesen kann – oder uns dafür zu entschuldigen. Während der letzten Jahre, in denen wir Nachforschungen angestellt und einzeln wie gemeinsam Texte über die Therapie zur Aufdeckung von Erinnerungen geschrieben haben, sind wir zu Zeugen des Schadens geworden, den dieser therapeutische Enthusiasmus bei den Patientinnen* und deren Familien angerichtet hat.

* Weil es sich bei Patienten mit aufgedeckten Erinnerungen mehrheitlich um Frauen handelt, werden wir, wenn es direkt um diese Therapie geht, die weibliche Form gebrauchen.

Der Schmerz und die Trauer, denen wir begegnet sind, waren das Motiv für unsere Arbeit.

Wir möchten uns bei Dr. Frank Watters für seinen unermüdlichen Einsatz bei den Nachforschungen im Verlauf dieses Projekts bedanken. Hamilton Cain, unserem Lektor bei Scribner's, möchten wir unsere Anerkennung für beratende Kommentare, Engagement und Zielgerichtetheit aussprechen; dies gilt auch für Bonnie Nadell von der Firma Frederick Hill and Associates wegen ihrer unerschöpflichen Hilfsbereitschaft. Wir möchten uns auch bei Michelle Coddle, Scott Johnson, Laura Martin, Jenia Walter, Fred Sawyer und Andrew Attaway für ihre Beiträge zu unserer Arbeit bedanken. Po Bronson und Hillary Fox erwiesen sich in besonderem Maße als freundliche und umsichtige Leser von Vorfassungen. Auch die Zeitschrift ›Society‹ soll an dieser Stelle anerkennend erwähnt werden, weil sie im März/April-Heft 1993 unseren Aufsatz ›Making Monsters‹ veröffentlichte.

Ethan Watters möchte mehreren früheren und gegenwärtigen Herausgebern der Zeitschrift ›Mother Jones‹ – Doug Foster, Jeffrey Klein, Peggy Orenstein und David Weir – seinen Dank für ihre entschiedene Unterstützung seiner frühen Arbeiten auf diesem kontroversen Gebiet aussprechen. Weiterhin möchte er gegenüber denen, die ihn über die Jahre hinweg bestärkt haben, seine Anerkennung zum Ausdruck bringen; dazu gehören Charis Conn, Jim Conklin, Jeff Davis, Sarah Donohoe, Lawrence Gallagher, Jody Hood, Jim Humes, David Robertson, Paul Tough, Sean Wagstaff und Mark Warren.

Richard Ofshe möchte darauf hinweisen, daß die Publikationen von Martin Orne, Margaret Singer, Elizabeth Loftus und Ulric Neisser seine eigene Forschung beeinflußt haben und von wesentlicher Bedeutung für die Diskussion über die Therapie zur Aufdeckung von Erinnerungen waren. Er möchte auch unterstreichen, wie sehr es ihm geholfen hat, daß er bei der Staatsanwaltschaft von Thurston County die Beschuldigungen gegen Paul Ingram einsehen und analysieren durfte; auf diese Weise erhielt er die einzigartige Gelegenheit, die Auswirkungen der Techniken, wie sie in der Therapie zur Aufdeckung von Erinnerungen eingesetzt werden, zu untersuchen. Er möchte sich auch bei Larry Wright dafür bedanken, daß er die Zwangslage von Paul Ingram einer internationalen Öffentlichkeit zugänglich machte. Vor allem aber möchte er zum Ausdruck bringen, daß er Bonnie Blair Ofshe für ihre Geduld, ihr Verständnis und ihre Unterstützung dankt.

Einführung

Seit nahezu einem Jahrzehnt bietet ein Teil der psychotherapeutischen Gemeinschaft die Therapie zur Aufdeckung von Erinnerungen an. Die Adressaten sind in der Hauptsache Frauen, aber auch einige Männer, die unter Beschwerden von Depressionen bis Kopfschmerzen, von Schizophrenie bis Arthritis leiden. Diese Spezialisten behaupten, daß Patientinnen häufig verborgene Erinnerungen daran mit sich herumschleppen, als Kinder oder Säuglinge sexuell mißbraucht worden zu sein; diese Mißbrauchserfahrungen seien, solange sie unterdrückt bleiben, die Wurzel für ihre momentanen Schwierigkeiten. Ferner glauben diese Therapeuten, die Störungen der Patientinnen heilen zu können, indem sie ihnen helfen, die verdrängten Erinnerungen aus dem Verborgenen hervorzuholen. Diese Behandlung ist nicht typisch für einen bestimmten Zweig der Psychotherapie. Spezialisten zur Aufdeckung von Erinnerungen kommen aus der Zunft der Psychiater, der Psychologen, der Sozialarbeiter, der New-age-Gurus, der Ehe- und Familienberater sowie derjenigen, die sich ohne Abschluß einfach selbst zu »Therapeuten« ernennen. Weil Therapeuten unterschiedlicher therapeutischer Richtungen im Prinzip ähnliche Auffassungen zur Macht des Unbewußten und zu ihrer eigenen Fähigkeit haben, lange verwaistes Wissen wiederzuerlangen, kommt die Therapie zur Aufdeckung von Erinnerungen in unterschiedlichen Versionen vor: in Form der Psychoanalyse, der Hypnotherapie, der Gestalttherapie, der New-Age-Beratung und in vielen anderen der zweihundert sonstigen verbal orientierten Therapieformen, die sich in unserem sozialen Netz ausgebreitet haben.

Im Unterschied zu Behandlungen, die Patientinnen nach dem Schock einer Vergewaltigung oder wenn sie mit lebenslangen Erinnerungen an sexuellen Mißbrauch in ihrer Kindheit zu kämpfen haben, helfen, besteht die Grundannahme bei der Therapie zur Aufdeckung von Erinnerungen darin, daß die Patientinnen vor der

Behandlung nichts mehr über das sexuelle Trauma wissen. Sie können also ohne jegliche Erinnerung an einen Mißbrauch in die Therapie kommen und verlassen sie wieder in der Überzeugung, daß sie unter einer nicht enden wollenden Kette schrecklicher Belästigungen oder Vergewaltigungen – häufig durch ihre Eltern – gelitten haben. Therapeuten, die solche Erinnerungen aufdecken, gehen mit der Erwartung in die Therapie, daß die Patientinnen nicht nur die Erinnerung an das Trauma in ihrer Vergangenheit verloren haben, sondern daß sie auch ihrem Therapeuten nicht glauben werden, wenn der sie erstmals mit dem Gedanken vertraut macht, daß sie als Kinder sexueller Gewalt zum Opfer fielen.

Grob gefaßt, lassen sich Patientinnen, die zu der Auffassung kommen, daß sie Erinnerungen an Kindesmißbrauch wiedererlangen, in drei Gruppen einteilen. Die häufigste Art wiedererlangter Erinnerung ist die, daß die Person allmählich glaubt, sie sei, in der Regel durch ein Elternteil oder ein anderes erwachsenes Mitglied der Familie, sexuell mißbraucht worden. Das kann zu der Schlußfolgerung führen, sie sei einmal mißbraucht worden, oder zu der, das sei gewohnheitsmäßig über Jahrzehnte hinweg geschehen. Vielleicht glaubt sie daran, ihr Wissen darüber habe sich innerhalb von Sekunden nach dem Mißbrauch in ihrem Unbewußten vergraben oder aber, es sei ihr über Jahre hinweg bewußt gewesen, bevor sie es dann aus ihrem Gedächtnis verbannte. Vor ihrem inneren Auge sieht sie eventuell die Bilder des Mißbrauchs lebhaft vor sich, oder ihr Wissen darüber bleibt nur ein vages Gefühl.

Die zweite Hauptgruppe besteht aus denjenigen, die glauben, sie seien von einer satanischen Sekte mißbraucht worden. Diese Geschichten kommen etwa bei 20 Prozent der Personen vor, die der Überzeugung sind, sie hätten die Erinnerung an einen Mißbrauch wiedererlangt. Nach Auffassung der Patientinnen mit wiedererlangter Erinnerung wie ihrer Therapeuten arbeiten diese Sekten verdeckt in der amerikanischen und der westeuropäischen Gesellschaft, und das schon seit Jahrhunderten. Manche klinischen Praktiker und Patientinnen behaupten, diese Sekten repräsentierten eine geheime, die Weltwirtschaft beherrschende Kabale. Bei den Zeremonien, über die berichtet wird, geht es um ritualisierte Vergewaltigungen, um Abtreibungen sowie um die Tötung von und um Kannibalismus an Erwachsenen, Kindern und Säuglingen. Die dritte Gruppe besteht aus denjenigen, die glauben, sie hätten multiple, also mehrere Persönlichkeiten in sich. Personen mit der Diagnose einer Multiplen Persönlichkeitsstörung (MPS) lernen es hinzunehmen, daß sie Dutzende oder Hunderte voneinander getrennter Persönlichkeiten beherbergen, jede mit ihrem eigenen Gedächtnis und Erfahrungshorizont. Wegen ihrer Brauchbarkeit in der Therapie zur Aufdeckung von Erinnerungen hat sich die MPS innerhalb eines Jahrzehnts von einer ausgesprochen seltenen Diagnose zu einer Epidemie ausgewachsen.

Diese drei Gruppen schließen sich nicht wechselseitig aus. Obwohl nahezu alle in der ersten Kategorie beginnen, decken einige Patientinnen danach immer brutalere Bilder des Mißbrauchs auf, bis die Szenen sie letztendlich zu der Schlußfolgerung führen, sie seien in ritualisierter Form von einer satanischen Sekte mißbraucht worden. Wieder andere sind anfangs zur ersten Gruppe zu zählen und beginnen dann, Symptome einer Multiplen Persönlichkeitsstörung zu entwickeln. Zudem ist es unter Patientinnen mit wiedererlangter Erinnerung ein verbreitetes Phänomen, daß sie zu allen drei Gruppen gehören.

Ob man den Einfluß, den diese Therapieform binnen eines guten Jahrzehnts in der amerikanischen Kultur gewonnen hat, als beeindruckend oder als erschreckend empfindet, hängt vom jeweiligen Standpunkt ab. Patientinnen mit wiedererlangter Erinnerung und selbsternannte Experten auf diesem Gebiet wurden zur Attraktion von Fernseh-Talk-Shows. Die populären Bücher, in denen die Grundgedanken erklärt werden – wie etwas aus dem Gedächtnis verdrängt wird und wie vom Aufdecken dieser Erinnerungen eine heilende Kraft ausgeht –, wurden in Millionenauflagen verkauft; sie wurden in die Lehre an den Hochschulen und in anerkannte Fortbildungsveranstaltungen für praktisch tätige Psychotherapeuten aufgenommen. Versicherungsgesellschaften gaben Hunderte von Millionen Dollar für die Erinnerungstherapie aus; gleichzeitig änderten die Hälfte aller amerikanischen Bundesstaaten ihre Verjährungsfristen, so daß es zulässig wurde, kürzlich aufgedeckte Mißbrauchserinnerungen zur Grundlage für Zivilprozesse und in einigen Fällen sogar für eine strafrechtliche Verfolgung zu machen. Therapeutische Praktiker halten jährlich landesweite und regionale Konferenzen ab, auf denen neue Entdeckungen in diesem Bereich diskutiert werden. Um einen Psychotherapeuten zu finden, der auf das Aufdecken von Mißbrauchserinnerungen spezialisiert ist, muß man sich nur in das Netz der Telefonberatungen und Publikationen einklinken, die sich speziell mit dem Thema beschäftigen oder mit dem allgemeineren Bereich, wie Erwachsene Erinnerungen an die Kindheit aufdecken können. Einige Therapeuten gehen so weit, daß sie ihre Fähigkeiten, verdrängte Erinnerungen aufdecken zu können, in den Magazinen von Fluglinien, in Zeitungen und Telefonbüchern anpreisen. »Erinnern ist der erste Schritt zur Heilung«, verkündet die Schlagzeile einer großen Anzeige in den gelben Seiten der Telefongesellschaft Southwestern Bell. Die Anzeige, die nicht untypisch für die Bewegung ist, listet 25 Probleme auf, von denen man der Auffassung ist, daß sie mit sexuellem Mißbrauch zusammenhängen, und verspricht: »Wir können durch unsere effektive Kombination von Massage, Körperarbeit, Hypnose, Psychodrama & Natrium-Brevital-Interviews erinnern und heilen«. Kürzlich begannen geschäftstüchtige Erinnerungstherapeuten, Fortbildungsveranstaltungen in Europa abzuhalten und dort ihre Bücher und sonstigen Veröffentlichungen zu verkaufen.

Wegen der raschen Ausbreitung der Therapie zur Aufdeckung von Erinnerungen ist es inzwischen zum Allgemeingut geworden, daß das Unbewußte die Fähigkeit habe, schreckliche Geschichten über Jahrzehnte hin zu verbergen, und daß Psychotherapeuten Methoden zur Verfügung stünden, solche Wahrheiten aufzudecken. Als Gesellschaft kommen wir langsam dahin, daß die Therapie zur Aufdeckung von Erinnerungen als eine legitime Form der Behandlung akzeptiert wird, die für die Patientinnen nur von Vorteil ist.

Einfach ausgedrückt, gibt es zwei mögliche Erklärungen für das, was während des letzten Jahrzehnts im Bereich dieser Therapie geschehen ist. Die erste Möglichkeit ist, daß die Therapeuten zur Aufdeckung von Erinnerungen, wie sie behaupten, einen grundlegenden Durchbruch im Verständnis des menschlichen Geistes und der Erinnerung geschafft haben. Wenn das stimmen sollte, dann sind die Theorien, die sich um die Therapie zur Aufdeckung von Erinnerungen, die Multiple Persönlichkeitsstörung und die Entdeckung des Mißbrauchs durch satanische Sekten ranken, ein großer Sprung aus dem heraus, was man sicher einmal das dunkle Zeitalter des psychosozialen Systems nennen wird. Wissenschaftler werden angesichts dieser neuen Entdeckungen die meisten der allgemein akzeptierten Befunde zum Abruf von Informationen aus dem Gedächtnis, zu den Auswirkungen von Hypnose sowie zum Einfluß eines Traumas auf die menschliche Psyche und vielleicht die Seele aufgeben oder grundsätzlich neu interpretieren müssen.

Der Punkt, der das Verständnis von uns selbst derartig verändern wird, ist die Entdeckung, daß unser Geist bemerkenswerte Fähigkeiten zur Verdrängung hat. Nach der neuen Auffassung vom Verdrängungsmechanismus kann uns das Unbewußte nicht nur die Erinnerungen an Jahrzehnte schrecklicher Folter nehmen – häufig dadurch, daß es die Erinnerungen in dem Moment ausschaltet, in dem der Mißbrauch stattfindet –, sondern es hat auch die Macht, diese Information in einer derart kristallinen Form abzuspeichern, daß während der Therapie eines Erwachsenen der Mißbrauch noch einmal intensiv durchlebt werden kann. Aufgrund dieses neuen Verständnisses vom Verdrängungsmechanismus können die Therapeuten nun Patientinnen ausmachen, die unter den Nachwirkungen des Mißbrauchs leiden, und sie von diesen Symptomen heilen, indem sie ihnen helfen, die Erinnerungen, die in ihrem Unterbewußten vergraben sind, aufzudecken und wieder zu durchleben. Diese Leistung ist um so bemerkenswerter, wenn man bedenkt, daß sie beim Aufdecken der geheimen Vergangenheit der Patientinnen auch gleichzeitig herausgefunden haben, wie erschreckend häufig die Multiple Persönlichkeitsstörung vorkommt – und das bei einem Krankheitsbild, von dem man einmal annahm, es sei so selten wie siamesische Zwillinge. Indem die Therapeuten das Unbewußte bei ihren Patientinnen explorieren, entdecken sie nicht nur verborgene Erinnerungen, sondern auch verborgene *Persönlichkeiten*, die sich erheben und anscheinend die Kontrolle über den Körper der Patientin übernehmen.

Die Schlußfolgerungen, die sich aus der Therapie zur Aufdeckung von Erinnerungen ergeben, sind den Experten der Bewegung nicht entgangen. Ihre Entdeckungen, darin stimmen sie überein, werden weit über den kleinen Bereich der psychosozialen Einrichtungen hinausgehen. »Verleugnung, Verdrängung und Dissoziation gibt es auf gesellschaftlicher und auf individueller Ebene«, schreibt die Psychiaterin Dr. Judith Herman von der Harvard University in ihrem Buch ›Trauma and Recovery‹.[1] Dr. Herman, die eine der führenden Persönlichkeiten in der Bewegung zur Aufdeckung von Erinnerungen ist, wendet den Mechanismus der Verdrängung von Erinnerungen kühn auf die Gesellschaft als Ganzes an. Sie folgert, daß sich nicht nur einzelne die neuen Wahrheiten zu eigen machen werden, sondern daß wir auch die erste Gesellschaft sein werden, die schreckliche Verbrechen, die wir *kollektiv* vergessen oder gewaltsam aus unserem Bewußtsein verdrängt haben, von der Wurzel her angehen kann. Auf dieselbe Weise, wie die Patientinnen angeblich ihre Schwierigkeiten bewältigten, indem sie ihre verdrängten Erinnerungen entdeckten, wird die Gesellschaft »geheilt« werden, indem eine zuvor uneingestandene Epidemie von Inzest und sexuellem Mißbrauch aufgedeckt wird. Die größte Ungeheuerlichkeit, die kollektiv ins Bewußtsein gebracht werden wird, ist laut Literatur der Bewegung ein riesiges Netz aus satanischen Sekten, die ungestraft seit Jahrhunderten Kinder »rituell mißbraucht« und ermordet haben. 1991 ergab eine Untersuchung, daß nicht nur 12 Prozent der klinischen Praktiker innerhalb der American Psychological Association eine Patientin mit Erinnerungen an rituellen Mißbrauch durch derartige satanische Sekten behandelt hatten, sondern auch ausnahmslos alle dieser Kliniker die Berichte für wahr hielten.[2] Wegen der »Dissoziation« unserer Gesellschaft waren all unsere Mechanismen, irregeleitetes Verhalten aufzudecken und zu steuern (einschließlich einer Untersuchung durch die Strafverfolgungsbehörden, wissenschaftlicher Analyse und der Enthüllung durch die Medien), erfolglos dabei, diesen Gruppen Einhalt zu gebieten oder auch nur Indizien für deren Existenz zutage zu fördern. Nach Jahrhunderten, während derer wir das Wissen über diese Gruppen ins gesellschaftliche Unbewußte verdrängt haben, beabsichtigt nun eine

Gruppe von Kreuzrittern aus den Reihen der Therapie zur Aufdeckung von Erinnerungen, die Gesellschaft aus der Dunkelheit von Verleugnung und Verdrängung zum Licht zu führen.

Die andere mögliche Erklärung für die plötzliche landesweite Ausbreitung dieser Therapieform ist nicht weniger aufsehenerregend. Wir werden zeigen, daß die Praxis, verdrängte Erinnerungen aufzudecken, zusammen mit den sie begleitenden Theorien zur Multiplen Persönlichkeitsstörung und zum Mißbrauch durch satanische Kulte, so verbreitet und so schädlich ist wie keine der früheren Modeerscheinungen im psychosozialen Bereich während dieses Jahrhunderts. Wir werden nachweisen, daß es sich bei den Therapeuten dieser Ausrichtung nicht um die mutigen Heiler handelt, als die sie sich gerne selbst darstellen, sondern um Fachleute, die aus einem nicht begründeten Konsens darüber, wie die Seele auf ein sexuelles Trauma reagiert, eine Pseudowissenschaft entwickelt haben. Dabei haben sie die Bindungen ihrer Profession an wissenschaftliche Vorgehensweise und solide Forschung abgestreift. Frei von jeder Beweislast haben sich diese Therapeuten eine Märchenwelt aufgebaut, in der Meinung, Metapher und ideologische Orientierung objektive Befunde ersetzen. Obwohl sie behaupten, die Wahrheit über die Vergangenheit ihrer Klientinnen zu enthüllen, haben sie ein Behandlungssystem errichtet, das die Klientinnen dazu verleitet, durch Hypnose hervorgebrachte Bilder, Gefühle aus dem Bauch, Träume und Vorstellungen als wahre Erinnerungen zu akzeptieren. Ohne den von ihnen angerichteten Schaden in seiner Tragweite zu verstehen, wendeten sie therapeutische Verfahren an, bei denen die sowieso dünne Trennlinie zwischen Gedächtnis und Vorstellung verwischt wurde und bei denen die Patientinnen unwissentlich gezwungen wurden, ihre Überzeugungen und ihr Verhalten nach den Erwartungen der Therapie zu formen.

Obwohl sich die beiden oben dargestellten Szenarien für den Uneingeweihten etwas übertrieben anhören, halten sie jene, die die Diskussion verfolgt haben, eher für untertrieben. Die möglichen Positionen, die man in dieser Diskussion einnehmen kann, sind völlig klar: Die Seele besitzt entweder die Fähigkeit, eine große Zahl von Ereignissen zu verdrängen, wie das die Therapeuten zur

Aufdeckung von Erinnerungen darstellen, oder sie ist nicht dazu in der Lage. Die satanischen Sekten, von denen ein gut Teil der Patientinnen und ihrer Therapeuten berichtet, gibt es entweder, oder sie sind in der Therapie zur Aufdeckung von Erinnerungen erfunden worden. Die Multiple Persönlichkeitsstörung ist entweder eine weitverbreitete Krankheit oder, wie die Besessenheit von Dämonen, eine Rolle, die verletzbaren Menschen bei einem fehlgeleiteten Heilungsversuch aufgezwungen wurde. Die therapeutische Situation und die eingesetzten speziellen Verfahren eröffnen einen Zugang zu Geschichten aus dem Leben der Patientin, die ihr bisher verschlossen geblieben waren, oder diese Methoden führen zu Pseudoerinnerungen. Weil diese Positionen so eindeutig voneinander unterschieden sind, wird die akademische Diskussion darüber auch nicht freundschaftlich beigelegt werden oder mit einem gemeinsamen Kompromiß irgendwo in der Mitte enden. Obwohl sie noch ein weiteres Jahrzehnt andauern kann, darf man sich nicht an der Tatsache vorbeidrücken, daß diese Diskussion ausgetragen werden muß.

Wir glauben, daß es mittlerweile – in den eigenen Berichten der Therapeuten über die von ihnen verwendeten Techniken – ausreichende Beweise dafür gibt, daß eine nicht unerhebliche Gruppe schlecht ausgebildeter, übereifriger oder ideologisch ausgerichteter Psychotherapeuten einer Reihe pseudowissenschaftlicher Auffassungen gefolgt ist, die den Patientinnen, die zu den Therapeuten kamen, damit man ihnen hilft, im Endeffekt einen schweren Schaden zugefügt haben. Wenn unsere Schlußfolgerung stimmt, beweist die Epidemie verdrängter Erinnerungen, die täglich im Rahmen der Therapie »entdeckt« werden, weniger, daß sich in unserer Gesellschaft Unmengen der übelsten Sorte von Kinderschändern und Satanisten tummeln, sondern viel eher, daß Psychotherapeuten – wenn sie von der Neigung besessen sind, Mißbrauchserinnerungen aufzudecken – unbeabsichtigt falsche Überzeugungen bei Patientinnen auslösen und aufbauen können.

Größtenteils verfolgt man mit den Beeinflussungstechniken, die in der Therapie zur Aufdeckung von Erinnerungen eingesetzt werden, nicht einfach die Absicht, die Patientin dazu zu drängen, daß sie den Schlußfolgerungen des Therapeuten zustimmt. Obwohl wir darlegen werden, daß es einige wichtige Ausnahmen gibt, lassen sich die Therapeuten zur Aufdeckung von Erinnerungen nicht mit Vernehmungsbeamten vergleichen, welche die Patientin beim Versuch, ihr ein Geständnis abzuringen, bedrohen und beschimpfen. Es handelt sich eher um Überredungstechniken, die bewirken, daß die Patientin die Vorstellung, sie sei mißbraucht worden, verinnerlicht. So kann man unter Hypnose, um ein bekanntes Beispiel anzuführen, bei falscher Anwendung eine Patientin effektiv dazu bringen, sich den vom Therapeuten als faktisch angenommenen Mißbrauch in lebhaften Bildern vorzustellen. Andere Techniken, wie die Traumdeutung oder das ständige Aufgreifen und Aufschreiben vager Erinnerungen aus der frühen Kindheit, eröffnen dem Therapeuten zahllose Möglichkeiten, Ahnungen, metaphorische Hinweise und Gefühle zu einem System von Indizien zusammenzufügen, die auf eine Mißbrauchsgeschichte hindeuten.

Im Laufe des therapeutischen Prozesses kommen die Patientinnen allmählich zu der Überzeugung, sie hätten im wesentlichen Erinnerungen an zwei voneinander getrennte Kindheiten – eine, die in ihrer normalen Erinnerung enthalten ist, und eine weitere, im Unterbewußten gespeicherte, während der sie wiederholt schrecklich mißbraucht worden sind. Die Patientinnen sind mit einem Dilemma konfrontiert, dessen Lösung die Logik wie ihr Therapeut von ihnen fordern. Wie groß die Kluft zwischen den Kindheitserinnerungen aus der Zeit vor der Therapie und den Überzeugungen ist, die sich in der Therapie entwickeln, das ist von Klientin zu Klientin unterschiedlich. Bei einigen Patientinnen kommen die neu aufgedeckten »Erinnerungen« über Mißbrauch während der Kindheit vielleicht zu den Erinnerungen aus der Zeit vor der Therapie über ihre Erziehung hinzu, die tatsächlich trostlos und von Mißhandlungen bestimmt war. Bei vielen anderen können die Überzeugungen, die in der Therapie entstanden sind, einen düsteren Gegensatz zu Erinnerungen an eine warme und behütete Kindheit aus der Zeit vor der Therapie bilden.

Wenn sie vor der Entscheidung stehen, ob ihre Erinnerungen aus der Zeit vor oder nach der Einflußnahme der Therapie zutreffen, bringen die Therapeuten die Patientinnen häufig dazu, ihre

Lebensgeschichte auf der Grundlage der neuen Pseudoerinnerungen umzuschreiben und dabei auch ein gut Teil ihres grundlegenden Verständnisses von sich selbst und ihren Familien neu zu definieren. Patientinnen, die mit glücklichen Erinnerungen an die Kindheit in die Therapie kommen, fällt es schwer, an den Realitätsgehalt der neu aufgedeckten Erinnerungen zu glauben. Sie müssen sich zunächst eingestehen, daß ihre normalen Erinnerungen im wesentlichen aus Phantasien bestanden – ein Trick, den ihre Seele verwendete, um sie von einer schrecklichen Wahrheit abzuschirmen. Erinnerungen, die sie einmal für real, stichhaltig und normal hielten, werden neu gedeutet; sie werden nur noch als falsche Fassade, als Hollywood-Geschichte über ein glückliches Elternhaus betrachtet. Jede positive Erinnerung muß umdefiniert werden zu etwas, das nur in der Vorstellung existiert, oder zu einem Ereignis, das ihre Eltern zynischerweise inszeniert haben, um ihre Aufmerksamkeit vom wahren Schrecken ihrer Kindheit abzulenken. Auf diese Weise werden in der Therapie nicht nur neue Erinnerungen aufgebaut, sondern es wird auch das Gedächtnis aus der Zeit vor der Therapie diskreditiert. Oft verwandeln die Erinnerungen, die während der Therapie aufgedeckt werden, das, was die Patientin einst für ein relativ normales Aufwachsen in der Familie hielt, in eine Vision der Hölle.

Besonders beunruhigend ist, daß die Therapeuten bei der Aufdeckung von Erinnerungen mit ihren Patientinnen häufig einüben, die emotionale Qual einer Vergewaltigung, eines sexuellen Mißbrauchs oder anderer Greuel, die sie während der Therapie »entdeckt« haben, »erneut zu erleben«. Weil die Therapeuten glauben, dies erfülle einen therapeutischen Zweck, fordern sie die Patientin auf, sich abzureagieren – dabei »durchlebt« sie, oft in hypnotischer Trance, erneut die vorgestellten Mißbrauchsszenen, sticht gleichzeitig, das ist die Annahme, in den psychologischen Abszeß, der sich um ihre verdrängte Erinnerung gebildet hat, und läßt ihn austrocken. Die Patientinnen werden überredet, den Schmerz der Vergewaltigung und der Folter sowie die Erniedrigung einer unbeschreiblichen Entwürdigung noch einmal ganz real zu empfinden. Der suggestive Einfluß des Therapeuten ist so wirksam, daß einige Patientinnen beobachtbare physiologische Reaktionen zeigen, häufig in Form einer Striemenbildung oder eines Ausschlags. Gelegentlich müssen sich die Patientinnen auf Veranlassung der Therapeuten in einer jahrelangen Therapie einmal pro Woche abreagieren. Wenn Therapeuten die intensive Folter beschreiben, der sie ihre Patientinnen aussetzen, stellen sie sich oft selbst so dar, als seien sie heroische Ärzte, die das Leben ihrer Patientinnen nur dadurch retten können, daß sie eine Amputation ohne Betäubung durchführen. Wenn ihre Behandlungsmethoden unwirksam und unnötig sind, wie wir gefolgert haben, dann dokumentieren diese Berichte über den Schmerz, der den Patientinnen durch die Therapie zugefügt wird, in Wirklichkeit eine zunehmend brutalere Vorgehensweise und die psychologische Folterung von Menschen, die kamen, damit ihnen geholfen wird. Obwohl wir nicht unterstellen, daß die Therapeuten ihr sexuelles Vergnügen an der »Nachstellung« der Mißbrauchsszenen haben, so ist es bei einigen von ihnen sicher gerechtfertigt, sie als neue Klasse von Sextätern zu bezeichnen. Wenn manche Therapeuten ohne vernünftigen Grund dasselbe emotionale und psychologische Trauma wie bei einer wirklichen Vergewaltigung oder bei sexueller Gewalt auslösen, dann haben sie es verdient, ebenso wie diejenigen, die Menschen körperlich zu Opfern machen, moralischer Verachtung ausgesetzt zu werden.

Im allgemeinen kommt es dazu, daß die Patientinnen ihre Eltern für etwas weitaus Schlimmeres halten, als es Kinderschänder ohnehin schon sind. Um den Widerspruch zwischen zuvor bestehenden Erinnerungen und den Erinnerungen, die in der Therapie gefunden wurden, wegzudeuten, stellt sich die Patientin häufig vor, ein Elternteil sei der Drahtzieher gewesen, der – in Zusammenarbeit mit der übrigen Familie, den Lehrern, Nachbarn und anderen Autoritätsfiguren im Leben eines Kindes – eine vielschichtige Verschwörung einfädelte, damit der Gesellschaft wie der Patientin selbst nicht bewußt werden konnte, daß hier etwas nicht stimmte. Nimmt der Mißbrauch in den Erinnerungen an Schwere und Dauer zu, kann jeder folgende Widerspruch zwischen den normalen Erinnerungen der Patientin und den bösen, die in der Therapie aufgedeckt werden, durch eine weitere Spirale in dieser Verschwörung erklärt werden. Nach dieser Geschichte sorgten die Eltern beim Mißbrauch nicht nur dafür, daß sie durch ihre Kinder zu sexueller Befriedigung kamen, sondern hatten auch Freude daran, ihnen seelischen und körperlichen Schmerz zuzufügen sowie sie in ungeheuerlicher Weise zu erniedrigen. Durch den therapeutischen Prozeß gelangen die Patientinnen oft zu der Überzeugung, daß ihre Kindheit eine Ödnis voller Mißbrauch war und daß es sich bei ihren Eltern um die übelste Sorte von Ungeheuern handelte.

Viele Eltern haben die grauenvolle Geschichte beschrieben, wie ihre Kinder ihnen gegenüber zunächst eine gewisse Kälte zeigten und sich dann im Verlauf der Therapie von ihnen abwandten. Die Patientinnen werden häufig dazu aufgefordert, ihre Eltern anzuklagen und sie zu denunzieren, meist in Konfrontationen unter der Anleitung der Therapeuten. Bei diesen Konfrontationen sagt man den Eltern, sie müßten ihre verborgene Schuld eingestehen, um den Heilungsprozeß bei ihrem Kind zu beschleunigen. Viele Patientinnen, die in Büchern zum Thema Aufdeckung von Erinnerungen lasen, daß eine gerichtliche Auseinandersetzung den Genesungsprozeß vorantreiben kann, brachten ihre eigenen Eltern vor Gericht. Eltern haben berichtet, wie sie erleben mußten, daß sich ihre Kinder in eine andere Art von Ungeheuer verwandelten – eines, das erfüllt ist von dem selbstgerechten Haß, der in dieser Therapie geboren wurde.

Auf einer anderen Ebene geht es in diesem Buch nicht um die momentanen Modeerscheinungen in psychotherapeutischen Kreisen, sondern darum, wofür diese Modeerscheinung steht. Obwohl die Auswirkungen der Fehler, die in der Therapie zur Aufdeckung von Erinnerungen begangen werden, so unerhört sind, daß man nicht mehr über sie hinwegsehen kann, sind die Fehler selbst nicht neu und wurden in unterschiedlichem Ausmaß in vielen verbal arbeitenden Therapieformen der Vergangenheit und Gegenwart gemacht. Dazu gehören die Annahme, daß die Psychotherapie Klienten mehr Wissen über ihre Vergangenheit verschafft, die Überzeugung, daß Therapeuten die Entstehung eines gegebenen Verhaltens auf seinen wahren Grund zurückführen können, und ihr stures Beharren darauf, daß die Patientinnen zu Beginn einer

Behandlung nur ein geringes Verständnis für ihr wahres Selbst und für ihre wahre Vergangenheit mitbringen. Die Therapie zur Aufdeckung von Erinnerungen entstand aus einer Behandlungstradition, die voller fataler Fehler steckt – Fehler jedoch, die nicht öffentlich diskutiert wurden, weil die Ergebnisse bisher im großen und ganzen positiv waren.

Die Tatsache, daß Therapeuten, die Erinnerungen aufdecken, ihre Patientinnen derartig schädigen konnten und trotzdem bis vor kurzem kaum Kritik ausgesetzt waren, zeigt, wie wenig ausgeprägt die Fähigkeit der professionellen Psychotherapeuten ist, die wachsende Zahl von Modebehandlungen in den eigenen Reihen zu bewerten und im Zaum zu halten. Obwohl die Angehörigen psychosozialer Berufe schaudernd auf die anscheinend barbarischen Fehler ihrer Vorgänger zurücksehen, ist offensichtlich keine Generation in der Lage, das Entstehen neuer schädlicher Praktiken zu unterbinden. Professor Elliot Valenstein von der University of Michigan schreibt in seinem Buch ›Great and Desperate Cures‹, wo es um die Lektionen geht, die man erst vor zwei Generationen aus dem verbreiteten Einsatz der präfrontalen Lobotomie (chirurgische Trennung der beiden Hirnhälften im Bereich des Vorderlappens) lernen mußte, daß Modebehandlungen weiterhin »Fleisch und Blut« der psychosozialen Berufe sind. »Voreilige Berichte über spektakuläre Heilungen bei einem minimalen Risiko werden immer noch unkritisch akzeptiert«, führt er aus, »und populäre Medien propagieren innovative Therapien mit noch größerem Enthusiasmus; ... es gibt weiterhin Konflikte innerhalb und zwischen den Spezialgebieten; und ehrgeizige Ärzte wollen sich immer noch einen ›berühmten Namen‹ machen.«[3]

Weiterhin zeigt die Therapie zur Aufdeckung von Erinnerungen, wie leicht sich die »Wissenschaft« der Psychotherapie wandeln kann, um in unserer Gesellschaft kursierende Ängste und Überzeugungen zu bestätigen. Sogar die Experten der Therapiebewegung zur Aufdeckung von Erinnerungen gestehen ein, daß politische und gesellschaftliche Kräfte in diesem Bereich Einfluß nahmen. Allerdings betrachten die Befürworter der Therapie den Einfluß dieser gesellschaftlichen Kräfte – in diesem Fall die Frauenbewegung, die Selbsthilfebewegung und eine zunehmende

Beschäftigung mit Kinderschutz – einzig als etwas Positives. Und in der Tat hat es positive Veränderungen gegeben, weil es diesen Bewegungen in hohem Maße gelang, in der Gesellschaft ein Bewußtsein zu entwickeln für die fehlende Berichterstattung bei Kindesmißbrauch und für den Schaden, den er anrichten kann. Doch inzwischen gibt es eine Reihe von Beweisen, daß die Trennlinie zwischen dem politischen Eintreten für ein Ziel und der Wissenschaft verwischt wurde.

»Die systematische Beschäftigung mit dem psychologischen Trauma hängt von der Unterstützung durch eine politische Bewegung ab«, behauptet Dr. Herman in ›Trauma and Recovery‹. »Zu Fortschritten im Bereich [der Traumaforschung] kommt es nur, wenn das von einer politischen Bewegung unterstützt wird.«[4] Man muß Dr. Herman zustimmen, daß Veränderungen in der Wissenschaft häufig im Zusammenhang mit Veränderungen bei gesellschaftlichen Denkweisen stehen. Sie sieht allerdings darüber hinweg, daß es sich bei Veränderungen einer wissenschaftlichen Theorie, die auf diese Weise zustande kommen, nicht unbedingt um einen Fortschritt handeln muß. Obwohl meist das Gegenteil angenommen wird, bewegt sich die Wissenschaft nicht linear zur Wahrheit hin: Gesellschaftliche Strömungen und populäres Gedankengut können die Wissenschaft genausogut in die Irre wie zur Wahrheit führen.

Stephen Jay Gould, Professor an der Harvard-Universität, veranschaulicht diese Verformbarkeit der Wissenschaft in ›The Mismeasure of Man‹. Bei der Analyse früher einmal hochangesehener wissenschaftlicher Arbeiten, in denen die Frage, ob man die Intelligenz über die Gehirngröße (zusammen mit anderen angeblich objektiven Maßen) erfassen könne, positiv beantwortet wurde, fand Stephen Gould heraus, daß die Forschungsarbeiten zu dieser Hypothese stark von den Postulaten und Neigungen der jeweiligen Wissenschaftler beeinflußt waren. Wenn der Wissenschaftler, so Gould, zu Beginn einer Forschungsarbeit Anhänger einer bestimmten Annahme ist, und es genügend Einzeldaten gibt, die er manipulieren und mit denen er selektiv verfahren kann, dann werden die Schlußfolgerungen, zu denen er kommt, häufig einfach ein Spiegelbild seiner Postulate und darüber hinaus Ausdruck der

Schlußfolgerungen eben jener politischen, ideologischen oder gesellschaftlichen Bewegung sein, der sich der Wissenschaftler zugehörig fühlt. »Ein gut Teil des [wissenschaftlichen] Wandels im Laufe der Zeit ist kein Kennzeichen dafür, daß wir der absoluten Wahrheit näher gekommen sind, sondern für die Veränderung des kulturellen Kontextes, der die Wissenschaft in so starkem Maße beeinflußt.«[5]

Damit soll nicht gesagt werden, daß die Wissenschaft machtlos ist, daß sie sich wie ein Halm im Fluß gesellschaftlicher Überzeugungen biegen läßt. Stephen Gould hebt hervor, Wissenschaftler sollten zu Recht davon ausgehen, daß die Wirklichkeit existiert und daß man das durch sorgfältige Arbeit dokumentieren kann. Leider eignen sich einige Untersuchungsgebiete nicht so gut für die Sammlung harter Daten oder überprüfbarer Hypothesen wie andere und hängen deshalb mehr vom Wollen gesellschaftlicher Kräfte ab. »Die Geschichte vieler wissenschaftlicher Fächer ist praktisch frei von den ... Beschränkungen, die sich aus der Welt der Tatsachen ergeben«, schreibt er. »... einige Themen haben eine ungeheure gesellschaftliche Bedeutung, doch sind sie nur mit einer recht geringen Zahl zuverlässiger Informationen gesegnet. Wenn das Verhältnis zwischen Informationsmenge und sozialem Einfluß so ungünstig ist, dann kann die Geschichte der wissenschaftlichen Auffassungen kaum mehr als eine indirekte Darstellung des gesellschaftlichen Wandels sein.«[6]

Unser Überblick über die Veröffentlichungen zur Aufdeckung von Erinnerungen bringt uns zu dem Schluß, daß die wissenschaftlichen Arbeiten im Umfeld dieser Therapie genau mit diesen Schwierigkeiten zu kämpfen haben. Es ist allerdings eine Einschränkung angebracht: Die Fehler, die in dieser Therapie begangen werden, lassen sich nicht auf den Mangel an verläßlichen Informationen zurückführen, sondern sind zum großen Teil Ergebnis dessen, daß verläßliche Informationen ignoriert werden. Obwohl viele Forschungsarbeiten zum menschlichen Gedächtnis, zum Zwangscharakter der therapeutischen Situation und zu den Auswirkungen solcher Verfahren wie der Hypnose durchgeführt wurden, nahmen die Therapeuten, die sich mit der Aufdeckung von Erinnerungen beschäftigen, von diesem Wissen keine Notiz.

Was die übrigen Kriterien von Stephen Gould betrifft, so liegt es auf der Hand, daß Themen wie Kindesmißbrauch, sexuelle Gewalt und die Schikanierung von Frauen und Kindern heute »eine ungeheure gesellschaftliche Bedeutung« haben. Die achtziger Jahre waren eine Zeit, in der mit vielen der dunklen Seiten im Bereich der menschlichen Sexualität abgerechnet wurde, und dazu gehören die Vergewaltigung durch Freunde, die Gewalt in der Ehe und die sexuelle Belästigung. Vor allem sexuelle Verbrechen an Kindern beschäftigten die Öffentlichkeit landesweit. In dem Maße, wie das akute Problem Kindesmißbrauch zum Thema politischer Versammlungen avancierte, wurde auf eine leidenschaftslose Analyse und Debatte verzichtet; man erhielt Applaus, wenn man rückhaltlos für die Kinder und die Erwachsenen eintrat, die Opfer geworden waren. Die Wissenschaftlerinnen Janice Haaken und Astrid Schlaps stellten fest, daß sich die Frauenbewegung während der achtziger Jahre auf sexuellen Mißbrauch konzentrierte, weil »hier Wissen aus der Therapie und feministisches Bewußtsein zusammenkamen. Feministische Analysen zu Mißbrauch und Mißhandlungen in der Familie sowie feministische Kampfansagen an autoritäre Praktiken lagen im Diskurs über sexuellen Mißbrauch ganz dicht beieinander.«[7] Andrea Dworkin behauptete sogar, daß Väter ihre Töchter oft vergewaltigen würden, um sie auf diese Weise auf ihre gesellschaftliche Rolle als Frau vorzubereiten. »In den Vereinigten Staaten ist der Inzest in zunehmendem Maße die bevorzugte Form des Sadismus«, schrieb sie. »Vielleicht wird die Vergewaltigung durch Inzest zu einem zentralen Verhaltensmuster für Geschlechtsverkehr in unserer Zeit.« In einem Artikel mit dem Titel ›The Dynamics of Feminist Therapy‹ schrieben Kathy Swink und Antoinette Leveille: »Inzest ist der extreme Ausdruck einer patriarchalischen Gesellschaft. Von Anfang an werden die kleinen Opfer darauf getrimmt, daß ihr Platz/ihr Ziel/ihre Funktion in der Gesellschaft darin besteht, für die Bedürfnisse anderer, vor allem die der Männer, da zu sein.«[8] Auf dem Umschlag von ›Secret Survivors‹, einem Buch, in dem die Therapie zur Aufdeckung von Erinnerungen propagiert wird, schwärmt Gloria Steinem davon, daß das Werk »die Symptomkonstellation erkundet, die sich aus einem Verbrechen ergibt, das zu grausam ist, als daß wir uns im

Denken oder im Gedächtnis damit konfrontieren könnten. Dieses Buch kann, ebenso wie die Wahrheit, die es zu enthüllen hilft, dazu beitragen, Millionen von Menschen zu befreien.« In ihrem eigenen Buch ›The Revolution from Within‹ wirbt Gloria Steinem für die Methoden und die Schlußfolgerungen aus der Therapie zur Aufdeckung von Erinnerungen; sie erklärt, man könne dadurch, daß man es lernt, einen Zugang zum »zeitlosen« Unbewußten zu finden, »ein verdrängtes Trauma wieder hervorbringen – das ist ein entscheidender Vorgang, wenn man sich von alten Mustern befreien will«.[9]

Das Aufdecken von Mißbrauchserinnerungen erweist sich als eine hochwirksame Metapher, wenn man das weitergesteckte Ziel verfolgt, die Ungerechtigkeiten patriarchalischer Familienstrukturen und einer von Männern dominierten Gesellschaft bloßzustellen. Die Gesellschaft, so sagten manche, sei endlich mit der lange verborgenen Mißhandlung von Frauen konfrontiert, genau wie die einzelnen Frauen entdeckt haben, daß sie sexuell mißbraucht worden sind. In dem Maße, wie die Therapie zur Aufdeckung von Erinnerungen zur Metapher für Feminismus wurde, wurde die Verteidigung dieser Therapieform gleichbedeutend mit der Verteidigung der Frauenbewegung. »In diesen unsicheren Zeiten kristallisierten sich in der Geschichte vom Opfer sexuellen Mißbrauchs viele Ängste der Gesellschaft betreffend die Verletzlichkeit von Kindern, die sich ändernde Rolle von Frauen und die sexuellen Normvorstellungen. Wie ein Magnet zieht sie diejenigen an, die sich verletzlich und schikaniert fühlen«, schreibt Carol Tavris in ›The Mismeasure of Woman‹. »… sie ist ein Blitzableiter für die aufkeimenden Gefühle von Schikanierung, die sie wegen ihrer Rolle innerhalb der Gesellschaft als Ganzes empfinden. Hier werden klarere Feindbilder geboten als bei solch vagen Begriffen wie ›das System‹, Sexismus, nervtötende Arbeit, Sozialhilfe oder Langeweile. Für sie ist ›sexueller Mißbrauch‹ eine Metapher für alles, was im Leben einer Frau nicht stimmt.«[10]

Bemerkenswerterweise stellten manche sogar die These auf, der Aufstieg der Frauenbewegung hinge unmittelbar mit der Fähigkeit der Frauen zusammen, ihre verborgenen Erinnerungen zum Vorschein zu bringen. Einige Therapeuten folgerten, daß die Frauenbewegung tatsächlich die Psyche der Frauen verändert habe, indem sie es ihnen erlaubte, ihre Mißbrauchsgeschichte nicht nur zu berichten, sondern sich auch an sie zu *erinnern.* »Um die Realität im Bewußtsein zu verankern, bedarf es eines gesellschaftlichen Kontextes, der das Opfer stützt und schützt und der Opfer und Zeugin in einem gemeinsamen Bündnis zusammenbringt...«, schreibt Dr. Herman in ›Trauma and Recovery‹. »Den sozialen Kontext im größeren gesellschaftlichen Zusammenhang schaffen politische Bewegungen, die den Machtlosen eine Stimme verleihen.« Die Frauenbewegung ermutigte nach Dr. Herman nicht nur dazu, Mißbrauch aufzudecken, sondern sie war auch dafür verantwortlich, daß Frauen überhaupt befähigt wurden, die Erinnerungen wiederzuerlangen – »die Realität im Bewußtsein zu verankern«.[11]

Eine derartig enge Verbindung zwischen einer Therapieform und einer großen politischen Bewegung hat immer ihren Preis. Fast immer, wenn Akademiker und Wissenschaftler sich genötigt fühlten, die Schlußfolgerungen und Überzeugungen einer bestimmten gesellschaftlichen, religiösen oder politischen Bewegung zu bestätigen, ergab sich wegen der daraus folgenden Vorliebe für jene Fakten, die mit den Annahmen der Bewegung übereinstimmten, ein Zerrbild von Wissenschaft. Die Schlußfolgerungen, die eine derartige Wissenschaft anbietet, werden oft nicht wegen ihres wissenschaftlichen Wertes erbittert verteidigt, sondern weil sie die Sache, um die es geht, fördern. Nehmen wir einmal an, politische und gesellschaftliche Kräfte hätten die Therapie zur Aufdeckung von Erinnerungen, wie Dr. Herman es ihr bescheinigt, ins Rampenlicht gebracht. Dann sollte man auch anerkennen, daß die Therapie bis jetzt durch eben diese gesellschaftlichen Kräfte von einer klaren Analyse, von einer ernsthaften wissenschaftlichen Kritik und von der Anforderung abgeschirmt wurde, ihre Behauptungen über das menschliche Gedächtnis genau zu belegen. Nahezu während des gesamten letzten Jahrzehnts wurde man mit dem Etikett »Verleugner« versehen, wenn man laut die Frage stellte, ob die Häufigkeit des sexuellen Mißbrauchs von Kindern tatsächlich so hoch sein könne, daß 50 Prozent aller Frauen (das wurde theoretisch genannt) betroffen seien. Wer seine Stimme für die Rechte des Angeklagten erhob, wurde beschuldigt, »den Täter zu beschützen«. Ein falscher Schritt, und selbst die wohlmeinendsten Wissenschaftler oder Journalisten sahen sich mit der Anklage konfrontiert, insgeheim die jahrhundertelange Tradition der Leugnung von Kindesmißbrauch fortsetzen zu wollen.

Diejenigen, die Kritisches über die Therapie zur Aufdeckung von Erinnerungen schrieben, werden verstehen, wie schwierig es ist, sich mit den Vor- und Nachteilen der dabei verwendeten Verfahren auseinanderzusetzen, ohne als Frauenfeind angegriffen zu werden. Carol Tavris schrieb, es sei schwierig geworden, sich mit dem sexuellen Mißbrauch von Kindern auseinanderzusetzen, weil dies zu einem »verschwommenen Grenzbereich zwischen politischer Analyse und psychologischem Trauma« gehört. Zahlreiche Personen in den Medien, in der Politik und im Gesundheitssystem reagierten auf dieses Meinungsklima, indem sie vorbehaltlos ihren Glauben an den Wahrheitsgehalt der Berichte über Kindesmißbrauch zum Ausdruck brachten – unabhängig davon, ob diese Berichte von Kindern stammten, von Erwachsenen, die in einer Therapie waren, oder von Experten, die für sich in Anspruch nahmen, das Problem landesweit anzugehen.

Über viele Jahre hinweg waren die Psychotherapeuten dieser Provenienz keiner Kritik ausgesetzt; denn jeder Kritik lag eine simple Wahrheit zugrunde, und diese Wahrheit war für eine bestimmte Zeit unaussprechlich: Es ist tatsächlich möglich, Erwachsene und Kinder mit Hilfe von Beeinflussung dazu zu bringen, daß sie die falsche Behauptung aufstellen, sie seien Mißbrauch oder sexueller Gewalt ausgesetzt gewesen. So etwas unter höflichen Menschen zu sagen, war in einer bestimmten Zeit moralisch stigmatisierend (und ist es in bestimmten Kreisen immer noch). Sich als Mensch mit liberalen Neigungen zu einer derartigen Aussage zu versteigen, war gleichbedeutend damit, zu offenbaren, man sei unaufgeklärt. Doch nachdem diese Wahrheit nun ausgesprochen ist, müssen wir uns der Frage zuwenden, wie falsche Mißbrauchserinnerungen entstehen. Wenn wir Wahrheit und Phantasievorstellungen nicht voneinander trennen können, werden wir nicht in der Lage sein, zu differenzieren und uns dem wahren Kern des gegenwärtigen Kindesmißbrauchs sowie den sich daraus ergebenden Konsequenzen zuzuwenden.

Um uns mit sexuellem Mißbrauch und anderen Problemen in der Gesellschaft beschäftigen zu können, müssen wir eine klare Vorstellung von diesen Problemen haben. Obwohl Metaphern die Wahrheit erhellen, sind sie nicht die Wahrheit selbst. Wenn wir zu der Überzeugung gelangen, daß jede zweite Frau unter den auszehrenden Folgen eines sexuellen Traumas leidet und daß Millionen von Frauen gärende versteckte Erinnerungen an Mißbrauch mit sich herumtragen, dann werden wir sicherlich unsere Ressourcen und unsere Energie darauf richten, dieses Problem anzugehen. Sollte sich das als unwahr herausstellen, haben wir auf unser eigenes Risiko hin die »nebulösen Feinde« ignoriert – die Wahrheit hinter der Metapher.

Bis vor kurzem gab es keine Opposition gegen die Theorien und Praktiken der Therapie zur Aufdeckung von Erinnerungen. Erst während der letzten Jahre begannen diejenigen, die aufgrund der in der Therapie aufgedeckten Erinnerungen des Kindesmißbrauchs angeklagt wurden, gemeinsam ihre Stimme zu erheben, indem sie die Vorgehensweise und die Zielrichtung der Therapie in Frage stellten. 1992 wurde in Philadelphia die False Memory Syndrom Foundation (Stiftung zum Syndrom der falschen Erinnerung) ins Leben gerufen, um die Öffentlichkeit über den Schaden, den diese Therapieform weiterhin anrichtet, zu informieren und ihn dort bewußt zu machen. Kürzlich wurde eine ähnliche Organisation in Großbritannien gegründet. Patientinnen, die der Auffassung sind, von ihren Therapeuten falsch behandelt worden zu sein, haben sich der vehementen Kritik angeschlossen, vor allem aber auch anerkannte Therapeuten und Wissenschaftler, deren Spezialgebiete das Gedächtnis, die Hypnose und die Untersuchung von Einflußprozessen sind.

In dem Maße, in dem die Kritik zunimmt, weigern sich diejenigen, die sich als Teil der Bewegung zur Aufdeckung von Erinnerungen verstehen, irgendwelche eventuell durch ihre Methoden bewirkten Probleme zu diskutieren oder sie gar einzugestehen. Sie ignorieren alle früheren Forschungsergebnisse zum Gedächtnis und zum Trauma, weil, wie sie sagen, Erinnerungen an ein verdrängtes sexuelles Kindheitstrauma etwas anderes sind – ein besonderer Fall, der ohne jede Parallele ist. Sie schirmen sich selbst von jeder Kritik ab, die besagt, daß sie ihren Patientinnen möglicherweise einen Schaden zufügen, und versichern, jegliche Kritik könne nur von Menschen kommen, die beabsichtigten, die Täter zu schützen. Diejenigen, die diese Therapieform in Frage stellen, werden mit dem Etikett Frauenfeind versehen, und man wendet sich von ihnen ab.

Viele, die ernsthaft vorhatten, die Schikanierung von Frauen und Männern aufzudecken, übersahen eben das, was sie ausmerzen wollten. Weil die Therapie zur Aufdeckung von Erinnerungen anbot, für diejenigen einzutreten, die ihrer Auffassung nach zu Opfern gemacht worden waren, wurden die Therapeuten als Verbündete willkommen geheißen. Und weil die Metapher der Aufdeckung von Erinnerungen so gefällig war, wurden die Grundgedanken als gewaltiger Sprung nach vorn gefeiert. Bei all diesen gegenseitigen Glückwünschen dachte niemand an die Möglichkeit, daß die Patientinnen dieser Therapieform tatsächlich Opfer sein könnten – nicht die ihrer Eltern, sondern die ihrer Psychotherapeuten.

Wie wir zeigen werden, sind die Indizien dafür, daß in bestimmten therapeutischen Situationen tragischerweise etwas fehlgelaufen ist, inzwischen überwältigend. Wenn diejenigen, die darüber besorgt sind, daß Frauen zu Opfern gemacht werden, diese Indizienlage nicht zur Kenntnis nehmen, dann laufen sie Gefahr, das Wohl und das Glück Tausender von Frauen und ihrer Familien um der politisch nützlichen Annahme willen, daß die Therapie zur Aufdeckung von Erinnerungen keine falschen Mißbrauchserinnerungen hervorbringen kann, aufs Spiel zu setzen. Weiter über die brutale Behandlung der Patientinnen in der Therapie hinwegzusehen, bedeutet nicht weniger, als absichtlich blind zu werden und sie im Stich zu lassen.

Die Mythen der Erinnerung

Die Opfer sind aus ihrem Versteck hervorgekommen,
und die Kliniken sind voll mit Erwachsenen, die wegen
sexuellen Mißbrauchs behandelt werden wollen.
Die Entwicklung, die innerhalb der letzten
zehn Jahre stattgefunden hat, ist wirklich erfreulich.
Charlotte Krause Prozan,
›The Technique of Feminist Psychoanalytic Psychotherapy‹

Patientinnen, die sich einer Therapie zur Aufdeckung von Erinnerungen unterziehen, sagen übereinstimmend – ob sie nun im Endeffekt die Mißbrauchsvorstellungen, die in der Therapie entwickelt wurden, von sich weisen oder nicht –, daß die Behandlung zu einer qualvollen Neubewertung der eigenen Persönlichkeit führt. Die manchmal Jahre dauernde Therapie führt bei vielen Patientinnen nicht nur dazu, daß sie glauben, einen Mißbrauch erlitten zu haben, von dem sie zuvor nichts wußten, sondern auch dazu, diesen Mißbrauch als Symbol für ihre gesamte Kindheit zu verstehen – und häufig für ihr Erwachsenenleben vor der Therapie. Im ersten Abschnitt von ›The Courage to Heal: A Guide for Women Survivors of Child Sexual Abuse‹ listen Ellen Bass und Laura Davis die angeblichen Spätfolgen des Kindesmißbrauchs auf. »Er durchdringt alles: Ihr Gefühl des Selbst, Ihre intimen Beziehungen, Ihre Sexualität, Ihre Rolle als Eltern, Ihr Arbeitsleben, ja selbst Ihre Zurechnungsfähigkeit. Wohin Sie auch blicken, überall sehen Sie die Auswirkungen des Mißbrauchs.« Obwohl das auf jene, die als Kinder solche Belästigungen erlitten haben, zutreffen mag, könnten die beiden Autorinnen damit genauso beschreiben, was passiert, wenn während der Therapie zuvor unbekannte Erinnerungen an einen Mißbrauch aufgedeckt werden.

In dieser Therapie werden Überzeugungen mit einer Vielfalt von Methoden aufrechterhalten; die wichtigste ist die wöchentliche therapeutische Sitzung, zu der die Patientin geht. Wenn sie die Rolle der »Überlebenden« als neue Identität übernehmen soll, dann muß sie auch außerhalb der Sitzung weiter daran glauben. Manche Patientinnen gehen auch wöchentlich in gruppentherapeutische Sitzungen oder zu Massage-Behandlungen, bei denen die Erinnerungen mit Hilfe der Muskulatur geweckt werden sollen. Dazu nehmen sie vielleicht noch an diversen Treffen und Wochenendkursen teil, die von diesen Therapeuten angeboten werden. Und in ihrer Freizeit lesen sie häufig Rundbriefe, Broschüren und die scheinbar endlose Palette von Selbsthilfebüchern, die den Gedanken der Aufdeckung von Erinnerungen propagieren. Zudem haben viele Patientinnen beschrieben, wie sie Dutzende von Stunden pro Woche am Telefon verbrachten, um mit anderen aus ihrer Gruppe über Fortschritte bei ihren neuen Erinnerungen zu sprechen.

Zusammengenommen kann der Einfluß der Therapie viel weitgehender sein, als daß nur die Überzeugung akzeptiert wird, man habe unter sexuellem Mißbrauch gelitten und dann die Erinnerung daran über viele Jahre hinweg verdrängt. Patientinnen schaffen sich in der Rolle des überlebenden Opfers ein neues Selbst, ihre Überzeugungen bilden die Grundlage für eine neue Identität und Sicht der Welt.

Wahrscheinlich ist der beste Weg, die ungeheure Tragweite dieses Vorgangs zu verstehen, wenn man die Lebensumstände einzelner Frauen und Männer erkundet, die von dieser Therapieform betroffen waren. Daher finden sich im gesamten Buch immer wieder individuelle Patientinnengeschichten. Mit der von Christine Philips beginnen wir nicht deshalb, weil man anhand ihrer Lebensgeschichte einen besonders tiefen Einblick in den Therapieprozeß bekommen kann, oder um den Versuch zu machen, zweifelsfrei aufzuzeigen, daß ihre Erinnerungen falsch waren, sondern weil es sich hier um ein anschauliches Beispiel für die Art und Weise handelt, wie die Identität als Mißbrauchsopfer eine beherrschende Stellung im Leben von Patientinnen und ihren Familien einnimmt.* Chri-

* Alle Namen in diesem Fall, ebenso wie Einzelheiten, die zu einer Identifizierung beitragen könnten, wurden geändert.

stines Geschichte ist besonders tragisch, weil nur einen Monat, nachdem sie zu der Überzeugung gekommen war, sie könne sich daran erinnern, daß ihr der Vater sexuelle Gewalt angetan habe, bei ihr eine Myelofibrose diagnostiziert wurde. Das ist eine unheilbare Krankheit, bei der sich das Knochenmark allmählich in narbiges Gewebe verwandelt. Es spricht für die Überzeugungskraft dieses Glaubenssystems, daß ihre neu gewonnenen Erinnerungen und nicht ihre tödliche Krankheit im Zentrum ihrer Therapie standen und die letzten Jahre ihres Lebens beherrschten.

Christine, die 26 Jahre alt war, als sie die Therapie begann, hatte ihre ganzes Leben lang gewußt, daß sie nicht aus einer perfekten Familie kam.[1] Ihr Vater Jack war Alkoholiker und schlug im Rausch häufig wütend auf ihre Mutter ein. Bereits als Christine acht Jahre alt war, hatte er durch heftiges Trinken die Fähigkeit eingebüßt, zumindest im nüchternen Zustand vernünftig zu sein, und er konnte sich nur noch selten erinnern, was er nach dem dritten Glas gesagt oder getan hatte. Als Christine elf Jahre alt war, nahm ihre Mutter Helen allen Mut zusammen und ließ sich von Jack scheiden, um ihre Töchter aus diesem destruktiven Umfeld herauszunehmen. Mit ihrem Gehalt als technische Zeichnerin war es für Helen schwer, einen Haushalt mit zwei Töchtern finanziell zu tragen. Nachdem sie während der Rezession in den siebziger Jahren entlassen worden war, bekam die Familie für eine gewisse Zeit Sozialhilfe, bis sich die Mutter mit dem Verkauf von Lebensmittelzusätzen und Haushaltswaren in ihrer Wohnung selbständig machen konnte. Es gab aber auch damals schöne Zeiten. Wenn sie mit der Mutter, die in einiger Entfernung lebte, später telefonierte, erinnerte sich Christine manchmal an die Ausflüge, die ihre Mutter, ihre Schwester und sie unternahmen, als ihr Vater für zwei Wochen auf einer Reservistenübung war. Christine war während der Grundschulzeit eine hervorragende Schülerin und, obwohl ihre Noten an der High School etwas schlechter wurden, beliebt bei ihren Mitschülern. Über lange Zeit hinweg hatte sie einen Freund, den ihre Mutter sehr schätzte.

Obwohl Christine sich deutlich an die schlimmen Trinkgelage ihres Vaters erinnern konnte, brauchte sie in der Therapie ein Jahr, bis sich bei ihr und ihrer Therapeutin der Verdacht herauskristallisierte, daß ihre Probleme möglicherweise auf sexuellen Mißbrauch zurückgingen. Sie aß wenig und hatte selbst in letzter Zeit zuviel getrunken. Außerdem hatte sie anscheinend nur schemenhafte Erinnerungen an einige Abschnitte ihrer Kindheit. All diese Symptome, das wußte ihre Therapeutin aus den Büchern über die Therapie zur Aufdeckung von Erinnerungen, traten häufig bei Erwachsenen auf, die Erinnerungen an Belästigungen während der Kindheit verdrängt hatten. Die Tatsache, daß ihr Vater Alkoholiker war, machte die Aufgabe, den mutmaßlichen Täter zu identifizieren, leicht. Zusätzlich zu ihrer Therapie nahm Christine an einer Gruppe mit »überlebenden Opfern« sexuellen Kindesmißbrauchs teil. Sie kaufte eine Reihe von Büchern zu diesem Thema, auch ›The Courage to Heal‹, das ihr besonders hilfreich erschien. Hier erfuhr sie, daß Alkoholismus in der Familie und andere »dysfunktionale Verhaltensmuster oft mit sexuellem Mißbrauch einhergehen« und daß die Opfer häufig zum Alkohol als einem Mittel greifen, um mit ihren Erinnerungen an die Belästigung nichts mehr zu tun zu haben.

In der Therapie und in Selbsthilfegruppen lernte sie, wie man die wiedererlangten Erinnerungen »noch einmal durchlebt«. Die Sitzungen, in denen sie diese Szenen erneut durchmachte, waren von quälenden Schmerzen begleitet. Ihr Körper reagierte häufig so, als wäre sie tatsächlich physischer Gewalt ausgesetzt. Über eine dieser Sitzungen mit ihrer Therapeutin schrieb sie: »Heute hatte ich eine körperliche Rückblende – was bedeutet, daß ich körperlich erneut erlebte, wie mein Vater seine Hände auf meine Brüste legte; ich mußte würgen und hatte das Gefühl zu ersticken, weil ich spürte, wie sein Penis wieder in meinem Mund war.«

Als sie erfahren hatte, daß sie bald sterben würde, schrieb sie danach im ersten Brief an ihre Mutter nichts über ihre Krankheit, sondern nur über ihre neugewonnenen Überzeugungen. »Es gibt da einige Dinge, die ich Dir sagen muß; ich hatte Angst, sie Dir am Telefon zu sagen, weil ich sie als quälend empfinde. Es ist mir jetzt klar, daß große Zeitabschnitte wie aus meinem Gedächtnis gelöscht sind. Dies war für mich eine große Überraschung... Ich habe angefangen, Erinnerungen an Dinge zu haben, die vor langer Zeit geschehen sind, Dinge, von denen ich nicht einmal wußte, daß ich sie vergessen hatte. Diese Erinnerungen trafen mich mit ihrer ganzen Wucht, und ich habe überhaupt keinen Zweifel, daß sie stimmen... Ich erinnere mich daran, abends allein mit meinem Vater vor dem Fernsehapparat gesessen zu haben. Ich erinnere mich an vieles, was er mir an diesen Abenden angetan hat, jedoch nicht an alles. Ich erinnere mich deutlich daran, daß er mich wiederholt belästigt hat. Ich bin heute davon überzeugt, daß er mich vergewaltigt hat... Ich weiß nicht, ob das mit dem Inzest monatelang oder jahrelang so weiterging, aber ich weiß, daß sich der emotionale Schaden über jetzt fast zwanzig Jahre hinweg ausgewirkt hat; und es wird noch einige weitere Jahre dauern, bis ich geheilt bin.«

Als sie den Brief gelesen hatte, brach Helen zusammen und beschloß, ein Gewehr zu kaufen, ihren Ex-Mann ausfindig zu machen und ihn zu töten. Die eigene Tochter zu vergewaltigen, war das abscheulichste Verbrechen, das sie sich vorstellen konnte. Der Impuls, ihren Ex-Mann zu töten, verschwand jedoch nach einigen Tagen. Sie erkannte, daß sie damit weder das, was geschehen war, rückgängig machen noch ihrer Tochter helfen konnte. Sie beschloß, daß es am besten wäre, ihre Tochter auf jede nur erdenkliche Art zu unterstützen. Als sie den Brief noch einmal las, bemerkte sie, daß sich ein Teil von Christines Wut gegen sie richtete. Christine hatte festgestellt, daß der sexuelle Mißbrauch etwa zu der Zeit stattgefunden hatte, als ihre Mutter bei der örtlichen Unitarier-Kirche eine Teenager-Gruppe gegründet hatte. Weil Christine damals erst zehn Jahre alt war, nahm ihre Mutter nur ihre ältere Schwester Janice zu den wöchentlichen Treffen mit. Christine schrieb: »Ich bin heute davon überzeugt, daß dies [die Gründung der Teenager-Gruppe] ein Versuch von Dir war, Janice vor meinem Vater zu schützen.«

Weil Christine ihrer Mutter im Brief ausdrücklich geschrieben hatte, daß sie das Thema nicht am Telefon besprechen wollte, schickte Helen ihr eine Reihe von Briefen, in denen sie sich für den Mißbrauch an Christine entschuldigte. Sie schrieb, sie hätte keine Ahnung von dem Mißbrauch gehabt und daß sie, hätte sie davon gewußt, Christine und Janice gewiß sofort aus dem Haus gebracht hätte. Eine Woche danach erst erfuhr Helen von Janice, man habe bei Christine die Diagnose Myelofibrose gestellt und sie habe möglicherweise nur noch drei Monate zu leben. Nachdem sie in der Bibliothek gewesen war und alles, was sie bekommen konnte, über die Krankheit gelesen hatte, beschloß sie, mit ihrer Tochter zu telefonieren. Christine reagierte abweisend, und das Gespräch dauerte nur wenige Minuten.

In den Wochen nach der Myelofibrose-Diagnose nahmen Christines Vorstellungen bezüglich der Häufigkeit und Schwere des Mißbrauchs zu. Je mehr Erinnerungen hochkamen, desto stärker waren sie und ihre Therapeutin der Auffassung, daß ihre Mutter dem Mißbrauch – entweder stillschweigend oder direkt – zugestimmt haben mußte. In einer der aufgedeckten Erinnerungen sah sie, wie ihr Vater sie am Handgelenk von der Veranda herabhängen ließ. Ihre Mutter stand am Hauseingang und sah zu, weigerte sich jedoch einzuschreiten. Wegen der Symptome, die sie und ihre Therapeutin im nachhinein herausfanden – dazu gehörten wenig Essen, Bettnässen und gute Noten in der Grundschule –, kamen sie zu der Auffassung, ihre Mutter müsse sich der Tatsache bewußt gewesen sein, daß irgend etwas nicht stimmte.

Mit Unterstützung der Therapeutin und ihrer therapeutischen Gruppe hörte sie schließlich mit dem »Verleugnen« auf und akzeptierte, daß ihre Mutter am Mißbrauch beteiligt war. Als sie noch einmal ›The Courage to Heal‹ las, erfuhr sie, daß es bei einem Mißbrauch für Täter unangemessen sei, auch nur den Versuch zu unternehmen, die Beziehung zur Mißbrauchten in irgendeiner Form zu steuern. Nur dem Mißbrauchsopfer sollte es erlaubt sein, zu entscheiden, »ob, wann und wie oft es in eine Interaktion treten will«. Die Täter sollten keinesfalls die Wut des überlebenden Opfers »herunterspielen oder kritisieren«.[2] Nachdem Christine und ihre Therapeutin über den Anruf ihrer Mutter gesprochen hatten – den sie beide als plump aufdringlich und manipulativ ansahen –, kamen sie zu dem Schluß, es handle sich bei den Aufmunterungen ihrer Mutter um genau die Art von Herunterspielen, vor der in ›The Courage to Heal‹ gewarnt wurde. Die Mutter hatte gemeint, sie solle sich jeden Tag, der ihr noch bliebe, um Glück und Frieden bemühen. Christine schrieb ihrer Mutter einen langen wütenden Brief.

»Nach diesem Mißbrauch steht jetzt ein jahrelanger Heilungsprozeß an«, schrieb sie. »Ich habe das Gefühl, daß Du, wenn Du sagst ›lebe im Heute‹, meine Erlebnisse – meine Wirklichkeit – völlig abtust. In mir kommt eine solche Wut auf, daß ich unseren Kontakt streng begrenzen muß. Ich möchte nicht, daß Du mich anrufst; ich werde einen Brief von Dir entgegennehmen – aber einzig und allein, wenn Du sagen kannst: ›Christine, ich habe deine Gefühle heruntergespielt, und es tut mir leid‹ oder ›Christine, deine Kindheit war eine einzige Hölle, und ich habe dir nicht geholfen‹ oder ›Christine, ich erkenne, daß du ein Anrecht darauf hast, dich, wenn du möchtest, für den Rest deines Lebens darüber zu ärgern‹. Ich glaube, es würde mir helfen, zu hören, wie Du eingestehst: ›Ja, Christine, ich sah, wie du mißbraucht wurdest, und ich habe dir nicht geholfen.‹ Wenn Du mir das nicht sagen kannst, nimm bitte auch keinen brieflichen Kontakt zu mir auf.«

Helen wußte nicht, was sie tun sollte. Sie hatte weder mit angesehen, wie Christine von der Veranda herunterbaumelte, noch hatte sie je einen Verdacht, daß es zu sexuellem Mißbrauch gekommen war. Sie hätte nie eine ihrer Töchter schutzlos zu Hause zurückgelassen. Ginge sie auf die Forderungen ihrer Tochter ein, wäre das für sie eine Lüge; andererseits wollte sie auf keinen Fall den Kontakt zu ihrer Tochter verlieren. Zum erstenmal stellte sie die Qualifikation von Christines Therapeutin in Frage. Konnte es für eine Frau, die bald sterben würde, von Nutzen sein, sich in der Therapie so intensiv auf Mißbrauchserinnerungen zu konzentrieren? Helen las ein Buch über Todkranke, das ihr dabei half, den Vorgang des Sterbens zu verstehen; sie schickte es Janice in der Hoffnung, sie würde es an Christine weitergeben. Als das Ende der Dreimonatsfrist näherrückte, machte Helen Christines Arzt ausfindig; er sagte ihr, daß Christines Krankheit langsamer verlief, als sie erwartet hatten. Zu ihrer Erleichterung erfuhr Helen, Christine würde vielleicht noch mehrere Jahre leben können. Eine Woche später traf aus Denver der Brief einer Anwaltssozietät ein. »Unsere Kanzlei vertritt Ihre leibliche Tochter Christine Philips«, begann das Schreiben. »Wir haben in Erfahrung gebracht, daß Sie betrügerisch und ungesetzlich gehandelt und damit gegen das in Bundes- und Landesgesetzen verankerte Recht auf Privatsphäre verstoßen haben, indem Sie kürzlich mit bestimmten Medizinern in Kontakt getreten sind. Mit diesem Brief setzen wir Sie davon in Kenntnis, daß wir sofort alle erforderlichen Schritte einleiten werden, wenn Sie durch künftige Handlungen erneut die Rechte unserer Klientin verletzen.«

In dieser Zeit konzentrierte sich Christine in der Therapie weiterhin auf ihre Kindheit. Sie versuchte, mit ihrem Vater Kontakt aufzunehmen, um ihm gegenüberzutreten; sie erfuhr jedoch, daß er in einem Pflegeheim dahinvegetierte, weil sein Gehirn infolge des Alkoholkonsums und nach mehreren Schlaganfällen in jüngster Zeit erheblich geschädigt war. Mit einigen wenigen, unzusammenhängenden Sätzen stritt er ab, jemals etwas Falsches getan zu haben. Die Wut, die Christine nun dank ihrer Erfahrungen in der Therapie zum Ausdruck bringen konnte, richtete sich allmählich immer stärker gegen ihre Mutter. Sie und ihre Therapeutin konzentrierten sich nun weniger auf die spezifischen Erinnerungen an den sexuellen Mißbrauch, den ihre Mutter stillschweigend gebilligt hatte, sondern mehr auf die subtileren Formen des Mißbrauchs, von denen, wie sie meinte, ihre Kindheit durchdrungen war. Die Rückblenden auf den sexuellen Mißbrauch durch den Vater wurden ihr zum Symbol für ihre Erziehung. Der Mißbrauch, so stellte sie fest, hatte während ihrer gesamten Kindheit stattgefunden.

Viele der Dinge aus ihrer Kindheit, an die sie sich erinnerte, definierte Christine mit Hilfe ihrer Therapeutin um. So hatte beispielsweise Janice Flöte und Gitarre gespielt, Christine war jedoch von ihrer Mutter nicht ermuntert worden, ein Musikinstrument zu erlernen. Die scherzhafte Ermahnung ihre Mutter »Sei glücklich, das ist ein Befehl« erschien ihr im Rückblick böswillig – vielleicht war es ein Versuch, Christines Emotionen zu steuern. Die Tatsache, daß sie in der weiterführenden Schule Bier getrunken hatte, deutete auf einen frühen Alkoholmißbrauch hin. Daß die Mutter nicht bemerkt hatte, daß sie trank, war ihrer Meinung nach eine Form der Vernachlässigung. Als ihre Krankheit schlimmer und ihre Vorstellung von der Kindheit düsterer wurde, fand sie innerhalb der Gemeinschaft der anderen Mißbrauchsopfer Unterstützung. Sie begann, bei den Gruppen von Denver Vorträge zu halten; in kirchlichen Gruppen, bei Kursen zur Frauenforschung und auf lokalen Zusammenkünften berichtete sie, wie es ist, ein Mißbrauchsopfer zu sein und dazu eine unheilbare Krankheit zu haben. Schließlich kam sie zu der Überzeugung, daß der Mißbrauch – dessen wesentlichen Einfluß auf ihr Leben sie nun erkannt hatte – der wahre Grund für ihre Erkrankung sei. Als ihre Milz anschwoll und entfernt werden mußte, besuchten viele der Frauen aus ihrer Therapiegruppe sie im Krankenhaus.

Seit dem Brief der Anwaltskanzlei wurde Helen von Janice über den Gesundheitszustand ihrer Tochter informiert; sie bat ihre ältere Tochter, Christine liebe Grüße und gute Wünsche zur Genesung zu übermitteln. An einem Sonntagmorgen einige Monate später erhielt Helen einen Anruf von Christines Therapeutin; sie sagte ihr, daß Christine ihr eventuell einen Besuch erlauben würde, wenn mehrere Voraussetzungen erfüllt seien. Vor einem Treffen, erklärte die Therapeutin, müsse Helen ›The Courage to Heal‹ gelesen haben. Dann müsse sie noch selbst in Therapie gehen. Helen war begeistert von der Möglichkeit, mit Christine zusammentreffen zu können, und betonte, sie habe keine Ahnung gehabt, daß Christines Vater sie sexuell mißbraucht hätte. Die Therapeutin beschimpfte sie dann noch über eine Stunde lang wegen der Art und Weise, wie sie ihre Tochter aufgezogen habe. Die Anzeichen, daß etwas mit ihrer Tochter nicht in Ordnung sei, sagte sie zu Helen, wären deutlich erkennbar gewesen, und nur eine sehr nachlässige Mutter könne sie übersehen haben. Außerdem stellten die Telefonanrufe bei den Ärzten und das Buch über das Sterben, das sie Christine über Janice geschickt hatte, unverfrorene Versuche dar, Christine zu manipulieren. Wenn sie mit ihrer Tochter zusammentreffen wolle, dann müßten ihre Handlungen sehr genau beobachtet werden. Am Ende des Telefongesprächs war Helen in Tränen aufgelöst.

Am selben Tag kaufte sie ›The Courage to Heal‹ – ein dickes, großformatiges Buch von fast fünfhundert Seiten – und las es sofort von der ersten bis zur letzten Seite. Dem Abschnitt mit der Überschrift »Herkunftsfamilien« widmete sie besondere Aufmerksamkeit, ebenso dem folgenden Kapitel, das Ratschläge für die Partner und näheren Angehörigen der Opfer enthielt. Sie las die Zeilen: »Kam es innerhalb der Familie zum Mißbrauch oder finden Sie in der Familie im allgemeinen nur wenig Unterstützung und verhält sie sich Ihnen gegenüber eher kritisch beziehungsweise neutral, kann es sehr schwierig werden, die Beziehungen weiter aufrechtzuerhalten. Manchmal wird seitens der Familie den Opfern wirklich geholfen und ihnen Verständnis entgegengebracht; doch das ist eher selten. Aus ihrem eigenen veränderten Blickwinkel schauen die meisten Mißbrauchsopfer auf Familien, die immer noch eingekapselt in Gewohnheiten leben, die es schon gab, als sie noch Kinder waren. Und wenn sie sich vom System ihrer Familie lösen, sehen sie sich damit konfrontiert, daß es hier möglicherweise keinen Platz mehr für sie gibt.«[3] Helen bestärkte ihren Vorsatz, Christine unbedingt wissen zu lassen, daß es in ihrer Familie immer einen Platz für sie gab. Einige Seiten später las sie, daß die nächsten Angehörigen »der Überlebenden immer glauben« sollten. »Auch wenn sie manchmal selbst zweifelt, wenn ihre Erinnerungen vage sind, und wenn sich das, was sie erzählt, übertrieben anhört, glauben Sie ihr.« Helen erfuhr auch, daß sie die Wut- und Schmerzgefühle ihrer Tochter »bestätigen« solle. »Hier handelt es sich um gesunde Reaktionen. Sie muß sie empfinden, sie ausdrücken und angehört werden.«

Helen fand vor Ort eine Therapeutin, und nach den ersten Sitzungen bat sie sie, die Therapeutin ihrer Tochter anzurufen, um herauszufinden, ob man ein Treffen arrangieren könne. Als Helen zu ihrer fünften Sitzung kam, wirkte die Therapeutin mürrisch. Sie hatte Christines Therapeutin angerufen und erfahren, daß es eine ganze Reihe von Punkten gab, die bei Helen zunächst angesprochen werden müßten, ehe sie ihre Tochter sehen könne. Ihre Therapeutin legte Helen dann den Gedanken nahe, daß sie selbst vielleicht verdrängte Erinnerungen an einen Mißbrauch habe, den sie als Kind erlitten habe: »Doch als erstes müssen wir herausfinden, warum Sie einen Kinderschänder geheiratet haben.«

Nach der Sitzung ärgerte sich Helen über die Beschuldigung und beschloß, nicht weiter in diese Therapie zu gehen. Sie schrieb einen Brief an Christines Therapeutin und log darin, sie habe die Therapie beendet, weil sie zu teuer sei; sie wolle ihr aber versichern, daß sie eine andere Art der Beratung finden würde und daß sie weiterhin sehr stark daran interessiert sei, ihre Tochter zu sehen. Daraufhin erhielt sie von Christines Therapeutin einen Antwortbrief, in dem die sie scharf zurechtwies, weil sie ihre Therapie abgebrochen hatte: »Meiner Meinung nach habe ich deutlich klargemacht, daß Sie emotional dazu in der Lage sein müssen, aktiv zuhören zu können, wenn Christine ihre Wut ausdrückt.«

Weil Helen unbedingt ihre Tochter noch einmal sehen wollte, schrieb sie schließlich Monate später einen Brief, in dem sie sich, so gut sie es konnte, bereit zeigte, auf die neuentwickelten Überzeugungen ihrer Tochter hinsichtlich der grauenhaften Verhältnisse in ihrer Kindheit einzugehen. Sie beschloß, ihre Elternrolle zu verteidigen sei weniger wichtig, als Christine ihre Unterstützung anzubieten. »Du weißt gar nicht, wie sehr ich mir wünsche, Dich zu sehen, damit ich mich bei Dir entschuldigen kann – mich zutiefst bei Dir für so viele Dinge entschuldigen kann, die meine von Herzen geliebte Christine verletzt haben. Die Tatsache, daß ich all dies unabsichtlich gemacht habe, ist nebensächlich – es hat Dich, Christine, verletzt, und es tut mir wirklich leid... Kein Tag vergeht, an dem ich nicht häufig an Dich denke, mich nicht danach sehne, daß Du glücklich und gesund bist, und ich mich nicht frage, wie es Dir geht. Würde ich zuviel von Dir verlangen, wenn ich Dich bitte, mich kommen zu lassen, damit ich Dich ganz kurz sehen kann? Wie sehr ich mir doch wünsche, daß ich Deine Stimme hören kann!« Durch Vermittlung von Christines Therapeutin wurde Helens Wunsch entsprochen. Sie würde sich in Anwesenheit der Therapeutin mit Christine treffen müssen. Helen stimmte sofort zu.

Am Tag des Treffens in Denver kam Helen eine halbe Stunde zu früh zum Haus der Therapeutin und wartete im Wagen. Das Haus war groß und schön; sie mußte einen Knopf drücken, um durch ein Eingangstor mit dem Wagen durchgelassen zu werden. Nicht die Therapeutin ihrer Tochter, sondern eine Kollegin kam heraus und führte Helen in ein holzgetäfeltes Arbeitszimmer.

Als Helen sah, wie ausgelaugt Christine war, konnte sie ihre Tränen nur mit Mühe zurückhalten: Christine hatte tiefe Ringe unter den Augen, und ihr Körper war schlaff. Sie sackte in sich zusammen, und über einen an der Schulter angelegten Tropf wurde ihr Morphium zugeführt. Als Helen eine Bewegung machte, um ihre Tochter zu umarmen, hielt sie die Therapeutin, die sie ins Zimmer geführt hatte, am Arm fest und bat sie, sich auf die Couch im gegenüberliegenden Teil des Arbeitszimmers, weit weg von Christine, zu setzen. Christines Therapeutin saß neben ihrer Tochter und hielt deren Hand. Helen sagte ihr, wie schön es sei, sie zu sehen, und wie nahe sie ihr täglich in ihren Gedanken und in ihrem Herzen gewesen sei. Doch Christine reagierte nicht.

Christine und ihre Therapeutin wußten, daß das Treffen nicht als fröhliches Beisammensein geplant war, sondern eher als »Konfrontation«, wie man in der Bewegung sagt; die beiden hatten zahlreiche der vorangehenden Therapiesitzungen damit verbracht, sich auf diesen Tag vorzubereiten. Christine hat eine lange Liste von Mißbrauchsereignissen zusammengestellt; dazu gehörten auch sexuelle Gewaltakte, von denen sie meinte, daß ihre Mutter sie zugelassen habe. Nachdem die Therapeutin Christine etwas ins Ohr geflüstert hatte, sagte sie zu Helen, daß Christine eine Erklärung abgeben wolle, die sie für dieses Zusammentreffen vorbereitet hätte. Christine nahm die linierten Blätter, die sie auf dem Schoß liegen hatte, in die Hand und begann vorzulesen:

»Mutter, ich habe im Moment Probleme damit, mir selbst und anderen zu vertrauen, meine Gefühle auszudrücken und aus mir herauskommen zu lassen. Statt dessen würge ich sie in mich hinein. Es ist schwierig für mich, zu erkennen, wer ich bin.« Ihre Stimme war schwach, und sie mußte zwischen jedem der Sätze zweimal Luft holen. Sie fuhr fort:

- *Als ich dich sagen hörte: »Meine beiden Töchter sind begabt und klug«, hörte ich dich sagen, ich sei als Einzelperson für dich bedeutungslos, und ich besäße für mich genommen keine bemerkenswerten Eigenschaften.*
- *Immer sagtest du: »Wenn es meinen Kindern weh tut, tut es auch mir weh« oder »Weine nicht, sonst weine ich auch.« Und ich dachte dann, meine Gefühle täten dir weh, und ich sei böse.*
- *Wenn ich etwas nicht machen wollte, worum du mich gerade gebeten hattest, und du sagtest »Warum mußt du mich so reizen?«, hörte ich heraus, daß dich mein Bedürfnis nach Unabhängigkeit verletzte.*

– *Wenn ich abends zu spät nach Hause kam und du sagtest »Warum haßt du mich so sehr?«, hörte ich aus deinen Worten heraus, daß ich einzig und allein vorhätte, dir wehzutun.*
– *Als du sagtest: »Es macht mir nichts aus, dir Anziehsachen zu kaufen, solange du sie nur anziehst«, hörte ich aus deinen Worten heraus, daß Geld, das für mich ausgegeben wurde, verschwendetes Geld sei.*
– *Als du sagtest, du liebtest alle deine Kinder gleich, aber Janice an einem Schönheitswettbewerb teilnehmen ließt, während ich noch nicht einmal an einem Schnellkurs für Models teilnehmen durfte, hast du mir damit die Botschaft vermittelt, ich sei dir nichts wert ...*

Helen fiel es schwer, sich auf das zu konzentrieren, was ihre Tochter sagte. Sie wußte, daß sie nie gedacht hatte, ihre Tochter bedeute ihr nichts oder sei ihr nichts wert; und sie hatte ganz bestimmt nicht beabsichtigt, ihr diese Botschaft zu vermitteln. Wie kam es, daß es eine so große Diskrepanz zwischen ihren eigenen Erinnerungen an Christines Erziehung und der Überzeugung gab, die sich bei Christine selbst herausgebildet hatte? Als sie die Beschuldigung hörte, sie habe ihre ältere Tochter bevorzugt, unterbrach sie Christine, um dieses einfache Mißverständnis zu klären. Sie hatte Christine nicht erlaubt, in Model-Kurse zu gehen, weil die zu teuer waren und sie das zu einem Zeitpunkt wollte, als sie kaum das Nötigste verdiente, um ihre Töchter zu ernähren. Beim Schönheitswettbewerb, an dem Janice kurze Zeit vorher teilgenommen hatte, lagen die Dinge anders – er war *umsonst*, und die Kleidung der Teilnehmerinnen war vom örtlichen Kaufhaus gestiftet worden. Doch Christines Therapeutin unterbrach Helen: »Sie dürfen jetzt nur zuhören«, sagte sie unnachgiebig. »Sie dürfen sich jetzt nur Christines Wut anhören.« Man gab Helen einen Stift und einen Notizblock, damit sie ihre Antworten aufschreiben konnte. Sie versuchte ein paar Minuten lang, ihre Gedanken in Worte zu fassen, war jedoch wegen der Verbitterung ihrer Tochter so verwirrt, daß sie ihre Schreibversuche bald aufgab. Christine las weiter vor:

- *Mich zu zwingen, mit am Tisch zu sitzen und genau das zu essen, was ich deinem Willen nach essen sollte, betrachte ich als Mißhandlung. Und daß du nicht versucht hast, etwas zu ändern und herauszufinden, warum ich keinen Appetit hatte, war eine Vernachlässigung meiner Person.*
- *Du hast mir die Botschaft übermittelt, ich sei es nicht wert, daß du mir deine Zeit und Beachtung schenkst, als du sagtest, ich sollte Gesangsstunden nehmen; aber ich war es dir nicht wert, denn du hast nichts in dieser Richtung unternommen.*
- *Als du sagtest »Lügen sind etwas, was ich nicht dulden kann – ich mache das ja auch nicht mit dir«, hörte ich aus deinen Worten heraus, du seist ein besserer Mensch als ich.*
- *Jedesmal, wenn ich dich sagen hörte »Du versuchst immer, die Leute schlechtzumachen«, hörte ich heraus, daß du dir wünschtest, ich lebte nicht in unserer Familie, und daß du glücklicher wärst, wenn ich tot bin.*
- *Jedesmal, wenn du sagtest »Ich versuche so gut zu dir zu sein, doch du bist nie zufrieden«, hörte ich heraus, daß ich dir gegenüber nicht dankbar genug bin.*
- *Jedesmal, wenn du sagtest »Warum mußt du immer recht haben?«, hörte ich heraus, daß ich nie recht hatte und daß ich es nicht verdiene, Selbstachtung zu haben.*
- *Jedesmal, wenn du sagtest »Ich weiß, daß du es besser machen kannst«, hörte ich heraus, daß das, was ich tat, nicht gut war…*

Um die ganze Liste der Anschuldigungen zu verlesen, brauchte Christine fast eine Stunde. Sie schloß mit: »Jetzt habe ich mich dafür entschieden, diese Dinge als das zu sehen, was sie wirklich sind: ein eklatanter Kindesmißbrauch, der gar nichts damit zu tun hatte, wer ich bin oder wer ich damals war. Ich nutze meine Wut darüber, um neue Stärke zu gewinnen … ich weise diese Botschaften an mich als die Lügen zurück, die sie immer schon gewesen sind. Den Haß und die Scham, von denen ich all diese Jahre dachte, sie gehörten zu mir, gebe ich an dich, die rechtmäßige Besitzerin zurück. Ich glaube, daß das narbige Gewebe in meinem Knochenmark einfach Ausdruck meiner Überzeugung ist, ich sei im Kern verfault, und Ausdruck meines Wunsches, es dir dadurch recht zu machen, daß ich zu existieren aufhöre.«

Dann folgte ein langes Schweigen. Eine der Therapeutinnen sagte zu Helen, sie könne jetzt auf Christines Anschuldigungen antworten. Helen fragte sich, was sie ihrer Tochter sagen könne und wo sie beginnen könne, alles wieder ins Lot zu bringen. Vielleicht wäre es ein Ansatzpunkt, wenn sie ihr erzählen könne, wie glücklich sie als Kind gewesen zu sein schien. Sie versuchte, sich an Liebesbeweise zu erinnern, die am besten zeigen würden, wie sehr sie Christine immer gemocht hatte. Helen sah ihre Tochter an, sah, wie sie die Zettel auf ihrem Schoß faltete, so als ob sie das viel Kraft kostete. Helen wußte, dieser Besuch war das letzte Mal, daß sie Christine je sehen würde. Helen erkannte, daß die Wahrheit nicht mehr von Belang war und daß die Zeit nicht ausreichen würde, alles ins rechte Lot zu rücken. »Es tut mir leid, Christine«, war alles, was ihr einfiel; deshalb wiederholte sie es wieder und wieder. »Es tut mir leid, Liebling. Es tut mir alles so leid …« Gegen Ende des Treffens händigte ihr Christines Therapeutin eine Kopie der Liste mit den Anschuldigungen aus.

Einige Monate später starb Christine und hinterließ die Anordnung, daß ihre Familie erst eine Woche nach ihrer Beerdigung von ihrem Tod benachrichtigt werden sollte.

Helen kann nicht verstehen, was mit ihrer Tochter während der Therapie geschehen ist; sie sitzt noch immer rätselnd über den Briefen und über der Liste, die ihre Tochter zusammengestellt hat. Angesichts der Art und Weise, wie Christine ihre Kindheit neu deutete, fragt sich Helen mittlerweile, ob die Beschuldigung des sexuellen Mißbrauchs gegen ihren früheren Mann nicht genauso falsch ist wie die Beschuldigung, sie habe es zugelassen, daß der Mißbrauch stattfand. Am traurigsten ist Helen darüber, daß sie nicht in der Lage war, ihre Tochter in der Zeit der Krankheit zu stützen und zu trösten.

Die Wahrheit über das, was über Christines Kindheit durchdrang, wird nie mit absoluter Sicherheit ans Tageslicht kommen. Wie in den meisten Fällen bei der Therapie zur Aufdeckung von Erinnerungen stehen die Überzeugungen der Patientin in krassem

Gegensatz zu dem, was die Eltern sagen. In vielen Fällen ändert die in der Therapie entwickelte Geschichte die Sicht der Klientin auf ihre Vergangenheit so stark, daß es praktisch keine gemeinsame Basis mehr für ihre neu entstehenden Überzeugungen einerseits und die Erinnerungen der Eltern andererseits gibt. In vielen dieser Fälle, wie etwa bei Christine, wird deutlich, daß die Patientinnen oft mit der Therapie beginnen, ohne eine Vorstellung davon zu haben, daß sie von ihren Eltern mißbraucht wurden oder daß ihre Kindheit von Anfang bis Ende ein einziger Mißbrauch war. Weil der therapeutische Prozeß Leute wie Christine zu solchen Überzeugungen verleitet, liegt die einzige Möglichkeit, zu verstehen, was mit diesen Frauen geschehen ist, darin, die Grundvorstellungen, Vorgehensweisen und Praktiken der Therapie zu untersuchen.

Um die in der Therapie entstandenen Überzeugungen zu rechtfertigen, haben die Experten der Bewegung zur Aufdeckung von Erinnerungen eine Reihe neuer Theorien angeboten, mit denen die Fähigkeit des Geistes erklärt wird, ein Trauma zu verdrängen. Obwohl die Theorien im Umfeld der Bewegung häufig nebulös und voller Widersprüche sind, teilen diejenigen, von denen die Therapie praktiziert und propagiert wird, eine Überzeugung: Junge Menschen besitzen die geistige Fähigkeit, Jahre oder Jahrzehnte wiederholten sexuellen Mißbrauchs zu verdrängen, so daß die kindlichen oder jugendlichen Opfer jegliches bewußte Wissen vom Mißbrauch verlieren. Obwohl man mit der Vorstellung von der Verdrängung in psychoanalytischen Kreisen seit hundert Jahren geliebäugelt hat, zeigt sich hier das Verdrängungskonzept in einem neuen Gewand – es geht um einen weit wirksameren Mechanismus, als ihn sich Freud je vorzustellen wagte. Während in der Psychotherapie seit langem die Auffassung vertreten wurde, daß wir bewußt Gedanken an unangenehme Erfahrungen vermeiden und deshalb den Einfluß solcher Erinnerungen möglichst gering halten – den meisten Quellen zufolge gebrauchte Freud ursprünglich den Begriff genau so[4] –, gestattet es dieser starke Verdrängungsmechanismus dem Unterbewußten angeblich, unserem Bewußtsein absichtlich absolut alle traumatischen Erinnerungen zu nehmen. Mit Hilfe dieses Mechanismus vermeidet unser Denken nicht nur unangenehme Vorstellungen und Erinnerungen, sondern schottet sie völlig vom Bewußtsein ab. Die Erinnerungen an ein Trauma sind nicht nur verborgen, sondern liegen weiterhin gleichsam tiefgefroren in ursprünglicher Form vor und warten auf eine Zeit, in der die Person emotional darauf vorbereitet ist, sich an sie zu erinnern. Der Hauptzauber dieses neuen starken Verdrängungsmechanismus ist der feste Glauben auf seiten der Therapeuten, die Erinnerungen aufdecken, daß diese traumatischen Ereignisse durch Therapie wieder »neu durchlebt« werden können. Angeblich sind diese verdrängten Erinnerungen so real, daß Therapeuten behaupten, die Klientinnen erlebten das Ereignis noch einmal so, als fände es in diesem Augenblick statt.

Die Verfechter der Vorstellung von der starken Verdrängung lassen sich in zwei Gruppen aufteilen. Da sind zum einen die vielen Experten, die ihre Ideen der Öffentlichkeit direkt über Bücher, Tonbänder und Seminare verkaufen. Zum andern gibt es diejenigen, die für sich den Status eines Wissenschaftlers oder Hochschullehrers in Anspruch nehmen und deren Forschungsarbeiten und Veröffentlichungen sich an eine Gemeinschaft von Experten richten. Was die Grundgedanken, Theorien und Rechtfertigungen der Therapie zur Aufdeckung von Erinnerungen angeht, ist die Unterscheidung zwischen hochschulorientiert und nichthochschulorientiert hypothetisch. Abgesehen von Unterschieden im Stil und in der Art des verwendeten Jargons sind die Theorien, die von den beiden Gruppen angeboten werden, im wesentlichen dieselben.

»Zu Beginn der Wiedererlangung von Erinnerungen haben die meisten Frauen kaum eine oder gar keine Gewißheit, daß sie Überlebende sexuellen Mißbrauchs sind«, schreibt Mary Beth McClure in ihrem populären Buch zu diesem Thema. »Das liegt daran, daß die meisten überlebenden Opfer von Inzest teilweise oder auch vollständig ihre Erinnerung an das tatsächliche Ereignis verlieren... Wenn der Körper und der Geist von den einströmenden Reizen überflutet werden, schotten sie sich einfach ab und hören auf, Informationen zu verarbeiten, bis das System nicht mehr überlastet ist. Das ist völlig natürlich.«[5]

»Vergessen ist eine der verbreitetsten und wirksamsten Methoden, wie Kinder mit sexuellem Mißbrauch umgehen«, ergänzen Ellen Bass und Laura Davis in ihrem Bestseller ›The Courage to Heal‹. »Der menschliche Geist besitzt ungeheure Kräfte, etwas zu verdrängen. Viele Kinder sind fähig, den Mißbrauch zu vergessen, selbst wenn sie ihm weiter ausgesetzt sind.«[6] Nach Mike Lew, Autor des Buches ›Victims No Longer‹, können zur Verdrängung nicht nur die Erinnerungen an den Mißbrauch gehören, sondern auch alle Erinnerungen zwischen den einzelnen Belästigungen: »... Große Abschnitte der Kindheit können ins Verborgene gedrängt werden... Wenn mir ein erwachsener Klient erzählt, daß er sich an ganze Abschnitte seiner Kinderheit nicht mehr erinnern kann, dann halte ich es für recht wahrscheinlich, daß irgendeine Art von Mißbrauch stattgefunden hat.«[7]

Diese Experten stimmen auch darin überein, daß solche Erinnerungen meist verborgen bleiben, bis die Klientinnen erwachsen sind und in eine Therapie gehen. Laura Davis erklärt in ihrem Buch ›Allies in Healing‹: »Kinder vergessen tatsächlich den Mißbrauch, der stattgefunden hat; sie speichern ihn in einem Teil von sich selbst, der ihrem bewußten Denken nicht zugänglich ist... Dann, zehn oder zwanzig Jahre später, kommen diese verdrängten Kindheitserinnerungen an die Oberfläche und richten häufig Verwüstungen im Leben der Betroffenen an... Dieser Verlauf, daß traumatische Erinnerungen noch Jahre nach dem ursprünglichen Trauma aufgedeckt werden, ist ein gut belegtes psychologisches Phänomen.«[8]

Nach diesen Büchern entläßt das Unterbewußte die lange verdrängten Erinnerungen ins Bewußtsein, wenn ihm auf irgendeine Weise signalisiert wird, daß das erwachsene Denken bereit ist, sich zu erinnern. »Verdrängte Erinnerungen sind Teile Ihrer Vergangenheit, die in ein geheimnisvolles Dunkel gehüllt wurden«, schreibt Renee Fredrickson in ›Repressed Memories‹. »Sie pirschen sich an Ihr Unbewußtes heran und hemmen Ihr Leben durch die Nachwirkungen... Als Sie mißbraucht wurden, waren Sie zu jung und zu zerbrechlich, um die Erinnerung zu behalten... Deshalb verbarg ihr wunderbares, mächtiges Denken einiges oder alles vom Mißbrauch, bis Sie stark genug waren, den Tatsachen ins

Auge zu sehen. Ihre verdrängten Erinnerungen wurden auf Eis gelegt, nicht nur bis Sie so weit sind, sondern auch bis die Gesellschaft so weit ist, damit umzugehen. In unserer Kultur gab es eine Evolution des Bewußtseins, die dazu führte, daß wir wachsam und auf neue Weise human auf Mißbrauch reagieren.«[9]

Die Erklärungen und die Definitionen rund um den Grundgedanken der Verdrängung sind nahezu dieselben, egal, ob sie nun aus angeblich wissenschaflichen Büchern oder aus populären Zeitschriften stammen: »Verdrängung ist eine wirksame Methode, mit Daten über das Selbst umzugehen: Was nicht erinnert wird, kommt in die tieferen Schichten des Gedächtnisses, um später, wenn erforderlich, wieder hervorgeholt zu werden«, schreibt die Therapeutin Karla Clark im ›Clinical Social Work Journal‹ und fügt hinzu: »... solche Dinge überraschen uns möglicherweise, wenn sie abgerufen werden, durch ihre Existenz und durch ihre Eigenart.«[10] Der Psychiater Eugene Bliss erklärt in seinem Buch über multiple Persönlichkeiten, das von Oxford University Press veröffentlicht wurde: »Frühe [traumatische Erfahrungen] sind besonders gut geschützt... Ereignisse, die auf diese Weise ans Unbewußte verwiesen werden, bleiben unverändert, wenn sie nicht durch Hypnose aufgedeckt und wieder in den Strom des Bewußtseins eingespeist werden.«[11] Die Therapeutin Elaine Westerlund schreibt in einem Beitrag für die Zeitschrift ›Women & Therapy‹: »Manchmal wurden die Erinnerungen so erfolgreich verdrängt, daß eine Frau über Jahre hinweg in Therapie sein kann, bevor sie in der Lage ist, sich an die Erlebnisse zu erinnern.«[12]

Diese Theorie zum Verdrängungsmechanismus läßt sich kurz durch die erste Zeile in Judith Hermans Buch ›Trauma and Recovery‹ zusammenfassen: »Die normale Reaktion auf Greueltaten besteht darin, sie aus dem Bewußtsein zu verbannen.« Selbsternannte Experten wie Dr. Herman berichten, massive Verdrängung käme häufig vor. Sie behaupten, daß man im psychosozialen System und in der Gesellschaft insgesamt gerade erst beginnt, das Ausmaß dieser bemerkenswerten, angeborenen Fähigkeit zu verstehen. Der Psychologe John Briere, einer der einflußreichsten Experten der Bewegung, gibt zu, daß es sich bei dieser Art totaler Verdrängung, die zum »vollständigen Verlust der Erinnerungen an sexuellen Kindesmißbrauch« führen kann, um ein Phänomen handelt, daß dank der Arbeit »mißbrauchsorientierter Therapeuten erst kürzlich in seiner Bedeutung richtig eingeschätzt wurde«.[13]

Jenseits des gemeinsamen Glaubens an einen mächtigen Verdrängungsmechanismus gibt es in den Veröffentlichungen der Bewegung dann eine scheinbar endlose Ansammlung von Vorstellungen und Erklärungen dazu, wie dieser Verdrängungsmechanismus funktioniert und wie Erinnerungen aufgedeckt werden können. Macht man sich daran, die zahlreichen Theorien, die dieses Konzept der starken Verdrängung erklären, zu untersuchen, so wird das schnell zu einem Stochern im Nebel. Obwohl diese Experten uns eindeutig glauben machen möchten, daß sie sich alle auf dasselbe Phänomen beziehen, variieren die Theorien darüber, warum es zur Verdrängung kommt, von Experte zu Experte beträchtlich.

Obwohl sie sich nie offen widersprechen, stimmen die Autoren beispielsweise nicht bei der Frage überein, ob Kinder nach jedem einzelnen Mißbrauchsereignis Erinnerungen verdrängen oder ob dies mit dem ganzen Block derartiger Erlebnisse zu einem späteren Zeitpunkt geschieht. Laut einigen Berichten über die Verdrängung aus dem Gedächtnis machen Kinder einen Mißbrauch nach dem anderen durch, ohne daß sie noch irgend etwas vom vorigen Mißbrauch wissen. Anderen Berichten nach überstehen sie lange Zeitabschnitte des Mißbrauchs, erinnern sich an ihre Erlebnisse und schieben das Wissen dann zu irgendeinem späteren Zeitpunkt ins Unbewußte ab. Das führt zu einigen naheliegenden Fragen: Wenn Kinder ein Trauma sofort vergessen, müßte dann dieses Phänomen nicht immer wieder in der Menschheitsgeschichte und nicht nur bei den zeitgenössischen Fällen eines Traumas in der Kindheit dokumentiert worden sein? Oder: Wenn Kinder Mißbrauchserinnerungen speichern und sie dann in großer Zahl verdrängen, was, wenn es nicht der Mißbrauch selbst ist, löst dann die Verdrängung aus?

Auch die Theorien, aus welchen Gründen ein Kind die Erfahrung des sexuellen Mißbrauchs verdrängt, sind widersprüchlich. Häufig wird die Theorie vorgebracht, Mißbrauch sei körperlich so traumatisch, daß das Denken ihn nicht im Gedächtnis enkodieren kann, genauso wie das Opfer eines Verkehrsunfalls oft nicht in der Lage ist, sich den Augenblick des Aufpralls im Gedächtnis einzuprägen. Wenn jedoch das körperliche Trauma der auslösende Mechanismus ist, wie verdrängt das Kind die Erinnerungen rund um diese Attacke, die darauf hinweisen, daß etwas Traumatisches stattgefunden hat? Warum decken so wenige Patientinnen verdrängte Erinnerungen an Schläge oder andere körperliche Bestrafungen auf, denen Kinder gewöhnlich ausgesetzt sind? Warum entdecken so viele Patientinnen Erinnerungen an subtilere Formen einer Belästigung, die nicht im körperlichen Sinne schmerzhaft waren? Und wie können Säuglinge oder ganz kleine Kinder zwischen nicht schmerzhaften erlaubten Berührungen durch einen Arzt und nicht schmerzhaften unangebrachten Berührungen durch einen Pädophilen unterscheiden? Woher wissen sie, welche Erlebnisse sie verdrängen müssen? Gibt es Eigenschaften, die spezifisch für alle Formen sexuellen Mißbrauchs sind, die bewirken, daß die Erinnerungen daran viel eher als andere ins Unterbewußte verdrängt werden, um später wieder abgerufen zu werden?

Eine Adressatin für diese Fragen ist Ellen Bass, Koautorin von ›The Courage to Heal‹. Sie ist zweifellos eine der prominentesten Persönlichkeiten in der Bewegung zur Aufdeckung von Erinnerungen und tritt häufig in Fernseh-Talk-Shows auf, um die in ihrem Buch dargestellte Theorie zu propagieren und neuerdings auch gegen Angriffe zu verteidigen. ›The Courage to Heal‹, von dem erstaunlicherweise 750 000 Stück verkauft wurden, wird häufig als die Bibel der Bewegung überlebender Erwachsener bezeichnet. Obwohl sie keine Psychotherapeutin ist und auch nicht für sich in Anspruch nimmt, eine Hochschulausbildung auf diesem Gebiet zu haben, hat sie wegen der herausragenden Stellung ihres Buches Seminare vor Tausenden von Psychotherapeuten und anderen aus dem psychosozialen Bereich abgehalten. Das Buch strotzt von selbstgewissen und absoluten Aussagen darüber, wie erwachsene Frauen verborgene Erinnerungen an einen Mißbrauch, den sie als Kinder erlitten haben, aufdecken können. Unter anderem schreiben Ellen Bass und Laura Davis, ihres Wissens nach habe die Vermutung, daß jemand mißbraucht wurde, *immer* dazu geführt, daß sich dieser Verdacht bestätigt hat. Sie ermahnen die Therapeuten, fest bei ihrer Überzeugung zu bleiben, ihre Klientinnen seien mißbraucht worden, selbst wenn die Klientinnen zu der Überzeugung kommen, daß das bei ihnen nicht so gewesen sei.

Persönlich ist Ellen Bass eine so freundliche und einnehmende Frau, wie man sie selten trifft. Als wir sie in ihrem bescheidenen Haus in Santa Cruz (Kalifornien) befragten, zeigte sie keinerlei Starallüren. Auf unsere Bitte, zu erklären, wie ein Kind dazu kommt, die Erinnerung daran zu verdrängen, daß es mißbraucht worden ist, meinte sie: Das Unwohlsein, das damit verbunden ist, etwas so Schmerzvolles zu erinnern, rege das Denken dazu an, eine Erinnerung ins Unterbewußte abzuschieben. »Ich glaube, hier handelt es sich um eine Form des gesunden Menschenverstandes. Wenn etwas Schreckliches mit Ihnen geschieht, dann fühlen Sie sich auch beim Gedanken daran schrecklich. Unterm Strich ist es genau das. Es geht um einen Überlebensmechanismus. Kindern stehen nicht so viele Wege offen, etwas zu bewältigen.«

Wir fragten sie dann, warum ein Kind, das die von der Gesellschaft gezogene Trennlinie zwischen sexueller und nichtsexueller Berührung noch nicht verstehen könne, die Erinnerung an eine nicht schmerzhafte Belästigung verdrängen sollte.

»Wenn es nicht schmerzhaft ist, glaube ich, erkennt das Kind aufgrund des emotionalen Zustands, in dem sich der Täter oder die Täterin befindet, daß es sich um etwas Böses handelt«, erklärte sie. »Wenn ein Täter Angst hat, es könne jemand ins Zimmer kommen, dann bekommt das Kind das mit. Täter können sich auch in einem ganz eigenen veränderten Bewußtseinszustand befinden, haben einen gläsernen Augenausdruck, können einen unangenehmen seelischen Zustand vermitteln. Säuglinge wissen nichts über Anstandsformen, aber darin kennen sie sich aus.«

Was geschieht, wenn ein Elternteil ein Kleinkind wäscht und dabei angespannt, abgelenkt oder durcheinander ist? Wird das Kleinkind diese Erfahrung verdrängen?

»Nun, wenn das Kind nicht alt genug ist, um zu wissen, was böse ist, dann ist zu diesem Zeitpunkt vielleicht alles in Ordnung. Wenn das Kind jedoch älter wird, liegt die kulturspezifische Sichtweise auf der Hand. Wenn es erkennt, was ihm angetan wurde, dann wird es die Erinnerung verdrängen. Auf diese Art handelt es sich um so etwas wie eine verspätete Schädigung. Doch ich bin mir nicht ganz sicher. Ich weiß da nicht genau Bescheid, weil ich keine richtige Ausbildung auf diesem Gebiet habe. Aber eventuell erinnert sich das Kind für eine bestimmte Zeit daran und verdrängt es danach. Möglicherweise kommt es nicht sofort zur Verdrängung. Vielleicht könnte ein fünfjähriges Kind, das mit drei Jahren mißbraucht wurde, etwas erzählen, wenn man es danach fragen würde, was mit ihm geschehen sei. Aber vielleicht könnte es das mit acht Jahren nicht mehr. Warum geschieht das? Möglicherweise vermittelt die Gesellschaft dem Kind das Gefühl, daß Verdrängung erforderlich ist. Ich weiß es nicht.«

Dann wollten wir wissen, warum so wenige der erwachsenen Opfer körperliche Schläge ohne sexuelle Absichten verdrängt haben. Das heißt, warum funktioniert im menschlichen Denken der Verdrängungsmechanismus anscheinend vorwiegend bei Erinnerungen an sexuellen Mißbrauch?

»Ich glaube, [körperliche Gewalt] ist nicht mit demselben Schamgefühl verbunden«, erklärte sie. »Sie wird zugegeben und ist weniger verwirrend. Beim sexuellen Mißbrauch ist es für ein Kind schwer zu deuten, was da vor sich geht. Vielleicht verdrängen wir Erinnerungen, weil wir kein Begriffssystem haben, um Mißbrauch da einzuordnen. Es ist schwer, sich an Dinge zu erinnern, für die wir keine Begriffe haben. Alles um uns herum, was man nicht zugibt, wird auf eine Weise unwirklich.«

Ellen Bass schien sich nicht bewußt zu sein, oder es machte ihr nichts aus, daß innerhalb eines einzigen kurzen Gesprächs die Theorie, die sie zur Erklärung der geistigen Fähigkeit, Erinnerungen zu verdrängen, entwickelt hatte, beträchtlich ins Wanken geriet. In weniger als einer halben Stunde wechselte die Begründung für die Verdrängung von unwillentlichen Abwehrmechanismen gegen ein Trauma über eine komplexere Reaktion auf sexuelle Schamgefühle bis hin zur Verstörtheit des Kindes und zum Mangel an »begrifflicher Einordnung« im Bereich sexueller Erlebnisse. Sie vertrat alle möglichen Richtungen. Vielleicht verdrängen Kinder Erlebnisse, weil sie traumatisch sind; vielleicht ist das so, weil sie nicht verstehen, was ihnen angetan wurde; und vielleicht ist es so, weil sie es über die Gesellschaft zu einem späteren Zeitpunkt in ihrem Leben lernen, das Erlebnis als anstößig zu betrachten.

Als ihr deutlich gemacht wurde, daß sie anscheinend nicht eine, sondern mehrere Erklärungen für Verdrängung anbot, hielt sie dem entgegen, daß ihre Theorien dazu, warum Kinder Erinnerungen verdrängen, auf dem gesunden Menschenverstand beruhten. »Vielleicht denke ich auch gar nicht viel darüber nach, warum Menschen etwas verdrängen«, sagte sie dann. »Ich kann Ihnen keine zwingenden Argumente liefern, die Sie überzeugen würden. Ich kann Ihnen auch nicht die wissenschaftlichen Belege dafür anführen. Und eigentlich arbeite ich auch draußen in der realen Welt nicht so. In Wirklichkeit bin ich eine Praktikerin mit gesundem Menschenverstand.« Der Gedanke an sexuellen Mißbrauch ist derartig schrecklich, argumentierte sie, daß es einfach Sinn macht, wenn man annimmt, das Bewußtsein eines Kindes könne eine solche Erfahrung nicht aushalten. Auf die Frage, ob es irgendwelche wissenschaftlichen Befunde gäbe, die irgendeine ihrer Theorien stützten, sagte sie: »Sehen Sie, wenn wir darauf warten wollten, daß das akademische Wissen damit Schritt hält, dann könnten wir die ganze Sache überhaupt vergessen. Meine Vorstellungen beruhen nicht auf wissenschaftlichen Theorien. Wie Sie mitbekommen haben werden, bin ich wirklich keine Anhängerin großer Theorien.«

Wie viele andere, die die Therapie zur Aufdeckung von Erinnerungen befürworten, hat Ellen Bass beschlossen, statt einer einzigen Verdrängungstheorie anzuhängen, lieber gleich das ganze Feld abzudecken. Ein körperliches Trauma kann nicht der einzige Grund für die Auslösung des Verdrängungsmechanismus sein, weil das sonst häufiger bei nichtsexuellen Traumata berichtet worden wäre. Schamgefühl kann nicht der einzige Grund sein, weil kleine Kinder die sozialen Tabus nicht immer verstehen, die dafür sorgen, daß bestimmte Handlungen anstößig sind und andere nicht. Das Unvermutete an einer Belästigung kann auch nicht die Ursache sein. Denn Patientinnen berichten häufig, daß sie einen Mißbrauch verdrängten, der über Jahre hinweg vor sich ging und der recht vorhersagbar geworden war. Jeder, der die Absicht hat, die Theorie der Verdrängung aus der Erinnerung zu kritisieren, sollte wissen, daß er sich auf ein Objekt einschießen muß, das ständig in Bewegung ist.

In Wahrheit wandeln und verändern sich die Verdrängungstheorien wegen der Notwendigkeit, die sichtbaren Therapieergebnisse zu rechtfertigen. Für die Rechtgläubigen der Bewegung ist es von größter Bedeutung, daß keine Mißbrauchserinnerung in Frage gestellt wird. (Tatsächlich wird oft behauptet, es laufe auf das gleiche hinaus, eine Mißbrauchserinnerung in Frage zu stellen wie Täter beim Mißbrauch zu sein.) Weil es hieße, Erinnerungen zumindest einiger Patientinnen in Frage zu stellen, wenn man eine spezielle Verdrängungstheorie anzweifelt, gibt es eine solche Untersuchung bisher nicht. Die Verdrängungstheorien müssen unbedingt je nach Bedarf veränderbar sein. Denn wenn bestimmte Arten verdrängter Erinnerungen angezweifelt werden, würde sich die Aufmerksamkeit sofort darauf richten, wie diese Überzeugungen in der Therapie entstanden sein können. Und wenn diese Frage auf den Punkt gebracht würde, wäre damit die gesamte Therapie in Frage gestellt.

Liest man die populären Bücher und die wissenschaftlichen Arbeiten, die den Gedanken der Verdrängung propagieren, wird deutlich, daß es hier nicht darum geht, was das Kind empfindet. Die Erlebnisse der Kinder sind nur insoweit wichtig, wie sie dazu genutzt werden können, die Schauergeschichten der Erwachsenen über Kindesmißbrauch zu rechtfertigen und zu bestätigen. Weil unsere Gesellschaft sich einig ist, daß die Belästigung des eigenen Kindes das abstoßendste aller Verbrechen ist, geht man davon aus, daß von allen negativen Erlebnissen der sexuelle Mißbrauch den schlimmsten Einfluß auf die Psyche eines kindlichen Opfers hat. Wenn Inzest das Verbrechen ist, das uns am meisten von allen beunruhigt, dann ist es, so argumentieren die Therapeuten unausgesprochen, auch das Verbrechen, das beim Opfer den größten Schaden anrichtet. Jeder sexuelle Mißbrauch, folgern die Befürworter dieser therapeutischen Richtung immer wieder, existiert unabhängig von anderen Erfahrungen. Von sexuellem Mißbrauch nimmt man an, daß er ohnegleichen und psychologisch schädlicher ist als körperliche Gewalt, die Auswirkungen von Armut, der Tod eines Elternteils oder sogar als die Erfahrungen etwa von Überlebenden eines Holocausts. Die bemerkenswerte und erst seit neuestem postulierte Fähigkeit des Denkens, alle Erinnerungen an sexuellen Mißbrauch zu verbergen, ist deshalb eine vernünftige und nachvollziehbare Reaktion auf ein derart grauenhaftes Ereignis. Wie Ellen Bass sagt, es macht einfach Sinn. Den uns allen eigenen Abscheu gegen Kindesmißbrauch haben diese Therapeuten vom Rang einer weit verbreiteten kulturellen Wertvorstellung auf den einer angeborenen biologischen Realität erhoben.

Da wir ferner als Erwachsene moralisch kaum einen Unterschied zwischen gewaltsamem und nicht gewaltsamem Kindesmißbrauch machen – mit Recht schaudert es uns bei allen Spielarten des Kindesmißbrauchs –, nehmen die Therapeuten dieser Schule an, jede Art sexueller Begegnung würde sich im Bewußtsein eines Kindes gleichermaßen traumatisch auswirken. »Die Tatsache, daß eine andere Person eine schlimmere Form des Kindesmißbrauchs als Sie erlebt hat, mindert Ihr Leid nicht. Es ist einfach nicht sinnvoll, Schmerzen miteinander zu vergleichen«, schreiben Ellen Bass und Laura Davis in ›The Courage to Heal‹. »Eine Verletzung wird durch Ihre Kindheitserfahrung bestimmt – in Ihrem Körper, Ihren Gefühlen und Ihrer Seele... Auch um die Häufigkeit des Mißbrauchs geht es nicht. Ein Vertrauensbruch nimmt nur eine Minute in Anspruch. Ein Vater kann seine Finger innerhalb von dreißig Sekunden in die Unterhose seiner Tochter gleiten lassen. Danach ist die Welt nicht mehr dieselbe wie vorher.«[14]

Aber ergibt das wirklich einen Sinn? Bedeutet unser Ekel als Erwachsene vor dieser Szene, die Ellen Bass und Laura Davis beschreiben, daß das Denken des Kindes oder Kleinkindes – infolge der menschlichen Evolution – die Fähigkeit hat, die Bewußtheit für diese besondere Spielart einer beklagenswerten Handlung aus dem Bewußtsein zu verdrängen? Eine unangemessene Berührung oder selbst ein sexuell motivierter Blick können nach dieser Logik so schädlich wie eine schlimme Vergewaltigung sein und werden deshalb mit der gleichen Wahrscheinlichkeit verdrängt. Wenn man eine andere Meinung vertritt, läuft man Gefahr, als Mensch betrachtet zu werden, der bestimmte Spielarten des Mißbrauchs achselzuckend abtut, während die Gesellschaft verständlicherweise eine pauschale Verurteilung fordert. Die wahre wissenschaftliche Erklärung für die ständig wechselnden Theorien zur Begründung eines starken Verdrängungsmechanismus ist die: Alle Arten sexuellen Mißbrauchs werden in einer Gruppe zusammengefaßt (und können deswegen als Auslöser für eine Verdrängung aus der Erinnerung bezeichnet werden) – und zwar aus keinem tieferen Grund als dem, daß wir – als Erwachsene – alle sexuellen Begegnungen mit Kindern als abstoßend empfinden. Diese Annahme, daß die inneren Denkmechanismen die moralischen und ethischen Forderungen der Gesellschaft widerspiegeln, ist nur ein Weg, auf dem bestimmte kulturelle Auffassungen über Sex, Kinder, den Teufel und letztendlich über Gut und Böse Eingang fanden in die angeblich objektiven Tatsachen und Theorien, die von der Bewegung zur Aufdeckung von Erinnerungen zur Geltung gebracht werden.

Die Hauptrechtfertigung für das Konzept der Verdrängung ist häufig, den Grundgedanken gäbe es schon seit hundert Jahren und er sei in der Gemeinschaft der Therapeuten weithin akzeptiert. Obwohl das zutreffen mag (und natürlich nichts beweist), sollte doch hervorgehoben werden, daß die *Bedeutung* des Begriffs, obwohl er in verbal orientierten Therapien schon seit einem Jahrhundert gebraucht wird, bei weitem nichts Feststehendes war. Selbst heute bekommt man zwei völlig unterschiedliche Antworten, wenn man zwei verschiedene Therapeuten fragt, was Verdrängung ist und was dabei vor sich geht.

Manche Therapeuten haben den Begriff so breit definiert, daß darunter alles fällt, was verhindert, daß sich Erinnerungen festsetzen, aber auch die zahlreichen Möglichkeiten, warum sie verblassen oder vergessen werden können. »Verdrängung wurde ... oft die ›Königin der Abwehrmechanismen‹ genannt, die allgemeinste Form zur Vermeidung der bewußten Repräsentation erschreckender Erinnerungen, Wünsche oder Phantasien beziehungsweise ungewollter Emotionen«, schreibt Professor Jerome Singer in dem Buch, das er zu diesem Thema herausgab. Er stellt fest, daß es bei der Verdrängung um »spezifische Abwehrmechanismen der Isolierung, der Verkehrung ins Gegenteil, der Rationalisierung, der Projektion, der Reaktionsbildung, der Intellektualisierung und der Sublimierung« geht. In dieser allgemeinen Form, gesteht Singer zu, »erweist sich die Verdrängung nicht so sehr als überprüfbare Hypothese zum menschlichen Verhalten, sondern eher als ein metapsychologisches Prinzip«.[15]

Ein weiterer Wissenschaftler wird noch deutlicher: »Wenn man nach Belegen für Verdrängung sucht, könnte man auch die Position von Humpty-Dumpty einnehmen, der klarstellte: ›Wenn ich ein Wort gebrauche, dann bedeutet es eben das, was es nach meinem Belieben bedeuten soll – nicht mehr und nicht weniger.‹ Man könnte dann einfach die unterschiedlichen Prozesse als ›Verdrängung‹ definieren, bei denen nachgewiesen wurde, daß sich aus ihnen ein differentieller Abruf aus dem Gedächtnis ergibt«, schreibt David Holmes von der University of Kansas. »Dadurch bliebe der Begriff erhalten, doch die meisten der wichtigen konnotativen Eigenschaften des Begriffs müßten gestrichen werden.«[16]

Während alle zustimmen, daß der Begriff sich auf den Grundgedanken bezieht, daß das Denken die Fähigkeit besitzt, beunruhigende Wünsche, Gedanken und Erinnerungen vom Bewußtsein fernzuhalten, haben die »konnotativen Eigenschaften«, von denen David Holmes schreibt, etwas mit der Überzeugung zu tun, daß diese Abwehr unwillentlich vor sich geht und daß die Erinnerung, die auf diese Weise verdrängt wird, grundsätzlich intakt bleibt. Holmes definiert den Begriff der »Verdrängung«, wie er in Kreisen kursiert, die sich mit der Aufdeckung von Erinnerungen beschäftigen, durch drei Elemente: »(1) Verdrängen ist selektives Vergessen von Materialien, die dem Individuum Schmerz verursachen; (2) Verdrängung unterliegt nicht der Willenskontrolle; und (3) verdrängtes Material ist nicht ein für allemal verloren, sondern wird statt dessen im Unterbewußten abgespeichert und kann wieder ins Bewußtsein gelangen, wenn die Angst, die mit der Erinnerung verbunden war, wegfällt.«[17]

Mit Hilfe dieser Faktoren wird Verdrängung vom üblichen und akzeptierten Gedanken eines »motivierten Vergessens« unterschieden, das heißt, von unserer Fähigkeit, die Aufmerksamkeit bewußt von Erinnerungen abzuwenden, die uns Sorgen machen.

Der Unterschied ist von zentraler Bedeutung: Motiviertes Vergessen ereignet sich weder unbewußt oder unmittelbar, noch verflüchtigt sich die Erinnerung an irgendeinen Ort, wo sie sicher aufbewahrt wird und unverfälscht erhalten bleibt. Mehr noch: sie bleibt weiterhin zugänglich, bis die gemiedene Erinnerung durch einen normalen Vergessensprozeß verlorengeht.

Es ist bedauerlich, daß Therapeuten häufig den Fehler machen, die Begriffe »Verdrängung« und »Unterdrückung« nicht voneinander zu unterscheiden. Letzterer wird im ›Diagnostic Manual of Mental Disorders‹ wie folgt definiert: »Ein Mechanismus, bei dem die Person es absichtlich vermeidet, über beunruhigende Probleme, Wünsche, Gefühle oder Erlebnisse nachzudenken.«[18] Diese Vermengung des Begriffs der Verdrängung mit dem der Unterdrückung geht weit in die Geschichte der Psychoanalyse zurück. Professor Matthew Hugh Erdelyi stellt in seinem Essay über die Begriffsgeschichte der Verdrängung fest, daß es das motivierte bewußte Vergessen war, das Freud die meiste Zeit als »Verdrängung« bezeichnete. Er hebt hervor, daß Freud immer mit Verdrängung ein bewußtes »Wegdrücken« oder »Abwehren« einer Vorstellung meinte. Tatsächlich berufen sich die meisten der Freudschen Definitionen weder auf einen wirksamen unbewußten Mechanismus noch setzen sie voraus, daß die gemiedene Erinnerung in unverfälschter Form existiert und nur auf einen Spezialisten wartet, der die richtigen Techniken verwendet, um das Erinnerungsvermögen wiederherzustellen. Eigentlich muß man sich den Mechanismus, so Matthew Erdelyi, nicht lediglich als Abwehrmechanismus vorstellen, der nur zur Anwendung kommt, um schmerzhafte Erlebnisse bei einer bestimmten Vorstellung oder Erinnerung zu vermeiden. »Psychologen und Psychoanalytiker neigten dazu, den psychologischen Mechanismus mit dem Zweck zu vermengen, für den er eingesetzt wird. Verdrängung – absichtlich nicht an etwas zu denken – kann zur Abwehr eingesetzt werden. Dann handelt es sich um einen Abwehrmechanismus. Sie kann aber auch für eine Reihe anderer Zwecke zum Einsatz kommen; dann bleibt es derselbe Mechanismus, ist jedoch kein Abwehrmechanismus.«[19]

Natürlich können Erinnerungen, die absichtlich gemieden werden, in der einen oder anderen Form noch über Jahre oder gar Jahrzehnte hinweg weiterbestehen, bevor sie völlig der Vergessenheit anheimfallen. (Um absichtlich etwas zu meiden, muß man eine gewisse Bewußtheit voraussetzen; es muß also etwas geben, was gemieden werden soll.) Nehmen wir als Beispiel eine fünfzig Jahre alte Frau, deren Mutter plötzlich starb, als die Frau noch ein Kind war. Die Frau mag eine Reihe besonderer Methoden entwickelt haben, um nicht an die Einzelheiten jener Ereignisse zu denken. Fängt sie an, in der Therapie und in einer anderen Situation, ihre Erinnerung nach Details im Zusammenhang mit dem Tod ihrer Mutter zu durchsuchen, dann beunruhigt es sie vielleicht, kaum etwas zu finden. Denn dadurch, daß sie es über eine so lange Zeit vermieden hat, über die Einzelheiten nachzudenken, wird sie ein gut Teil der Erinnerung schlicht vergessen haben. Wenn sie sich jedoch eine Weile konzentriert, ist sie möglicherweise in der Lage, mehr Details herauszufinden, als sie ursprünglich erinnern konnte. Diese Einzelheiten mögen konfabuliert sein (indem sie vielleicht Details anderer Beerdigungen, die sie gesehen oder von denen sie gehört hatte, hinzufügt) oder Elemente von Wunsch und Phantasie enthalten (indem sie sich an Details erinnert, von denen sie sich später wünschte, daß sie sich so zugetragen hätten) oder reale Bruchstücke einer lange gemiedenen Erinnerung. Unabhängig davon würde das erinnerte Ereignis dank des Aufwands an Konzentration zumindest geringfügig stärker hervortreten. Wenn die Einzelheiten der Beerdigung, die über viele Jahre hinweg gemieden worden waren, in der Therapie hervorgeholt werden, mögen der Therapeut und die Patientin diese Erinnerung mit dem Etikett versehen, sie sei »verdrängt« und dann »aufgedeckt« worden.

Dieser Gebrauch des Begriffs »Verdrängung« straft seinen Gebrauch in den Kreisen, die sich mit der Aufdeckung von Erinnerungen beschäftigen, Lügen. Hier wird »Verdrängung« häufig als ein automatischer Mechanismus beschrieben, bei dem das Unbewußte alles Wissen über ein Ereignis oder eine Reihe von Ereignissen vor dem bewußten Denken verbirgt. Die Erinnerungen werden nicht gemieden – *sie sind nicht zugänglich*. Es werden alle Einzelheiten des Traumas verborgen, sowohl die beunruhigenden als auch die eher nüchternen, aber auch das gesamte Wissen darüber, daß das Trauma sich überhaupt ereignete. Das Vergessen des gesamten Umfelds für das Erlebnis unterscheidet diesen Grundgedanken von dem, was man »traumatische Amnesie« nennt, bei der Teile eines sehr belastenden Ereignisses einfach nicht im Gedächtnis eingeprägt werden. Nach dem Verdrängungsbegriff, wie er heute von einigen Therapeuten angeboten wird, kann ein scheinbar liebevoller und fürsorglicher Vater seine Tochter vergewaltigen und in den Augen seiner Tochter aufgrund von Verdrängung weiterhin ein liebevoller und fürsorglicher Vater bleiben. Sie wäre angeblich in der Lage, nicht nur die Erinnerung an das Ereignis zu verdrängen, sondern auch das Gefühl des Vertrauensbruchs und die Angst sowie jedes Wissen darüber, daß ihr vielleicht in Zukunft Gefahr drohen könne.

Man muß unbedingt zwischen dem Vorgang unterscheiden, eine gemiedene Erinnerung noch einmal abzurufen, und dem, eine angeblich verdrängte Erinnerung aufzudecken. Denn es geschieht mit Hilfe von letzterem, daß Therapeuten ihre Klientinnen davon überzeugen, es sei nicht nur normal, sich eines Kindheitstraumas nicht bewußt zu sein, sondern auch, daß die neuen »Erinnerungen« an Mißbrauch wahrscheinlich in krassem Widerspruch zu den Kindheitserinnerungen aus der Zeit vor der Therapie stehen. Wendet man das auf das Beispiel mit der Beerdigung an, würde nach der Verdrängungstheorie folgen, daß die Frau nicht nur in der Lage gewesen wäre, zu vermeiden, über Einzelheiten im Zusammenhang mit dem Tod ihrer Mutter nachzudenken, sondern daß sie zu diesen Erinnerungen auch keinen Zugang gehabt hätte. Selbst wenn sie versucht hätte, sie durch einen Besuch am Grab oder Gespräche mit anderen, die bei der Beerdigung dabeigewesen waren, wieder hervorzuholen, hätte das nichts genützt. Mehr noch: sie wäre sich der Ereignisse, die zur Beerdigung führten und direkt danach stattfanden, überhaupt nicht mehr bewußt – vielleicht hätte sie selbst die Tatsache, daß ihre Mutter gestorben war, aus ihrer bewußten Erinnerung verdrängt. In der Therapie zur Aufdeckung von Erinnerungen beschreiben die Patientinnen nicht einfach, daß sie auf lange gemiedene Erinnerungen zurückkommen, sondern sie berichten vielmehr von einem Vorgang, bei dem sie eine ganze Reihe von Erfahrungen aufdecken, derer sie sich überhaupt nicht bewußt waren.

Diese Vorstellung von Verdrängung ist etwas ganz anderes als das, was bei der Frau geschieht, die es schaffte, lediglich bestimmte unangenehme Erinnerungen im Zusammenhang mit dem Tod ihrer Mutter zu meiden. Ohne Frage würde sie vom Tod ihrer Mutter und von der Tatsache, daß eine Beerdigung stattgefunden hatte, wissen. Zweifellos hätte sie dieses Wissen um den Tod ihrer Mutter in die gesamte Geschichte integriert, mit deren Hilfe sie sich selbst ihre eigene Beziehung zur Mutter vergegenwärtigte. Außerdem wären alle Erinnerungen, die sie vom Begräbnis behalten hatte, auf verschiedene Weise zugänglich geblieben – sich innerhalb der therapeutischen Situation auf sie zu konzentrieren, wäre nur eine der Möglichkeiten gewesen. Wie bei allen Erinnerungen wäre die Fähigkeit, sie aus dem Gedächtnis abzurufen, im Laufe der Zeit schlechter geworden, und allmählich hätten sich Realität und Vorstellung miteinander vermengt; doch hätten sie wahrscheinlich weiterhin die entscheidenden Elemente enthalten. Sicher wären auch viele Einzelheiten der Erfahrung, vielleicht sogar ein gut Teil davon, über den Mechanismus des Vergessens verlorengegangen.

Nachdem sich David Holmes mit den experimentellen Befunden aus den letzten sechzig Jahren beschäftigt hatte, kam er zu dem Schluß: »... gegenwärtig gibt es keinen Befund aus Laboruntersuchungen, der [diesen] Verdrängungsbegriff stützt.« Diejenigen, die dem Gedanken der Verdrängung positiv gegenüberstehen, stellt er fest, tendierten zwar dazu, zuzustimmen, daß es keine experimentellen Befunde für ihre Thesen gibt. Statt jedoch aufgrund dieser Tatsache den Mechanismus anzuzweifeln, gebrauchen sie das Argument, daß Forschungsbefunde aus dem Labor nicht auf das anwendbar seien, was in einer therapeutischen Situation geschieht. (Trotzdem sehen sie kein Problem darin, sich derartige experimentelle Befunde zu eigen zu machen, wenn sich dadurch Belege für Verdrängung ergeben.) »Nachdem die klinischen Praktiker die Laboruntersuchungen abgetan haben, ziehen sie sich in ihre Behandlungszimmer zurück, um nach Belegen für Verdrängung zu suchen. Doch welche Belege haben sie dort hervorgebracht? Die ›Belege‹, die sie vortragen, bestehen nur aus intuitiv argumentierenden Fallstudien; diese Beobachtungen können, wenn man sich die Daten zur Zuverlässigkeit und Gültigkeit klinischer Urteile ansieht, lediglich als unbestätigte klinische Spekulationen betrachtet werden – gewiß nicht als ›Beleg‹ für Verdrängung.«[20]

Wenn man sich vergegenwärtigt, mit welch durchschlagender Wirkung und wie automatisch der jüngst definierte starke Verdrängungsmechanismus ablaufen soll, ergibt sich die naheliegende Frage: Warum sind wir die erste Generation, die entdeckt, daß Menschen ein häufig wiederkehrendes Trauma so vollständig verdrängen können, daß sie nichts mehr davon wissen, ein Leben voller Grauen und Brutalität hinter sich zu haben? Ergibt es angesichts der Traumata, die Erwachsene und Kinder während der gesamten Menschheitsgeschichte erlebt haben, einen Sinn, daß wir die erste Generation sind, die die Tatsache feststellt, daß Opfer eine endlose Kette schrecklicher Erlebnisse ohne jedes Wissen darüber, was Übles mit ihnen geschehen ist, hinter sich lassen können? Um zu belegen, daß wir die erste Generation sind, die diese gewaltige geistige Fähigkeit erkennen und begreifen kann, machen die Verfechter der Therapie zur Aufdeckung von Erinnerungen alle Arten von logischen Kopfständen und Purzelbäumen und verändern nach Bedarf die Theorien, bis sie zu den klinischen Ergebnissen derjenigen passen, die diese Position vertreten. Häufig verleumden die Theoretiker dieser Therapie einfach alle früheren Generationen als böse oder dumm. Wir haben, wie ein prominenter Psychiater aus diesem Bereich feststellte, solche neuen Wahrheiten aufgedeckt, weil wir nun endlich »eine fürsorgliche Gesellschaft«[21] werden. Ihm gelten alle Gesellschaften und Generationen vor uns als minderwertiger.

Die Auffassung, daß eine Erinnerung im Unterbewußten eingefroren werden kann, wurde rasch akzeptiert, weil sie mit dem Verständnis vom Gedächtnis übereinstimmt, das die meisten Therapeuten und Laien ohnehin schon hatten. In einer informellen Untersuchung, die zu Beginn der achtziger Jahre durchgeführt wurde, fragte man zwei Gruppen, eine aus Angehörigen von Berufen im psychosozialen Bereich und eine mit Personen aus der Normalbevölkerung, welche der folgenden Aussagen ihre Auffassung, wie das Gedächtnis funktioniert, am besten wiedergäbe.[22]

Alles, was wir lernen, wird auf Dauer im Gehirn abgespeichert, obwohl manchmal besondere Einzelheiten nicht zugänglich sind. Durch Hypnose und andere spezielle Verfahren können diese unzugänglichen Details schließlich wieder aufgedeckt werden.

oder

Einige Einzelheiten, die wir erlernen, entgleiten unserer Erinnerung vielleicht auf Dauer. Derartige Einzelheiten wird man nie durch Hypnose oder andere spezielle Verfahren wieder aufdecken können, weil sie einfach nicht mehr da sind.

Für die erste Aussage entschieden sich 84 Prozent derer, die eine Ausbildung im psychosozialen Bereich durchlaufen hatten, und immerhin 69 Prozent der untersuchten Normalbevölkerung. Diese Ergebnisse sind ein deutlicher Beleg für die Popularität der Vorstellung, daß das Gehirn nahezu jedes Häppchen Information, das es aufnimmt, abspeichern kann – oder zumindest jeden wirklich wichtigen Augenblick im eigenen Leben. Therapeuten, die an die Dauerhaftigkeit der Erinnerung glauben, vergleichen das Gehirn oft mit einem Computer oder einer Videokamera. Diesen Metaphern zufolge können frühere Ereignisse »erneut abgespielt« oder »aufgerufen« werden. Im Rahmen der Video-Analogie wird denen, die sich Ereignisse ins Gedächtnis zurückzurufen versuchen, gelegentlich gesagt, sie könnten Details eines erneut abgespielten Ereignisses »heranzoomen«. Jede Unfähigkeit, die Einzelheiten eines Erlebnisses zutage zu fördern, wird entweder damit begründet, daß die Abruftechniken nicht funktionierten oder daß es im Gehirn zu einem Mechanismus gekommen sei, der gezielt den Zugang zu dieser Information verweigert.

Die Auffassung, nahezu die gesamte Erinnerung werde auf Dauer im Gehirn gespeichert, läßt sich überall in der Bewegung zur Aufdeckung von Erinnerungen finden und ist dort mit einem Zusatz verbunden: Alle erfolglosen Versuche, sich an etwas zu erinnern, sind abnorm. In einem Buch zum Thema schreibt ein überlebendes Opfer, es habe seit dem Beginn der Suche nach seinen verborgenen Erinnerungen »erfahren, daß ... alles, was je mit uns geschehen ist, in unserem Gehirn festgehalten wird.«[23] Eine weitere Patientin wird in ›The Courage to Heal‹ zitiert: »Es ist so, als würde alles von deiner Haut, in deinem Körper aufgenommen. In unseren Körpern haben wir eine exakte, hundertprozentige Erinnerung an das, was mit uns geschehen ist. Wir müssen nur damit in Verbindung treten.« Gloria Steinem, eine starke Befürworterin der Therapie zur Aufdeckung von Erinnerungen, schreibt, daß das Unbewußte nicht nur alle Ereignisse und Emotionen unserer persönlichen Vergangenheit in sich birgt, sondern auch die »Weisheit unserer Art«. »Eben weil vergangene Emotionen und Ereignisse zeitlos abgespeichert werden«, schreibt sie, »können wir den Bereich des Unbewußten betreten und sie erneut verarbeiten... Wenn wir jemals eine zweite Chance in der Vergangenheit hätten, dann ist es das Unbewußte, das sie uns gibt. Wir können heimkehren – weil ein Teil von uns nie fortgegangen ist.«[24]

Die meisten Therapeuten dieser Ausrichtung bestehen darauf, daß sich die wichtigen Erinnerungen einer Patientin stets auffinden lassen, wenn Therapeut und Klientin nur lange und intensiv genug suchen. Obwohl die Suche nach Erinnerungen Jahre dauern kann, gelten die dabei entstandenen Vorstellungen fast immer als Erinnerungen. Die Annahmen, daß alle Erlebnisse irgendwo in unserem Gehirn abgespeichert werden, daß traumatische Erfahrungen in kristalliner Form im Unbewußten gehalten werden und daß die Therapeuten Mittel und Wege haben, uns mit unserer Vergangenheit näher in Kontakt zu bringen, sind die zentralen Mythen, auf denen die Therapie zur Aufdeckung von Erinnerungen beruht.

Wenn Patientinnen mit einer solchen Therapie beginnen, kennen sie wahrscheinlich die Forschungsergebnisse zur Dauerhaftigkeit von Informationen im Bewußtsein nicht, doch die meisten haben sicherlich eine Reihe von Vorstellungen zum Gedächtnis – eine Auffassung, die durch die eigenen Erfahrungen und durch das kulturspezifisch vermittelte Wissen gebildet wurde. In der erwähnten Untersuchung erklärten die meisten derjenigen, die glaubten, eine Erinnerung werde auf Dauer abgespeichert, ihre

Überzeugung beruhe auf der persönlichen Erfahrung, sich spontan an lange zurückliegende Trivialereignisse erinnern zu können. Andere, die sich ebenfalls für die erste Aussage entschieden, erwähnten ihren Glauben an die Wirksamkeit von Hypnose, Natriumbrevital und des psychoanalytischen Prozesses, um Zugang zu Erinnerungen zu finden, die scheinbar vergessen waren. Dank dieser weitverbreiteten Überzeugungen ließ sich die Therapie zur Aufdeckung von Erinnerungen viel leichter vermarkten, als es sonst der Fall gewesen wäre.

Jeder hat einmal die Erfahrung gemacht, daß er sich nicht an eine Einzelheit oder ein Erlebnis erinnern konnte und ihm das dann später plötzlich einfiel. Manchmal haben wir das Gefühl, wir seien im Besitz der Erinnerung, nach der wir gerade suchen (und beteuern, daß uns das Wort auf der Zunge liegt), doch häufiger können wir nicht feststellen, ob wir nur zeitweilig keinen Zugang zu einer Information haben oder ob wir sie völlig vergessen haben. Angesichts dieser beiden Möglichkeiten ziehen wir es oft vor, daran zu glauben, daß wir die Information nur zeitweilig verlegt haben und daß wir sie, wenn wir sie wirklich benötigten und uns wirklich bemühten, auch auffinden könnten. Es ist eine gängige Erfahrung, daß wir uns spontan an lange zurückliegende Ereignisse oder Augenblicke erinnern; das bestärkt uns in der tröstlichen Vorstellung, daß unsere Vergangenheit irgendwo in unserem Gedächtnis existiert. Manchmal werden diese Erinnerungen von Assoziationen, etwa Gerüchen oder Geräuschen, begleitet. Die Lebendigkeit der Bilder und Empfindungen, die in diesen unzusammenhängenden Erinnerungen heraufbeschworen werden, ist atemberaubend. Wenn diese Erinnerungen so kraftvoll sind, warum, folgern wir, sollten dann nicht all die anderen, ähnlich unzusammenhängenden Einzelheiten irgendwo in unserem Geiste existieren und darauf warten, daß jemand an der richtigen Strippe zieht, um sie ans Tageslicht zu bringen? Selbst unter denjenigen, die glauben, daß manche Informationen in Vergessenheit geraten, gibt es einige, die glauben, daß wichtige Erfahrungen – beispielsweise die großer Freude und intensiven Schmerzes – dauerhaft abgespeichert, wenn nicht sogar immer zugänglich sind. Es ist beunruhigend, sich vorzustellen, wir könnten dazu fähig sein, die

Augenblicke zu vergessen, die uns am stärksten geformt haben.

Obwohl es tröstlich ist, zu glauben, daß all unsere Erfahrungen (oder zumindest die wichtigen) irgendwo in unserem Geist gespeichert werden, steht dieses Gedächtnismodell doch in direktem Gegensatz zu nahezu allen wissenschaftlichen Untersuchungen und Experimenten auf diesem Gebiet. Wenn man sich einen Überblick über die Forschungsbefunde verschafft, ergibt sich ein weniger perfektes, dehnbareres und schließlich besorgniserregenderes Bild des Gedächtnisses. Die Erinnerung nimmt anscheinend nicht nur ab und verschwindet häufig vollständig, sondern sie weist auch eine Tendenz auf, sich – selbst ohne äußere Einflüsse – zu verändern und treiben zu lassen, eine Mischung aus phantasierten und wirklichen Ereignissen zu bilden. Darüber hinaus zeigten Laborexperimente, daß Erinnerungen mit Hilfe mehr oder weniger raffinierter Einflußtechniken leicht verändert und gar neu geschaffen werden können.

Professor Ulric Neisser und Nicole Harsch von der Emory University zeigten drastisch in einer Untersuchung über die Dauerhaftigkeit der Erinnerung an die Explosion der Weltraumfähre »Challenger«, wie sich eine Erinnerung im Laufe der Zeit verändern kann.[25] Als die »Challenger« am Morgen des 28. Januar 1986 explodierte, erkannte Ulric Neisser sofort, daß sich hier die Gelegenheit bot, die Eigenschaften sogenannter »Blitzlicht«-Erinnerungen zu untersuchen. Ausgangspunkt ist die Auffassung, bestimmte Ereignisse im Leben seien so bedeutsam, daß sie unauslöschliche Erinnerungen hinterlassen. Obwohl die Ermordung von John F. Kennedy wahrscheinlich das bekannteste Beispiel dafür ist, erkannte Ulric Neisser, daß der Schock, von der »Challenger«-Explosion zu hören, wahrscheinlich auch ein solches »Blitzlicht« werden würde; hier würde einer weiteren Generation ein ähnliches Gefühl vermittelt, so daß sie sich immer an den Augenblick erinnern würde, in dem sie die tragische Nachricht erfuhr. Am Tage nach dem Unglück gab er in einem Seminar zur Einführung in die Psychologie einen kurzen Fragebogen an seine Studenten aus und bat sie niederzuschreiben, wie sie von der Explosion gehört hätten; vor allem ging es um Fragen danach, wo sie sich befanden, wer es ihnen erzählt hatte, mit wem sie zusammen waren, was sie gerade machten und zu welcher Uhrzeit sie davon gehört hatten. Die ausgefüllten Fragebogen schloß er für knapp drei Jahre weg, bis sich die ehemaligen Erstsemester dem Examen näherten. Zusammen mit der Doktorandin Nicole Harsch holte er die Studenten erneut zusammen und bat sie, denselben Fragebogen noch einmal auszufüllen. Allerdings mit einer kleinen Änderung: Nach der Beantwortung jeder einzelnen Frage sollten sie ihr Vertrauen in ihr Erinnerungsvermögen auf einer Skala von 1 bis 5 einstufen; dabei bedeutete 1 »nur geraten«, und 5 gab die absolute Gewißheit wieder, daß der erinnerte Bericht stimmt. Diese Fragebogen wurden dann mit den ursprünglichen verglichen und nach einer Genauigkeitsskala mit maximal 7 Punkten bewertet – 2 mögliche Punkte für jede der drei Hauptfragen (nach dem Ort, der Art und Weise, wie sie davon erfuhren, sowie der Aktivität zu diesem Zeitpunkt) und 1 Punkt dafür, daß sie sich zutreffend an nebensächliche Einzelheiten erinnerten, wie etwa andere anwesende Personen oder die Tageszeit.

Bemerkenswerterweise bekamen nur drei von 44 Studenten, die beide Fragebogen vollständig ausfüllten, 7 Punkte, während elf von ihnen ganze 0 Punkte erhielten – das heißt, bei exakt einem Viertel der Stichprobe erwies sich nicht ein einziger Bestandteil der Erinnerung als richtig. Zu dieser Gruppe gehörte die Studentin mit dem Kürzel RT. Drei Jahre nach dem Ereignis berichtete sie: »Als ich erstmals von der Explosion hörte, saß ich im Studentenheim mit einer Mitbewohnerin in meinem Zimmer, und wir sahen fern. In den Kurznachrichten wurde darüber berichtet, und wir waren beide völlig erschüttert. Ich war wirklich ganz aus der Fassung und ging eine Etage höher, um mit einer Freundin zu sprechen; dann rief ich meine Eltern an.« Ihr Erinnerungsbericht, den sie einen Tag nach dem Ereignis abgab, wies jedoch keinerlei Ähnlichkeit damit auf: »Ich war in meinem Theologie-Seminar; einige Leute kamen herein und fingen an, [darüber] zu sprechen. Ich wußte keine Einzelheiten, außer daß es eine Explosion gegeben und daß eine Schulklasse zugesehen hatte, was ich als besonders schlimm empfand.« Obwohl RTs Erinnerung besonders schlecht war (der Mittelwert der Studenten lag bei 2,95 von 7 möglichen Genauigkeitspunkten), war dies keineswegs ungewöhnlich. So erinnerte sich etwa ein anderer Student drei Jahre danach, daß er vom Unfall gehört hatte, als er zu Hause bei seinen Eltern war, obwohl er sich in Wirklichkeit in der Hochschule befand. Das hohe Maß an Ungenauigkeit bei den Erinnerungen drei Jahre danach war bloß die erste Überraschung, die auf die Forscher wartete.

Die zweite Überraschung kam, als sie die Ergebnisse daraufhin untersuchten, wie stark die Studenten ihrem eigenen Erinnerungsvermögen trauten. Es stellte sich heraus, daß diejenigen Studenten, die angaben, ganz sicher zu sein, sich ebenso häufig irrten wie jene, die sich weniger sicher waren. RTs subjektive Gewißheit lag, zusammen mit der von zwei weiteren Studenten, die einen Genauigkeitswert von Null bekamen, am oberen Ende der 5-Punkte-Skala. »Ich muß gestehen, daß das Ergebnis selbst mich überraschte«, sagte Ulric Neisser zu der Studie. »Ich hatte erwartet, kleine Fehler zu finden, doch nicht subjektiv als ganz sicher eingestufte Erinnerungen, die sich als völlig unzutreffend erwiesen.« Die Resultate waren so interessant, daß die Forscher sich entschlossen, die Untersuchung zu erweitern und alle Befragten im folgenden Frühjahr persönlich zu interviewen. Am Ende des Interviews gab Nicole Harsch den Studierenden jeweils beide Exemplare des ausgefüllten Fragebogens zu lesen. Da wurden die Forscher zum dritten Mal während ihres Experiments überrascht. Sie dachten, viele der Studenten würden ihre Geschichten, konfrontiert mit dem Beweis für ihre ursprüngliche Erfahrung, verändern und sich zumindest einige der Details davon wieder in Erinnerung rufen und im Endeffekt sagen: »Oh ja – *jetzt* erinnere ich mich daran, wie es war.« Zu ihrer Überraschung machte das keiner der Studierenden. Viele derjenigen, die sich subjektiv ihrer Erinnerungen ganz sicher waren, waren sichtlich erschüttert über diesen Beweis dafür, daß ihre Erinnerungen ungenau waren. Obwohl niemand die Gültigkeit der vorgelegten Beweise anzweifelte, erwiesen sich ihre »Erinnerungen« als nicht zu erschüttern. Ein Student protestierte, nachdem er den Fragebogen, den er vor drei Jahren ausgefüllt hatte, gelesen hatte: »Ich erinnere mich nur daran, daß sich alles so ereignet hat, wie ich es Ihnen eben erzählte. Ich kann es nicht ändern.«

Wann und aus welchen Gründen genau sich diese Erinnerungen

veränderten, ist eine interessante, aber schwierige Frage. Ulric Neisser fiel auf, daß sich die Erinnerungen bei einigen seiner Probanden, die beim ersten Mal angaben, sie hätten die Nachricht von der Katastrophe durch eine andere Person bekommen, dahin veränderten, sie hätten sie aus dem Fernsehen erfahren; vielleicht waren die dramatischen Fernsehbilder der Explosion ihnen deutlicher im Gedächtnis geblieben als die verbalen Beschreibungen. Diese Theorie kann jedoch viele der Erinnerungsverschiebungen nicht erklären. Eine Probandin, die am Tag nach dem Unfall berichtete, sie habe die Neuigkeiten in der Cafeteria erfahren, erinnerte sich drei Jahre später: »Ich war auf meinem Zimmer im Studentenheim, als ein Mädchen den Gang herunterlief und schrie: ›Die Weltraumfähre ist gerade explodiert.‹« Sie sagte weiter, daß sie zunächst hinter dem schreienden Mädchen herlaufen wollte, dann jedoch statt dessen das Fernsehen einschaltete. Woher kam diese schreiende Erscheinung?

»Meiner Meinung nach gab es kein schreiendes Mädchen, das den Gang herunterlief«, sagt Ulric Neisser. »Ich glaube, sie existiert nur in der Vorstellung [der Probandin]. Was genau sie sich vorstellte und wann sie das tat, ist nur schwer herauszufinden. Vielleicht hatte sie ursprünglich selbst das Gefühl, schreien zu müssen. Später wurde das Phantasiebild des Schreiens zum lebendigsten Teil ihrer Erinnerung. Und schließlich fing sie an, daran zu glauben.«

Da es unwahrscheinlich ist, daß sich jemand die Mühe machte, die Erinnerungen dieser Studenten zu beeinflussen, oder daß die Studenten später irgendein Motiv hatten, zu lügen beziehungsweise sich zu wünschen, daß ihre Erinnerung sich verändere, ist Neissers Untersuchung die beste Illustration dafür, wie sich ein einzelnes, ungewohntes Ereignis ohne besondere Einflußnahme von außen mit der Zeit verändern kann. Sie zeigt auch, daß Menschen, wenn sie erst einmal subjektiv die Sicherheit ihrer Erinnerungen eingeschätzt haben – in diesem Fall, indem sie den zweiten Fragebogen ausfüllten –, dazu neigen, bei ihren Überzeugungen zu bleiben, selbst wenn es Tatsachenbeweise dafür gibt, daß die Erinnerung falsch ist. Aus den Ergebnissen geht hervor, daß nicht nur Erinnerungen vergessen werden, sondern daß sich auch Ereignisse oder Teile von ihnen in unseren Erinnerungen verändern können, ohne daß wir das Vertrauen in deren Genauigkeit verlieren. Ulric Neisser stellt abschließend fest, die Studie beweise, daß es möglich ist, »lebhafte Erinnerungen an Dinge zu haben, die nie stattfanden. Haben wir erst einmal solche Erinnerungen, lassen sie sich nur sehr schwer ändern. Unsere Untersuchung zeigt, daß das selbst beim ganz normalen Verlauf ohne besondere suggestive Beeinflussung von außen geschehen kann.«

Natürlich beweist diese Untersuchung allein nicht, daß Vorstellungen, die in der Therapie entwickelt werden, falsche Erinnerungen sind, sondern nur, daß es sich bei Erinnerungen – selbst bei solchen, derer wir uns besonders sicher sind – nicht notwendigerweise um das handelt, was sie uns zu sein scheinen. Um dies und alle anderen experimentellen Gegenbefunde zu widerlegen, betonen die Therapeuten, die Erinnerungen aufdecken, daß es sich bei der Erfahrung eines starken Traumas, weil sie sich so tief in der Psyche einprägt, um einen Spezialfall handele. Auf den ersten Blick macht es einen gewissen Sinn anzunehmen, daß die Erinnerung an etwas wirklich Wichtiges oder Erschütterndes unauslöschlich irgendwo in unserem Geist gespeichert wird; aber die vorhandenen Forschungsergebnisse widersprechen auch dem.

Eine Studie über die Erinnerungen von 133 Kindern an den Angriff eines Heckenschützen auf ihre Grundschule ergab, daß sich innerhalb kurzer Zeit (die Interviews wurden zwischen sechs und sechzehn Wochen nach dem Ereignis durchgeführt) viele der Erinnerungen grundlegend verändert hatten und zu einer Mischung aus Erinnerung, Phantasie und Wunschvorstellung geworden waren.[26] Interessanterweise neigten Kinder, die sich in sicherem Abstand von dem Spielplatz aufgehalten hatten, wo auf vierzehn Kinder geschossen worden war, bei ihren Berichten dazu, die Gefahr, in der sie schwebten, zu übertreiben. So erzählten sie, daß sie näher am Ort der Gefahr gewesen seien oder meinten fälschlich, der Heckenschütze habe sich in größerer Nähe befunden. Ein Mädchen sagte, sie sei, als die Schießerei begann, am Schuleingang ganz in der Nähe des Heckenschützen gewesen, obwohl sie in Wahrheit einen halben Häuserblock davon entfernt war. Entsprechend erinnerte sich ein Junge, daß er auf dem Weg zur Schule jemanden am Boden habe liegen sehen, obwohl er tatsächlich am Tag der Schießerei schulfrei hatte und sich an einem anderen Ort befand. Diejenigen Kinder jedoch, die sich wirklich in der direkten Schußlinie befunden hatten, zeigten eine Tendenz, sich in ihrer Erinnerung weiter weg von der Gefahr zu positionieren. Ferner wollten viele Kinder anscheinend dem Zufall des Angriffs einen Sinn geben, indem sie sich fälschlich daran erinnerten, daß sich die Kinder, die verletzt worden waren, alle in einer engen Gruppe in der Nähe des einen Kindes befunden hätten, das getötet wurde.

Dieser Studie zufolge sind Erinnerungen an ein Trauma durch Einbeziehung von Wünschen und Phantasiegebilden anscheinend genauso anfällig für Verzerrungen wie andere Erinnerungen. In diesem speziellen Fall zumindest können die Verzerrungen dazu führen, daß die Betroffenen das Ereignis in stärkerem oder in schwächerem Maße als traumatisch erinnern. Obwohl die Fähigkeit der Kinder, das Trauma der Gefahr herunterzuspielen, für die Möglichkeit spricht, daß der Geist dazu neigt, im nachhinein die Intensität der traumatischen Erfahrung zu vermindern, so sollte dies doch nicht als Beleg für einen stärkeren Verdrängungsmechanismus gesehen werden. Obwohl die Studie der Schulkinder zeigt, daß der Geist Wünsche in eine traumatische Erinnerung aufnehmen kann, so zeigt sie doch nicht, daß sich auch nur ein Kind die Erinnerung einfach hinwegwünschen konnte oder daß die wirkliche Erinnerung an die Erfahrung unangetastet im Unbewußten blieb.

Ein anderer Forscher, der Kinder untersuchte, die Zeuge beim Mord an einem Elternteil geworden waren, fand ebenfalls heraus, daß, obwohl die Erinnerungen häufig verzerrt waren, nicht ein Kind die Erinnerung an die Erfahrung verdrängt hatte.[27] Alle Kinder hatten nicht nur die Erfahrung nicht vergessen, sondern auch immer wieder Rückerinnerungen an die Geschehnisse, die oft in unerwünschten und unerwarteten Augenblicken hochkamen. Die störenden Erinnerungen traten auf, obwohl die Kinder berichteten, daß sie nicht gerne über die Ereignisse redeten und auch nur selten mit irgend jemandem über die Erfahrung sprechen mußten. Sie ließen zudem die Fähigkeit erkennen, ihre Erinnerung an den

Mord mit einem tieferen Verständnis ihrer Beziehung zu den Eltern zusammenzubringen.

Damit soll nicht behauptet werden, daß die Erinnerung an ein Trauma nicht vergessen werden kann. Die Erinnerung an ein Trauma hat Eigenschaften, die es in einigen Fällen wahrscheinlicher werden lassen, sich daran zu erinnern, in anderen Fällen die Wahrscheinlichkeit erhöhen, daß das Ereignis vergessen wird. Es wurde häufig betont, daß die Erinnerungen, die in unserem Gedächtnis bleiben, diejenigen sind, die wir häufiger erneut erzählen und die wir im Geiste noch einmal aufsuchen. Wenn, wie im Fall der Kinder, die Zeugen waren, wie ein Elternteil ermordet wurde, die Erinnerung an ein solches Trauma die Form aufblitzender Bilder und anderer Erinnerungen annimmt, die auch dann ins Bewußtsein eindringen, wenn man es nicht will, dürfte die Wirkung dann darin bestehen, daß es sich gleichsam tröpfchenweise ins Gedächtnis einschleicht. Auch das genaue Gegenteil kann zutreffen. Wir besitzen, wenn auch nur in unzureichendem Maße, die geistige Fähigkeit, bewußt zu steuern, womit wir uns beschäftigen. Wenn es eine Person erfolgreich vermeiden kann, an bestimmte traumatische Augenblicke zu denken, dann erscheint es auch möglich, daß der Inhalt der Erinnerung dadurch, daß man sich nicht mit ihr beschäftigt, eher vergessen wird. Wie wir jedoch erwähnt haben, gibt es einen Unterschied zwischen dem Vergessen einer Erinnerung an ein Trauma und der Vorstellung von der Verdrängung. Denn (a) kommt es nicht automatisch sofort (oder gar rasch) dazu, und (b) gibt es keinen Hinweis, daß die vergessene Erinnerung irgendwo im Gehirn existiert und nur darauf wartet, zu neuem Leben erweckt zu werden.

Die andere fragwürdige Eigenheit der starken Verdrängung ist die Annahme, daß die Erinnerung *vollständig* aufgedeckt werden kann – angereichert nicht nur mit allen sicht- und fühlbaren Einzelheiten des ursprünglichen Ereignisses, sondern auch mit all dem emotionalen und kognitiven Material. Der Frau, die die Erinnerung an die Beerdigung ihrer Mutter verdrängt hat, würde demzufolge von einem Therapeuten, der Erinnerungen aufdeckt, gesagt werden, daß sie beide zusammen nicht nur in der Lage seien, sich an das Ereignis zu erinnern, sondern auch Zugang zu dem zu finden, was sie damals genau empfand, dachte und sagte. Manche dieser Therapeuten würden der Frau sogar helfen, häufig unter Hypnose, das Ereignis »neu zu durchleben«.

Die schmerzliche Erfahrung, die damit verbunden ist, während des als »Abreagieren« bezeichneten Vorgangs zuvor unbekannte Vergewaltigungen »neu zu durchleben«, wird in der Therapie zur Aufdeckung von Erinnerungen nicht nur geduldet, sondern sogar verstärkt. Beim Abreagieren soll die Patientin die verdrängte Mißbrauchsszene auf eine Weise »neu durchleben«, als spiele sie sich in der Gegenwart ab. Ist die Szene durch Techniken wie gelenkte Visualisierung, Traumdeutung und künstlerische Arbeit mit Details angereichert, erwartet man häufig von der Patientin, daß sie die Szene mit allen zugehörigen Emotionen, mit der Angst und dem psychischen Schmerz durchlebt, wie es beim tatsächlichen Ereignis angemessen wäre.

»Die Fortschritte bei der Therapie werden viel größer sein, wenn die Frau in der Lage ist, wie ein Kind zu schluchzen, sich vor Entsetzen zu schütteln und vor Wut zu schreien«, schreibt Elaine Westerlund in der Zeitschrift ›Women & Therapy‹. »Sie erleben die Ereignisse vielleicht ganz lebendig noch einmal von vorn. Bisweilen wird es zu körperlichen Reaktionen wie Brechen, Inkontinenz oder Ohnmacht kommen.«[28]

»Arbeitet man nicht mit diesen Patientinnen oder hat man keine Erfahrungen mit sehr gut hypnotisierbaren Personen, ist es schwer begreiflich, wie *real* tiefe hypnotische Erfahrungen sein können«, schreibt Eugene Bliss, ein prominenter Psychiater, der mit Klientinnen daran arbeitet, etwas über verborgene Zeiten in ihrer Vergangenheit herauszufinden. »Wenn eine Patientin die Welt der Hypnose betritt und einer frühen traumatischen Episode begegnet, ob sie nun durch Hypnose induziert wird oder spontan auftritt, kann das Ereignis mit der Intensität des urspünglichen Geschehens neu durchlebt werden. Die Patientin durchläuft die ganze Erfahrung buchstäblich noch einmal.«[29]

Wenn man in der Welt der Therapie zur Aufdeckung von Erinnerungen Nachforschungen anstellt, findet man viele Berichte von Patientinnen wie von Therapeuten, die diese schmerzvollen Erfahrungen beim erneuten Durchleben bestätigen. Bevor die Patientinnen Szenen von Folter und Vergewaltigung »neu durchleben«, werden sie häufig mit Lederriemen an Betten geschnallt, und es werden ihnen Medikamente verabreicht, die einen Trancezustand herbeiführen. »Überlebende Opfer, die das Abreagieren durchmachen, haben das Gefühl, eben dort zu sein, und der Mißbrauch spielt sich noch einmal ab«, schreibt Margaret Smith in ihrem Buch über aufgedeckte Erinnerungen nach rituellem Mißbrauch. Eine weitere Patientin, die später in diesem Buch zitiert wird, beschreibt, wie das Abreagieren sein kann. »Wir [sie bezieht sich damit auf sich selbst und auf ihre anderen Persönlichkeiten] können die beteiligten Personen deutlich erkennen; wir spüren sie, riechen sie, schmecken sie und hören sie... Unser Körper bewegt sich, als ob ihn jemand verletzt. Wenn wir einer Vergewaltigung ausgesetzt sind, wird der Körper eingedrückt, als läge wie bei einem Geschlechtsverkehr jemand auf unserem Körper. Der Atem wird aus uns herausgeschlagen. In Abwehrhaltung wird der ganze Körper starr. Manchmal kommt es spontan zu Blutungen. Es ist eine intensive Angst da.«[30]

Die Kluft zwischen allgemein akzeptierten Forschungsergebnissen zum Gedächtnis und den Theorien bei der Therapie zur Aufdeckung von Erinnerungen ist wohl am größten hinsichtlich der Überzeugung, daß das Abreagieren zum Wohle der Patientinnen sei und es sich um ein wirksames therapeutisches Verfahren handele. Eine wachsende Zahl von Personen, die im psychosozialen Bereich tätig sind und ohne den neuen starken Verdrängungsmechanismus auskommen, haben begonnen, das Abreagieren als das zu erkennen, was es ist: die unnötige Folterung verletzlicher Menschen.

Als David Holmes allgemein etwas zu neueren Theorien im Umfeld der Therapie zur Aufdeckung von Erinnerungen schrieb, kam er zu der Schlußfolgerung: »Unsere momentanen Vorschriften zur ›wahrheitsgemäßen Beschriftung von Verpackungen‹ und zur ›vorbeugenden Warnung vor Produkten‹ sollten auf den Verdrängungsbegriff ausgeweitet werden. Wenn man den Begriff gebraucht, dann müßte dem etwa folgende Aussage vorangehen: ›Warnung. Der Verdrängungsbegriff wurde durch experimentelle

Forschung nicht validiert, und seine Benutzung kann die richtige Interpretation klinischen Verhaltens verhindern.‹«[31] Diese Warnung möchten wir mit der Ergänzung versehen, daß die neuen Erinnerungsmythen auch die seelische Gesundheit der Patientinnen gefährden können.

Auf der Suche nach Bedeutung

In einem Artikel, der im Oktober 1992 in der Zeitschrift ›Self‹ erschien, stellt A. G. Britton dar, wie sie ein relativ glückliches und erfolgreiches Leben führte, bis sie im Alter von 33 Jahren innerhalb von acht Monaten eine Reihe von Schicksalsschlägen erlitt. »Mir wurde gekündigt. Doch meine Arbeit zu verlieren, war nur der letzte Tropfen. Binnen acht kurzer Monate mußte ich hilflos zusehen, wie mein zweieinhalbjähriger Sohn von einem Auto angefahren wurde; er blieb unverletzt, doch von da an machte ich mir ständig Sorgen um ihn. Im dritten Monat einer Schwangerschaft hatte ich eine Fehlgeburt, fing an zu bluten und mußte in die Notfallchirurgie. Und schließlich kam ich eines Tages nach Hause, um mit anzusehen, wie das vierstöckige Gebäude nebenan in Flammen stand. Ein unterirdischer Elektrotransformator war explodiert, und dadurch war unter den Müttern des Häuserblocks eine Art Massenhysterie entstanden.«[1]

Frau Britton berichtet dann von einer beginnenden Depression und ihrem Beschluß, in eine Therapie zu gehen; dort erkannte sie, daß die eigentliche Ursache ihrer Depression weder die Kündigung noch der Unfall, die Fehlgeburt oder das Feuer war. Unter Anleitung ihres Therapeuten stellte sie fest, die Ursache ihrer momentanen Misere sei die bisher unerkannt gebliebene Tatsache, daß »mein Vater mir vom Alter von sechs Monaten bis zum Alter von achtzehn Monaten sexuelle Gewalt angetan und mich auf andere Weise gefoltert hat«.

Man kann diesen Artikel auf unterschiedliche Weise interpretieren. Kritiker der Theorien zur verdrängten Erinnerung, die die Geschichte lasen, verwiesen auf das offensichtliche Mißverhältnis zwischen den Krisen, die zur Depression der Autorin führten, und den Erinnerungen, die in der Therapie aufgedeckt wurden. Sie bezweifelten, ob die Ereignisse, die die Krisen auslösten, zu der Schlußfolgerung paßten, alle Probleme könnten auf einen einzigen

Ursprung zurückgeführt werden: auf den sexuellen Mißbrauch durch ihren Vater. So wäre es unwahrscheinlich, daß es durch einen Mißbrauch in der frühen Kindheit zur Fehlgeburt, zur Entlassung und vor allem zum Brand gekommen sei. Obwohl diese fehlende Schlüssigkeit gewiß störend ist, kann man diese Geschichte auch auf eine andere, allgemeinere Weise interpretieren. Es handelt sich um ein anschauliches Beispiel für das, was diejenigen, die sich mit der Praxis der Psychologie wissenschaftlich auseinandersetzen, »die Suche nach Bedeutung« nennen. Wir haben den Wunsch, aus unserem Leben eine umfassende Geschichte voller Ursachen und Wirkungen zu machen; und in Zeiten, wenn uns das anscheinend nicht selbst gelingt, sind wir für die einfachen Erklärungen, die uns andere anbieten, am anfälligsten.

Das menschliche Denken verlangt nach Erklärungsmustern. Wir erzählen uns selbst Geschichten darüber, warum ein Ereignis die Ursache eines zweiten gewesen sein kann und daher vielleicht zur Vorhersage eines dritten geeignet ist. Auf vielen Gebieten, wie etwa Religion oder Wirtschaft, haben wir es häufig mit nachträglichen Erklärungen zu tun, ohne daß wir einen Nachweis für die Stichhaltigkeit dieser Zusammenhänge fordern. Bei der Astrologie beispielsweise handelt es sich um ein ganzes ausgeklügeltes System, das den Anschein erweckt, es gäbe sinnvolle Zusammenhänge, ohne daß sie wirklich existieren. Wir alle sind Experten darin, solche Ursache-Wirkung-Beziehungen in unserem eigenen Leben zu finden. »Wir erzählen uns selbst Geschichten, um zu leben«, schreibt Joan Didion in dem von ihr herausgegebenen Buch ›White Album‹. »Wir interpretieren, was wir beobachten, und entscheiden uns unter vielen möglichen Interpretationen für die brauchbarste. Wir leben davon ..., unzusammenhängenden Bildern einen Handlungszusammenhang aufzuzwängen; wir leben von den ›Ideen‹, mit deren Hilfe wir das bunt schillernde Truggebilde festhalten können, um das es sich bei unserer Erfahrung in Wirklichkeit handelt.«

Früher oder später kommt unvermeidlich der Zeitpunkt, an dem unsere Fähigkeit versagt, das verbindende Band zu weben, das uns dabei hilft, unser Leben mit Sinn zu erfüllen. Nach Jahr und Tag passen die Ereignisse allmählich nicht mehr recht zusammen oder werden zu einer verschwommenen Vorstellung. In solchen Augenblicken beginnen wir vielleicht, am Wahrheitsgehalt der alten Geschichten zu zweifeln, die wir uns in früheren Jahren selbst eingeredet haben, weil die Person, die in diesen Geschichten beschrieben ist, offenbar eine andere ist als die, die wir im Spiegel sehen. Für Menschen, die in einer solchen Krise stecken, gibt es einen ganzen Berufsstand, der darauf wartet, ihnen zu helfen.

Innerhalb des Berufsstandes der Psychotherapeuten insgesamt gibt es keine allgemein anerkannte Ausbildung oder Methode für die Behandlung solcher Klienten. Unter dem Begriff »Psychotherapeut« wird eine ganze Vielfalt von Personen mit und ohne Ausbildung zusammengefaßt; dazu gehören Psychologen, Psychiater, Sozialarbeiter, Erziehungsberater, Drogenberater, Familientherapeuten und Psychoanalytiker. Obwohl sich ein Großteil der Psychotherapeuten wie Fachärzte verkleidet und über Krankenversicherungen sowie staatliche Gesundheitsprogramme finanziert, gibt es große Unterschiede, was die Ausbildung und die verwendeten Methoden betrifft. In vielen Staaten sind die Anforderungen so wenig reglementiert, daß man überhaupt keine Ausbildung braucht, um sich Therapeut oder Psychotherapeut nennen zu können. Unabhängig von diesen Unterschieden bei der Ausbildung unternehmen alle Psychotherapeuten, grob gesagt, den Versuch, von ihrem Leben demoralisierten Menschen Hilfestellung zu leisten. Jerome Frank vertritt in ›Persuasion and Healing‹ die Auffassung, diese Demoralisierung gehe auf ein Gefühl der Machtlosigkeit zurück, sich selbst und seine Umwelt beeinflussen zu können. »Psychotherapien gehen die Demoralisierung des Patienten vielleicht nicht nur dadurch an«, schreibt er, »daß sie seine spezifischen Symptome eines subjektiven Leids und eines gestörten Verhaltens lindern, sondern auch dadurch, und das ist wichtiger, daß hier Maßnahmen ergriffen werden, um sein Selbstvertrauen wiederherzustellen, und ihm zu helfen, wirksamere Wege zu finden, seine Probleme in den Griff zu bekommen.«[2]

Die Psychotherapie, über die Jerome Frank schreibt, hat wenig zu tun mit der Behandlung schwerer psychischer Krankheiten, etwa einer lebensbedrohlichen Depression, einer Manie, die zum

Wahn führt, einer Schizophrenie oder einer an den Kräften zehrenden Angst, sondern viel eher etwas mit der Behandlung gewöhnlicherer Formen von Traurigkeit und Verwirrung. Schwere psychische Krankheiten werden in zunehmendem Maße als medizinisches Problem betrachtet, und in immer mehr Fällen werden Psychotherapeuten von ihrer Behandlung ausgeschlossen. Die Psychotherapie beschäftigt sich gegenwärtig in der amerikanischen Gesellschaft vorwiegend schlicht mit der Traurigkeit von Menschen – wenn wir das Leben nicht so meistern, wie wir es möchten, und wenn sich eine Kluft zwischen unserem idealisierten Selbstbild und den Realitäten unserer Identität ergibt.

Die Methode, die uns Psychotherapeuten anbieten, um unser Selbstvertrauen wiederherzustellen, besteht meist darin, daß sie uns helfen, eine neue Lebensgeschichte zu finden, mit der wir uns erklären können, warum wir so sind, wie wir sind. Die Verbindung herzustellen zwischen »momentaner und vergangener Erfahrung ist Ausdruck eben dieser Struktur des geistigen Apparats des Menschen«, schrieb Ernst Kris 1955 in einem Aufsatz über die Aufdeckung von Kindheitserinnerungen. »Sie bildet einen wesentlichen Bestandteil vieler Typen von Introspektion und ist in höheren Zivilisationen Teil der Tradition kontemplativen und spekulativen Denkens. Die Untersuchung der Wechselwirkung zwischen Vergangenheit und Gegenwart stand am Anfang der psychoanalytischen Arbeit und bestimmt auch weiterhin ihre Entwicklung.«[3]

Wenn wir die »wahre« Natur der Kräfte verstehen, die uns geformt haben, dann, so versprechen Therapeuten häufig, werden wir lernen, unser Verhalten besser zu steuern und zu beeinflussen. Im Idealfall kann ein Therapeut dem Klienten zu diesem neuen Verständnis verhelfen und ihn gleichzeitig mit einer größeren Wertschätzung für die Komplexität seines Lebens und Verhaltens ausrüsten.

In ihrer simpelsten Form bietet Therapie Patentrezepte. Manche Therapeuten beispielsweise verdienen ihr Geld damit, daß sie ihren Patienten erklären, ihre momentanen Probleme kämen daher, daß sie das Trauma der Geburt nicht vollständig verarbeitet hätten. Andere Therapeuten sind da geschickter, vereinfachen jedoch ebenso grobschlächtig, indem sie ständig in der Vergangenheit des Patienten nach Ereignissen suchen, die sie als unmittelbare Ursache des momentanen Leids ausmachen können. Die Methode, momentanes Verhalten auf irgendeine Ursache aus der Vergangenheit zurückzuführen, die wir als ätiologisches Therapiemodell bezeichnen wollen, ist nicht nur im psychosozialen System, sondern auch in unserer Kultur fest verwurzelt. In Filmen, in Büchern und im Fernsehen gehört die Szene, in der ein Therapeut durch sorgfältiges Fragen nach der Vergangenheit des Patienten Tore der Erkenntnis aufstößt, zum Standardrepertoire. Bücher und Filme wie ›Ordinary People‹, ›Spellbound‹ und ›The Prince of Tides‹ treiben diesen Gedanken auf die Spitze; die Helden haben hier plötzlich, wenn sie einen derartigen Zusammenhang erkennen, bemerkenswerte Heilkräfte. Die Geschichte vom Therapeuten und dem Patienten, die tapfer bestrebt sind, in unbekannte Bereiche der Seele vorzudringen, wurde so oft erzählt, daß sie schon fast zum Klischee wurde.

Der französische Psychoanalytiker Serge Viderman schrieb in einem Aufsatz für ›The Psychological Quarterly‹, daß Symptome von Patienten »eine Art zerstörte Erinnerung« sind und »sich selbst in ein mnemonisches Netz, das bei einer Abwehrarbeit zerrissen wurde, einfügen, um die Kontinuität der unterbrochenen Verbindung wiederherzustellen. Die verbal formulierte Deutung zielt darauf ab, das Netz dadurch wieder festzuziehen oder neu zu knüpfen, daß die verdrängte Erinnerung das Symptom ersetzt.«[4] In dieser abenteuerlichen und metaphorischen Beschreibung dessen, wozu die Behandlung fähig ist, sind Symptome lediglich die äußere Manifestation vergangener Erfahrungen; und man erwartet, daß sie verschwinden, sobald man sich der Ereignisse bewußt wird. Einige Therapeuten, die Anhänger dieses Modells sind, bieten ihren Patienten eine verführerische Gedankenkette an: Erstens gibt es bei jedem Problem oder bei jeder Störung spezifische, identifizierbare Ereignisse. Zweitens bleiben diese Problemursachen im Gedächtnis oder im Unbewußten des Patienten (oder beides, wie beim Grundgedanken der verdrängten Erinnerung). Drittens läßt sich, indem man mit dem Patienten spricht, eine Kausalverbindung zwischen dem Symptom und der Ursache finden. Viertens kann die Krankheit geheilt werden, wenn man diesen Zusammenhang ans Licht bringt und versteht.

In all den Dutzenden von ätiologischen Therapien nehmen die Therapeuten dieselbe Fähigkeit für sich in Anspruch, Ereignisse oder Kräfte erkennen zu können, die den Patienten aus der Bahn geworfen haben. Die Therapeuten sind oft der Auffassung, daß die Theorie, die sie vermarkten, eine neu entdeckte Wahrheit ist, die es erlaubt, die Faktoren, die das vielversprechende Leben des Patienten auf Abwege gebracht haben, auszumachen und alles wieder ins Lot zu bringen. Wirkt die Behandlung erst einmal, wird die Gesundheit des Patienten wiederhergestellt; nun bleiben ihm – oder ihr – die Probleme und die selbstzerstörerischen Verhaltensweisen erspart, die ja in Wirklichkeit nie in erster Linie auf eigene Fehler zurückgingen.

Die Behauptung, wir würden unbewußt von bestimmten Ereignissen aus unserer Lebensgeschichte gelenkt, ist für künftige Patienten und Patientinnen verführerisch. Denn sie enthebt uns der Verantwortung für die scheinbar selbstverschuldeten Probleme, während sie gleichzeitig mit dem Versprechen vorgetragen wird, daß Probleme gelöst werden, für die es vielleicht keine befriedigende Lösung gibt. Für alle, die unter etwas leiden, wie beispielsweise unter ernsthaften psychischen Krankheiten, die momentan nicht wirksam behandelt werden können, bis hin zu denen, die einfach vom Gefühl geplagt sind, ihr Leben sei nicht so erfüllt wie das der Menschen um sie herum, enthält die Botschaft, sie würden von unterirdischen Kräften gelenkt, so etwas wie Absolution: Der Patientin werden die Sünden vergeben, die sie scheinbar gegen sich selbst begangen hat. Sobald die Patientin diese Vergebung entgegennimmt, kommt man ihr mit Versprechungen. Man versichert ihr, sie könne durch die Therapie lernen, die verborgenen Kräfte zu verstehen, die sie beeinflussen. Und durch dieses Verständnis könne sie eine bessere Kontrolle über ihr Leben und die Ereignisse, denen sie ausgesetzt ist, erlangen.

»Die Herausforderung besteht heute darin, daß Sie Verantwortung für Ihr Leben übernehmen, indem Sie sich selbst ohne die Schuldzuweisungen und schlechten Gefühle von gestern schwierigen Fragen aussetzen«, schreibt J. Patrick Gannon in ›Soul

Survivors‹, einem der Bücher der Bewegung zur Aufdeckung von Erinnerungen. Bei den schwierigen Fragen geht es nicht darum, welche Entscheidungen die Patientin getroffen hat und was sie eventuell tun könnte, um die momentanen Verhältnisse zu verändern, sondern darum, was ihr *angetan* wurde. »Es wird für Sie weiterhin schwer sein, sich selbst und Ihr momentanes Leben zu betrachten«, warnt Patrick Gannon, »ohne sich selbst voll Scham und Selbstverachtung mit der Hand vor den Kopf zu schlagen.«[5]

»Es ist ausgesprochen wichtig, daß der Zusammenhang zwischen selbstzerstörerischen Verhaltensweisen und dem Selbstekel aus der Kindheit hergestellt wird sowie der zwischen dem Lebensstil eines Menschen, der zum Opfer wurde, und der Machtlosigkeit in der Kindheit«, schreiben zwei klinische Praktiker in der Zeitschrift ›Social Casework‹. »In dem Maße, wie eine Frau anfängt, sich ganz objektiv selbst als das hilflose, schikanierte Kind, das sie war, zu sehen, erkennt sie, daß sie nicht dafür verantwortlich war, und sie beginnt, sich selbst wieder zu mögen und sich selbst Respekt entgegenzubringen.«[6]

Berichte von Patientinnen, die eine derartige Absolution annehmen, lassen sich in den Veröffentlichungen der Bewegung überall nachlesen. »Bis zu diesem Tag [als sie anfing, ihre verdrängten Erinnerungen aufzudecken] wußte ich nicht, woher meine Wut kam«, schreibt Connie Brewer in ›Escaping the Shadows, Seeking the Light‹. »Erst als ich begann, mich damit zu beschäftigen, was mir angetan wurde, konnte ich anfangen, mich mit dem emotionalen, verbalen und körperlichen Mißbrauch zu beschäftigen, den ich meinen eigenen Kindern zugefügt hatte... Obwohl ich mir selbst geschworen hatte, nie meinen Kindern ins Gesicht zu schlagen, wie es meine Mutter mit mir gemacht hatte, ertappte ich mich dabei, wie ich es tat und völlig unfähig war, mich zu bremsen. Doch jetzt, wo meine verdrängten Erinnerungen hervorkommen, kenne ich die Ursachen meiner Wut.«[7]

»Bevor ich wußte, daß mein Vater mich belästigt hat«, schreibt ein weiteres überlebendes Opfer in dem Buch ›Dancing with Daddy‹, »kreisten die Gefühle endlos in mir und verbanden sich mit der Welt außerhalb meiner Haut: Würden meine Kinder nur nicht so viel von mir verlangen, so dachte ich, dann würde ich mich nicht so schrecklich fühlen.«[8]

Als es um die Verlängerung der Verjährungsfristen in Fällen von Mißbrauch ging, befragte die entsprechende Parlamentskommission im Staate New York eine Frau, die sich als Rosemary vorstellte. Rosemary erzählte, daß die Aufdeckung ihrer verdrängten Erinnerungen eine Erklärung für zahlreiche Schwierigkeiten in ihrem Leben bot. »Als ich Anfang zwanzig war, traf ich mich des öfteren mit einem sehr netten Mann. Als es ernst wurde und er anfing, über eine Heirat zu sprechen, brach ich die Beziehung ab. Jeder Vorwand war mir recht, um ihn aus meinem Leben zu verbannen. Damals erinnerte ich mich nicht daran, daß ich sexuell mißbraucht worden war; wie ich heute glaube, hängt die Tatsache, daß ich diesen Mann zurückwies, unmittelbar damit zusammen. Wegen des Mißbrauchs sind mir Mann und Kinder verwehrt geblieben.«[9]

In der gesamten Geschichte der verbal ausgerichteten Therapien war die Frage, ob der Zusammenhang zwischen Ereignissen, die Jahrzehnte zurückliegen, und den Verhaltensproblemen in der Gegenwart der Wahrheit entspricht, eher akademisch. Vom Standpunkt aus, daß das Ergebnis die Mittel rechtfertigt, ist es anscheinend in der Tat nicht wichtig, welche Art von Erklärung für das Leid einer Patientin herangezogen wird und ob diese Geschichte komplex oder grob simplifizierend ist. Einfach nur an den Grund zu glauben, der vom Therapeuten angeboten wird, scheint schon einen zumindest geringfügigen Heileffekt mit sich zu bringen. Wenn sich beispielsweise der Zustand einer Patientin während der Therapie etwas besserte, weil sie glaubte, daß sie nun den Schmerz der Geburt verarbeitet hätte, oder weil sie zu der Auffassung kam, daß sie einmal mitbekommen hätte, wie ihre Eltern sexuellen Verkehr miteinander hatten, dann war es nicht sehr wichtig, ob diese Erfahrung wirklich der Grund für ihre Probleme war. Durch das Aufkommen der Therapie zur Aufdeckung von Erinnerungen müssen wir uns jedoch jetzt mit der Frage auseinandersetzen, ob die Geschichte faktisch stimmt. »[Das ätiologische Therapiemodell] beruht auf der Annahme, daß der psychotherapeutische Prozeß die einzige gültige Grundlage dafür bietet, den Zusammenhang zwischen den psychologischen Kräften herzustellen, die ätiologisch für die Krankheit des Patienten verantwortlich sind«, schreibt Samuel Guze, Professor für Psychiatrie an der Washington University in ›Why Psychiatry Is a Branch of Medicine‹. »Das ätiologische Modell ... ist von sich aus aufregend und anziehend. Dadurch, daß es sich mit der Ätiologie beschäftigt, scheint es alle Möglichkeiten zu bieten, daß die Patienten geheilt und künftige Rückfälle verhindert werden können. Sein Erfolg hängt jedoch unmittelbar von der Gültigkeit der ätiologischen Hypothesen ab. In dem Maße, wie sie fehlerbehaftet sind, wird die Existenzberechtigung der Psychotherapie ernsthaft in Frage gestellt.«[10]

Samuel Guze lehnt, wie auch zahlreiche weitere Experten, die ätiologisch ausgerichtete Psychotherapie ab, weil er bezweifelt, ob bei den komplexen Einflußwirkungen, die zu einem Verhalten führen, eine sinnvolle Kausalbeziehung zwischen einer Reihe von Ereignissen und einem Verhalten möglich ist. Er sieht »keine ausreichende wissenschaftliche Grundlage für die Annahme, daß die Psychotherapie als Vehikel dienen kann, um die Ätiologie psychiatrischer Störungen aufzudecken«.[11]

Die schiere Zahl unterschiedlicher »Schulen« ätiologisch ausgerichteter Therapien verleiht dem Argument von Samuel Guze Gewicht. Weil unterschiedliche Gruppen von Therapeuten sich auf unterschiedliche Typen ätiologischer Theorien stützen, wird die Ursache, von der die Patienten annehmen, sie sei die Wurzel ihrer momentanen Demoralisierung, willkürlich durch die Therapie bestimmt, für die sie sich entscheiden. Wie Samuel Guze behauptet, ist es wahrscheinlich, daß »die Deutungen eines Therapeuten oder einer Therapeutin tatsächlich Ausdruck seiner beziehungsweise ihrer Annahmen und Erklärungen sind und deshalb eine ›Suggestion‹ darstellen... Dies zeigt sich auch im alten, zynischen Sprichwort, daß jeder Therapeut im Patienten eben das findet, was ihn seine oder ihre Ausrichtung erwarten läßt.«[12]

Wenn die Kausalbeziehungen, die zwischen einem Ereignis aus der Vergangheit der Patienten und ihrem momentanen Verhalten hergestellt werden, eher willkürlich sind, warum haben sie dann für die Patienten eine derartige Bedeutung? Die Antwort ergibt sich, wenn man untersucht, in welcher Weise Therapeuten und

Patienten zusammenarbeiten, um eine glaubhafte Geschichte hervorzubringen. Die Unmenge von Hinweisen, die Klienten einem Therapeuten geben – dazu gehören Erinnerungen, Träume, Verhaltensweisen, Gefühle und Gedanken –, liefert Material für eine beliebige Zahl von Antworten auf die Frage, warum jemand gegenwärtig Probleme hat. Therapeut und Patient sind angesichts dieser Informationsmenge gezwungen, sich für nur einige davon zu entscheiden, um das Gefühl zu bekommen, daß alles einen Sinn ergibt. Obwohl zweifellos einige Therapien (und einige Therapeuten) den wahren faktischen Umständen – den Ursachen – für das Verhalten ihrer Klienten näherkommen als andere, ist es in der Praxis nicht möglich, diese Ursachen mit Sicherheit zu identifizieren. Weil alle ätiologisch ausgerichteten Therapien die Handlung in eine handhabbare Form bringen müssen, sind sie gezwungen, die Geschichte in starkem Maße vereinfachen. Die so gefundene Handlung kann durchaus teilweise wahr sein, es kann sich aber auch gänzlich um eine Erfindung aus der Therapie handeln. Wie wir sehen werden, kommt es dazu, wenn der Therapeut die Klientin (wie im Fall verdrängter Erinnerungen) dazu verleitet, die Beweise wie auch die sich daraus ergebende Geschichte selbst zu entwickeln.

In seinem Buch ›Narrative Truth and Historical Truth: Meaning and Interpretation in Psychoanalysis‹ unterzieht Donald Spence die Theorien und die Zusammenhänge, die in der therapeutischen Situation entwickelt werden, einer fundierten Kritik. Er argumentiert, daß es den psychotherapeutischen Praktikern oft nicht gelingt, zwischen der faktischen, gleichsam historischen Wahrheit im Leben eines Patienten und der in der Therapie entstandenen Geschichte zu unterscheiden – weil sie irrtümlich annehmen, dies sei ein und dasselbe. »Das Modell vom Patienten als dem unvoreingenommenen Berichterstatter und vom Analytiker als dem unvoreingenommenen Zuhörer entspricht einem naiven Realitätssinn, der eigentlich nur schwer vorstellbar und noch schwerer in der Praxis durchzuhalten ist. Es widerspricht allem, was wir über die Art und Weise wissen, wie sich unser Verständnis von der Welt entwickelt.« Das Modell hat aber weiterhin Bestand, weil es im

Bewußtsein des Therapeuten wie des Patienten »die besonderen Wirkungen« der therapeutischen Situation »intensiviert«. Beide sind versucht zu glauben, daß in der geheiligten Atmosphäre des Behandlungszimmers »der Patient tatsächlich einen besonderen Zugang zur Vergangenheit hat und der Analytiker aufgrund seiner speziellen Ausbildung de facto ein so guter Protokollführer ist, daß er nahezu keine Fehler macht«.[13]

Dieses Paradigma ist aus einer Reihe von Gründen problematisch. Bevor die Geschichte der Patientin vom Therapeuten auf bedeutungsvolle Theorien hin fokussiert wird, muß die Information der Patientin durch mehrere Optiken hindurch. Jede davon besitzt die Fähigkeit, die tatsächlichen Ereignisse im Leben einer Person zu vergrößern, verschwommen erscheinen zu lassen oder zu verzerren. Donald Spence weist nach, daß dieser Prozeß bereits dann einsetzt, wenn die Patientin versucht, Gedanken, Gefühle und Erinnerungen während der Therapiestunde in Begriffe und Sätze zu übersetzen. Obwohl das allem Anschein nach ein harmloser Schritt ist, gibt es wenig Zweifel: So vielfältig die Zugangsmöglichkeiten einer Patientin zu ihrer eigenen Lebensgeschichte sind, sie werden bereits durch Annahmen aus der Zeit vor der Therapie über Ursache-Wirkung-Zusammenhänge zwischen Ereignissen in ihrem Leben und ihrem momentanen Verhalten beeinflußt. Ferner wird das Verständnis einer Patientin im Hinblick darauf, welche Art von Sprache und welche Art von Themen für eine gegebene therapeutische Situation – und für einen bestimmten Therapeuten – angemessen sind, zusätzlich das beeinflussen, was sie von sich gibt.

Die zweite Optik ist die Art und Weise, wie der Therapeut diese Wörter hört. Donald Spence bezweifelt, daß Therapeuten mit einer gleichbleibenden Aufmerksamkeit zuhören können, ohne daß sie das, was sie hören, dem Filter ihrer eigenen Annahmen unterziehen. Es entspricht schließlich der menschlichen Natur, einem Detail, das zu einem Stimmigkeitsgefühl beiträgt (vielleicht bestätigt es eine Theorie über die Probleme des Klienten, die der Therapeut gerade in Erwägung zieht), mehr Aufmerksamkeit zu schenken als anderen, die nicht dazu passen. »Bei jeder Deutung läßt man sich unabsichtlich von seiner Lieblingstheorie leiten«, schreibt Donald Spence. »Im Endeffekt basteln wir alle an Deutungen, die unsere persönliche Theorie oder unsere Paradigmen stützen... Deutungen sind nicht wegen ihrer Beweiskraft überzeugend, sondern weil sie von der Formulierung her ansprechend sind. Eine Überzeugung entsteht, weil alles gut zusammenpaßt, nicht unbedingt aber, weil wir Kontakt zur Vergangenheit aufgenommen haben.«[14]

Interessanterweise verurteilt Donald Spence die Psychotherapie nicht wegen der Fähigkeit, eine glaubwürdige, aber im Grunde genommen unwahre Geschichte hervorzubringen. Normalerweise bewirken die Phantasieanteile, die eine während der Therapie erzählte Geschichte enthält, nicht zwingend, daß diese Geschichte wertlos ist. Donald Spence argumentiert im Gegenteil, daß die Geschichte, die in der Therapie entsteht, dem Patienten möglicherweise einen wichtigen Zugang zum Verständnis seines oder ihres wahren Lebens vermittelt – *selbst wenn der Zusammenhang zwischen der narrativen Wahrheit und der wirklichen Geschichte fragwürdig ist.* In diesem Sinne können wir die Therapie als Übertreibung unserer natürlichen Neigung ansehen, uns eine sinnvolle Geschichte zu den Ereignissen in unserem Leben zu schaffen. Diese Geschichte ergibt möglicherweise nicht nur für unsere Vergangenheit einen Sinn; indem sie uns einen Zugang zum Verständnis dessen ermöglicht, was für eine Art von Mensch wir sind, beeinflußt sie auch unsere künftigen Handlungen und Entscheidungen.

Donald Spence zieht eine Parallele zwischen dem Analytiker und einem Maler oder Romanschriftsteller, der Werke schafft, die anscheinend tiefgehende Wahrheiten enthalten, jedoch nicht notwendigerweise Bilder oder Ereignisfolgen aus dem wirklichen Leben. Indem er das Material benutzt, das der Patient ihm liefert, erzählt der Therapeut ihm eine glaubwürdige Geschichte als Antwort auf die Frage »Warum bin ich, wie ich bin«. Durch die Glaubwürdigkeit, die Tiefe und die Komplexität der Geschichte findet der Patient einen Sinn und einen Zugang zur Wahrheit. Unter diesem Aspekt, so Donald Spence, wird die Therapie zu einem »ästhetischen Erlebnis«.[15] Die Frage nach der faktischen Wahrheit der erzählten Geschichte wird dadurch ebenso akademisch wie die nach der faktischen Wahrheit eines Romans. Der

Sinn, der sich aus der Geschichte ergibt, wird das Wichtigste: »Die narrative Wahrheit ist das, woran wir denken, wenn wir sagen, daß diese oder jene Geschichte gut ist, daß eine gegebene Erklärung überzeugend klingt und die eine Auflösung eines Geheimnisses zutreffen muß. Hat eine bestimmte Konstruktion narrative Wahrheit erlangt, wird sie genauso real wie jede andere Art von Wahrheit; diese neue Realität wird zu einem bedeutsamen Bestandteil des psychoanalytischen Heilungsprozesses.«[16]

Sogar Sigmund Freud, so Spence, rang sich dazu durch, einzugestehen, daß eine Geschichte heilende Kräfte entwickeln kann, auch wenn sie nicht dazu führt, daß man sich an ein bestimmtes Ereignis erinnert. Freud sagte dazu, daß der Weg, der mit den Deutungen des Analytikers beginnt, zwar mit der Erinnerung beim Patienten enden sollte; doch häufig führe er nicht dorthin; oft gelänge es nicht, den Patienten dazu zu bringen, daß er sich an das erinnert, was er verdrängt hat. Bei korrekter Durchführung der Psychoanalyse käme es beim Patienten statt dessen zur Gewißheit, daß die Deutung wahr ist; das führe zum selben therapeutischen Ergebnis wie eine wiedererlangte Erinnerung.

Serge Viderman, der überzeugt ist, daß sich heilende Kräfte entwickeln, wenn man jemanden mit verdrängtem Material konfrontiert, ist wie Donald Spence der Meinung, daß sich der Psychotherapeut durch die Einzelheiten der wirklichen Patientengeschichte keine Fesseln anlegen lassen darf. Der Deutungsspielraum sollte »nicht dahingehend eingeengt werden, sich auf den manifesten Inhalt« des Materials, das der Patient liefert, »zu beziehen... Hier handelt es sich um einen der Vorteile der Kohärenz, zu der wir kommen, wenn wir uns nicht mehr so sehr daran gebunden fühlen, eine Geschichte, die man ohnehin nie so recht herausbekommt, Punkt für Punkt zurückzuverfolgen.«[17]

Sehr beunruhigend ist allerdings das Maß, in dem die Geschichte bereits bei ihrer Entstehung durch vorgefaßte Meinungen des Therapeuten über die wahrscheinlichen Ursachen für die Probleme des Patienten beeinflußt werden kann. Weil sich für jede Patientengeschichte eine unbegrenzte Zahl von Geschichten erfinden läßt, bieten die meisten Therapeuten eine begrenzte Anzahl narrativer Strukturen (oder Deutungen) an, für die der Patient mit Unterstützung des Therapeuten Belege finden kann. Wenn der Therapeut nicht schon eine vorher existierende Deutung anzubieten hätte, dann »könnte man die beobachtbaren Tatsachen und Realitäten [aus dem Leben des Patienten] unendlich lange betrachten und unendlich lange stumm bleiben«, hebt Serge Viderman hervor.[18]

Als Beispiel dafür, wie man nahezu unabhängig von den vorgebrachten realen Belegen zu diesen Deutungen kommen kann, verweist er auf Freuds Traumdeutung bei einem Patienten, den er Wolfsmann nannte. Aus einem Traum, bei dem dieser ein halbes Dutzend Wölfe auf den Zweigen eines Walnußbaums sitzen sah, leitete Freud ab, daß der Patient unter einer »infantilen Neurose« litte; diese Neurose ginge darauf zurück, daß er seine Eltern beim Geschlechtsverkehr beobachtet hätte. Um die intuitiven Bocksprünge und logischen Saltos zu machen, die erforderlich sind, um den Traum mit den Wölfen in eine »Erinnerung« an die Beobachtung einer »Urszene« umzudeuten, muß Freud offensichtlich im voraus zu seiner Schlußfolgerung gekommen sein. Das heißt, er muß die Vorstellung von der Urszene (wie auch die vorgefaßte Annahme, daß die Beobachtung eines solchen Ereignisses zu einer Neurose führen kann) in die therapeutische Situation eingebracht haben und sah den Traum als eine gute Gelegenheit, seine Theorie auf die Erfahrung seines Patienten aufzupfropfen.

Serge Viderman formuliert es so: »Niemand könnte die Urszene im Inhalt des [Wolfsmann-]Traums, wie er berichtet wurde, ›entdecken‹ ..., es sei denn, das Resultat des Wirkungsgefüges wurde von Anfang an festgelegt – und vorweggenommen... Ohne das Modell, das die Bedeutung der Szene a priori strukturierte, ist es nicht möglich, daß die Bedeutung sich aus dem mehrdeutigen und widersprüchlichen Material hätte entwickeln können; *deshalb konnte* [die Erinnerung] *nicht entdeckt, sondern nur in der Vorstellung entwickelt werden*« (Hervorhebung im Original).[19]

Serge Viderman will damit sagen, daß die reale Vergangenheit des Patienten zu schwer zu greifen und zu inkonsistent und zufällig ist, als daß man hoffen könnte, eine derartig tiefe Wahrheit zutage zu fördern, wie sie erforderlich ist, um jene Art von Erinnerung hervorzubringen, die der Erklärung den entscheidenden Nachdruck verleiht. Weil unser wirkliches Leben voller Vorlieben und Launen ist, kann sich der Therapeut nicht auf diese Realität beschränken; er durchstöbert statt dessen unsere Erinnerungen und unser phantasiertes Leben und sucht nach einer Gelegenheit, eine von vielen grundsätzlich unwiderstehlichen, schon vorliegenden Deutungen einzubringen. Was das Füllhorn an Deutungen enthält, ist recht unterschiedlich und hängt von der Art der Therapie, von den Neigungen des Therapeuten sowie von Zeitströmungen ab.

Der Gedanke, daß erzählte Wahrheit, die in der Therapie entstand, einen Sinn haben kann und doch nicht den Tatsachen entspricht, erscheint zunächst einmal erschreckend. Wozu taugt die Erfindung einer Lebensgeschichte, wenn sie kaum etwas mit dem realen Wahrheitsgehalt der entwickelten Zusammenhänge zu tun hat? Die Antwort auf diese Frage lautet, daß die Frage falsch gestellt ist. Die Bedeutung der geschaffenen narrativen Wahrheit hängt nicht davon ab, wie gut man mit ihrer Hilfe die Lebensgeschichte eines Menschen rekonstruieren kann – dazu ist sie nicht geeignet –, sondern es kommt darauf an, wie gut man mit ihrer Hilfe die Einstellung eines Patienten, seinen Sinn für Kontinuität und sein künftiges Verhalten beeinflussen kann.

»Der Wahrheitsgehalt [einer Geschichte] hat mehr mit der Gegenwart und der Zukunft als mit der Vergangenheit zu tun«, erläutert Donald Spence. »Uns interessiert in erster Linie, welchen Effekt sie hervorbringt, und weniger, ein Zeugnis der Vergangenheit zu bekommen... Assoziationen und Deutungen, wie sie bei der Entwicklung der Geschichte eingefügt werden, bekommen einen gewissen Wahrheitsgehalt, wenn sie uns vertraut werden und den ansonsten unverbundenen Mosaiksteinchen im Leben des Patienten Bedeutung verleihen. Eben dieser Prozeß, der es dem Therapeuten gestattet, die Mosaiksteinchen zu verstehen, die in der Therapiestunde gleichsam unter der Lupe betrachtet werden, ermöglicht es dem Patienten, sein Leben allmählich als etwas Kontinuierliches, Zusammenhängendes und daher als etwas Bedeutungsvolles zu sehen.«[20]

Wenn die Geschichte nach den Regeln der Kunst entwickelt und angewandt wird, kann sie zu einem Instrument werden, um das künftige Verhalten des Klienten zu beeinflussen. Gute Therapeuten werden ihm oder ihr dabei behilflich sein, nicht einfach nur eine Geschichte zu erfinden, die Schuldzuweisungen gestattet (noch nehmen sie an, daß die Schwierigkeiten, wenn erst einmal eine glaubwürdige Geschichte geschaffen wurde, schlicht zu existieren aufhören), sondern vielmehr eine Geschichte zu entwickeln, die sich als lehrreich für die momentanen und künftigen Handlungen und Verhaltensweisen erweist.

Vielen geht Donald Spence mit seinen Thesen zu weit. Gewiß dürfen die Informationen über die eigene Lebensgeschichte, die der Klient beisteuert, durch die Optik, die sie während der Therapie durchwandern müssen, nicht völlig verzerrt werden. Wenn die Geschichte irgendeine Bedeutung für den Klienten hat, muß sie dann nicht mit den Tatsachen aus seinem Leben übereinstimmen? Leonard Shengold, Autor des Buches ›Soul Murder: The Effects of Childhood Abuse and Deprivation‹, beschuldigt Spence, einen »Angriff auf die historische Wahrheit« zu starten und das narrative Element zu idealisieren. »Er meint, man solle die ... Suche nach der ›realen Vergangenheit‹ aufgeben – die Entwicklung der Erzählung sei alles. Die Aufgabe des Psychoanalytikers besteht demnach darin, ein exzellenter Romanschreiber der Psyche zu sein.«[21]

Bei der normalen therapeutischen Situation, wo angenommen wird, daß die ursprünglichen Kindheitserinnerungen der Patientin die Wahrheit über ihre Vergangenheit enthalten, kann man tatsächlich davon ausgehen, daß die Geschichte »Sitz hat«, also eher besser als schlechter mit ihren Lebenserinnerungen übereinstimmt. Doch in einigen therapeutischen Situationen – und dazu gehört vor allem die Therapie zur Aufdeckung von Erinnerungen – nimmt man an, daß die Erinnerungen der Klientin aus der Zeit vor der Therapie *falsch* sind oder gar das völlige Gegenteil dessen, was sich wirklich in der Kindheit der Patientin ereignete. Eine Patientin, die mit leuchtenden Augen von ihren Eltern und ihrer Erziehung erzählt, gerät dann in den Verdacht, daß sie eine düstere Vergangenheit verbirgt. Die Therapie zur Aufdeckung von Erinnerungen macht klar, was letztlich aus Donald Spence' Auffassung zur Entwicklung von Geschichten werden kann; denn der Therapeut hilft hier nicht nur dabei mit, eine Geschichte zu konstruieren, sondern er unterstützt die Patientin auch dabei, die Beweise für die Geschichte zusammenzustellen. In dieser Therapieform müssen die ursprünglichen Erinnerungen der Klientin gar nicht durch die Optik der Therapie hindurch: Wenn diese Erinnerungen keine Beweise für die Mißbrauchsgeschichte liefern, werden sie einfach ignoriert.

Um zu illustrieren, wie Therapeuten mit Hilfe ihrer Deutungen eine beliebige Anzahl von Geschichten entwickeln können, die schließlich von der Patientin auch geglaubt werden, betrachten wir den Fall von Frau F. T.; einer breiteren Öffentlichkeit zugänglich gemacht wurde er durch Robert Langs' einflußreiche Arbeit ›The Techniques of Psychoanalytic Psychotherapy‹ und die anschließende Neudeutung durch Charlotte Krause Prozan in deren Buch ›Feminist Psychoanalytic Psychotherapy‹.

Nach Robert Langs' Beschreibung kam F. T., eine junge Frau aus einer Familie mit drei Töchtern, in die Therapie, weil sie eine Neigung zum Ausagieren hatte und eine leichte Persönlichkeitsstörung aufwies. Wie in den meisten therapeutischen Situationen stammten die Informationen, auf deren Grundlage Robert Langs seine Deutung entwickelte, aus F. T.s Beschreibung ihrer Vergangenheit, ihrer Träume und Phantasien sowie von Ereignissen aus ihrem momentanen Leben. In der Therapie erzählte sie Robert Langs von ihren Kindheitserinnerungen; dazu gehörten ein zufälliger schwerer Sturz, eine Vaginalinfektion, Sommerferien, während der sich die gesamte Familie manchmal ein einziges Hotelzimmer teilte, Hängenbleiben eines Beins in den Speichen eines Fahrrads und eine Neigung zu blauen Flecken. Sie erinnerte sich daran, daß sie das Gefühl hatte, in gewisser Weise von ihrer Mutter vernachlässigt zu werden, weil diese damals berufstätig war. Sie rief sich ins Gedächtnis, daß ihr Vater immer einen Sohn gewollt hatte und daß sie von den drei Schwestern diejenige war, die bei seinen Aktivitäten mitmachte und ihm bei der Arbeit half. Sie dachte wieder an ihren Kindheitswunsch, Spielzeuggewehre besitzen zu wollen. Sie erinnerte sich auch daran, als Kind die blutigen

Monatsbinden ihrer Mutter gesehen und damals geglaubt zu haben, daß die Mutter verletzt worden sei, als der Vater in sie eindrang. Sie berichtete außerdem von einer nicht unbeträchtlichen Anzahl sexueller Kontakte während ihrer Hochschulzeit. Mit dem Fortschreiten der Therapie beschrieb sie auch Träume; dabei ging es um den Sexualverkehr mit berühmten Sängern, und in einem weiteren Traum schlief sie mit einem Filmstar. Ebenso erzählte sie andere Träume: einen, bei dem sie zusammen mit einem Affen, der sie am Kopf kratzte, im Kino saß, einen mit ihrer betagten senilen Großmutter und einen weiteren, bei dem sie sich selbst als Schuhverkäufer mit drei Paar Schuhen sah, zwei braunen und einem blauen.

Zusätzlich zu diesem Material sprachen sie und Robert Langs über drei bedeutsame Ereignisse aus ihrem gegenwärtigen Leben: daß ihre Mutter sich einer Operation unterziehen mußte, daß ihre Schwester heiratete sowie ihre eigene Reaktion darauf, daß Langs vorhatte, in Urlaub zu fahren. Als sie hörte, daß er die Stadt verlassen würde, war F. T. »deprimiert und verärgert, dachte daran, die Therapie abzubrechen, und träumte, mit einem alten Freund geschlafen zu haben«.[22] Danach träumte sie, sie und ihre Schwester hätten eine Affäre mit einem älteren Mann, jemandem in Langs' Alter.

Aus dieser Mischung von Phantasie, Traum, Erinnerung und Verhalten begann Robert Langs nach und nach eine Geschichte zu F. T.s Leben zusammenzustellen. F. T. und ihr Therapeut stimmten darin überein, daß ihr Traum, in dem sie ein Schuhverkäufer war, möglicherweise in Zusammenhang mit ihrem Bedürfnis stand, den Wunsch ihres Vaters nach einem Sohn zu erfüllen. Die Erinnerung an ihr Bedürfnis, ein Spielzeuggewehr zu besitzen, stützte Robert Langs' Auffassung, daß F. T. einen Penisneid haben könnte. Er erklärte der Patientin nicht nur, sie habe ein Junge sein wollen, sondern auch, »sie habe wahrscheinlich als Kind den Penis ihres Vaters gesehen – wohl als sie auf einer Reise waren und sich ein Zimmer teilten«.[23]

Diese Geschichte hatte anscheinend etwas in F. T. ausgelöst. In den folgenden Sitzungen berichtete sie über eine Phantasie, ein bekannter Sänger zu sein, und sie erzählte auch von einem Traum, in dem sie »selbst Hoden haben wollte«. Während dieser Teil der Analyse sich also zu bestätigen schien, »wurde nichts mehr zu den Erlebnissen bei der Urszene und darüber gesagt, daß sie ihren Vater nackt gesehen hatte«, schrieb Langs.[24]

Nachdem ihre Mutter erkrankt war und sie vom Traum mit dem Affen im Kino berichtet hatte, bot Langs eine weitere »Rekonstruktion« an. Er erkannte intuitiv aus den Hinweisen, die F. T. gegeben hatte, daß sie einmal ihre Eltern beim Geschlechtsverkehr beobachtet hatte.

Nach Langs' Darstellung stellte sie anfangs in Abrede, eine Erinnerung daran zu haben, daß sie ihre Eltern beim Geschlechtsverkehr gesehen hätte und erinnerte sich nur an die Zeiten, in denen die Familie während des Urlaubs im selben Zimmer schlief.[25] Wie auch bei Langs' erster Vermutung zum Penisneid wurde jedoch bald ein Hinweis entdeckt, der seine neue Vermutung im wesentlichen bestätigte. Im Gespräch über diese Deutung, so Langs' Bericht, »rief die Patientin sich plötzlich, jedoch verschwommen ins Gedächtnis, einmal von selbst aufgewacht zu sein – als sie mit ihren Eltern unterwegs war – und eine gewisse Art von Bewegungen gehört zu haben«. In den folgenden Sitzungen verriet sie, sie hätte ihre Schwester mit einem Freund im Bett gesehen und in der Phantasie ihre Eltern beim Geschlechtsverkehr beobachtet; das beunruhigte sie, da sie es in einen Zusammenhang mit den ständigen Streitereien der Eltern brachte.

Schließlich »führte ein Traum von einem kalten dunklen Wald mit gefällten Bäumen zu Erinnerungen aus der frühen Kindheit, als F. T. mit ihren Eltern ein Zimmer in einer Hütte teilte; sie war auch dort wegen der Geräusche aufgewacht. Sie rief sich weitere, sogar noch länger zurückliegende Erlebnisse ins Gedächtnis und auch die Alpträume, mit denen sie einhergingen«.[26] In der letzten therapeutischen Sitzung berichtete sie darüber, sich an eine Kindheitsphantasie zu erinnern, wie ein Alligator sich unter ihrem Bett versteckte. Sie kam auch auf eine weitere Szene in einem Hotelzimmer zurück, das sie mit ihren Eltern teilte; »etwas Kleines wurde allmählich groß. Sie dachte an einen Penis, an ihr Mißtrauen gegenüber Männern und an ihre Phantasien, daß ihr Vater ihrer Mutter etwas angetan hatte. Es gab bei ihr Hinweise auf Phantasien, einen Penis zu haben, daß ihr Vater ihn (und den ihrer Mutter) abgebissen hätte, und auf plötzliche Rachegefühle, es ihrem Vater in gleicher Münze heimzahlen zu wollen.«[27]

Bis zum Abschluß der Therapie wurden beide Geschichten des Therapeuten – daß F. T.s Schwierigkeiten auf einen Penisneid zurückgingen und daß sie eine »Ur«szene bei ihren Eltern beobachtet hätte – durch die Phantasien und durch neu aufgedeckte Erinnerungen bestätigt. Außerdem hatten diese Geschichten wohl eine große Bedeutung für die Klientin. Wie Robert Langs festhält, wurde F. T. »immer funktionsfähiger«, und sie agierte auch nicht mehr soviel aus. Die eingebrachten Rekonstruktionen hatten nach Aussagen ihres Therapeuten zur Folge, daß die Patientin ihr Verhalten, ihre Lebensgeschichte und die Welt ihrer Phantasien besser verstand.

Doch entsprachen die Geschichten, die während der Therapie entwickelt wurden, den Tatsachen? Oder handelte es sich um Geschichten, die deswegen entstanden waren, weil Robert Langs die Grundgedanken »Penisneid« und »Urszenen« als Vorbelastung in die Therapiesituation eingebracht hatte? Hätte man aus demselben Material andere Geschichten entwickeln können?

Charlotte Krause Prozan beantwortet diese Frage für uns in ihrem Buch ›Feminist Psychoanalytic Psychotherapy‹. In ihrer Reanalyse des Falles F. T. legt sie nahe, Penisneid sei möglicherweise eine unangemessene Diagnose und die Patientin habe die Diagnose nur deshalb als bedeutsam empfunden, weil sie den Wunsch hatte, Robert Langs einen Gefallen zu tun. »Die Besserung des Zustands von F. T. geht sicherlich auf eine sehr gute Arbeit zurück, sie mag jedoch auch daher kommen, daß F. T. endlich in der Lage war, zu einer Elternfigur nett zu sein, indem sie ihrem Analytiker das gab, was er wollte, nämlich eine Patientin, die seiner Penisneid-Diagnose zustimmte… Welche bessere Möglichkeit gäbe es, zu einem freudianisch ausgerichteten Analytiker nett zu sein, als seinem Wunsch nachzukommen, mit seinen Vorstellungen zu den Problemen der Patientin übereinzustimmen?«[28]

Geleitet von ihrer feministischen Sichtweise gibt Charlotte Krause Prozan mehrere weitere Deutungen, die ihr für diesen Fall angemessener erscheinen. Die Tatsache, daß ihre Mutter einer

Berufstätigkeit nachging, als F. T. noch ein Kind war, und daß sie Spielzeuggewehre haben wollte, könnten nach Charlotte Krause Prozan ein Hinweis darauf sein, daß sie nicht das Gefühl hatte, ihrer Mutter nahe zu sein, und eine besondere Nähe zu ihrem Vater suchte. Die Phantasie, ein Junge zu sein, wäre daher nicht wörtlich zu nehmen, sondern als Symbol für ihre Sehnsucht danach, von ihrer Familie anerkannt zu werden. Diese Deutung, so die Autorin, würde »zu Erinnerungen an Einsamkeit und Traurigkeit führen, die einen therapeutischen Effekt haben könnten«.[29]

Anhand der weiteren Informationen, die Robert Langs darlegte, kommt Charlotte Krause Prozan noch zu weiteren möglichen Theorien. Wegen der Erinnerung, sich ein Hotelzimmer mit den Eltern geteilt zu haben, schließt die Autorin, daß F. T.s Vater vielleicht Haremsphantasien hatte und daß ihre Mutter unbewußt »einen Sieg über ihre Töchter errang, indem sie ihre eigenen alten ödipalen Rivalitäten ausagierte«. Aufgrund der Angst, die von der Patientin durchgemacht wurde, als sie diese Szenen beobachtete, glaubt Charlotte Krause Prozan, daß sie möglicherweise »durch Verhaltensweisen, die ihre Eltern verärgerten, eine gewisse Distanz herbeiführte«.[30] Den Alligator unter dem Bett interpretiert sie als Symbol für F. T.s Ärgergefühle gegenüber ihrer Mutter oder eventuell als Phantasie zu den miterlebten Wortgefechten zwischen ihrer Mutter und ihrem Vater.

Am Schluß ihrer Multiple-choice-Reanalyse des Lebens von F. T. bietet sie eine weitere, umfassendere Theorie an:

Ich schlage die Möglichkeit vor, daß F. T. als Kind sexuell belästigt wurde, vielleicht durch ihren Vater, und daß dies verdrängt wurde und nicht in der Behandlung hochkam, weil ihr Analytiker nie daran dachte und nie die angemessenen Fragen zu diesem Thema stellte. Die Hinweise darauf sind allesamt im Material enthalten.
1. Eine vaginale Infektion während der Kindheit. Normalerweise wird die nicht durch Masturbation verursacht, was Langs' Erklärung dafür ist.
2. Die Vielfalt der Träume und Phantasien, bei denen das Thema Sex wiederholt als gefährlicher Angriff gegen eine Frau und als Gesundheitsgefährdung auftaucht.

3. Die visuelle Vorstellung von etwas, das größer wird, im Alter von sechs Jahren. Es ist nicht möglich, daß ein sechsjähriges Mädchen allein dadurch vom Steifwerden des Penis weiß, daß es hörte oder sogar sah, wie die Eltern (wahrscheinlich unter der Bettdecke) in einem abgedunkelten Hotelzimmer Geschlechtsverkehr miteinander hatten.
4. Die schreckliche Angst vor dem Alligator in Verbindung mit der Phantasie, daß der Vater ihr den Penis abbeißen könne. Hier handelt es sich möglicherweise um die Folge einer erzwungenen oralen Kopulation bei einem sexuellen Angriff auf sie.
5. Der kratzende Affe, der eine Blutung am Kopf bei ihr hervorrief, könnte für die Verschiebung weg von ihrer Vagina und eine Verschleierung des Täters stehen, wahrscheinlich eines haarigen Mannes…
6. Promiskuität, ebenfalls häufig bei sexuell belästigten Mädchen.
7. Das Auftreten älterer Männer in ihren Träumen und Erinnerungen an Urszenen sowie Variationen solcher Szenen könnten in Wirklichkeit Deckerinnerungen an selbst erlebte sexuelle Gewalt sein.
8. Der Wunsch, ein Spielzeuggewehr zu besitzen. Dies könnte den Ärger gegenüber der Person wiedergeben, die sie belästigte, ein Versuch, mit ihrer Angst und ihrem Mißtrauen gegenüber Männern fertigzuwerden, sowie ein Zeichen ihrer Rachephantasien sein.[31]

Indem sie mehrere mögliche Ursachen für die Schwierigkeiten von F. T. angibt – einschließlich einer Geschichte mit sexuellem Mißbrauch –, veranschaulicht Charlotte Krause Prozan perfekt die These von Donald Spence und Serge Viderman, daß die in der Therapie entwickelten Geschichten, wenn auch mit gewissen Abstufungen, beliebig sind. Ohne es zu wollen, deckt sie die Tatsache auf, daß keine der von F. T. in der Therapie berichteten Phantasien, Erinnerungen oder anderen Details, ob man sie nun im Zusammenhang oder einzeln sieht, eine einzige feste Bedeutung haben. Deshalb kann es keine empirische Grundlage dafür geben, sich zwischen den Konstruktionen von Robert Langs oder denen von Charlotte Krause Prozan zu entscheiden. Sowohl Robert

Langs als auch Charlotte Krause Prozan zwängen der Patientin ihre vorgefaßten Geschichten auf, die sich auf der Grundlage ihrer unterschiedlichen Ideologien entwickelt haben. Indem Details unterschiedlich zusammengebracht und aus einem unterschiedlichen Blickwinkel (hier einem feministischen beziehungsweise einem freudianischen) betrachtet werden, kommt der Therapeut zu einer bestimmten Deutung, einer aus einer beliebigen Anzahl von Deutungen, von denen keine zwingend zu irgendeinem wahren Ereignis in der Vergangenheit der Patientin passen muß. Jede Geschichte ist Ausdruck der gültigen Mythologie im entsprechenden therapeutischen Lager.*

Was entscheidet nun darüber, welche Deutung angeboten wird? Wie Charlotte Krause Prozan selbst zugibt, geht die Entscheidung darüber, welcher Weg eingeschlagen werden soll, häufig nicht auf das Material zurück, das die Patientin dem Therapeuten liefert, oder gar auf die Vorstellungen des einzelnen Therapeuten, sondern auf viel umfassendere Einflußfaktoren. »Im Jahre 1973 und davor waren die Analytiker auf der Suche nach Penisneid. Im Jahre 1990 suchen wir nach sexuellem Mißbrauch. Es stimmt, dann und wann finden wir eher, wonach wir suchen – das ist die subjektive Komponente unserer wissenschaftlichen Untersuchung. Es kommt heutzutage relativ häufig vor, daß Therapeuten von Patientinnen aufgesucht werden, die über sexuellen Mißbrauch berichten, weil es das ist, worüber sie gelesen, was sie im Radio gehört und im Fernsehen gesehen haben... Patientin und Analytiker leben in derselben Kultur und werden von denselben Entwicklungen beeinflußt. Beide haben möglicherweise insgeheim ein Einverständnis

* Die Annahmen, daß irgendeines der Details, die F. T. lieferte, überhaupt eine tiefere Bedeutung haben müsse oder daß sie addiert werden können, um eine verborgene Kraft aufzudecken, die ihr Leben formte, sind Konzepte, die für die Psychotherapie typisch sind. Könnte die Erinnerung daran, sich vor einem Alligator unter dem Bett gefürchtet zu haben, nicht daher kommen, daß sie einen Naturfilm gesehen oder ein Buch mit entsprechenden Geschichten gelesen hatte? Könnte das Bedürfnis, ein Spielzeuggewehr zu besitzen, nicht daher kommen, daß sie neidisch war auf die Ansammlung von Spielzeug beim Jungen von nebenan? Könnten die berichteten Träume nicht das Ergebnis dessen sein, daß die Gehirnsynapsen während des Schlafs zufällige Impulse abgaben? Während die Therapeuten radikal unterschiedliche Auffassungen über die Bedeutung dieser Art von Details haben, ist anscheinend das einzige, worin sie übereinstimmen, die Aussage, daß die Details eine Bedeutung haben.

über das, was ihrer Meinung nach die exakte Diagnose ihrer Probleme ist. Und weil sie beide von der Kultur, in der sie leben, beeinflußt werden, entgeht beiden möglicherweise die Wahrheit.«[32]

Diese Aussage ist offensichtlich ein niederschmetterndes Eingeständnis. Psychotherapeutische Moden beruhen nicht auf wissenschaftlichen Befunden, sondern werden von der Kultur und dem geformt, was Gruppen von Therapeuten untereinander beschließen. Weil Richtungen durch einen lockeren Konsens bestimmt werden, ist die Psychotherapie extrem anfällig gegenüber augenblicklichen Strömungen des Zeitgeistes. Zu Charlotte Krause Prozans Verteidigung muß allerdings angeführt werden, daß Analytiker nur selten freiwillig zugeben, daß sie häufig einfach »finden«, was ihren Erwartungen entspricht. Leider macht sie jedoch nicht den nächsten Schritt. Wenn sie recht damit hat, daß F. T. vor Langs' Analyse aus dem Bedürfnis heraus, ihm einen Gefallen zu tun, kapitulierte, warum sollten wir dann annehmen, daß sich nicht dieselbe Dynamik entwickelt hätte, wenn ein anderer Therapeut die Theorie eines verdrängten Mißbrauchs eingebracht hätte? Wenn gesellschaftliche Einflüsse Robert Langs dazu gebracht haben, eine falsche Diagnose zu stellen, welche Belege gibt es dann dafür, daß Charlotte Krause Prozan nicht genauso durch den momentan wirkenden gesellschaftlichen Einfluß bei ihrer Deutung in die Irre geführt wurde?

Aller Wahrscheinlichkeit nach wäre F. T. an den Punkt gekommen, irgendeine der von Charlotte Krause Prozan angebotenen Deutungen als wahr zu akzeptieren, wenn sie nur überzeugend genug dargestellt worden wäre. Genau wie F. T. auf die Diagnose Penisneid und auf die Behauptung einging, sie sei Zeugin bei einer Urszene mit ihren Eltern gewesen (in einem späteren Abschnitt der Therapie schilderte sie dann Träume und neu aufgedeckte Erinnerungen, die diese Behauptungen bestätigten), wäre es durchaus möglich gewesen, daß sie in einer Behandlung durch Charlotte Krause Prozan irgendeine von deren Interpretationen in gleicher Weise mit Bedeutung erfüllt hätte, auch die Behauptung, ihr Vater habe sie sexuell belästigt. Die Aussage von Charlotte Krause Prozan läßt sich auch so formulieren: *Welche bessere Mög-*

lichkeit gäbe es, zu einer Therapeutin nett zu sein, die verdeckte Erinnerungen aufdecken möchte, als ihrem Wunsch nachzukommen, mit ihren Vorstellungen zu den Problemen der Patientin übereinzustimmen?

Im erwähnten Text der Autorin fehlt nicht nur das Eingeständnis, wie sehr gesellschaftliche Einflüsse und therapeutische Moden am Entstehen einer unwahren Mißbrauchsgeschichte beteiligt sein können, sondern auch ein Verständnis für den sozialen Druck innerhalb therapeutischer Kreise, *niemals* den Wirklichkeitsgehalt einer solchen Geschichte in Frage zu stellen. Wenn die Autorin auch eingesteht, daß gesellschaftliche Einflußkräfte oft den Kern der therapeutischen Interpretation bestimmen, so kommt sie doch nicht zu dem naheliegenden Folgesatz, daß eben jene Kräfte auch einen Einfluß darauf haben, wie Therapeut und Klientin auf diese Deutung *reagieren.* Wenn man die gegenwärtigen Auffassungen zu Mißbrauchserinnerungen Revue passieren läßt, dann ist diese Interpretation nicht bloß einer der möglichen Wege, sie ist eine breit ausgebaute Einbahnstraße. Wenn Patientinnen zu der Auffassung kommen, daß sie möglicherweise mißbraucht worden sind, dann werden eben jene gesellschaftlichen Kräfte, die auf diese Diagnose hinwirkten, darauf Einfluß nehmen, daß solche Auffassungen als wahre und exakte Erinnerungen behandelt werden. Wie wir zeigen werden, wird es in der Bewegung zur Aufdeckung von Erinnerungen nicht toleriert, die Stichhaltigkeit von Mißbrauchsgeschichten in Frage zu stellen.

Charlotte Krause Prozan beschäftigt sich auch angesichts der offensichtlichen Unterschiede zwischen ihren Deutungen nicht mit der Frage, *welche Konsequenzen es hat, wenn sie falsch sind.* Hat sich ein Therapeut bei der Diagnose Penisneid oder darin getäuscht, daß die Patientin bei ihren Eltern eine Szene sexuellen Inhalts beobachtete, dann ist der mögliche Schaden für die Klientin, die an die falsche Geschichte glaubt, belanglos im Vergleich zum Schaden, den eine Klientin erleidet, die zu der falschen Erkenntnis kommt, ihr Vater habe sie sexuell belästigt. Zu glauben, man habe ein Junge sein wollen oder man habe eine »Urszene« beobachtet, würde wahrscheinlich zur Folge haben, daß man die Wahrnehmung der eigenen Vergangenheit in einem neuen Licht sieht. Würde man plötzlich zu der Auffassung kommen, daß man vom eigenen Vater vergewaltigt wurde, wäre man gezwungen, die Geschichte seiner Kindheit völlig umzuschreiben und aller Wahrscheinlichkeit nach die Beziehung zu den Eltern zu zerstören. Diejenigen, deren Leben durch die Therapie zur Aufdeckung von Erinnerungen geschädigt wurde, wären sicherlich mehr als verblüfft, wenn ihnen Charlotte Krause Prozan eröffnete, daß es sich bei der Mißbrauchsgeschichte schlicht um eine aus einer ganzen Reihe von plausiblen Diagnosen für eine Patientin wie F. T. handelt. Indem sie eine Mißbrauchsgeschichte zusammen mit mehreren anderen vorstellbaren Deutungen präsentiert, gibt sie letztlich zu verstehen, jede beliebige von mehreren Geschichten hätte die entsprechenden bestätigenden Erinnerungen hervorbringen können, und diese hätten sich in gleicher Weise bei der Behandlung von F. T. als effektiv erweisen können. Die Tatsache, daß sie diese Einsicht einer Patientin mitteilt, die sie nie getroffen hat, ist ein Beleg dafür, wie sehr gewisse Therapeuten auf ihren eigenen Scharfsinn vertrauen.

Das Buch von Donald Spence, das im Jahre 1982 veröffentlicht wurde, geht nicht speziell auf die Therapie zur Aufdeckung von Erinnerungen ein, doch seine Kritik erweist sich in bemerkenswerter Weise vorausschauend. Man kann sich kaum eine Therapie vorstellen, die besser die Fallstricke illustrieren könnte, die mit der Entwicklung narrativer Wahrheiten verbunden sind. Bei der Therapie zur Aufdeckung von Erinnerungen wird häufig nicht einmal die *Annahme* gemacht, daß eine Patientin frei assoziiert oder daß der Therapeut versucht, mit »gleichbleibend schwebender Aufmerksamkeit« zuzuhören. Weil sich in vielen Fällen Patientin und Therapeut einig sind, daß die ursprünglichen Symptome auf Mißbrauch hindeuten, stimmen sie auch darin überein, daß es das Ziel der Therapie ist, die im Unterbewußten verborgenen Erinnerungen aufzudecken. Die Techniken verbal orientierter Therapien, mit deren Hilfe Klientinnen ein umfassenderes Verständnis darüber erreichen können, was sie zu dem macht, was sie sind, werden im Falle der Therapie zur Aufdeckung von Erinnerungen dazu eingesetzt, einfach das auszusondern, was zu »unwesentlichen« Faktoren erklärt wird, um sich dann lediglich auf den vermuteten verborgenen Mißbrauch zu konzentrieren. Es gibt nur eine einzige Geschichte, die in der Therapie zur Aufdeckung von Erinnerungen entwickelt wird – die einer Patientin als Opfer von Mißbrauch –, und es ist verboten, auch nur anzudeuten, daß diese Geschichte vielleicht nicht mit der faktischen Wahrheit übereinstimmt.

Wenn gute Psychoanalytiker, wie Donald Spence behauptet, Künstlern ähneln, die für die Patientin ein »ästhetisches Erlebnis« schaffen, womit können wir dann die Therapeuten vergleichen, die Erinnerungen aufdecken? Im Sinne dieser Metapher hieße das: Therapeuten, die das Leben ihrer Klientinnen auf Mißbrauchsgeschichten einengen, sind wie Propagandisten. Statt eine Geschichte zu entwickeln, die tiefe Wahrheiten aus dem Leben der Patientin anspricht, ordnen sie alle Informationen der einen unvermeidlich erscheinenden Geschichte zu: der, als Kind sexuell mißbraucht worden zu sein. Wie Propaganda hat diese Geschichte weder Tiefe noch Vielschichtigkeit. Bemerkenswerterweise hat auch die platte Mißbrauchsgeschichte, wie sie in der Therapie zur Aufdeckung von Erinnerungen entwickelt wird, Erklärungskraft. A. G. Britton etwa kam zu der Auffassung, all ihre Erwachsenenprobleme gingen auf sexuelle Gewalt in der frühen Kindheit zurück; zu glauben, alle Probleme seien die Folge von Ereignissen, auf die man überhaupt keinen Einfluß haben konnte, kann eine gewisse Erleichterung verschaffen und eine Art Einsicht vermitteln. Laut Darstellung der Therapeuten bestätigen die Patientinnen häufig, daß der Schmerz in ihrem Leben plötzlich einen Sinn ergibt und daß sie froh darüber sind, den in ihrer Vergangenheit verborgenen schrecklichen Wahrheiten ins Gesicht gesehen zu haben. »Obwohl es traumatisch für mich war, zu erkennen, daß mich alle meine Familienangehörigen mißbraucht haben, hatte das auch etwas Beruhigendes an sich«, wird eine nicht weiter identifizierte Frau in ›The Courage to Heal‹ zitiert. »Mein Leben ergab plötzlich einen Sinn.«[33] Therapeuten bestärken Klientinnen in dem Glauben, die verdrängten Erinnerungen seien die Wurzel allen Übels in ihrem Leben – ihres ganzen Schmerzes, all ihrer Angst, jeder Erschütterung in ihrem Leben. Unglücklicherweise erkennen die Patientinnen erst, wenn es zu spät ist, welchen Preis sie zahlen müssen, wenn sie immer stärker an die Geschichte mit dem verdrängten Mißbrauch glauben.

Obwohl die Therapeuten, die Erinnerungen aufdecken, glauben, sie würden, je mehr Therapiestunden sie damit verbringen, sich auf die Erinnerungen der Patientin zu konzentrieren, um so mehr von der Wahrheit über die Vergangenheit der Klientin freilegen, trifft oft das genaue Gegenteil zu. Wenn die Patientinnen auch während der ersten Therapiesitzungen tatsächlich verstärkt über lange nicht hervorgeholte Erinnerungen und Erlebnisse nachdenken mögen – die Menge der wirklich verfügbaren Erinnerung ist endlich, doch die Menge der Einzelheiten, die man hinzuerfinden, sich vorstellen oder wünschen kann, ist ohne Ende. Je länger der Prozeß des Aufspürens von Erinnerungen dauert, desto mehr von letzteren werden in das eingearbeitet, was man zu erinnern glaubt. Wenn man die Einflußkräfte und Verzerrungen in Betracht zieht, die zum Prozeß des Abrufs aus dem Langzeitgedächtnis gehören, wie er sich bei der Therapie zur Aufdeckung von Erinnerungen abspielt, dann erscheint es naheliegend, daß die wirkliche Erinnerung der Patientin an die Vergangenheit in den ersten therapeutischen Sitzungen besser sein dürfte als gegen Ende der Behandlung.

Während ein Therapeut, dem die Problematik beim Aufspüren von Erinnerungen bewußt ist, fähig sein mag, den wahren Kern der Erinnerungen einer Klientin über den Verlauf einer Therapie hinweg zu erhalten, kümmert man sich bei der Therapie zur Aufdeckung von Erinnerungen – aufgrund ihrer Eigenheit – nicht um dieses Problem. Einige Therapeuten ignorieren die Einflußfaktoren, die mit den von ihnen eingesetzten Verfahren zusammenhängen, wie sie auch die wohlbekannte Neigung von Klienten ignorieren, hinzuzufabulieren und ihre Erinnerung umzuformulieren, damit die Erinnerung zu den subjektiv wahrgenommenen Auffassungen des Fragestellers paßt. In der Welt der Therapie zur Aufdeckung von Erinnerungen gilt dieser Prozeß als qualitativ um so hochstehender, je länger und intensiver er ist. Deren Therapeuten verfolgen über Jahre hinweg verborgene Erinnerungen wie Archäologen, die Dynamit einsetzen. Im Verlauf der Monate und

Jahre sprengen sie das hinweg, was sie für Erinnerungsbarrieren halten, und ihnen wird nicht klar, daß sie damit den zerbrechlichen Schatz zerstören, von dem sie behaupten, daß sie nach ihm suchen. Obwohl dieser Fehler im Bereich der Psychotherapie bekannt ist, machen ihn Therapeuten, die Erinnerungen aufdecken, auf die entsetzlichste Weise.

Symptome einer Pseudowissenschaft

Wenn Sie glauben, Sie seien mißbraucht worden, und es gibt in Ihrem Leben die entsprechenden Symptome, dann ist das tatsächlich geschehen. Wenn Sie sich nicht daran erinnern, daß Sie mißbraucht wurden, sind Sie nicht die einzige.
›The Courage to Heal‹[1]

Um Patientinnen und potentielle Leserinnen zum Buchkauf zu verleiten, offerieren die selbsternannten Experten der Bewegung zur Aufdeckung von Erinnerungen ganze Listen mit »Warnzeichen« – Störungen und Verhaltensweisen, die angeblich unmittelbar daher kommen, daß jemand mißbraucht wurde. In Anlehnung an die Medizin bezeichnen die Therapeuten die von der Klientin vorgetragenen Probleme als »Symptome« und erzählen ihr, es gäbe handfeste Belege dafür, daß die Symptome unmittelbar auf bestimmte Erfahrungen zurückgingen. Indem die Therapeuten autoritativ der Auffassung Geltung verschaffen, gewisse Störungen gingen unmittelbar auf sexuellen Mißbrauch zurück, rechtfertigen sie ihre Neigung, nach Erinnerungen zu suchen, von denen die Klientin nichts weiß, und erwecken in ihr die Erwartung, daß man die Erinnerungen schon finden werde. Hat sie Symptome, die auf Mißbrauch zurückgehen, gibt es nach dieser Logik nur einen einzigen angemessenen Weg: in der Therapie danach zu suchen.

»Finden Sie auf dieser Liste viele Merkmale, die auf Sie selbst zutreffen?«, so lautet der erste Satz in dem Buch ›Secret Survivors‹ von E. Sue Blume. »Falls ja, könnten Sie ein überlebendes Opfer von Inzest sein.« Links vor jedem »Merkmal« steht eine punktierte Linie; so können die Leserinnen die Aussagen ankreuzen, die auf sie zutreffen.

- *Angst, im Dunkeln allein zu sein ... Alpträume, nächtliche Angstzustände ...*
- *Entfremdung vom eigenen Körper – negative Beziehung zum Körper*
- *Magen-Darm-Probleme, gynäkologische Unregelmäßigkeiten ... Kopfschmerzen ... Arthritis oder Gelenkschmerzen*
- *Tragen vieler Kleidungsstücke, auch im Sommer*
- *Eßstörungen, Medikamenten- oder Alkoholmißbrauch (oder vollständige Abstinenz) ... zwanghafte Verhaltensweisen*
- *Phobien*
- *Bedürfnis, unsichtbar, perfekt oder ganz und gar schlecht zu sein*
- *Selbstmordgedanken, Selbstmordversuche oder Zwangsvorstellungen in dieser Richtung*
- *Depressionen (manchmal lähmende); scheinbar grundloses Weinen*
- *Starre Steuerung der eigenen Denkvorgänge; Humorlosigkeit oder übertriebene Ernsthaftigkeit*
- *Nervöse Angst als Erwachsene, beobachtet oder überrascht zu werden*
- *Wagemut (»das Schicksal herausfordern«); Unfähigkeit, Risiken einzugehen*
- *Grenzfälle; Probleme mit Kontrolle, Macht und Zuständigkeit; Angst, die Kontrolle über sich zu verlieren; zwanghafte/obsessive Verhaltensweisen (Versuche, belanglose Dinge zu steuern, nur um etwas zu steuern)*
- *Schuld, Scham; wenig Selbstvertrauen; das Gefühl, nutzlos zu sein; anderen Menschen gegenüber große Dankbarkeit für kleine Gefälligkeiten*
- *Verhaltensmuster, sich als Opfer zu fühlen*
- *Angst, verlassen zu werden*
- *Ausblenden einer bestimmten Zeit in der Kindheit (insbesondere zwischen dem ersten und dem zwölften Lebensjahr), einer speziellen Person oder eines besonderen Ortes*
- *Gefühl, ein schreckliches Geheimnis mit sich herumzutragen; Druck, etwas erzählen zu müssen; Angst, daß etwas herauskommt; Gewißheit, daß niemand zuhören wird; allgemeine Geheimniskrämerei ...*

- *Gefühl, verrückt zu sein; Gefühl, anders zu sein; Gefühl, daß man selbst unwirklich ist und alle anderen real sind oder umgekehrt; Aufbau von Phantasiewelten, -beziehungen oder -identitäten*
- *Verleugnung: Fehlen jeglicher Bewußtheit; Verdrängung von Erinnerungen ... starke, tiefgehende, »unangemessen« negative Reaktionen auf eine Person, einen Ort oder ein Ereignis; »blitzartige Wahrnehmungen« ohne ein Gefühl für deren Bedeutung; Erinnerungen an eine Umgebung, aber nicht das Ereignis dort*
- *Sexuelle Fragen: Sexualität hat etwas »Schmutziges« an sich; Aversionen dagegen, berührt zu werden, vor allem beim Frauenarzt; starke Aversion gegenüber (oder Bedürfnis nach) bestimmten sexuellen Handlungen ... zwanghaft verführerisch oder zwanghaft asexuell; Zwang beziehungsweise Unfähigkeit, die sexuell Aktive zu sein ... die Prostituierte, Stripperin, »Sexsymbol«, Pornodarstellerin ... Weinen nach dem Orgasmus*
- *Partnerschaftsmuster voller Ambivalenz oder intensiver Konflikte*
- *Ausweichen vor Spiegeln ...*
- *Bedürfnis, den Namen zu wechseln ...*
- *Eingeschränkte Duldung von Glücksgefühlen; aktiver Rückzug bei Glücksgefühlen; Weigerung, Glücksgefühlen zu vertrauen (»dünnes Eis«)*
- *Abneigung dagegen, Geräusche zu machen (auch beim Geschlechtsakt, beim Weinen, beim Lachen oder bei anderen körperlichen Vorgängen); verbale Übervorsichtigkeit (sorgsames Achten auf jedes einzelne Wort)...*[2]

Diese Liste, auf der nicht miteinander in Beziehung stehende, manchmal flüchtige Wahrnehmungen und Emotionen neben Indikatoren für gut untersuchte emotionale Störungen angeführt sind, ist in der Bewegung weit verbreitet. Wie wir in den nächsten Kapiteln zeigen werden, sind solche Listen nicht nur deshalb von Bedeutung, weil sie Patientinnen dazu bringen, verdrängte Erinnerungen finden zu wollen, sondern auch, weil von einigen der Symptome auch behauptet wird, sie seien selbst Erinnerungen. Und wenn überlebende Opfer nach Belegen dafür suchen, daß es sich bei den

Auffassungen, die durch die Therapie hervorgerufen wurden, um echte Erinnerungen handelt, dann weist man sie erneut auf die Symptomliste hin und hält ihnen vor, daß es sich um echte Erinnerungen handeln müsse, denn sie zeigten die Symptome, die als Indiz darauf zu werten seien, daß es verdrängte Erinnerungen gäbe.

Diese »Warnzeichen« werden gelegentlich in der Form allgemeiner Fragen präsentiert, wie etwa die folgenden Fragen aus ›The Courage to Heal‹: »Haben Sie das Gefühl, anders als andere Menschen zu sein? Haben Sie Angst davor, erfolgreich zu sein? Klammern Sie sich an Menschen, an denen Ihnen etwas liegt? Fühlen Sie sich entfremdet oder einsam? Haben Sie Schwierigkeiten damit, sich selbst anzuspornen? Empfinden Sie es als schwierig, Ihrer eigenen Intuition zu vertrauen?«[3] Die Autorinnen geben keinen Hinweis, wie man seine Antworten auf diese Fragen auswerten sollte. In vielen Fällen sind die Fragen so allgemein, daß nicht klar ist, ob die zustimmende oder die ablehnende Antwort auf eine Mißbrauchsgeschichte hindeutet.

Andere populäre Bücher zu diesem Thema sprechen auch diese Symptome an: zu frühe Heirat, Drogenmißbrauch, Abbruch des Schulbesuchs, mangelnder beruflicher Erfolg, allgemeine Unzufriedenheit und Orientierungslosigkeit, körperliche Symptome wie Kopfschmerzen, Asthma, Herzklopfen, Magenschmerzen und Schwindelgefühl. Geht man nach Zeitschriftenanzeigen für die Therapie, so können auch die folgenden Symptome ein Hinweis auf verdrängte Erinnerungen sein: »Stimmungsumschwünge, Wut, Depression, Hoffnungslosigkeit, Ängste, geringes Selbstwertgefühl, Beziehungsprobleme, ein empfindlicher Darm, ein prämenstruelles Syndrom, Fettleibigkeit und Probleme mit der Elternrolle.«

Auf der »Checkliste der Symptome« in dem Buch ›Repressed Memories‹ von Renee Fredrickson finden sich 63 Aussagen, unter anderem: »Ich erschrecke mich oft … Manche Dinge tue ich bis zur Erschöpfung … Gedanken an Sex beschäftigen mich sehr … Ich bin abwesend oder habe Tagträume … Ich vernachlässige meine Zähne … Ich habe häufig Alpträume … Bestimmte Gerichte oder Geschmacksrichtungen rufen Angst oder Übelkeit in mir hervor … Ich bin in einer Weltuntergangsstimmung, so, als müßte mein Leben bald tragisch oder schrecklich enden.«[4]

Es überrascht nicht, daß Patientinnen, die Übereinstimmungen mit den oft zitierten Symptomlisten ausmachen, dies als Grund nehmen, um eine Therapie zur Aufdeckung von Erinnerungen zu beginnen. In ›Escaping the Shadows, Seeking the Light‹ von Connie Brewer berichtet »Fred«, daß er bei einer Talkshow zum Thema verdrängte Erinnerungen in einem christlich orientierten Rundfunksender die ersten Anhaltspunkte für seinen bis dahin verborgen gebliebenen Mißbrauch bekam: »Merkwürdigerweise trafen viele der Symptome, die beschrieben wurden, auf mich zu. Auch meine Erinnerungen an die Kindheit waren lückenhaft; und ich hatte große Schwierigkeiten damit, intime Beziehungen zu entwickeln und aufrechtzuerhalten. Mein Leben war von Scham und geringem Selbstwertgefühl beherrscht. Ich erfuhr auch, daß sich viele der Opfer bis weit ins Erwachsenenalter hinein nicht einmal an den Mißbrauch erinnern. Ich stellte mir selbst die Frage, ob das auch auf mich zutraf.«[5]

Selbst angesichts der bemerkenswerten Vollständigkeit dieser Listen versichern manche dieser Autoren ihren Leserinnen doch, daß es sich hier nur um einen Teilbereich handelt. »Dies ist auf keinen Fall eine vollständige Liste«, schreibt Renee Fredrickson. »Es wäre nicht möglich, all die Dinge aufzuführen, die Sie an Kindesmißbrauch erinnern können; deshalb müssen Sie jede einzelne ungewöhnliche Reaktion, die Sie an sich beobachten, durchdenken.« Patientinnen werden auf diese Weise angehalten, alle Schwierigkeiten und Abnormalitäten als Zeichen für Mißbrauch zu betrachten.

In der Einleitung zu einer ganzen Litanei mit Symptomen – unter anderem Apathie, mangelndes Interesse an Sex sowie Kopfschmerzen – schrieb John Bradshow in einem Zeitschriftenartikel: »Wenn Sie sich in fünf oder mehr [Symptomen] wiederfinden können, aber trotzdem keine Erinnerung an Inzest haben, könnten Sie es mit einer Übung versuchen. Akzeptieren Sie die Theorie, daß Sie sexuell mißbraucht worden sind, leben Sie sechs Monate lang bewußt mit diesem Gedanken, und behalten Sie dabei die Merkmale, die Sie bejaht haben, im Auge, und beobachten Sie, ob irgendwelche Erinnerungen bei Ihnen hochkommen.«[6] Andere ermuntern Patientinnen ebenso direkt, den Zusammenhang zwischen gewissen Persönlichkeitsmerkmalen und dem Mißbrauch zu akzeptieren. In ›Repressed Memories‹ meint Renee Fredrickson schlicht: »Zeigen sich bei Ihnen einige der Warnzeichen, dann haben Sie wahrscheinlich verdrängte Erinnerungen. Es ist unwahrscheinlich, daß Sie die Ausnahme von der Regel sind, ganz gleich, was Ihre Verleugnungsmechanismen Ihnen einreden wollen.«[7]

Therapeuten stellen ihre Fähigkeit, da einen Mißbrauch zu erkennen, wo die Klientin nichts davon weiß, gern als Beispiele brillianter Intuition und diagnostischer Virtuosität höchsten Ranges dar. Einige Therapeuten rühmen sich beispielsweise, sie könnten schon zu Beginn einer Behandlung sagen, ob die Patientin eine verborgene traumatische Erfahrung hat. »Innerhalb von zehn Minuten, schon daran, wie eine Person durch die Tür kommt, kann ich es erkennen, oft bevor sie sich selbst darüber im klaren ist«, beschrieb die Familienberaterin Brenda Wade in der CNBC-Fernsehsendung ›Real Personal‹ ihre Fähigkeit, Opfer von Kindesmißbrauch auszumachen. »Es gibt da ein geringes Selbstvertrauen ... eine bestimmte Art und Weise, wie die Person ihre Selbsts [*sic*] darstellt, eine gewisse Körpersprache...«

Therapeuten, die die Rolle eines Detektivs übernehmen – und begierig aus verräterischen Hinweisen eine Mißbrauchsgeschichte ableiten –, werden in den Schriften der Bewegung glorifiziert. »Frauen ziehen in der Regel nicht sofort eine Verbindung zum Inzest«, schreiben Carol Poston und Karen Lison in ihrem populären Buch ›Reclaiming Our Lives‹. »Sie weiß zu diesem Zeitpunkt wahrscheinlich, daß sie Migräne hat oder daß sie das Gefühlt hat, ihr Leben nicht im Griff zu haben... Der aufmerksame Therapeut begreift den Inzest als den zentralen Punkt und die anderen Probleme als Begleiterscheinungen.«[8] Dank seiner Fähigkeit, Patientinnen mit einer Mißbrauchserfahrung sofort auszumachen, konnte der Therapeut Douglas Sawin der Journalistin Stephanie Salter vom ›San Francisco Examiner‹ erzählen, er sei allen seinen fünfzig Klientinnen, die wöchentlich zu ihm kommen, dabei behilflich gewesen, verdrängte Erinnerungen aufzudecken – und »keine einzige kam in mein Behandlungszimmer und sagte: ›Ich bin ein Inzestopfer.‹«[9]

Akademisch ausgebildete Praktiker äußern sich in klinischen Zeitschriften mit ähnlichem Selbstvertrauen über ihre Fähigkeit, Symptome mit einer Inzestgeschichte in Verbindung zu bringen. Elaine Westerlund schrieb in ›Women & Therapy‹ (Ausgabe vom Winter 1983): »Therapeuten vermuten möglicherweise schon eine Inzestgeschichte, bevor die Klientin in der Lage ist, dies zu bestätigen.« Im ›American Journal of Clinical Hypnosis‹ besprach Dr. Maggie Phillips die Fallgeschichte von Janet, einer 34jährigen Frau, die in die Therapie kam und sich über »eine Art Lähmung« beklagte, »die anscheinend immer dann auftrat, sobald sie in jeder von ihren diversen beruflichen Positionen ein bestimmtes Leistungsniveau erreicht hatte.« Sie beschrieb darüber hinaus Schwierigkeiten mit engen Beziehungen, geringe sexuelle Befriedigung und Panikattacken. Aufgrund dieser Symptome »glaubten sowohl Janet als auch ihre Therapeutin, sie habe irgendeine Art frühen Kindesmißbrauchs erlebt...«[10]

Selbst Krankenschwestern in psychiatrischen Kliniken wurden dazu angehalten, sich mit den Zeichen vertraut zu machen, die auf einen Inzest hindeuten, um Patientinnen mit verdrängten Erinnerungen herausfinden zu können. Mike Greenfield schreibt im ›Journal of Psychosocial Nursing‹: »Krankenschwestern, die in der Lage wären, auf Inzest verweisende Symptome zu erkennen und dazu beizutragen, daß diese vorsichtig auf therapeutische Weise aufgedeckt werden, hätten einen außerordentlich positiven Einfluß auf solche Klientinnen.«[11]

Wenn man die Symptomlisten analysiert, sticht zunächst ihr umfassender Charakter ins Auge. Man kann mit Sicherheit sagen, daß jeder Erwachsene, der diese Listen liest, sich mit einer ganzen Gruppe von Indikatoren identifizieren dürfte. Wer hat nicht ab und zu Kopfschmerzen, Alpträume, »Beziehungsprobleme« oder kann sich nicht bisweilen zutiefst mit dem Gefühl identifizieren, »anders als andere Menschen zu sein«? Wir alle sind, wenn wir einmal das Alter derjenigen erreicht haben, die in die Therapie zur Aufdeckung von Erinnerungen gehen, manchmal von einer »Weltuntergangsstimmung« beseelt, und wenn es nur wegen der in uns heranwachsenden Einsicht in die eigene Sterblichkeit ist. Und es ist auch nicht so ganz ungewöhnlich, sich von einem Körper »entfremdet« zu fühlen, in dem es langsam knackt, der zu kränkeln beginnt und der viel zu schnell altert.

Man könnte unterstellen, daß diese Autoren mit dem Wunsch, mehr Exemplare ihrer Büchern zu verkaufen, und die Therapeuten in der Hoffnung, mehr Menschen zu bekehren, absichtlich solche Symptome genannt haben, die einen gewissen Wiedererkennungseffekt bei jedem hervorrufen und gleichzeitig niemanden ausschließen. Ein Zyniker könnte diese Autoren beschuldigen, sie nutzten absichtlich das aus, was gelegentlich als »Barnum-Aussagen« bezeichnet wird: Äußerungen, wie sie Hellseher und Betrüger einsetzen; sie klingen so, als seien sie speziell auf die Einzelperson, die sie hört, zugeschnitten, doch in Wirklichkeit treffen sie auf große Teile der Bevölkerung zu.

Wenn man diese Listen jedoch als Barnum-Aussagen einordnet, müßte man annehmen, daß diese Autoren und Therapeuten mit voller Absicht versuchen, Menschen in die Irre zu führen. Obwohl es richtig ist, daß diese Listen niemanden ausschließen – und deshalb das Potential in sich bergen, viele Klientinnen und Buchkäuferinnen anzulocken –, so stimmt es wahrscheinlich doch nicht, daß hier die Hauptmotivation der Autoren lag. Dazu wäre anzuführen, daß die Listen so offen unspezifisch sind, daß sie eindeutig nicht von geschickten Betrügern in die Welt gesetzt worden sind. Man schaue sich beispielsweise nur an, wie E. Sue Blume ständig beide Extrempole eines bestimmten Verhaltens als symptomatisch bezeichnet: »Zwang *beziehungsweise Unfähigkeit,* die sexuell Aktive zu sein«; »Wagemut ... *Unfähigkeit, Risiken einzugehen*«; »Gefühl, daß man selbst unwirklich ist und daß alle anderen real sind *oder umgekehrt*«. Diese Aussagen sind in derartig durchschaubarer Weise allgemeingültig, daß sie nicht als gute Barnum-Aussagen durchkämen. Mit der Behauptung, *alles* könne ein Indikator für sexuellen Mißbrauch sein, verhält sich Renee Fredrickson wie eine Tarotkartenlegerin, die nach einem intensiven Blick in ihre Karten den Klienten darüber informiert, daß er ein Leben geführt hat, in dem Ereignisse stattfanden.

Wahrscheinlicher – und beunruhigender – ist: Diese Autoren und Therapeuten glauben daran, daß diese Listen einwandfreie diagnostische Indikatoren für einen Mißbrauch in der Vergangenheit enthalten. Und diese Möglichkeit gibt mehr Anlaß zur Sorge, denn sie zeigt, falls sie zutrifft, wie anfällig das Gebiet der aufgedeckten Erinnerungen für pseudowissenschaftliche Argumentationen ist.

Um zu verstehen, wie schwerwiegend der Fehler ist, den diese Therapeuten gemacht haben, muß man zunächst zwei Postulate verstehen, die diesen Listen zugrunde liegen. Das erste und offensichtlichere besteht darin, daß die aufgelisteten Störungen eine kausale Beziehung zu sexuellem Mißbrauch in der Kindheit aufweisen. Wie wir darlegen werden, ist es bereits bei Patientinnen, die schon immer wußten, daß sie als Kind mißbraucht wurden, methodologisch außerordentlich schwierig, diese Art von Ursache-Wirkung-Zusammenhang zwischen dem Mißbrauch in der Kindheit und der Störung im Erwachsenenalter herzustellen. Das zweite Postulat, von dem diese Therapeuten ausgehen, beinhaltet die Sicherheit, von einem Symptom oder einer Symptomgruppe darauf zurückschließen zu können, daß eine Patientin eine bestimmte Art von Trauma erlebt hat, während sie nichts davon weiß, daß sie mißbraucht wurde. Obwohl sich diese beiden Aussagen scheinbar ähneln, so ist es doch wesentlich schwieriger, für das Vorhandensein eines gegebenen Symptoms in methodologisch sauberer Weise eine verborgene Ursache zu bestimmen, als herauszufinden, welche Symptome eventuell das Resultat eines Ereignisses sind, das bekannt ist.

Um zu zeigen, wie schwierig es ist, von einem Symptom auf eine besondere Art von Trauma zurückzuschließen, ist es wichtig, zunächst die Schwierigkeiten zu verstehen, die auftreten, wenn man die viel einfachere Beziehung zwischen einem Trauma und einem bekannten Symptom untersucht. Wenn man sich noch einmal mit der über zehn Jahre andauernden Diskussion zur Frage beschäftigt, ob Eßstörungen – insbesondere Bulimie – das Resultat sexuellen Mißbrauchs sind, dann läßt sich damit veranschaulichen, wie schwierig es ist, einen Zusammenhang zwischen einer Mißbrauchsgeschichte und einer spezifischen Störung herzustellen.

Seit die American Psychiatric Association 1980 die Bulimie als spezifische Störung anerkannt hat, haben Wissenschaftler bei der Erforschung ihrer Ursachen gesellschaftlichen Druck, Streß, biochemische Ungleichgewichte und die persönlichen Lebensgeschichten der Patientinnen in Erwägung gezogen. Einige kamen zu dem Ergebnis, daß die Bulimie, von der überwiegend Mädchen im Jugendalter betroffen sind, mit biologischen Faktoren zusammenhängt, die eine Beziehung zur Depression aufweisen.[12] Andere vertraten die These, bei Frauen mit dieser Störung läge eine biochemische Fehlfunktion vor; ihr Körper würde die Hormone nicht ausschütten, die ein Gefühl der Befriedigung und Sättigung nach dem Essen bewirken.[13] Wieder andere trugen vor, daß die Botschaft unserer Kultur, Schlanksein sei gleichbedeutend mit Stärke und Schönheit, die Wurzel des Problems darstelle.

Außerdem wurden auch zahlreiche Theorien zur persönlichen Lebensgeschichte von Patientinnen vorgetragen. Als mögliche Ursache für Eßstörungen wurden beispielsweise das Aufwachsen in Familien mit dominanten Müttern und distanzierten Vätern[14], überbehütende oder strenge Familien wie auch Familien, die das Kind dazu einsetzten, Streit zwischen den Eltern zu schlichten[15], betrachtet. Andere Wissenschaftler stellten fest, daß weibliche Jugendliche, die ein Verhaltensmuster von Perfektionismus und ein übergroßes Bedürfnis, nett zu sein, an den Tag legen, anscheinend häufiger diese Störung zeigen.[16]

In den späten achtziger Jahren, zur selben Zeit, als die Grundgedanken der Therapie zur Aufdeckung von Erinnerungen größere Verbreitung fanden, boten Therapeuten und Wissenschaftler erstmals die Theorie an, Eßstörungen würden daraus resultieren, daß eine Patientin sexuell mißbraucht worden sei. Es wurde eine Reihe von Studien veröffentlicht, mit denen gezeigt werden sollte, daß ein hoher Anteil der Patientinnen mit Bulimie über sexuellen Mißbrauch berichteten. Für viele Therapeuten, die Erinnerungen aufdeckten, waren diese Arbeiten überzeugend genug, um die Theorie, daß sexueller Mißbrauch manchmal beim Opfer zu Eßstörungen führe, als Faktum zu nehmen. Aufgrund dieses hypothetischen Zusammenhangs meinten viele Therapeuten auch, sie könnten von der Störung aus rückschließen – sie könnten annehmen, daß bei Patientinnen mit Bulimie eine Mißbrauchsgeschichte vorläge. In den Veröffentlichungen der Bewegung zur Aufdeckung von Erinnerungen lassen sich daher häufig so bestimmt vorgetragene Äußerungen wie diese eines Sozialarbeiters finden: »Bei jemandem mit einer Eßstörung würde ich automatisch auf sexuellen Mißbrauch tippen.«[17]

»Unter den Teilnehmerinnen an den neueren Therapieprogrammen, die entwickelt wurden, um Magersucht und Bulimie zu behandeln, befinden sich sehr viele Inzestopfer«, schreiben die Autorinnen des Buches ›Reclaiming Our Lives‹. Sie stellen fest, daß zusammen mit Fettleibigkeit Eßstörungen »unter den Opfern endemisch verbreitet« sind.[18] Mit ähnlicher Gewißheit schrieb Harvey Schwartz im ›American Journal of Psychiatry‹, daß aufgrund des Wissens um das häufige Vorkommen sexuellen Mißbrauchs unter Patientinnen mit Bulimie »Kliniker hinsichtlich des Ursprungs der Selbstzermürbung bei den Patientinnen wachsam werden und sich in der Behandlung auf das erforderliche Erinnern und Durcharbeiten konzentrieren.«[19] Als Zeugin vor einem parlamentarischen Untersuchungsausschuß erklärte die Psychologin Patricia Singleton im Brustton der Überzeugung, man »erkennt in zunehmendem Maße«, daß 90 Prozent der Patientinnen, die wegen Eßstörungen eingewiesen würden, als Kinder sexuell mißbraucht worden seien.[20]

Wenn man sich jedoch die Untersuchungen, auf denen diese Aussagen beruhen, genauer anschaut, dann zeigt sich, daß der Zusammenhang zwischen Bulimie und einer belegten Lebensgeschichte mit sexuellem Mißbrauch bei weitem keine bewiesene Tatsache ist. Dr. Harrison G. Pope jr. und Dr. James Hudson von der Harvard Medical School haben eine Auswertung der wichtigsten empirischen Arbeiten, in denen Kindesmißbrauch mit dem Auftreten von Eßstörungen in Zusammenhang gebracht wird, gemacht.[21] Es handelte sich in allen Fällen um retrospektive Untersuchungen, bei sechs davon beruhten die Vergleiche auf Kontrollgruppen mit nichtbulimischen psychiatrischen Patienten oder Frauen aus der Allgemeinbevölkerung. Bei der Analyse der Untersuchungen entdeckten sie eine Reihe von Fehlern und methodologischen Problemen, aufgrund derer der Zusammenhang bestenfalls als nicht eindeutig angesehen werden kann.

Nach einer dieser Studien wurde beispielsweise angeblich ein signifikanter Unterschied bei der Häufigkeit von sexuellem Mißbrauch zwischen jugendlichen Psychiatrie-Patientinnen mit Bulimie und solchen ohne festgestellt.[22] Dabei wurden bulimische und magersüchtige Patientinnen mit jugendlichen Patienten verglichen, die keine Eßstörungen hatten. Hall und Mitarbeiter berichteten, daß 50 Prozent der bulimischen Patientinnen und 50 Prozent der magersüchtigen Patientinnen angaben, sexuell mißbraucht worden zu sein, wohingegen nur 28 Prozent der übrigen Patienten eine solche Lebensgeschichte aufwiesen. Dieser Unterschied wäre in der Tat signifikant, gäbe es da nicht einen methodologischen Fehler. Die Wissenschaftler parallelisierten die Kontrollgruppe und die Gruppe mit Eßstörungen nicht nach dem Geschlecht – ein besonders grober Fehler, weil davon auszugehen ist, daß Frauen häufiger als Männer im Kindesalter mißbraucht werden. Korrigiert man die Ergebnisse nach diesem Faktor, gibt es, so fanden Pope und Hudson heraus, bei der Häufigkeit von sexuellem Mißbrauch keinen signifikanten Unterschied mehr zwischen der Gruppe mit den Eßstörungen und der Kontrollgruppe. Mit anderen Worten, sexueller Mißbrauch kam in den Lebensgeschichten der Patientinnen mit Eßstörungen nicht häufiger vor als in denen der übrigen Patientinnen.

Bemerkenswerterweise beging man bei einer zweiten Untersuchung denselben Fehler; hier verglich man Patientinnen mit Eßstörungen mit drei Gruppen von Patienten, bei denen Angstzustände, Schizophrenie beziehungsweise Multiple Persönlichkeitsstörung diagnostiziert worden waren. Weil nicht dafür gesorgt worden war, daß die Kontrollgruppen dieselbe Zusammensetzung bei der Geschlechtszugehörigkeit aufwiesen, bleibt die leicht erhöhte Rate von Lebensgeschichten mit sexuellem Mißbrauch bei bulimischen und magersüchtigen Patientinnen bedeutungslos.

Harrison Pope und James Hudson überprüften auch zwei weitere wichtige Untersuchungen, bei denen nicht andere Patienten aus der Psychiatrie, sondern Frauen aus der Allgemeinbevölkerung als Kontrollgruppe eingesetzt wurden. Die erste Studie, von G. W. Stuart und Mitarbeitern, verglich bulimische Patientinnen mit »besonders normalen« Frauen. Von diesen besonders normalen Probandinnen wurde erwartet, daß sie selbst nie in psychiatrischer Behandlung gewesen waren und zudem keine Verwandten ersten Grades hatten, bei denen eine psychiatrische Diagnose gestellt worden war. Die Ergebnisse zeigten, daß 50 Prozent der bulimischen Patientinnen sexuelle Belästigungen durchgemacht hatten, während dies unter den besonders normalen Probandinnen nur bei 28 Prozent der Fall war.[23] Hier lag der Fehler laut Pope und Hudson darin, besonders normale Frauen als Vergleichsgruppe zu nehmen. Die Autoren veranschaulichen dieses Argument, indem sie ihre Leser bitten, sich eine medizinische Studie vorzustellen, bei der die Häufigkeit des Rauchens bei Patienten, die an rheumatoider Arthritis leiden, mit der bei einer Kontrollgruppe von Patienten desselben Alters verglichen wird, die danach ausgewählt wurden, daß sie keinerlei körperliche Krankheiten aufweisen. Weil das Zigarettenrauchen, wie der Bundesgesundheitsminister uns immer wieder sagt, unsere Gesundheit auf unterschiedliche Weise gefährden kann, enthielte die im medizinischen Sinne besonders normale Gruppe höchstwahrscheinlich weniger Raucher als normal (das heißt, im Vergleich mit der Gesamtbevölkerung) und damit auch weniger als die Gruppe mit den Arthritis-Patienten, was zu einem nicht haltbaren Zusammenhang zwischen Rauchen und Arthritis führen würde. Um sagen zu können, daß in der Untersuchung von G. W. Stuart ein sinnvoller Vergleich gemacht wurde, müßte man eindeutig belegen, daß Frauen, die Opfer von Kindesmißbrauch wurden, nicht dazu tendieren, häufiger als die »besonders normalen« Frauen eine Therapie aufzusuchen. Unter Berücksichtigung der Tatsache, daß letztere danach ausgewählt wurden, daß sie keine psychiatrische Behandlung in ihrer Krankengeschichte hatten, kamen Harrison Pope und James Hudson zu dem Schluß, daß hier wohl einige nichtbulimische Frauen mit einer Mißbrauchsgeschichte von der Untersuchung ausgeschlossen worden waren.

Die letzte Studie mit Kontrollgruppen, die sie analysierten, erwies sich als methodologisch korrekt. Bei dieser Studie von S. E. Finn und anderen, die im ›International Journal of Eating Disorders‹ veröffentlicht worden ist, war ein anderer Weg als bei den übrigen Untersuchungen eingeschlagen worden. Statt von einer Gruppe bulimischer Frauen auszugehen, wählten die Forscher zwei andere Gruppen aus, eine mit sexuell mißbrauchten Frauen und eine mit nicht mißbrauchten Frauen.[24] Dann verglichen sie die beiden Gruppen im Hinblick auf Eßstörungen. Sie fanden zwischen den mißbrauchten und den nicht mißbrauchten Frauen beim Vorkommen von Bulimie oder bulimischen Verhaltensweisen keinen signifikanten Unterschied, noch nicht einmal einen Trend in Richtung Signifikanz. Die Forschungsgruppe um S. E. Finn kam zu dem Ergebnis, daß es sich bei der wahrgenommenen Beziehung zwischen sexuellem Mißbrauch und Bulimie um einen »illusorischen Zusammenhang« handeln müsse. Zieht man mit in Betracht, daß es sich bei Eßstörungen und Mißbrauchsgeschichten um verbreitete Klagen handelt (insbesondere bei Frauen in psychiatrischer Behandlung), so kann man erwarten, daß es schon allein durch Zufall dazu kommt, daß beide mit großer Wahrscheinlichkeit zusammen auftreten. Nachdem Harrison Pope und James Hudson sich mit dieser und anderen Studien auseinandergesetzt hatten, schlossen sie: »Die momentanen Befunde sprechen nicht für die Hypothese, daß sexueller Mißbrauch in der Kindheit als Risikofaktor für *bulimia nervosa* anzusehen ist.«

Die Wissenschaftler gingen bei ihrer Auswertung der Literatur zu diesem Thema noch einen Schritt weiter, indem sie mehrere unveröffentlichte Studien sowie solche ohne Kontrollgruppen und einige große Untersuchungen einbezogen, die sich allein auf das Vorkommen von Kindesmißbrauch in der Allgemeinbevölkerung konzentrierten. Als die beiden Autoren das Vorkommen von Kindesmißbrauch in der Allgemeinbevölkerung mit der Häufigkeit von Kindesmißbrauch bei den befragten Bulimie-Patientinnen verglichen, fanden sie heraus, daß sich der Prozentsatz der Bulimikerinnen, die von Mißbrauch berichteten, bezogen auf die Allgemeinbevölkerung im Normalbereich bewegte.

Dies ist überraschend, denn Harrison Pope und James Hudson haben mehrere Vorgehensweisen ausgemacht, mit denen die Studien mit den Bulimikerinnen in Richtung auf größere Anteile von Mißbrauch verfälscht worden sein könnten. Einer der Faktoren war, daß viele der Gruppen mit bulimischen Frauen mehrfach befragt wurden, die meisten der Kontrollgruppen dagegen nur einmal (letzteres gilt auch für alle Stichproben der großen Untersuchungen, die sich einzig und allein auf sexuellen Mißbrauch konzentrierten). »Geht man davon aus, daß Patienten nichts über ihre Mißbrauchsgeschichte erzählen werden, bis sie oder er ein Vertrauensverhältnis zu einem Therapeuten aufgebaut hat, dürften sich bei Stichproben mit lediglich einem Interview geringere Häufigkeiten für Mißbrauch finden lassen, als bei Untersuchungen mit bulimischen Patientinnen, die in Behandlung sind, selbst wenn es sich in beiden Fällen um dieselbe Häufigkeit handelt.«

Harrison Pope und James Hudson stellten auch fest, daß es bei psychiatrischen Patienten üblich ist, in ihrem Leben nach Erklärungen für ihr gegenwärtiges Verhalten zu suchen. Daher »ist es wahrscheinlicher, daß bulimische Patientinnen, vor allem jene, denen die Hypothese vom sexuellen Mißbrauch bekannt ist, sich an sexuellen Mißbrauch in der Kindheit erinnern und/oder darüber berichten, als das bei Personen aus der Kontrollgruppe der Fall ist, bei denen das Motiv, nach Bedeutung zu suchen, weniger ausgeprägt ist.«

Die Überlegung, daß Bedeutungssuche dahinter steckt, drängt sich noch stärker auf, wenn man annehmen kann, daß ein gewisser Prozentsatz einer Stichprobe von Bulimikerinnen in der Therapie zu der Auffassung gekommen ist, daß Mißbrauch stattfand, obwohl dies gar nicht der Fall war. Zieht man in Betracht, daß Menschen mit Eßstörungen häufig angehalten werden, nach verborgenen Erinnerungen zu suchen[25], dann gibt es durchaus die Möglichkeit, daß der Zusammenhang zwischen Eßstörungen und Mißbrauch zur sich selbst erfüllenden Prophezeiung wird.

Eines darf man aber nicht vergessen: Selbst wenn Wissenschaftler Belege dafür haben, daß bei denjenigen, die als Kinder mißbraucht wurden, im Vergleich zur Normalbevölkerung die Wahrscheinlichkeit, eine Eßstörung zu entwickeln, leicht erhöht ist – wofür bislang überzeugende Beweise fehlen –, dann kann man immer noch nicht davon ausgehen, daß jemand, der eine Eßstörung hat, auch ein Opfer von Mißbrauch ist.

In ihrer Auswertung empirischer Untersuchungen zum Thema der langfristigen Auswirkungen sexuellen Mißbrauchs in der Kindheit fassen die Wissenschaftler Angela Browne und David Finkelhor jene Studien zusammen, bei denen versucht wurde, die Nachwirkungen von Mißbrauch zu bestimmen. »Bei jungen Frauen, die als Kinder zu Opfern wurden«, so die Autoren, »besteht eine höhere Wahrscheinlichkeit für die Ausbildung von Depressionen, selbstzerstörerischem Verhalten, Gefühlen der Angst, der Isolierung und des Stigmas, niedrigem Selbstwertgefühl, einer Neigung, erneut zum Opfer zu werden, sowie von Drogenmißbrauch.« Zudem sei auch von Schwierigkeiten, anderen zu vertrauen, sexueller Fehlanpassung und der Vermeidung sexueller Aktivität berichtet worden.[26]

Angela Browne und David Finkelhor fiel auf, daß all diesen Untersuchungen ein Problem gemeinsam ist: die Schwierigkeit, effektiv die Auswirkungen des Mißbrauchs von anderen Faktoren zu trennen. »Eine der größten Herausforderungen für Wissenschaftler besteht darin, zu sondieren, ob der Ursprung des Traumas im sexuellem Mißbrauch liegt. Manche der scheinbaren Auswirkungen sexuellen Mißbrauchs können auch von anderen Bedingungen abhängen, die vor der Krankheit auftraten, etwa Konflikte innerhalb der Familie oder emotionale Vernachlässigung«, schreiben sie. »Leider sind diese Fragen bei retrospektiven Untersuchungen zu den langfristigen Auswirkungen kaum anzugehen, weil es schwierig oder gar unmöglich sein kann, genaue Informationen über einige der Schlüsselvariablen zu erhalten (beispielsweise, welches Ausmaß an pathologischem Verhalten vor dem Mißbrauch in der Familie vorhanden war).«

Der Zusammenhang zwischen Mißbrauch und spezifischen Schwierigkeiten ist nicht eng genug, so Browne und Finkelhor, um Vorhersagen zu erlauben: Das Material aus diesen Studien zeigt, daß es weder möglich ist, mit einem Grad von Gewißheit vorherzusagen, ob eine Person, die mißbraucht wurde, wahrscheinlich bestimmte Symptome entwickeln wird, noch, ob sie überhaupt Symptome zeigen wird. Trotzdem vermarkten einige Therapeuten weiterhin die Annahme, sexueller Mißbrauch – beobachtet oder nicht – könne als primäre Ursache für die Probleme ihrer Patientinnen betrachtet werden.

Lassen Sie uns davon ausgehen, daß Angela Brownes und David Finkelhors Zusammenfassung der vorliegenden Forschungsergebnisse – daß sie einen Zusammenhang zwischen Mißbrauch und ernsthaften, allerdings nicht näher zu bestimmenden geistigen Störungen und Belastungen im späteren Leben nachweisen – korrekt ist. Wie kann diese Schlußfolgerung auf die Behandlung von Patientinnen angewandt werden? Zunächst einmal muß man bedenken, daß »Störungen« wie Depression, geringes Selbstwertgefühl, das Gefühl, isoliert zu sein, und selbstzerstörerisches Verhalten zweifellos zu den verbreitetsten psychosozialen Problemen gehören, auch wenn sie spezifisch zu sein scheinen. Entsprechend klagt etwa ein Patient in einer Arztpraxis über Kopfschmerzen, Mangel an Energie, vorübergehendes Fieber oder über ein allgemeines Krankheitsgefühl. Bedauerlicherweise besagt Angela Brownes und David Finkelhors Schlußfolgerung kaum mehr, als daß sexueller Mißbrauch schädlich für die psychische Gesundheit des Opfers sein kann. Die Wissenschaft kann bisher keine bestimmten Vorhersagen dazu machen, wie diese Schwierigkeiten aussehen werden, wenn derartige Probleme speziell durch den Akt des Mißbrauchs hervorgerufen werden.

Es ist genauso möglich, daß biologische Prädispositionen die wirkliche Ursache des Problems sind und daß die durch Inzest, durch ein gestörtes Familienleben oder durch das Trauma hervorgerufenen sozialen Zerrüttungen und Belastungen nur ein vorher bestehendes biologisches Potential zum Ausbruch bringen. Dieses biosoziale Modell ist in keiner Weise widerlegt worden. Daraus folgt, daß die biologische Anfälligkeit gesondert behandelt werden muß und daß zusätzliche Aufmerksamkeit darauf gerichtet sein muß, die Folgen dieses unglücklichen Ereignisses für Entwicklung und Verhalten zu entzerren. Wird nur die eine Hälfte des Problems behandelt, dann wäre der Mißerfolg vorprogrammiert.

Selbst wenn wir für den Moment so täten, als enthielten die Listen, die in den populären Büchern über die Therapie verdrängter Erinnerungen zu finden sind, nur jene Störungen, die in etwa denen entsprechen, die in empirischen Untersuchungen nachgewiesen wurden (wie Depression und sexuelle Dysfunktion), so wäre es immer noch ein großer Fehler anzunehmen, daß man von diesen Symptomen auf ein bestimmtes Erlebnis zurückschließen könnte. Hängen schon Symptome nicht mit einer spezifischen Ursache zusammen, so kann man erst recht nicht die umgekehrte Schlußfolgerung ziehen: Obwohl manche der aufgelisteten Störungen das Ergebnis von Mißbrauch sein können, so bedeutet das noch nicht, daß man von einer Person mit diesen Symptomen annehmen kann, daß sie Mißbrauch erlebt hat. Depression, selbstzerstörerisches Verhalten, Ängste, das Gefühl, isoliert oder stigmatisiert zu sein, und ein geringes Selbstwertgefühl gehen nicht allein auf Kindesmißbrauch zurück, sondern auch auf eine große Anzahl von anderen Erfahrungen, auf biochemische Ungleichgewichte, auf genetische Faktoren, auf Verhaltensweisen und auf Kombinationen dieser Faktoren. Das heißt: Man kann zwar sagen, daß auf alle Menschen, die Schußwunden haben, geschossen wurde, denn dafür gibt es nur eine einzige mögliche Ursache. Aber man kann nicht behaupten, daß die meisten oder auch nur viele Personen mit Kopfschmerzen an einem Hirntumor leiden, weil viele Menschen mit Hirntumor Kopfschmerzen haben; denn es ist offenkundig, daß Kopfschmerzen auf eine Vielzahl unterschiedlicher Ursachen zurückgehen können.

Leider sind es genau diese elementaren methodologischen und logischen Fehler, die den Experten auf dem Gebiet der verdrängten Erinnerungen unterlaufen. Denken Sie noch einmal an Sue Blumes Frage am Anfang ihres Buches: »Finden Sie auf dieser Liste viele Merkmale, die auf Sie selbst zutreffen? Falls ja, könnten Sie ein überlebendes Opfer von Inzest sein.«

Diesen Fehler kann man in der ganzen Bewegung zur Aufdeckung von Erinnerungen finden, sowohl in den populärpsychologischen Büchern wie auch in den Artikeln für angesehene Fachzeitschriften. Nach einer näheren Untersuchung von 68 Patientinnen einer psychiatrischen Privatklinik kommen Jeffrey Bryer und andere in einem Artikel für ›The American Journal of Psychiatry‹ zu der Folgerung: »Opfer eines Mißbrauchs in der Kindheit erleben weiterhin ständig langfristige negative Konsequenzen des Mißbrauchs.« Die Frauen, die sich selbst als überlebende Opfer eines sexuellen Mißbrauchs bezeichneten, litten neben anderen Störungen auch unter Depressionen, psychotischem Denken, Ängsten und Zwangsverhalten. Während dieser Befund anscheinend nachvollziehbar ist, gehen die Autoren mit ihrer Schlußfolgerung einen Schritt weiter. Unter Hinweis auf ihre Auffassung, daß Patientinnen häufig Mißbrauchserinnerungen verdrängen und unterdrücken, wird in dem Artikel nahegelegt, daß »diese langfristigen negativen Konsequenzen als Hilfsmittel genutzt werden könnten, um Patientinnen mit einer Mißbrauchsgeschichte zu erkennen«.[27]

Geraldine Faria und Nancy Belohlavek kommen in ihrem Artikel für die Zeitschrift ›Social Casework‹ zu einem ähnlichen Ergebnis. »Wegen des bewußten oder unbewußten Widerstandes [der Patientinnen], offen über den Inzest zu sprechen, ist es schwierig, die Opfer auszumachen. Das Problem wird möglicherweise völlig übersehen, es sei denn, der Therapeut achtet auf Hinweise, die auf eine frühere Inzesterfahrung hindeuten, und ist willens, die Frage bei der Patientin anzusprechen.« Zu diesen Hinweisen gehören »Schuldgefühle, negatives Selbstbild, Depression und Schwierigkeiten bei zwischenmenschlichen Beziehungen.«[27]

Ebenfalls in ›Social Casework‹ behaupten Jill Blake-White und Christine Madeline Kline in den ersten Zeilen ihres Artikels über die Behandlung erwachsener Inzestopfer, immer mehr Kliniker seien »sich bewußt, daß Klientinnen, die Ängste, Depression und sexuelle Fehlfunktion zeigen, als Kinder möglicherweise Opfer von Inzest waren«. Die Autorinnen bieten dann für die Therapeuten eine Reihe von Vorgehensweisen an, die dazu entwickelt wurden, »eine Reaktion hervorzulocken, welche die Vermutung des Klinikers bestätigt, die Frau habe als Kind eine Inzestbeziehung gehabt«.[29]

Die fragwürdige Argumentation, daß unter den dargestellten Symptomen die verborgene Mißbrauchsgeschichte »durchscheint«, birgt eine weitere Gefahr in sich. Werden die Beschwerden der Klientin (gleichgültig, ob es sich nun um eine sexuelle Dysfunktion, um eine Depression oder um Ängste im Beruf beziehungsweise im persönlichen Bereich handelt) lediglich als Symptome eines weiteren verborgenen Problems gesehen, dann ist es wahrscheinlich, daß sie ignoriert werden und statt dessen die Aufmerksamkeit auf die Entdeckung von Mißbrauchserinnerungen gerichtet wird. Carol Poston und Karen Lison schreiben in ›Reclaiming Our Lives‹: »Es sind nicht viele Frauen, die mit Inzest als dem ›vorgetragenen Problem‹ in die Therapie kommen ... gewöhnlich meint die Klientin, es gäbe zu viele andere dringende Fragen, mit denen sie sich zunächst beschäftigen muß.« Ein Therapeut, der sich der Aufdeckung von Erinnerungen verpflichtet fühlt, wird sich auf Mißbrauchserinnerungen konzentrieren und der Patientin nicht gestatten, sich auf ihre momentanen Probleme zu konzentrieren, um die Therapie nicht auf einen Nebenschauplatz geraten zu lassen. Die Autorinnen warnen davor, daß »eine Frau und ihr Therapeut dieselbe Welt der Tatsachen aus völlig anderen Blickwinkeln sehen können«.[30]

Die Logik, mit der von diesen allgemein verbreiteten Symptomen auf verborgene Mißbrauchsgeschichten rückgeschlossen wird, bricht in sich zusammen, wenn man den Einfluß des Therapeuten bei der Bestimmung und Etikettierung der Verhaltensweisen der Patientin und die Verzerrungen durch die Patientin beim Bericht ihrer Lebensgeschichte bedenkt. Befunde aus dem medizinischen Bereich belegen seit langem auf seiten der Patienten eine Neigung, seine oder ihre wahre Symptomgeschichte verzerrt darzustellen, damit sie mit der vom Patienten wahrgenommenen Erwartung des Arztes übereinstimmt. Zusammen mit Kollegen kritisiert Lloyd Rogler im ›Journal of Nervous und Mental Disease‹ die Tendenz, sich allzusehr auf die Berichte der Patienten zu verlassen, obwohl mehr als hundert Jahre Forschung die Fehlbarkeit des menschlichen Erinnerungsvermögens in dieser Hinsicht belegt haben. Sie kommen zu dem Schluß: »Die Tatsache, daß immer noch die gesamte Lebenszeit umfassende retrospektive Symptomlisten eingesetzt werden, zeigt, daß diese Veröffentlichungen weithin ignoriert werden.«[31]

Es erscheint in hohem Maße fragwürdig, ob Patientinnen mit hinreichender Genauigkeit auf eine Frage wie diese antworten können: »Ist es Ihnen schon einmal passiert, daß Sie sich zwei oder mehr Wochen lang traurig, niedergeschlagen und deprimiert fühlten oder jegliches Interesse und jegliche Freude an Dingen verloren hatten, mit denen Sie sich normalerweise sehr beschäftigten und die Ihnen Spaß machten?« Lloyd Rogler und anderen zufolge liegt dies nicht nur an unbeabsichtigten Konstruktionen und Vergessensprozessen, sondern auch an einer »Myriade« von Faktoren, unter denen die Art der abgefragten Symptome und die gegenwärtige Stimmung der Befragten nicht die unwichtigsten sind. Sie warnen davor, daß »Fragen, die mit ›Ist es Ihnen schon einmal passiert ...‹ eingeleitet werden, ganz bestimmt nicht das hervorbringen werden, was mit der retrospektiven Frage beabsichtigt war«.[32]

Obwohl man in den psychosozialen Berufen versucht hat, die Mediziner nachzuahmen und Symptomen wie Depression, Angst und sexueller Dysfunktion präzise Inhalte zuzuschreiben, bleiben diese Symptomdefinitionen doch nichts weiter als allgemeine Kategorien, von denen jeder bestätigen kann, daß er sie in gewissem Maße erfahren hat. Niemand, das kann man gewiß sagen, hat ein störungsfreies Sexualleben oder ein Leben ohne Furcht und Traurigkeit – und zweifellos trifft dies ganz besonders auf diejenigen zu, die in eine Therapie kommen. Was Traurigkeit in eine Depression oder eine ganz normale Furcht in »Ängste« verwandelt, das unterliegt dem gemeinsamen Urteil von Therapeut und Patient. Obwohl auch ein Mediziner mit der Diagnose Gicht einen kleinen interpretativen Sprung macht, nachdem er den Fuß eines Patienten untersucht hat, sich angehört hat, wie der Patient seine Empfindungen dabei beschreibt, und Harnsäure sowie Auskristallisierungen in der Gelenkflüssigkeit gefunden hat, so sind die Symptome, die zu diesem Sprung führen – Schwellungen, Schmerzen und Empfindlichkeit sowie die Laborergebnisse –, keine Basis für eine unbegrenzte Zahl von Interpretationen. Bedenkt man den zusätzlichen interpretativen Schritt in der Therapie – der Therapeut ist der Patientin dabei behilflich, das Symptom festzumachen –, so hat die Logik, solche Symptome als Indikatoren für irgendeine ganz bestimmte Erfahrung einzusetzen, etwas höchst Spekulatives und Unzuverlässiges.

Die Bedeutung der Symptome und der Umgang damit in der Therapie wird vollends suspekt, wenn Therapeut und Patientin übereinkommen, daß die Patientin unter einem, zwei oder mehreren der Symptome auf der Symptomliste für aufgedeckte Erinnerungen leidet. Haben Therapeut und Patientin erst einmal damit begonnen, die Lebensgeschichte der Patientin nach weiteren, auf der Liste angeführten Verhaltensweisen zu durchforsten, dann ist es sehr wahrscheinlich, daß sie eine Geschichte konstruieren können, die viele der angesprochenen Punkte enthält. Untersuchungen haben gezeigt, daß Therapeuten dazu tendieren, die Symptome und Tatsachen zu behalten und darzulegen, die ihre Hypothesen stützen, und jene zu vergessen, die auf andere Möglichkeiten hindeuten.[33] Und es gibt keinen Hinweis, daß die Klientin sich nicht entsprechend von diesem »Ich habe es schon immer gewußt«-Effekt beeinflussen läßt, der dazu verleitet, in der Lebensgeschichte nach entsprechenden Indizien zu suchen, wenn sich bereits eine Überzeugung etabliert hat.

Es ist noch nicht einmal versucht worden, mit Kontrollstudien einen Großteil der Fehlfunktionen zu belegen, die von den Therapeuten, die Erinnerungen aufdecken, als Indikatoren für Mißbrauch verkauft werden. Wir fanden keine befriedigende Erklärung, warum beispielsweise ungepflegte Zähne, Arthritis, Ambivalenzgefühle, Kopfschmerzen, Herzklopfen, Ausweichen vor Spiegeln, der Wunsch, den Namen zu wechseln, oder Humorlosigkeit als Anzeichen dafür gelten sollen, daß jemand als Kind sexueller Gewalt ausgesetzt war. Wir können nur annehmen, daß die Belege für diese Zusammenhänge der Intuition der Autoren oder einer Sammlung von Therapeutenanekdoten entstammen. Diese Symptome beruhen offensichtlich nicht auf Befunden empirischer Untersuchungen, die in irgendeiner angesehenen Fachzeitschrift veröffentlicht wurden. Sie scheinen vielmehr nur aufgrund einer mündlichen Übereinkunft unter den Klinikern dieser therapeutischen Richtung zu existieren.

Der Grundtenor dieser Listen legt den Schluß nahe, daß man bei ihrer Erstellung die mahnenden Worte von Ellen Bass im Hinterkopf hatte: »Würden wir auf die Wissenschaft warten, dann könnten wir die ganze Sache vergessen.«[34] Und was den anekdotischen Charakter der Symptome-Sammlung angeht: Offenbar befragten die Autoren der Listen Frauen, die entweder Erinnerungen an sexuellen Mißbrauch hatten oder behaupteten, verdrängte Erinnerungen zu haben, und stellten danach die Probleme zusammen, mit denen diese Frauen zu kämpfen hatten. Von den Problemen, die dabei wiederholt genannt wurden, nahm man dann an, daß es sich hier um Indikatoren für eine Lebensgeschichte mit sexuellem Mißbrauch handele. Es weist nichts darauf hin, daß Kontrollgruppen befragt wurden, um zu erfahren, ob einige derselben Symptome nicht in der Allgemeinbevölkerung zu einem ähnlich hohen Prozentsatz vorkämen. Vernachlässigen Frauen mit einer Mißbrauchsgeschichte ihre Zähne häufiger als andere Frauen? Weichen sie Spiegeln öfter aus? Wenn man nicht weiß, wie häufig diese Störungen in der Bevölkerung verglichen zu Frauen mit einer Mißbrauchsgeschichte vorkommen, dann gibt es keine Möglichkeit, einen Zusammenhang zwischen diesen Symptomen und Mißbrauch herzustellen. Anzunehmen, man könne von diesen »Symptomen« auf verborgene Erinnerungen zurückschließen, grenzt ans Absurde.

Der pauschale Charakter dieser Symptomlisten vermittelt uns einen gewissen Einblick in die Welt der Therapie zur Aufdeckung von Erinnerungen. Dort geht man davon aus, daß sexueller Mißbrauch in der Kindheit, insbesondere Inzest, omnipräsent ist; man unterstellt, dieser sei die Ursache nahezu jeder Störung. Das Nachbeten dieser Thesen wird für eine qualifizierte Diskussion gehalten; zugelassen ist dabei einzig das, was bestätigt, daß Mißbrauch der Ausgangspunkt psychologischer und körperlicher Störungen ist. Andere Informationen und nicht zuletzt jede Hinterfragung der Annahmen werden anscheinend wirkungsvoll ausgefiltert.

Innerhalb der Gemeinschaft, die sich mit der Aufdeckung von Erinnerungen beschäftigt, geht man davon aus, Mißbrauch sei die prägende Erfahrung im Leben eines Menschen. Patientinnen werden dazu angehalten, sich selbst nicht als vielschichtige Individuen mit einem freien Willen und der Fähigkeit, ihr Leben selbst in die Hand zu nehmen, zu sehen, sondern als eindimensionale Geschöpfe, denen allen eine einzige prägende Erfahrung gemeinsam ist – sexueller Mißbrauch. »Die langfristigen Auswirkungen des sexuellen Mißbrauchs bei Kindern können so allumfassend sein, daß es manchmal schwierig ist, genau anzugeben, wie der Mißbrauch sich bei ihnen ausgewirkt hat«, kann man am Anfang von ›The Courage to Heal‹ lesen. Eine Seite später zitieren die Autorinnen Ellen Bass und Laura Davis eine Betroffene: »Was mich angeht, so ist mir mein ganzes Leben gestohlen worden. Ich kam nicht so weit, zu sein, was ich hätte sein können. Als ich jung war, bekam ich nicht die Ausbildung, die ich hätte bekommen sollen. Ich heiratete zu früh. Ich versteckte mich hinter meinem Mann. Ich ging nicht auf andere Leute zu. Mein Leben war nicht vielseitig.«[35] Das Leben dieser Patientinnen wird im wesentlichen auf das Fazit aus dem Mißbrauch reduziert – der tatsächlich stattgefunden hat oder nur in ihrer Vorstellung existiert.

Der zentrale Fehler der Therapie zur Aufdeckung von Erinnerungen besteht darin, daran zu glauben, daß es einen engen Zusammenhang zwischen einer Reihe von Symptomen und einer Mißbrauchsgeschichte gibt. Auf diesen Glauben stützt sich die Sicherheit der Therapeuten, daß die anschließend erfolgende Suche nach verborgenen Erinnerungen – eine Suche, die sich oft über Jahre hinzieht – begründet und gerechtfertigt ist. Auch für die Patientin ist es der erste entscheidende Schritt, daran zu glauben, daß Therapeuten auf dieselbe Weise bestimmte Verhaltensweisen und Störungen miteinander in Verbindung bringen können, wie Mediziner Zusammenhänge zwischen Symptomen und einer Krankheit herstellen. Die Patientin kommt dann zu der Auffassung: »Ich muß mißbraucht worden sein, weil ich alle Symptome dafür zeige.« Unglückseligerweise wird die Patientin, die zum Therapeuten (beziehungsweise zur Therapeutin) gekommen ist, damit er ihr hilft, wahrscheinlich nicht widersprechen, wenn sie der Überzeugung ist, daß er mehr über die Ursachen ihres Problems weiß.

Die fast anmaßende Art und Weise, wie manche Therapeuten bei den Patientinnen die Diagnose stellen, daß sie einem Mißbrauch zum Opfer gefallen seien, offenbart eine arrogante Gleichgültigkeit gegenüber der komplexen Eigenart des Verhaltens und der immer noch begrenzten Fähigkeit der Wissenschaft, die vielschichtigen Motive für Verhalten zu verstehen. Typisch für die Bewegung sind so selbstgewisse Aussagen wie die von Ellen Bass und Laura Davis: »Wenn Sie glauben, Sie seien mißbraucht worden, und es gibt in Ihrem Leben die entsprechenden Symptome, dann ist das tatsächlich geschehen.«

Die Probleme und Störungen auf den Listen werden oft zu Schlüsselbegriffen, die als Ausgangspunkt für die Suche im Gedächtnis dienen. Karen Claridge von der texanischen A&M University empfiehlt in der Zeitschrift ›Psychotherapy‹: »Wenn die Symptome einer Klientin auf eine traumatische Lebensgeschichte hindeuten, sie aber keine Erinnerung daran hat, dann können sich nützliche Informationen durch Fragen an die Klientin ergeben, in denen es um Erfahrungen geht, bei denen jemand zudringlich wurde... Diese ›Gedächtnisstützen‹ bieten die Möglichkeit, den Erinnerungsprozeß dadurch in Gang zu setzen, daß die Zielrichtung für die Suche angegeben wird... [Man sagt den Patientinnen:] ›Wenn wir darüber sprechen, was bei Ihnen in der Vergangenheit starke Gefühlsaufwallungen hervorgerufen hat, sind wir vielleicht in der Lage, eine Vorstellung davon zu erlangen, worum es in Ihren Erinnerungen geht.‹«[36]

Angesichts der Flut von Befunden geben selbst die Experten der Bewegung zur Aufdeckung von Erinnerungen allmählich zähneknirschend zu, daß manche Therapeuten eine unangemessene Neigung an den Tag legen, Mißbrauch zu entdecken, unabhängig davon, welche Störungen bei den Klientinnen vorliegen. »Therapeuten ... erliegen manchmal ihrem Bedürfnis nach Gewißheit«, schreibt Judith Herman in ›Trauma and Recovery‹. »Eine fanatische Überzeugung kann nur allzu leicht eine offene, fragende Einstellung ersetzen... Es ist vorgekommen, daß Therapeuten ihren Patientinnen aufgrund einer suggerierten Lebensgeschichte oder eines ›Symptomprofils‹ sagten, daß sie eindeutig eine traumatische Erfahrung gehabt hätten... Jeglicher Ausdruck des Zweifels kann als ›Verleugnung‹ abgetan werden. In einigen Fällen wurde Patientinnen mit verschwommenen, unspezifischen Symptomen nach einer einzigen Beratungsstunde mitgeteilt, daß sie zweifellos Opfer eines satanischen Kults geworden seien.«[37]

Weil Judith Herman sich nicht die Zeit nimmt, zu untersuchen und zu erörtern, wie diese Art von »fanatischer Überzeugung« die

Patientin beeinflussen könnte oder wie der Berufsstand in diesem Fall mit dem Problem umgehen soll, hinterläßt sie bei ihren Leserinnen den Eindruck, daß es sich um ein sekundäres Problem handelt. Im Buch gehen Ausführungen dazu nur unwesentlich über das hier Zitierte hinaus. Auch Ellen Bass, Koautorin von ›The Courage to Heal‹ berücksichtigt dieses Problem nur flüchtig. Als sie im letzten Jahr bei einer landesweit von CNN ausgestrahlten Talk-Show gefragt wurde, ob es Therapeuten gäbe, die leicht verletzbaren Menschen nahelegten, sie hätten verborgene Erinnerungen an Mißbrauch, ohne daß es Beweise dafür gäbe, antwortete Ellen Bass: »Ganz sicher, doch das sind nur extrem wenige... Ich kann bestimmt nicht die gesamte Therapeutenzunft verteidigen, denn es gibt Therapeuten, die inkompetent sind und denen eine ganze Reihe von Fehlern unterläuft. Doch die Täter sind zahlreicher als die Therapeuten, die Erinnerungen nachträglich erzeugen.«

Die Veröffentlichungen aus der Bewegung widersprechen Ellen Bass' Äußerung (und Judith Hermans Schlußfolgerungen), daß es kein großes Problem gäbe mit Therapeuten, die bevorzugt Mißbrauch diagnostizierten. Die Aussage, daß nur sehr wenige »schlechte« Therapeuten es unbeirrt darauf abgesehen haben, nach verborgenen Geschichten mit sexuellem Mißbrauch zu suchen, ist nachweislich falsch. In dem Maße, wie die Beweise für therapeutischen Mißbrauch zunehmen, wird das Eingeständnis (daß wenige »schlechte« Therapeuten schreckliche Fehler begehen) zweifellos häufiger ausgesprochen werden. Die lässige Art, wie diejenigen, von denen die Bewegung ins Leben gerufen wurde, sich darüber äußern, ist besorgniserregend. Ellen Bass und Judith Herman geht es anscheinend weniger darum, diese schlechten Therapeuten ins Licht der Öffentlichkeit zu zerren, als vielmehr darum, sich selbst von der Verantwortung für die Fehler dieser namenlosen Praktiker reinzuwaschen.

Zum Unglück derjenigen, von denen die Therapie zur Aufdeckung von Erinnerungen befürwortet wird, ist die Beweislage mittlerweile erdrückend und detailreich. Wegen der immer offenkundigeren Fehler ist es Judith Herman, Ellen Bass und den anderen führenden Köpfen der Bewegung nicht mehr möglich, die Verantwortung von sich zu weisen und sie auf ein paar schwarze Schafe abzuschieben. Wenn sie jene wenigen schlechten Therapeuten anklagen – jene, die »sehr viele Fehler« begangen haben und »fanatischen Überzeugungen« zum Opfer gefallen sind –, dann klagen sie, wie wir zeigen werden, das gesamte Gebiet der Therapie zur Aufdeckung von Erinnerungen und damit sich selbst an. Sie waren unwissentlich daran beteiligt, eine völlig übergeschnappte Welt zu schaffen, in der ein Therapeut Ereignisse in der Vergangenheit der Klientin entdecken kann, von denen sie selbst nichts weiß. Manchmal wachsen der Logik anscheinend Flügel, und sie flattert davon. In einem Artikel für die Zeitschrift ›Lear's‹ beschäftigt sich John Bradshow mit der Frage, woran man erkenne, daß man verborgene Erinnerungen hat. Der Autor führt an, ein *Symptom* dafür, verdrängte Erinnerungen an Mißbrauch zu haben, sei, daß man keine Erinnerung daran hat, mißbraucht worden zu sein. Um seine Leserinnen zu beruhigen, fügte er süffisant hinzu: »Sollten Sie sich nicht erinnern, mißbraucht worden zu sein, so bedeutet *das nicht unbedingt, daß Sie mißbraucht worden sind.*«[38]

Wie die Mißbrauchsgeschichte entsteht

Schließlich erkannte ich die Tragweite des Problems. Millionen von Menschen haben schreckliche Szenen des Mißbrauchs, Jahre ihres Lebens oder gar ihre gesamte Kindheit aus ihrer Erinnerung verbannt. Sie wollen um jeden Preis herausfinden, was mit ihnen geschehen ist, und sie brauchen die Schlüssel dafür.
Renee Fredrickson, ›Repressed Memories‹[1]

Abhängig von der eingesetzten Technik, dem Zeitaufwand und der Prädisposition des Therapeuten kann das Ergebnis der Therapie zur Aufdeckung von Erinnerungen entweder eine einzelne Mißbrauchsszene oder eine ungeheuer vielschichtige Folge von Ereignissen sein, die sich angeblich über viele Jahre im Leben einer Klientin erstreckten. Vielleicht das einfachste Verfahren, eine »Erinnerung« zu schaffen, ist, daß der Therapeut sie dazu *ernennt*. Mit der Ausweitung der Symptomlisten auf fast jede Störung oder Anomalie im Leben einer Patientin wurde auch die Definition dessen, was eine Erinnerung ist, immer unschärfer. Nachdem eine Patientin sechs Monate lang in der Therapie nur ein vages Gefühl hatte, mißbraucht worden zu sein, entdeckte sie, daß sie sich »die ganze Zeit erinnert hatte. Nicht so, wie Erwachsene das tun – in einem ordentlich und logisch aufeinander geschichteten Packen. Meine Erinnerungen kamen so, wie ich die Ereignisse als Kind erlebt hatte: mit Symbolen, körperlichen Problemen und Emotionen, die aus dem Nichts aufzutauchen schienen«.[2]

Eine Klientin davon zu überzeugen, daß sie eine Erinnerung an Mißbrauch hat, kann ein einfacher, aus zwei Schritten bestehender Prozeß sein. Als erstes versichert ihr der Therapeut (oder die Therapeutin), daß ein Symptom ein zuverlässiger Indikator für Mißbrauch ist. Als nächstes modifiziert er (sie) die Definition von Erinnerung, die die Klientin hat, so daß der Indikator als eine

Erinnerung definiert werden kann. Um diesen Prozeß erfolgreich abzuschließen, ist nur ein Minimum an Vertrauen in das größere Wissen des Therapeuten über menschliches Verhalten und äußere Anzeichen von Erinnerung auf seiten der Patientin nötig. Durch den Jargon des Therapeuten verwirrt und beeinflußt, wird ihr vielleicht überhaupt nicht bewußt, daß sie gleichsam in ein logisches Karussell gesetzt wurde, bei dem die spekulativen Belege für die Diagnose auch die Funktion der eigentlichen Krankheit übernehmen.

Indem Laura Davis Mißbrauchsopfern versichert, daß man sie auch dann in die Opferseminare aufnehmen wird, wenn sie keine Erinnerungen an Mißbrauch haben, bekräftigt sie, daß die Vorstellung von Erinnerung in unserer Kultur zu begrenzt ist. »Sie fühlen sich wie ein verängstigtes Kind... Immer, wenn jemand nach Whisky riecht, wird Ihnen ganz schlecht. Immer, wenn Sie in Ihren Heimatort zurückkehren, überfällt Sie Angst. Sie hassen es, wenn Ihr Vater Sie umarmt. Sie haben Alpträume und können nur bei Licht schlafen... Wenn Sie eine Nachricht erhalten, fangen Sie an, unkontrolliert zu schluchzen. All das sind Erinnerungen.«[3]

Neben dem, was sie normale »Abruferinnerung« nennt, unterscheidet Renee Fredrickson in ›Repressed Memories‹ noch mehrere verschiedene Arten von Erinnerungen; dazu gehören die bildhafte Erinnerung, die Körpererinnerung, das Erinnern durch Ausagieren und das, was sie als »Gefühlserinnerung« bezeichnet. »Gefühlserinnerung ist die Erinnerung an eine emotionale Reaktion auf eine besondere Situation... [Sie] wird häufig als Flut unerklärlicher Emotionen erlebt, vor allem im Zusammenhang mit Mißbrauchsthemen. Die Empfindung, daß da etwas Falsches vor sich ging, ist eine verbreitete Form der Gefühlserinnerung. Manche Mißbrauchsopfer werden sagen: ›Ja, ich glaube, ich bin sexuell mißbraucht worden; doch es ist nur so ein Gefühl aus dem Bauch.‹ Diese Klientinnen erleben eine Gefühlserinnerung an den Mißbrauch, obwohl sie sich im Augenblick nichts über ihren Mißbrauch ins Gedächtnis rufen können.«[4] Dank der Verbreitung der allumfassenden Symptomlisten und der Vorliebe vieler Therapeuten, nach verdrängten Erinnerungen zu suchen, ist es nicht schwer, zu solchen Gefühlen aus dem Bauch oder zu vagen Vermutungen zu kommen. Mittlerweile dürfte es in den USA kaum noch viele erwachsene Frauen geben, die meinen, einen Therapeuten aufsuchen zu müssen, und die noch nie in irgendeiner Form mit den Theorien der Bewegung zur Aufdeckung von Erinnerungen in Berührung gekommen sind – mit Gedankengängen, die möglicherweise ausreichten, um sie für die Auffassung anfällig zu machen, daß ihr Problem auf sexuellen Mißbrauch zurückgeht. Zudem unterscheiden die Experten in den Veröffentlichungen zu aufgedeckten Erinnerungen an keiner Stelle zwischen Gefühlen aus dem Bauch, die bereits bestanden, bevor die Patientin mit der Therapie zur Aufdeckung von Erinnerungen konfrontiert wurde, und der Intuition, die aufkommt, nachdem die Patientin Texte zur Aufdeckung von Erinnerungen gelesen oder von den Vermutungen des Therapeuten erfahren hat.

Ähnlich unbekümmert kann man auch die künstlerischen Arbeiten und die Alpträume einer Patientin als »Erinnerungen« betrachten. Nach Renee Fredrickson »muß man sich mit Träumen, die explizit eine Handlung sexuellen Mißbrauchs enthalten oder mit dem Thema zu tun haben, genauestens beschäftigen. Meiner Erfahrung als Klinikerin nach geht es hier immer um Träume, die auf verdrängte Erinnerungen hindeuten.«[5] Später zitiert sie eine Patientin; diese hatte ein Bild von einer Personengruppe in wallenden Gewändern gemalt, die um ein kleines Kind herum stand. »Hier handelt es sich um eine Erinnerung«, erklärt die Patientin. »Ich habe das Bild vor Monaten gemalt und mir nie Gedanken darüber gemacht. Doch dann, in der letzten Woche, sah ich es erneut, und ich bekam ganz plötzlich große Angst. Nachdem ich es eine Zeitlang angestarrt hatte, erkannte ich, daß diese Szene tatsächlich stattgefunden hatte. Ich malte eine Erinnerung, bevor ich wußte, daß es sich um eine Erinnerung handelte.«[6]

Wenn man weiß, welche Machtposition der Therapeut einnimmt, vor allem wenn es darum geht, die Begrifflichkeit, die Symptome und die Verhaltensweisen zu definieren, dann überrascht es nicht, daß eine Patientin Aussagen über die Eigenschaften des Gedächtnisses Glauben schenkt, wenn diese so selbstsicher wie bei Laura Davis und Renee Fredrickson vorgetragen werden. In den Augen der Klientin kommt dem Therapeuten meist eine ähnliche Autorität zu wie einem Arzt. Diejenigen, die mit dem Glauben in die Therapie gekommen sind, die Therapie würde ihnen helfen, neigen auch dazu, daran zu glauben, daß Therapeuten Probleme und Verhaltensweisen deuten und festmachen können, genau wie Patienten in der Medizin die Auffassung haben, ein Arzt könne die Schatten auf dem Röntgenbild interpretieren. Wenn ein Therapeut einer Patientin sagt, ihre künstlerischen Arbeiten, ihre Emotionen und ihre körperlichen Symptome seien in Wirklichkeit eine Art von Mißbrauchserinnerung, wird sie sich dieser Meinung wahrscheinlich anschließen. Die Entwicklung eines solchen Glaubens an Mißbrauch muß nicht mit Gewalt, mit raffinierter Beeinflussung oder durch Gehirnwäsche in Gang gesetzt werden. Voraussetzung dafür sind nur der Glauben und das Vertrauen der Klientin dem Therapeuten gegenüber.

Die Neuetikettierung von Träumen, künstlerischen Arbeiten oder Gefühlen ist nicht bloß ein kleinkrämerischer Disput um Wortbedeutungen. Wie bereits erwähnt, wird alles, was in den Veröffentlichungen der Bewegung zu einer Mißbrauchserinnerung ernannt wird, sakrosankt und unhinterfragbar. Erinnerungen an Mißbrauch gelten dort als etwas, das nicht erfunden oder frei phantasiert werden kann. Ist eine Patientin erst einmal soweit, daß sie ein Gefühl oder einen Traum als Erinnerung an Mißbrauch bezeichnet, dann werden Therapeut und Patientin wahrscheinlich zu der Auffassung kommen, diese neue »Erinnerung« liefere einen handfesten Beweis dafür, daß die Patientin ein Opfer von Mißbrauch ist.

Die wechselnde Definition von Erinnerung gibt vor allem dann Anlaß zur Sorge, wenn man bedenkt, welche Verbreitung diese Theorie wahrscheinlich findet. Was geschieht, wenn die Gefühle aus dem Bauch der Klientin nicht nur darin bestehen, daß sie mißbraucht wurde, sondern daß sie von ihrem eigenen Vater mißbraucht wurde? Was ist, wenn ein Traum nicht nur Bilder von Mißbrauch enthält, sondern auch Szenen von Mord und Opferung? Es sieht so aus, daß Renee Fredrickson, Laura Davis und andere willens sind, zuzulassen, daß nicht nur Träume, Gefühle und künstlerische Arbeiten mit dem Etikett Erinnnerung versehen werden, sondern auch der *Inhalt* dieser Träume und Gefühle als wirklichkeitsgetreue Erinnerung bezeichnet wird. In diesem Fall sagt dann ein Traum nicht nur etwas darüber aus, daß man mißbraucht wurde, sondern auch, wer der Täter war.

Nahezu jedes Problem oder Verhalten kann als Symptom für Mißbrauch betrachtet werden, genauso wie man von jedem Problem, jedem Verhalten und jeder Wahrnehmung sagen kann, es handle sich um eine Mißbrauchserinnerung. Akzeptiert die Klientin diese beiden Voraussetzungen, dann hat der Therapeut durch eine willkürliche Setzung sehr effektiv den Glauben an einen Mißbrauch in ihrem Denken erzeugt. Folgt man Renee Fredricksons Gedankengebäude, kann man sich nur schwer vorstellen, welche Form von Wahrnehmung, Gedanken oder Emotion *nicht* als Erinnerung bezeichnet werden kann. Obwohl die neuen Definitionen von Erinnerung die Trennlinie zwischen Gedächtnis und Vorstellung bewußt verschwimmen lassen, so muß man sich doch zurückhalten, Therapeuten wie Renee Fredrickson zu beschuldigen, sie versuchten mit voller Absicht, so viele Menschen wie möglich zu der Auffassung zu bringen, daß sie Opfer sexuellen Mißbrauchs seien. Die Bereitschaft, alles und jedes als Erinnerung zu bezeichnen, kann jedoch als weiteres anschauliches Beispiel für die Einseitigkeit dieser Therapeuten betrachtet werden. Es ist entmutigend, aber wahr, daß ein nicht unbeträchtlicher Teil der Praktiker im psychosozialen Bereich glaubt, diese neuen Arten von Erinnerung existierten wirklich. Ihre Bereitschaft, selbstsicher ihren neuen Begriff von Erinnerungen zu vertreten, ohne daß sie irgendeinen wissenschaftlichen Beleg dafür vorweisen können, überrascht nicht angesichts der Tatsache, daß seit hundert Jahren viele Theorien im Umfeld der verbal ausgerichteten Therapien auf ähnlich ungesicherten Spekulationen beruhen. Das Faktum, daß ihre Patientinnen schlußendlich an ihre Definitionen von Erinnerung *glauben*, ist der einzige Beleg, den die Kliniker für die Stichhaltigkeit jener Definitionen haben. Weil die Theorien im Bereich der Psychotherapie sich oft einer wissenschaftlichen Überprüfung entziehen, reicht es den Befürwortern der Therapie zur Aufdeckung von Erinnerungen in ihren Schriften anscheinend, überhaupt keine Theorie anzubieten – selbst wenn das Thema (wie die Erinnerung), um das es hier geht, sich für eine derartige Analyse besonders eignen mag.

Die Erfindung dessen, was Renee Fredrickson »bildhafte« Erinnerung nennt, ist beunruhigender und auch schwieriger zu erklären als die schlichte Umdefinition von Erinnerung. Aus Beschreibungen von Patientinnen wissen wir, daß derartige Erinnerungsbegriffe eindeutig über die einfache Neubezeichnung bereits bestehender Verhaltensweisen, Gefühle und Wahrnehmungen hinausgehen. In der Therapie zur Aufdeckung von Erinnerungen berichten die Patientinnen häufig über klare und detaillierte innere Bilder vom Mißbrauch, den sie ihrer Meinung nach erlitten haben. In ›Escaping the Shadows, Seeking the Light‹, beschreibt eine Frau, die Dawn genannt wird, wie sie die minutiöse Erinnerung daran, als Dreijährige sexuell belästigt worden zu sein, wiedererlangte. In der Therapie lernte sie, sich Fragen mit der rechten Hand aufzuschreiben, und gestattete dann »Dawnie«, ihrem »inneren Kind«, schriftlich mit ihrer nicht dominanten Hand zu antworten. Das Erscheinungsbild ihrer linkshändigen Schrift, ein kindliches Gekrakel, überzeugte Dawn davon, daß sie wirklich mit einer in ihr lebenden kindlichen Persönlichkeit in Kontakt trat. »Im Februar 1988, nach dreieinhalb Jahren Therapie und Selbsthilfegruppen, meinte Dawnie, es sei nun nicht mehr mit Gefahren verbunden, mir zu eröffnen, was mit mir geschehen sei, als ich drei Jahre alt war. Es waren weitere anderthalb Jahre mit einzelnen Rückblenden erforderlich, um alle Mosaiksteinchen zusammenzufügen. In den Armen einer engen Freundin erzählte ich die Geschichte so, als liefe vor meinen Augen ein Film ab. Es war spät abends. Ich wachte auf und mußte zur Toilette gehen... Weil ich erst drei war, konnte ich nicht an den Lichtschalter kommen; deshalb fing ich an hochzuhüpfen, in der Hoffnung, ich könnte den Schalter mitten im Sprung irgendwie anknipsen. Plötzlich hörte ich Schritte. Sie waren laut, fest und schnell. Mein Brustkorb schnürte sich ein, und mein Herz begann zu klopfen. Die Schritte stoppten, und das Licht ging an. Ein großer Mann mit einem gelben Handtuch um die Hüften stand vor mir... Sein Atem roch stark nach Alkohol.« Dawn setzt ihre Beschreibung mit Einzelheiten darüber fort, wie dieser Mann, den sie für den damaligen Freund ihrer Mutter hält, sie oral vergewaltigte. Was danach geschah, beschreibt Dawn so: »Ich hatte zuviel Angst, um zu schreien. Ich hatte zuviel Angst, um überhaupt ein Geräusch zu machen. Das einzige, woran ich denken konnte, war, die Dunkelheit zu bitten, meine Freundin zu sein. Ich ging in mein Zimmer zurück, kroch in mein Bett und zog die Bettdecke bis zur Nasenspitze hoch; so blieben nur meine Augen und meine Stirn unbedeckt. Ich befand mich in einem Schockzustand, und ich hatte niemanden, der sich um mich kümmerte.«[7]

Dieser bemerkenswerte Detailreichtum kommt bei Patientinnen mit aufgedeckten Erinnerungen häufig vor. Dawns Vorstellung ist von großer Präzision, nicht nur visuell wie etwa bei der Farbe des Handtuchs, sondern auch bei anderen Eindrücken wie Gerüchen, Emotionen und bei der Vorstellung, wie eine Dreijährige die Szene in sich aufnimmt. Diese Einzelheiten sind in den Augenblicken der Belästigung ebenso präzise dargestellt wie in den Momenten, die zum Trauma hin- und dann von ihm wegführten. Andere Opfer erinnern sich an Dialoge, die sie als Kleinkinder mit anhörten, oder an die genaue Einrichtung von Zimmern, die sie für die Tatorte der Belästigung halten. Häufig umfassen die detaillierten Darstellungen nicht nur ein einzelnes, sondern viele Ereignisse. Gelegentlich sind das Ereignisse, die sich über ganze Jahrzehnte hinweg abgespielt haben sollen.

Die Erfahrung von Patientinnen wie Dawn läßt sich nicht dadurch erklären, daß Gefühle, Träume und künstlerische Arbeiten mit einem neuen Etikett versehen wurden. Während ein Therapeut eine Klientin innerhalb weniger Sitzungen davon überzeugen kann, ein vorhandenes Gefühl oder Symptom neu als »Erinnerung« zu sehen, dauert es meist viel länger, der Klientin dabei behilflich zu sein, eine detaillierte Pseudoerinnerung an Mißbrauch zu entwickeln. Die Veröffentlichungen der Bewegung erwähnen ungefähr ein Dutzend Verfahren, um verborgene Mißbrauchserinnerungen aufzudecken. Dazu gehören die bereits erwähnten Verfahren (Traumdeutung, künstlerische Arbeit und Schreiben mit der nichtdominanten Hand) sowie Hypnose, freies Assoziieren, Einsatz des Medikaments Amytal, angeleitete bildliche Vorstellungen, Altersregression, »Gruppenarbeit«, Gestalttherapie, Psychodrama, Geschichtenerzählen und Körpermassage. So unterschiedlich sich diese Verfahren auch anhören, ihnen ist mehr gemeinsam, als es zunächst den Anschein hat. Entscheidend für die Wirksamkeit all dieser Verfahren ist das Potential der therapeutischen Situation, Auffassungen zu ändern, zu formen und manchmal überhaupt erst zu erzeugen.

Für manche Therapeuten beginnt der Prozeß, bei dem der Glauben an Mißbrauch aufgebaut wird, erst mit dem ausdrücklichen Wunsch der Klientin, etwas über verborgene traumatische Erinnerungen herauszufinden. Das setzt selbstverständlich voraus, daß die Patientin, bevor irgendwelche Erinnerungen auftauchen, akzeptiert, daß sie mißbraucht worden ist. In ›Reclaiming Our Lives‹ beispielsweise raten Carol Poston und Karen Lison den Klientinnen als nächsten Schritt nach Eintritt in die Therapie, »anzuerkennen, daß etwas Schreckliches geschehen ist« und zu akzeptieren, daß sie als Kind Opfer sexueller Gewalt waren.[8] Ist die Klientin erst einmal davon überzeugt, daß es bei ihr Hinweise auf Mißbrauch gibt, kann die Suche nach Erinnerungen Jahre in Anspruch nehmen. Das Arbeitsbuch von Laura Davis zu diesem Thema zeigt anschaulich, daß der Glauben an den Mißbrauch oft lange vor der Erinnerung kommt. Die Leserinnen des Arbeitsbuchs werden zunächst gebeten, etwas über Themen zu schreiben wie »Beurteilung der Schädigung«, »bildliche Darstellung der Auswirkungen«, »Vorbereitung auf Veränderung« – und das alles, bevor sie Instruktionen bekommen, wie sie ihre Erinnerungen finden können.[9]

Weiß die Klientin nichts von der Möglichkeit, daß sie verborgene Erinnerungen hat, wird der Therapeut zu einem recht frühen Zeitpunkt in der Behandlung auf diese Möglichkeit hinweisen und sie erklären. Der prominente Theoretiker zum Thema Aufgedeckte Erinnerungen John Briere konstatiert in seinem Buch über das Trauma nach einem Mißbrauch in der Kindheit voller Selbstgewißheit, daß »es nur geringen Schaden anrichtet und im Endeffekt viel gewonnen werden kann, wenn der Therapeut der Klientin seine Vermutungen im Hinblick auf ihre Kindheitserlebnisse mitteilt«.[10] Danach folgt ein Leitfaden, wie man in dieser Situation vorgehen soll; für den Therapeuten enthält er sogar ein leeres Feld, in das er das Symptom eintragen kann, von dem er glaubt, es sei das Resultat eines Mißbrauchs. Hier handelt es sich um ein schlagendes Beispiel dafür, worum es geht, wenn die Patientinnen nach Meinung der Therapeuten ohne Vorbereitung mit der Vorstellung vertraut gemacht werden, daß sie früher in ihrem Leben mißbraucht worden seien.

»Es hört sich so an, als ob einige der Probleme, die Sie beschreiben, schon eine ganze Weile vorhanden sind, vielleicht seit Ihrer Kindheit. Es gibt viele mögliche Gründe, wie es bei Ihnen zu diesen Schwierigkeiten gekommen ist. Ich möchte mit Ihnen über eine meiner Mutmaßungen sprechen. Es scheint mir so zu sein, wenn Sie über _____ sprechen, daß ein Grund bei Menschen mit derartigen Problemen darin liegt, daß sie als Kinder auf irgendeine Weise verletzt wurden. Ich weiß, daß Sie sich an nichts dieser Art erinnern, und vielleicht geschah auch wirklich nichts dergleichen. Trotzdem ist es möglich, daß Ihre Kindheit irgend etwas damit zu tun hat. Genau darum möchte ich jetzt und später in der Therapie, wenn es Ihnen recht ist, ihre frühen Erinnerungen und Gefühle erkunden, so daß wir verstehen lernen, woraus _____ möglicherweise entstanden ist und warum es weiterhin vorhanden ist.«[11]

Angesichts dieses Ratschlags erscheint Brieres Warnung merkwürdig, daß »es jedoch eindeutig für den Kliniker nicht angemessen ist, gleichsam als Autoritätsperson eine Klientin darüber zu informieren, daß sie als Kind mißbraucht wurde und dies nun verdrängt«.[12] John Briere ist offensichtlich entgangen, daß die von ihm empfohlene Vorgehensweise die wirksamste Methode sein dürfte, die Annahme einzuimpfen. Wenn ein Therapeut darauf besteht, daß eine Patientin mißbraucht worden ist, bevor die Klientin mit Theorien aus dem Umfeld der Therapie zur Aufdeckung von Erinnerungen indoktriniert wurde, könnte sich die Patientin durch solche beharrlichen Beteuerungen abgestoßen fühlen. Stellt er jedoch, wie John Briere es empfiehlt, nur eine Vermutung an, muß die Klientin nicht sofort ihren Glauben oder Unglauben zum Ausdruck bringen. Brieres Taktik, der Klientin zu versichern, es sei ganz normal, ohne Erinnerungen an einen Mißbrauch in eine

Therapie zu kommen, gestattet es dem Therapeuten und der Patientin, sich beliebig viel Zeit zu nehmen, um Beweise zu sammeln, die die Vermutung bestätigen könnten. Briere selbst schreibt dazu: »Weil die Klientin per definitionem leugnet, daß sich irgendeine Form von Mißbrauch in ihrer Kindheit ereignete ... ist ein Opfer mit Verdrängungen anfällig dafür, die Therapie als Machtkampf zu betrachten, wenn ihrer Meinung nach der Therapeut versucht, sie von etwas zu überzeugen, wovon sie ›weiß‹, daß es nicht stimmt. Weil diese grundlegende Meinungsverschiedenheit zwischen Klientin und Therapeut nicht mit der Sicht der Realität [bei der Klientin] übereinstimmt, ist es für den Therapeuten ratsam, bei solchen Personen ›auf leisen Sohlen zu kommen‹.«[13]

Weist die Klientin anfangs die Möglichkeit von sich, daß sie verdrängte Erinnerungen an Mißbrauch hat, kann diese »Verleugnung« als Beweis eingesetzt werden, durch den die Vermutungen des Therapeuten gestützt werden. In einem Abschnitt mit der Überschrift »Zerschlagung der Verleugnung« zitiert Maureen Brady in ›Beyond Survival‹ die Erinnerung eines Mißbrauchsopfers an den Beginn der Therapie: »Als mich meine Therapeutin das erste Mal darauf hinwies, daß ich ein Opfer sexuellen Mißbrauchs sei, wurde ich wütend und sagte ihr, sie wisse nicht, wovon sie rede. Ich erinnerte sie daran, daß ich aus einer guten, liebevollen Familie stamme... Konfrontiert mit der Vorstellung, ich könne ein Opfer von Inzest sein, war ich so verärgert und derartig aus der Fassung geraten, daß ich sogar ein Buch in ihrem Therapiezimmer an einen anderen Platz stellte, damit ich das Wort Inzest nicht sehen mußte... Nachdem ich das Buch umgeräumt hatte und wieder zu meinem Stuhl zurückgekehrt war, mußte ich über das kichern, was ich gerade gesagt und getan hatte; ich gestand widerwillig ein, daß man von einer Alkoholikerin, die sich in der Behandlung so verhielt, wie ich es getan hatte, gewiß annehmen müsse, sie verleugne. Dieses schmerzhafte Eingeständnis war die erste Hürde, die ich nahm, um die Möglichkeit anzuerkennen, daß meine Therapeutin vielleicht doch recht hatte.«[14]

Sobald der Therapeut der Klientin seine Vermutung mitgeteilt oder die Klientin ihren Wunsch zum Ausdruck gebracht hat, nach ihren verborgenen Erinnerungen zu suchen, kann der Prozeß, bei dem der Therapeut der Klientin hilft, sich Szenen des Mißbrauchs vorzustellen, auf jede denkbare Weise einsetzen. Normalerweise, so die Literatur, beginnt die Jagd nach Erinnerungen damit, daß Therapeut und Patientin ihre Aufmerksamkeit auf eines der körperlichen oder emotionalen Symptome konzentrieren, wegen der die Klientin in die Therapie kam. »Die momentane Alltagserfahrung der Patientin ist gewöhnlich voller Hinweise auf dissoziierte Erinnerungen an die Vergangenheit«, schreibt Judith Herman in ›Trauma and Recovery‹. »Zusätzlich zum Verfolgen der normalen Hinweise aus dem Alltag kann die Patientin ihre Vergangenheit erkunden, indem sie sich Fotos anschaut, einen Stammbaum der Familie aufzeichnet oder die Orte ihrer Kindheit besucht.«[15]

Ellen Sue Blume empfiehlt in ›Secret Survivors‹, daß die Patientinnen mit dem anfangen sollten, was sie als unerklärte emotionale Reaktion oder »sensorische Rückblenden« bezeichnet. »Eine Reihe meiner Patientinnen berichtete über eine ähnliche geheimnisvolle Erfahrung: Wenn sie mit einer bestimmten Kombination von Umweltreizen konfrontiert wurden, dann bekamen sie das, was sie ›das Gefühl‹ nannten. Soviel Aufmerksamkeit wir auch direkt auf das Problem richteten, dadurch konnten wir nie aufdecken, was da passierte. Erst als wir die Erfahrung indirekt angingen, indem wir am Inzest arbeiteten ... deckten wir die wirkliche Bedeutung dieser ›sensorischen Rückblenden‹ auf. Für Pattie war es ein Bilderrahmen, für Dolores die Farbe Gelb, für Laura ein Schaukelpferd oder Micky-Maus-Heftchen. Diese Vorstellungen, bei denen es sich um Gerüche, Farben, Oberflächenstrukturen oder ganz bestimmte Visualisierungen handeln konnte, erfüllten ihre Sinne, blendeten ihre Fähigkeit aus, irgendeinen anderen Teil des Gesamtbildes zu sehen.«[16] Nach Ellen Sue Blume werden diese sensorischen Rückblenden zu den Randsteinen eines Puzzles, das dann, wenn die Steine in der Mitte hinzugekommen sind, das Bild einer Inzesterfahrung zeigt.

In einem Artikel über dieses Thema für die Zeitschrift ›Psychotherapy‹ rät Karen Claridge, die Klientinnen sollten dazu angehalten werden, ihre momentanen körperlichen oder emotionalen Probleme mit möglichen Mißbrauchsszenen in Zusammenhang zu bringen. »Als Reaktion auf die Frage ›Was nehmen Sie von Ihrem Körper in diesem Augenblick am stärksten wahr?‹ erkennt die Klientin möglicherweise schlagartig, daß sie Schmerzen empfand, die sie mit einem Ort oder einer Emotion aus der Vergangenheit in Verbindung bringen kann.« Den Ausgangspunkt für die Suche kann auch jede emotionale Reaktion in der Vergangenheit oder Gegenwart bilden. Karen Claridge empfiehlt ihre Vorgehensweise, bei der die Klientin »speziell nach Erlebnissen« befragt wurde, »die scheinbar unangebrachte Panik-, Schreckens- oder Wutgefühle ausgelöst haben; nach Ereignissen, die sie plötzlich verwirrt oder desorientiert werden ließen; und nach allen anderen Erfahrungen, auf welche die operationale Definition für aufgedrängte Erfahrungen zutraf. [Dann] wurde die Frage gestellt: ›Wenn in diesen Erfahrungen die Teile Ihrer Erinnerungen enthalten sind, auf welche Art von Erinnerungen weisen sie Ihrer Meinung nach hin?‹ Die [von der Klientin] vorgeschlagenen Möglichkeiten ähnelten gewöhnlich stark den Erinnerungen, die später allmählich hochkamen.«[17] Als sie gebeten wurde, alle durch Zudringlichkeiten hervorgerufenen emotionalen Reaktionen anzugeben, antwortete die als »Sue« bezeichnete Klientin, sie ärgere sich jedesmal, wenn sie höre, wie ein älterer Mann mit schönen Worten auf ein kleines Mädchen einrede. Bei der Antwort auf die Frage, worauf diese Erinnerungen bei ihr »hinweisen« könnten, sagte Sue, es könne sein, daß sie durch Schmeicheleien von einem älteren Mann an einen einsamen Ort gelockt und dann gezwungen worden sei, ihn sexuell zu befriedigen.

Das Behandlungsverfahren von Karen Claridge trägt dazu bei, Verbindungen zwischen irgendeinem gegenwärtigen Ereignis und einer Szene zu ziehen, die ein Element des Mißbrauchs enthalten könnte. Es ist recht unwahrscheinlich, daß es einer Patientin, die an einer langen, auf Mißbrauch konzentrierten Therapie teilnimmt, nicht gelingen wird, zu erkennen, auf welche Art von Erinnerungen diese »Erfahrungen hinweisen« sollen. Karen Claridge berichtet wenig selbstkritisch darüber, daß die daran anschließenden »Erinnerungen«, die sich in der Behandlung ergaben, oft die ersten Vermutungen der Klientin widerspiegelten. Die Tatsache, daß die Autorin den momentanen Spekulationen der Klientin darüber, auf welche Art von Mißbrauch bestimmte Gefühle »hinweisen«, so große Bedeutung beimißt, veranschaulicht den unvermeidlichen Verlauf dieser Therapie. Innerhalb der Behandlung wird nichts als zufällig oder unwichtig betrachtet. Da Karen Claridge sich eindeutig der Mythologie der aufgedeckten Erinnerungen verschrieben hat, in der angenommen wird, alle Handlungen und Verhaltensweisen würden durch tiefsitzende psychische Kräfte geformt und verursacht, hält sie nicht inne, um über die Möglichkeit nachzudenken, daß die erste Mutmaßung ihrer Patientin darüber, worauf bestimmte Gefühle hinweisen, wirklich nur geraten sein könnte.

Karen Claridge empfiehlt auch andere, weniger auf der Hand liegende Ausgangspunkte für die Suche nach Erinnerungen. Wenn man die Klientin fragt, ob es etwas gibt, dessen sie sich irgendwann einmal am intensivsten bewußt war, so mag auch das zum Beginn einer Erinnerung führen, schreibt sie. »Das Wichtigste im Bewußtsein der Klientin war häufig etwas, das ihr trivial erschien.« Sie verdeutlicht diesen entscheidenden Punkt, indem sie einen Moment in der Therapie beschreibt, wo Sue den roten Faden bei ihrem Gedankengang verlor:

Sie entschuldigte sich und fragte, worüber sie gesprochen hätten. Die Therapeutin schlug vor, später darüber zu reden, und fragte: »Worüber sind Sie sich jetzt in diesem Augenblick am intensivsten bewußt?« Sue sagte: »Oh, es ist nichts. Sie haben gerade Ihre Hände bewegt, und diese Bewegung lenkte mich ab.« Die Therapeutin insistierte: »Was fiel Ihnen an meinen Händen auf?« Als Sue ihre Aufmerksamkeit auf die Hände der Therapeutin konzentrierte, entwickelte sich bei ihr ein Gesichtsausdruck, als schaue sie ganz weit in die Ferne, und sie sagte ganz langsam: »Es sind die Fingernägel – die Form Ihrer Fingernägel.« Als die Therapeutin sie fragte, was an der Form der Fingernägel in ihr etwas bewirke, zitterte Sue und sagte: »Ich hoffte, Sie würden diese Frage nicht stellen. Die Fingernägel meines Großvaters sahen so aus.« Als sie sich an die Hand ihres Großvaters erinnerte, empfand sie Angst und Abscheu… Die Aufdeckung dieser bruchstückhaften Erinnerung brachte Sue dazu, den Verdacht auszusprechen, daß ihr Großvater sie möglicherweise mißbraucht habe.[18]

Es handelt sich hier um ein ausgezeichnetes Beispiel für den Prozeß, durch den eine Erinnerung zustande kommt. Obwohl Karen Claridge glaubt, sie habe ihrer Klientin dabei geholfen, in der momentanen Unkonzentriertheit eine tiefere Bedeutung zu finden, gibt es doch noch eine andere, plausiblere Erklärung für die Szene. Es besteht auch die Möglichkeit, daß Sue sich ob der kurzen Geistesabwesenheit ertappt fühlte und meinte, eine plausible Erklärung anbieten zu müssen, warum sie in einen Tagtraum wegglitt. Obwohl sie zunächst erklärt, sie sei einfach nur abgelenkt gewesen, vermittelt die zweite Frage der Therapeutin »Was fiel Ihnen an meinen Händen auf?« Sue eindeutig den Eindruck, die Therapeutin glaube, etwas auf der Spur zu sein. Auch wenn Sue darauf bestehen könnte, daß sie sich nur langweilte und einem Tagtraum hingab, so kann sie doch zweierlei erreichen, wenn sie auf die Vermutung der Therapeutin eingeht: Sie bekommt zum einen den Beifall ihrer Therapeutin, weil sie sich von deren Scharfblick beeindruckt zeigt, und zum andern vermeidet sie den Tadel ihrer Therapeutin, weil sie ihre Gedanken treiben ließ. Sues Antwort auf die Bitte der Therapeutin um mehr Informationen spricht Bände: »Ich hoffte, Sie würden diese Frage nicht stellen.« Das kann sowohl heißen, sie erwartete, daß eine weitere Frage gestellt würde, als auch, daß sie bereits an die einzige Art von Antwort gedacht hatte, die sich innerhalb der Therapie als angemessen erweisen würde. Daß in diesem Gespräch die Wahl auf den Großvater als möglichen Täter fiel, könnte rein zufällig gewesen sein (seine Fingernägel könnten tatsächlich so wie die der Therapeutin ausgesehen haben), oder es könnte sich dadurch ergeben haben, daß er bereits in vorangehenden Sitzungen ausgewählt worden war. Die Richtung der gerade entstandenen Geschichte scheint jedoch unvermeidlich zu sein.

Die Ausgangspunkte für Erinnerungen müssen gar nicht unbedingt aus dem Denken der Patientin kommen. Mary Beth McClure empfiehlt in ›Reclaiming the Heart‹, daß Patientinnen, die ihre Erinnerungen noch nicht aufgedeckt haben, sich ständig mit Informationen über Inzest beschäftigen und Kontakt zu anderen Opfern von Mißbrauch suchen sollten. »Aktivitäten, die hilfreich sein könnten, sind: Bücher lesen (insbesondere die Lebensgeschichten anderer Frauen) ... an Vorträgen und Gruppentreffen teilnehmen ... ins Kino gehen.« Die beiden Filme, die genannt werden, sind ›To a Safer Place: A Story of Healing of Incest‹ und ›Breaking the Silence‹. Die Autorin warnt allerdings, man solle bei Filmen aufpassen, weil »visuelle Stimulation sehr stark ist und Ihre geistigen Abwehrmechanismen durchbrechen kann; beim Betrachten von Filmen werden Sie manchmal mit Gewalt in eine frühere Zeit zurückversetzt. Wenn Sie sich während oder nach dem Film wie das kleine Mädchen fühlen, das verletzt wurde, dann sollten Sie das als Gelegenheit nutzen, mit Ihren Gefühlen Verbindung aufzunehmen.«[19]

Ellen Bass und Laura Davis pflichten dieser Aussage, Erinnerungen kämen häufig dann hoch, wenn man die Lebensgeschichten anderer Patientinnen höre oder sehe, in ›The Courage to Heal‹ bei: »Daß die Medien sich zunehmend mit sexuellem Mißbrauch beschäftigen, hat bei immer mehr Frauen Erinnerungen ausgelöst... Oft können es Frauen kaum ertragen, wenn sie die Lebensgeschichte eines anderen Mißbrauchsopfers hören, und sie erkennen, daß mit ihnen genau das geschehen ist, was da beschrieben wird.«[20]

Eine weitere Möglichkeit, den Vorgang des Aufbaus von »Erinnerungen« in Gang zu setzen, besteht darin, Phantasiegeschichten über das eigene Leben und die Familie zu schreiben. Ellen Bass und Laura Davis schlagen ihren Leserinnen vor: »Nehmen Sie ein Ereignis aus Ihrer Familiengeschichte, über das Sie nichts Näheres mehr erfahren können... Erfinden Sie Ihre eigene Geschichte, und nutzen Sie dabei all die Einzelheiten, die Sie kennen. Lassen Sie soviel von Ihrem Wissen wie möglich in die Erlebnisse oder Ereignisse einfließen, und stellen Sie sich dann vor, was tatsächlich geschehen sein mag.«[21]

In ›The Sexual Healing Journey‹ empfiehlt die Therapeutin Wendy Maltz Patientinnen, die das Gefühl haben, »steckengeblieben« zu sein, eine Reihe von Übungen. So sollten sie »eine gewisse Zeit damit verbringen, sich vorzustellen, Sie würden sexuell mißbraucht, ohne daß Sie sich um die Genauigkeit der Fakten kümmern, irgend etwas beweisen oder Ihre Einfälle auf Logik überprüfen müssen. Während Sie sich Ihrer Vorstellungskraft hingeben, überlassen Sie die Steuerung Ihrer Gedanken Ihrer Intuition … Fragen Sie sich selbst oder bitten Sie eine andere Person oder einen Therapeuten, Ihnen die folgenden Fragen zu stellen: Um welche Tageszeit handelt es sich? Wo befinden Sie sich? Drinnen oder draußen? Welche Art von Dingen geht da vor sich? Sind eine oder mehrere Personen bei Ihnen? Mann oder Frau? Welche Art von Berührungen erleben Sie? Um welche Stellen an Ihrem Körper geht es? Was sehen, empfinden oder hören Sie? Welche Gefühle haben Sie? Ärger, Angst, Aufregung, Verwirrung?«[22] Sobald die Patientin ihre Antworten auf diese Fragen für bedenkenswert hält, schlägt Wendy Maltz vor, der Therapeut solle mit den folgenden Fragen weitermachen: »Wer könnten die möglichen Täter gewesen sein? Wann in Ihrem Leben waren Sie besonders verletzlich durch sexuellen Mißbrauch? Warum hätte es für Sie wichtig sein können, zu vergessen, was geschehen ist?«

Diese Autorin ist bei weitem nicht die einzige Expertin für aufgedeckte Erinnerungen, die ganz offen vorschlägt, daß der Prozeß, durch den sexueller Mißbrauch entdeckt wird, mit der wiederholten Vorstellung des Mißbrauchs durch die Patientin beginnen sollte. Renee Fredrickson beschreibt das, was sie »bildhafte Erinnerungsarbeit« nennt: Dabei soll man sich auf einen Brennpunkt konzentrieren, der alles, vom Bruchstück eines Traums bis hin zu einer körperlichen Empfindung, sein kann. »Setzen Sie sich bequem hin und atmen Sie einige Male entspannt durch, ehe Sie mit der eigentlichen Arbeit beginnen. Die meisten Menschen ziehen es vor, die bildhafte Erinnerungsarbeit mit geschlossenen Augen durchzuführen. Äußere Reize sollten auf ein Minimum reduziert sein, so daß Sie Ihre gesamte Aufmerksamkeit auf Ihre innere Realität konzentrieren können… Die Person, die die Erinnerung leitet, wird Fragen stellen, um Ihnen zu helfen, sich das vorzustellen und zu empfinden, was um diesen Brennpunkt herum geschieht. Wenn nichts zum Vorschein kommt, warten Sie einen Moment, und geben Sie dann als Antwort auf die Frage das an, was Sie am ehesten mutmaßen. Wenn Sie Widerstand empfinden oder skeptisch sind, versuchen Sie, darüber hinwegzukommen. *Ob das, woran Sie sich um diesen Brennpunkt herum erin-*

nern, erfunden oder real ist, ist zu Beginn dieses Vorgangs belanglos (Hervorhebung hinzugefügt).«[23] Es sollte an dieser Stelle auch darauf hingewiesen werden, daß Renee Fredrickson, ohne daß sie ihre Leserinnen darüber informiert und vielleicht ohne daß sie es selbst erkennt, eine Vorgehensweise beschreibt, die durchaus geeignet ist, hypnotische Trancezustände und eine damit einhergehende erhöhte Beeinflußbarkeit bei der Patientin herbeizuführen.

Solange der Therapeut fest entschlossen ist, Erinnerungen an Mißbrauch zu finden, und auch die Klientin entsprechend motiviert ist oder zumindest dem Grundgedanken aufgeschlossen gegenübersteht, macht es, um den Glauben an Mißbrauch aufzubauen, am Ende keinen großen Unterschied, ob der Therapeut die künstlerische Arbeit der Patientin, ihr Phantasieleben, ihre emotionalen Reaktionen, körperlichen Symptome oder ihre Vorstellungen einsetzt. Bei näherer Betrachtung kann jedes der Verfahren wirksam dazu verwendet werden, die Klientin davon zu überzeugen, daß ihre momentanen Reaktionen, Gefühle oder Vorstellungen etwas mit einer Mißbrauchsgeschichte zu tun haben. Bei all diesen Methoden sind die beiden wichtigen Einflußfaktoren die emotionale Beteiligung der Patientin und die Gewißheit des Therapeuten, daß diese vermuteten Erinnerungsbruchstücke (oder Indikatoren von Erinnerung) zutreffend sind. Eine »Erinnerung« an Mißbrauch wiederzuerlangen, ist in dieser Therapie ebenso leicht, wie sich diesen Mißbrauch vorzustellen. Die Klientin dazu zu bringen, daß sie an diese Vorstellung vom Mißbrauch glaubt, erfordert häufig viel mehr Anstrengung, als in die Entstehung der Vorstellung einging.

»Meine Erinnerung kommt allmählich zurück. Langsam habe ich wirkliche Erinnerungen an den sexuellen Mißbrauch, dem ich als Kind zum Opfer fiel; und jetzt weiß ich, daß Du es warst, der mich mißbraucht hat«, schrieb eine als Penelope bezeichnete Patientin an einen langjährigen Freund ihrer Familie. »Endlich bin ich bis auf den Grund der Sache gekommen ... und kann jetzt reale Erinnerungen an Dein Verbrechen zulassen.«[24]

Wie Penelope zu dieser Auffassung kam, wird im Buch ›The Technique of Feminist Psychoanalytic Psychotherapy‹ von Charlotte Krause Prozan ausführlich erklärt. Dieser Fall, bei dem die wichtigste Technik, um den Glauben an Mißbrauch aufzubauen, die Deutung der Träume der Patientin durch Charlotte Krause Prozan war, zeigt anschaulich, wie leicht sich Belege finden oder schaffen lassen, um die Mißbrauchsgeschichte zu untermauern, wenn die Patientin mitmacht und der Therapeut dem Vorhaben zugeneigt ist.

Penelope begann ihre Behandlung 1976 ohne eine Erinnerung daran, in der Kindheit sexuell belästigt worden zu sein. Der Gedanke daran kam bei Charlotte Krause Prozan erst auf, als sie einen Artikel las, in dem berichtet wurde, daß ein hoher Prozentsatz straffällig gewordener Mädchen sexuell mißbraucht worden sei. Obwohl es sich bei ihrer Patientin weder um eine Jugendliche noch um eine Straftäterin, sondern um eine erwachsene Geschäftsfrau handelte, erinnert sich die Autorin, daß sie wegen des Artikels eine »neue Sicht der Dinge« entwickelte, aber »im Fall von Penelope immer noch keinen konkreten Hinweis auf sexuellen Mißbrauch vorliegen hatte«. Und auch obwohl ihre Patientin während des Großteils der Behandlung nicht in der Lage war, sich an irgendeine Art von Mißbrauch zu erinnern, wurde sich Charlotte Krause Prozan immer sicherer, daß ein Mißbrauch stattgefunden hatte. Trotz Bedenken, ihre Patientin könnte schlußendlich einen unschuldigen Mann anklagen, so die Autorin, »war ich dennoch weiterhin der festen Überzeugung, daß wir etwas Bestimmtem auf der Spur waren«.[25]

Zu großen Teilen beruhte diese Überzeugung darauf, daß Charlotte Krause Prozan selbst – nachdem sie zwanzig Jahre lang an den Einzelteilen herumgepuzzelt hatte – zu der Schlußfolgerung kam, daß sie im Alter von zwei Jahren sexuell belästigt worden war. Über ihre eigene Erfahrung schreibt sie: »Ich habe das allergrößte Vertrauen in mein Wissen darüber, was passiert ist, obwohl die eigentliche Erinnerung fehlt; und diese persönliche Erfahrung war eine große Hilfe für meine Arbeit mit den eigenen Patientinnen, die um ihre Erinnerungen an sexuellen Mißbrauch rangen. Die Arbeit ist wie das Legen eines riesigen Puzzles mit tausend Teilen. Man beginnt mit einem Teil, und ganz allmählich passen andere dazu. Man fängt von außen an, baut einen Rahmen auf und füllt dann das Bild innen mit den Puzzleteilen auf. Jahre später hat man dann bis auf die wenigen Teile in der Mitte alles zusammengesetzt, und eben diese letzten Teile sind nicht mehr auffindbar. Die übrigen 995 Teile passen zusammen, so daß das Bild klar hervortritt – nur nicht in der Mitte, wo die genaue Erinnerung verlorenging, weil sie so entsetzlich war... Diese Erinnerungen an Schrecken und Wut sind für immer fort, und vielleicht ist es auch besser so; auf diese Weise ist man nicht mehr gezwungen, sie im Gedächtnis erneut zu durchleben.«[26]

Bei ihrer Patientin Penelope tauchte das erste Puzzlestückchen nach über einem Jahr in der Therapie auf, bei der Deutung einer Reihe von Träumen, in denen Penelope sich von Ratten verfolgt sah. Nur kurz wird in diesem Zusammenhang erwähnt, daß Penelope über eine Mäuseplage in ihrer Wohnung berichtet hatte: Anscheinend ist eine derartig nüchterne Erklärung für einen Traum nichts für die Psychotherapie. Beim freien Assoziieren brachte Penelope den Traum, in dem sie von einer Ratte ins Handgelenk gebissen wurde, mit einem festen Händedruck von einem langjährigen Freund ihrer Mutter in Verbindung. Später berichtete sie von einem Traum, bei dem sie einen Penis hatte und ein Druckgefühl im hinteren Teil ihres Halses spürte; sie assoziierte das mit einer erzwungenen oralen Kopulation.

Aus diesen Hinweisen schloß Charlotte Krause Prozan, daß ihre Patientin als Kind von jenem Freund der Familie, der den unangenehm festen Händedruck hatte, sexuell belästigt worden ist. Obwohl Penelope zunächst einen »starken Widerstand« gegen die Deutung zeigte, gab ihre Therapeutin nicht auf. Zwischen den Zeilen kann man Anzeichen von Stolz herauslesen, wenn sie schreibt: »Bei Penelope wären weitere dreizehn Jahre Arbeit erforderlich, ehe sie die Tatsache ihrer sexuellen Belästigung mit Gewißheit erkennen und akzeptieren könnte.«[27]

Während der letzten Therapiewochen hatte Penelope einen Traum, den sie später als »Erinnerung« an den Mißbrauch etikettierte. Gemäß der Beschreibung von Frau Krause Prozan war diese Umetikettierung eines Traums zur Erinnerung die dichteste Annäherung an eine eigentliche Erinnerung, die Penelope in den gesamten fünfzehn Jahren ihrer Therapie erreicht hat. Trotzdem besuchte Penelope während dieser langen Jahre eine Selbsthilfegruppe für Mißbrauchsopfer und beschäftigte sich intensiv mit den Veröffentlichungen der Bewegung zur Aufdeckung von Erinnerungen. Auf Empfehlung ihrer Therapeutin las sie Zeitschriftenartikel über Inzest und zeichnete Dokumentarfilme zu diesem Thema auf, die im Fernsehen kamen. Am wichtigsten in all diesen Jahren war, daß Charlotte Krause Prozan »buchstäblich Hunderte von Träumen« analysierte, in denen sie für ihre Klientin eine Unmenge von Hinweisen entdeckte und identifizierte, die die Auffassung stützten, daß ihre Patientin als Kind mißbraucht worden sei. Immer wieder unterstreicht die Autorin ihre eigene Bedeutung dabei, Penelopes Therapie in Richtung auf die angenommenen verdrängten Erinnerungen von sexuellem Mißbrauch gesteuert zu haben. Am Anfang ihrer Darstellung der Therapie schreibt sie stolz: »Ohne mein Wissen im Bereich der Traumdeutung hätte ich vielleicht nie erfahren, daß Penelope als Kind sexuell mißbraucht worden ist.«[28]

Frau Krause Prozans tiefgründiges Wissen um die Bedeutung von Träumen gestattete ihr, einen Alptraum über einen VW-Bus, der gegen ein Haus prallte, als Indikator dafür zu deuten, daß die vermutete Belästigung wahrscheinlich ein Analverkehr war. Tiere, die zunächst einen spielerischen Eindruck machten, dann aber gefährlich wurden, deutete sie als Symbole für die Genitalien des Täters. Auch ein Traum, in dem sich Penelope bei einer Brandstiftung beobachtete, galt als Indikator für den sexuellen Mißbrauch, weil Feuer »eine sexuelle Bedeutung als intensives Gefühl haben kann« (als Beleg dafür zitiert die Autorin das Lied ›Smoke Gets in Your Eyes‹).[29] Zusätzlich ließen sich Träume offen sexuellen Inhalts leicht so deuten, daß der Geschichte vom sexuellen Mißbrauch Gewicht verliehen wurde.

Häufig stellt sie einen Zusammenhang zwischen dem Material aus Träumen und den Reaktionen und Erfahrungen im gegenwärtigen Leben der Patientin her. Bei der Beschreibung einer therapeutischen Sitzung wird das Unwohlsein, das Penelope bei einer gynäkologischen Untersuchung beschleicht, mit einem Traum in Verbindung gebracht, in dem sie von drei purpurfarbenen Hunden in die Hand gebissen wurde. Das Gespräch gibt Charlotte Krause Prozan nach ihren Aufzeichnungen folgendermaßen wieder:

Therapeutin: Gab es gestern abend etwas, woran Sie nicht denken wollten? Sie tranken zuviel und haben dann heute morgen verschlafen, so daß Sie beinahe unsere Sitzung versäumt hätten.
Patientin: Es war ein wunderschöner Tag, und ich fühlte mich den ganzen Tag über sehr wohl. Ich hatte einen Untersuchungstermin im Kaiser-Krankenhaus; doch es war alles in Ordnung. Mein Papillenabstrich war o.k., und wir sprachen über die Menopause. Doch dann kam das Spekulum; ich habe mich noch nie so unwohl gefühlt. Ich konnte gar nicht erwarten, bis es wieder draußen war. Es fühlte sich an wie eine Vergewaltigung. Doch warum habe ich von Händen geträumt? [Sie bezieht sich dabei auf den Traum mit den Hunden.]
Therapeutin: Vielleicht hat er Sie gezwungen, seinen Penis zu streicheln, oder Ihre Hände wurden hinten festgehalten, damit Sie sich nicht schützen konnten... Der purpurfarbene Hund – Hunde sind nicht purpurfarben. Sie tun so, als wäre er nett, wie in all Ihren Träumen, wo Tiere anfangs nett sind und sich dann in gefährliche Ungeheuer verwandeln.
Patientin: Ja, purpurfarben, das könnte ein Penis sein; den Farbwechsel könnte ein Kind als beängstigend empfinden.
Therapeutin: Dieser Traum hängt mit dem Gefühl zusammen, bei Ihrer (gynäkologischen) Untersuchung sexuell belästigt worden zu sein, und hilft Ihnen, die Belästigung (in der Kindheit) zu rekonstruieren. Er (sie bezieht sich auf den mutmaßlichen Täter) stimulierte Sie und veranlaßte Sie, seinen Penis zu streicheln; vielleicht verglich er das mit dem Streicheln von Tieren; und dann vergewaltigte er Sie.[30]

Wenn der hier dargestellte Dialog auf irgend etwas hinweist, dann ist es das folgende: Frau Krause Prozan hatte anscheinend keine Bedenken, Penelope explizit ihre Deutung auf der Stelle mitzuteilen. Um ihr Insistieren zu erklären, schreibt sie: »Es ist klar, daß ich die Patientin bei ihren Assoziationen zum Thema Belästigung unterstütze, indem ich Formulierungen wähle, in denen ich das

Traummaterial mit möglichen Szenarien in Verbindung bringe. Man mag diesen Ansatz als eine Art ›Zeugenbeeinflussung‹ kritisieren, aber wir sind hier nicht im Gerichtssaal. Wenn man in der Psychoanalyse oder in der Psychotherapie versucht, Erinnerungen wiederzuerlangen, dann besteht die Rolle des Therapeuten darin, das Material miteinander zu verknüpfen und Rekonstruktionen zu versuchen.«[31] Hier wie an anderer Stelle setzt die Autorin als selbstverständlich voraus, daß die Belästigung tatsächlich stattgefunden hat – trotz der Unfähigkeit ihrer Klientin, sich daran zu erinnern, und ihrer Unsicherheit bei der Frage, ob sie belästigt worden ist. Denn dabei, so Charlotte Krause Prozan, sei folgendes zu bedenken: »Das Phänomen, daß eine Patientin sich nicht erinnern kann, sollte weder dazu führen, der Patientin nicht zu glauben, noch dazu dienen, den Therapeuten von der Fortsetzung der Arbeit abzubringen. Denn es ist vielmehr selbst ein *Symptom*, das auf eine schwere traumatische Erfahrung hinweist (Hervorhebung im Original).«[32] Danach ist die fehlende Erinnerung an ein Trauma der Beleg dafür, daß es stattfand.

Bei der Frage, wer bei Penelope der Täter war, rückt immer wieder jener Freund der Familie ins Blickfeld, der zumindest einen Fehler begangen hat – er drückte Penelopes Hand zu kräftig. In Charlotte Krause Prozans Bericht wird dieser Mann als F. identifiziert. Nachdem Penelopes Vater gestorben war, als sie noch ein Kind war, half er der Familie in den folgenden Jahren. Eine Zeitlang, so Charlotte Krause Prozan, glaubten sie und Penelope, daß F. möglicherweise doch nicht der richtige Mann sei. »Wir ließen alle anderen Männer in ihrem Leben Revue passieren – ihren Vater, weitere Freunde der Familie, ihre Onkel, ihren Großvater –, doch was ihre Erinnerungen an F. von den übrigen unterschied, war, daß sie ständig Angst hatte, wenn sie an ihn dachte.«[33]

Als das zuvor vereinbarte Behandlungsende näherrückt, bringt Penelope endlich zum Ausdruck, daß sie nun stärker an die Deutung glaubt, die Frau Krause Prozan ihr seit über einem Jahrzehnt dargelegt hat. Wenn ihre Therapeutin einen Zusammenhang zum Mißbrauch herstellt, kommt Penelope jetzt häufig zu solchen Aussagen wie »Wie benachteiligt muß ich mich gefühlt haben« oder »Ich muß gelitten haben – wie schrecklich«.

Für Charlotte Krause Prozan jedoch geht die Behandlung quälend langsam voran. Sie schreibt: »Ich habe das Gefühl, wir setzen gerade erst zum zweiten von zehn Schritten an. Wir haben nicht mehr viel Zeit, der Widerstand ist nach wie vor groß, und es gibt eindeutig noch viel Material zum Inzest, das aufgearbeitet werden muß. Ich empfinde einen gewissen Druck, meine Arbeit bis zum vereinbarten Termin zu Ende zu bringen.« Dieser Druck, sagt sie später, »bestand darin, vor Behandlungsende einen gewissen Fortschritt im Hinblick auf die Erinnerungen an die sexuelle Belästigung zu erreichen«.[34]

Im Dezember 1990 schließlich berichtet Penelope von einem Traum, der entscheidend dafür sein wird, daß sie an ihre Mißbrauchsgeschichte glaubt. Im Traum schießt ein Mann auf sie. »Ich versuche aufzustehen. Eine Freundin kommt, starrt auf mich herab und sagt: ›Aber sieh doch, du bist schwer verletzt, überall ist Blut.‹ Ich blicke auf meinen Oberkörper, und er ist voller Blutflecken. Mir wird klar, daß ich wirklich verletzt bin. Ich sage zu einem Mann, der dort steht: ›Sie können mich gleich erschießen.‹ Ich bin schwer verletzt. Die Kugel trifft mich an der linken Seite des Halses, dringt ein – und kommt nicht weiter. Sie bleibt da stecken. Ich bin nicht tot.«

Als Reaktion auf diesen Traum bietet Penelope eine eigene Deutung an. »Als ich aufwachte, erkannte ich, daß ich vielleicht wirklich vergewaltigt wurde. Erinnern Sie sich an diesen Traum mit dem VW-Bus, der hinten in ein Haus fuhr? Ich habe nie daran gedacht, aber Sie erwähnten die Möglichkeit einer analen Vergewaltigung. Von diesem Bild aus kam ich dazu, es mir als direktes Eindringen in meinen Körper vorzustellen: die Kugel, die meinen Hals durchdringt.«[35]

Doch selbst zu diesem Traum äußert sich Penelope skeptisch und braucht die Bestätigung von Charlotte Krause Prozan, die ihr sagt: »Sie haben immer noch einen Widerstand, zu akzeptieren, daß Ihnen so etwas Schreckliches wirklich zugestoßen ist. Der Widerstand ist im Traum zu erkennen. Sie leugnen, schwer verletzt zu sein. Sie versuchen aufzustehen. Sie brauchen eine Freundin, die Ihnen sagt, daß Sie schwer verletzt sind, wie ich es Ihnen immer wieder gesagt habe.« (Nicht eingegangen wird dagegen auf die interessante Einzelheit, daß das Blut, mit dem Penelope befleckt war, nicht nur furchterregend, sondern auch »unecht« und »irreal« aussah.)

Während der nächsten Sitzungen investieren Penelope und Charlotte Krause Prozan ein beträchtliches Maß an Überzeugungskraft und Emotion, um die Bedeutung des Traums herauszufinden. Zwei Tage später weint Penelope in der Sitzung, als sie beschreibt, welche Bedeutung der Traum für sie bekommen hat. »Das war der erste Traum, bei dem mir klar ist, daß jemand in mich eindrang«, sagt sie schluchzend:

Patientin: Die Kugel drang in meinen Körper ein, das ist keine Frage. Es ist ziemlich schrecklich, wenn ein Kind so etwas erlebt. Es ist wie der Weltuntergang... Der Schmerz, das Eindringen, jemandem ausgeliefert zu sein – das einem Kind anzutun –, was für ein großer Schock.
Therapeutin: Besonders, wenn es sich um jemanden handelt, dem Sie vertrauten.
Patientin: Ich war zutiefst verletzt.
Therapeutin: Körperlich und emotional.
Patientin: Im Traum ist es körperlich, aber ich spürte einen solchen Widerwillen weiterzumachen... Dieser SCHEISSKERL! Es ist alles seine Schuld! Er sorgte dafür, daß ich mich so fühle. Es ist fast mehr, als ich ertragen kann, wenn ich so etwas lese. Was ist, wenn ich ihn töte? Ich habe Angst, die Therapie zu beenden, ich könnte die Kontrolle über mich verlieren.[36]

Um dem Traum ein noch größeres Gewicht zu verleihen, erzählt Penelope die Geschichte ihren Freunden und Kollegen sowie ihrer Schwester und ihrer Mutter. Schließlich ist sie von der Bedeutung des Traums so überzeugt, daß sie F. selbst einen Brief schreibt, in dem sie ihn anklagt. »Du kannst mich nicht mehr verletzen«, schreibt sie. »Über Jahre hinweg hat das Verbrechen, das Du begangen hast, schreckliche Auswirkungen auf mich gehabt; aber ich bin nun auf dem Weg der Besserung, ich komme über den Schmerz und die Angst hinweg, die ich aushalten mußte... Nun ist das Geheimnis gelüftet, und Du solltest Dich schämen.«[37]

Daß Penelope aufgrund der langen und hartnäckigen Einflußnahme von Charlotte Krause Prozan zu dem Schluß kam, sie sei vergewaltigt worden, und daß sie F. dafür beschuldigte, bedeutet einen triumphalen Erfolg für die Therapie zur Aufdeckung von Erinnerungen und deren Potential, aus jeglichem Material eine Mißbrauchsgeschichte zu entwickeln. Während andere Therapeuten dieser Richtung die Klientin vielleicht angeleitet hätten, sich das Trauma vorzustellen, oder daran gearbeitet hätten, vage Gefühle in eine Mißbrauchsgeschichte umzudefinieren, setzte Frau Krause Prozan ihre Traumdeutungen bei der Klientin ein, um die Geschichte aufzubauen. Da Penelopes Überzeugung am Ende der Therapie, sie sei von F. vergewaltigt worden, hauptsächlich durch die Traumdeutungen ihrer Therapeutin genährt worden sind, scheint es vernünftig, bei der Beurteilung des Wahrheitsgehaltes dieser Überzeugung mit der Stichhaltigkeit der Deutungen zu beginnen.

Die Annahme, Träume hätten eine tiefe oder besondere Bedeutung, ist spekulativ und nicht auf die Therapie beschränkt. Seit langem und in vielen Kulturen wurden Träume nicht nur als Fenster in die Vergangenheit, sondern auch in die Zukunft und in spirituelle Bereiche betrachtet. Es war jedoch die Psychoanalyse, in der der Gedanke, Träume hätten eine tiefe Bedeutung, seine extremste und merkwürdigste Form annahm. In manchen Behandlungszimmern haben Träume nicht bloß Bedeutung, sondern *spezifische* Bedeutung. Sie werden als etwas betrachtet, das verschlüsselte Botschaften vom allwissenden Unbewußten überbringt, die dann vom Therapeuten übersetzt werden. Weil der Symbolismus und die versteckten Bedeutungen so schief werden können (ein purpurfarbener Hund wird zum Penis), ist die Traumdeutung vielleicht das klarste Beispiel für eine Therapiemethode, bei der Therapeuten ein Instrument einsetzen, das ihre Vermutungen einzig bestätigen kann.

Trotz der Versicherungen von Freud findet sich in den umfangreichen Veröffentlichungen zu diesem Thema kein Beweis, daß bestimmte Symbole, Bilder oder Themen eine *spezifische* Bedeutung haben. Die Bedeutung eines Traums, in dem man von einer

Ratte gebissen wird oder den Aufprall eines VW-Busses beobachtet, hängt nahezu völlig von dem Kontext ab, in den der Therapeuten beschließt, ihn zu stellen. Diese Bilder könnten als Manifestation verborgener Impulse oder Phantasien betrachtet werden, also als etwas, das nicht zwangsläufig und ausschließlich auf Ereignisse in der Lebensgeschichte der Patientin hinweist. Diejenigen, die der Auffassung sind, der Symbolismus in einem Traum und eine Erfahrung in der Vergangenheit ließen sich eins zu eins aufeinander abbilden, haben vielleicht noch nicht darüber nachgedacht, wie schwierig die Aufgabe ist, die sie da in Angriff nehmen.

»Eine Verbindung zu finden, hängt nicht nur von der Genialität des Beobachters ab, sondern auch von dem, was man als Größe des Suchraums bezeichnen kann«, schreibt Donald Spence über den Zusammenhang zwischen Träumen und früheren Ereignissen in ›Narrative Truth and Historical Truth‹. »Wenn wir unausgesetzt nach einem Ereignis suchen, das einem bestimmten Traumbild entspricht, dann müssen wir, wenn wir nur lange genug suchen, zwangsläufig auf einen plausiblen Zusammenhang kommen; trotzdem werden in Berichten über Zusammenhänge die Zeit, die man für die Suche brauchte, oder die Größe des Suchraums nur selten erwähnt... Assoziationen können bis in die Kindheit zurückgehen. Wenn wir die mögliche Zahl der Ereignisse im Leben eines Patienten und die vielen Methoden in Betracht ziehen, mit deren Hilfe sie strukturiert werden können, beginnen wir, die nahezu unendlich große Bandbreite der Möglichkeiten zu erkennen.«[38]

Wenn wir bei dieser Formulierung auch noch dazurechnen, daß Zusammenhänge auch zu Dingen bestehen können, die *nicht* erinnert werden, was Charlotte Krause Prozan ja behauptet, dann wird die Zahl der Möglichkeiten wahrhaft unendlich. Wenn die Erinnerung, auf die der Traum hindeutet, erst noch entdeckt werden muß, kann der Therapeut buchstäblich jegliche Erfahrung in Betracht ziehen. Daß sich Charlotte Krause Prozan für eine Erfahrung des sexuellen Mißbrauchs entschied, überrascht kaum, wenn man bedenkt, daß sie zum einen meint, selbst sexuell mißbraucht worden zu sein, und zum anderen großes Interesse an Veröffentlichungen zu diesem Thema hatte; dies gab ihr in der frühen

Behandlungsphase von Penelope »eine neue Sicht der Dinge«. Frau Krause Prozan gesteht selbst ein, daß das, wonach ein Therapeut sucht – und was er daher auch eher finden wird –, zum nicht geringen Anteil durch umfassendere gesellschaftliche Strömungen und Belange bestimmt wird.

Die Anzahl der Zusammenhänge mit der Vergangenheit eines Klienten, die ein Therapeut aufgrund eines Traums herstellen kann, bleibt nur bis zu dem Zeitpunkt unendlich, zu dem er seine erste Deutung ausspricht. Ist die Verbindung erst einmal geknüpft, in diesem Fall zwischen dem Traum mit den Ratten, der Festigkeit von F.s Händedruck und der Möglichkeit, belästigt worden zu sein, wird die Bandbreite anderer Möglichkeiten weitgehend ausgeblendet. Von diesem Punkt an haben Therapeut und Patientin zwei Alternativen. Sie können die Deutung verwerfen, weil sie am Ziel vorbeigeht, oder sie können mit dem Versuch beginnen, Belege für ihre Richtigkeit zu sammeln. Weil es bei Frau Krause Prozans Darstellung des Falls um einen vollendeten Tatbestand geht, gibt es für die Leserin nicht die Möglichkeit zu beurteilen, ob irgendwelche weiteren Deutungen, die auf andere Ursachen für Penelopes Probleme hinwiesen, vorgeschlagen, dann aber wieder verworfen wurden.

Die Deutung fand, aus welchem Grund auch immer, bei den beiden Beteiligten Anklang; während des Therapieverlaufs entdeckten sie, meist in Penelopes Träumen, Belege für ihre Stichhaltigkeit. Einige dieser Belege, beispielsweise die Deutung des Traums mit dem VW-Bus-Unfall als Hinweis für eine anale Vergewaltigung, erscheinen jemandem, der nicht so sehr zur Psychoanalyse tendiert, als reines Phantasiegebilde. Charlotte Krause Prozan ist sich jedoch gewiß, daß die Deutungen dieser Träume zusammengenommen nichts weniger als eindeutig und offenkundig sind. Beim Fall Penelope gibt es weder Anzeichen, daß andere mögliche Deutungen angeboten wurden, noch daß auf die mögliche Existenz einer Vielfalt von Deutungen hingewiesen wurde.

Obwohl Penelope anscheinend nie einen Traum speziell über Kindesmißbrauch hatte, so träumte sie doch über eindeutig sexuelle Situationen oder solche, bei denen es um Gewalt ging. Wenngleich es nicht möglich ist, mit Gewißheit etwas über die genaue

Ursache dieser Träume zu sagen, eine offensichtliche Möglichkeit wurde der Klientin von Frau Krause Prozan nicht angeboten. Sie erwähnt ihren Leserinnen gegenüber und anscheinend auch ihrer Klientin gegenüber nie die Möglichkeit, daß die eindeutig sexuellen Träume vielleicht auf die Jahre der intensiven Beschäftigung *innerhalb der Therapie* mit dem Thema Belästigung und Verletzung zurückzuführen sind. In der Tat berichtet Penelope häufig während der Therapie darüber, in ihren Träumen *mit Frau Krause Prozan* im Behandlungszimmer und anderswo sexuelle Beziehungen gehabt zu haben. Das Faktum, daß diese Träume ihren Ursprung eindeutig in der Therapiesituation hatten, legt nahe, daß auch andere Träume durch die Themen, die von den beiden in der Therapie *besprochen* wurden, ausgelöst wurden.

Wenn Penelopes Glauben daran, von F. mißbraucht worden zu sein, wie es nach Frau Krause Prozans Darstellung erscheint, hauptsächlich auf Hinweisen beruhte, die man in ihren Träumen fand, dann ist diese Schlußfolgerung allem Anschein nach völlig spekulativ. Bezieht man mit ein, wie zuversichtlich Frau Krause Prozan auftrat, dann ergibt sich die interessante Frage, ob sich der Inhalt von Penelopes Träumen überhaupt mit ihren Deutungen verträgt. Entscheidend für den Prozeß, bei dem Mißbrauchserinnerungen aufgedeckt werden, sind nicht das Gewicht der Beweise, sondern die Prädisposition, die Beweise zu finden, sowie die Bereitschaft der Patientin, sich diesem Prozeß zu verschreiben. In diesem Fall waren anscheinend beide Faktoren vorhanden und wirksam.

Zählt man zusammen, welchen Nutzen die Behandlung Penelope gebracht hat, dann sieht es unterm Strich schlecht aus. Am Ende der Behandlung hat sie immer noch Verhaltensprobleme, leidet weiterhin darunter, daß sie zuviel raucht, trinkt und ißt. Sie hat eine fünfzehn Jahre dauernde Therapie hinter sich und ist einzig im Besitz der Hoffnung, daß bald alles besser würde. Am Ende der Therapie schreibt sie ihrer Schwester und ihrer Mutter Briefe, in denen sie von ihrer letzten Offenbarung in der Therapie berichtet. Sie schreibt ihrer Mutter, daß »[ich] jetzt die Chance habe, endgültig mit dem Rauchen aufzuhören, abzunehmen und bei meinem geliebten Schwimmen bleiben zu können«. Ihrer Schwester sagt sie: »Die Tage, in denen ich mich fürchtete und schämte, sind vorüber! Die Tage, in denen ich stark und wütend bin, haben wir jetzt, und die Tage mit immer besserer Gesundheit sowie einer Chance auf Glück und eine eigene Familie stehen unmittelbar bevor.«[39] Nach fünfzehn Therapiejahren ist Penelope 49 Jahre alt.

Der Leserin, die sich vielleicht fragt, was in all den Jahren der Arbeit an Gutem herausgekommen ist, hält Frau Krause Prozan zum Abschluß einen Bericht über ein Treffen mit Penelope sechs Monate nach Beendigung der Behandlung entgegen. Dabei erzählte Penelope, daß sie wegen der Mißbrauchsbeschuldigungen schrecklich mit ihrer Schwester aneinander geraten sei. Trotz dieses neuen Problems in Penelopes Leben entnimmt Frau Krause Prozan diesem Treffen den Beweis dafür, daß durch all die gemeinsame Arbeit das Leben ihrer Patientin besser wurde. In ihrem letzten Satz über Penelope schreibt sie: »Sie sah besser aus, als ich es je bei ihr gesehen hatte. Sie war sehr attraktiv gekleidet, hatte über 25 Pfund abgenommen, sich Kontaktlinsen gekauft und eine neue, kleidsame Frisur zugelegt. Auf der Straße hätte ich sie nicht wiedererkannt.«

Die Leserin erstickt fast an der naheliegenden Frage: *Das ist alles?* Mit 49 Jahren ist Penelope alleinstehend, mit ihrer Schwester entzweit und belastet durch die fixe Idee, all ihre Probleme seien durch eine anale Vergewaltigung im Alter von neun Jahren hervorgerufen worden – eine Erfahrung, an die sie nur eine Erinnerung aus einem Traum hat. Und zur Verteidigung dieses Ergebnisses bietet Frau Krause Prozan nur ein »Aber sie sieht großartig aus« an. Es wäre selbstverständlich unfair zu fragen, ob sich diese leichten Verbesserungen – das Abnehmen, das Tragen eines attraktiven Kleides, die neue Frisur, der Kauf von Kontaktlinsen – auch *ohne* fünfzehn Jahre Psychoanalyse hätten erreichen lassen. Wir haben schließlich nicht die Möglichkeit, zu wissen, in welche Richtung sich Penelopes Leben ohne die anderthalb Jahrzehnte der Behandlung entwickelt hätte. Ob die Therapie ihr Leben schwieriger machte, ist eine offene, aber unbeantwortbare Frage. Eins ist jedoch gewiß: Man kann in diesem Bericht keinen Beleg finden, daß fünfzehn Jahre Behandlung ihr Leben substantiell verbesserten.

In allen Veröffentlichungen über die Therapie zur Aufdeckung von Erinnerungen gibt es Geschichten von Therapeuten, die über Jahre hinweg bei ihren Mißbrauchsdeutungen bleiben, bis sich ihre Klientinnen schließlich dazu durchringen, die Deutungen als zutreffend zu akzeptieren. Wie Charlotte Krause Prozan beschreiben die Therapeuten stolz, wie sie voller Scharfsinn eine Geschichte sexuellen Mißbrauchs entdeckten, indem sie die momentanen Probleme der Patientinnen analysierten und dann standhaft über Verleugnung und Unglauben siegten. Auch Patientinnen schreiben darüber, wie sie mit einer derartigen Deutung konfrontiert wurden und quälende Jahre in der Therapie und in Selbsthilfegruppen für Mißbrauchsopfer verbrachten, bevor sie an die Mißbrauchsgeschichte glauben konnten. Die von einer Frau namens Noelle für das Buch ›Growing Through the Pain: The Incest Survivor's Companion‹ verfaßte Geschichte ihrer Behandlung ist ein solcher Bericht. Laut der Herausgeberin Catherine Bronson ist Noelles Geschichte von besonderer Bedeutung, weil sie »detailliert darlegt, wie es ist, wenn man sich nicht an ein Inzesttrauma erinnert... Für diejenigen, die sich nicht erinnern, wird sich [Noelles Geschichte] als besonders nützlich erweisen, um Bestätigung für Erfahrungen zu finden und dem hartnäckigen Zugriff der Verleugnung zu entkommen.«[40]

Noelle kam im Alter von dreißig Jahren in die Therapie, nachdem sie von ihrem ersten Mann geschieden worden war und das Gefühl hatte, sie brauche hinsichtlich ihrer Beziehung zu Männern und Problemen bei der Arbeit Hilfe und Beratung. Obwohl sie nach eigener Darstellung genügend Arbeits- und Beziehungsprobleme hatte, um die meisten Therapeuten damit auszulasten, sah der Therapeut, den sie aufsuchte, schnell, daß diese Probleme eine »verschleierte Darstellung« eines weiteren, tieferen Problems waren. Nach sechs Wochen Behandlung verkündete er ihr: »Ich glaube, Sie sind als Kind sexuell mißbraucht worden, und ich glaube auch, Sie wissen, wer es war.« Der Therapeut erklärte ihr, er wisse, sie sei von ihrem Vater sexuell mißbraucht worden, genau wie ein Jäger wisse, was er aus einer Fährte herauslesen kann. »Man braucht ein Tier nicht zu sehen, um zu wissen, daß es da war... Die Spuren kann ich in Ihrem ganzen Leben erkennen – das Ungeheuer war da.«[41]

Wie viele Patientinnen reagierte Noelle auf diese Deutung zunächst verärgert; sie erklärte ihrem Therapeuten bestimmt, er habe unrecht. Der Therapeut nahm ihre negative Reaktion als ersten Beweis dafür, daß seine Theorie stimme. Laut Noelle sagte er: »Nun, wenn es nicht stimmt, warum regen Sie sich dann so auf?« Darauf antwortete Noelle: »Nun, wenn das wahr ist, dann kann nichts anderes mehr wahr sein, und ich weiß nicht mehr, was wahr ist.«[42] Monate später, als sie endlich dazu überredet worden war, die Deutung, sie sei mißbraucht worden, ins Kalkül zu ziehen, gestattete sie ihrem Therapeuten, diese Möglichkeit als etwas »Hypothetisches« zu diskutieren. »In diesem Stadium versuchten mein Therapeut und ich, das, was ich jetzt als ›Wiederauftreten‹ kenne, zum ursprünglichen Inzesttrauma in Beziehung zu setzen«, schreibt Noelle. »Als sich Dinge ereigneten, die mir ›verrückt‹ oder ›unheimlich‹ erschienen, sprachen wir so darüber, als wären sie möglicherweise ein Ausdruck des Inzests.«

Obwohl Noelle ihre Kindheit als ziemlich freudlos und schwierig in Erinnerung hatte, widersprach die Vorstellung, ihr Vater habe sie sexuell mißbraucht, allem, was sie über ihn wußte und ihm gegenüber empfand. Noelle schreibt von einem Gefühl großer Liebe ihm gegenüber, obgleich er streng war, und daß sie sicher gewesen sei, er würde alles tun, um ihr zu helfen, sollte sie jemals wirklich in Not oder Gefahr sein. Sie glaubte auch, ihr Vater sei ein Mann von Anstand und Ehre. »Ich sah in ihm einen Superman, einen Mann mit großen Ideen und voll Rechtschaffenheit in einer korrupten und schmutzigen Welt... Ich war Papas besonderer Liebling. Ich spürte, daß ich etwas Besonderes war. Ich spürte, sollte jemals etwas passieren und ich brauchte ihn, um mein Leben zu retten, dann wäre er da.« Um die Vorstellung zu übernehmen, ihr Vater hätte sie mißbraucht, mußte sie nicht nur diesen Phantasievater demontieren, sondern auch viele ihrer Kindheits- und Erwachsenenerinnerungen umarbeiten, damit sie zur Mißbrauchsgeschichte paßten.

Das Bemerkenswerte an diesem Prozeß, der die nächsten fünf Jahre in Anspruch nahm, ist die holzschnittartige Form der umgearbeiteten Erinnerungen. Als sie die Therapie begann, glaubte sie, sie sei ein »witziges, wunderbares Kind« gewesen, und erinnerte sich, daß man ihr gesagt hatte, sie habe immer gelacht und sei glücklich gewesen. Am Ende der Behandlung kam sie zu der Auffassung, sie sei in einem »Konzentrationslager« aufgewachsen, in dem es »keine guten Zeiten zum Ausgleich für die schlechten« gab. Schließlich glaubte sie, sie sei »im Alter von drei Jahren von Zuhause emotional mehr oder weniger fortgegangen, habe Vater und Mutter, die Kindheit, einfach alles verloren.«[43] Jedes Lachen, an das sie sich erinnerte, meinte sie nun, hätte nur Verlegenheit oder Abbitte ausgedrückt.

Noelle und ihr Therapeut überarbeiteten jedes Detail ihres gegenwärtigen und früheren Lebens so, daß es mit der Mißbrauchsgeschichte übereinstimmte. Ihr Gefühl der körperlichen Unbeholfenheit als Teenager wurde nun als »Schamgefühl« im Zusammenhang mit dem Inzest gesehen. Daß sich ihr Vater wegen ihres selbstzerstörerischen Verhaltens in der Kindheit Sorgen machte, geschah nicht aus Liebe, sondern nur, wie sie in der Therapie entdeckte, weil ihr Verhalten auf ihn zurückfiel. Als sie beispielsweise bestraft wurde, weil sie als Teenager abends zu spät nach Hause kam, sorgte sich ihr Vater nicht um sie, sondern um sich selbst. »Es war ihm völlig egal, daß sein Kind zerstört wurde.« Eine Erinnerung daran, wie ihr Vater versuchte, ihr zu helfen, als sie krank war, wurde nur zu einem weiteren Beispiel dafür, daß »es mir nicht erlaubt war, Schmerzen zu empfinden; es wurde mir nicht gestattet, daß mir etwas wehtat.«

Nach der Geschichte, die in der Therapie entwickelt wurde, war während Noelles Kindheit auch ihr Leben außerhalb der Familie stark durch den von ihr erlittenen Inzest beeinflußt. Wenn sie krank zu Hause im Bett lag, sprachen ihre Lehrer vor der ganzen Klasse über sie. »Ich erinnere mich daran, daß meine Lehrerin in der achten Klasse, als ich wieder einmal fehlte, die Gelegenheit ergriff, die ganze Klasse über all meine Fehler und über das aufzuklären, was bei mir nicht stimmte. Ich wurde gehetzt und verfolgt, ohne einen Ort zu haben, an den ich fliehen konnte.«[44]

Der Erfolg, den sie auf der Hochschule und anschließend im Beruf hatte, wurde ebenfalls unter dem Aspekt Inzest betrachtet. Sie war nur deshalb eine ausgezeichnete Studentin, um »mein nahezu nicht vorhandenes Selbstwertgefühl« zu stärken. Im Beruf zeigte sich der Inzest darin, daß Noelle zur Perfektionistin wurde und ständig von einem Gefühl der Unfähigkeit besessen war. An einer Stelle beschreibt sie ihr Gefühl von Panik und Verwirrung, als sie einmal nach ihrer Meinung zu einem Projekt gefragt wurde. »Warum war ich so verwirrt?« In der Therapie fand sie dann die Antwort darauf: »Dies war für mich eine Form der Dissoziation. In Situationen wie dieser, mit einer männlichen Autoritätsperson, die von mir erwartete, daß ich etwas wußte, dissoziierte ich schwerwiegend. Natürlich gab es da eine Verbindung zum Mißbrauch; das ist jetzt wirklich klar. Es war mir aber überhaupt nicht klar, bevor ich mich daran erinnerte.«

Auch ihre sozialen Beziehungen wurden entsprechend neu beschrieben, damit sie mit der Mißbrauchsgeschichte übereinstimmten. Sie übernahm die Auffassung, sie habe bei Partys und beim Zusammensein mit anderen häufig dissoziiert. Während sie so tat, als ginge es ihr gut, hatte sich ihr wahres Selbst, so erkannte sie nun, »an einen ziemlich dunklen Ort zurückgezogen, sie hatte den Kopf zwischen die Knie gesteckt, saß nur so da und wartete darauf, daß alles vorüber war«. Beim Rückblick auf ihr Leben wurde ihr bewußt, daß sie nie begriffen hatte, wie man sich in Gegenwart anderer Menschen verhält, und daß sie immer das Gefühl gehabt hatte, anders als die anderen zu sein. Ihre Auffassung aus der Zeit vor der Therapie, daß ihr Sex oft Spaß gemacht habe, wurde nun als bloße, von ihr erfundene »Phantasie« betrachtet.

Mit dem Fortschreiten der Therapie fand Noelle heraus, daß buchstäblich alle Anomalien und Probleme in ihrem Leben auf irgendeine Weise mit der Mißbrauchsgeschichte in Verbindung gebracht werden konnten. Ihre kindliche Angst beim Film ›King Kong‹ wurde durch die »Assoziation mit dem Mißbrauch – das große Ungeheuer, die kleine Person, fremdartige Geräusche und ein wildes Um-sich-Schlagen« erklärt. Die Tatsache, daß sie während ihres ersten Abendmahls in Ohnmacht gefallen war, wurde gleichfalls in Zusammenhang mit dem Mißbrauch erklärt, weil es auch hier einen Mann gab, der ihr etwas in den Mund stecken wollte. Auch der Anfall von Klaustrophobie in einer automatischen Waschanlage wurde später in der Therapie erklärt. Die blauen Lappen, mit denen der Wagen abgerieben wurde, assoziierte sie nun mit dem blauen Vorhang in ihrem Mißbrauchstraum.

In einem anderen Zusammenhang beschreibt Noelle, daß mehrere Therapiejahre nötig waren, bevor sie erkannte, auf welche Weise ihre Mutter als Komplizin beim Mißbrauch durch ihren Vater fungierte. Indem die Mutter immer zu wenig Essen für die Familie kochte, unterstützte sie nach dem Verständnis von Noelle den Vater bei seinem mißbräuchlichen Verhalten. Weil ihr Vater zuerst sein Essen bekam, versuchte die Mutter ihrer Meinung nach, »mir beizubringen, daß es meine Aufgabe sei, um des Vaters willen ›auch ohne auszukommen‹«.

Träume, an die sie sich erinnerte, wurden ebenfalls neu gedeutet, damit sie zu einem Beleg für die Mißbrauchsgeschichte wurden. In ihren immer wiederkehrenden Spinnenträumen fanden sie und ihr Therapeut zwei verschiedene Hinweise auf Mißbrauch. »Wegen ihrer penisähnlichen Beine dachte ich immer, [die Spinnen] stünden für die männlichen Genitalien, die ich beim Mißbrauch sah. In einer der Sitzungen meinte mein Therapeut dann, daß ich möglicherweise, da ich im Keller mißbraucht worden sei und Spinnen sich gern dort aufhalten, tatsächlich Spinnen sah, als ich sexuell mißbraucht wurde... Das ergab wirklich einen Sinn für mich.«[45]

Die Bestätigung, daß sie mißbraucht worden sei, kam für Noelle mit einem Traum, in dem sie sich als dreijähriges kleines Mädchen sah, das von seinem Vater zu oralem Verkehr gezwungen wurde. Im Unterschied zu Penelope waren bei ihr keine metaphorischen Deutungen erforderlich. Noelle akzeptierte diesen Teil des Traums einfach als Erinnerung. »Als ich aufwachte, schrie und weinte ich hysterisch und konnte sechs Stunden lang nicht aufhören damit und mich nicht beruhigen... Ich ging zu meinem Therapeuten, der seit fünf Jahren daran gearbeitet hatte, daß ich den sexuellen Mißbrauch erkannte, indem er versuchte, mir zu zeigen, auf welche Weise meine gegenwärtige Erfahrung Elemente von Mißbrauch enthielt. Ich ging zu ihm und sagte: ›Sie können jetzt eine Flasche Champagner aufmachen, Sie hatten recht... Ich habe Ihnen nie geglaubt. Ich wollte, daß Sie unrecht hatten; doch ich kann es nicht mehr abstreiten. Sie hatten recht.‹«[46]

In Noelles Fall ist die eigentliche »Traumerinnerung« an den Mißbrauch viel weniger interessant als die Art und Weise, wie sie ihre gesamte Lebensgeschichte änderte, damit sie paßt. Catherine Bronson beschreibt den Prozeß, den Noelle und andere Patientinnen durchlaufen haben, treffend: »Weil ihnen zuvor [der Mißbrauch] nicht bewußt war, drohen die aufkommenden Erinnerungen ihren Realitätssinn zu erschüttern. Es ist ungefähr so ein Gefühl wie das, wenn man versucht, ein Puzzlestückchen, das nicht paßt, hineinzupressen und dabei das ganze Puzzle zerstört... Eine wirksame und weniger traumatische Methode, über die Verleugnung hinwegzukommen, besteht darin, früheres Verhalten näher zu betrachten, und die durch den Inzest hervorgerufene Funktionsstörung aufzuzeigen, indem allmählich das Bild so zurechtgerückt wird, daß der Inzest, statt als etwas Fremdes und Neues zu erscheinen, als etwas verstanden wird, das schon die ganze Zeit über da war.«[47]

Dieser Prozeß, bei dem »allmählich das Bild zurechtgerückt« wird, brachte Noelle nicht nur dazu, den größten Teil ihres Lebens neu zu deuten, sondern auch jegliche Veranwortung für ihre Entscheidungen und Verhaltensweisen in der Zeit vor der Therapie von sich zu schieben. Als sie ihr Leben in einem neuen Rahmen sah, kam sie zu der Überzeugung, daß sie die meiste Zeit in ihrem früheren und gegenwärtigen Leben »dissoziiert« hatte. Im momentanen Leben begann sie auf Augenblicke zu achten, in denen sie Tagträume hatte oder den roten Faden verlor oder sich selbst als verwirrt empfand; das waren für sie Beweise einer dissoziativen Störung. Für im Rückblick belastende Ereignisse, mit denen sie nicht richtig umgegangen war, machte sie jetzt ihre neuerlich erkannte Neigung verantwortlich, sich nicht konzentrieren zu können. Noelle stellte fest, die Auswirkungen des Mißbrauchs und der Dissoziation seien so gravierend, daß sie bis zum Beginn der Therapie ihre Handlungen weder richtig verstehen noch steuern konnte. »Ich hatte keine Kontrolle darüber; ich wußte nicht mehr, was ich tat. Ich war die meiste Zeit über so verwirrt und dissoziiert, daß ich keine Ahnung hatte, was ich tat... Ich war mir meines Verhaltens nicht bewußt... Ich hatte keine Verbindung zu dem Mißbrauch, den ich erlitten hatte. Es war ein automatisches

Verhalten. Ich glaube, ich war in den ersten zwanzig Jahren meines Lebens dissoziiert – mindestens in den ersten zwanzig Jahren.«[48]

Während fünf Jahren Therapie mußte alles, wovon sie geglaubt hatte, es sei in Ordnung, zu einer bloßen Illusion von Ordnung umdefiniert werden. Nur »auf der Oberfläche sah alles gut aus«. Ihre Erinnerungen, ihre Meinung über die Eltern, ihr Geschlechtsleben und ihre sozialen Beziehungen, ihre Karriere und ihre Beziehung zur Tochter – all das hörte auf, eine Bedeutung für sich zu haben; es wurde vielmehr zur bloßen Widerspiegelung des Traumas, das sie als Kind erlebt hatte. Sobald der Stempel der Mißbrauchsgeschichte erst einmal allen Aspekten ihrer Existenz aufgedrückt worden war, betrachtete sie ihr Leben vor der Therapie nur noch als eines in Dunkelheit. »Alles, was ich wußte, war, daß die Welt ein erdrückender und enttäuschender Ort war«, wo »keine Beziehung funktionierte«. Sobald sie an die Mißbrauchsgeschichte glaubte, kam sie zu der Überzeugung, daß ihr Leben »wunderschön mit der Biographie eines Inzestopfers« zusammenpasse.

Obwohl Noelle alles daran setzte, das Bild von ihrem Leben so zurechtzurücken, daß sie das Puzzlestück des Inzests einfügen konnte, wurde sie im Verlauf der Therapie bedauerlicher-, aber nicht überraschenderweise weder glücklicher noch weniger von Sorgen gequält. Nach fast sechs Jahren in Therapie fühlt sie sich zu dem Zeitpunkt, an dem sie ihre Geschichte niederschreibt, »sexuell tot« und noch nicht einmal in der Lage, sich »vorzustellen, erneut Sex zu erleben und zu genießen«. Obwohl sie Freundschaften zu Leuten aufgeben mußte, die den Fehler begingen, ihre Mißbrauchsgeschichte in Frage zu stellen, wurde sie selbst wegen ihrer Erinnerungen von Zweifeln geplagt. Obwohl es auch Zeiten gibt, in denen sie meint, die gesamte Therapie »müsse ein einziger großer Fehler sein«, ist sie zu der Überzeugung gekommen, wenn die Erinnerungen an den Inzest nicht wahr wären, dann müßte sie ja wahrlich verrückt sein, weil sie daran geglaubt hätte.

Der Prozeß, ihr gesamtes Leben als eine Widerspiegelung der Inzestgeschichte zu betrachten, geht weiter. Sie glaubt, sie sei sich immer noch nicht vollständig bewußt, auf welche Weise der Mißbrauch ihr Leben beeinflußt. »Jeder Tag«, schreibt sie, »bringt neue Enthüllungen.« Während sie die Geschichte ihrer Therapie für das Buch ›Growing Through the Pain‹ niederschrieb, erlebte sie erneute »Rückblenden« darauf, wie ihr Vater sie zu vergewaltigen versuchte. Kürzlich kämpfte sie gegen starke Selbstmordtendenzen an.

Nachdem sie all das durchgemacht hat, ist sie zuversichtlich, daß ihre nahezu sechsjährige Beschäftigung mit der eigenen Person sie schließlich zu einem glücklichen und gesunden Menschen machen wird. »Ich danke Gott dafür, daß ich einen Therapeuten hatte, der wußte, was er tat, der über viele Jahre hinweg da war, wenn ich verleugnete, und der eine verschleierte Darstellung erkannte, wenn er sie sah. Ich mag gar nicht daran denken, was geschehen wäre, wenn ich ihn nicht gehabt hätte.«[49]

Ringen um den Glauben

Stellen Sie sich einen Elefanten vor. Denken Sie an einen Apfel. Jetzt verbringen Sie einen Moment damit, sich vor Augen zu führen, wie Sie von Ihrem Vater oder Ihrer Mutter vergewaltigt werden. Oft spielt uns unser Geist einen üblen Streich, weil er jedes Ereignis hervorbringen kann, unabhängig davon, ob wir uns das überhaupt vorstellen wollen. Es ist nicht leicht herauszufinden, was ein Bild aus der Vorstellung von einem Bild aus der Erinnerung unterscheidet; denn sogar vorgestellte Ereignisse werden großenteils aus Bildern unserer Erinnerung zusammengesetzt. Würden wir uns nicht daran erinnern, einen Elefanten oder das Bild eines Elefanten gesehen zu haben, wären wir nicht in der Lage, uns dieses Lebewesen vorzustellen. Entsprechend basiert auch unsere Fähigkeit, uns eine Vergewaltigung durch einen Elternteil vorzustellen – oder genauer: unsere Unfähigkeit, dies nicht zu tun –, auf einer Vermischung unterschiedlicher Erinnerungen. Um eine solche Vorstellung zu erzeugen, nehmen wir wahrscheinlich Erinnerungen an das äußere Erscheinungsbild unserer Eltern und von uns selbst als Kinder. Wir verlegen die Szene möglicherweise in das Kinderzimmer, so wie es unserer Erinnerung nach aussah. Um die Szene mit der Handlung auszustatten, greifen wir eventuell auf Erinnerungen an Vergewaltigungsbeschreibungen anderer Menschen zurück, oder auf die an Mißbrauchsszenen, die in Büchern oder Filmen dargestellt wurden. Am Ende würden all die Teile des vorgestellten Ereignisses nahezu so gewichtig sein wie eine Erinnerung.

Unsere angeborene Fähigkeit, zwischen Erinnerung und Vorstellung zu unterscheiden, ist ziemlich fragwürdig und bestenfalls ein fehleranfälliger Mechanismus. Weil die Therapeuten, die Erinnerungen aufdecken, davon überzeugt sind, daß alle Patientinnen anfangs ihren Mißbrauch »verleugnen«, wird zu Beginn der Behandlung nicht von der Annahme ausgegangen, Klientinnen könnten diesen Mechanismus anwenden. Im Gegenteil, es wird angenommen, dieser Mechanismus wirke der Therapie entgegen – indem er automatisch wirklich jede Erinnerung an Mißbrauch als Phantasiegebilde fehlklassifiziere. Diese Therapeuten meinen, der Mechanismus, mit dessen Hilfe man zwischen Erinnerung und Phantasie unterscheidet, könne nur als »Verleugnung« fungieren, so daß Mißbrauchserinnerungen eine reale Grundlage haben.

Konfrontiert man Patientinnen am Anfang der Therapie mit der ersten bildlichen Vorstellung vom Mißbrauch, sei es nun ein kurzes inneres Bild, ein Traum oder eine kleine künstlerische Arbeit, dann zeigt sich häufig, daß sie das Bild nicht als Erinnerung empfinden. Zu Beginn der Therapie zumindest sagt der Mechanismus, der zwischen Erinnerungen und Phantasiegebilden unterscheidet, der Patientin meist klar und eindeutig, daß das, wozu man da gelangt ist, kein wirkliches Ereignis aus der Vergangenheit darstellt. Weil man von dieser ursprünglichen Verleugnung annimmt, hier habe man es mit der pathologischen Abneigung dagegen zu tun, der Realität ins Angesicht zu schauen, bestärkt man die Klientinnen darin, ihren Widerstand zu überwinden. In der Bewegung werden praktisch keine Fälle erwähnt, bei denen dieses ursprüngliche Verleugnen beibehalten wurde, weil es der wahren Lebensgeschichte der Patientin entsprach. In den Veröffentlichungen wird die Verleugnung *immer* überwunden, und zwangsläufig kommen die Patientinnen an den Punkt, zu akzeptieren, daß der Mißbrauch real war.

»Verleugnen ist die Kunst, so zu tun, als ob man nicht wüßte, was man weiß«, schreibt Renee Fredrickson. »Verleugnung läßt sich nur dadurch überwinden, daß sich die Patientinnen in die andere Richtung entwickeln… Mißbrauchsopfer mit sehr schwacher Verleugnung können die Therapie recht schnell durchlaufen, selbst wenn der Mißbrauch schwerwiegend war. Andererseits ringen manche Opfer über Jahre hinweg mit sich, bis sie akzeptieren, daß sie mißbraucht worden sind… Sie haben eine gewisse Kontrolle über Ihre Verleugnung. Wenn Sie ein starkes Verleugnungssystem haben, können Sie mit einem fähigen Therapeuten daran arbeiten, es abzubauen.«[1] Ellen Bass und Laura Davis bezeichnen jede Art von »Verleugnung«, die von den Patientinnen erlebt wird, lediglich als »notwendiges Durchgangsstadium« der Therapie.[2] »Die Überzeugung kommt nicht von heute auf morgen«, warnen sie. »Sie muß langsam geweckt werden.«[3]

Es grenzt manchmal fast ans Lächerliche, wenn Autoren zu beweisen versuchen, daß Glaubensvorstellungen, die in der Therapie aufgebaut werden, immer real sind. Zweifel sind nach Renee Fredrickson für sich genommen nicht rational. »Sie mögen davon überzeugt sein, daß es bei Ihren Zweifeln um ein rationales Hinterfragen der Realität angesichts einer Irrealität Ihrer Erinnerungen geht, doch es handelt sich bei ihnen zum Teil um einen fehlgeleiteten Versuch, die Erinnerungen erneut zu verdrängen.«[4] Zweifel sind nicht nur irrational, das Vorhandensein »lähmender Zweifel« ist sogar der Beweis dafür, daß die Erinnerungen real sind: »Die Existenz eines tiefsitzenden Zweifels ist ein Anzeichen dafür, daß Erinnerungen real sind.«[5]

Ellen Bass und Laura Davis weisen die Therapeuten an, eine Klientin nie vom Glauben abkommen zu lassen. »Sie müssen daran glauben, daß Ihre Klientin mißbraucht wurde, auch wenn sie selbst es manchmal bezweifelt… Ihre Klientin braucht Sie, um bei dem festen Glauben zu bleiben, daß sie mißbraucht wurde. Bei einer Klientin die Zweifel zu fördern, wäre so, als bestärkte man eine Klientin mit Selbstmordabsichten in ihrem Glauben, Selbstmord sei der beste Ausweg. Ist sich eine Klientin unsicher, ob sie mißbraucht worden ist, aber hält das doch zumindest für möglich, dann sollten Sie so weiterarbeiten, als wäre der Mißbrauch geschehen. Unter den Hunderten von Frauen, mit denen wir sprachen, und unter den Hunderten von Frauen, von denen wir hörten, war bislang nicht eine einzige, die den Verdacht hatte, sie sei möglicherweise mißbraucht worden, dem nachging und dann feststellte, es sei nicht geschehen… Niemand phantasiert sich einen Mißbrauch zusammen.«[6]

Den Therapeuten stehen eine Reihe von Techniken zur Verfügung, um die Fähigkeit einer Patientin, zwischen vorgestellten Ereignissen und Erinnerungen zu unterscheiden, effektiv auszuschalten. Wie schwierig dieser Vorgang ist, wird dadurch deutlich, daß in den Veröffentlichungen zur Aufdeckung von Erinnerungen die Erklärung von Vorgehensweisen, wie man eine Patientin davon überzeugt, an die vorgestellten Bilder zu glauben, weit mehr Raum einnimmt als die Beschreibung der Methoden, wie man jene Bilder erzeugt. Da Renee Fredrickson glaubt, daß die »Verleugnung« der Therapie entgegenwirkt, empfiehlt sie, die Patientinnen sollten einfach ihre Fragen beiseite schieben und für eine gewisse Zeit akzeptieren, daß ihr Mißbrauch etwas Reales ist. »Sie werden es als hilfreich empfinden, sich zumindest ein Jahr lang dafür zu entscheiden, daß Ihre Erinnerungen etwas Reales sind. Diese Entscheidung gestattet es Ihnen, sich mit einer gewissen Kontinuität auf die Erinnerung zu konzentrieren, ohne ständig zwischen Glauben und Zweifel zu schwanken... Sie werden bei Ihren Erinnerungen nicht das Gefühl des Wiedererkennens bekommen, aber nach einer ausreichenden Zahl von Erinnerungen, die häufig genug durchgesprochen worden sind, werden Sie plötzlich wissen, daß Ihre verdrängten Erinnerungen etwas Reales sind.« In ›The Courage to Heal‹ stellt eine Patientin dar, wie sie eine Art Mißbrauchs-Mantra einsetzte, um sich selbst davon zu überzeugen, daß ihre in der Therapie entdeckten Mißbrauchserinnerungen einen realen Hintergrund haben. »Ich ging im Zimmer umher und sagte: ›Meine Familie hat mich mißbraucht.‹ Ich mußte es ganz oft wiederholen, um wirklich daran zu glauben. Ich brauchte meine ersten anderthalb Jahre dazu, die Tatsache zu akzeptieren, daß ich mißbraucht worden war.«[7]

Um Patientinnen davon zu überzeugen, daß ihre Erinnerungen auf etwas Realem beruhen, weisen Therapeuten oft auf die schlimmen Schmerzen und die psychischen Qualen hin, die ihre neuen Vorstellungen verursacht haben. Lynne D. Finney, Autorin des Buchs ›Reach for the Rainbow‹ wurde von dieser Logik in ihrer eigenen Therapie überzeugt und setzte fortan diese Argumentation bei ihren Klientinnen ein. »Wenn Erinnerungen an meinen eigenen Mißbrauch hochkamen, fragte ich meine Therapeuten immer wieder, ob ich mir nicht die Mißbrauchsszenen und die Folter, die mir so absonderlich und unglaubwürdig erschienen, einfach nur vorstellte. Meine Therapeuten waren über diese Frage erstaunt, weil ich sie anscheinend immer stellte, wenn ich nach einer neuen Erinnerung gerade heftige Emotionen durchmachte. Sie betonten, wie heftig ich reagiere und wieviel Schmerzen ich empfände; sie fragten, wie ich dazu käme, abzustreiten, was ich fühlte. Und jedesmal war ich für eine gewisse Zeit erneut überzeugt, um dann nach der nächsten grauenhaften Enthüllung wieder von Zweifeln geplagt zu sein...

Wenn ein Mißbrauchsopfer fragt, ›Erfinde ich das alles nur?‹, erwidere ich: ›Selbst wenn Sie das Ereignis möglicherweise hätten erfinden können, könnten Sie Ihre intensiven Gefühle erfinden?‹ Die Antwort lautet immer: ›Nein.‹ Doch die Ungewißheit besteht fort. Wir alle fragen uns, warum wir nicht sofort ein Gefühl der inneren Gewißheit über das bekommen, was wir erlebt haben. Die Antwort ist wirklich recht einfach. Niemand möchte glauben, daß ihm etwas so Schreckliches zugestoßen ist. Unsere Seele schützt uns natürlicherweise vor Informationen, die so schmerzlich sind.«[8]

Dieses Argument traf für viele Mißbrauchsopfer den Kern; denn man kann es immer wieder von denjenigen hören, die beschwören, daß ihre neuen Überzeugungen zutreffen. Wir argumentieren im gesamten Buch, daß der Schmerz, den die Patientinnen in der Therapie empfinden, zweifellos real ist. Niemand – weder die Patientinnen noch die Therapeuten noch die Eltern noch die Kritiker der Therapie zur Aufdeckung von Erinnerungen – stellen in Zweifel, daß diese Therapie eine ausgesprochen schwierige und schmerzliche Erfahrung darstellt. Daß der mit der Therapie verbundene Schmerz real ist, sollte jedoch nicht als Argument dafür genommen werden, daß die aufgedeckten Erinnerungen stimmen. Die eigene emotionale Reaktion auf die Erinnerung an eine innere Vorstellung hängt nicht notwendigerweise damit zusammen, daß die Vorstellung wahr ist, sondern nur damit, ob man *daran glaubt*, daß das bildhaft vorgestellte Ereignis wahr ist. Bei dem Versuch, Klientinnen davon zu überzeugen, daß emotionale Reaktionen ein Hinweis auf den Realitätsgehalt der Vorstellung sind, an die sie glauben, machen die Therapeuten dieser Ausrichtung wieder einmal einen unzulänglichen Zirkelschluß: Wenn Patientinnen an die Mißbrauchsgeschichte glauben, dann werden sie emotionales Leid empfinden. Dieses Leid kann dann als Beweis dafür gewertet werden, daß es zu Mißbrauch gekommen ist; das bestärkt die Patientinnen dann wieder in ihrem Glauben an die Geschichte.

Mit einer ähnlichen Argumentation kann man Patientinnen, die Zweifel an der Mißbrauchsgeschichte haben, zur Bekräftigung auf die Symptomliste rückverweisen. Auf dieselbe Weise, wie Symptome häufig zu Erinnerungen umdefiniert werden, können sie auch als Beweis dafür eingesetzt werden, daß die Erinnerungen wahr sein müssen. »Am schwersten war es, zu akzeptieren und zu glauben, daß es wirklich geschehen ist«, zitieren Ellen Bass und Laura Davis ein Mißbrauchsopfer. »Es half wirklich, in der Gruppe zu sein. Dort konnte ich andere Leute treffen, die sexuellen Mißbrauch durchgemacht hatten, und meine Symptome waren ähnlich. Ich habe alle klassischen Symptome für sexuellen Mißbrauch.«[9]

Wenn Therapeuten ihre Patientinnen vom Wahrheitsgehalt ihrer gerade aufgedeckten Erinnerungen überzeugen wollen, vermengen sie häufig absichtlich die Leugnung des Kindesmißbrauchs in der Gesellschaft mit der Leugnung dieses Phänomens im persönlichen Bereich. Wenn wir Kindesmißbrauch in der Gesellschaft als etwas Reales ansehen, so argumentieren manche Therapeuten, müssen wir auch in jedem individuellen Fall akzeptieren, daß Kindesmißbrauch etwas Reales ist. Mit dem Argument, Freuds Theorie, Frauen würden sexuellen Mißbrauch nur phantasieren, habe die Gesellschaft davon abgebracht, die Realität des Kindesmißbrauchs zu akzeptieren, weist Christine Courtois in ihrem Buch ›Healing the Incest Wound‹ Therapeuten an, keine der Inzestgeschichten in Frage zu stellen. »Um eine wirksame Inzesttherapie durchzuführen, müssen Therapeuten uneingeschränkt akzeptieren, daß Inzest stattfindet, daß man sich der Kinder bedient und daß ihre erwachsenen Betreuer sie ausnutzen. Sie müssen immer wieder gegen die persönliche Neigung angehen, den Erwachsenen auf Kosten des Kindes zu verteidigen oder auf andere Weise die Geschichte des Mißbrauchsopfers zu verwerfen, mit Vorbehalten zu versehen oder abzutun. Sie müssen auch Abstand von theoretischen Formulierungen und Positionen nehmen, die die Verleugnung fördern... Nur indem Mißbrauchserfahrungen angenommen und abreagiert werden, kann das Trauma bewältigt und die Inzestwunde geheilt werden.«[10]

Die Autorin hat durchaus recht damit, daß sich Freuds Theorie nachteilig für Frauen mit wirklichen Erinnerungen an sexuellen Kindesmißbrauch auswirkte und vielen als Entschuldigung dafür diente, das Thema für den größten Teil dieses Jahrhunderts zu ignorieren. Doch wenn man die Realität akzeptiert und ausspricht, daß Inzest in unserer Gesellschaft *tatsächlich* vorkommt, so bedeutet das nicht, daß man akzeptieren muß, es sei in all den Fällen zu Inzest gekommen, wo er vermutet wird. Ist es nicht möglich, »uneingeschränkt« zu akzeptieren, daß Inzest in unserer Gesellschaft vorkommt, während man sich gleichzeitig weiterhin mit dem Mißbrauch in der Therapie und der Möglichkeit beschäftigt, daß in der Therapie falsche Auffassungen zu Erinnerungen erzeugt werden können? Um Christine Courtois' Position einzunehmen, ist es nicht nur erforderlich, die wachsende Zahl der Kritiker an aufgedeckten Erinnerungen zu ignorieren, sondern auch die zahlreichen Patientinnen, die von der Nötigung durch ihre Therapeuten berichten.

Christine Courtois' falsche Logik wird oft in grausamer Weise eingesetzt, um den Zweifeln der Patientinnen daran, ob ihre Erinnerungen auf etwas Realem beruhen, entgegenzuwirken. Unausgesprochen oder offen weisen die Therapeuten die Patientinnen darauf hin, daß die Gesellschaft in zwei Gruppen gespalten sei; die eine glaubt an Mißbrauchserinnerungen, die andere stellt in Abrede, daß es überhaupt sexuelle Schikanierung gibt. Wenn sie den Patientinnen empfehlen, sie müßten ihre Erinnerungen so akzeptieren, weil die Gesellschaft lange Zeit die Realität des Kindesmißbrauchs abgestritten hat, dann wird der Slogan »Das Persönliche ist politisch« ins Gegenteil verkehrt. Hier handelt es sich um eine unfaire Belastung für Menschen, die sich über ihre eigene Vergangenheit im unklaren sind.

Um das Vermögen eines Therapeuten dieser Ausrichtung, die Überzeugungen einer Klientin hinsichtlich verborgener Erinnerungen zu ändern, ganz abschätzen zu können, muß man sich damit auseinandersetzen, wie ungeheuer viel Patientinnen in die Therapie einbringen. Der unausgesprochene Vertrag zwischen Patientin und Therapeut gibt dem Therapeuten eine starke Machtposition. Es wurde immer wieder festgestellt, daß der Patient, damit die Psychotherapie wirkt, an die Macht und den Status des Therapeuten als Heiler glauben muß. »Der Erfolg aller Verfahren und Schulen der Psychotherapie hängt in erster Linie von der Überzeugung des Patienten ab, daß der Therapeut sich um ihn kümmert und kompetent ist, ihm zu helfen«,[11] schreibt Jerome Frank in ›Persuasion and Healing‹ und betont später, daß »der Erfolg des Psychotherapeuten teilweise davon abhängt, welches Bild der Patient [vom Therapeuten] als einer Person hat, die das Wissen und die Fähigkeit zu heilen besitzt.«[12] Zu Therapiebeginn glaubt die Patientin oft, daß der Therapeut nicht nur ein Heiler, sondern auch ein emotional gesunder, selbstbewußter und erfolgreicher Fachmann ist. Die Patientin, die zumindest entmutigt und verwirrt ist, fühlt sich häufig von der Person des Therapeuten (oder der Therapeutin) angezogen. Ein Großteil der heilenden Kräfte einer verbal ausgerichteten Therapie beruht darauf, daß Therapeuten vorsichtig ihre Machtposition gegenüber den Klienten nutzen. Weil Patienten vom Therapeuten anerkannt werden wollen, können die Erwartungen des Therapeuten, wie sich Klienten verhalten werden, einen entscheidenden Einfluß auf ihre Handlungen haben. Sind sie nicht psychisch krank, sondern leiden unter Allerweltsproblemen wie Entmutigung, Verwirrung oder Ängsten, dann ist es dem Therapeuten möglich, sie davon zu überzeugen, daß sie ihr Verhalten ändern, und dadurch eine wesentliche und langfristige Besserung ihres Zustands erreichen. Setzen Therapeuten ihren Einfluß mehr oder weniger nur dazu ein, Klienten zu überreden, daß sie immer wieder bestätigen, sie seien glücklich (wie es im Buch ›The Power of Positive Thinking‹ empfohlen wird), werden die Therapieeffekte vermutlich eher kurzfristig sein.

Selbst wenn man den beträchtlichen Einfluß bedenkt, den der Therapeut hat, so gibt es doch eine ganze Reihe von Hinweisen darauf, daß die Abhängigkeit vom Therapeuten, die Patientinnen in der Therapie zur Aufdeckung von Erinnerungen entwickeln, viel größer ist als in anderen therapeutischen Situationen. In Veröffentlichungen empfehlen die Experten zur Aufdeckung von Erinnerungen immer wieder, daß Patientinnen ausgesprochen enge emotionale Bindungen an den Therapeuten eingehen und daß

Therapeuten dies fördern sollen. »Wenn Sie mit einem guten Therapeuten zusammenarbeiten, sollten Sie sich verstanden und unterstützt fühlen. Zwischen Ihnen und dem Therapeuten sollte sich ein Gefühl der Wärme entwickeln. Und das sollte früh im therapeutischen Prozeß geschehen«, schreiben Ellen Bass und Laura Davis in ›The Courage to Heal‹.[13] In einem Abschnitt ihres Buchs, der sich an Therapeuten richtet, merken sie zuvor an: »Die erwachsene Frau braucht nicht nur eine ernsthafte Betreuung, sondern das Kind in ihr hungert auch nach einer von Herzen kommenden Pflege... Haben Sie keine Angst davor, Ihre Klientin zu lieben... All die Techniken, all die Methoden sind wirklich nur Mittel, um die Liebe zu kanalisieren. Es ist die Liebe, die heilt.«[14] In einem anderen populären Buch über die Aufdeckung von Erinnerungen heißt es, es sei die Aufgabe von Therapeuten, »Ihnen im Verlauf der therapeutischen Sitzung seine oder ihre ganze Aufmerksamkeit zu widmen. Dadurch zeigt der Therapeut Ihnen gegenüber jene elterliche Fürsorge, die Ihnen während der Kindheit fehlte... Ein Großteil des Heilungsprozesses beim Inzestopfer besteht darin, die Erfahrung zu machen, daß man sich an einem sicheren Ort und in einer Beziehung befindet, in der es ungefährlich ist, Gefühle zu haben, in der einem geglaubt wird und in der man Hoffnung spürt.«[15]

Philip Kinsler vertritt in der Zeitschrift ›Dissociation‹ die These, daß die Behandlung eines Opfers von schwerem Mißbrauch eine »besondere Beziehung« bewirkt, bei der Ziele verfolgt werden, »die sich von denen herkömmlicher Therapien unterscheiden«. Er betont, daß die Arbeit mit derartigen Klientinnen »ein anderes Maß von Verpflichtung und von Verfügbarkeit erfordert, als das in einer herkömmlichen Therapie der Fall ist«. Diese stärkere Verpflichtung kann erreicht werden, schreibt er, indem zwei- oder dreimal pro Woche Therapiesitzungen abgehalten werden und indem man für die Patientin außerhalb der »normalen« Arbeitszeit erreichbar ist. Er empfiehlt: »Läßt man es zu, daß extrem starke Bindungen zum Therapeuten entstehen, so bringen wir ihnen durch Verfügbarkeit, wirkliche Betreuung und starkes Engagement ohne unangemessene Grenzen oder mangelnde Betroffenheit bei, daß es möglich sein kann, manchen Menschen manchmal zu vertrauen... Durch unsere Betreuung tragen wir dazu bei, unseren Patientinnen ihren Wert als echte und liebenswerte menschliche Wesen nahezubringen.«[16] Nach Philip Kinsler sollte ein guter Therapeut so etwas wie ein freundlicher Elternteil werden – liebevoll, immer erreichbar und immer ein offenes Ohr habend, wenn andere nicht zuhören. Aus einem Buch über Multiple Persönlichkeitsstörungen zitiert er eine Patientin, die schreibt: »Wir [sie bezieht sich damit auf sich selbst und ihre unterschiedlichen Persönlichkeiten] haben ein ungeheures Bedürfnis, geliebt zu werden und zu lieben... Es hat unsere Therapeutin sehr viel Zeit und Kraft gekostet, die Grenzen der therapeutischen Beziehung vorsichtig auszuweiten, um diesen Bedürfnissen entgegenzukommen. Sie brachte zusätzlich etwas Mütterliches ein und war so etwas wie eine Freundin, wenn die Primärbedürfnisse der Therapie dies zuließen, und wir blühten dadurch auf.«

Therapeuten sollten liebevoll sein und sollten – in erster Linie – niemals die Mißbrauchsgeschichten in Frage stellen oder herunterspielen. »Der hergebrachte Stil der Psychoanalyse, bei dem Ihr Analytiker sich in der therapeutischen Beziehung völlig distanziert verhält, ist [für erwachsene Mißbrauchsopfer] nicht gut«, schreibt die Patientin Catherine Bronson in ihrem Buch ›Growing Through the Pain‹. »Wir brauchen eine Therapie mit mehr Interaktion, in der uns therapeutische Wertschätzung und Betreuung zuteil werden. Wenn Sie das Gefühl haben, die nicht zu bekommen, gehen Sie zu einem anderen Therapeuten. Wenn Sie von Ihrem Therapeuten hören: ›Was geschah wirklich? Sind Sie sicher?‹ ... oder wenn Sie das Gefühl haben, Inzestthemen würden in irgendeiner Weise abgetan, dann sollte ein rotes Lämpchen aufleuchten, das Ihnen rät zu gehen. Was Sie von Ihrem Therapeuten hören sollten, sind Dinge wie ... ›Sie werden erleben, daß man sich um Sie kümmert; Sie brauchen es.‹«[17]

Wir werden uns hier nicht mit den zahlreichen Gefahren auseinandersetzen, die mit diesem verstärkten emotionalen Engagement in der Therapie zur Aufdeckung von Erinnerungen verbunden sind. Wir führen es nur an, weil wir auf die Möglichkeit hinweisen wollen, daß durch mehr »Wärme«, »Liebe« und »Freundschaft« auch die emotionale Abhängigkeit der Patientin von der Therapie und dadurch auch ihre Anfälligkeit für direkte und indirekte Formen von Überredung zunimmt.

Diese verstärkte Bindung und ausgeprägtere Abhängigkeit vom Therapeuten ist nicht der einzige Grund dafür, daß eine Patientin sich so sehr in die Therapie zur Aufdeckung von Erinnerungen einbringt. Wenn man es von den Veröffentlichungen der Bewegung aus beurteilt, dann kommen die, die bereit sind, der Theorie der aufgedeckten Erinnerungen Glauben zu schenken, in den Genuß sensationeller Vorteile. »Am Ende ihrer Reise durch ihre Erinnerungen wird sie heiterer werden, als sie es je für möglich gehalten hätte«, sagt Renee Fredrickson einer Klientin voraus, die sie in ›Repressed Memories‹ beschreibt. »Sie wird nicht mehr von selbstzerstörerischen Verhaltensweisen und beunruhigenden Gefühle gepeinigt sein.«[18] Nach Mary Beth McClure in ›Reclaiming the Heart‹ wird einem die Aufdeckung der Mißbrauchserinnerungen gestatten, sein inneres Kind zu entdecken und ihm »die Eltern zurückzugeben«: »Sie kommen an das verletzte Kind in Ihrem Innern heran, lernen, wie man spielt und Ihrer inneren Stimme und Intuition zu vertrauen. Ein energiegeladener Kern im Selbst entsteht, weil Sie sich selbst ›die Eltern zurückgeben‹ und einen Zustand der Selbstliebe entdecken. Das ist die Grundlage dafür, Liebe in Ihrem Leben zuzulassen und die Fähigkeit zur Intimität zu entwickeln.«[19] Dadurch, so schreibt sie, ist es möglich, die Ketten zu zersprengen, die durch den Kindesmißbrauch geschmiedet wurden, eine neue Tiefe und Reichhaltigkeit im Leben zu finden, von der man nie zuvor etwas wußte. »Mißbrauchsopfer sind hervorragende Therapeutinnen geworden, sensible Ärztinnen, wegweisende Reporterinnen, aufmerksame Eltern und mitfühlende Freundinnen. Andere Opfer haben aus ihrer Sensibilität übersinnliche Fähigkeiten entwickelt«, heißt es in ›The Courage to Heal‹. »Wenn Sie sich dafür entscheiden, geheilt zu werden, Ihrem eigenen Wachstum und Ihrer eigenen Genesung Vorrang einzuräumen, dann wird das eine heilende Kraft in Gang setzen, die einen Reichtum und eine Tiefe in Ihr Leben bringt, von der Sie nie zu träumen gewagt hätten.« Das Buch führt die Äußerungen zahlreicher Mißbrauchsopfer an, die bezeugen, welche Wunder sich nach der Behandlung in ihrem Leben zutrugen. Eine Patientin schwärmt: »Zum erstenmal lernte ich etwas wie Vögel und Blumen schätzen, die Art und Weise, wie sich die Sonne auf meiner Haut anfühlt. Ich kann ein gutes Buch lesen. Ich kann in der Sonne sitzen ... zum erstenmal fühle ich mich lebendig.«[20]

In Broschüren, die bei den Zusammenkünften der Selbsthilfegruppen ausgegeben werden, wird diese Botschaft wiederholt. Ein Handzettel mit der Überschrift »Die zwölf Versprechen« sichert den Mitgliedern zu, daß sie, wenn sie erst einmal ihre Erinnerungen gefunden haben, »intuitiv wissen, wie Sie mit Situationen umgehen müssen, die Sie bisher verwirrt haben«, und daß »Sie Ihre ganze Einstellung und Ihre Lebensphilosophie ändern werden«. Das zwölfte Versprechen versichert den Gruppenmitgliedern: »Sie werden plötzlich erkennen, daß ein liebevoller, spiritueller Kraftquell das für Sie tut, was Sie allein nie hätten tun können«.

Je mehr solcher Veröffentlichungen man liest, desto mehr klingen diese Frauen und Männer wie religiöse Konvertiten, die Zeugnis von ihrer Erlösung ablegen. Es bleibt manchmal unklar, ob diese Therapeuten und Gruppen eine weltliche Heilung anbieten oder eine Art quasireligiöse Befreiung von einer schwierigen Welt – eine Befreiung, die auf dem eigenen Glauben beruht, nicht an eine Gottheit, sondern an einen Therapeuten und an die Gültigkeit der aufgedeckten Erinnerungen. Natürlich gibt es niemanden, der nicht den Wunsch hätte, das Paket sein eigen zu nennen, das die Therapeuten dieser Richtung vorgeben anzubieten: einen liebevollen Freund/Elternteil (in Person des Therapeuten), der sich um einen kümmert, ein tiefgehendes spirituelles Verständnis und die Chance, wahrnehmungsfähig und mitfühlend zu werden (nicht zu vergessen die Möglichkeit, übersinnliche Fähigkeiten zu erwerben). Die Propagandisten der Therapie zur Aufdeckung von Erinnerungen, die abstreiten, daß Therapeuten in den Patientinnen einen falschen Glauben hervorrufen, argumentieren häufig, daß es keinen »sekundären Nutzen« mit sich bringt, wenn man verdrängte Erinnerungen an Mißbrauch aufdeckt. Im wesentlichen fragen sie, auf welchen Nutzen eine Patientin möglicherweise hoffen könnte, wenn sie zu der Überzeugung kommt, mißbraucht worden zu sein. Vielleicht sollten sie noch einmal die Veröffentlichungen der

Bewegung lesen und dabei die Sichtweise eines Menschen, der in die Therapie kommt, im Hinterkopf behalten. Wir würden argumentieren, daß, wenn man die Behandlung *retrospektiv* betrachtet, das Leid, das mit dem Entstehen dieser Überzeugungen verbunden ist, in der Tat schwerer wiegt als der Nutzen. Unglücklicherweise ist eine Patientin zu Beginn der Therapie nicht in der vorteilhaften Lage, eine solche Sicht einzunehmen. Wie diese Zitate aus den Büchern zu aufgedeckten Erinnerungen schlicht und einfach zeigen, muß es einer Patientin zu Anfang der Behandlung so scheinen, daß am Ende des von den Praktikern der aufgedeckten Erinnerung angebotenen Weges beträchtliche Belohnungen auf sie warten.

Die wohl grausamste Methode in der Therapie zur Aufdeckung von Erinnerungen, die Klientin an die Behandlung zu binden, ist das Versprechen, ihr eine Ersatzfamilie zu bieten, um die durch die Therapie zerstörte Familie zu ersetzen. Das ist häufig nötig, unabhängig davon, ob die Eltern als die Schänder angesehen werden. Das Buch ›The Courage to Heal‹ enthält einen längeren Abschnitt darüber, wie und warum man alle Verbindungen mit der »Ursprungsfamilie« abbrechen soll. Ellen Bass und Laura Davis schreiben: »Es ist schmerzhaft, mit der Familie zu brechen, doch ist es noch schmerzhafter, weiterhin auf ein Wunder zu warten.«[21] Das Wunder besteht anscheinend darin, darauf zu hoffen, daß sich die Familie die neuen Erinnerungen des Mißbrauchsopfers zu eigen macht.

Selbst Familienmitglieder, von denen man nicht annimmt, daß sie sich am Mißbrauch beteiligt haben, sollten nach Mary Beth McClure in ›Reclaiming the Heart‹ gemieden werden: »In einigen wenigen Fällen können Familienmitglieder Unterstützung bieten, doch das ist die Ausnahme, nicht die Regel… In der Familie haben Regeln einen sehr starken Einfluß; es handelt sich in Inzestfamilien gewöhnlich um unausgesprochene Anweisungen, ›sich ins Unbewußte zurückzuziehen‹ und zu leugnen, was der Rest der Familie nicht sieht.« Die Autorin macht eine Ausnahme: »Familienmitglieder jedoch, die in Therapie waren, oder selbst dabei sind, etwas aufzudecken, können in der Lage sein, Ihnen wertvolle Hilfestellung zu leisten.«[22]

Auch Elaine Gil schreibt in ihrem Buch ›Outgrowing the Pain‹: »... wenn Sie den Wunsch nach jenen Eltern aufgeben, die so sind, wie Sie es sich erhofft haben, können Sie Platz für die wirklichen Menschen in Ihrem Leben schaffen.« Sie fährt mit dem Hinweis fort, »mit der Aufgabe dieses Wunsches müssen Sie auch den Gespenstern von Eltern, die Sie in Wirklichkeit hatten, ade sagen.«[23]

Renee Fredrickson präsentiert wie so oft die fremdartigste Variante dieses Gedankens. In ›Recovered Memories‹ zeichnet sie einen erweiterten Familienstammbaum mit 41 Kreisen, die für Familienmitglieder aus drei Generationen stehen. Innerhalb jedes Kreises findet sich einer von drei Buchstaben: T für Täter, L für Leugner und O für Opfer. In diesem Familienstammbaum finden sich dreizehn Täter, sieben Opfer und 21 Leugner. In solchen Familiensystemen gibt es nach Auffassung der Autorin keine anderen Rollen außer denen des Täters, des Opfers und des Leugners. »Sexueller Mißbrauch zieht sich immer über mehrere Generationen hin, und jede Person in einem System des sexuellen Mißbrauchs nimmt immer eine dieser Rollen ein... Wenn wir den erweiterten Familienstammbaum betrachten, ist die Zahl potentieller Täter haarsträubend groß. Die Opfer wachsen in einem Familiennetzwerk auf, das mit Tätern durchsetzt ist, die wiederum durch einen Kader von Leugnern geschützt werden.«[24]

Die grausamste Lüge ist, daß die Therapie zur Aufdeckung von Erinnerungen vorgibt, einen Ersatz für all das zu bieten, was die Klientin während der Therapie opfern soll. Der Therapeut wird als der gute, fürsorgliche Elternteil dargestellt, den die Patientin nie hatte, und ihre Mitopfer werden ihr als neue Familie verkauft. Dieser Anspruch, die Therapie könne Ersatz für eine Familie sein, ist das großartigste Versprechen, das von der Therapie zur Aufdeckung von Erinnerungen gemacht wird – und sie ist überall in der Bewegung vorzufinden. »Selbsthilfegruppen können mehr als Informationen, Unterstützung, Verständnis und Akzeptiertwerden bieten«, schreibt J. Patrick Gannon in ›Soul Survivors‹. »Selbsthilfegruppen vermitteln ein Zusammengehörigkeitsgefühl, das in Ihrer Familie wahrscheinlich nicht vorhanden war ... diese Gruppen können zu Ihrer Ersatzfamilie werden.«[25]

»Eine der besten und konstruktivsten Methoden, um auf dem Weg zur Genesung vom Kindesmißbrauch einen großen Schritt nach vorn zu machen, besteht darin, in eine Therapiegruppe zu gehen, die speziell für Mißbrauchsopfer eingerichtet wurde«, empfiehlt Kristin Kunstman in ›The Healing Way: Adult Recovery From Childhood Sexual Abuse‹. »[Gruppen] stellen eine Chance dar, zu erleben, wie es ist, die Sicherheit einer familiären Umwelt zu haben, in der die einzelnen Mitglieder der Familie geachtet und geschützt werden.«[26]

Mike Lew schreibt in ›Victims No Longer‹, daß viele Opfer sich dafür entscheiden, »sich ihre eigenen ›Familien‹ zu schaffen, weil ihre biologischen Familien nicht in der Lage sind, ihnen die Unterstützung zu bieten, die sie brauchen... Die neuen Familien setzen sich möglicherweise aus Inzestopfern zusammen, die sich entschieden haben, zu lernen, wie man sich gegenseitig stützt.« Der Autor prahlt damit, daß sich manche der von ihm geleiteten Gruppen zur Aufdeckung von Erinnerungen spontan zu »gesunden, funktionierenden Familien« entwickelt haben.[27]

Dieser Glauben daran, daß diese Art von Therapie eine Familie bieten kann, findet sich auch in den Veröffentlichungen der Mißbrauchsopfer wieder. Bei der Schilderung, wie sie zum Begräbnis ihrer Mutter zurückkam, schrieb eine Frau: »Ich konnte mich [in punkto Sicherheit] nicht auf meine Familie verlassen. Im letzten Jahr waren die Teilnehmer am Behandlungsprogramm zu meiner wirklichen Familie geworden. Einige von ihnen schickten Beileidskarten und Blumen, viele schlossen mich in ihr Gebet ein.«[28] Ellen Bass und Laura Davis zitieren ein weiteres Opfer, das behauptet, sich über seine Familie »hinausentwickelt« zu haben.

Diese von den Therapeuten geförderten Ersatzfamilien spielen eine wichtige Rolle bei der Einflußnahme und Einstellungsänderung. Indem sie die Bindungen an die Familie und an die Freunde außerhalb der Therapie lockern, verstärken die Therapeuten wirkungsvoll die Kontrolle über die Patientinnen. Die wichtigste Lehre, die man aus der Untersuchung von Einflußsystemen gezogen hat, ist die, daß der Einfluß der Gleichaltrigengruppe immer der Hauptfaktor des Systems ist. Wenn Therapeuten Patientinnen in »Familien« von Opfern integrieren, dann stecken sie sie effektiv in ein soziales System, in dem die Zustimmung der anderen gewährt wird, wenn die Patientin mit der zentralen Wertvorstellung der Gruppe übereinstimmt: daß Erinnerungen an Mißbrauch, die in der Therapie aufgedeckt werden, immer zutreffen. Jeder Zweifel gegenüber dem eigenen Glauben an Mißbrauch wird mißbilligt; jeder Zweifel gegenüber dem Glauben anderer an ihren Mißbrauch ist streng verboten. In diese Gruppen integrierte Patientinnen lernen schnell, daß ihr soziales Überleben und die Anerkennung ihrer neu gewonnenen Identität davon abhängt, Zweifel zu unterdrücken und Glauben an Mißbrauch zum Ausdruck zu bringen.

Unabhängig davon, ob die Patientin tatsächlich Grund hatte, ihrer wirklichen Familie zu entfliehen (und sogar unabhängig von der momentan landesweit geführten Diskussion, wann man überhaupt von einer Familie sprechen kann), sollte doch in Frage gestellt werden, ob Therapeuten explizit ihren Patientinnen das Versprechen machen sollten, ein soziales Gebilde für sie zu schaffen, das so wichtig und dominierend ist wie eine Familie. Man könnte argumentieren, daß ein so wichtiges Gebilde nicht nur außerhalb des Aktionsradius der Therapie bleiben sollte, sondern auch – das ist noch wichtiger – jenseits dessen liegt, was die Berufe im psychosozialen Bereich, so wie sie sich momentan darstellen, zu leisten vermögen.

Wenn man die Beschreibungen dessen liest, was diese neuen »Wahlfamilien« ihren Mitgliedern bieten, spürt man, daß die Autoren das Material überinterpretieren. Jerry Lew beschreibt die mit von ihm geschaffene »gesunde, funktionierende Familie« als eine, in der die Mitglieder miteinander »Essen gehen und sich gegenseitig zum Kaffee einladen. Sie schicken sich kurze Briefe und rufen sich an. Gruppenmitglieder haben in beängstigenden Lebenssituationen aktive Unterstützung geboten, etwa indem sie sich wechselseitig zu Arzt- und Zahnarztterminen begleitet haben.«[29] Wenn Kristin Kunzman darstellt, was in Gruppen geschieht, die in der Lage sind, eine »positive Familiendynamik« zu bieten, die der Patientin als Kind so fehlte, meint sie, daß die Patientinnen »darüber sprechen können, wie [ihre] Familie in der

Kindheit funktionierte, und immer wieder auf neue Gruppenmitglieder stoßen, die Verständnis und Sympathie für sie empfinden... Therapiegruppen können in großartiger Weise der Ort sein, wo man fürsorgliche Berührungen und Umarmungen bekommt und gibt.«[30] Patrick Gannons »Ersatzfamilien« bieten den Opfern einen Raum, in dem sie sie selbst sein können, »ohne Angst, beurteilt, zurückgewiesen oder kritisiert zu werden... Niemand wird Sie kritisieren oder Ihren Standpunkt niedermachen«.[31]

Nach den vorliegenden Beschreibungen scheint es sich bei dem, was die Therapie anbietet, um eine idealisierte und reduzierte Variante der Familie zu handeln. Obwohl wir nicht die Auffassung vertreten, daß sich alle biologischen Familien ein unveräußerliches moralisches Programm zu eigen gemacht haben, gehen die Verantwortlichkeiten und Aktivitäten dessen, was im wahren Sinne des Wortes eine Familie darstellt, gewiß weit über die Gemeinschaft hinaus, die von den Therapeuten beschrieben wird. Bei der therapeutischen Familie wird besonderer Wert auf bedingungslose Betreuung und vorbehaltloses Akzeptieren gelegt. Obwohl es zu jeder richtigen Familie gehört, daß die Familienmitglieder füreinander sorgen und sich gegenseitig akzeptieren, ist das doch nicht alles, was die Familie bietet. Darüber hinaus erscheint es auch nicht sinnvoll, die Rolle einer Familie mit langfristigem Zusammenhalt einzig darin zu sehen, daß sie »Bestätigungen« liefert. Die Familie ist die soziale Institution, die am stärksten die Aufgabe hat, Meinungen zu bilden und eine verantwortungsbewußte Einstellung gegenüber der Gesellschaft zu prägen. Warum sollten wir dann annehmen, daß die gesamte Betreuung in einer Familie bedingungslos oder daß jegliches Akzeptieren vorbehaltlos sein sollte?

Die Betonung der bedingungslosen Unterstützung trifft den Kern der Unterscheidung zwischen einer wirklichen Familie und dem, was diese Therapeuten beschreiben. Von echten Familien könnte man erwarten, daß sie ein Zusammengehörigkeitsgefühl bieten und auch in Zeiten von Spannungen innerhalb der Familie oder innerhalb des sozialen Umfelds helfen. Eine der bemerkenswertesten Eigenschaften der Familienstruktur besteht darin, daß sie gewöhnlich auch Zeiten negativer Gefühle und Zeiten des

Ärgers übersteht. Man fragt sich, was mit diesen therapeutischen Familien geschieht, wenn die Zeit naht, in der es innerhalb der Gruppe notwendigerweise zu Kritik und Konflikten kommt – wie das oft innerhalb einer Familie der Fall ist. Wenn sich das bedingungslose gegenseitige Akzeptieren zeitweilig in nichts auflöste, würden sich diese Menschen dann immer noch kurze Briefe schicken und sich wechselseitig beim Zahnarztbesuch Händchen halten? Würde die Bindung unter diesen Menschen Kriege, Hungersnöte und Völkermorde überleben?

Und wenn diese Gruppen es nicht schaffen, das Versprechen einzulösen, zu einer wahrhaft liebevollen Familie zu werden, wird die Klientin dann dem Therapeuten vorwerfen, daß er falsche Versprechungen gemacht hat? Aller Voraussicht nach würde der Mißerfolg der Therapiegruppe bei dem Versuch, eine echte Familie zu werden, von den Patientinnen als ihr eigenes Versagen wahrgenommen werden. Unglücklicherweise würde dieser weitere Hieb gegen das Selbstbild der Patientin wahrscheinlich ihre Abhängigkeit vom Therapeuten und von den Auffassungen des Therapeuten verstärken. Obwohl es viele informelle Hinweise darauf gibt, daß es den Klientinnen der Therapie zur Aufdeckung von Erinnerungen nicht gelingt, die unterschiedlichen versprochenen Stufen des Nirwana zu erreichen, gibt es kein Anzeichen, daß die Therapeuten jemals aufhören, solche Belohnungen wie eine neue Familie und spirituelle Erfüllung zu versprechen.

Es gibt einen weiteren Anreiz für die Therapie, der noch besorgniserregender und viel schwerer zu erklären ist. In all den Veröffentlichungen der Bewegung werden der Schmerz und die Leiden, welche die Patientin während der Behandlung ihrer Voraussage nach durchmachen wird, von den selbsternannten Experten auf dem Gebiet der Aufdeckung von Erinnerungen verklärt und gelegentlich verherrlicht. In ›The Courage to Heal‹ beispielsweise beschreiben Ellen Bass und Laura Davis das »kritische Stadium«, das die Patientin laut ihrer Vorhersage während der Behandlung erleben wird. Dieses kritische Stadium hinterläßt ein Gefühl wie: »Sie treten aus der Haustür, um zur Arbeit zu gehen, fallen die Stufen herunter und brechen sich das Bein. Ihr Mann versucht, Sie ins Krankenhaus zu fahren, doch der Motor Ihres Wagens funktioniert nicht. Sie gehen zurück zum Haus, um einen Krankenwagen zu rufen, aber die Tür ist zugefallen, und Sie haben den Schlüssel innen stecken lassen. In dem Moment, als ein Polizeiwagen heranfährt, um Ihnen behilflich zu sein, kommt ein gewaltiges Erdbeben, und Ihr Haus, Ihr Mann, Ihr gebrochenes Bein und der Polizeiwagen, alle verschwinden in einem klaffenden Abgrund...«[32]

»Viele Frauen durchlaufen eine Zeit, in der sie nur noch an sexuellen Mißbrauch denken können«, fahren die Autorinnen mit ihren Erklärungen fort. »Sie ertappen sich möglicherweise dabei, daß Sie zwanghaft mit jedem darüber reden, der Ihnen zuhört. Ihr Leben besteht eventuell aus lauter praktischen Krisen, von denen Sie völlig übermannt werden. Sie werden möglicherweise damit konfrontiert, daß Sie unkontrollierbare Rückblenden haben, den ganzen Tag über weinen oder nicht in der Lage sind, zur Arbeit zu gehen.« In dieser kritischen Zeit ist es, geht man nach dem Buch, recht wahrscheinlich, daß die Patientin dieser Therapie von den neuen Mißbrauchsvorstellungen wie besessen ist. Viele Frauen, so die Autorinnen, sind selbstmordgefährdet, verstümmeln ihren Körper und können ihren Alltag nicht mehr bewältigen. Manche Frauen befinden sich »mehrere Jahre« lang im kritischen Stadium.[33]

In den Veröffentlichungen beschreiben die Patientinnen häufig ihre Selbstverstümmelungen und Selbstmordversuche. »Ich habe viele, viele Male überlegt, Selbstmord zu begehen, und es war mir ernst damit; doch es gibt etwas in mir, das nicht sterben möchte«, berichtet eine Frau in ›The Courage to Heal‹. »Ich schlitzte mir eine Ader mit einer Rasierklinge auf, und das Blut sprudelte nur so heraus; aber ich starb nicht. Ich nahm 28 Tabletten Meprobamat, einem starken Beruhigungsmittel. Die Hälfte davon hätte eigentlich ausgereicht, um mich umzubringen; aber ich starb nicht. Ich habe einen sehr starken Lebenswillen.«[34]

Es gibt Anlaß zur Sorge, wie dramatisch und eindrucksvoll diese Notlagen und selbstzerstörerischen Verhaltensweisen in den Veröffentlichungen beschrieben werden. Man muß nicht erst zwischen den Zeilen lesen, um zu erkennen, wie sehr selbstzerstörerisches Verhalten mit diesem Bericht einer Frau, die eine Überdosis

Beruhigungsmittel nahm und sich die Pulsadern aufschnitt, von Ellen Bass und Laura Davis unabsichtlich verklärt wird. Eindeutig wird bei der Geschichte nicht das Traurige und Verzweifelte am Selbstmordversuch betont; vielmehr konzentriert sich der Bericht – *aufgrund des Befunds, daß sie die Selbstmordversuche überlebt hat* – auf den von der Patientin neu gefundenen Beweis dafür, daß sie einen überragenden »Lebenswillen« hat. Obwohl fast alle Bücher, einschließlich ›The Courage to Heal‹, Abschnitte enthalten, in denen die Leserinnen Ratschläge bekommen, wie sie sich gegen selbstzerstörerische Handlungen schützen können, verleihen die Beschreibungen dieser Verhaltensweisen denjenigen, die sich absichtlich selbst verletzten, oft eine Art goldene Ehrennadel. Durch den Mißbrauch wurde die Patientin in unkontrollierbarer Weise zu diesen Handlungen getrieben, aber sie überlebte, so die Geschichte, und beweist auf diese Weise ihre innere Stärke.

Wenn man ›The Courage to Heal Workbook‹ von Laura Davis liest, fragt man sich, ob die ständigen Warnungen vor Selbstmordgedanken bei einer Patientin nicht dazu führen, daß sie sich überhaupt erst damit beschäftigt beziehungsweise daß solche Gefühle in ihr hervorgelockt werden. Sie schreibt: »Die meisten Mißbrauchsopfer haben zu irgendeinem Zeitpunkt des Heilungsprozesses Selbstmordgedanken... Hätten sie diese Gedanken nicht, bevor sie beginnen, sich besser zu fühlen, dann würde die Intensität des Heilungsprozesses sie dazu bringen, erstmals über Selbstmord nachzudenken... Es ist ganz normal, Selbstmordgedanken zu haben, wenn Sie sich mit Kindheitsgefühlen von Schrecken und Schmerz auseinandersetzen. Wenn Sie das Ausmaß Ihrer Scham erleben, werden Sie wahrscheinlich auch daran denken, sich selbst umzubringen.« Auf einer knappen Seite werden hier Selbstmordneigungen als verbreitet, »normal« und »wahrscheinlich« dargestellt.[35] Die Opfer werden angewiesen, »die Gefühle anzunehmen«, sich aber nicht umzubringen.

Um den Opfern zu helfen, ihre Gefühle anzunehmen, stellt Laura Davis ihren Leserinnen die Aufgabe, den folgenden Satz zu Ende zu schreiben: »Wenn ich Selbstmordgedanken habe, werde ich ...« und dann »... werde ich nicht«. Zweifellos werden sich Opfer ohne Selbstmordgedanken, die das Buch mit seinen schriftlichen Aufgaben sorgfältig durcharbeiten, gezwungen sehen, diese Fragen, so gut es geht, auszufüllen. Das Hirngespinst, jemanden, der nie an Selbstmord gedacht hat, ernsthaft versuchen zu lassen, die Aussage »Wenn ich Selbstmordgefühle habe« zu Ende zu führen, wirft die Frage auf, ob Laura Davis' Aufforderung, Selbstmordgedanken »anzunehmen«, sie nicht überhaupt erst hervorruft.

Um der Belastung und dem Leid im »kritischen Stadium« entgegenzuwirken, empfehlen Ellen Bass und Laura Davis, daß die Patientinnen es zulassen, von ihren Erinnerungen besessen zu sein. Sie empfehlen den Patientinnen auch:

- *Tun Sie so viele schöne Dinge wie möglich für sich.*
- *Lassen Sie von dem ab, was in Ihrem Leben nicht wichtig ist. Lassen Sie auf alle mögliche Weise Druck ab. Das heißt, daß Sie Menschen, die Sie nicht stützen, fallenlassen, daß Sie bestimmte Aktivitäten aufgeben, Ihre Arbeitsbelastung verringern, sich um eine zusätzliche Kinderbetreuung kümmern...*
- *Denken Sie daran, zu atmen. Bleiben Sie so stark, wie Sie können, mit Ihrem Körper in Verbindung...*
- *Entwickeln Sie einen Glauben an etwas, das größer als Sie selbst ist. Spiritualität kann Ihnen Inspiration und Stärke geben.*[36]

Weiterhin schreibt Laura Davis in ihrem Arbeitsbuch, die Opfer sollten anerkennen, daß sie »nicht mehr so fähig und kompetent sind, wie Sie es waren, als all dies anfing«. Sie fährt fort, indem sie denen sagt, die gerade ihre Erinnerungen aufdecken: »Erwarten Sie nicht von sich selbst, daß Sie in der Lage sind, alles zu schaffen. Erwarten Sie nicht von sich selbst, einen normalen Tagesablauf einzuhalten, genausoviel Energie zu haben oder genauso produktiv zu sein wie früher. Erwarten Sie nicht, daß Sie intimen Beziehungen viel Bedeutung beimessen werden.«[37] Es sagt viel aus, wenn Ellen Bass und Laura Davis empfehlen: »Denken Sie immer daran, daß Sie tapfer sind. Es handelt sich um eine schwierige Zeit voller Herausforderungen und Angst. Von Ihnen wird nur verlangt, daß Sie das durchstehen.«

Folgt man diesen Experten, dann sollten die Schwierigkeiten bei dieser Therapie nicht bewältigt, sondern bereitwillig angenommen werden. Wenn man die Unfähigkeit zu funktionieren akzeptiert, so ist das sogar mit Belohnungen verbunden. Wenn es den Patientinnen mißlingt, ihre Verantwortung wahrzunehmen, werden sie ermutigt, sich selbst als tapfer zu sehen und »viele schöne Dinge« für sich selbst zu tun. Unausgesprochen geht in diesen Rat die Empfehlung ein, daß die Patientinnen ihrem Leben in der Zeit vor der Therapie keine Beachtung mehr schenken und sich in die Welt der Therapie zur Aufdeckung von Erinnerungen zurückziehen sollen, wo ihnen nur Unterstützung für den Realitätsgehalt ihrer neuen Auffassung entgegengebracht wird und wo sie in ihrer Entscheidung, sich ganz auf die Aufdeckung der Erinnerungen zu konzentrieren, bestätigt werden. Daß die Patientinnen darin bestärkt werden, von anderen Aktivitäten Abstand zu nehmen, Freunde, die sie nicht unterstützen, fallen zu lassen und ihre Arbeitsbelastung und Kinderbetreuungspflichten zu verringern, erscheint als durchsichtige Empfehlung, die Therapie zum Mittelpunkt ihres Lebens zu machen. Es handelt sich hier um einen weiteren Einflußfaktor, der den Effekt haben kann, sich verstärkt emotional dem Prozeß der Aufdeckung von Erinnerungen zu verschreiben.

Die ganze Bewegung ist anscheinend von der Auffassung durchdrungen, diese Patientinnen seien so traumatisiert, daß man nicht von ihnen erwarten könne, die Belastung eines normalen Lebens auf sich zu nehmen, sondern daß sie ihre ganze Energie darauf konzentrieren müssen, die Krise zu durchleben. Belege, daß Patientinnen ihr Leben auf diese Weise einschränkten und Schwierigkeiten mit den Alltagsanforderungen hatten, finden sich in den Aussagen von Opfern bei Gruppentreffen zur Aufdeckung von Erinnerungen. Bei einer kürzlich abgehaltenen Zusammenkunft, an der die Autoren teilnahmen, beschrieb eine Patientin, sie sei nicht in der Lage, eine belebte Straße entlangzugehen, weil ihr dort eventuell etwas begegnen könnte, was das Hochkommen einer verdrängten Erinnerung auslösen würde. Eine andere Frau, die Erinnerungen an rituellen Mißbrauch aufgedeckt hatte, nahm die ihr zustehende Zeit wahr, um zu erklären, daß sie diese Woche versucht hätte, sich zu »befähigen«, ihr Zimmer zu putzen; es sei ihr jedoch nicht gelungen, diese Aufgabe zu Ende zu führen. Eine weitere Frau beschrieb eine Konfrontation mit ihrem Chef und sagte, sie hätte das wie eine »erneute Opferung« empfunden.

Patientinnen innerhalb der Bewegung werden nicht darin bestärkt, ihre Probleme mit Willenskraft zu bewältigen, sondern darin, ihren Willen dem Vorgang der Aufdeckung von Erinnerungen zu unterwerfen. Wie Wendy Kaminer in ihrer umfassenden Kritik der Bewegung feststellt, handelt es sich um einen wirklich merkwürdigen Heilungsprozeß, »bei dem Menschen dafür belohnt werden, daß sie sich als hilflos, kindlich, abhängig und krank bezeichnen, und bei dem sie dafür bestraft werden, wenn sie gesund sein wollen.« Diejenigen, die ihre Krankheit bereitwillig annehmen und immer kränker werden, bekommen eine positive Rückmeldung: »Auf diese Weise wird das Problem der Identitätssuche falsch gelöst: Alle schlechten Verhaltensweisen und ungewollten Gefühle werden zu Bedingungen des Daseins.«[38]

Die Verherrlichung des Leidens während der Behandlung und die Vorhersage, daß eine Frau während der Aufdeckung von Erinnerungen plötzlich unfähig wird, mit den Anforderungen des Alltags fertig zu werden, enthalten ein beunruhigendes Echo vergangener Tage. In ›For Her Own Good‹ schreiben Barbara Ehrenreich und Deirdre English über jene Zeit im letzten Jahrhundert, als die westliche Kultur Krankheit und Leiden bei Frauen glorifizierte. »Die Schriften, die sich an weibliche Leser richteten, perpetuierten das romantische Pathos von Krankheit und Tod… Die Damen der Gesellschaft kultivierten eine kränkliche Keuschheit, indem sie in größeren Mengen Essig oder, noch wirksamer, Arsen tranken. Die schönsten Heldinnnen waren diejenigen, die jung starben, wie Beth in ›Little Women‹, die zu gut und zu rein für ein Leben in dieser Welt war.«[39] Dr. Mary Putnam Jacobi meinte 1895 zu diesem Trend: »Man hält es für natürlich und nahezu lobenswert, unter allen nur denkbaren Belastungen zusammenzubrechen… Weil sie, gedrängt von wohlmeinenden, aber kurzsichtigen Ratgebern, ständig immer nur an ihre Nerven denken, sind sie recht bald nur noch Nervenbündel.«[40] Die Bewegung zur Aufdeckung von Erinnerungen hat diese Tradition, bei Frauen Schwäche zu verherrlichen und sie als zu Unpäßlichkeiten neigend und als selbstbequem zu betrachten, neu belebt.

In den Beschreibungen des Leids, das eine Patientin bei der Aufdeckung von Erinnerungen erwartungsgemäß durchleben muß, hört es sich oft so an, als böten die Therapeuten eine Art Todes- und Wiedergeburtsritual an, das voraussetzt, daß sich jeglicher Halt im Leben einer Patientin in nichts auflösen muß, bevor sie erneuert aus der Asche emporsteigen kann. Das Nirwanagefühl und das Verständnis am Ende der Behandlung erscheinen in den Veröffentlichungen als dem Leiden während des Prozesses angemessen. Unglücklicherweise ist es ebenso wahrscheinlich, daß Frauen, die tatsächlich, wie vorhergesagt, Störungen entwickeln oder sich selbst Gewalt antun, weiterhin darunter leiden werden. »Hätte ich gewußt, daß etwas so verletzen kann und so traurig sein kann, hätte ich mich nie dafür entschieden, geheilt zu werden«, wird eine Patientin in ›The Courage to Heal‹ zitiert. »Trotzdem kann man nicht mehr zurück.«[40]

Leben mit Vater

Trotz gegenteiliger Behauptungen der Therapeuten gibt es wenig daran zu glorifizieren, daß die Therapie zur Aufdeckung von Erinnerungen ein schmerzlicher Prozeß ist. Laut unseren Interviews und der Kenntnis jener, die diese Behandlung durchlaufen haben, erreichte keine Patientin das versprochene Nirwana. Obwohl die ursprünglichen Zweifel und Fragen einer Patientin gegenüber der in der Therapie entwickelten Geschichte dank ständiger Bekräftigung durch den Therapeuten, die Veröffentlichungen zu aufgedeckten Erinnerungen und die Gemeinschaft der Mitopfer begraben werden können, werden sie trotzdem anscheinend nie ganz ausgeräumt.

Um die schreckliche Eigendynamik zu erklären, die diese therapeutischen Kräfte entwickeln können, müssen wir uns von den Schriften der Therapeuten abwenden und die Geschichte einer einzelnen Person, die dieser Behandlung ausgesetzt war, näher betrachten. Die Geschichte von Jane Freeman* veranschaulicht diese Dynamik und demonstriert auch, wie die übrigen Geschwister in die Erörterung der Vergangenheit hineingezogen werden.

Im Jahre 1988 kam Jane Freeman, eine 45jährige Mutter von zwei Kindern und pädagogische Koordinatorin in einem Behandlungszentrum für vergewaltigte Frauen, in die Therapie, weil sie mit ihrem Vorgesetzten nicht zurechtkam.[1] Nichts von dem, was sie leistete, schien ihrem humorlosen Vorgesetzten auszureichen. Wenn sie Bericht erstattete über ihre Seminare, die sie häufig zum Thema Anzeichen und Symptome von sexuellem Mißbrauch hielt, nahm ihr Chef jede Gelegenheit wahr, darauf hinzuweisen, daß sie eine Frage falsch beantwortet hätte oder es ihr nicht gelungen sei, das Thema in seiner ganzen Tragweite darzustellen. Als Therapeuten wählte sie Clark Parson, den sie mehrfach bei Förderveranstal-

* Alle Namen in dieser Geschichte, auch die der beteiligten Therapeuten, wurden geändert.

tungen für das Zentrum getroffen hatte. Auf seinem Formular für das Erstgespräch notierte Parson unter der Rubrik »Anlaß für die Therapie«, daß Jane sich an der Arbeitsstelle »wegen ihrer Leistungen einer übermäßigen Kritik ausgesetzt« sah. Beim nächsten Eintrag gab er unter »Relevante Einzelheiten aus der Lebensgeschichte« an: »Seit langem muß sie sich gegen die kritische Haltung ihres Vaters verteidigen.« Parson schrieb auch, er plane nur eine geringe Anzahl von Sitzungen, vielleicht sogar nur eine.

Jane Freeman hatte noch einen anderen, eher vagen Grund für die Therapie, den sie Clark Parson zunächst nicht mitteilte, weil er schwer in Worte zu fassen war. Im Rahmen ihrer Arbeitsstelle, die sie noch kein Jahr innehatte, las sie alle Arten von Veröffentlichungen zu den Nachwirkungen sexuellen Mißbrauchs und darüber, wie Erinnerungen über Jahre hinweg verdrängt werden können. Um sich auf ihre öffentlichen Auftritte vorzubereiten, benutzte sie ›The Courage to Heal‹, ›Secret Survivors‹ und viele der Rundbriefe, Broschüren und Handzettel, die im Zentrum herumgereicht wurden. Sie hatte große Hochachtung vor ›The Courage to Heal‹ und schrieb in einer Rezension für eine Lokalzeitung: »... das Buch ist warm und persönlich in der Ausdrucksweise, und ich habe keine Frage gefunden, die das Buch nicht beantworten würde.« Jane erfuhr aus den Veröffentlichungen, die sie las, daß diejenigen, die als Kind zum Opfer geworden sind, die Erfahrung häufig verdrängen, bis sie später in ihrem Leben die Symptome erkennen – Symptome, zu denen geringes Selbstwertgefühl, Depression, Schamgefühle und plötzliche Angst gehörten. Wenn sie diese Symptome vor einer größeren Zuhörerschaft auflistete, grübelte sie oft: »Ich möchte wissen, ob ich sexuell mißbraucht wurde.« Die Symptome trafen anscheinend recht gut auf sie zu. Wegen der Konflikte mit ihrem Vorgesetzten litt sie eindeutig unter einem verringerten Selbstwertgefühl. Auch andere Dinge machten ihr Sorgen: An den meisten Abenden trank sie drei Gläser Wein, ohne klaren Grund bekam sie oft Herzrasen, und sie war wie verrückt auf ganz bestimmte Sorten von Eis. Außerdem erschien ihr der Geschlechtsverkehr mit ihrem Mann nun nicht mehr langweilig, sondern abstoßend; sie haßte es, wenn sie seine Hände auf ihrem Körper spürte. Alles in allem erschien ihr das Leben neuerdings wie ein 24-Stunden-Job, der ihr nicht gefiel.

In zwei Sitzungen gab Clark Parson seiner neuen Patientin hilfreiche Ratschläge, wie sie im Beruf selbstbewußter auftreten, zu ihren Empfindungen stehen und ihre eigenen Leistungen positiv bewerten könne. Er brachte ihr auch Übungen bei, mit deren Hilfe sie sich entspannen und friedvolle Szenarien vor Augen rufen konnte. Er bat sie, sich vorzustellen, sie sei in einem Aufzug. Bei der Fahrt von Stockwerk zu Stockwerk hinunter würde sie tiefer und tiefer in einen Zustand der Entspannung gelangen. In diesem Zustand fiel es ihr leicht, sich in ihrem Kopf Bilder auszumalen. Nach den ersten beiden Sitzungen beendete Jane die Therapie für drei Monate und kam dann zurück, weil sich ihre Lebensumstände nicht sonderlich verbessert hatten. Clark Parson entschied, daß ihre beruflichen Probleme wahrscheinlich Anzeichen für tieferliegende Probleme mit Autoritätsfiguren in ihrer Vergangenheit waren. Da Jane bereits erwähnt hatte, daß das kritische Verhalten ihres Chefs sie an ihren Vater erinnerte, beschloß Parson, sich bei der Exploration darauf zu konzentrieren. Weil sie sagte, sie habe nur wenige Erinnerungen an ihre Kindheit, gab er ihr für Zuhause die Aufgabe mit, Erinnerungen an ihren Vater aufzulisten – er war der Meinung, daß das Niederschreiben eine Möglichkeit sei, um an Informationen über die Vergangenheit heranzukommen. Sie kam mit einer Liste von Erinnerungen zurück, die zwei Seiten füllte und die Überschrift »Leben mit Vater« hatte.

Die Liste enthielt einige gute sowie einige schmerzvolle Erinnerungen und war zum größten Teil wenig auffällig. Jane erinnerte sich daran, daß ihr der Vater einen Cent für jeden Löwenzahn gezahlt hatte, den sie aus dem Rasen herausziehen konnte, und daß sie sehr stolz war, als sie genug Geld gespart hatte, um sich ein Fahrrad zu kaufen. Sie berichtete auch von der Explosion eines Ofens und davon, daß sie einmal in eine Harke getreten war und ihr Vater, ein praktischer Arzt, die Wunde gereinigt und verbunden hatte. Ferner beschrieb sie, wie sie am Küchentisch mit ihrem Vater zusammen ihre Rechenaufgaben machte. Das einzige, was man als sexuell hätte auslegen können, bestand ihrer Erinnerung nach darin, daß sie einmal, als sie noch ganz klein war, mit ihrem Vater zusammen geduscht hatte.

Sie versuchte, sich auf Situationen zu konzentrieren, in denen der Vater sie ungerecht kritisiert hatte, weil dieses Thema zu jenem Zeitpunkt unausgesprochen im Mittelpunkt der Therapie stand. Sie erinnerte sich daran, geschlagen worden zu sein, weil sie in einem Laden einen Beutel Süßigkeiten gestohlen hatte. Als sie einmal auf dem Autositz ein Getränk verschüttet hatte, hatte ihr Vater sie verwünscht. Sie schrieb auch, daß der Vater recht häufig ihre persönlichen Eigenheiten bemängelte. Wann immer sie Ausdrücke aus der Umgangssprache benutzte, die seiner Meinung nach ungehörig für eine junge Frau waren, verbesserte er sie. Im Sommer vor ihrem Studienbeginn reagierte er besonders barsch auf ihre Tischmanieren. Jane, die sich etwas zu dick fand, machte sich in dieser Zeit Gedanken darüber, wie es sein würde, von Zuhause fortzugehen, und ob sie für die Hochschule geeignet sei. An einem Sommerabend sagte der Vater beim Essen zu ihr, sie müsse aufrecht am Tisch sitzen und dürfe beim Essen nichts aus dem Mund fallen lassen, wenn sie Mitglied in einer Studentinnenverbindung werden wolle. Seit ihrer Geburt, die schwierig verlief, war Jane teilweise gelähmt, und die linke Seite ihres Munds hing leicht geöffnet nach unten; das führte zu Problemen beim Essen. Da sie sich dieses Defekts immer bewußt war und sowieso Angst vor der Hochschule hatte, rannte sie weinend aus dem Zimmer, als der Vater sie ausschimpfte. Ungefähr zur selben Zeit blieb ihre Regelblutung mehrfach aus, und der Arzt, den sie aufsuchte, erklärte ihr, daß Belastungen den monatlichen Zyklus durcheinanderbringen könnten. In der Auflistung für ihren Therapeuten machte sie die Vorwürfe ihres Vaters für ihre körperlichen Probleme in jenem Sommer verantwortlich.

Als Clark Parson dieses Dokument las, war er erstaunt, wie wenige Erinnerungen ihr Bericht enthielt. Jane versuchte, sich noch mehr einfallen zu lassen, doch es kam ihr nichts in den Sinn. Diese scheinbare Abwesenheit von Erinnerungen brachte sie auf den Gedanken, daß vielleicht wirklich mit ihr etwas nicht stimmte. Clark Parson fand es auch bedeutsam, daß sie die Geschichte mit dem Duschen erwähnt hatte, und fragte sich, ob sie möglicherweise als Kind sexuell mißbraucht worden sei. In dieser Sitzung sprachen sie lange und intensiv über ihre Beziehung zum Vater.

Am Ende der zweiten der neuerlichen Sitzungen stellte Clark Parson eine Frage, die bei Jane unerklärlicherweise zu einer Panikreaktion führte. Er wollte von ihr wissen, warum sie dächte, daß ihr Vater schuld an dem Ausbleiben der Monatsblutung gewesen sei. Auf die Frage hin spürte sie, wie ihr Herz zu rasen begann, und sie wollte plötzlich aus dem Zimmer rennen. Sie war sich sicher, daß dies etwas zu bedeuten hatte. Wie Jane später erzählen sollte, kamen mehrere Faktoren zusammen, die später am selben Nachmittag dazu führten, daß sie ihr erstes Bild vom sexuellen Mißbrauch entwickelte (sie lernte danach, dies als Rückblende zu bezeichnen). Als sie sich ein Glas Wasser an der Spüle holen wollte, hielt sie plötzlich, die Hand in der Luft haltend, inne, und ein Bild ging ihr blitzartig durch den Kopf. Sie sah, wie warmes Wasser herunterfloß, und sie sah eine kleine Hand, die den Penis eines Erwachsenen festhielt. Sie erkannte die Hand sofort als ihre Hand und schätzte, daß sie vielleicht vier Jahre alt war. Die bildliche Vorstellung dauerte nur einen Augenblick lang, und sie konnte das Gesicht des Mannes nicht sehen. Sie war sich jedoch sicher, daß es sich um den Penis ihres Vaters handelte. Emotional reagierte sie nicht auf das Bild. Während sie da so an der Spüle stand, das Wasser weiterhin lief und sie ihre Hand in der Luft betrachtete, dachte sie nur: »Wie merkwürdig.«

In der nächsten therapeutischen Sitzung erzählte sie Clark Parson von dieser Momentaufnahme und fragte ihn, was er dazu meinte. Er antwortete, er sei sich nicht sicher, was das Bild bedeute, bestärkte sie aber darin, weiterhin Ereignisse aus der entfernteren Vergangenheit niederzuschreiben und darüber nachzudenken. Er sagte ihr, sie würden schon herausfinden, was hinter dem Bild, das sie gesehen habe, stecke. Wie er aus dem, was er zu diesem Thema gelesen hatte, wußte, kam es bei Menschen mit einer traumatischen Vergangenheit häufiger vor, daß sie vor einer Therapie keinen Zugang zu den Erinnerungen daran hatten. Er hatte einen Großteil der populären Bücher der Bewegung zur Aufdeckung von Erinnerungen gelesen, so auch ›Soul Survivors‹, ›The Courage to Heal‹ und ›The Courage to Heal Workbook‹. Doch mit der wissenschaftlichen Literatur zur Genauigkeit von Erinnerungen war er eigentlich nicht vertraut. In den letzten Jahren hatte er mehrere Patientinnen behandelt, die bei sich ebenfalls eine ihnen zuvor unbekannte Geschichte sexuellen Mißbrauchs entdeckt hatten, und fühlte sich daher in der Lage, die Symptomkombination zu bestimmen, die Menschen mit einem Hintergrund von Mißbrauch Probleme bereitet. Obwohl er Jane nicht sofort sagte, daß sie eindeutig eine verdrängte Erinnerung aus ihrer Vergangenheit entdeckt hätte, hatte er eben dieses Szenario bei anderen von ihm behandelten Patientinnen beobachtet.

In den nächsten anderthalb Monaten arbeitete Jane innerhalb und außerhalb der Therapie an ihren Erinnerungen, doch es kam nichts Überraschendes zum Vorschein. Sie machte weiterhin die Entspannungsübungen, in denen sie sich vorstellte, mit einem Aufzug abwärts zu fahren. Obwohl Clark Parson wußte, daß zwischen herkömmlicher Hypnose und den Entspannungsübungen kein großer Unterschied besteht, besprachen sie die Möglichkeit, Hypnose speziell dazu einzusetzen, ihre Erinnerungen freizulegen.

Sechs Wochen nach ihrer ersten bildlichen Vorstellung kam Jane, als sie eines Abends ins Badezimmer hereinschaute und sah, wie ihr Mann mit offener Hose vor der Toilette stand, ein weiteres verwirrendes Bild in den Sinn. Erneut sah sie vor ihrem geistigen Auge das Bild eines Kindes, das mit seiner Hand einen Penis berührte. Zum zweiten Mal war sie sich sicher, daß es sich um sie und ihren Vater handelte. Diesmal sah sie den Penis nicht unter der Dusche, sondern beim Urinieren. Nach dieser Rückblende kamen die Bilder schneller, etwa ein- bis zweimal pro Woche. Immer wurden sie durch etwas ausgelöst, was sie in ihrer Umgebung sah oder hörte. Als sie eines Tages auf der Straße von einem fremden Hund beschnuppert wurde, sah sie das Bild ihres Vaters, der den Hund der Familie dazu zwang, an ihren Genitalien zu lecken. In einer anderen Situation, als sie gerade einen Riegel Schokoladeneis aß, hatte sie das Bild ihres Vaters vor Augen, wie er seinen Penis mit Schokolade übergoß und sie zwang, ihn abzulecken. Einige der Szenen spiegelten Geschichten aus den Büchern über sexuellen Mißbrauch wider, in die sie sich zu dieser Zeit vertieft hatte. Beim Lesen eines Buchs mit dem Titel ›Spiders and Flies‹ empfand sie

Angst, als es darum ging, daß sich Sexualstraftäter manchmal Bonbons und Münzen in die Hosentasche stecken und dann Kinder auffordern, diese herauszuholen. Nachdem sie den Abschnitt gelesen hatte, war sie in der Lage, sich die Hosentasche eines Mannes bildlich vorzustellen, und kam zu dem Schluß, genau dieses Szenario hätte sich in ihrer Kindheit abgespielt. Im Laufe der Monate nahmen die Szenen zu. Nach den Notizen von Clark Parson handelte es sich dabei um oralen Genitalkontakt, Fellatio, Voyeurismus und Geschlechtsverkehr mit ihrem Vater. Häufig kamen die Bilder hoch, wenn sie mit ihrem Mann sexuell verkehrte. Die Bilder aus der Vorstellung, die sie für Erinnerungen hielt, waren manchmal fast identisch mit dem, was sie in dem Moment, in dem sie auftauchten, sah und hörte. Eines Tages, als sie die Reaktion ihres Mannes beim Orgasmus hörte, hörte sie auch die Stimme ihres Vaters. Beim oralen Sex mit ihrem Mann sah sie sich selbst plötzlich den Penis ihres Vaters anstelle den ihres Mannes in der Hand halten.

Sie berichtete Clark Parson von jeder dieser Rückblenden, sie sprachen ausführlich darüber und versuchten, die Details herauszufinden, die den Szenen zugrunde lagen. Indem sie für jedes der Bilder herausfanden, in welchem Alter sie damals war, legten sie den zeitlichen Verlauf des Mißbrauchs fest. Während sie mit ihrem Therapeuten die Mißbrauchsbilder durchsprach, begannen diese für sie eine stärkere Bedeutung und Struktur zu erlangen. Beim Gespräch darüber merkte sie, daß sie nun den Bildern Einzelheiten hinzufügen konnte, die zunächst nicht da waren. Die neuen Bilder, die ihr jetzt regelmäßig in den Sinn kamen, waren anscheinend keine einzelnen Momentaufnahmen mehr, sondern enthielten eine Handlung. Einmal, als sie gerade von einem Licht geblendet wurde, sah sie eine Szene, bei der sie von ihrem Vater in sein Untersuchungszimmer mitgenommen wurde, wo er sie unter einer Operationslampe mit einem langen chirurgischen Instrument mißbrauchte. Bei diesem Bild sah sie nicht nur, wie er mit dem silbrigen Instrument über ihr stand, sondern auch, wie er sie in das Untersuchungszimmer hinein und wieder heraus führte. Die Bilder wurden so prägnant, als sähe sie einen Film im Fernsehen. Als sie die Szenen in der Therapie durcharbeitete, merkte sie, daß sie einzelne Teile der Dramen wie bei einem Videorecorder zurückspulen und sich erneut ansehen konnte.

Obwohl die Erinnerungen bis zu diesem Zeitpunkt oft Einzelheiten dazu enthielten, wie ihr Vater den Mißbrauch vor ihrer Mutter und der übrigen Familie geheim hielt, begann sie nun neue Szenen zu erleben, bei denen auch ihre Mutter anwesend war. Während sie zunächst geglaubt hatte, der Vater hätte die Zusammenkünfte vor der Familie geheimgehalten, kam sie jetzt zu der Auffassung, daß die Mutter vom Mißbrauch gewußt und ihn vielleicht sogar gefördert hatte. Danach kamen neue Enthüllungen – ihre Mutter hatte nicht nur vom Mißbrauch gewußt, sie war auch daran beteiligt. In einer dieser Szenen sah Jane, wie die Mutter ihre Windeln wechselte und der Vater ihr beibrachte, oral mit ihr zu verkehren. Nach dem, was Jane von ihrem eigenen Körper erkennen konnte, glaubte sie, daß sie jünger als ein Jahr war. In einer anderen Vision war Jane älter und lag mit beiden Eltern im Bett; ihr Vater zeigte ihr, wie sie den Körper der Mutter berühren und küssen sollte.

Die Erkenntnis, daß ihre Mutter nicht nur vom Mißbrauch gewußt hatte, sondern selbst an der sexuellen Folterung beteiligt war, war für Jane besonders schwer zu akzeptieren. Eine Sitzung nach der anderen arbeiteten sie und Clark Parson daran, diese Verleugnung geistig und emotional zu überwinden. Das heißt: Jane mußte, nachdem sie sich die Auffassung zu eigen gemacht hatte, daß ihre Mutter beteiligt war, daran arbeiten, diese Erinnerungen als wahr zu *empfinden*.

Nach den ersten zwölf Rückblenden geriet Janes Leben durcheinander. Die meiste Zeit über fühlte sie sich verwirrt und überfordert. Die Beziehungen zu ihren Kollegen verschlechterten sich zusehends. Ihr Mann versuchte, sie zu unterstützen, gab jedoch später zu, daß er dachte, sie könne verrückt werden. Ihr Leben lag, so sagte sie, »in Stücke zerbrochen auf dem Boden«. Auf Anraten ihres Therapeuten ging sie wöchentlich in eine Gruppe, in der Inzestopfer sich über ihre Lebensgeschichten austauschen konnten. Sie beschloß, ihren Erinnerungen nachzugehen und eines Tages die Bezeichnung »überlebendes Mißbrauchsopfer« für sich anzunehmen. Sie gab ihre Arbeit beim Zentrum für vergewaltigte

Frauen auf und nahm eine Stelle als Verwaltungsangestellte in einer Fabrik an. Wegen der zunehmenden plötzlichen Angstzustände und Rückblenden litt ihre Arbeitsleistung. Zusätzlich zu dem Wein, den sie jeden Abend trank, nahm sie nun Schlaftabletten und Medikamente gegen die Angst ein.

Nach mehreren schrecklichen Monaten, in denen sie sich fortwährend neue Mißbrauchsszenen vorstellte, beschlossen Jane und Clark Parson, daß es an der Zeit sei, die Täter mit der Tat zu konfrontieren. Sie stellte eine lange Liste von Mißbrauchserinnerungen zusammen, entwarf einen Brief, den sie ihrem Vater vorlesen wollte, und teilte ihrer Mutter und ihrem Vater mit, wann und wo sie sie treffen sollten.

Conrad Bridges war fast achtzig, als seine Tochter Jane ihn anrief und ihn aufforderte, sie im Behandlungszimmer ihres Therapeuten in einem anderen Teil der Stadt zu treffen. Conrad war groß und schlaksig und für sein Alter recht rüstig. Obwohl er nicht mehr ganz so gut hören konnte und seine Kondition beständig nachließ, schaffte er es doch, immer wieder Golf zu spielen. Seine Frau Marybeth war einige Jahre jünger und ihr Leben lang Hausfrau gewesen. Bevor sie zu ihrem jeweiligen Treffen in die Therapiepraxis gingen, glaubten beide, daß es ihnen gelungen sei, ihre Kinder auf anständige Weise großzuziehen. Bei ihren fünf Töchtern war Marybeth streng gewesen, wenn es um gute Manieren und darum ging, sich wie eine Dame zu benehmen. Sie setzte es sich als persönliches Ziel, sie zu »anständigen jungen Frauen« zu erziehen. »Ich nahm meine Aufgabe sehr ernst«, bescheinigt sich Marybeth. »Ich wollte sie so großziehen, daß sie anständig blieben und ihre Begabungen in verschiedenen Bereichen gefördert wurden, sie schwimmen und tanzen lernen lassen. Für mich war es wie ein Kreuzzug, daß diese Mädchen eine gute Erziehung bekamen.« Sie erinnert sich daran, wie Jane bei allen Kinderspielen die Leitung übernahm. Sie war nicht herrisch, aber sie organisierte anscheinend immer die eine oder andere Aktivität. »Sie konnte nicht singen, sie war gutmütig und hatte gute Manieren. Sie war von einer ganz selbstverständlichen Freundlichkeit.«

Conrad Bridges erinnert sich, daß er wohl nicht soviel Zeit für seine Familie wie andere Männer hatte. Als Arzt mußte er täglich lange arbeiten, und die Arbeitszeiten waren manchmal nicht vorhersagbar – trotzdem gab er seiner Leidenschaft für Golf nach und spielte zweimal pro Woche auf einem Platz mit achtzehn Löchern. Häufig konnte er nicht rechtzeitig zum Essen nach Hause kommen, aber er erinnnert sich gerne an die Zeiten, in denen er es schaffte. Um das auszugleichen, versuchte er, wenn er die Zeit hatte, zu jedem seiner Kinder eine ganz persönliche Beziehung zu entwickeln. Als er jede Woche für drei Stunden wegen einer Tuberkulosebehandlung in die Nachbarstadt fahren mußte, nahm er manchmal eines seiner Kinder mit. Er kann sich nicht daran erinnern, daß er vor jenem Sommer, als sie ihr Studium beginnen wollte und sie über ihre Tischmanieren gestritten hatten, irgendwelche Probleme mit Jane hatte. Beim Rückblick auf diesen Vorfall versichert er, er habe nicht grausam sein wollen. Er wußte, daß Jane vorhatte, in eine Studentinnenverbindung zu gehen, und erinnerte sich aus seiner eigenen Studienzeit daran, daß Mitglieder von Verbindungen ziemlich niederträchtig sein konnten, wenn es darum ging, wie jemand aß, sprach und sich kleidete.

Sowohl die Konfrontation von Jane mit ihrer Mutter wie auch die mit ihrem Vater wurde von Clark Parson sorgfältig in Szene gesetzt. Beide Eltern wurden angewiesen, nichts zu sagen, während die Tochter ihre Erklärung vorlas, mit der sie ihre Eltern darüber informierte, wie sich der Mißbrauch auf ihr gesamtes Leben ausgewirkt hatte. Als Marybeth den ersten Teil der Liste hörte, verstand sie nicht, was ihr da vorgetragen wurde. Die Beschreibungen sexueller Handlungen entsprachen nichts, wovon sie jemals gehört hatte – und ganz gewiß nichts, woran sie und ihr Mann sich je beteiligt hatten. Selbstbefriedigung und oraler Sex hatten wenig mit dem Sexualleben zu tun, wie sie und ihr Mann es über die Jahre hinweg gepflegt hatten. An einem bestimmten Punkt unterbrach Marybeth und fragte: »Steckte er seinen Penis hinein?« Daraufhin erklärte Clark Parson ihr, daß sie still bleiben müsse und daß es bei Mißbrauch sicherlich auch um andere Dinge als Geschlechtsverkehr ginge. Man gab ihr einen Stift und Papier, damit sie sich ihre Fragen aufschreiben konnte. Als Jane mit der

Liste fortfuhr, blieb der Zettel, den Marybeth in ihrer Hand hielt, leer. Sie war zu betäubt, um etwas aufschreiben zu können.

Als Jane die Mißbrauchsszenen beschrieb, an denen auch Marybeth beteiligt gewesen sein sollte, merkte Marybeth, daß mit der Erinnerung ihrer Tochter in schrecklicher Weise etwas nicht stimmte. Der Gedanke, sich von ihrer Tochter sexuell befriedigen zu lassen, war für sie widerwärtig und scheußlich. Und mit einem Säugling oralen Sex zu haben? Selbst mit einer Pistole an der Schläfe, meint sie, hätte sie niemand zwingen können, so etwas mit ihren Töchtern zu tun.

Man gab auch Conrad zu Beginn der Zusammenkunft mit seiner Tochter ein Stück Papier und einen Stift und bat ihn, nicht zu antworten, bis Jane zu Ende vorgelesen hätte, was sie ihm zu sagen hatte. Sie las ihm zunächst eine dreiseitige Erklärung vor, die sie für dieses Treffen verfaßt hatte. Sie begann damit:

Vor langer Zeit, als ich noch ein kleines Mädchen war, hast du mich auf eine Weise berührt, wie du es nicht hättest tun sollen; und du hast mich dazu gebracht, dich auf eine Weise zu berühren, wie du es nicht hättest tun sollen. Was du mir angetan hast, jagte mir Angst ein und verwirrte mich. Es war so schrecklich, daß ich diese Erinnerungen über Jahre hinweg verdrängte. Du warst mir beim Vergessen behilflich, weil du mir, als ich größer wurde, immer wieder sagtest, daß ich nichts aus der Zeit vor einem Alter von fünf Jahren erinnern könne. Und ich glaubte dir, weil du mein Vater und der klügste Mann warst, den ich je kannte.
Jetzt, im Alter von 45 Jahren, fange ich an, mich daran zu erinnern, was du mir vor meinem fünften Lebensjahr angetan hast. In den letzten Monaten durchlebte ich diese Ereignisse erneut; die Szenen spielten sich zu unerwarteten Zeiten vor meinen Augen ab und waren wie ein Film, den man sich mehrfach angesehen hat. Es war unerhört und furchterregend; es war einfach zuviel.

Sie fuhr fort, die Mißbrauchsszenen, die sie gesehen hatte, und die Probleme aufzulisten, die diese Erfahrungen in ihrem Leben ausgelöst hätten. »Weil du nicht wolltest, daß irgend jemand herausfindet, was du getan hast, hast du bestimmte Dinge unternommen, um mich zum Schweigen zu bringen. Später hast du versucht, mein Selbstvertrauen durch emotionalen Mißbrauch zu zerstören. Du hast unmögliche, jeder Logik widersprechende Aufgaben konstruiert, nur um mir die Lektion zu erteilen, daß ich mir keine Leistung zutrauen dürfe. Meiner Urteilskraft, schon das Richtige zu tun, konnte ich nicht vertrauen, weil ich nie etwas richtig machte.«

Die Erklärung schloß mit der Aufforderung an ihn, ihr einen Brief zu schreiben; darin sollte er erklären, warum er sie mißbraucht hatte und wie er es geschafft hätte, sich durchzumogeln, ohne daß es jemand gemerkt habe. Conrad Bridges war von dem, was er da hörte, verwirrt. Nichts von diesen merkwürdigen und schrecklichen Dingen, die sie sagte, hatte irgend etwas mit dem zu tun, woran er sich erinnern konnte. Es wurde ihm nicht gestattet, die Beschuldigungen zu leugnen oder mit seiner Tochter zu sprechen, weil Clark Parson kurz nachdem Jane ihre Erklärung vorgelesen hatte, verkündete, das Treffen sei beendet.

Später versuchten sich Conrad und Marybeth an irgend etwas in Janes Kindheit zu erinnern, was der Anlaß zu solchen Gedanken gewesen sein könnte. Marybeth erinnerte sich daran, daß die Kinder manchmal zu ihnen ins Bett gekommen waren, wenn sie Alpträume gehabt hatten oder wenn sich eines von ihnen bei einem Gewitter gefürchtet hatte. Sie erinnerte sich, daß sie ihnen erlaubt hatte, eine Weile zu bleiben, sie aber immer in das eigene Bett zurückgebracht hatte. Sie erinnerte sich auch an das eine Mal, als Jane, die damals vielleicht zwölf Jahre alt gewesen war, eines Morgens zu ihrem Vater ins Bett gekrochen kam, als sie selbst sich gerade um eines der Babys kümmerte. Als sie ins Zimmer zurückkam, stieg ihr Mann aus dem Bett und ging auf die Toilette. Vorn am Schlafanzug war eine ausgebeulte Stelle zu sehen. Sie wußte, daß er oft morgens, bevor er auf die Toilette mußte, eine Erektion hatte. Die Mutter meinte, Jane solle ihren Vater nicht in diesem Zustand sehen, und schimpfte mit ihr, indem sie sagte, sie sei zu alt, um zu ihrem Vater ins Bett zu schlüpfen. Conrad konnte sich an den Vorfall nicht erinnern.

An der Feier zu seinem achtzigsten Geburtstag nahmen all seine Töchter teil, aber Jane blieb dabei auf Distanz zu ihrem Vater. Sie erzählte ihrer zweitjüngsten Schwester Tammy von ihren neuen

Enthüllungen und von ihrer Konfrontation mit dem Vater. Auf der Feier bat Tammy ihren Vater dringend, sich bei Jane zu entschuldigen, selbst wenn er sich nicht daran erinnere, was geschehen sei. Eventuell könne er mit einer Entschuldigung die Situation einfacher machen und die Spannung, die offensichtlich zwischen ihnen entstanden war, abbauen. Einige Tage später fuhr Conrad zum Haus seiner Tochter, um den Versuch zu unternehmen, die Situation zu entschärfen. Jane kam zur Veranda auf der Vorderseite des Hauses, bat ihn aber nicht herein. »Ich möchte mich entschuldigen«, sagte der Vater zu seiner Tochter. »Ich bin einfach hier, um zu sagen, daß es mir leid tut.«

Weil sie der Meinung war, er wolle seine Verbrechen an ihr eingestehen, begann Janes Herz zu klopfen.

»Was tut dir leid?«, fragte sie.

»Es tut mir leid, daß du diese Gedanken im Kopf hast«, antwortete er.

Nach der therapeutischen Konfrontation wurden die Szenen in Janes Vorstellungswelt immer schlimmer. In ihr festigte sich die Auffassung, es sei auch lange nach ihrem fünften Lebensjahr noch zu Mißbrauch gekommen. Als sie eines Nachts ihren Körper fest an den ihres Mannes schmiegte, entstand ein neues Bild in ihr; sie sei gezwungen worden, dasselbe bei ihrem Bruder zu tun, als der noch ein Baby und sie siebzehn war. Diese Enthüllung traf sie wie ein Schlag: Der Mißbrauch war weitergegangen, bis sie mit dem Studium begann.

Während die bildlichen Vorstellungen im Laufe der Therapie immer plastischer wurden, bekam Jane allmählich auch im wachen Zustand Halluzinationen, und sie hatte oft Schwierigkeiten, zwischen der Realität und dem zu unterscheiden, was sie sich in ihrem Kopf ausmalte. Als sie zu ihrem Arbeitskollegen im Büro kurz herüberblickte, hatte sie den Eindruck, sein Penis hinge aus der Hose. Bei einem zweiten Blick sah sie, daß der Reißverschluß geschlossen war. Ein andermal, als sie mit Freunden vor dem Fernseher saß, sah sie dort einen Mann, der so an sich rubbelte, als befriedige er sich selbst. Im nächsten Augenblick war sie sich nicht sicher, was er tun würde. Sie schaute sich in der Runde der Freunde um und merkte, daß das sonst niemand gesehen hatte. Am Ende konnte sie mit ihrem Mann keinen Geschlechtsverkehr mehr im Dunkeln haben, weil sie jedesmal, wenn das Licht ausging, ganz deutlich vor Augen hatte, daß ihr Vater im Raum stand und zusah.

Zur selben Zeit als die Bilder in ihrem Kopf begannen, in die Realität um sie herum einzudringen, wurden die Bilder, von denen sie glaubte, daß sie aus ihrer Vergangenheit kamen, bizarrer. In einer Szene sah sie sich selbst im Alter von einem Jahr, wie sie gezwungen wurde, mit anzusehen, wie ihr Vater eine Hündin vergewaltigte. Bei einer anderen Episode war sie vier Jahre alt und befand sich auf dem Arm des Vaters in einem Stall. Er trug sie zur Hinterhand eines Pferdes und brachte sie dazu, Faust und Arm in den After des Tieres zu stecken. Diese Erinnerung war so beunruhigend, daß sie mehrere Wochen brauchte, um sie vollständig freizulegen. Später erinnerte sie sich, daß sie noch einmal eine ähnliche Handlung ausführen mußte, diesmal an ihrem Vater. Sie rekonstruierte auch jenen Tag, an dem ihr Vater sie dazu brachte, einen Teller mit ihrem eigenen Kot zu essen, und sie zwang, jeden Bissen zwanzigmal zu kauen.

Wie Jane es schaffte, den Mißbrauch zu vergessen, ist eine Frage, die während der Therapie anscheinend kaum Bedeutung hatte. Als die Szenen erstmals auftauchten, nahm Jane an, sie habe jeden dieser schrecklichen Augenblicke einzeln und nahezu auf der Stelle verdrängt. Zu einem späteren Zeitpunkt glaubte sie, während des Mißbrauchs so dissoziiert gewesen zu sein, daß die Erinnerungen nie ins Bewußtsein getreten seien, sondern nur unbewußt aufgezeichnet wurden. Aber die Auffassung, daß die Erinnerungen direkt nach dem Mißbrauch verschwanden, geriet in Widerspruch zu ihren späteren Geschichten. Manches von dem Material, das sie im Verlauf der Therapie entdeckte – dazu gehörten eine Geschichte, bei der sie sich erinnerte, »die ganze Zeit über« an Mißbrauch gedacht zu haben, und eine andere, in der sie während der Kindertage das Geheimnis ihres Inzests einer damaligen Freundin enthüllte –, läßt eindeutig darauf schließen, daß sie zum Zeitpunkt, als der Mißbrauch stattfand, Erinnerungen daran gehabt haben mußte. Die Begründung, wie und warum Jane die Erfahrungen verdrängte, wechselte langsam von einer augenblicklichen Verdrängung zu einem Verdrängungsmechanismus, der durch Drohungen des Vaters ausgelöst wurde. Als die bizarreren Szenen hochkamen, glaubte sie erneut, daß sie die Erinnerungen sofort verdrängt hätte. So versicherte sie schließlich, daß beispielsweise der Mißbrauch mit dem Pferd in dem Moment, als er geschah, aus ihrem Bewußtsein gelöscht worden sei. Diese Widersprüche erschütterten weder ihren Glauben noch den von Clark Parson, daß jede einzelne ihrer bildlichen Vorstellungen mit der Realität übereinstimmte und es sich um genaue Erinnerungen handelte.

Allmählich tauchten, eine nach der anderen, Janes vier Schwestern in Mißbrauchsbildern auf. Als der ältesten von fünf Töchtern und einem Sohn, erinnerte sie sich, habe ihr der Vater gesagt, sie solle ihren Schwestern die Tricks beibringen, wie sie ihn erregen und befriedigen könnten. »Ich zeigte ihnen, wie man es richtig macht«, lautete ein Eintrag in Janes immer länger werdenden Liste von Mißbrauchsszenen. »Er zeigte Wohlwollen mir gegenüber, wurde aber wütend, wenn ich es nicht richtig machte. Ich wollte, daß sie [ihre Schwestern] es richtig machten. Ich war dafür verantwortlich. Ich war die älteste. Ich gab die Anweisungen und brachte es ihnen bei, weil ich wußte, wie es geht. Ich zeigte ihnen, wie sie es machen sollen. Ich sehe es vor mir. Wir liegen nackt im Bett, er liegt auf dem Rücken. Meine kleine Schwester masturbiert ihn; aber sie kann es nicht gut, deshalb zeige ich es ihr. Es war ein verrückter Wettkampf. Wir sollten miteinander wetteifern, und Papa entschied, wer gewonnen hatte.«

Jane beschloß, daß es besser sei, alle Schwestern zusammenzubringen und die Angelegenheit mit ihnen zu besprechen. Dazu buchte sie zwei nebeneinanderliegende Hotelzimmer. Bei dem Treffen teilte sie ihnen mit, sie sei vom Vater sexuell mißbraucht worden, und las ihnen eine Liste mit den Erinnerungen vor, die sie aufgedeckt hatte. Alle Schwestern, mit Ausnahme von Tammy, die bereits vorher von den Beschuldigungen gehört hatte, waren verblüfft. Jane erzählte ihnen, sie habe ihre Eltern damit konfrontiert, und ihre Mutter habe gesagt, es handle sich nicht um einen Mißbrauch, solange sie und der Vater nicht tatsächlich miteinander verkehrt hätten. Alle Schwestern waren empört, daß ihre Mutter so etwas sagen konnte – nicht nur, weil diese Eingrenzung so offensichtlich falsch war, sondern auch, weil es sich dabei anscheinend um ein stillschweigendes Eingeständnis handelte, daß eine gewisse Form von Mißbrauch stattgefunden hatte.

Keine der Schwestern konnte sich jedoch daran erinnern, daß der Vater sie sexuell mißbraucht hätte, auch von den Vorfällen, die Jane beschrieb, wußten sie nichts. Obwohl Jane enttäuscht war, überraschte sie das nicht. Sie erzählte ihnen in allen Einzelheiten, wie langwierig und schwierig der Prozeß war, bei dem sie ihre Erinnerungen aufdeckte, wie ihr Wissen ursprünglich – ausgelöst durch unerklärbare Ängste – in Momentaufnahmen hochkam und erst später die Form »voll ausgebildeter Erinnerungen« annahm. Sie erklärte die vielfältigen Auswirkungen von Mißbrauch, einschließlich ihrer Probleme am Arbeitsplatz und in ihrem Sexualleben, ihre häufigen Depressionen und ihre Unfähigkeit, zu weinen oder Emotionen auszudrücken. Sie forderte sie auf, noch einmal auf ihr augenblickliches Leben und auf ihre Kindheit zurückzublicken, um zu erkennen, ob es nicht doch Ereignisse gab, die darauf hinwiesen, daß etwas geschehen war.

Meredith, eine der Schwestern, sagte, daß sie sich daran erinnere, im Alter von zwölf Jahren unter der Dusche gestanden zu haben, als der Vater ins Badezimmer kam und ihr schimpfend sagte, wie sie sich gründlich von Kopf bis Fuß waschen solle. Obwohl er den Duschvorhang nicht beiseite geschoben hatte, hatte sie sich dabei verlegen und peinlich berührt gefühlt. Sie erinnerte sich auch an eine Situation, als sie mit gespreizten Beinen auf einem Sessel saß und ihr der Vater sagte, sie solle die Beine zusammennehmen. Allison, die zweitälteste Tochter, sagte, sie habe kürzlich Angst vor der bildlichen Vorstellung von etwas Großem gehabt, das auf ihr Gesicht zukam, und vor dem Gefühl, erstickt zu werden. Zu diesem Zeitpunkt habe sie emotionale Probleme mit ihrem Mann gehabt und das Gefühl auf die Tatsache bezogen, daß sie kein Vergnügen dabei empfand, oralen Sex mit ihm zu haben. Später dachte sie, das Gefühl könne vielleicht eine Erinnerung an das Stillen in der Säuglingszeit sein. Janes Enthüllungen brachten Allison dazu, sich zu fragen, ob das Erstickungsgefühl möglicherweise mit etwas anderem in Verbindung stehen könne. Als Paula, die mittlere der fünf Schwestern an der Reihe war, erzählte sie den übrigen eine Geschichte von einem Mann, an die sie sich wohl immer erinnert hatte; er soll ein kleines Mädchen aufgefordert haben, »mit seinem Püppchen zu spielen«, nur daß es kein Püppchen war, sondern sein Penis. Die Geschichte schien ihr immer durch den Kopf gegangen zu sein, aber sie wußte nicht recht, wer der Mann und das Mädchen waren, ob ihr die Geschichte erzählt worden war, ob sie sie selbst erlebt oder sich nur vorgestellt hatte. Tammy konnte sich an keine derartige Szene erinnern, sagte jedoch zu Jane, sie sei völlig davon überzeugt, daß sie die Wahrheit sage.

Während der nächsten Monate dachten alle Schwestern, vor allem Tammy, viel über Janes neue Überzeugungen und ihre eigenen Erinnerungen an die Kindheit nach. In dieser Zeit zerbrach Tammys Ehe, und sie fragte sich, ob die Probleme in ihrem Leben auf traumatische Erfahrungen zurückgeführt werden könnten, an die sie sich nicht erinnern könne. Sie kaufte zwei Bücher über Inzestopfer und fand einen Therapeuten, der über ein fundiertes Wissen zur Aufdeckung von Erinnerungen zu verfügen schien.

Einige Monate später beschloß Tammy, sich für ein verlängertes Wochenende an einen einsamen Ort zurückzuziehen, um mehr über ihre Erinnerungen in Erfahrung zu bringen. Sie mietete eine Hütte in den Bergen, packte mehrere Bücher über verdrängte Erinnerungen und Kindesmißbrauch ein, die sie dann las, und dachte intensiv über ihr Leben nach. Sie rief ihre Schwester an, um mit ihr über deren Mißbrauchserinnerungen zu sprechen. Die beiden redeten lange voller Emotionen über ihre Kindheit. Jane beschrieb neuere Mißbrauchsszenen, die vor kurzem in ihrer bildlichen Vorstellung aufgetaucht waren. Später sprachen sie über ihr gemeinsames Zimmer und ihr gemeinsames Spielzeug. Tammy fragte ihre Schwester, ob sie sich an eines ihrer Bücher erinnere, in dem Puppen lebendig wurden und zu spielen begannen. Jane hatte das Buch geliebt und sich als Kind häufig gewünscht, daß ihre eigenen Puppen auf magische Weise zum Leben erweckt würden. Während sie über das Buch sprachen, entdeckte Tammy, daß sie sich die Zeichnungen im Buch bei geschlossenen Augen mit bemerkenswerter Klarheit vorstellen konnte. Sie beschrieb Jane ein Bild, das sie deutlich sehen konnte. Als die Puppen in der

Geschichte zum Spielen hinausgingen, machten sie sich schmutzig; sie mußten gewaschen und draußen auf die Wäscheleine gehängt werden. Tammy hatte das Bild mit den Puppen, die mit dem Kopf nach unten an der Leine baumelten, vor Augen. Dann passierte in diesem Bild etwas Merkwürdiges: Eine der Puppen hatte einen Kochlöffel aus Holz zwischen den Beinen. Das ergab keinen Sinn, dachte sich Tammy: »Das war nicht Teil des Bildes.« Daraufhin hatte sie eine weitere schreckliche Vorstellung. Es war eine Art Halbbild der rundlichen Schenkel eines Babys und eines hölzernen Löffelstiels, der aus ihnen herausragte. Plötzlich fühlte sie einen Schmerz im Unterleib. In Panik beschrieb sie Jane, was sie empfand und sah, da verschwand der Schmerz plötzlich wieder. Sie stimmten darin überein, daß es sich um eine Erinnerung handele: Tammy war ebenfalls mißbraucht worden. So wie die Babyschenkel, die sie gesehen hatte, aussahen, schloß Tammy, daß sie ungefähr ein Jahr alt gewesen sein dürfte. Dem Schmerz nach, der bei der Momentaufnahme hochkam, mußte der Löffel, den sie gesehen hatte, als sexuelles Werkzeug eingesetzt worden sein.

Als sie besprachen, was Tammy gerade erlebt hatte, kam in Jane selbst eine neue Vision auf. In diesem Bild war sie vier Jahre alt; ihr Vater rief sie und ihre Schwester zum Küchentisch, wo die einjährige Tammy auf dem Rücken lag. Der Vater beugte sich über sie und küßte die Genitalien des Kindes. Dann wies er die älteren Schwestern an, Tammy an den Schultern festzuhalten, während er einen hölzernen Löffelstiel in ihre Vagina schob. »Ich war dabei«, platzte Jane am Telefon heraus. »Ich sah, was geschah.«

Mit der Bestätigung der Ereignisse durch ihre Schwester, doch ohne ein ausreichendes Geständnis von seiten des Vaters oder der Mutter, faßte Jane den Entschluß, die Möglichkeit eines Prozesses gegen ihre Eltern in Betracht zu ziehen; sie wollte eine Entschädigung für die emotionale Störung bekommen, unter der sie litt, außerdem brauchte sie Geld für die aufgelaufenen Therapierechnungen. Über ihre Selbsthilfegruppe machte sie eine Rechtsanwältin ausfindig, die in zahlreichen ähnlichen Fällen tätig geworden war. Bei ihrem Treffen mochte Jane die Anwältin, eine freundliche Frau, die sehr schnell redete, auf den ersten Blick. Sie brachte zum Ausdruck, daß sie Janes Erinnerungen für präzise und wahr hielt und erklärte, daß die Gesetze des Bundesstaates gerade vor ein paar Jahren geändert worden seien, damit diejenigen, die sich erst, als sie älter waren, an den Mißbrauch erinnern konnten, die Täter noch verklagen könnten. Sie sagte Jane, sie habe Dutzende solcher Fälle vor Gericht vertreten und in der Mehrzahl habe es eine außergerichtliche Einigung gegeben. Sie erwähnte Jane gegenüber auch, daß eine juristische Auseinandersetzung für viele Mißbrauchsopfer ein wertvoller und bedeutsamer Teil ihres Heilungsprozesses sei. Die Anwältin war an entscheidender Stelle mit daran beteiligt gewesen, die Gesetzgebung des Bundesstaates zu ändern, und hatte anschließend eine Reihe lukrativer Zivilprozesse geführt.

Trotz der Versprechungen der Anwältin wirkte sich der Prozeß bei weitem nicht heilsam auf Jane aus. Die Notizen ihres Therapeuten sind voller Hinweise auf ihre ständig wachsende Angst. Janes Eltern weigerten sich, sich außergerichtlich zu einigen und irgendwelches Geld für Verbrechen zu zahlen, die sie nicht begangen hatten, beziehungsweise für eine Therapie, die ihrer Überzeugung nach ihre Tochter zerstörte. Um sich noch weiter zu »bevollmächtigen«, nahm Jane mit einem Reporter der örtlichen Tageszeitung Kontakt auf, um ihre Geschichte zu erzählen. Die drei Zeilen hohe, fette Schlagzeile lautete: TOCHTER BESCHULDIGT VATER, DER ARZT IST. Jane wurde in dem Artikel mit den Worten zitiert, sie hätte bis zum Eintritt in die Therapie nichts über ihre Kindheit gewußt, es sei »Teil meines Heilungsprozesses«, wenn sie ihre Eltern anklage, und sie mache dies stellvertretend für die anderen Opfer, die nicht das Geld hätten, entsprechende Prozesse anzustrengen. Nachdem ihre Eltern den Artikel morgens in der Zeitung gelesen hatten, verfaßten sie ein neues Testament und enterbten Jane.

Bald kamen gute Nachrichten von ihrer Schwester Paula. Ihre Erinnerung an den Mann, der das kleine Mädchen mit seinem Penis spielen ließ, hatte sich weiterentwickelt, seit sie bei der Zusammenkunft der Schwestern im Hotelzimmer davon erzählt hatte. Als sie sich das Ganze immer wieder durch den Kopf gehen ließ, wuchs in ihr die Überzeugung, daß es sich bei dem kleinen Mädchen um sie selbst gehandelt haben muß und daß der Mann wahrscheinlich ihr Vater war. Während Paulas und Tammys neue Überzeugungen dazu beitrugen, Janes Erinnerungen zu bestätigen, konnten sich die anderen Schwestern und auch ihr Bruder Matthew nicht an den über Jahre fortgesetzten Mißbrauch erinnern, der ihnen, wie Jane aufgrund ihrer bildlichen Vorstellungen wußte, die Kindheit geraubt hatte.

In dieser Zeit zog Clark Parson, Janes Therapeut während der vergangenen anderthalb Jahre, in einen anderen Bundesstaat, weil behauptet wurde, er habe sexuelle Beziehungen zu einer Patientin gehabt. Als Jane andere erwachsene Mißbrauchsopfer nach einem Therapeuten fragte, kam sie auf Donna Pearlman. Die hatte vielen Mißbrauchsopfern geholfen, ihre Erinnerungen aufzudecken, und unternahm alle Anstrengungen, um hinsichtlich der rasch anwachsenden Erkenntnisse zu Erinnerung und Trauma auf dem laufenden zu bleiben. (Während Jane bei ihr in Therapie war, nahm sie an mehreren Seminaren mit prominenten Vertretern aus der Welt der verdrängten Erinnerungen und der multiplen Persönlichkeiten teil; dazu gehörten Renee Fredrickson, Walter Young und Richard Kluft.) Ihre Notizen über die Therapiesitzungen mit Jane beschreiben eine aufgewühlte Frau, bei der sie »fürchtete, sie wird verrückt«.

Als der Prozeß näherkam, weiteten sich Janes Vorstellungen, sie sei zum Opfer gemacht worden, immer stärker aus. Ihre Erinnerungen umfaßten nun auch neue Täter, so den Zahnarzt der Familie und einen der Ärzte, mit denen ihr Vater zusammenarbeitete. Auf Janes Liste standen jetzt neunzig unterschiedliche Erinnerungen, die jedes Familienmitglied über den gesamten Verlauf ihrer Kindheit mit einbezogen. Nach ihren neuen Erkenntnissen über ihre Kindheit war der Sexualtrieb ihres Vaters unersättlich und alles verschlingend. Laut Jane war er ein Sadomasochist, der seine Opfer fesselte, mit Hilfe chirurgischer Instrumente folterte sowie alle Arten oralen, vaginalen und analen Verkehrs praktizierte. Indem sie zuschaute oder direkt beteiligt war, so glaubte Jane, sei sie Zeugin geworden, wie ihr Vater sexuelle Handlungen an Säuglingen, Mädchen und Jungen jeden Alters, Frauen, Strichjungen und mehreren Tierarten ausgeführt hatte. In der Geschichte sexueller Abweichungen wirkt der Marquis de Sade daneben wie ein

Waisenknabe. Die Kindheit in der Familie Bridges muß danach ein langer sexueller Alptraum gewesen sein; Jane war der Meinung, sie sei die einzige, die intensiv genug an ihren Erinnerungen gearbeitet hätte, um der Wahrheit ins Auge zu sehen.

Es frustrierte sie allmählich, daß ihre Geschwister nicht den Weg in die Therapie gefunden hatten, um Erinnerungen aufzudecken, die ihre Überzeugungen bestätigt hätten. Während sie sich um deren seelische Gesundheit Sorgen machte, verfiel ihre eigene. Nach den Unterlagen ihrer Therapeutin bezeichnete sich Jane als immer »konfuser« und meinte, daß nahezu jeder Konflikt, jede Angst und jede emotionale Begegnung dazu beitrug, daß sie dissoziierte. Sie und Donna Pearlman arbeiteten hart, aber mit geringem Erfolg daran, daß sie ihre Unfähigkeit zu weinen überwand. Nachdem sie eine ganze Serie von neuen Rückblenden durchlebt hatte, in denen sie die Eltern ans Bett fesselten und sie mißbrauchten, begann sie, sich zu fragen, ob es multiple Persönlichkeiten gab, die in ihrem Unbewußten schlummerten. Sie wußte, daß Multiple Persönlichkeitsstörungen bei Frauen, die zu der Überzeugung gelangt waren, sie seien so schwer mißbraucht worden wie sie, häufig vorkamen. Verborgene andere Persönlichkeiten würden erklären, warum sie so wenige Erinnerungen an ihre Kindheit hatte – und auch ihre kürzlich entdeckte Neigung, in belastenden Augenblicken die Konzentration zu verlieren.

Janes Wut gegen den Vater wendete sich auch gegen andere Menschen in ihrem Leben. Sie fing an, »in jedem ihren Vater zu sehen«, notierte ihre Therapeutin; Jane erkannte, wie wenig sie ihrem Mann traute, wenn er mit ihrer Tochter zusammen war. Sie meinte, daß alles in ihrem Leben »hundertprozentig« in ihre Verantwortung fiele. Obwohl Donna Pearlman ihr Wege aufzeigte, wie sie Verantwortung von sich schieben und wie sie ihre Wünsche und Bedürfnisse über die anderer Personen stellen könne, schien die Belastung immer größer zu werden. In einer zweizeiligen Therapienotiz faßte sie Janes Zustand zusammen: »Angst wg. Ehe, Schwierigkeiten, sich an der Arbeitsstelle zu konzentrieren. Gerichtsprozeß als allgegenwärtige Belastung.« In der nächsten Woche berichtete Jane über Selbstmordgedanken. Einige Sitzungen später beschrieb sie einen Drang, sich die Hände abzuhacken.

Donna Pearlman notierte, daß sie Jane half, »sich darauf zu konzentrieren, daß ihr Selbst ihr Selbst ist«. Zum nächsten Termin kam Jane mit einem Verband, der die selbst zugefügten Wunden an den Händen verbarg.

Vor Gericht beantragte sie 650 000 Dollar als Schmerzensgeld für das, was sie erlitten hatte, und als Schadenersatz, damit sie ihre bisherige und künftige Therapie finanzieren könne. Bei der dreiwöchigen Zeugenvernehmung sagten alle Mitglieder der Familie Bridges aus, außerdem zahlreiche Therapeuten, Experten zu Gedächtnis- und Beeinflussungsvorgängen und der Hausarzt der Familie. Der Verteidiger der Eltern zitierte sogar einen Tiermediziner herbei, um dem Gericht zu erklären, wie ein Pferd reagieren würde, wenn jemand direkt hinter dem Tier stünde und seinen Arm mit Gewalt in seinen Dickdarm drückte. Von Janes fünf Geschwistern sagten drei aus, sie könnten sich an keinen Mißbrauch erinnern, während Tammy und Paula glaubhaft versicherten, auch sie hätten kürzlich erkannt, daß ihr Vater sie sexuell mißbraucht habe. Jeden Tag war der Gerichtssaal voll mit Inzestopfern aus den örtlichen Therapiegruppen, die gekommen waren, um Jane zu unterstützen.

Nach den Abschlußplädoyers verließ der Einzelrichter, wie er in seinem Kommentar anmerkte, »den Gerichtssaal ohne eine klare Meinung darüber, welche Entscheidung ich fällen würde«. Auf der Grundlage des Opportunitätsprinzips, wie es in solchen Zivilprozessen zur Anwendung kommt, sprach er Jane schließlich eine Summe von 150 000 Dollar zu. In seiner Urteilsbegründung führte er aus, er habe schwerwiegende Zweifel an vielen von Janes Erinnerungen, doch die Einzelerinnerungen der beiden anderen Schwestern würden ihre Behauptung, sie sei mißbraucht worden, stützen. »Ich möchte Ihnen auch nicht verschweigen, daß ich Zweifel habe«, schrieb er. »Ich werde immer Zweifel daran haben.«

Weil alle Erinnerungen von Jane auf dieselbe Weise zustande gekommen waren, rief die Entscheidung, einigen Erinnerungen Glauben zu schenken und anderen nicht, auf beiden Seiten Erstaunen hervor. Jane verstand den Gerichtsbeschluß eher als Niederlage denn als Sieg. Mit den 150 000 Dollar konnte sie kaum die Therapierechnungen und das Honorar der Rechtsanwältin bezahlen. Als ein Reporter sie fragte, was sie zu der Entscheidung meine, brach sie in Tränen aus und konnte nicht aufhören zu schluchzen – sie hatte endlich die Fähigkeit zu weinen wiedererlangt.

Bei ihren neuesten bildlichen Vorstellungen bemerkte Jane einen verwirrenden Symbolismus, der darauf hindeutete, daß sie wohl bald die nächste Stufe auf der Opferleiter erklimmen würde. In einer Szene beobachtete sie ihren Vater, wie er sie in einen Sarg legte und den Deckel schloß. In einer anderen brachte er sie dazu, mit dem toten Körper eines jungen Mädchens etwas zu machen – sie versucht sich immer noch vorzustellen, was dieses etwas ist. Später sah sie sich, wie sie nackt an einem fremden Ort an ein Bett gefesselt war und beobachtete, daß ihr jemand eine Schlange auf den Bauch legte. In dieser Szene wurde das Gesicht ihres Vaters so häßlich wie das eines Ungeheuers. Der Sarg, die Schlange und der Kinderleichnam überzeugten Jane davon, daß sie es jetzt wahrscheinlich mit einer völlig neuen Serie von Erinnerungen zu tun hatte. Sie meldete sich für einen Therapieaufenthalt in Klausur an, um diesen neuen düsteren Hinweisen zu folgen. Während einer Übung dort, bei der die Teilnehmerinnen aufgefordert wurden, ihre Wut zum Ausdruck zu bringen, indem sie mit Gummischläuchen auf Telefonbücher einschlugen, verfiel Jane in einen Trancezustand. In diesem Zustand ließ sie sich buchstäblich zu den neuen Erinnerungen »hintreiben«. »Ich ging weiter, um näher an die Erinnerung heranzukommen«, beschreibt Jane die erschreckende Erfahrung. »Ich sah auf sie herunter und konnte sie erkennen. Es war dunkel, und da waren Menschen in Masken und wallenden Gewändern, die im Kreis um ein großes Feuer herumstanden. Sie standen um ein Kind herum.«

Hypnose, oder wie man Pseudoerinnerungen erzeugt

In den Geschichten, die Therapeuten in Zeitschriftenartikeln und in Büchern erzählen, wird die Arbeit der Therapie zur Aufdeckung von Erinnerungen unweigerlich glorifiziert. In den Berichten über ihre Arbeit sprechen sie oft darüber, was für ein schweres Los es ist, ein selbstloser Heiler zu sein. Die Einsichten, die sie bei der wackeren Erkundung der Seelen ihrer Patientinnen gewinnen, werden stets als tiefgründig dargestellt. Obwohl zu den Fallgeschichten, über die diese Therapeuten berichten, meist ein dramatischer Augenblick gehört, in dem der Prozeß der Aufdeckung von Erinnerungen ins Stocken gerät und sich die Symptome der Patientin plötzlich verschlimmern, enden die Geschichten fast immer mit einem atemberaubenden Durchbruch. Der Therapeut und die Patientin überwinden die Ungewißheit, durchstoßen die Barriere des Gedächtnisverlusts und entdecken die schreckliche Wahrheit, die sich in der Vergangenheit der Patientin verbirgt. Natürlich überrascht es nicht, daß die von Therapeuten geschriebenen Fallberichte ihren eigenen Zwecken dienen, doch wir wollen bestimmt nicht sagen, daß man sie deshalb abtun sollte. Wenn Therapeuten ihre Geschichten erzählen und ihre Theorien darstellen, haben sie allen Grund, sich selbst als bedachtsame, sorgfältige und effektive Heiler zu porträtieren. Gerade deshalb sollte man eigentlich davon ausgehen, daß man in ihren eigenen Schriften keine Beweise für die Theorie findet, daß Therapeuten bei der Aufdeckung verdrängter Erinnerungen ihren Klientinnen häufig stillschweigend die falsche Überzeugung aufzwingen, sie seien sexuell mißbraucht worden. Es zeugt vom Glauben dieser Therapeuten an ihre Vorgehensweise, daß unsere Belege zum großen Teil gerade aus diesen Quellen stammen – aus ihren eigenen Veröffentlichungen. Die Fehler, die sie offenbaren, sind vor allem deshalb aufschlußreich, weil sie in dieser Form dargestellt ganz klar zeigen, daß jene Therapeuten sie gar nicht als Fehler betrachten, sondern als Beispiele für hervorragendste und sorgfältigste Arbeit. Häufig schreiben diese Therapeuten über die Wirksamkeit der Hypnose beim Durchbrechen der Barriere, die angeblich zwischen der Patientin und ihren unbewußten, verdrängten Erinnerungen steht. Wenn man sie allgemein als jeden willentlich oder unwillentlich herbeigeführten Trancezustand definiert, gehören zur Hypnose auch Amytal-Interviews und Altersregression sowie Entspannungstechniken und Übungen mit bewußt hervorgerufenen Vorstellungsbildern. In der Begeisterung für ihre Arbeit propagieren diese Therapeuten die Hypnose häufig unkritisch als eines der wirksamsten Verfahren, um Mißbrauchserinnerungen aufzuspüren.

Bevor wir uns näher mit den Forschungsergebnissen zur Beziehung zwischen Hypnose und Gedächtnis beschäftigen, sei auf die Geschichte von Sue hingewiesen, die Dolores Siegel und Charles Romig im ›American Journal of Family Therapy‹ veröffentlichten. Nach diesem Artikel kam Sue in die Paartherapie, weil sie fürchtete, ihr Verlobter Jack könne die Verlobung lösen. Anscheinend gab es gute Gründe für diese Angst, denn Sue hatte die Verlobung mit Jack nicht nur einmal, sondern zweimal gelöst – jedesmal nur eine Woche vor dem geplanten Hochzeitstermin. Sie berichtete auch über Ängste in der Dunkelheit und Schwierigkeiten, allein einzuschlafen. Dazu erzählte sie von Träumen; in einem davon schlief sie in einer Krippe und sah jemanden, der sie kitzeln wollte. Die Autoren berichten: »Während sie sich über ihren Verlobten beschwerte, begann sie gelegentlich voller Ärger über ihren Vater zu schimpfen; dann kam sie wieder auf die negativen Äußerungen über ihren Verlobten zurück. Als man sie darauf aufmerksam machte, war sie sich nicht bewußt, ihren Vater erwähnt zu haben, und bestand darauf, stets eine hervorragende Beziehung zu ihm gehabt zu haben.[1]

»Diese Faktoren zusammengenommen«, schreiben die Autoren über die Informationen, die sie in der ersten Sitzung mit Sue aufdeckten, »brachten den Therapeuten dazu, anzunehmen, daß diese Klientin als Kind sexuell belästigt worden war und daß wahrscheinlich der Vater der Täter war. Weil sie darauf beharrte, eine gute und liebevolle Beziehung zu ihm zu haben, beschloß der Therapeut, daß ein »indirekter Ansatz der sinnvollste Weg sei, um einen Zugang zu den Mißbrauchserinnerungen zu finden.« Der Schlüssel zu diesem »indirekten Ansatz« war die Hypnose. In der zweiten Sitzung versetzte sie der Therapeut in einen Zustand tiefer Trance und erzählte ihr eine »ausgeschmückte« Version des folgenden Märchens:

Es war einmal ein kleines Königreich mit einem mächtigen, aber freundlichen König, der von seinen Untertanen sehr geliebt wurde. Er war recht zuvorkommend und bereit, sich mit fast jedem zu treffen, um mit ihm über alles zu sprechen. Er hatte eine Familie mit zwei Söhnen und einer Tochter... Es war ein glückliches Königreich, doch im Schloß ging etwas Beunruhigendes vor sich. Wie die meisten Könige hatte auch dieser König einen Zauberer, der machte, was Zauberer eben so tun. Der König liebte seinen Zauberer, der sehr weise und mächtig war... Der Zauberer war dem König sehr ergeben; das war wichtig, denn der Zauberer kannte ein mächtiges Geheimwort, das den König, sollte der Zauberer es je aussprechen, aller Fähigkeiten zu herrschen berauben würde. Sollte das Wort je gesagt werden, verlöre der König nicht allein seine Krone; auch seine Familie, wie ein Großteil seiner Untertanen, würde ihn dann wohl nicht mehr achten und lieben. Nur der König und der Zauberer wußten etwas von diesem Zauberwort. Weil der König den Zauberer liebte und die Weisheit sowie die Macht des Zauberers brauchte und weil der Zauberer dem König sehr ergeben war, hatte der König nie Angst, der Zauberer würde das Zauberwort sagen. Sie lebten glücklich und zufrieden bis zu dem Tag, an dem der Zauberer andere Königreiche besuchen wollte, um etwas dazuzulernen und ein besserer Zauberer zu werden. Das machte dem König angst; obwohl nämlich der Zauberer versicherte, daß der König weiterhin weise regierte, befürchtete der König, der Zauberer könnte jemanden treffen und heiraten wollen. Der König hatte Angst, der Zauberer würde dann einer anderen Person gegenüber treu und ergeben sein und könnte eines Tages das Zauberwort sagen. Der König und der Zauberer stritten lange darüber, und schließlich sagte der König zum Zauberer, er solle gehen und erst wiederkommen, wenn er ihm die Erlaubnis dazu gäbe. Der König redete sich sogar ein, er verfüge über genug Macht, um die Macht des Geheimwortes zu überwinden. Es kam zu einem heftigen Wortgefecht, und die gesamte Familie war sehr traurig, als der Zauberer ging. Der Zauberer war nämlich die einzige Tochter des Königs.[2]

Sue war tief erschüttert über den Ausgang der Geschichte. Immer noch unter Hypnose suggerierte ihr der Therapeut, daß sie sich nicht an die Einzelheiten der Geschichte erinnern solle, sondern daß sie schon bald viele verwirrende Gedanken über eine Person haben würde, die ihr am Herzen liegt. Als sie aus der Trance erwachte, war sie von diesem Erlebnis so mitgenommen, daß sie nach Hause gefahren werden mußte. In der nächsten therapeutischen Sitzung brachte sie zum erstenmal die Auffassung zum Ausdruck, ihr Vater habe sie möglicherweise als Kind sexuell mißbraucht.

Was läßt sich aus diesem Therapiebericht ablesen? Nach der Analyse von Dolores Siegel und Charles Romig »zeigt dieser Fall, wie die im Trancezustand erzählte Geschichte dazu führte, daß unterdrückte Erinnerungen ins Bewußtsein der Klientin vordringen konnten... Die Geschichte stellte ihr die Möglichkeit frei, selbst zu entscheiden, wie sie auf ihre eigenen Erfahrungen, die eine Entsprechung in jenen der Hauptfiguren der Geschichte fanden, reagieren solle. Sie entschloß sich, nicht mehr zu leugnen, daß sie zum Opfer gemacht worden war, und ihren Mißbrauch direkt anzugehen; auf diese Weise schaffte sie die Grundlage dafür, mit der Therapie beginnen zu können.« Für die Therapeuten beziehungsweise Autoren stellte diese Therapiearbeit eine Leistung dar, die es wert war, sie den Kollegen mitzuteilen – der Sieg eines therapeutischen Verfahrens über die »ausgeprägte Abwehrhaltung« einer Klientin.[3]

Diese Behandlungsleistung veranschaulicht die allgemeine Einstellung gegenüber Hypnose, die innerhalb der Bewegung zur Aufdeckung von Erinnerungen anzutreffen ist. Judith Herman wirbt in ›Trauma and Recovery‹ für Hypnose als eine »wirkungsvolle«

Technik, um verlorengegangene Erinnerungen an ein Trauma aufzudecken. »Zusätzlich«, schreibt sie, »kann man zahlreiche andere Techniken einsetzen, um einen veränderten Bewußtseinszustand hervorzurufen, in dem dissoziierte traumatische Erinnerungen leichter zugänglich sind.«[4] Zu diesen Verfahren zählen die intensive Gruppentherapie und das Natriumamytal-Interview. Renee Fredrickson gibt in ›Repressed Memories‹ diese Erläuterung: »Hypnose ist ein strukturierter Entspannungsvorgang, der darauf angelegt ist, einen Zustand der Dissoziation hervorzurufen. Dieser künstlich erzeugte Zustand der Dissoziation fördert Ihre Fähigkeit, mit den unbewußten Teilen Ihres Selbst, beispielsweise mit Gefühlen, Bewußtheit oder Erinnerungen, in Verbindung zu treten. Im Trancezustand können Sie an bildhafte Erinnerungen herankommen und verdrängte Mißbrauchserinnerungen abrufen.«[5] Um fair zu sein, sollte man sagen, daß die Therapeuten dieser Ausrichtung mit ihrem Glauben daran, daß die Hypnose einen besonderen Zugang zum Gedächtnis bietet, nicht allein dastehen. Kliniker sind seit langem davon beeindruckt, daß Patienten unter Hypnose anscheinend die Fähigkeit haben, lebhafte Erinnerungen an bedeutsame, lange zurückliegende Ereignisse aus dem Gedächtnis abzurufen. Fred Frankel, Professor an der Harvard Medical School, schreibt in seinem Aufsatz ›The Clinical Use of Hypnosis in Aiding Recall‹: »Die Vorstellung, daß Patienten nach einer hypnotischen Beeinflussung in der Lage sind, beträchtlich mehr aus ihrer Vergangenheit zu erinnern als im Wachzustand, wurde allgemein als ein Hauptvorteil, den die Hypnose bietet, angesehen.«[6] Obwohl zahlreiche Therapeuten sich der substantiellen Forschungsbefunde bewußt sind, die zeigen, daß Erinnerungen unter Hypnose verzerrt oder gar komplette Phantasiegebilde sein können, wurde dieses Wissen aus zwei guten Gründen weitgehend ignoriert. Zum ersten ist der Versuch, den Wahrheitsgehalt einer hypnotisch verstärkten Erinnerung zu bestimmen (wie auch den von jeder anderen Erinnerung) eine schwierige und undankbare Aufgabe, weil Therapeuten keinen direkten Zugang dazu haben, was sich in der Vergangenheit eines Patienten wirklich zugetragen hat. Mit Ausnahme von Erinnerungen, die der Logik widersprechen (beispielsweise dann, wenn sich ein Patient, der Veteran des

Vietnamkriegs ist, daran »erinnert«, dort in der Schlacht gefallen zu sein), kann der Therapeut nicht mit Gewißheit sagen, ob das beschriebene Ereignis stattgefunden hat oder nicht. Der zweite Grund, warum Therapeuten die Frage nach dem Wahrheitsgehalt von Erinnerungen weitgehend ignoriert haben, liegt darin, daß eine Erinnerung unter Hypnose *unabhängig* von ihrem Wahrheitsgehalt eine therapeutische Auswirkung haben kann. Einfach ausgedrückt: Therapeuten haben sich stärker mit der Bedeutung dessen beschäftigt, was in der Hypnose hervorgerufen wurde, als mit der Frage, ob es sich um eine Erinnerung oder um eine Vorstellung handelt. Das heißt, wenn ein Vietnamveteran die phantasierte Erinnerung auslebt, vom Vietkong gefangengenommen und getötet worden zu sein, kann die Wichtigkeit dessen, daß er jene tiefsitzende Angst, die er während des ganzen Krieges mit sich herumtrug, anspricht und »durcharbeitet«, abgeschätzt werden, trotz der offensichtlichen Tatsache, daß das Ereignis nie stattfand. Kein Therapeut würde solche Vorstellungen einfach deshalb abtun, weil sie nicht auf der Realität beruhen – Bedeutung ist wichtiger als Faktizität. Obwohl Erinnerungen, die unter Hypnose erzeugt werden, so Fred Frankel, möglicherweise »miteinander verschmelzen oder verzerrt« werden, »sind die Bewältigung und das Durcharbeiten unter beruhigenden Bedingungen eindeutig wichtig und hilfreich«, weil »die Affekte, die mit der wahren oder falschen Erinnerung verbunden werden, tiefsitzende Wünsche und Ängste zum Ausdruck bringen«.[7]

Diese Logik ist allerdings nicht, und das weiß Fred Frankel, auf das Hervorrufen des Glaubens anwendbar, daß eine Patientin von einem Elternteil (respektive einer Kindergärtnerin, einem Nachbarn oder einem Priester) sexuell mißbraucht worden sei. Jeglicher Heilungseffekt, den eine Patientin dadurch erreicht, daß sie zu dem falschen Glauben kommt, sie sei als Kind vom Vater vergewaltigt worden, steht in keinem Verhältnis zu dem psychologischen Schaden, den die Nährung dieses Glaubens auf lange Sicht anrichten würde. Unglücklicherweise gehen viele Therapeuten, die Erinnerungen aufdecken, anscheinend nicht nur davon aus, »Erinnerungen«, die unter Hypnose gefunden werden, seien immer wahr, sondern sind sich auch der Unmenge von Befunden nicht bewußt, die zeigen, daß diese Technik eine starke Tendenz aufweist, die Fähigkeit des Geistes zu mindern, zwischen der Erinnerung an ein reales Ereignis und einer in Trance vorgestellten Szene zu unterscheiden. Obwohl es nahezu allen Forschungsbefunden widerspricht, vertreten diese Therapeuten meist die Auffassung, daß die visuelle Vorstellung des Mißbrauchs, ob sie unter Hypnose entstand oder nicht, wahr sein *muß*.

Um die Frage untersuchen zu können, ob die Hypnose einen besonderen Zugang zum Gedächtnis ermöglicht, muß man zunächst klären, was Hypnose ist. Leider führt der Versuch, sie zu definieren, in eine Art Morast. Robert Baker weist in seinem Buch ›They Call It Hypnosis‹ darauf hin, daß sich diejenigen, die sich mit dem Thema beschäftigen, nicht recht einigen können, ob es Hypnose als einen bestimmbaren und von anderen unterscheidbaren Bewußtseinszustand gibt. Am besten kann man Hypnose vielleicht beschreiben als einen Zustand konzentrierter Aufmerksamkeit auf eine bestimmte Gruppe geistiger Bilder und Gedanken, während man sich gleichzeitig seiner Umgebung weniger bewußt ist. Trance läßt sich ganz gut mit jenem Zustand von Wahrnehmung vergleichen, den man hat, wenn man von den Bildern eines Romans so vollständig gefesselt ist, daß man das Zeitgefühl verliert, Geräusche um sich herum nicht mehr hört und sich ausschließlich auf die Szene konzentriert, die in der eigenen Vorstellung erzeugt wird. Der Unterschied besteht darin, daß in einer Trance die vorgestellten Bilder und Empfindungen nicht auf ein Buch zurückgehen, sondern auf die eigenen Gedanken und die Suggestionen des Hypnotiseurs. Die meisten Wissenschaftler betonen, daß die Hypnose es dem Patienten erlaubt, sein kritisches Urteilsvermögen abzulegen, stärker bereit zu sein, Suggestion anzunehmen, und sich unbefangen in Phantasiegebilden und Rollenspielen zu ergehen.

Zu der Frage, wie sich Hypnose und Gedächtnis gegenseitig beeinflussen, wurden viele Experimente durchgeführt. Was in der Therapie das Hauptproblem bildet, nämlich die Genauigkeit einer Darstellung der Vergangenheit zu beurteilen (weil weder die Klientin noch der Therapeut ein unverzerrtes Wissen über das wahre faktische Ereignis in der Vergangenheit der Klientin haben), ist im

Experiment eine Hürde, die man leicht nehmen kann. Indem die Forscher den Probanden Filme, Bilder oder Wortlisten zeigen und sie später hypnotisiert respektive unhypnotisiert befragen, können sie die Auswirkungen der Hypnose auf den normalen Abruf aus dem Gedächtnis recht genau bestimmen. Bei solchen Experimenten wurde herausgefunden, daß hypnotisierte Probanden bei einem Gedächtnistest mehr richtige und mehr falsche Antworten geben als wache Probanden, denen derselbe Test vorgelegt wird. Obwohl die zusätzlichen richtigen Antworten auf den ersten Blick zu belegen scheinen, daß über die Hypnose ein spezieller Zugang zum Gedächtnis existiert, zeigt ein zusätzlicher Test, daß das nicht stimmt. Bittet man die nichthypnotisierten Probanden, sich einfach länger zu konzentrieren oder zu raten, steigt die Zahl ihrer richtigen Antworten auf die Höhe derjenigen der hypnotisierten Probanden an.

Mehrere Untersuchungen haben gezeigt – und das ist eigentlich der wichtigste Punkt –, daß das Selbstvertrauen eines hypnotisierten Probanden sowohl bei den richtigen als auch bei den falschen Antworten zunimmt. Das heißt, während es gewöhnlich eine positive Korrelation zwischen dem Vertrauen auf das eigene Gedächtnis und der Genauigkeit der Erinnerung gibt, zumindest wenn es sich um kurze Zeiträume handelt, wird dieser Zusammenhang unter Hypnose geringer. Peter Sheehan, Professor an der Universität von Queensland in Australien, untersuchte, inwieweit hypnotisierbare Probanden leichter falsche Erinnerungen an Ereignisse, bei denen sie dabei waren, akzeptieren würden. Er fand heraus, daß diejenigen Personen, die sehr leicht hypnotisierbar waren, häufig einsuggerierte unrichtige Einzelheiten in ihre Erinnerungen an das erlebte Ereignis aufnahmen. Aus der Zusammenfassung der Ergebnisse einer weiteren Untersuchung über Hypnose und Abruf aus dem Gedächtnis folgerte er, daß Hypnose »offenbar entscheidend mit der Gewißheit und der Überzeugung zusammenhängt, die hypnotische Probanden gegenüber der Korrektheit der eigenen Schilderungen haben. Unabhängig vom wirklichen Wahrheitswert der Erinnerungsberichte hypnotisierter Probanden ist es eine recht zuverlässige Begleiterscheinung von Aussagen nach Hypnose, daß man sich dessen gewiß ist.«[8] Es scheint so zu sein, daß die Lebhaftigkeit hypnotischer Bilder dazu führen kann, daß vorgestellte Ereignisse kristallisieren und die Erscheinungsform echter Erinnerungen annehmen. In einer Zusammenfassung der wichtigsten Untersuchungen zu diesem Thema veröffentlichte das Council on Scientific Affairs in der American Medical Association eine Warnung, daß man sich auf hypnotisch aufgefrischte Erinnerungen nicht verlassen könne. »Im Gegensatz zu dem, was allgemein in der Öffentlichkeit angenommen wird, gelingt es in Erinnerungsberichten, die unter Hypnose abgegeben werden, nicht nur nicht, einen höheren Genauigkeitsgrad als in Erinnerungen zu erzielen, sondern sie sind im allgemeinen sogar weniger zuverlässig.« Der Bericht, der 1985 im ›Journal of the American Medical Association‹ veröffentlicht wurde, fährt mit der Schlußfolgerung fort, daß »bis heute mit keiner Untersuchung eine Zunahme der Genauigkeit im Zusammenhang mit einem angemessenen Ansteigen der Gewißheit über den Wahrheitsgehalt der Erinnerungsberichte festgestellt werden konnte. Daraus folgt, daß Hypnose das Vorhandensein von Gewißheit ansteigen läßt, ohne daß es eine entsprechende Zunahme bei der Genauigkeit gibt.« Ähnliche Beobachtungen haben andere Wissenschaftler, die sich mit Hypnose beschäftigten, dazu gebracht, den Zustand als »Einbildungen, die geglaubt werden«, zu definieren.[9]

Forscher, aber auch andere haben festgestellt, daß unter Hypnose Probanden eher bereit sind, die Suggestionen des Hypnotiseurs und der hypnotischen Situation zu verinnerlichen. Die kanadischen Wissenschaftler Jean-Roch Laurence und Campbell Perry wiesen das eindeutig nach, indem sie 27 sehr leicht hypnotisierbaren Probanden eine Erinnerung suggerierten.[10] Bei dem Experiment, das im Versuchsaufbau einem Experiment des weltbekannten Hypnose-Experten Dr. Martin Orne von der medizinischen Fakultät der University of Pennsilvania nachgebildet war, versetzten sie die Probanden unter Hypnose durch »Altersregression« an einen Abend der Vorwoche und forderten sie auf, ihre Aktivitäten erneut zu durchleben. Sie wurden dann gefragt, ob sie ein lautes Geräusch gehört hätten, von dem sie geweckt wurden. Als Reaktion auf die suggestive Beeinflussung, die der Frage unausgesprochen zugrunde lag, stellten sich siebzehn der Probanden vor, sie würden ein solches Geräusch hören. Nach der Hypnose zeigten sich insgesamt dreizehn aus der Gruppe den Forschern gegenüber davon überzeugt, daß sich die suggerierte Erinnerung tatsächlich ereignet hätte. Die Hälfte von ihnen äußerte sich eindeutig mit Sätzen wie: »Ich bin ziemlich sicher, daß ich das gehört habe. Eigentlich bin ich verdammt sicher. Ich glaube felsenfest, daß ich diese Geräusche gehört habe.« Andere glaubten unbeirrbar daran, daß das Ereignis stattgefunden habe, weil sie die Erinnerung rekonstruierten. So sagte ein Proband: »Ich bin ziemlich sicher, daß es geschah, weil ich mich daran erinnern kann, daß ich mich erschrocken habe. Es ist das körperliche Ereignis, an das ich mich erinnere.« In diesem Zusammenhang muß betont werden, daß die Experimentatoren die Erinnerung nicht direkt suggerierten, indem sie die hypnotisierten Probanden anwiesen, sich vorzustellen, wie sie ein Geräusch hörten. Vielmehr stellten sie nur eine Frage, ob der Proband ein Geräusch gehört habe oder nicht. Die Probanden verstanden die Frage als Aufforderung, sich das Erlebnis vorzustellen.

Die Ansichten der Klienten zur Hypnose wie auch die Informationen, die sie vom Hypnotiseur über das Verfahren bekommen, ergeben zusammen das, was Martin Orne als »Anforderungscharakteristika« dieser Erfahrung bezeichnet. Bei den Anforderungscharakteristika geht es, so beschreibt Orne den Begriff, um das Verständnis von Probanden im Hinblick darauf, welches Verhalten in einer bestimmten Situation angemessen ist oder von ihnen erwartet wird. Aus der Untersuchung von Jean-Roch Laurence und Campbell Perry scheint sich eindeutig zu ergeben, daß für Hypnosesitzungen ein solches Anforderungscharakteristikum in der grundlegenden Erwartung besteht, daß die Probanden aus den Fragen des Hypnotiseurs Informationen entnehmen und diese Informationen in die vorgestellte Szene einbauen. Stellt der Experimentator nun eine Frage, die auf die Anwesenheit eines zusätzlichen Elements hindeutet, das mit der bereits in der Vorstellung existierenden Szene in Einklang steht, ist der Proband nicht nur in der Lage, diese Detailinformation hinzuzufügen, sondern er sorgt häufig noch für weitere Details, die das Suggerierte nahtlos in die Geschichte einbinden.

Ob Patienten das, was sie sich in der Hypnose bildlich vorstellten, als Erinnerung oder als Vorstellung einstufen, hängt stark von den Anforderungscharakteristika der speziellen hypnotischen Sitzung ab. Erzählt ein Experimentator einem Probanden, daß das, was er unter Hypnose erfahren wird, eine Erinnerung sei, ist es bei diesem Probanden sehr viel wahrscheinlicher, daß er das, was in der Hypnose entsteht, als Erinnerung identifizieren wird, als bei Probanden, denen das Gegenteil gesagt wird. Was also nach Auffassung der jeweiligen Person unter Hypnose in ihrem Gedächtnis geschieht, scheint weniger ein Ergebnis hypnosespezifischer Eigenschaften zu sein, als vielmehr Resultat weiterer Einflußfaktoren im Umfeld des Verfahrens. Hypnotiseure und Therapeuten bringen ihre Patienten oft dazu, zu glauben, sie könnten unter Hypnose beispielsweise Teile ihres Geistes aktivieren, zu denen sie normalerweise keinen Zugang haben. Ist diese Erwartung erst einmal aufgekommen, ist es für den Therapeuten ein Leichtes, eine Patientin davon zu überzeugen, daß es sich bei ihren Vorstellungen und Tagträumen unter Hypnose in Wirklichkeit um verborgene Erinnerungen handelt, zu denen sie über das magische hypnotische Verfahren Zugang gefunden hat. Therapeuten können die Klientin damit schnell nicht nur zu der Überzeugung bringen, daß die unter Hypnose vorgestellte Szene eine Erinnerung ist, sondern auch zu der, daß es sich hier, weil diese Szene in einem Trancezustand aufgedeckt wurde, verglichen mit einer normalen Erinnerung, tatsächlich um eine überlegene Form der Erinnerung handelt. Diese Dynamik läßt sich ein gutes Stück weit zur Erklärung der rasch zunehmenden Zahl von Menschen heranziehen, die wirklich glauben, sie hätten unter Hypnose Erinnerungen daran aufgedeckt, von außerirdischen Wesen entführt worden zu sein oder in einem vergangenen Jahrhundert gelebt zu haben.

Aufgrund von Veröffentlichungen der Therapeuten, die über den Einsatz von Hypnose im Rahmen der Aufdeckung von Erinnerungen berichten, lassen sich mehrere Anforderungscharakteristika klar erkennen. Weil die Bewegung zur Aufdeckung von Erinnerungen für sich in Anspruch nimmt, einen Zusammenhang zwischen den Symptomen der Patientinnen und der Möglichkeit, daß sie verdrängte Mißbrauchserinnerungen haben, herstellen zu können, verstehen die meisten Patientinnen genau, was der Trancezustand aufdecken soll, *bevor er überhaupt herbeigeführt wird.* Gegenwärtige wie ehemalige Patientinnen berichten, daß Therapeuten ihren Klientinnen häufig vor der Hypnose mitteilen, Ziel des Verfahrens sei, traumatische Erinnerungen aufzudecken. Da zudem die Therapeuten dieser Ausrichtung offenbar völlig darin übereinstimmen, daß es sich bei dem, was unter Hypnose aufgedeckt wird, um Erinnerungen und nicht um Phantasiegebilde handelt, ist es wohl logisch, davon auszugehen, daß sie häufig auch dieses zweite Anforderungscharakteristikum auf ihre Patientinnen übertragen.

Als Beispiel für die willfährige Annahme eines weiteren Anforderungscharakteristikums sei genannt, daß Patientinnen oft gern die Erwartungen des Therapeuten bestätigen, daß sie ihre Erinnerungen beim Ausagieren einer kindlichen Persönlichkeit neu durchleben würden. So zeigen sie in Reaktion auf diese Erwartungen häufig Eigenschaften wie etwa eine hohe Stimmlage, von denen sie meinen, sie seien für ein Kind in dem Alter, das der angeblichen Erinnerung entspricht, angemessen. Die Tatsache, daß sie dieses Rollenspiel mitmachen, ohne daß sie sich dessen bewußt sind, trägt sowohl beim Therapeuten als auch bei der Patientin zur Gewißheit bei, die gerade »durchlebte« Erinnerung sei real. Obwohl der Effekt oft echt zu sein scheint, verhalten sich die Patientinnen, die im Rollenspiel die Kindpersönlichkeit annehmen, jedoch nicht wirklich wie Kinder. Robert Baker schreibt in ›Hidden Memories‹, daß »Personen, die unter Hypnose eine Altersregression durchmachen, sich so verhalten, wie sich ihrer Meinung nach Kinder dieses Alters verhalten würden.« Und er weist darauf hin, daß Untersuchungen folgendes gezeigt haben: »Stellt man Erwachsenen während einer Altersregression dieselben kognitiven und geistigen Aufgaben wie Kindern des Alters, in das die Probanden versetzt werden, so zeigen sie in der Regel wesentlich bessere Leistungen als die Kinder. Probanden agieren in der Altersregression keineswegs wie echte Kinder. Sie verhalten sich so wie Erwachsene, die spielen, sie seien Kinder.«[11]

Wie Klienten unter Hypnose Suggestionen verinnerlichen und ob dies willentlich und wissentlich geschieht, ist in der Forschung, die sich mit den Merkmalen von Hypnose und Dissoziation beschäftigt, eine aktuelle Frage. Robert Baker stellt die schlüssige These auf, die Hypnose sei einfach eine Methode, die Beeinflußbarkeit des Klienten zu verstärken, indem man die bereits bestehende Fähigkeit, sich etwas vorzustellen und zu phantasieren, anspricht. Dabei geht er davon aus, daß die Erscheinungsform der Hypnose – das Ausagieren des Trancezustands durch den Klienten – möglicherweise selbst Ergebnis der Beeinflußbarkeit eines Klienten ist. Die Tatsache, daß ein Proband bereitwillig Zeichen von Trance zeigt, ist daher nur ein Hinweis darauf, daß er oder sie wahrscheinlich bereit ist, weitere Beeinflussung und Manipulation zu akzeptieren. Die Bereitschaft eines hypnotisierten Probanden, unlogische und sogar peinliche Handlungen auszuführen, ist für Robert Baker kein Beweis dafür, daß er in einem veränderten Zustand ist, sondern eher dafür, daß er die *Beeinflussung*, in einem anderen Zustand zu sein, *akzeptiert*.

In der Debatte gibt es auch einen anderen Standpunkt, von dem aus argumentiert wird, was unter Hypnose geschehe, werde vom Klienten als nicht freiwillig wahrgenommen. Kenneth Bowers, Professor an der Universität von Waterloo in Kanada, nimmt eine Zwischenposition ein; er vertritt die Meinung, sehr leicht hypnotisierbare Personen könnten auf Suggestionen und Phantasiegebilde mit einem geringeren Grad von »Ausführungssteuerung« reagieren, wie er es nennt – damit meint er, sie hätten nicht so sehr das Gefühl, vorsätzlich zu reagieren.[12] Er entwickelt den Gedanken, das Verhalten könne, obwohl es willentlich erfolgt (denn es erfolgt eindeutig als Reaktion auf die Beeinflussung), im Probanden das Gefühl hervorrufen, es käme großenteils ohne seine Absicht zustande.

In einer von zwei Untersuchungen zitiert Kenneth Bowers Belege dafür, daß sehr leicht hypnotisierbare Probanden nur in der Lage sind, auf Suggestionen mit einem schwach ausgeprägten, bewußten Willen zu reagieren. Die Forscher testeten die Fähigkeit leicht und schwer hypnotisierbarer Probanden, einen einfachen Vokabeltest zu bearbeiten, während ihre Arme in sprudelndes Eiswasser eingetaucht waren.[13] Wie zu erwarten, waren bei den ersten Durchläufen die Versuchspersonen beider Gruppen im Vokabeltest schlechter, wenn sie durch das eiskalte Wasser abgelenkt waren, als unter normalen Bedingungen. Die Wissenschaftler teilten die Versuchspersonen dann nochmal in zwei Gruppen und brachten der einen Gruppe Methoden der kognitiven Schmerzverringerung bei, während die andere einer hypnotischen Beeinflussung zur Schmerzverringerung ausgesetzt wurde. Alle Versuchspersonen wurde erneut mit den Armen im Eiswasser getestet. Obwohl sich beide Methoden der Schmerzreduktion (das hypnotische und das nichthypnotische Verfahren) als in gleicher Weise wirksam erwiesen, ergab sich für die Probanden mit den kognitiven Schmerzvermeidungsstrategien eine weitere Verringerung der Punkte im Vokabeltest; dies traf aber auch auf die schwer hypnotisierbaren Versuchspersonen zu, die der hypnotischen Beeinflussung ausgesetzt waren. Diese Ergebnisse legen nahe, daß die Schmerzvermeidungsstrategien bei allen von diesen drei Gruppen eine bewußte Aufmerksamkeit erforderten, die sie vom Vokabeltest ablenkte. Die Resultate in der letzten Gruppe – die leicht hypnotisierbaren Versuchspersonen, die hypnotischen Beeinflussungen ausgesetzt waren – zeigten eine *Zunahme* der Fähigkeit, sich Wörter zu merken und sie zu wiederholen, während sich ihre Arme im Wasser befanden. Die bei ihnen verwendete hypnotische Schmerzverringerungstechnik verminderte nicht nur ihre Schmerzwahrnehmung, sondern es wurden anscheinend auch geistige Ressourcen freigesetzt, die ansonsten abgezogen worden wären. Die Schmerzverringerung erfolgte zwar willensmäßig (denn es handelte sich um eine Reaktion auf die hypnotische Beeinflussung), doch sie lief zugleich auf einer geistigen Ebene ab, die sich partiell von der für den Vokabeltest benötigten Ebene unterschied.

In einem zweiten Experiment, das ähnliche Schlußfolgerungen zuläßt, wurden zwei Gruppen mit leicht und schwer hypnotisierbaren Versuchspersonen im Hinblick auf die Fähigkeit getestet, sich etwas bildlich vorzustellen; dabei ging es um neutrale wie um furchterregende Bilder.[14] Gemessen wurde jeweils die Frequenz des Herzschlags während der bildlichen Vorstellungen. Abgefragt wurde auch, wieviel Anstrengung es die Probanden kostete, diese Bilder hervorzubringen, und wie lebhaft sie subjektiv wahrgenommen wurden. In beiden Gruppen und bei beiden Arten von Bildern stieg die Herzfrequenz an, wenn die Versuchspersonen gebeten wurden, sich auf das suggerierte Bild zu konzentrieren. (Dieses Ergebnis war vorherzusagen, da sich die Herzfrequenz natürlicherweise erhöht, wenn man Anstrengungen unternimmt, sich zu konzentrieren.) Doch obwohl die Herzfrequenz bei allen anstieg, wurde von den leicht hypnotisierbaren Personen weniger stark *wahrgenommen*, welche Anstrengung es sie kostete, das Vorstellungsbild zu erzeugen. Sie beschrieben zudem das vorgestellte Szenario als wesentlich lebendiger als die schwer hypnotisierbaren Versuchspersonen. Diese Untersuchungsergebnisse werden noch eindrucksvoller, wenn man die Reaktionen auf die Erzeugung furchterregender Bilder bei den leicht Hypnotisierbaren betrachtet. Je *weniger* Anstrengung sie ihrem Bericht nach bei der Hervorbringung der unangenehmen Bilder einsetzen mußten, desto höher stieg ihre Herzfrequenz. »Zusammengefaßt kann man sagen«, so Kenneth Bowers, »je weniger Anstrengung leicht hypnotisierbare Personen für die Erzeugung von Angstbildern benötigen, desto stärker empfinden sie diese als erschreckend und desto empfänglicher werden sie für Emotionen.«

Diese Untersuchung scheint zu belegen, daß leicht hypnotisierbare Personen Vorstellungsbilder entwickeln können, ohne daß damit bei ihnen die *Empfindung* einhergeht, daß sie diese absichtlich hervorbringen. Dieses Ergebnis trifft den Kern des Verfahrens, wie Erinnerungen unter Hypnose erzeugt werden. Haben Patienten praktisch kein Gefühl dafür, daß sie sich gerade ein furchterregendes Szenario vorstellen (während sie gleichzeitig eine dramatische physiologische Reaktion auf die Angstgefühle erleben), dann ist es wesentlich wahrscheinlicher, daß dieses Szenario nicht als bloß vorgestellt, sondern als eine zuvor verborgene Erinnerung, die plötzlich in die bewußte Gedankenwelt einströmt, eingestuft wird.

Wie bei den Untersuchungen zum Gedächtnis argumentieren manche Experten für die Aufdeckung von Erinnerungen, daß die empirische Hypnoseforschung für die Praxis ihrer Therapieform wenig oder keine Bedeutung habe, denn die Erinnerung an ein Trauma unterscheide sich grundlegend von anderen Erinnerungen.

Oberflächlich und intuitiv betrachtet ergibt diese Argumentation einen gewissen Sinn. Erinnerungen daran, nachts durch ein lautes Geräusch geweckt zu werden, sind schließlich nicht dasselbe wie Erinnerungen daran, vergewaltigt worden zu sein. Es sollte in diesem Zusammenhang jedoch erwähnt werden, daß die Forschungsergebnisse zur Beeinflußbarkeit durch Hypnose und deren Untauglichkeit dafür, korrekte Erinnerungen aufzudecken, seit Jahren in Verbindung mit der Frage diskutiert werden, ob Hypnose für kriminalistische Untersuchungen eingesetzt werden soll – in Bereichen also, wo Opfer und Zeugen oft traumatische Erlebnisse hinter sich haben. Die Wissenschaftler haben dazu festgestellt, daß Hypnose die Ungenauigkeit der abgerufenen Erinnerungen *verstärken* kann, wenn der Gegenstand der Erinnerung emotional stark besetzt ist oder die Person einen größeren Anreiz hat, sich zu erinnern – wenn sie beispielsweise bei einem Verbrechen den Verdächtigen identifizieren soll. Nach Kenneth Bowers und auch nach Ernest Hilgard, Professor an der Stanford University, zeigen die Befunde, daß man bei einer hypnotisch aufgefrischten Erinnerung eine Zeugenaussage erneut von unabhängiger Seite überprüfen lassen sollte: »Im Endeffekt bedeutet dies, daß die assoziativen Netze einer Person unter Hypnose auf eine Weise aktiviert werden, die nur geringfügig beziehungsweise nur entfernt etwas mit den Beschränkungen durch die externe Realität zu tun hat und die in starkem Maße auf die für die Person charakteristischen Erinnerungsthemen, Vorstellungen und Phantasien reagiert. Mit anderen Worten: Gerade unter hypnotischen Bedingungen sind wir in der Lage, mehr über die für eine Person charakteristischen und die für ihre Vorstellungen typischen Beiträge zu erinnerten Geschichten zu erfahren und weniger über die spezifischen externen Ereignisse, die er oder sie zu erinnern versucht.« Die überwältigende Mehrheit der Berichte aus Labor- wie aus Felduntersuchungen spricht für die Auffassung, daß Erinnerungen daran, Zeuge oder Opfer eines Gewaltverbrechens gewesen zu sein, unter Hypnose mindestens genauso empfänglich für Manipulation und fabulierte Ausschmückung sind wie andere, weniger belastende Erinnerungen.

Einige Wissenschaftler haben zudem tatsächlich hochtraumatische »Erinnerungen« bei ihren Probanden künstlich erzeugt. Statt jedoch falsche Auffassungen über die Kindheit der beteiligten Personen aufzubauen (was grob unmoralisch wäre), überzeugten die Forscher die Versuchspersonen davon, daß die »Erinnerungen«, die sie unter Hypnose erleben würden, aus einem früheren Leben stammten. Indem sie den Trick mit der Reinkarnation verwendeten, bewerkstelligten sie es, einen möglichen Schaden bei den Klienten zu vermeiden, der dann entstanden wäre, wenn sie ihnen traumatische Erinnerungen an ihre wirkliche Kindheit suggeriert hätten. Weil Regressionen in ein anderes Leben gewöhnlich mit Traumata und Tod in einem angeblichen früheren Leben zu tun haben, zeigt die Vorgehensweise besonders anschaulich, daß durch Hypnose »Erinnerungen« an ein Trauma erzeugt werden können, die geglaubt werden.

In der am besten übertragbaren Untersuchung testeten Professor Nicholas Spanos und seine Kollegen von der Carlton University in Kanada Versuchspersonen, die sie nach Hypnotisierbarkeit ausgesucht hatten, um herauszufinden, ob sie einen suggerierten Mißbrauch in einem zurückliegenden Leben bestätigen würden.[15] Dabei wurde mit zwei Gruppen von Versuchspersonen gearbeitet. Vor der Regression in das frühere Leben wurde der einen Gruppe gesagt, es sei bei Menschen, die in vergangenen Zeiten gelebt hätten, sehr viel wahrscheinlicher, daß sie als Kinder mißbraucht worden seien, und es sei das Ziel der Regressionserfahrung, mehr über den Mißbrauch, den Kinder in früheren Generationen erlitten hätten, herauszufinden. Die andere Gruppe wurde mit Informationen vorbereitet, in denen nicht von Kindesmißbrauch die Rede war. Den Versuchspersonen wurden während ihrer hypnotisch erzeugten Regressionsphantasien eine Reihe von Fragen gestellt, so auch: »Sind Sie je von einem Elternteil oder von beiden Eltern mißbraucht worden?« Danach folgte: »Sind Sie je von irgendeinem anderen Erwachsenen mißbraucht worden?« Diejenigen, die eine dieser Fragen bejahten, wurden gebeten, Genaueres zu berichten. Zwei Wissenschaftler, die nicht über das Ziel der Untersuchung informiert waren, stuften dann die Antworten im Hinblick auf die Schwere der Vorkommnisse ein.

Aus zwei Gründen waren die Ergebnisse interessant. Zum einen gab es keinen statistisch bedeutsamen Unterschied zwischen den beiden Gruppen bei der Anzahl derer, die über Mißbrauch in ihrem phantasierten früheren Leben berichteten. Elf von vierzehn Personen aus der Gruppe, der von Mißbrauch erzählt wurde, sagten, sie seien mißbraucht worden, während es in der Gruppe, die keinen Hinweis auf Mißbrauch bekommen hatte, elf von fünfzehn waren. Zum anderen fanden die Forscher jedoch heraus, daß sich die Gruppen in der Schwere des Mißbrauchs, der »erinnert« wurde, signifikant unterschieden. Sie schlossen daraus, daß die Gruppenmitglieder, die den Hinweis bekommen hatten, daß man nach Mißbrauchserfahrungen suche, »ein stärkeres Maß an Mißbrauch erinnerten, während sie ihre Identität in einem früheren Leben in Szene setzten, als dies bei den entsprechenden Personen [der anderen Gruppe] der Fall war.« Ihr Fazit: »Diese Befunde stimmen mit unveröffentlichten Berichten überein, die darauf hinweisen, daß Klienten in der Psychotherapie manchmal vielschichtige und ausführliche Pseudoerinnerungen, die mit den Erwartungen des Therapeuten im Einklang stehen, erzählerisch ausschmücken.« Die Tatsache, daß es in den ursprünglichen Mißbrauchsberichten keinen statistisch bedeutsamen Unterschied zwischen den Gruppen gab, überrascht nicht so sehr, wenn man bedenkt, daß die Fragen bereits als indirekte Suggestionen gewirkt haben können. Denn schließlich bestätigten hier drei Viertel der Personen aus beiden Gruppen, sie seien auf irgendeine Weise in der Kindheit während ihres früheren Lebens mißbraucht worden.

In drei weiteren Untersuchungen, über die im selben Artikel berichtet wird, fanden Wissenschaftler heraus, daß sie das Vertrauen in den Wahrheitsgehalt der Regressionserinnerungen stark beeinflussen konnten, indem sie vor der Hypnose betonten, wie stark sie selbst daran glaubten. Wenn der Hypnotiseur der Versuchsperson bei der Vorbereitung erklärt hatte, die Reise in ein anderes Leben würde höchstwahrscheinlich echt sein, war es sehr viel wahrscheinlicher, daß jene diese Auffassung nach der Hypnose in Betracht zog. »Versuchspersonen, die vergleichbare subjektive Erfahrungen des früheren Lebens hatten, neigten dazu, diese – abhängig davon, welchen Kontext der Hypnotiseur angeboten hatte – entweder als echte Inkarnationen oder als Phantasien zu deuten.«

Trotz dieses Befundes sollte Judith Hermans Gegenargument, daß sich im Labor abgerufene Erinnerungen von denen unterscheiden, die in einer Behandlungssituation aus dem Gedächtnis hervorgeholt werden, nicht so schnell abgetan werden. Keiner hat je im Labor das nachzuspielen versucht, was sich unserer Meinung nach in einer therapeutischen Situation abspielt. Wie bei allen guten wissenschaftlichen Überprüfungen ist es auch die Absicht von Experimenten im Bereich der Hypnose, unzweideutig etwas über Ursachen herauszufinden. Das setzt voraus, daß das Experiment auf wenige, kontrollierbare Variablen reduziert wird. Werden solche Experimente nach den Regeln der Kunst durchgeführt, gestatten sie es dem Forscher, mit einiger Sicherheit zu sagen, welche Variable die Veränderung einer anderen bewirkt hat. Um die Ergebnisse dieser Experimente auf die wirkliche Welt anwenden zu können, ist allerdings eine vorsichtige Extrapolation erforderlich. Obwohl diese Experimente nicht beweisen, daß Patienten vielschichtige Kindheitserinnerungen aufgedrängt werden können, so belegen sie doch, daß einzelne Auffassungen zu den Erinnerungen beeinflußt werden können. Während mit den Laboruntersuchungen nur bewiesen werden sollte, daß eine einzelne subtile Beeinflussung wirksam verinnerlicht werden kann, sind in der Therapie die Möglichkeiten einer solchen Beeinflussung vielfältig. Therapeuten arbeiten direkt oder indirekt über Fragen mit nicht nur einer Suggestion, sondern mit Tausenden – und in jede von ihnen geht die Reaktion der Patienten auf die vorige Suggestion ein.

Tatsächlich gibt es Hinweise darauf, daß in dem, was sich innerhalb der Therapie abspielt, mehr Manipulationen wirken, als selbst dieser Befund nahelegt. Während die Versuchspersonen bei Laborexperimenten nur selten mehr als ein- oder zweimal unter Hypnose stehen, werden die Patientinnen in der Therapie zur Aufdeckung von Erinnerungen oft über einen Zeitraum von Monaten oder Jahren einmal pro Woche hypnotisiert. Während Experimentatoren peinlich darauf achten, die Reaktionen der Probanden nicht zu beeinflussen (außer dort, wo die Beeinflussung Bestandteil des Experiments ist), sind viele dieser Therapeuten sorgloser und suggerieren so aufdringlich wie im eingangs erwähnten Fall von Sues Mißbrauchsgeschichten.

Bei den Veröffentlichungen über die Gefahren, die mit dem Einsatz der Hypnose verbunden sind, handelt es sich nicht um eine unbedeutende Zahl von Forschungsbefunden, die ein durchschnittlich kompetenter Therapeut einfach übersehen haben könnte. Warnungen vor der Beeinflußbarkeit hypnotisierter Patienten und der Möglichkeit, daß er oder sie eine unter Hypnose entstandene Vorstellung als Erinnerung einstufen wird, gehen auf eine ganze Reihe von Quellen zurück: Dazu gehören die Gerichte, das ›Journal of the American Medical Association‹ und umsichtige Hypnotherapeuten.

Bedenkt man, welche große Zahl empirischer Untersuchungen es zum Thema Hypnose und Beeinflußbarkeit gibt, wird der Fall von Sue, wie er zu Anfang des Kapitels dargestellt wurde, um so bemerkenswerter. Um den Fall umfassend kritisieren zu können, möchten wir zunächst auf folgendes hinweisen: Die Tatsache, daß der »Verdacht« auf einen verborgenen Mißbrauch durch den Vater einzig mit einem Hinweis in einem Traum und mit einem Versprecher belegt wurde, bei dem sie »Vater« sagte, wo sie »Verlobter« meinte, zeigt deutlich die Voreinstellung, derartige Erinnerungen finden zu wollen. Nur in der Welt der Therapie zur Aufdeckung von Erinnerungen wird aus solchen Einzelheiten sofort ein passender Befund, um daraus die Schlußfolgerung zu ziehen, daß der Vater die Patientin sexuell belästigt hat. Die Entscheidung, daß ein »indirekter Ansatz« der sinnvollste Weg sei, um die »ausgeprägte Abwehrhaltung« der Patientin zu überwinden, erscheint als ähnlich besorgniserregendes Eingeständnis der Entschlossenheit des Therapeuten, Mißbrauchserinnerungen zu finden, unabhängig von der Darstellung der Klientin, sie hätte einen guten und liebevollen Vater gehabt.

Der Einsatz der Geschichte mit dem König und dem Zauberer unter Hypnose in der zweiten Therapiesitzung ist besonders erschreckend. Weil der König in der Geschichte sich Sorgen darum machte, daß der Zauberer heiraten könnte (Sue kam wegen ihrer bevorstehenden Hochzeit in die Therapie), und weil die Geschichte mit der Enthüllung endete, der Zauberer sei die einzige Tochter des Königs, wird wohl klar, daß die Klientin verstehen mußte, sie solle sich selbst mit dem Zauberer und den Vater mit dem König identifizieren. Wegen der schwerwiegenden Konsequenzen, die das »Zauberwort« in der Geschichte nach sich zieht, und der Wahrscheinlichkeit, daß der Therapeut bereits das Thema sexueller Mißbrauch exploriert hatte, bleiben wenig Zweifel, daß Sue auch verstanden hat, daß es sich beim »Zauberwort« um das Wort »Inzest« handelte.

Die Beteuerung des Autors, »die Geschichte stellte [der Patientin] die Möglichkeit frei, selbst zu entscheiden, wie sie auf ihre eigenen Erfahrungen ... reagieren solle«, steht im Widerspruch zu dem, was das einzige Thema der Geschichte war. So, wie das Märchen beschrieben wird, bleibt nur wenig Raum für eigene Entscheidungen. Zieht man das Thema der Geschichte und die Forschungen zur Beeinflußbarkeit hypnotisierter Probanden in Betracht, so liegt auf der Hand, daß wir es hier mit dem Fall eines Therapeuten zu tun haben, der einer ungeschützten und hypnotisierten Klientin in aufdringlicher Weise nahelegt, sie sei von ihrem Vater sexuell mißbraucht worden. Wenn die Geschichte von Sues Behandlung als Anleitung für andere Therapeuten veröffentlicht wird, so zeigt das eine bemerkenswerte Geringschätzung weithin akzeptierter Forschungsbefunde zum Einsatz von Hypnose. Die Tatsache, daß die Autoren das wichtige Thema Beeinflussung noch nicht einmal erwähnen, führt zu der Frage, ob diese Kliniker von den hier anwendbaren empirischen Untersuchungen wissen.

In anderen veröffentlichten Empfehlungen für den Einsatz von Hypnose sind die Andeutungen, die Klientin werde sich an Mißbrauchsszenen erinnern, ebenso zielgerichtet. Um den Patientinnen behilflich zu sein, verdrängte Erinnerungen aufzudecken, empfiehlt der Therapeut Donald Price, man solle die hypnotisierten Patientinnen zunächst dabei unterstützen, sich bildlich vorzustellen, wie sie mit einem Aufzug herunterfahren und in einen gemütlichen Salon kommen; dort sitzen sie dann vor einem großen Bildschirm mit einem Videorecorder. Jetzt soll man sie bitten: »Nehmen Sie sich eine Videokassette von dem Stapel neben dem Sessel. Unser Geist gleicht einer riesigen Videothek. Nehmen Sie das Band, das wir heute ansehen wollen... Legen Sie die Kassette in den Videorecorder, und wenn das erste Bild auf dem Fernseher erscheint, [signalisieren Sie mir dies mit einem] Ja.« Die Klientin wird darin bestärkt, zu glauben, daß es sich bei der Mißbrauchsszene, die sie auf einem Fernsehgerät ihrer Vorstellung in einem Raum ihrer Vorstellung sieht, um eine echte Erinnerung handelt. Bei Donald Price folgt hier die Erklärung: »Wenn eine Person in die Erinnerung eintaucht, beginne ich gewöhnlich, meine Sätze im Präsens zu formulieren, um ihr/ihm zu helfen, jetzt dort zu sein.«[16] Es kann sich nur um einen Irrglauben handeln, wenn man einerseits wirklich der Meinung ist, daß das, was die Patientin auf dem Bildschirm sieht, nichts mehr und nichts weniger als eine Erinnerung an wirkliche Ereignisse ist, andererseits aber vorher davon ausgeht, daß sie sich lebhaft *vorstellt*, wie sie mit einem Aufzug herunterfährt, in einen Salon kommt und einen Videorecorder benutzt. Obwohl das recht bemerkenswert ist, ist unter Therapeuten, die Erinnerungen aufdecken, eine solche Anweisung beim Einsatz von Hypnose durchaus nicht ungewöhnlich.

Nicht alle Therapeuten dieser Ausrichtung stimmen dem Einsatz von Hypnose vorbehaltlos zu. Interessanterweise verwenden diejenigen, die der Methode ablehnend gegenüberstehen, nicht das Argument, Hypnose könne Erinnerungen verzerren und bewirken, daß vorgestellte Pseudoerinnerungen für wahr gehalten werden. Vielmehr argumentieren sie, daß Hypnose *zu wirksam* sei bei der Aufdeckung verdrängter Erinnerungen und möglicherweise Erinnerungen hochkämen, für die es noch zu früh sei, um die Patientin damit zu konfrontieren. »Das Gebiet jedoch, [bei dem] ich am meisten zögere, Hypnose einzusetzen..., ist der Versuch, Mißbrauchserinnerungen aufzudecken«, schreibt Mike Lew in ›Victims No Longer‹. »Erinnerungen werden aus gutem Grund abgeblockt. Sie werden verborgen, um das Individuum zu befähigen, eine traumatische Situation zu überleben... Ich stelle den Vorteil in Frage, der damit verbunden ist, Erinnerungen ans Licht zu zerren, bevor man bereit ist, damit umzugehen.«[17] Obwohl Judith Herman unkritisch mit dem Potential der Hypnose wirbt, verdrängte Erinnerungen aufzudecken, spricht sie doch die Empfehlung aus, man solle das nur versuchen, wenn andere Methoden versagt haben. »Heute ist der wohlüberlegte Einsatz so hochwirksamer Verfahren wie der Hypnotherapie gewährleistet.« Indem sie warnt, daß diese »hochwirksamen Verfahren« ein »hohes Maß an Qualifikation erfordern« und vorsichtig eingesetzt werden sollten, gibt sie zu erkennen, daß sie hier gewisse Vorbehalte hat.[18]

Vielleicht sind diese Warnungen, daß Hypnose zu wirksam sei, ein Zugeständnis an die zunehmende Zahl von Forschungsergebnissen, die besagen, daß Hypnose keine wirksame Methode ist, um an Erinnerungen heranzukommen, und daß durch sie die Beeinflußbarkeit zunimmt. Weil die Veröffentlichungen über die mit der Hypnose verbundenen Gefahren so weithin bekannt sind, müssen Mike Lew, Judith Herman und die anderen Autoren, die ihre Empfehlungen zur Hypnose mit Vorbehalten versehen, mehr wissen, als sie schreiben. Es ist möglich, daß diese Warnungen und Vorbehalte ein Versuch sind, Therapeuten vom Einsatz der Hypnose abzubringen, ohne Zweifel am Wahrheitsgehalt gewisser Mißbrauchserinnerungen aufkommen zu lassen.

Kürzlich schlug der Therapeut David Calof einen anderen Weg ein. In einem Artikel für eine Therapeutenzeitschrift äußert er die Vermutung, daß die Kritiker der Therapie zur Aufdeckung von Erinnerungen die Hypnose als Buhmann aufbauen. Calof, der Patientinnen – gelegentlich unter Einsatz von Hypnose – dabei hilft, verdrängte Erinnerungen wiederzuerlangen, impliziert, daß Therapeuten *bereits wissen*, daß eine unter Hypnose erzeugte Auffassung falsch sein kann und daß das Verfahren bedachtsam eingesetzt werden sollte. »[Kritiker gehen unfairerweise von dem Gedanken aus,] Hypnotiseure wüßten nicht, wie wenig man sich manchmal auf eine durch Hypnose aufgefrischte Erinnerung verlassen kann. Doch in der Tat wissen wir, daß die Hypnose Erinnerungen verzerren kann, indem sie diese mit *gegenwärtigen* Meinungen und Gefühlen vermischt.«[19]

Bedauerlicherweise wird, wie wir gezeigt haben, David Calofs Behauptung, die Therapeuten, die Erinnerungen aufdecken, würden diese Tatsachen kennen, nicht durch die Veröffentlichungen der Bewegung gestützt. Wie dargelegt wurde, werben diese Therapeuten für den Einsatz von Hypnose als einer wirksamen (in der Tat vielleicht *zu wirksamen*) Methode, um Mißbrauchserinnerungen aufzudecken. Innerhalb der Veröffentlichungen stellt David Calofs Warnung eine extreme Abweichung von der Norm dar. Aussagen wie die von Lynne D. Finney in ›Reach for the Rainbow‹ sind jedoch verbreitet: »Erinnerungen, die unter Hypnose wiedererlangt werden, stoßen manchmal bei Therapeuten, die nicht auf dem neuesten Stand sind, auf Vorbehalte. Sie sagen, daß man sich nicht auf die Hypnose verlassen könne, weil der Hypnotiseur dem Bewußtsein einer Person Gedanken oktroyieren kann. Diese Anschuldigung ist unsinnig. Erfahrene Hypnotherapeuten wissen, daß man dem Geist einer Person nichts oktroyieren kann, was sie dort nicht haben möchte.«[20]

Zwei Beispiele, wie unter Hypnose Geschichten erfunden werden

Zwei gut dokumentierte Fälle, der eine aus den Veröffentlichungen zur Aufdeckung von Erinnerungen, der andere von außerhalb des Therapiebereichs, zeigen vielleicht am besten, wie unter Einsatz von Hypnose Geschichten erfunden werden. In ›Lessons in Evil, Lessons from the Light‹ illustriert die Therapeutin Gail Carr Feldman anhand der Behandlungsgeschichte ihrer Patientin Barbara Maddox unwissentlich, in welch fragwürdiger Weise Hypnose zum Einsatz kommt. Oberflächlich betrachtet scheint sich mit diesem Buch wieder einmal eine Therapeutin selbst zu verherrlichen, indem sie Wunder beschreibt, die durch die Therapie zur Aufdeckung von Erinnerungen vollbracht werden. Der Schutzumschlag verkündet, es sei ein »einzigartiges« Werk, das die »Abgründe des Bösen im Menschen und die transzendentale Fähigkeit des Geistes zur Selbstheilung« dokumentiert. Im Vorwort schreibt Carl Raschke, Professor für vergleichende Religionswissenschaft an der Universität von Denver und Propagandist der Angst vor dem Satanismus in den USA, daß es sich »hier um das erste wichtige Buch handelt, das dem allgemeinen Publikum einen weitreichenden Zusammenhang enthüllt. Hineinverwoben sind die Geschichte der Überlebenden und vor allem die Herausforderungen und Berufsängste der Therapeutin beim Kampf darum, einen Sinn in dem zu finden, was ihr berichtet wurde.« Beim näheren Hinsehen erweist sich, daß ›Lessons in Evil, Lessons from the Light‹ in der Tat ein recht bemerkenswertes Dokument ist – vielleicht ist es dazu bestimmt, zum Stein von Rosette in der Diskussion über aufgedeckte Erinnerungen zu werden. Was das Buch so bemerkenswert macht, ist, daß es auf den wörtlichen Transkriptionen der auf Tonband aufgenommenen Sitzungen mit Barbara beruht, so daß man es als Eingeständnis einer Therapeutin lesen kann, wie sie ihre Patientin manipuliert hat. Die

Autorin macht dieses Eingeständnis unwissentlich, es ist ihr offenbar nicht bewußt, wie ihre Vorgehensweisen von denjenigen betrachtet werden könnten, die um die mit der Hypnose verbundenen Gefahren wissen. Die Erläuterung ihrer therapeutischen Techniken trieft vom Selbstlob derjenigen, die stolz ihr Meisterstück vorweist.

Bei dem zweiten Fall, mit dem wir uns in diesem Kapitel beschäftigen, geht es um eine fahrlässige Hypnose bei einer polizeilichen Vernehmung. Die Geschichte, wie der Polizeibeamte Paul Ingram es lernte, sich Verbrechen bildlich vorzustellen und sie zu gestehen – von denen einige gewiß nie begangen worden sind und für die allesamt kein einziger Beweis existiert –, wirft ein bezeichnendes Licht darauf, wie der Glauben an Erinnerungen erzeugt und verinnerlicht werden kann, selbst wenn die Konsequenzen, die sich aus diesem Glauben an Pseudoerinnerungen ergeben, ausgesprochen schwerwiegend sind. Auch wenn die Pseudoerinnerungen von Paul Ingram unter Hinzuziehung eines klinischen Psychologen erzeugt wurden, läßt sich nicht sagen, daß die Zwangssituation der Vernehmung ohne weiteres mit der Zwangssituation einer Therapie verglichen werden kann. Wir meinen jedoch, daß die Besonderheiten der Geschichte von Paul Ingram immens viel darüber aussagen, wie leicht sich in einem Trancezustand in Verbindung mit einer intensiven Befragung glaubhafte »Erinnerungen« aufbauen lassen. Und die Geschichte zeigt auch, wie der Begriff der Verdrängung dazu eingesetzt werden kann, um jemanden davon zu überzeugen, daß er vielleicht Erinnerungen an Ereignisse hat, von denen er nicht wußte, daß sie je stattgefunden haben.

Laut dem Bericht von Gail Carr Feldman in ›Lessons in Evil, Lessons from the Light‹ kam Barbara Maddox ursprünglich in die Therapie, weil sie sexuelle Probleme in ihrer Ehe und das »Gefühl« hatte, ihr Großvater könnte sie mißbraucht haben. Barbara hatte jedoch keine Erinnerungen daran, mißbraucht worden zu sein. In der ersten Sitzung beschrieb sie auch, daß sie in einer armen Familie aufgewachsen sei, daß ihre Mutter sie mißhandelt habe und von ihr verlangt hatte, die gesamte Hausarbeit zu übernehmen und zu kochen, sobald sie sechs Jahre alt war. Nach ihren Angaben war ihr Leben so schrecklich wie das von Aschenputtel: Einmal pro Jahr gab es Kleidung von der Wohlfahrt, und der Mutter »bereitete es Freude, [ihr] weder zum Geburtstag noch zu Weihnachten etwas zu schenken«. Außer von der materiellen und emotionalen Armut in der Kindheit berichtete sie Gail Carr Feldman noch von Schwierigkeiten mit ihrer siebenjährigen Tochter Michelle. Barbara reagierte anscheinend »sprunghaft, reizbar und immer verärgert« auf ihre Tochter und hatte Angst, sie könnte dem Kind gegenüber gewalttätig werden. Und schließlich erzählte sie noch, früher Selbstmordgedanken gehabt zu haben. Aus diesen bruchstückhaften Informationen, die Barbara alle in ihrer ersten Sitzung beisteuerte, kam die Therapeutin zu der schon bekannten Schlußfolgerung: »Ich war mir sicher, daß es vor allem um sexuellen Mißbrauch ging.«[1]

Bedenkt man, daß für die Klientin die Armut während der Kindheit und die gewalttätige Mutter im Zentrum standen, ist die Gewißheit der Therapeutin fragwürdig. In einem späteren Abschnitt des Buchs gibt sie zu, daß sie zu jener Zeit, als sie Barbara behandelte, »überwiegend Mißbrauchsopfer beriet«. Dem entspricht eine gleichfalls angeführte Klage ihres Mannes: »Anscheinend sind diese Opfer sexuellen Mißbrauchs die einzigen Menschen, die du überhaupt noch siehst.«[2] Nachdem Gail Carr Feldman ihre Annahme, im Unbewußten ihrer Klientin gäbe es verdrängte Erinnerungen an sexuellen Mißbrauch, dargelegt hat, beschreibt sie die Grundzüge der kommenden Therapie. »Wie bei allen Opfern von Mißbrauch geht es darum, ihr zu helfen, sich an das Trauma zu erinnern, damit sie die Schreckensgefühle überwinden kann, die immer noch mit den verdrängten Erinnerungen verbunden sind. Das ist keine leichte Aufgabe. Es kann mehrere Jahre dauern, jemandem, der in der frühen Kindheit mißbraucht wurde, zu helfen, diese traumatischen Erinnerungen zu offenbaren... Die Einweisung in eine Klinik könnte geboten sein.« Als Barbara sagt, sie würde die Therapie gerne auf zwei Jahre begrenzen, fürchtet Gail Carr Feldman, zwei Jahre könnten sich für die Therapie als »unmöglich kurz« erweisen. »Ich habe nie ein Opfer sexuellen Mißbrauchs behandelt, das in der Lage war, die Behandlung in dieser Zeit abzuschließen.« Sie zitiert dann einen namenlosen Experten für Opfer sexuellen Mißbrauchs, der gesagt hat, für eine derartige Therapie seien acht bis fünfzehn Jahre ein vernünftigerer Zeitrahmen.[3]

In ihrem Bericht über die ersten beiden Sitzungen bezeichnet Gail Carr Feldman ihre Patientin ständig als überlebendes Opfer sexuellen Mißbrauchs und ignoriert dabei die Tatsache, daß ihre Klientin keine Erinnerungen daran beschrieben hatte, sie sei sexuell mißbraucht worden, sondern lediglich ihr »Gefühl«, daß der Großvater sie belästigt haben könnte. Sie teilt Barbara ihren Verdacht offen mit. Als Barbara beispielsweise in der dritten Sitzung über ihre Krankengeschichte spricht – Kopfschmerzen, Vagina- und Niereninfektionen, hoher Blutdruck –, sagt die Therapeutin zu ihr: »Wir wissen, daß Erinnerungen an Mißbrauch in jedem Bereich des Körpers abgespeichert werden. Es ist daher typisch, wenn überlebende Opfer eine ganze Reihe körperlich empfundener Ängste und Unpäßlichkeiten haben.«[4] Später informiert sie die Patientin über ihre »Ahnung«, daß Barbaras Alpträume gar keine Träume sind, sondern Erinnerungs-«Rückblenden«. Trotz der Konzentration der Therapeutin auf die vermuteten verdrängten Erinnerungen betont Barbara wiederholt ihre gegenwärtigen Probleme, ihre auseinanderbrechende Ehe und ihre Unfähigkeit, für sie wichtige Freundschaften aufrechtzuerhalten. In der dritten Sitzung sagt sie der Therapeutin: »Ich möchte an meinem Selbstbild und an meiner Sexualität arbeiten.« Mehrere Sitzungen später versucht sie erneut zu erreichen, daß sich die Therapie auf ihre momentanen Probleme konzentriert: »Nach [dem letzten Treffen] sind mir drei Bereiche eingefallen, an denen ich arbeiten müßte«, sagt sie ihrer Therapeutin an einem bestimmten Punkt. »Der erste ist, daß es mir leichter fallen muß, mich meinen Gefühlen zu stellen und ihnen Ausdruck zu verleihen, statt sie zurückzuhalten. Der zweite ist, daß ich herausfinden muß, was es bedeutet, ich selbst zu sein, statt immer nur den Versuch zu machen, anderen zu gefallen. Drittens muß ich daran arbeiten, ein sexuelles Wesen sein zu können.«[5]

Im Verlauf der ersten Therapiemonate gelang es Gail Carr Feldman dann anscheinend, Barbaras Aufmerksamkeit auf die Kindheit zu lenken, denn dort war ihrer Meinung nach eindeutig der

Ursprung von Barbaras Problemen zu suchen. Während dieser Zeit rief sich Barbara die katastrophale Beziehung zu ihrer Mutter ins Gedächtnis, erinnerte sich daran, regelmäßig geschlagen und im Alter von sieben Jahren durch eine Jungenbande sexuell angegriffen worden zu sein. Doch diese Erinnerungen erschienen der Therapeutin offensichtlich nicht schrecklich genug, um die Probleme ihrer Patientin zu erklären. Nachdem die Therapie schließlich über viele Monate gelaufen war, ohne daß Barbara je eine Erinnerung an Inzest erwähnte, schlägt die Therapeutin vor, es mit Hypnose zu probieren, um ihr zu »helfen, Zugang zu wichtigen Erinnerungen zu finden«. Vielleicht hat Frau Feldman ihrer Klientin gesagt, wie sie das auch ihren Leserinnen mitteilt, daß sie anderen erwachsenen Opfern »geholfen habe, unter Hypnose einen Zugang zu ihren Erinnerungen zu finden... Ich konnte beobachten, wie sich unter Hypnose die Selbstsicherheit wesentlich rascher entwickelte und wie wir direkt an diese abgeblockten Erinnerungen herankamen.«[6]

Frau Feldmans Glauben an die Hypnose ist offenbar grenzenlos und wird nicht durch die Erwähnung irgendwelcher Veröffentlichungen getrübt, die nachweisen, daß das Verfahren dazu tendiert, Erinnerungen zu verzerren oder Vertrauen in bloß vorgestellte Ereignisse zu bewirken. Bei Barbaras erster Hypnosesitzung führt Frau Feldman das »ideomotorische Signalsystem« ein, indem sie die Patientin davon überzeugt, daß sie im Trancezustand fähig sein wird, direkt mit ihrem Unbewußten zu kommunizieren. Sie suggeriert ihr, daß ihr Unbewußtes durch Heben der jeweils dazu bestimmten Finger »ja« oder »nein« signalisieren wird. Ein dritter Finger wird hochgehen, wenn ihr Bewußtes »noch nicht bereit« ist, die Information zu erkennen. Sobald Barbara in den Trancezustand versetzt ist, sagt Frau Feldman zu ihr: »Ich spreche jetzt zu deinem inneren Geist, zu deinem unbewußten Geist. Es handelt sich um den Teil deiner Persönlichkeit, der dich immer schon begleitet hat. Er weiß alles über dich.«[7]

Sie suggeriert der Patientin dann, sie reise durch die »Nebel der Zeit« zurück zu einem »Ereignis oder einer Erfahrung, die so wichtig sind, daß du etwas darüber wissen mußt«. Laut Frau Feldman folgt darauf dieser Dialog:

»Wie alt bist du?« frage ich.
»Ich bin fünf.«
»Wo befindest du dich?«
»In der Kirche.«
»Und was geschieht dort?«
»Opa holt das spezielle Messer hervor. Er sagt, er wird die Katze in Ordnung bringen. Mit der Katze stimmt etwas nicht, und er wird dafür sorgen, daß sie wieder in Ordnung ist.«
Die Kleinmädchenstimme fährt fort: »Jetzt lächelt er und oooh -«, flüstert sie, »er sticht das Messer in die Katze, und überall ist Blut, auch an mir.« Sie bewegt sich unruhig hin und her. Es folgt ein langes Schweigen.
Auch ich verspüre den Drang herumzuzappeln; doch ich bleibe ruhig und versuche zu verstehen, welche Bluttat Barbaras Großvater da begeht.
»Er hat gelogen«, sagt ihr Stimmchen schließlich.
»Er hat gelogen?«
»Ja, er hat gelogen. Er hat die Katze nicht in Ordnung gebracht. Die Katze ist tot.«
»Was machst du?«
»Nichts. Ich bin ganz still. Oma hat mir beigebracht, ganz still zu sein. Ich schreie nie, und ich weine nie. Täte ich das, würde Opa mir wehtun.«
»Was macht er jetzt?« frage ich.
»Er schneidet das Herz heraus. Er sagt, ich muß vom Herzen essen und vom Blut trinken.«[8]

Hier handelt es sich um die erste von Dutzenden Szenen satanischen Mißbrauchs, die Barbara mit Gail Carr Feldmans Hilfe in der Therapie entdeckt. Im Laufe des nächsten Therapiejahres macht Barbara immer schrecklichere Szenen ausfindig, die sie schließlich als Erinnerungen identifiziert. In den Szenen geht es beispielsweise darum, daß sie unter einer Leiche eingeklemmt wird, die aus einem Schrank herausfällt; gezwungen wird, in einem Sessel zu sitzen und »tagelang« Hexensuppe zu riechen; im Alter von drei Jahren fünf Tage lang in einem Keller voller Schlangen eingeschlossen wird (in dieser Zeit bekam sie weder Essen noch

Wasser, schaffte es aber, sich wach zu halten und aufrecht stehen zu bleiben). Später wird sie Szenen aufdecken, in denen sie einen Augapfel essen mußte; von ihrer Mutter als Prostituierte verkauft wurde; ein Baby töten und sein Herz herausschneiden mußte. Auf dem Höhepunkt der Therapie kommt Barbara zu der Überzeugung, sie habe ein Baby geboren, das geopfert und gegessen wurde. Laut der in der Therapie entwickelten Geschichte verdrängte sie diese Erinnerungen nicht während oder unmittelbar nach jedem Fall von Mißbrauch, sondern blieb sich ihrer während der gesamten Kindheit bewußt; erst mit siebzehn, als sie sich die ersten Male mit ihrem späteren Mann trifft, beginnt sie, ihre Erinnerungen zu verdrängen. Sie erklärt das so: »Ich durfte mich nicht daran erinnern, was geschehen ist. Deshalb vergaß ich.«[9]

Diejenige, der es am meisten Schwierigkeiten bereitet, von den Erinnerungen an satanischen Mißbrauch wirklich überzeugt zu sein, ist nicht Gail Carr Feldman, sondern die Patientin selbst. Nach der ersten Hypnosesitzung sagt sie über die Szene, in der der Großvater die Katze aufschlitzt, ganz offen: »Ich kann das nicht glauben. Ich muß es erfunden haben.« Frau Feldman geht dieser Angelegenheit nicht nach, sondern meint nur: »Ich denke, wir müssen abwarten und schauen, wie sich der Rest der Geschichte entwickelt.« Als Barbara aus dem Trancezustand erwacht, bei dem sie sich daran erinnerte, wie sie »tagelang« Hexensuppe inhalieren mußte, sagt sie: »Für mich ist es erstaunlich, daß ich mich daran erinnere. Ich wußte nichts davon. Ich kann nicht glauben, daß ich nie etwas davon wußte.«[10]

Barbaras psychischer Zustand wird während der Behandlung immer ernster – ensprechend der Vorhersage von Frau Feldman, daß es ihren Patientinnen gewöhnlich im Laufe der Behandlung zunächst schlechter geht. Barbara kam als nach praktischen Lösungen suchende Frau in die Therapie, die hoffte, an ihrem Sexualleben und ihrem »Selbstwertgefühl« zu arbeiten. Doch schon bald sieht sie sich »erschreckenden Bildern und körperlichen Symptomen« ausgesetzt. Hinzu kommen Schlafstörungen und das Gefühl, »immer traurig und verärgert« zu sein. Während der Therapie fängt sie an, Tabletten gegen die Ängste zu nehmen, und erhöht die Dosierung ihrer Mittel gegen Bluthochdruck. Einmal klagt sie: »Ich habe Angst, verrückt zu werden. Ich glaube, ich drehe durch und erfinde das alles nur.« Schlafstörungen und starke Nervosität – Symptome, von denen sie zu Beginn der Therapie nichts berichtet – quälen sie während der gesamten Behandlungsdauer. An einem bestimmten Punkt empfiehlt ihr Frau Feldman explizit, das Rauchen oder die diversen Gläser Wein, die sie abends trinkt, *nicht* aufzugeben, und sagt: »Wahrscheinlich ist jetzt nicht der rechte Zeitpunkt, den Versuch zu unternehmen, Abhängigkeiten loszuwerden, die Ihnen helfen, mit Ihrer Angst umzugehen.« Die Häufigkeit der Therapiesitzungen wird von einer auf zwei und später auf drei pro Woche heraufgesetzt. Dann spricht Barbara davon, daß sie immer häufiger an Selbstmord denkt. »Ich möchte einfach nur tot sein... Ich habe dieses Gefühl, nur zu wollen, daß das alles vorbei ist. Wenn ich nur meinen Frieden finden könnte.«[11] Frau Feldman glaubt eindeutig, daß mit »das alles« die Mißbrauchserinnerungen gemeint sind, doch man könnte es auch so verstehen, daß es hier um die Therapie geht.

An diesem Tag suggeriert Gail Carr Feldman Barbara in Trance direkt, daß ihre selbstzerstörerischen Antriebe das Resultat der »Programmierung« durch eine Sekte seien. Die Therapeutin gibt die Sitzung folgendermaßen wieder:

Ich hatte bis dahin genügend gelesen, um zu wissen, daß alle Opfer sadistischer Sekten programmiert worden sind, sich selbst zu töten, und ich hatte eine Vorahnung, daß Barbara die Auswirkungen dieser Programmierung nun spürte... Ich wurde mit meinen Fragen direkter.
»Sagen dir die Leute im Clan so etwas wie, daß du dich selbst umbringen und dich selbst verletzen sollst?«
»Nein, sie sagen mir nie, so etwas zu tun.«
»Erinnere dich daran, wer ich bin. Ich bin Gail, und ich bin auserwählt, dir zu helfen. Bitte, öffne deinen Geist und laß mich wissen, ob man dich aufgefordert hat, dich umzubringen.«
Nach einer langen Pause: »Ja, mir wurde...«[12]

Angesichts dieser Beharrlichkeit ist es zwar schrecklich, aber kaum verwunderlich, daß Barbara in die nächste Therapiesitzung mit einem bandagierten Bein kommt, weil sie sich selbst Verbrennungen beigebracht hat. Frau Feldman sieht keinen Zusammenhang damit, daß diese Selbstverstümmelung genau nach der Sitzung einsetzt, in der sie ihrer hypnotisierten Patientin gegenüber darauf beharrte, sie sei programmiert worden, sich selbst zu verletzen. Statt das als Beleg für die Beeinflußbarkeit ihrer Patientin zu nehmen, sagt Frau Feldman zu Barbara: »Nun, [die Verbrennung] besagt, daß Sie wirklich Opfer eines extremen sadistischen Mißbrauchs sind.«[13]

Frau Feldman verwendet nur wenig Zeit, um über die Möglichkeit nachzudenken, ob die Geschichten, die Barbara in der Therapie hervorgebracht hat, etwas anderes als die genaue, faktische Realität sind. »Von Anfang an ›wußte‹ ich ... daß alles, was Barbara mir erzählt hat, der Wahrheit entspricht«, beschreibt sie ihr Gefühl nach der ersten Hypnosesitzung. »Woher wußte ich das? Ich bin mir nicht sicher, aber ich wußte es.« Und sie macht einen grausamen Umkehrschluß mit der Überlegung, wenn diese Ereignisse nicht absolut wahr seien, bestünde die einzige andere Erklärung darin, daß die Patientin verrückt sei. »Wenn sich keines der Ereignisse so zugetragen hat«, schreibt sie, »wissen diese Patientinnen [die satanischen Mißbrauch reklamieren], daß die Alternative lautet, sie sind wirklich verrückt. Woher könnten solche bizarren und schrecklichen Bilder sonst kommen?« Später ergänzt sie diese Schwarzweißeinteilung mit der Behauptung, daß diejenigen, die Geschichten über satanischen Mißbrauch anzweifeln, der Meinung wären, diese Patientinnen seien »hysterische Weiber ... die sich interessant machen wollen«.[14]

Obwohl sie nie direkt die Möglichkeit anspricht, daß die Therapie von ihrer Struktur her im wesentlichen dafür verantwortlich war, daß die »Erinnerungen« hervorgerufen wurden, versucht sie im Großteil des Buchs zwischen den Zeilen genau diese Kritik abzubiegen. Mit melodramatischen Worten stellt sie häufig ihre Reaktionen – als Gegensatz zu den Erfahrungen der Patientin – in den Mittelpunkt. So schreibt sie, daß bei einer Hypnosesitzung ihre »Wut nach innen zerplatzte und sich in düsterer Trauer auflöste«. Zeitweilig spricht sie davon, sich außerhalb der Therapie »an Armen und Beinen amputiert« zu fühlen und ständig zu weinen.

In einem Winter klagt sie, daß der einzige Ort, wo sie »in den vergangenen Monaten glücklich war, die Skipisten« gewesen seien. Im Sommer desselben Jahres bedauert sie, »sich auf keine« ihrer normalen Aktivitäten »freuen zu können«, beispielsweise die Trainingsübungen zu Jane Fondas Videoband »Challenge Workout«. Später berichtet sie, daß die Arbeit mit Barbara sie weitgehend davon abhielt, ihren zehntägigen Urlaub zu genießen, und beschwert sich, die Hawaii-Insel »Maui war farblos in diesem Sommer«. Zu einem anderen Zeitpunkt weist sie darauf hin, unter einem posttraumatischen Belastungssyndrom zu leiden, weil sie sich Barbaras Geschichten anhören mußte. (Als sie in der Talk-Show ›Larry King Live‹ gefragt wird, wie sie die Geschichte über den satanischen Mißbrauch ihrer Klientin herausgefunden habe, antwortet sie: »Ich wünschte mir, nie etwas davon gehört zu haben.«) Indem sie ständig die Belastung betont, sich Barbaras Berichte über Satanismus anhören zu müssen, weist sie eine mögliche Verantwortung für diese Erinnerungen weit von sich. »Warum hätte ich ihr dabei behilflich sein sollen, diese Geschichten zu erfinden?« argumentiert sie zwischen den Zeilen. »Es tat mir weh, sie zu hören.«

Außer den beiden Möglichkeiten, daß die Geschichten wahr sind oder daß Barbara »verrückt« war, kann trotz dieser indirekten Leugnungen natürlich noch eine dritte Quelle für diese Berichte in Betracht gezogen werden: Der offensive Einsatz von Hypnose, die Struktur der Therapie sowie die mehr oder weniger subtilen Suggestionen von Frau Feldman können Barbara dazu gebracht haben, eine ganze Reihe von Pseudoerinnerungen zu entwickeln – und anschließend wurde Barbara darin bestärkt, sie für echte Erinnerungen zu halten.

Bei ihrem Einsatz der Hypnose zeigt die Therapeutin anschaulich, wie die Einflußfaktoren im Umfeld dieser Technik eine allumfassende Bedeutung erlangen können. Sie ist sich ausgesprochen sicher, daß sie durch die Hypnose »direkt an« Barbaras »bedeutsame Erinnerungen herankommen« kann, und es gibt eine Reihe wichtiger Belege dafür, daß sie diese Gewißheit auf ihre Patientin übertrug. Schon vor der ersten Trancesitzung scheinen sich Patientin und Therapeutin völlig darin einig zu sein, daß der

Kern der »Erinnerungen«, die Barbara bald entdecken wird, sexueller Mißbrauch in der Kindheit sein wird. Weil Barbara in die Therapie kam, um ihre Probleme zu verstehen, ist sie zudem wohl als Hypnosesubjekt hoch motiviert.

Kehren wir beispielsweise zum Bericht über die erste Trance-Einleitung bei Barbara zurück. Frau Feldman weist die Patientin nicht einfach nur an, sich auf ihre Erinnerungen zu konzentrieren, sondern *auf der Zeitachse zurückzureisen*. Ihre Suggestion, Barbara solle eine Kindpersönlichkeit ausagieren, liegt ihren ersten Fragen unausgesprochen zugrunde: »Wie alt bist du?« gefolgt von »Wo befindest du dich?« und »Was geschieht dort?« Auf diese eindeutigen Suggestionen hin erzählt Barbara ihre Geschichte im Präsens, so, als würde sie sehen, wie sich die Ereignisse vor ihrem geistigen Auge entwickeln. Mindestens einmal im Lauf der Therapie bestärkt Frau Feldman dieses Rollenspiel, bei dem die Patientin ihre eigene Kindpersönlichkeit ausagiert. Was den satanischen Inhalt der Szenen anbetrifft, so bieten sich mehrere Quellen an. Vor und während der Therapie arbeitete Barbara als Kontaktperson in der kinderpsychiatrischen Abteilung eines psychosozialen Zentrums. In dieser Eigenschaft hörte sie in den späten achtziger Jahren zweifellos von Mißbrauchsfällen in Kindertagesstätten, wie etwa von den Ereignissen in der McMartin-Vorschule, wo auch Gerüchte über Satanismus aufkamen. In einem späteren Abschnitt des Buchs gibt Barbara zu, sie habe Lehrer wie Leute aus der Justiz von Gerüchten über rituellen Mißbrauch sprechen hören.

Obwohl dies eine Erklärung für das Aufkommen des Themas satanischer Mißbrauch sein kann, erklärt es jedoch nicht die Intensität und den Detailreichtum der nachfolgenden blutrünstigen Geschichten. Nach der zweiten Hypnosesitzung gab Barbara Frau Feldman ein Buch mit dem Titel ›Michelle Remembers‹, das von einem Therapeuten und dessen Klientin geschrieben wurde und das über die Aufdeckung von verdrängten Erinnerungen an satanischen Mißbrauch berichtet.[15] Obwohl Barbara dahingehend zitiert wird, sie habe das Buch nicht gelesen, bevor sie es Frau Feldman gab, ist es unwahrscheinlich, daß sie sich seiner Themen oder zumindest der auf dem Schutzumschlag angegebenen Einzelheiten nicht bewußt war. Gail Carr Feldman ihrerseits las das Buch sofort und liest es später im Verlauf der Therapie noch einmal. Sie schreibt, daß sie »gerne verstehen wollte, welche Art von Ritualen satanische Sekten ausführen«, und fügt hinzu: »*Ich mußte wissen, was mich erwartete*« (Hervorhebung hinzugefügt).[16]

Tatsächlich stieß Frau Feldman bei Barbara auf viel von dem, was sie aufgrund der Lektüre von ›Michelle Remembers‹ erwartete; denn die Parallelen zwischen den beiden Berichten sind bemerkenswert. Unter hypnotischer Trance »erinnern sich« sowohl Barbara als auch Michelle daran, an grausigen Sektenaktivitäten teilgenommen zu haben, zu denen rituelle Morde und Kannibalismus gehörten; ebenso riefen sie sich unüblichere Einzelheiten ins Bewußtsein wie etwa, daß sie mehrere Tage lang in einem Keller eingesperrt waren. Interessanterweise war der Kellerboden in beiden Fällen mit Schlangen übersät. Am auffallendsten ist vielleicht, daß sich Michelle wie Barbara auch daran »erinnern«, daß sie während des Mißbrauchs Trost fanden bei einem geheimnisvollen weißen Licht, das mit dem Geist von Jesus Christus gleichgesetzt wurde, und mit ihm in Verbindung traten.

Man muß sich nur die Darstellung der Hypnosesitzungen genauer anschauen, um zu verstehen, wie das neugewonnene Wissen und die Erwartungen von Frau Feldman Eingang in Barbaras Geschichte gefunden haben können. Obwohl nur Teile der Sitzungen im Buch protokolliert sind, gibt es viele Momente, wo deutlich wird, daß Frau Feldman durch Fragen auf bestimmte Aspekte der Mißbrauchsgeschichte hinweist und in einigen Fällen sogar darauf insistiert. Bei der Sitzung zum Beispiel, in der sie angeblich entdeckt, daß Barbara »programmiert« wurde, sich selbst zu töten, gesteht Frau Feldman ein, den Gedanken daran den Veröffentlichungen entnommen zu haben, die sie gerade las. Sie insistiert darauf – und das ist das wichtigste –, daß ihre Patientin dieses Detail übernimmt, selbst nachdem diese antwortet, sie habe keine derartige Anweisung bekommen.

Berücksichtigt man die unausgesprochene und die offene Einflußnahme, dann sollte Gail Carr Feldman für die Erinnerungen verantwortlich gemacht werden, die Barbara in der Therapie entwickelt hat. Überall im Buch finden sich Belege, daß sie an der Entstehung dieser Geschichten mitschuldig war. Ob sie dasselbe

Verfahren bei anderen Klientinnen eingesetzt hat, ist eine offene Frage. Obwohl sie behauptet, daß die Behandlung von Barbara für sie die erste Begegnung mit dem Opfer einer satanischen Sekte war, scheint es doch ein bemerkenswerter Zufall zu sein, daß viele ihrer Patientinnen seither ähnliche Geschichten erzählt haben. Als sie in einer Fernsehshow auftrat, in der für ihr Buch geworben wurde, sagte sie, sie habe »*nur* ein Dutzend Opfer rituellen Mißbrauchs« behandelt.

Gewiß wollen wir nicht behaupten, Barbaras Geschichten seien einfach deswegen nicht wahr, weil es in ihnen zu schweren Verbrechen kommt, denn Menschen sind zu extrem bösen Taten fähig. Zieht man jedoch die von Frau Feldman angeführten Belege heran, erscheint es eindeutig, daß Barbaras Geschichten über satanischen Mißbrauch höchstwahrscheinlich nicht stimmen. Die Roßkur der Hypnose, die Einflüsterungen durch Frau Feldman und Barbaras offensichtliche Empfänglichkeit für Suggestionen machen es wahrscheinlicher, daß die beiden eine ausgeklügelte Phantasiewelt erfanden und sie mit dem Etikett Erinnerung versahen. Wenn es vielleicht einige Leser gibt, die bei dieser Schlußfolgerung stutzen, dann sollten sie das dramatische Ende von ›Lessons in Evil, Lessons from the Light‹ bedenken.

Zum letzten Teil von Barbaras Behandlung schreibt Frau Feldman, daß sie eine von der New-Age-Bewegung inspirierte Ausstellung »Whole-Life Expo« besuchte und an einem Workshop von Brian Weiss, dem Autor des Buchs ›Many Lives, Many Masters‹, teilnahm. Während des Vortrags versetzte er einzelne Teilnehmer aus dem Publikum in Trance, um ihnen Zugang zu ihren Erfahrungen in einem vergangenen Leben zu geben. Nach Weiss' Anweisungen fand sich Frau Feldman auf einmal in einem früheren Leben als Indianerin wieder. »Ich trug Mokkasins... Ich bewegte mich langsam voran und sammelte Nüsse. Es überkam mich sofort die Erkenntnis, ›eins mit der Natur‹ zu sein. Ich war nur ein weiteres Lebewesen auf der Erde, und die Bäume waren meine Freunde.«[17] Wie auch in der Situation, als die Geschichten über satanischen Mißbrauch hochkamen, heuchelt sie Skepsis gegenüber ihrer Erfahrung. Sie behauptet, jedes Buch gelesen zu haben, das sie zum Thema Regression in ein früheres Leben finden konnte. Leider enthielten diese Forschungsbefunde offensichtlich kein Material, das sich kritisch mit dem Phänomen auseinandersetzt. Wie sie es auch bei ihren »Nachforschungen« über Geschichten zu satanischem Mißbrauch praktizierte, beschränkte sie anscheinend ihre Informationsquellen auf Veröffentlichungen, die die Stichhaltigkeit von Geschichten über ein früheres Leben behaupten.

Um diese Zeit verschlechtert sich Barbaras psychischer Zustand immer mehr. Die Wut auf die Tochter steigert sich bis dahin, daß sie das Gefühl hat, sie töten zu wollen. Sie beschreibt einen Wutausbruch, den sie bekam, weil die Tochter ein Saftglas umkippte. Frau Feldman überlegt zudem, ob sie Barbara in eine Klinik einweisen lassen soll, um einem befürchteten Selbstmordversuch zuvorzukommen. Um ihren nächsten Schritt zu rechtfertigen, porträtiert sich Gail Carr Feldman selbst als jemanden, der mit dem Rücken zur Wand steht, und gibt damit offensichtlich zu, daß die Therapie ihre Klientin bis zu diesem Zeitpunkt nicht glücklicher oder funktionsfähiger machte, sondern sie an den Rand der Selbstzerstörung brachte. Frau Feldman versucht die Leserinnen zu überzeugen, daß sie verzweifelt darauf aus war, ihrer Klientin zu helfen, und ihr keine andere Wahl blieb, als Barbara unter Hypnose in ein früheres Leben zurückzuversetzen.

Wie auch vor der Altersregression macht sie Barbara, bevor sie ihre Patientin auf ihre Reise in die »Erfahrung eines früheren Lebens« schickt, zunächst mit der angeblichen Wirksamkeit und Stichhaltigkeit der Methode vertraut. Sie erzählt ihr von Brian Weiss' Buch und dessen »solidem« Ruf als Psychiater. Nachdem sie Barbara in einen Zustand tiefer Trance versetzt hat, suggeriert sie ihr, nicht nur einfach durch die »Nebel der Zeit« zurückzureisen, sondern »auf einer Wolke zu schweben und sich allmählich durch die Zeit treiben zu lassen, bis sie auf irgendeinen Teil der Welt herunterblickt und in ein bestimmtes Leben eintritt«. In ihrer Reaktion auf diese Suggestion stellt sich Barbara vor, sie sei ein kleines Mädchen auf Jamaica namens Denise, das sich unter einer Veranda versteckt. Laut der sich nun anschließenden Vision wurde sie auch in ihrem Leben auf Jamaica mißhandelt. Sie versteckt sich unter der Veranda, weil sie »Suppe« auf dem Fußboden in der »Hütte« verschüttet und ihren Vater so geärgert hat, daß er sie schlägt. Nachdem sie beschrieben hat, daß sie unter der Veranda an Unterkühlung stirbt, erzählt sie, in einem weißen Raum ohne Anfang und Ende, dem »Ort der vielen Lektionen«, zu schweben.

Der offensichtliche Zusammenhang zwischen der verschütteten Suppe und ihrer Wut auf die eigene Tochter, weil die Saft verschüttet hat, entgeht Barbara nicht; die Erfahrung in dem früheren Leben erklärt ihre Überreaktion und die Wut auf ihre Tochter. »Mein Vater hat mich geschlagen, weil ich Suppe verschüttet habe«, sagt sie nach der Rückkehr aus der Trance. »Ich meinte, Michelle schlagen zu müssen, weil sie Saft verschüttet hat. Das ist einfach ganz erstaunlich.« Einige Nächte später erkennt Barbara in einem Traum, daß ihre Tochter eine Reinkarnation ihres Vaters aus dem früheren Leben ist; das erklärt zusätzlich ihre Wut.

Therapeuten, die Erinnerungen aufdecken, sagen ihren Klientinnen häufig, der emotionale Eindruck, den eine bildlich vorgestellte Szene bei ihnen hinterlasse, sei ein eindeutiger Beweis dafür, daß die Erinnerung faktisch richtig sei. Sollten wir in Barbaras Fall diese Behauptung übernehmen, müßten wir unterstellen, daß die Erinnerung an ein früheres Leben eher der Wahrheit entspräche als die angeblich aufgedeckten Erinnerungen an satanischen Mißbrauch. Denn sie entdeckt in der Erfahrung nicht nur sofort einen Sinn, sondern diese Phantasievorstellung von einem früheren Leben heilt sie offensichtlich auch. »Seit der Arbeit an meinem früheren Leben habe ich keine Angst mehr«, sagt sie nach dem Bericht von Frau Feldman einige Sitzungen später. Auch ihr Sexualleben blüht plötzlich wieder auf, sie ärgert sich nicht mehr über ihre Tochter und hat bald ihre Todesangst überwunden.

Allem Anschein nach macht sich Gail Carr Feldman keine Gedanken darüber, daß die Erfahrung mit dem früheren Leben Erinnerungen, die während der gesamten zwei Jahre der Therapie zutage gefördert wurden, zweifelhaft werden läßt. Viele Therapeuten, und dazu gehört auch Judith Herman, schrecken vor dem Vergleich zwischen der Regression in ein früheres Leben (oder Geschichten von einer Entführung durch Außerirdische, die unter Hypnose entstanden sind) und der Therapie zur Aufdeckung von

Erinnerungen zurück. Judith Herman und andere argumentieren, die Erfahrung von Kindesmißbrauch würde bagatellisiert, wenn man die therapeutische Zurückführung in ein früheres Leben mit der Therapie von Mißbrauchsopfern vergleiche. Anhand der Arbeit von Therapeuten wie Gail Carr Feldman kann man jedoch sehen, daß die Gegenargumente von Judith Herman nichts weiter sind als ein Versuch, Kritiker einzuschüchtern, damit sie keine unguten und offensichtlichen Parallelen mehr aufzeigen zwischen der Art und Weise, wie aufgedeckte Erinnerungen zu Tage gefördert werden, und den Verfahren, mit denen andere, offensichtlich falsche Überzeugungen aufgebaut werden.

Brian Weiss verbindet in ›Healing Through Time‹ die Theorien zur Zurückführung in ein früheres Leben und die zur Therapie der Aufdeckung von Erinnerungen. Unter Verwendung derselben Hypnosetechniken half er nach seiner Beschreibung einer Patientin, sowohl die »Erinnerung« aufzudecken, als Einjährige von ihrem Vater belästigt worden zu sein, wie auch die »Erinnerung« an eine 26jährige, die im Mittelalter lebte. »Sie erinnerte sich daran, eine Sklavin zu sein, die in der Burgküche, wo sie ununterbrochen arbeiten mußte, an die Wand gekettet war«, schreibt Brian Weiss. »Während dieses Lebens sind ihr nur ein einziges Mal die Ketten abgenommen worden: Sie wurde in einen verschlossenen Raum gebracht, um mit einem Mann zusammenzutreffen, der sie sexuell gebrauchte. [Sie] erinnerte sich, daß sie nach diesen Begegnungen vor allem Ekel empfand, der stärker war als jede andere Emotion. Dieser Ekel war ihrem Gefühl nach dem Mißbrauch durch ihren Vater, der sie eigentlich gern hatte, nicht unähnlich.«[18] Die bemerkenswerten Parallelen zwischen den Vorgehensweisen werden am ehesten durch Weiss' eigenes Eingeständnis verdeutlicht, daß er, bevor er zum führenden Guru für frühere Leben wurde, routinemäßig Hypnose einsetzte, um Geschichten sexuellen Mißbrauchs bei seinen Patientinnen aufzudecken.[19] An dieser Stelle sollte es niemanden mehr überraschen, daß der prominenteste Vertreter der Pseudowissenschaft von früheren Leben als Therapeut, der verborgene Erinnerungen aufdeckt, begonnen hat.

Gail Carr Feldman, Brian Weiss und andere Therapeuten, die die Theorien zur Zurückführung in ein früheres Leben mit denen zur Hypnose bei der Wiedererlangung von Erinnerungen verbinden, veranschaulichen, worüber Hypnoseforscher seit Jahren berichtet haben: daß der jeweilige persönliche Glauben an den Wahrheitsgehalt irgendwelcher Szenen, die sich Probanden unter Hypnose vorstellen, durch die Vorgehensweisen, die Anweisungen und die vermittelten Suggestionen sowie durch die eigenen Einstellungen und Erwartungen entscheidend beeinflußt wird.

Bücher wie ›Lessons in Evil, Lessons from the Light‹ müssen jene in der Bewegung zur Aufdeckung von Erinnerungen, die für sich in Anspruch nehmen, seriöse Akademiker und Wissenschaftler zu sein, in Unruhe versetzen. Im selben Moment, wo einige Experten der Therapie zur Aufdeckung von Erinnerungen versuchen, dieser Therapie das Erscheinungsbild eines seriös strukturierten Theoriegebäudes zu geben, reißen Gail Carr Feldman und andere Kliniker das Gebäude wieder ein, indem sie Klientinnen in der Überzeugung bestärken, sie könnten mit Jesus sprechen, oder indem sie ihnen Hilfe durch Zurückversetzung in ein früheres Leben anbieten. Jedenfalls ist es dank der veröffentlichten Berichte von so selbstgewissen Therapeuten wie Gail Carr Feldman Außenstehenden möglich, die Exzesse und den Zwangscharakter der Therapie zur Aufdeckung von Erinnerungen in ihrer ganzen Tragweite zu verstehen.

Eine weitere eindrucksvolle Illustration für die Macht der Hypnose, Vorstellungen zu kreieren, an die auch geglaubt wird, bietet der Fall Paul Ingram. Die komplette Geschichte der Familie Ingram zu erzählen, würde ein ganzes Buch erfordern, doch etwas Hintergrundwissen ist nötig, um den Kontext zu verstehen, in dem die außergewöhnliche Befragung stattfand.[20] Bis Ende 1988 galt Paul Ingram, Vater von zwei Töchtern und drei Söhnen, als aufrechtes Mitglied der Gemeinde Olympia im Bundesstaat Washington.[21] Er war Bezirksvorsitzender der Republikaner und hatte die dritthöchste Position in der Polizeiverwaltung inne. Katholisch erzogen, besuchte er parallel zur High-School ein Priesterseminar, doch nach seiner Heirat trat er einer fundamentalistischen christlichen Sekte bei. Er und seine Familie wurden Mitglieder der Church of Living Waters, wo Momente religiöser Ekstase als etwas Normales betrachtet wurden. Bei den Gottesdiensten wurde den Kranken durch Handauflegen geholfen, und die Gläubigen, auch Paul, praktizierten häufig Glossolalie.

In der religiös überhitzten Atmosphäre während einer Bibelfreizeit im Jahre 1988, an der seine Töchter teilnahmen, kamen die ersten Anschuldigungen gegen Paul wegen Kindesmißbrauchs auf. Die ursprüngliche Enthüllung, seine Tochter Ericka, die damals 21 war, sei mißbraucht worden, stammte nicht von ihr selbst, sondern von einer charismatischen Rednerin auf der Freizeit, Karla Franko; jene glaubte, sie habe spirituelle Heilkräfte und ein übersinnliches Wahrnehmungsvermögen. Beim Gebet mit Ericka, die am letzten Tag der Freizeit eigenartig erregt war, empfing Karla Franko etwas, das sie für eine göttliche Botschaft hielt. »Du bist als Kind mißbraucht worden, du bist sexuell mißbraucht worden«, erinnert sich Frau Franko, sagte sie zu Ericka. Tief ins Gebet versunken erhielt sie dann noch eine weitere Botschaft von Gott: »Es war ihr Vater, und es zog sich über Jahre hin.«[22] Während der nächsten Monate begann Ericka, anderen zu erzählen, sie sei mißbraucht worden, und die Anschuldigungen drangen schließlich bis zur Polizeibehörde durch. Auf Befragen sagte auch Pauls andere Tochter, Julie, sie sei während der Pokerspiele, die regelmäßig in seinem Haus stattfanden, vergewaltigt worden.

Obwohl Paul als Polizeibeamter ausgebildet war, hatte er keine Erfahrung mit Vernehmungen. Die Beamten, die für die Untersuchung zuständig waren – Paul kannte sie und vertraute ihnen –, begannen damit, daß sie die Beschuldigungen, die gegen ihn erhoben wurden, vortrugen. Als Paul abstritt, irgend etwas von den ihm zur Last gelegten Straftaten zu wissen, sagten ihm die Beamten, es sei ein verbreitetes Phänomen, daß Menschen die Erinnerungen an derartige Verbrechen verdrängten, und er müsse zunächst einmal zugeben, daß die Beschuldigungen stimmten, damit die Erinnerungen vollständig in sein Bewußtsein gelangen könnten. Weil er eisern abstritt, irgend etwas Unrechtes getan zu haben, hörte man auf, ihn zu seinen Erinnerungen zu befragen und ging dazu über, sich danach zu erkundigen, ob er wirklich wisse, wer er sei, und ob er zu den Taten, derer ihn seine Töchter beschuldigten, fähig sei. Da Paul fest an an die Allgegenwart des Teufels auf Erden und an dessen Macht, den Geist der Menschen zu verwirren, glaubte, war sein Vertrauen in sich selbst und in sein Wissen über die Vergangenheit besonders leicht zu erschüttern. Nachdem man ihn zu dem Eingeständnis getrieben hatte, daß seine Töchter bei so schwerwiegenden Dingen nicht lügen würden, begann sein Vertrauen in die eigenen Lebenserinnerungen zu schwinden. Schließlich sagte er nicht mehr »Ich habe es nicht getan«, sondern »Ich erinnere mich nicht daran, es getan zu haben«. Die Vernehmungsbeamten waren sich immer sicherer, daß er schuldig war und daß es lediglich eine Frage der Zeit war, bis er den nächsten Schritt machen und die Verbrechen gestehen würde.

Nachdem man Paul davon überzeugt hatte, daß es möglich ist, Erinnerungen zu verdrängen, und ihn gezwungen hatte, einzuräumen, daß seine Töchter in einer so schwerwiegenden Angelegenheit nicht lügen würden, endete der erste Tag der fünf Monate andauernden Vernehmungen damit, daß Paul zugab, die Anschuldigungen seiner Töchter müßten stimmen – obwohl er weiterhin sagte, er habe keine Erinnerungen an die Verbrechen. Allerdings hatten er und die Polizeibeamten bei seinen Töchtern wie bei ihm selbst aussagekräftige Symptome festgemacht, die den Gedanken nahelegten, daß die Behauptungen der Wahrheit entsprachen. Im folgenden Teil der per Tonband aufgezeichneten Vernehmung an diesem Nachmittag wird Pauls Zwickmühle deutlich.

Paul: ... ich glaube wirklich, die Behauptungen treffen zu, daß ich ihnen Gewalt angetan habe und sie mißbraucht habe und wahrscheinlich über einen langen Zeitraum hinweg. Ich habe es verdrängt, wahrscheinlich habe ich es sehr erfolgreich vor mir verdrängt, und jetzt versuche ich, alles wieder herauszubekommen. Ich weiß aus dem, was sie sagen, daß die Vorfälle sich so ereignet haben müssen und daß ich diese Dinge gemacht haben muß.
Polizeibeamter: Und warum sagen Sie, Sie müssen diese Dinge gemacht haben?
Paul: Zum einen kennen meine Mädchen mich. Sie würden bei solchen Dingen nicht lügen, und es gibt andere Beweise, die mir zeigen können, daß all das geschehen ist.

Polizeibeamter: Und worin bestehen Ihrer Meinung nach diese Beweise?
Paul: Nun, die Art und Weise, wie sie sich zumindest die letzten beiden Jahre verhielten [er bezieht sich darauf, wie reserviert sich seine Töchter gezeigt haben], und die Tatsache, daß ich nicht in der Lage war, ihnen gegenüber Gefühle zu zeigen, obwohl ich das wollte. Es war schwer für mich, sie zu umarmen oder ihnen auch nur zu sagen, daß ich sie liebe; ich weiß einfach, daß das nicht normal ist...
Polizeibeamter: ... Sie können sich nicht daran erinnern, in jenes Zimmer gegangen zu sein und Ericka berührt zu haben?
Paul: Nein.
Polizeibeamter: Wenn sie sagt, daß das passiert ist, was heißt das für Sie?
Paul: Es heißt für mich, daß es passiert ist. Meine Kinder lügen nicht. Sie sagen die Wahrheit, und genau das versuche ich auch.

Wie auch die Patientinnen in der Therapie zur Aufdeckung von Erinnerungen konnte Paul, nachdem er erst einmal von der Grundannahme der Verdrängung überzeugt war, nicht mehr voll Vertrauen geltend machen, jede der wichtigen Tatsachen in seinem Leben ganz sicher zu wissen. Wenn irgendeine beunruhigende Erinnerung tief im eigenen Unbewußten lauern kann, dann wird es unmöglich, mit Gewißheit zu behaupten, daß irgend etwas *nicht* im eigenen Leben geschah. Das machte den Vernehmungsbeamten den Weg frei, um – mit Pauls Hilfe – immer mehr Beweise für eine Lebensgeschichte zu sammeln, von der Paul nichts wußte. Weil er glaubte, weder seine Töchter noch die Vernehmungsbeamten könnten lügen, wenn es um Beweise gegen ihn ging, erklärte er sich nach und nach bereit, alles einzugestehen, konnte jedoch selbst keine Einzelheiten nennen. Das empfanden die Vernehmungsbeamten als ziemlich frustrierend. »Immer versuchen Sie, zu entwischen!« schrie ihn einer der Beamten später bei der Vernehmung an. »Es ist so, als sagten Sie, ich werde auf alles eingehen, was immer meine Töchter sagen, die Information bekommen Sie – aber weiter sage ich Ihnen nichts.«

Am nächsten Tag zogen die Vernehmungsbeamten Richard Peterson, einen vor Ort tätigen klinischen Psychologen, zur Unterstützung hinzu. Auf Pauls Frage bestätigte er, daß es möglich sei, Erinnerungen zu verdrängen – selbst an siebzehn Jahre dauernde kriminelle Handlungen. Als die Vernehmungsbeamten erneut wütend wurden, weil er zwar bereit war, die Verbrechen zuzugeben, gleichzeitig jedoch unfähig zu sein schien, Einzelheiten zu nennen, nutzte Paul sein neu gewonnenes Wissen über die Art und Weise, wie die Seele etwas aus dem Gedächtnis verdrängt, und bestand darauf, daß er, so gut er könne, mit ihnen zusammenarbeite.

»Ich glaube, es ist nur die Frage, wie wir zu dem Teil meines Gehirns gelangen, in dem diese Informationen gespeichert sind«, sagte er. »Sie haben mir die Mosaiksteinchen gegeben, aber sie passen noch nicht zusammen. Ich habe keinen Zweifel, daß das meine Schuld ist.«

»Verdammt noch mal!«, entgegnete einer der Beamten, sichtlich unzufrieden mit Pauls Behauptung, er fände keinen Zugang zu den Informationen. »Sie sitzen einfach da, nicht wahr. Sie werden einfach dasitzen und [spöttisch] sagen: ›Es ist einfach zu dunkel, ich kann nichts sehen.‹«

Weil Paul daran glaubte, daß die Seele die Fähigkeit besitzt, schreckliche Ereignisse zu verbergen, sah er sich nicht in der Lage, irgendeine Möglichkeit in Abrede zu stellen. Als er später gefragt wurde, ob er je einen Menschen getötet hätte, antwortete er: »Ich kann es mir nicht ausmalen. Ich – gestern hätte ich ›nein‹ gesagt.«

»Sie spielen nur mit uns, Paul«, griff ihn einer der Beamten an. »Überzeugen Sie mich davon, daß Sie niemanden getötet haben.«

»Ich muß mich erst selbst davon überzeugen.«

»Sie können sich nicht selbst davon überzeugen, daß Sie niemanden getötet haben?«

»Ehrlich gesagt, nein«, sagte Paul. »Ich kann nichts abstreiten, was ich nicht weiß… Wenn ich doch nicht einmal weiß, was ich mit meinen eigenen Kindern gemacht habe. Wenn ich das nicht weiß, weiß ich auch nicht, was ich sonst noch alles getan haben könnte. Ich weiß es ehrlich nicht. Ich weiß nicht, welche Enthüllungen da noch auf mich warten.«

Während der ersten Stunden des zweiten Vernehmungstages nutzten die beiden Beamten und Peterson seine Schuldgefühle und seine Ängste um die Sicherheit seiner Töchter aus. Sie erzählten ihm, Julie hätte gesagt, sie sei von einigen seiner Freunde, die gewöhnlich in seinem Haus Poker spielten, vergewaltigt worden. Sie habe jedoch zu große Angst, die anderen Männer, die sie vergewaltigt hätten, namentlich zu nennen; deshalb sei sie in Gefahr, von ihnen ermordet zu werden. Sie überzeugten Paul, daß er möglicherweise mit der Verantwortung für einen Mord leben müsse, wenn er ihnen nicht die Namen der anderen Männer nennen würde.

Schließlich konnte Paul nur noch weinen und beten. »Lieber Herr Jesus, lieber Herr Jesus...«, wiederholte er immer wieder. Richard Peterson nahm die Religiosität von Paul zum Ausgangspunkt für einen neuen Kurs.

»Sollten Sie je die Möglichkeit haben, sich zwischen Gott und dem Teufel zu entscheiden, dann ist es jetzt«, sagte er. »Entscheiden Sie sich für das Leben und nicht für totes Dasein, eine leibhaftige Hölle.« Die Vernehmung nahm rasch an Intensität zu. Während Paul zu Jesus betete, bestürmten ihn die drei. »Es geht um Ihre Verantwortung als Vater.« »Mach jetzt, Paul.« »Es ist wichtig, es muß jetzt heraus.«

Als sie für einen Augenblick still blieben, bat er sie: »Reden Sie weiter! Bitte reden Sie weiter!«

»Es geht um eine klare Entweder-oder-Entscheidung: Entweder Sie klammern sich weiter an die leibhaftige Hölle, in der Sie gelebt haben, oder Sie erfahren die reinigende Absolution der Aufrichtigkeit.« Peterson war eindeutig überzeugt, die Methode der Wahl, um Pauls vorgeblichen Widerstand gegen ein volles Geständnis zu brechen, sei, an seinen religiösen Vorstellungen anzusetzen. »Sie müssen diese Entscheidung treffen. Das kann Ihnen niemand abnehmen. Sie sind so allein wie Jesus, als er in der Wüste war.«

»Gott Vater«, murmelte Paul. »Oh Jesus, oh Jesus, oh Jesus ... Jesus, barmherziger Jesus, hilf mir.«

Nach einigen weiteren Augenblicken beendete Richard Peterson sein Trommelfeuer. Seine Stimme war nun nicht mehr herausfordernd und drohend, sondern nahm einen besänftigenden Ton an. »Ich weiß, was Ihnen helfen würde, Paul«, sagte er langsam. »Hören Sie auf, um Hilfe zu bitten, lehnen Sie sich einfach zurück, und versuchen Sie, an nichts zu denken. Lassen Sie sich einfach gehen, und entspannen Sie sich. Niemand wird Ihnen wehtun. Wir möchten Ihnen helfen. Entspannen Sie sich einfach.« Seine Stimme wurde immer weicher und langsamer. »Entspannen Sie sich einfach. Versuchen Sie, an nichts zu denken. Stellen Sie sich die Frage, was Sie tun müssen. Eine Antwort wird kommen; denn ich glaube nicht, daß Sie je Ihre Kinder verletzen wollten. Ich weiß, daß Sie Ihren Kinder ein Leben bieten wollen, das nicht voller Schmerzen ist. Das können Sie immer noch.«

Auf diese kurze Rede folgte eine lange Stille. Paul Ingram saß mit geschlossenen Augen da. Schließlich sagte einer der Beamten: »Warum sagen Sie uns nicht, was mit Julie geschah, Paul? Was geschah beim Pokern…«

Es folgte wieder eine lange Pause. Diesmal brach Pauls Stimme das Schweigen.

Paul: Ich sehe Julie, wie sie auf einem Laken am Boden liegt. Ihre Hände sind an die Füße gefesselt; sie liegt auf dem Bauch. Ich stehe da und sehe sie an. Es ist jemand links von mir.
Polizeibeamter: Wer ist die Person links von Ihnen?
Paul: Ich weiß es nicht; ich glaube, es ist vielleicht Jim Rabie.*
Polizeibeamter: Sehen Sie sich die Person an, die dort steht.
Peterson: Wie riecht sie?
Polizeibeamter: Ja, wie riecht sie? Wer steht da direkt neben Ihnen, Paul – Sie müssen nur nach links sehen, und da steht er. Ist er angezogen?
Paul: Ich glaube nicht.
Polizeibeamter: Was macht er mit Ihrer Tochter?
Paul: Er kniet sich hin. Oh, oh, es ist wieder weg. Die Bilder sind weg.

Pauls plötzliche Fähigkeit, sich die Szenen, die ihm die Beamten suggerierten, bildlich vorzustellen, ist aus mehreren Gründen

* Jim Rabie war ein langjähriger Freund von Paul Ingram und ehemaliger Polizeibeamter. Sein Name war bereits vorher bei der Vernehmung gefallen, als Paul alle Personen, die zum Pokerspielen kamen, aufgezählt hatte.

beunruhigend. Seine Beschreibung war im Präsens, und er hatte offensichtlich kein Wissen von dem Ereignis insgesamt, das er beschrieb. Im Gegenteil, er konnte die bildliche Vorstellung, die er in diesem Augenblick vor seinem geistigen Auge sah, nur so beschreiben, als beobachte er die Szene zum ersten Mal. Dies waren nur die ersten Hinweise auf die Tatsache, daß er in einen Trancezustand gefallen war und sich nicht an etwas erinnerte, was geschehen war, sondern die Szenen in seinem Geist durchlebte. So wurde beispielsweise bald klar, daß die Fragen der Vernehmungsbeamten die Szenen de facto steuerten und daß er auf ihre Aufforderung hin Einzelheiten, nach denen sie fragten, nah heranholen konnte.

Als die »Bilder« erneut kamen und weiterliefen, fragte einer der Beamten, ob jemand Fotos mache. Paul antwortete: »Ah, Fotos. Ist da jemand rechts von mir? Möglich, lassen Sie mich schauen. Ich sehe, ich sehe eine Kamera.« Häufig beschreibt er, daß das Bild einer Szene verblaßt oder verschwindet. Immer wenn er die »Bilder« in seinem Kopf behalten kann, ist er auch in der Lage, jede der ihm gestellten Fragen in die Szene mit einzubeziehen. Als er beispielsweise sieht, wie seine Tochter von jemand anders mißbraucht wird, bittet man ihn, den Mann zu beschreiben:

Paul: [beschreibt eine weitere Person in seiner bildlichen Vorstellung] Er ist, er ist groß, er ist stämmig.
Polizeibeamter: Trägt er Schmuck?
Paul: Vielleicht hat er eine Uhr am rechten Arm. Eine goldene Uhr.
Polizeibeamter: Welche Uhrzeit zeigt sie an?
Paul: Mmh, zwei Uhr …
Polizeibeamter: Ist da sonst noch jemand?
Paul: Mmh, möglicherweise ist da noch einer auf der anderen Seite neben ihm.
Polizeibeamter: Sehen Sie hin! Sehen Sie dort rüber. Ist da noch jemand?
Paul: Ich glaube ja, ein dünnerer… Ich glaube, ich sehe Gary Edwards.
Polizeibeamter: Macht jemand Fotos?

Paul: Ah, Fotos. Ist da jemand rechts von mir? Möglich, lassen Sie mich schauen. Ich sehe, ich sehe eine Kamera!
Polizeibeamter: Wer macht die Fotos?
Paul: Ich weiß nicht. Ich, ich sehe niemanden hinter der Kamera... Ich sehe die Kamera nicht mehr... Oje, ich weiß nicht, was ich sonst noch sehe. Irgendwie bricht es hier ab.

Außer daß Paul in der Lage war, die Uhrzeit abzulesen, erinnerte er sich vermeintlich an eine Pokerrunde, die siebzehn Jahre vorher stattgefunden hatte. Mehrere andere Aussagen zeigten, daß er das an den Tag legte, was allgemein als Trance-Logik bezeichnet wird. Er beschrieb flüchtige Bilder, die sich langsam zu Gesichtern von Bekannten verwandelten. Nach einer Suggestion des Vernehmungsbeamten berichtete er, er habe seine Tochter reden hören, doch die Reaktion auf eine andere Suggestion war, daß Sie ihm plötzlich mit einem Knebel im Mund erschien. Als er die Kamera in der Szene zum ersten Mal ansieht, wird sie von niemandem gehalten. Später sieht er eine »Figur aus Stöcken«, die sich dann in einen Bekannten verwandelt.

Wenn man Richard Petersons Entspannungsübung näher betrachtet, wird deutlich, was mit Paul in dieser höchst angespannten Situation geschah. Nachdem er in Trance versetzt war, merkte Paul, daß er die Belastung durch die Vernehmung abmildern konnte, indem er sich in eine ruhige geistige Welt zurückzog. In diesem Zustand erlaubte er seiner Phantasie, vor seinem geistigen Auge Szenen zu entwickeln, die den starken Druck der Situation weiter verminderten, denn mit der Beschreibung seiner bildlichen Vorstellungen konnte er den Forderungen seiner Befrager gerecht werden. Pauls erster Hypnoseerfahrung folgten viele weitere. Er lernte es, seine Aufmerksamkeit auf die Bilder einer bestimmten Szene zu konzentrieren und sich durch die Fragen der Vernehmungsbeamten leiten zu lassen. Während dieser Sitzungen saß er nach vorn gekrümmt, stützte seinen Kopf in die Hände und hatte die Augen geschlossen. Die Informationen, die bei den folgenden Befragungen herauskamen, waren genauso beunruhigend. Bei der Darstellung von Mißbrauchsszenen beschrieb er, wie er im Zimmer herumschwebte oder die Szene von der Decke aus beobachtete. Als jemand in einer bestimmten Szene ein Gewehr hervorholte, wirkte seine Stimme völlig überrascht und bebte vor Angst. Als am dritten Vernehmungstag eine dieser Szenen flimmerte und verblaßte, sagte er: »Junge, Junge! Es ist fast so, als würde ich das alles erfinden; ich versuche, das nicht zu machen… Es ist, als ob ich einen Film sehe.«

Zwischen den Vernehmungen entwickelte er in seiner Gefängniszelle ein Verfahren, um seine Erinnerungen zu ergänzen, das er als »Überbeten« einer Szene bezeichnete. Dabei benutzte er nicht nur das, was er von Richard Peterson gelernt hatte, sondern berücksichtigte auch die Ratschläge von Pastor John Brayton, der ihn häufig in seiner Zelle besuchte, um mit ihm dafür zu beten, daß seine Erinnerungen zurückkämen. Der Pastor sagte ihm, wenn er beten würde, bevor er versuche, sich Szenen bildlich vorzustellen, dann schicke ihm Gott wahrheitsgetreue Bilder und der Teufel sei nicht in der Lage, ihn mit falschen Geschichten zu täuschen. Wenn er allein war, saß Paul in bequemer Haltung auf seinem Bett, entspannte sich und schloß seine Augen. Indem er sich vorstellte, durch einen weißen Nebel zu treiben, versuchte er dann, seinen Geist von allen Gedanken freizubekommen. Häufig ließ er sich mehrere Minuten lang treiben und fühlte, wie er durch den Nebel schwebte, bevor er einen Zugang zu bruchstückhaften Erinnerungen an Mißbrauch und andere Verbrechen fand. Bisweilen konnte er zu einer bestimmten Szene, die bereits hochgekommen war, zurückkehren und die Einzelheiten über mehrere solcher Sitzungen hinweg weiter ausarbeiten. Seinem Bericht nach konnte er aber nie völlig die jeweiligen Themen bestimmen. Bei diesem »Überbeten«, wenn er allein war und auch während seiner Treffen mit Pastor Brayton, entwickelte Paul erstmals Bilder von seiner Beteiligung an einem Satanskult. Der Pastor war so davon überzeugt, Paul sei einen Pakt mit dem Teufel eingegangen, daß er eine Zeremonie durchführte, um die Dämonen aus Pauls Körper auszutreiben. In einer Vermengung seiner Religion mit den Theorien zur Aufdeckung von Erinnerungen schrieb Paul kurz nach der Zeremonie in sein Tagebuch: »John glaubt, es seien immer noch mehrere Geister in mir, die weiterhin mein Unbewußtes steuern… [Es] ist wohl jemand wie John nötig, um mich aus meinen Abwehrhaltungen herauszuführen.«

Als diese Erinnerungen hochkamen, glaubte man bei der Polizei von Olympia bald, man sei einer Sekte auf der Spur, die Kindesmißbrauch in großem Stil betrieb.* Wegen seiner Untersuchungen zu den Arbeitsweisen von Sekten und der von ihnen ausgeübten Gewalt zog die Staatsanwaltschaft von Olympia Richard Ofshe, Professor an der University of California in Berkeley und Koautor dieses Buchs, als Berater für die Frage hinzu, wie man diesen immer vielschichtigeren und immer verwirrenderen Fall untersuchen solle. Während er mit Paul sprach, kam Richard Ofshe der Verdacht, daß Paul keine Verbrechen gestand, die er tatsächlich begangen hatte, sondern daß er sich selbst in Trance versetzte und Verbrechen vorstellte, die man ihm suggeriert hatte. Um seinen Verdacht zu überprüfen, führte Ofshe ein Experiment durch. Er erzählte Paul die ausgedachte Geschichte, eine seiner Töchter und einer seiner Söhne hätten ihn beschuldigt, sie zum Geschlechtsverkehr miteinander gezwungen zu haben, während er zusah. Diese Anschuldigung war frei erfunden und stand in keiner Beziehung zu irgendeiner anderen Anschuldigung in diesem Fall. Auf die Frage, ob er sich an das Ereignis erinnern könne, erwiderte Paul, das könne er nicht. Unter Einbezug des Vokabulars aus seiner Technik des »Überbetens«, bat Richard Ofshe ihn, zu versuchen, ob er sich an die Szene erinnern könne. Paul schloß die Augen, saß mehrere Minuten lang still da und sagte dann, er beginne, die Szene, die Richard Ofshe angesprochen hatte, zu sehen. Um sicherzugehen, daß seine eigenen Reaktionen Paul nicht beeinflußten, hielt Ri-

* Für die Behauptung, Paul und seine Frau Sandy hätten über einen Zeitraum von siebzehn Jahren hinweg ihre Töchter sexuell mißbraucht, und Paul sei der Anführer einer satanischen Sekte, die Hunderte von Säuglingen getötet hätte, gibt es keinen einzigen Beweis, der einen vernünftigen Ermittler (oder gar einen Richter oder Geschworene) veranlassen könnte, der Geschichte ernsthaft nachzugehen. (Für eine umfassendere Erklärung, warum das so ist, siehe Watters 1991, Ofshe 1992, und Wright 1994.) Bei einer gründlichen polizeilichen Untersuchung – dazu gehörten auch mehrere großangelegte Ausgrabungen – fand man keinen materiellen Beweis. Zudem erwiesen sich Ericka und Julie Ingram als völlig unzuverlässige Zeuginnen. Beide waren dafür bekannt, bei Kirchenfreizeiten Beschuldigungen wegen Mißbrauchs zu erheben, und beide behaupteten schließlich, über und über mit Narben bedeckt zu sein, die von den satanischen Folterungen, die sie erlitten hatten, zurückgeblieben seien. Gerichtlich angeordnete Untersuchungen brachten jedenfalls keine Narben zum Vorschein. (Ericka verkündet nach wie vor in der Öffentlichkeit, daß sie solche Narben habe.) Kürzlich richtete Ericka ihre Beschuldigungen auch gegen die Polizeibeamten, die ihr zunächst Glauben schenkten. Sie hat öffentlich behauptet, diese hätten sich geweigert, die dreißig Ärzte, Rechtsanwälte und Richter zu verhaften, die sie als Sektenmitglieder identifiziert habe und die angeblich weiterhin wie gewohnt dem Teufel Säuglinge opferten.

chard Ofshe ihn davon ab, die Szene, die sich in seinem Kopf abspielte, direkt zu beschreiben. Statt dessen bat er ihn, in seine Zelle zurückzukehren und das »Überbeten« der Szene fortzusetzen.

Am nächsten Tag hatte Paul die Geschichte beträchtlich ausgeschmückt. An diesem Morgen berichtete er, er wisse, um welche Tochter und um welchen Sohn es sich handele. Außer daß er die beteiligten Kinder nennen durfte, wurde ihm wiederum nicht erlaubt, auf die Szene näher einzugehen; er sollte aber eine detaillierte Darstellung der Szene, so, wie er sie sich vorgestellt hatte, niederschreiben.[23] Mehrere Stunden später kehrte er mit einer drei Seiten langen Beschreibung der Ereignisse, die er sich erfolgreich vorgestellt hatte, aus der Zelle zurück:

Tagsüber, wahrscheinlich Samstag oder Sonntag nachmittag. Ich bitte oder sage Paul jr. & Ericka, sie sollen nach oben kommen & dann gehen wir in Erickas Zimmer. Ich schließe die Tür und sage ihnen, wir würden jetzt ein Spiel spielen. Ich sage ihnen, sie sollen sich ausziehen. Ericka sagt: »Aber Papa.« Ich sage: »Zieh dich einfach aus und widersprich nicht.« Aufgrund des Tons in meiner Stimme oder wegen der Art, wie ich es sage, widerspricht keiner von ihnen, und sie ziehen sich aus... Ericka ist ungefähr 12 oder 13, ihr Körper ist ganz gut entwickelt. Paul ist 13 bis 14... Ich sage Ericka, sie soll niederknien und Pauls Genitalien streicheln. Als der Penis erigiert ist, sage ich ihr, sie soll ihn in den Mund stecken und ihn oral reizen... Als Paul seinen Orgasmus hat, fordere ich Ericka auf, seinen Penis in ihrem Mund zu behalten und die Stimulierung fortzusetzen. Ich sage ihr, sie soll den Samen herunterschlucken, doch sie läuft ins Bad und spuckt ihn aus. Ich sage ihr, sie soll ins Zimmer zurückkommen, und erkläre ihr, der Samen bestehe aus Eiweißen und die würden ihr nicht schaden.

Paul fährt mit einer noch plastischeren Darstellung fort, wie er seine beiden Kinder zum Beischlaf zwingt und danach selbst mit seiner Tochter schläft. Er schließt mit den Worten:

Möglicherweise habe ich den Kindern erzählt, sie müßten lernen, wie man sich sexuell betätigt und wie man es richtig macht. Daß es

wichtig sei, daß jeder Teilnehmer eine angenehme Erfahrung macht. Vielleicht verkehrte ich mit Paul anal, das ist mir aber nicht ganz klar... Wir alle ziehen uns wieder an. Ich frage: »Das hat euch beiden doch jetzt Spaß gemacht, oder?« Keiner blickt mir in die Augen oder sagt etwas. Ich sage: »Ihr solltet euch daran gewöhnen. Wir brauchen uns gegenseitig; es gibt keinen Grund, dagegen anzukämpfen.«
Paul jr. geht nach unten. Ich gehe in mein Schlafzimmer, vielleicht um aufzuräumen. Ericka bleibt in ihrem Zimmer. Ich gehe nach unten. Sandy [Pauls Frau] und die anderen Kinder sind dort. Ich gehe zu Sandy in die Küche und gebe ihr einen Kuß, als wäre nichts gewesen. Es wird kein Wort über das verloren, was gerade passiert ist... Ich bin mir nicht sicher, wie häufig so etwas geschah. Ich glaube, ich habe ihnen gesagt, sie sollten sanft zueinander sein. Die Fähigkeit, die Kontrolle über Paul und Ericka zu erlangen, kommt möglicherweise nicht allein von mir. Es scheint so, als gäbe es da eine echte Angst vor jemand anderem. Eventuell hat mir jemand gesagt, ich soll das mit den Kindern machen. Das ist so ein Gefühl, das ich habe.

Die Szene ist bemerkenswert detailliert. Paul beschreibt nicht nur, was geschah, sondern auch seine Gedanken und die Reaktionen seines Sohns und seiner Tochter. Als er Richard Ofshe sein schriftliches Geständnis vorlegte, schien er auf seine Erinnerungsarbeit beinahe stolz zu sein. Er war sich sicher, daß seine Erinnerung der Wahrheit entsprach und daß die Szene sich so abgespielt hatte, wie er sie beschrieben hatte.

Als Richard Ofshe dieses eindeutig falsche Geständnis präsentiert wurde, versuchte er, die Intensität der Überzeugung einzuschätzen und herauszubekommen, ob es sich bei Pauls Geständnis der Szene mit Sohn und Tochter um eine absichtliche Lüge oder um eine Pseudoerinnerung handelte, an die Paul glaubte. Als er Paul mit der Tatsache konfrontierte, daß er die Szene frei erfunden habe, versuchte Richard Ofshe mehrere Tricks, um ihn zu dem Eingeständnis zu bringen, daß er gelogen hätte. Richard Ofshe setzte absichtlich starken Druck ein, um die Intensität von Pauls Überzeugungen zu überprüfen. Paul wurde gesagt, er dürfte nicht gegen die anderen Männer in diesem Fall aussagen – und damit seine Töchter beschützen –, wenn er nicht zugäbe, daß er bei dieser Szene gelogen habe. Bei der Konfrontation geriet Paul emotional völlig durcheinander. Doch trotz des Drucks, den Richard Ofshe und die Vernehmungsbeamten stundenlang auf ihn ausübten, ließ Paul sich nicht in seinem Glauben daran erschüttern, die Szene, in der er seine Kinder zum Geschlechtsverkehr gezwungen hatte, sei ebenso real wie alle anderen Szenen, die bei den Vernehmungen und dank der von ihm entwickelten Methode, Zugang zu dem zu finden, was er für seine abgeblockten Erinnerungen hielt, hervorgekommen waren.

Pauls Erfindung von Pseudoerinnerungen bietet mehrere Erkenntnisse, die sich auf die Therapie zur Aufdeckung von Erinnerungen übertragen lassen. Sobald er gelernt hatte, sich wiederholt die fraglichen Szenen bildlich vorzustellen, mußte er kaum ermuntert werden und brauchte auch keine schrittweisen Suggestionen, um seine Überzeugungen zu entwickeln. Der Vorgang war von seinem eigenen Wunsch geleitet, die betreffenden Erinnerungen zu finden, und wurde durch eine Umgebung verstärkt, in der seine Suche nach Erinnerungen intensiv gefördert wurde. Mehr noch, es gibt keinen Hinweis, daß Richard Peterson merkte, daß er Paul durch die »Entspannung« in Hypnose versetzt hatte. Ohne die Tonbandaufzeichnung der Vernehmung wäre es wahrscheinlich unmöglich gewesen, eindeutig zu beweisen, daß Paul überhaupt hypnotisiert worden ist; und die Ursache für die Pseudoerinnerungen wäre weiterhin eine offene Frage geblieben. Der Einsatz ähnlicher Entspannungstechniken wird in einem Großteil der Veröffentlichungen zur Aufdeckung von Erinnerungen als wirksame Methode empfohlen, um verdrängte Erinnerungen zu finden. Bedenkt man, daß der Einsatz von Entspannungstechniken und die formelle Induktion durch Hypnose praktisch austauschbare Verfahren sind, dann scheint sich die Frage zu lohnen, wie oft Therapeuten unabsichtlich bei ihren Klientinnen hypnotische Zustände hervorrufen.

Während das Experiment für Richard Ofshe der Beweis war, daß Paul eine falsche Erinnerung aufgebaut hatte, hatte die Begegnung kaum Auswirkungen auf Pauls Glauben an die Erinnerungen, die er aufdeckte. Noch lange nach dem Experiment setzte er seine Technik des »Überbetens« ein, um immer bizarrere Geschichten von Kindesmißbrauch und Satanskult aufzudecken. Anscheinend ist es möglich, auch den stärksten Gegenbeweis zu ignorieren, wenn man ein starkes Unterstützungssystem und einen Klienten (beziehungsweise Klientin) hat, der felsenfest daran glaubt, seine neuentwickelten Überzeugungen seien Erinnerungen.

Am Ende lernte Paul Ingram doch, zwischen echten Erinnerungen und jenen zu unterscheiden, die bei seinen Tranceübungen entstanden. Bis dahin war großer Schaden angerichtet worden. Er hatte viele Unschuldige in seine Erinnerungen einbezogen und dabei das Leben von mindestens zwei seiner früheren Freunde zerstört. Nahezu zwei Jahre lang grassierten in der Stadt Gerüchte über organisierten Kindesmißbrauch und Satanskulte. Die Erkenntnis, daß er falsche Geständnisse abgelegt hatte, kam Paul erst, nachdem er sich vor Gericht schuldig bekannt hatte, seine Töchter vergewaltigt zu haben. Derzeit sitzt er eine zwanzigjährige Haftstrafe ab.

Vernunft und Finsternis: Die seltsamen Geschichten vom satanischen Mißbrauch

Herr, wir leben in einer seltsamen Zeit. Keiner kann mehr bezweifeln, daß die Mächte der Dunkelheit zu einem ungeheuerlichen Angriff gegen diese Stadt angetreten sind. Der Beweise sind zu viele, um es noch zu leugnen. Das gebt Ihr zu, Herr?
Pastor Hale in ›Hexenjagd‹ von Arthur Miller

Die Gelehrten haben ihren Aberglauben; an vorderer Stelle steht dabei ein Glauben, daß der Aberglaube im Schwinden begriffen ist.
Gary Wills, ›Under God‹

Therapeuten sehen sich oft gezwungen zu erklären, warum die Symptome der Klientin nach den ersten Serien von aufgedeckten Erinnerungen nicht wie versprochen verschwinden. Die einfachste Antwort ist, zu vermuten, der Mißbrauch müsse schwerwiegender gewesen sein als ursprünglich gedacht, und im Unbewußten der Patientin müßten noch mehr verdrängte Erinnerungen verborgen sein. In dem Maße, wie der Therapeut darauf hinwirkt, mehr versteckte Erinnerungen zu finden, bringt die bereits in diesem Verfahren geübte Klientin häufig immer weitere Beschreibungen von Mißbrauch hervor. Es kommt zu einem Teufelskreis. Wenn die neue Serie von Erinnerungen wiederum nicht dazu beiträgt, die Klientin zu »heilen« und sie aller Wahrscheinlichkeit nach sogar noch zerrütteter werden läßt, kann der Therapeut abermals darauf verweisen, es seien sogar noch schlimmere Erinnerungen im Unbewußten verborgen. Sobald die Patientin und der Therapeut sich völlig der Alchemie unterworfen haben, mit deren Hilfe eine Vorstellung in eine Erinnerung verwandelt wird, an die man glaubt, setzt sich dieser Prozeß oft fort, bis die schlimmsten Befürchtungen der Klientin in Erinnerungen umgeformt sind. Was könnte psychologisch schädlicher sein als die Vergewaltigung durch den eigenen Vater? Ein Kind von ihm zu bekommen. Was könnte schlimmer sein, als das Kind des eigenen Vaters zu gebären? Dieses Kind töten zu müssen. Was könnte schlimmer sein, als ein Kind töten zu müssen? Das Kind essen zu müssen, nachdem man es getötet hat. Was könnte schlimmer sein als all das? Diese Dinge in einer rituellen Teufelsanbetung machen zu müssen.

Die Berichte über satanischen Mißbrauch sind zweifellos die beunruhigendsten Geschichten, die bei der Therapie zur Aufdeckung von Erinnerungen herausgekommen sind. Nach vorsichtigen Schätzungen werden sich ungefähr 15 Prozent der Klientinnen, die Erinnerungen zu Mißbrauch aufdecken, am Ende daran erinnern, während der Kindheit von einer satanischen Sekte gefoltert worden zu sein.[1] Einige Therapeuten berichten, daß die Hälfte ihrer Klientinnen oder mehr einem solchen Mißbrauch zum Opfer gefallen seien.[2] Die satanischen Sekten, von denen die Klientinnen in der Therapie erzählen, bestehen scheinbar allein zu dem Zweck, Kinder brutal zu mißhandeln. Bei den Berichten über satanischen Mißbrauch geht es gewöhnlich um Erinnerungen der Klientinnen an rituelle Vergewaltigungen, um den Mord an Erwachsenen und Kindern sowie darum, Kinder austragen zu müssen, die zur Opferung bestimmt sind. Meistens existieren die hier beschriebenen Sekten angeblich seit Generationen und haben Dutzende oder gar Hunderte von Mitgliedern. Eine Patientin, die dazu kommt, an eine derartige Geschichte zu glauben, wird normalerweise auch überzeugt sein, der Mißbrauch habe sich über ihre gesamte Kindheit oder zumindest große Abschnitte davon erstreckt.

»Ritueller Mißbrauch ist eine brutale Form des Mißbrauchs, bei der während eines längeren Zeitraums gewöhnlich mehrere Täter beiderlei Geschlechts über das Opfer auf jede nur erdenkliche Weise herfallen. Der körperliche Mißbrauch ist so schwerwiegend, daß Folter und Tötung häufig dazugehören. Der sexuelle Mißbrauch ist im typischen Fall sadistisch, schmerzhaft und erniedrigend. Der psychologische Mißbrauch beruht auf der Einschüchterung des Opfers, auf bewußtseinsverändernden Drogen und auf Techniken zur Steuerung des Denkens. Der spirituelle Mißbrauch bewirkt, daß sich die Opfer für so wertlos und böse halten, daß sie nur dem Teufel gehören können, dessen böser Geist sie noch weiter terrorisiert und bestimmt«, schreibt die Therapeutin Catherine Gould in ›Out of Darkness: Exploring Satanism and Ritual Abuse‹. »Diese Formen des Mißbrauchs«, fährt sie fort, »werden von der Sekte unter dem Einsatz von Zeremonien und Symbolen systematisch ausgeführt, um zu erreichen, daß das Opfer mit dem antisozialen und lebenszerstörenden Glaubenssystem der Sekte indoktriniert wird. Mit Hilfe einer ausgeklügelten Abfolge von Mißbrauch und Indoktrination versucht die Sekte, absolute Kontrolle über das Denken ihrer Opfer zu erlangen, um sie zu Mitgliedern zu machen, die in jeder Hinsicht das tun, was die Sekte fordert.«[3]

Mit einem Gesetz, das im US-Bundesstaat Illinois am 1. Januar 1993 in Kraft trat, wird zum einen ritueller Mißbrauch definiert und zum anderen die Tatsache zum Ausdruck gebracht, daß die Bedrohung auch von Therapeuten und Personen außerhalb der Bewegung zur Aufdeckung von Erinnerungen ernst genommen wird. Gesetz Nr. 87–1176, das sich selbst wie die Beschwörungsformel einer Hexe anhört, besagt:

(a) Eine Person macht sich eines schweren Verbrechens schuldig, wenn sie eine der folgenden Handlungen mit, an oder in Gegenwart eines Kindes als Bestandteil einer Zeremonie, eines Rituals oder einer ähnlichen Kulthandlung ausführt.
1) Entweder tatsächlich ein warmblütiges Tier oder einen Menschen foltert, verstümmelt oder opfert oder dies vorgibt;
2) das Schlucken, Einspritzen oder eine andere Form der Verabreichung einer narkotisierenden Droge, eines Halluzinogens oder eines Betäubungsmittels erzwingt, um die Wahrnehmung, das Denken oder das Gedächtnis zu beeinträchtigen oder den Widerstand gegen eine kriminelle Handlung zu reduzieren;
3) das Schlucken oder die äußere Anwendung von menschlichem oder tierischem Urin, Kot, Fleisch, Blut, Knochen, Körperausscheidungen, nicht verordneten Medikamenten oder chemischen Substanzen erzwingt;

4) ein Kind in eine scheinbare, widerrechtliche oder ungesetzliche Hochzeitszeremonie mit einer anderen Person oder mit dem Repräsentanten irgendeiner Macht oder Gottheit einbezieht, gefolgt von einem Sexualkontakt mit dem Kind;
5) ein lebendiges Kind in einen Sarg oder ein offenes Grab legt, in dem sich ein menschlicher Leichnam oder dessen Überreste befinden;
6) ein Kind, seine Eltern, Familie, Haustiere oder Freunde mit Tod oder mit schweren Verletzungen bedroht, so daß in dem Kind die wohlbegründete Furcht hervorgerufen wird, daß die Drohung auch wahr gemacht wird;
5) ohne gesetzliche Grundlage einen menschlichen Leichnam seziert, verstümmelt oder verbrennt.[4]

Wie stark sind diese Auffassungen unter Therapeuten verbreitet? Eine kürzlich durchgeführte Untersuchung ergab, daß über 12 Prozent der befragten Mitglieder der American Psychological Association eine oder mehrere Patientinnen behandelt haben, die rituellen Mißbrauch beschrieben haben.[5] Viele der Befragten mit diesen Patienten gaben an, Dutzende – und in manchen Fällen Hunderte – solcher Opfer behandelt zu haben. Einige der bekanntesten Therapeuten brachten ihre feste Überzeugung zum Ausdruck, Patientinnen würden häufig auf diese Weise mißbraucht. Der Psychologe John Briere von der University of Southern California, der eines der am stärksten verbreiteten Lehrbücher über Kindesmißbrauch geschrieben hat, berichtet, erwachsene Patientinnen beschrieben »gewöhnlich schwarze Magie und satanische Riten, bei denen das kindliche Opfer Teil einer Zeremonie ist, in der es um die Schändung und sexuelle Erniedrigung geht. Als Beispiele dafür werden angeführt: das Kind wird gezwungen, öffentlich mit einem Kruzifix zu masturbieren; zeremonielle Gruppenvergewaltigung durch alle (oder einige privilegierte) männlichen Mitglieder der Sekte; Sexualkontakt mit einem Haustier der Familie oder dessen Zerstückelung; Aufforderungen, das Kind solle Blut oder Urin trinken oder ekelhafte Substanzen essen; ritualisierte Zeremonien, bei denen ein Kind nackt ausgezogen, an ein Kruzifix oder Gerüst gebunden und sexuell belästigt sowie genötigt wird zu glauben, es solle geopfert werden.«[6]

Es ist wichtig zu erkennen, daß bei diesen Geschichten über satanische Sekten impliziert wird, diese Sekten hätten jahrelang – manchmal seit Generationen – bestanden und es geschafft, ganze Serien von schweren Verbrechen zu begehen, ohne gefaßt worden zu sein. Die beiden Grundannahmen, die all das ermöglichen, sind die Verdrängung aus der Erinnerung und die Vorstellung, Sektenopfer seien auf einen rigiden Gehorsam hin »programmiert« worden. Der Begriff »programmieren« bezieht sich auf einen geheimnisvollen Vorgang, der angeblich rigide Verhaltensmuster und Gehorsam bis hin zur marionettenhaften Abhängigkeit bewirken kann. Laut der Mythologie der Bewegung zur Aufdeckung von Erinnerungen entwickelt die Sekte durch das Programmieren nahezu übernatürliche Kontrollpotenzen. Das wahre Wunder liegt allerdings darin, wie bequem die Theorie der »Sektenprogrammierung« die offensichtlichen Schwierigkeiten bei der Therapie hinweginterpretiert. Für diejenigen, die sich fragen, warum Erinnerungen an Mißbrauch durch eine Sekte gewöhnlich erst nach jahrelanger Therapie entdeckt werden oder warum Klientinnen allem Anschein nach zunehmend gestörter sind oder warum die Erinnerungen an Mißbrauch durch eine Sekte häufig keinen Sinn ergeben oder gar warum die Patientin während der Behandlung Selbstmord beging, gibt es eine einfache Antwort: Die Sekte programmierte dieses Verhalten der Patientin.

Seit sich die Geschichten über derartigen Mißbrauch häufen, haben viele Journalisten immer wieder ohne weitere Recherchen darüber berichtet. Das Titelbild der Januarausgabe 1993 von ›Ms.‹ zeigte eine Schlange, die sich um ein Baby windet. Die Schlagzeile lautete: ES GIBT RITUELLEN MISSBRAUCH: GLAUBEN SIE ES. Der zugehörige Artikel war der Erfahrungsbericht einer Klientin mit aufgedeckten Erinnerungen, die glaubt, ihr Babysitter und ihre eigenen Kinder seien für eine Sekte, der die Familie ihrer Mutter angehörte, geopfert worden.[7] Trotz des beschwörenden »Glauben Sie es«, gibt es keinen Hinweis, daß die Redakteure irgendeinen Versuch unternommen hätten, die Geschichte zu überprüfen. Andere Medien, beispielsweise Talk-Shows im Fernsehen und viele Zeitungen im ganzen Land, waren ähnlich unkritisch gegenüber diesen Überzeugungen.

Auch die Strafverfolgungsbehörden wurden auf derartige Geschichten über Mord und Vergewaltigung aufmerksam. Landesweit ging die Polizei den Geschichten über blutrünstige satanische Sekten nach. Sie befragte Tausende von Menschen, grub nach Knochen und suchte überall nach den Orten ritueller Handlungen. Es kam nichts zum Vorschein, was auf die Existenz eines verzweigten Sektennetzwerks hindeutete. Selbst die meisten Befürworter der Therapie zur Aufdeckung von Erinnerungen geben zu, daß keine zwingenden Beweise für solche Sekten gefunden wurden. Der FBI-Beamte Ken Lanning untersuchte über dreihundert derartige Fälle und fand nicht einen einzigen Beweis dafür, daß es Ringe satanischer Sekten gibt, die Kinder töten. »Bis harte Beweise vorliegen und bestätigt werden, sollte sich die Öffentlichkeit nicht einschüchtern lassen. Ihr soll glauben gemacht werden, Babys würden nur ausgetragen, um gegessen zu werden, 50 000 vermißte Kinder wären als Menschenopfer getötet worden oder die Satanisten würden die Macht in Amerikas Kindertagesstätten und ähnlichen Institutionen übernehmen«, schrieb Ken Lanning in seinem ›Investigator's Guide to Allegations of Ritual Child Abuse‹. »Obwohl niemand mit absoluter Gewißheit beweisen kann, daß eine solche Aktivität nicht stattgefunden hat, liegt die Beweislast doch bei denjenigen, die behaupten, sie habe stattgefunden.« Er schloß damit, es sei jetzt »Sache der Beschäftigten im psychosozialen System, nicht der Strafverfolgungsbehörden, zu erklären, warum Opfer Dinge vorbringen, die anscheinend nicht geschehen sind.«[8]

Jüngst wurden in einigen Veröffentlichungen zu diesem Thema Therapeuten als fassungslose Zuhörer der Geschichten über satanische Sekten dargestellt, die Patientinnen erzählen. David Sakheim und Susan Devine, Herausgeber von ›Out of Darkness: Exploring Satanism and Ritual Abuse‹, schreiben über Patientinnen, die »sich als Sektenopfer präsentieren« und bezeichnen die Informationen über satanische Sekten, die während der Therapie herauskommen, als das, »was unsere Patientinnen uns eröffnen«. Sie bauen ihre Argumentation so auf, daß sie die ehrenvolle Mittelposition zwischen »einige Kliniker behaupten, die Geschichte jeder Patientin sei wahr ... und andere behaupten, jede Patientin habe Wahnvorstellungen und der Rest der Welt sei einfach zu leichtgläubig«, für sich in Anspruch nehmen können.

»Anscheinend wird es nie eine einzige Antwort darauf geben«, schreiben sie in ausgesprochen vernünftigem Ton. »Es gibt wahrscheinlich eine ganze Bandbreite von Patientinnen, angefangen mit denen, die wegen eines sekundären Gewinns simulieren, über die mit Wahnvorstellungen und die, für die Beschreibungen von Satanismus Deckerinnerungen sind, bis hin zu denen, die wirklich rituellen Mißbrauch erfahren haben.«[9] Beim Versuch, die Diskussion in dieser Weise vorzustrukturieren, übersehen die Autoren wohl absichtlich den beunruhigendsten Aspekt bei diesen Erinnerungen. Nach den Aussagen der Experten in der Bewegung kommen die Patientinnen, wenn überhaupt, nur selten mit der Überzeugung in die Therapie, sie seien von einer satanischen Sekte mißbraucht worden. Es geschieht erst *während der Therapie*, daß diese Geschichten aus den Patientinnen Stück für Stück hervorgeholt werden. Weil sie es unterlassen, diese gutdokumentierte Tatsache zu erwähnen, lassen die Autoren von ›Out of Darkness‹ die wahrscheinlichste Quelle für diese Überzeugungen unberücksichtigt: den Therapeuten und die therapeutische Situation. Dr. Walter Young, Medizinischer Direktor des National Center for the Treatment of Dissociative Disorders, stellt fest, daß sich Patientinnen vor einer Behandlung dieser satanischen Vorgeschichte gewöhnlich nicht bewußt sind: »... in den meisten Fällen haben [Patientinnen zu Beginn einer Behandlung] kaum eine Vorstellung vom Vorhandensein rituellen Mißbrauchs«, schrieb er 1992.[10] Als Beispiel für den Weg, den eine Patientin einschlägt, bis sie an rituellen Mißbrauch glaubt, stellt Walter Young kurz seine Behandlung von Anna dar: Sie kam wegen Eheproblemen in die Therapie, unter anderem hatte sie sexuelle Schwierigkeiten mit ihrem Mann. Im Laufe der Behandlung kam sie allmählich zu der Erkenntnis, sie habe eine Vergewaltigung während ihrer Studienzeit verdrängt. Da diese neue »Erinnerung« nichts dazu beitrug, ihre Probleme zu beheben, suchten sie weiter nach verdrängtem Material und stellten schließlich fest, daß ihr Vater sie im Verlauf ihrer Kindheit wiederholt vergewaltigt hatte. Als es Anna daraufhin immer noch nicht besser ging, setzte Walter Young die Erkundung ihres Unbewußten fort und fahndete nach noch beunruhigenderem Material. Als allmählich Bilder von Blut und Leuten mit wallenden Gewändern in ihren Visualisierungen auftauchten, keimte in Young der Verdacht, es habe ein satanischer Mißbrauch stattgefunden – ein Verdacht, der teilweise bestätigt wurde, als Anna zufällig ein Kruzifix in seinem Therapiezimmer vergaß. Diese Hinweise führten nach fünf Jahren Therapie dazu, daß ihre vermutete Vorgeschichte in einer satanischen Sekte entdeckt wurde.

In einem Artikel, den Walter Young zusammen mit drei anderen prominenten klinischen Experten auf dem Gebiet der dissoziativen Störungen verfaßte, schrieben die Autoren, von ihren 37 Fällen satanischen Mißbrauchs hätten nahezu alle »vor Beginn der Therapie« nichts vom Mißbrauch gewußt. Weil die meisten zu Anfang der Behandlung keine Erinnerungen an rituellen Mißbrauch hatten, »kamen die meisten Informationen und Berichte über einen rituellen Mißbrauch in der Kindheit erst allmählich im Laufe der Behandlung heraus.«[11] Manche Therapeuten gehen sogar noch weiter, indem sie darauf hinweisen, daß alle Erinnerungen an Sektenaktivitäten aus der Zeit vor der Therapie mit Vorsicht behandelt werden sollten. Dr. Bennet Braun, der über hundert Opfer rituellen Mißbrauchs in seiner Abteilung für dissoziative Störungen am Rush Presbyterian Hospital in Chicago therapierte, sagte 1992 vor einem Publikum von Therapeuten, Geschichten über satanische Sekten seien als fragwürdig einzustufen, wenn die Klientin sie aus der Zeit *vor der Therapie* mitbringt. »Jede Patientin, die zu Beginn der Therapie von rituellem Mißbrauch berichtet, sollte als verdächtig gelten«, sagte er und empfahl, die Therapeuten sollten die Stichhaltigkeit dieser Geschichten abwägen, wenn eine Patientin »hereinkommt und sagt, sie sei rituell mißbraucht worden, im Gegensatz zu jenen, wo [der Therapeut] die Erinnerungen aus ihr hervorzerren muß«.[12]

Wenn man für diese Geschichten Patientinnen, die Wahnvorstellungen haben oder simulieren, verantwortlich macht (und den Therapeuten nur als passiven Zuhörer darstellt), übersieht man die offenkundige Tatsache, daß die Patientinnen diese Überzeugung erst dann haben, wenn sie bereits längere Zeit in der Therapie sind. Bei dieser Debatte ist die Polarisierung verständlich zwischen denen, die an diese Geschichten glauben, und jenen, die meinen, es handle sich um ein Hirngespinst aus der Therapie. Weil diese Überzeugungen gewöhnlich in der Zeit vor der Therapie nicht existieren, ist es wohl vernünftig, anzunehmen, daß sie entweder wahr oder eine Ausgeburt der Therapie sind. In dieser Diskussion eine Mittelposition einzunehmen, entspräche etwa der Mittelposition zwischen der Überzeugung, die Erde sei eine Scheibe, und der, sie sei rund.

Wie andere Kliniker, die Erinnerungen aufdecken, konzentrieren sich auch die Therapeuten, die sich auf satanischen Mißbrauch spezialisiert haben, zunächst auf vage Gefühle oder Bilder von Bedrängungen und bauen allmählich das Beweisgebäude für die satanische Geschichte auf. In ›Ritual Abuse: What It Is, Why It Happens, How to Help‹ beschreibt Margaret Smith, Forscherin zu Fragen satanischen Mißbrauchs, die »Phasen« der Aufdeckung von Erinnerungen bei Opfern rituellen Mißbrauchs: Im ersten Stadium benennen die Patientinnen vage Empfindungen wie »Angst, Übelkeit oder Erschöpfung«, eine »taube Empfindung am ganzen Körper«. »Viele Überlebende können bestimmte Gefühle erkennen, die dem Auftauchen einer Erinnerung vorausgehen«, so Margaret Smith. »Ein Opfer beschrieb dieses Vorgefühl ›als eine schwarze Präsenz, die mich überwältigt‹.«[13]

In der zweiten Phase bekommt das Opfer »Informationen oder Erinnerungsbruchstücke, ohne den Mißbrauch ganz zu durchleben.« Diese Bruchstücke können aus »bildlichen Vorstellungen« stammen, aus Träumen oder aus »geistigen Rückblenden auf Mißbrauchsepisoden«. Eben diese Bilder sind »oft der Rahmen für eine Gesamterinnerung«.[14] Im Laufe der Fragen, bei denen die mögliche Grundlage satanischer Geschichten ausgelotet wird, liefern Therapeuten der Patientin nicht nur Informationen zu ihrer Vermutung, sondern bieten ihr auch zahlreiche Gelegenheiten, die satanische Geschichte zu bestätigen. Cory Hammond, führend auf dem Gebiet des Sektenmißbrauchs, empfiehlt im ›Handbook of Hypnotic Suggestions and Metaphors‹ eine lange Liste von Einzelheiten, zu denen Therapeuten ihre Patientinnen befragen sollten. Bei bestimmten dieser Einzelheiten geht er davon aus, daß sie wahrscheinlich »bei den Opfern rituellen Mißbrauchs eine Angstreaktion auslösen«. Laut Cory Hammond haben Opfer satanischen Mißbrauchs Angst vor Feuer, Messern, Blut, dem Sterben, der Verletzung von Tieren, vor bestimmten Tieren, dem Essen gewisser Gerichte, Särgen, vor dem Erschrecktwerden, vor Friedhöfen, Schlangen und Spinnen. Sherrill Mulhern, Medizinische Anthropologin an der Universität von Paris, die sich mit den Phänomenen Multiple Persönlichkeitsstörung und ritueller Mißbrauch beschäftigt hat, fand heraus, daß angehende Therapeuten auf Seminaren Listen mit satanischen Feiertagen, eine autoritative Checkliste mit satanischen Anzeichen und Symptomen sowie seitenweise satanische Symbole vorgelegt bekommen, die sie in den Gesprächen mit Patientinnen einsetzen sollen, bei denen Mißbrauch durch Sekten vermutet wird. Außerdem ermuntert man die Therapeuten, sie sollten sich, »wenn sie erst einmal die oft subtilen Hinweise auf Satanismus erkennen, die Freiheit nehmen, im Gedächtnis der Patientin aktiv nach weiterem versteckten satanischen Material zu forschen«.[15]

Sobald die Klientin eine dieser Ängste festmacht oder ein Bild zur Sprache bringt, das auf satanischen Mißbrauch hinweisen könnte, erweitert und formt der Therapeut die Feststellung zu einer lebendigen Szene um, indem er Fragen stellt und spezifische oder indirekte Hinweise darauf gibt, was die aufkommende Erinnerung enthalten könnte. Margaret Smith beschreibt, wie der Therapeut diese »Erinnerungsbruchstücke« verwendet, um der Klientin behilflich zu sein, ihre vagen Gefühle in die Überzeugung zu verwandeln, daß sie von Satanisten mißbraucht wurde. »Wenn die Klientin entspannt ist, stellt der Therapeut ihr gewöhnlich Fragen über geistige Bilder oder Gefühle, die sie erfährt. Oft sehen die Opfer alte Mißbrauchsszenen oder erinnern sich an Einzelheiten im Zusammenhang mit einer Mißbrauchsphase. Der Therapeut fragt dann Dinge wie: ›Wie sind Sie dorthin gekommen? Hören Sie irgendwelche Geräusche? Wer ist noch anwesend? Was fühlen Sie?‹ Oft lösen diese Fragen weitere Bilder aus, die später eine Erinnerung an eine Mißbrauchsszene ergeben, bei der alle Gefühle und Empfindungen eingeschlossen sind, die das ursprüngliche Trauma begleiteten.« In diesem Stadium, schreibt sie, besteht die Arbeit von Opfern und Therapeuten häufig darin, »eine bestimmte Erinnerung immer wieder durchzugehen, bis alle Gefühle, Körpererinnerungen und Visualisierungen zusammengefügt sind und eine vollständige Erinnerung an eine Mißbrauchsphase ergeben.«[16]

Anhand einer auf Video aufgenommenen therapeutischen Sitzung, die in der Sendung ›Prime Time Live‹ ausgestrahlt wurde, illustriert Therapeut Randy Noblitt, wie diese Art von Befragung bei einer hypnotisierten oder für Suggestionen empfänglichen Klientin dazu führen kann, daß sie die Geschichte entwickelt. Randy Noblitt fragte seine hypnotisierte Patientin, die er Vanessa nennt, ob irgendeine ihrer anderen Persönlichkeiten im letzten Monat an einem Sektentreffen teilgenommen hätte. Nachdem Vanessa das Eintreffen von Sektenmitgliedern beschrieben hat, beginnt Randy Noblitt mit seinen Fragen:

Dr. Noblitt: Ich komme auf zwölf Personen, die an der Tür klingelten. Möglicherweise sind es mehr. Es können auch dreizehn sein. Dreizehn ergäben einen Hexensabbat.
Vanessa: Stimmt.
Dr. Noblitt: Also?
Vanessa: Oh, da war noch ein weiterer Name angekündigt.
Dr. Noblitt: Welcher war das?
Vanessa: Regina.
Dr. Noblitt: Regina.
Vanessa: Mmh.
Dr. Noblitt: Und das wären dreizehn -
Vanessa: Mmh.
Dr. Noblitt: – nach meiner Zählung. Das ist ein Hexensabbat, stimmt's?
Vanessa: Mmh.[17]

Anhand der Befragungstechnik von Randy Noblitt und Margaret Smith erkennt man, wie ein Therapeut die aufkommenden Geschichten formen und in bestimmte Bahnen lenken kann. Indem die Bilder und Szenen ausgeweitet, erneut erzählt und mit

Einzelheiten angereichert werden, lassen sie sich leichter wieder als Erinnerungen einstufen. »Im Verlauf des Erinnerungsprozesses werden die Bilder immer eindeutiger«, schreibt Margaret Smith. »Im letzten Stadium des Prozesses wissen die Überlebenden ebenso genau, daß ihre Erinnerungen wahr sind, wie sie ihren eigenen Namen kennen.«[18]

Wie die Fragen von Margaret Smith und Randy Noblitt zeigen, erwartet man von den Patientinnen, die Erinnerungen an satanischen Mißbrauch aufdecken, daß sie so über die Szene berichten, als ob sie diese während der Beschreibung erlebten. Wenn die »Erinnerung« hochkommt, erwartet man von der Klientin nicht, daß sie weiß, wie die Szene enden wird. Die Therapeuten glauben offensichtlich, die Erinnerung käme stückchenweise von einem Moment zum nächsten hoch. Dadurch können die Suggestionen, die den Fragen unausgesprochen zugrunde liegen, leichter in die Szene eingebaut werden. Suggestionen wie die von Randy Noblitt, daß ein dreizehntes Sektenmitglied bald eintreffen wird, werden folglich kaum dem Inhalt der vorgestellten Szene widersprechen, weil die Patientin die Szene anhand der Frage zu Ende spielt.

In dem Versuch, zu beweisen, daß die Entstehung der Überzeugungen nicht auf sie zurückgeht, insistieren manche Therapeuten, daß sie keine Fragen stellen, die in eine bestimmte Richtung führen. Walter Young warnt: »Es ist unabdingbar, daß Therapeuten behutsam und umsichtig vorgehen, wenn sie mit Patientinnen arbeiten, die sich in einem Zustand der Dissoziation oder unter Hypnose befinden, um eine iatrogene Kontamination der Patientenerinnerungen zu verhindern. Fragen und Anweisungen sollten so formuliert werden, daß sie offen bleiben und nicht in eine bestimmte Richtung führen: ›Was geschieht jetzt?‹ oder ›Beschreiben Sie, was Sie erleben.‹« Erinnerungen, die ohne lenkende Fragen hervorgebracht werden, sind »mit größerer Wahrscheinlichkeit Berichte oder originalgetreue Wiedergaben von tatsächlichem rituellen Mißbrauch.«[19] Obwohl manche Therapeuten wirklich darauf achten, daß sie ihre Fragen offen formulieren, ist die Unterscheidung zwischen Fragen, die in eine bestimmte Richtung führen, und anderen, bei denen das nicht der Fall ist, letztendlich strittig. Es sind nicht einfach die speziellen Suggestionen, die die

Szene kreieren, sondern es sind die umfassende Anforderungscharakteristik der Situation und die Erwartungen der Praktiker wie der Patientinnen, die den Inhalt der entwickelten Geschichte vorherbestimmen. Ist die irrige Grundannahme der Therapie zur Aufdeckung von Erinnerungen erst einmal verankert – daß man Mißbrauchserinnerungen, von denen man zuvor nichts wußte, so betrachten kann, als sähe man sie zum ersten Mal –, wird wahrscheinlich *jede* Frage, die der Therapeut zu den Szenen stellt, die Patientin beim Aufbau der Geschichte unterstützen. Sobald der Vorgang der Erinnerungsbildung in Gang gekommen ist und mit der Szene satanischen Mißbrauchs begonnen worden ist, wird es unerheblich, ob der Therapeut eine nichtmanipulative Frage stellt wie »Ist sonst noch jemand da?« oder eine manipulative wie »Können Sie Ihren Vater da sehen?«

Vielen Therapeuten ist die Tatsache, daß die Geschichten quer durch die Gemeinschaft der Opfer übereinstimmen, der Beweis dafür, daß einige von ihnen wahr sein müssen. Diese Argumentation geht von falschen Voraussetzungen aus. Während sich die von Patientinnen eines bestimmten Therapeuten erzählten Geschichten oft in verblüffender Weise ähneln, erscheinen die Berichte über Satanismus aus dem ganzen Land höchst individuell und haben lediglich äußere Details gemeinsam, wie Sektenmitglieder, die wallende Gewänder tragen, die Ausübung ritueller Opfer und den Einsatz von Requisiten wie Kerzen, Dolche und Pentagramme. Obwohl sich diese Begleitumstände kaum zu einem überzeugenden Argument fügen, sollte man trotzdem eine Erklärung für sie finden. George Greaves, der frühere Vorsitzende der International Society for the Study of Multiple Personality and Dissociative Disorders, argumentiert in einem kürzlich veröffentlichten Artikel, er habe keine einzige hinreichende Erklärung für den gemeinsamen Inhalt der in der Therapie berichteten satanischen Geschichten gefunden. Patientinnen könnten sich nicht einfach aufgrund ihres Vorwissens zu satanischen Aktivitäten (aus populären Filmen und Büchern) an solche Dinge erinnern; denn »kein einziger Film und kein einziges Buch enthält das Material, das bereits eine einzelne Patientin liefert«. Kontamination und Ansteckung von Patientinnen untereinander könnten nicht die Quelle für die Geschichten sein, weil ein Therapeut »solche Einflüsse leicht erkennen und zurückverfolgen kann«. Auf Trivialmythen könne die Verbreitung der Einzelheiten in Geschichten über satanische Sekten nicht zurückgehen, weil diese Geschichten nicht zu Greaves enger Definition von Trivialmythen passen. »Im Gegensatz zu Trivialmythen … sind die Geschichten nicht kurz … [und] sie enthalten weder Witz noch Vergnügen.« Entsprechend lassen sich die gemeinsamen Details nicht mit der Ausbreitung von Gerüchten erklären, weil die Einzelheiten nicht »die normalen Eigenschaften von Gerüchten aufweisen«.[20]

George Greaves hat völlig recht, wenn er darauf hinweist, daß eine einzelne Quelle die Substanz der in der Therapie entwickelten Geschichten nicht erklären kann, aber er ignoriert zweckdienlicherweise, daß niemand behauptet, diese Geschichten hätten solch einen einzelnen gemeinsamen Ausgangspunkt. Wenn wir jedoch alle Einzelquellen, die George Greaves verwirft, in ihren Auswirkungen zusammenfassen, dann kämen wir mit der Erklärung, warum Geschichten über satanische Sekten, wie sie im ganzen Land erzählt werden, gemeinsame Aspekte haben, ziemlich weit. Mit dem Aufbau und der anschließenden Widerlegung seines Scheinarguments macht Greaves bloß einen Anfang bei der Aufzählung der Wege, auf denen sich die Geschichten zum satanischen Mißbrauch über das ganze Land und überall innerhalb der Bewegung zur Aufdeckung von Erinnerungen verbreitet haben. Die Tatsache, daß die Geschichten der »Überlebenden« satanischer Sekten in zahllosen Talk-Shows, in Hunderten von Zeitschriften- und Zeitungsberichten sowie in Dutzenden von populären Büchern erzählt wurden, berücksichtigt er so gut wie nicht. Außerdem unterläßt er es, die ungeheure Menge von Informationen, die in der Gemeinschaft der Opfer über Gruppenarbeit, Rundbriefe und weniger formale Kanäle verbreitet wurde, zu bewerten. Gelegentlich sind sogar die Experten der Bewegung erstaunt angesichts der gewaltigen Informationsmengen, die über die Opfer und Therapeuten in Umlauf kommen. Frank Putnam vom National Institute of Mental Health meinte dazu: »Es handelt sich um eine riesige Gerüchteküche. Patientinnen greifen Geschichten auf, und die Therapeuten geben sie weiter.«

Obwohl die Menge an Informationen, die eine Patientin dank der Aktivitäten, Veröffentlichungen und Leute im Umfeld der Therapie aufsaugen kann, ziemlich gewichtig ist, finden diese Quellen in der Literatur zur Aufdeckung von Erinnerungen kaum Berücksichtigung. Wenn überhaupt, dann werden sie nur erwähnt, um sie als irrelevant abzutun. Die Möglichkeit, daß Gruppen stationärer Patientinnen, die auf demselben Stockwerk zusammenleben, sich gegenseitig ihre Geschichten über satanischen Mißbrauch erzählen, wischen Walter Young, Bennet Braun und ihre Kollegen beiseite, wenn sie über ihre 37 Patientinnen schreiben: »... die Autoren glauben, daß sich die Patientinnen nur in geringem Umfang über ihren satanischen Mißbrauch unterhielten, weil Patientinnen bei solchen Informationen zu Geheimniskrämerei neigen und eine gewisse Scheu haben, gemeinsam darüber zu sprechen.«[21] Nicht nur Patientinnen, die sich in einer solchen Situation befanden (inklusive der Patientin, die im Kapitel ›Therapie einer Hohenpriesterin‹ vorgestellt wird und eine der 37 war), widersprachen dieser beiläufigen Beteuerung überzeugend, auch Dr. Braun, einer der Koautoren des Artikels, hat öffentlich das genaue Gegenteil zugegeben. In einem Vortrag vor Therapeuten über satanisch mißbrauchte Patientinnen sagte er: »Manchmal nehme ich neue Patientinnen nicht in meiner Abteilung auf, weil sie zu schnell und zu gut lernen. Ich überweise sie zu einer anderen Abteilung, damit sie nicht kontaminiert werden.« Dr. Braun prahlte sogar, er könne eine Frage zu einem Detail in der Sekte stellen, und am nächsten Tag würden, dank des informellen landesweiten Netzes zwischen Opfern, Hunderte von Patientinnen die Frage kennen.[22] Die Beteuerung von Walter Young und seinen Forscherkollegen, daß Patientinnen normalerweise geheimniskrämerisch seien, wird um so suspekter, wenn man bedenkt, daß viele der Patientinnen an Gruppensitzungen teilnehmen, die von Therapeuten geleitet werden und in denen ihre Satanimus-Überzeugungen genau erörtert werden.

Auch wenn das Thema »satanische Sekten« aus einer anderen Quelle und nicht über den Therapeuten in die Therapie einfließt, so sollte doch klar sein, daß der Therapeut verantwortlich ist, wenn die Patientin nach und nach zu der Überzeugung kommt, sie habe Erinnerungen an einen Mißbrauch durch eine satanische Sekte aufgedeckt.

Der Hauptfehler der Therapeuten, die Erinnerungen aufdecken, ist nicht ihr eigener Glaube an satanische Sekten, sondern der Einsatz von Verfahren, durch die Patientinnen dazu gebracht werden, imaginierte Ereignisse – welchen Inhalts auch immer – als Erinnerung einzustufen.

Der Psychologe Cory Hammond, der an der Medizinischen Fakultät der University of Utah tätig ist und Mitglied der Projektgruppe des Staates Utah zu rituellem Mißbrauch war, ist vielleicht das beste Beispiel dafür, wie tief der in der Gemeinschaft zur Aufdeckung von Erinnerungen verbreite Glauben an Satanismus gehen kann. Laut eigenem Eingeständnis führte er im ganzen Land bei Verdachtsfällen auf satanischen Mißbrauch Beratungen durch, verbreitete in der Therapeutengemeinschaft heimlich Informationen zu Sekten und sprach in jüngster Zeit auf Konferenzen vor Tausenden von Therapeuten über dieses Thema. Aufgrund seiner Reputation auf diesem Gebiet hat er mehrere Bücher über den Einsatz von Hypnose veröffentlicht, so auch das von ihm herausgegebene ›Handbook of Hypnotic Suggestions and Metaphors‹. Neben seiner Tätigkeit als staatlich zugelassener Psychologe in Utah ist er stellvertretender Direktor der Klinik für Sexual- und Ehetherapie an der University of Utah (die er gegründet hat) und für Kurzübersichten zuständiger Redakteur beim ›American Journal of Clinical Hypnosis‹. Er war Vorsitzender wie stellvertretender Vorsitzender der American Society of Clinical Hypnosis und ist Ehrenmitglied dieser Organisation. 1988 erhielt er ihren Preis für Verdienste um die Förderung der klinischen Hypnose.

Obwohl Cory Hammond behauptet, um sein Leben zu fürchten, hat er im ganzen Land Lehrveranstaltungen über seine Theorien zum satanischen Mißbrauch abgehalten. Sein selbstauferlegtes Schweigen zu diesem Thema brach er erstmals 1992 auf der Vierten Jährlichen Regionalkonferenz über Mißbrauch und Multiple Persönlichkeitsstörung. »Ich habe mich dazu entschlossen – zur

Hölle damit, wenn die Sekten mich umbringen wollen, dann werden sie es tun«, leitete er seinen Vortrag ein.[23] Nach dem anhaltenden Applaus von mehreren Hundert Therapeuten beschrieb er jene Geheimwelt, die er seiner Meinung nach entdeckt hatte. Es wurde schnell deutlich, warum er Angst um sein Leben hat.

Die satanische Sekte, gegen die Therapeuten momentan ankämpfen, entstand in den USA, so erzählte Cory Hammond seinen Zuhörern, nach dem Zweiten Weltkrieg. Als der Krieg zu Ende war, schmuggelte die US-Regierung eine Gruppe satanischer NS-Wissenschaftler, die in Konzentrationslagern Experimente zur Gedankenkontrolle durchgeführt hatten, aus Deutschland heraus. Diese Wissenschaftler brachten einen jüdischen Jungen mit, der sein Leben gerettet hatte, weil er diesen bösen Forschern zur Hand gegangen war. Am Leben ließen sie ihn wegen seines Wissens über die Kabbala, das grundlegende Werk zur jüdischen Mystik, das sich gut in die satanischen Auffassungen der Nationalsozialisten integrieren ließ. In Amerika angekommen, änderte der chassidische Junge seinen Namen von Grünbaum in Green und half weiter bei den Experimenten zur Gedankenkontrolle mit, die nun von der CIA übernommen wurden. Finanziell und materiell von der CIA ausgestattet, begannen Green und die NS-Wissenschaftler auf Armeestützpunkten im ganzen Land damit, Kinder zu foltern und sie einer Gehirnwäsche zu unterziehen. Doch bei den Experimenten ging es nicht allein darum, das Wissen des Geheimdienstes zur Gedankenkontrolle zu erweitern. Offensichtlich war diese Arbeit von Anfang an darauf ausgerichtet, Mitglieder für eine internationale satanische Sekte zu rekrutieren. Schließlich studierte Green Medizin und übernahm später die Leitung der Experimente sowie die von der Regierung finanzierte Programmierung der Sektenopfer. Inzwischen ist, so Cory Hammond, die CIA nur der Gipfel des satanischen Eisbergs: Die NASA, die Mafia und viele hochrangige Geschäftsleute sind Teil des satanischen Netzwerks. Nach seinen Schätzungen sind Zehntausende dieser brutalen Programmierung unterzogen worden.

Cory Hammond scheut nicht vor den Schlußfolgerungen zurück, die sich aus dem ergeben, was er sagt. Als ihn jemand auf dem Seminar fragte, was die satanische Sekte zu erreichen hoffe, erklärte er, sie verfolge die Absicht, »Zehntausende von geistigen Robotern« hervorzubringen, »die zu Pornographie, Prostitution, Drogenschmuggel und internationalem Waffenhandel bereit sind. Letzendlich wollen die Leute an der Spitze der satanischen Sekte einen satanischen Orden errichten, der die Welt beherrscht.« Er behauptet ferner, es gäbe zuverlässige Beweise, daß die Unterhaltungsindustrie bereits von diesem Geheimorden unterwandert sei. Durch die Produktion von Horrorfilmen könnten die Satanisten in Hollywood Botschaften an die Mitglieder aussenden und gleichzeitig die übrigen von uns so vorbereiten, daß alle, »wenn der internationale satanische Orden die Macht übernimmt, diesen Dingen gegenüber abgestumpft sein werden.«

Die Macht der Sekte über ihre Opfer resultiert aus der Fähigkeit, Kinder während ihrer Entwicklung so programmieren zu können, daß sie als Erwachsene blinden Gehorsam zeigen. Die Programmierung, die Dr. Green angeblich überwacht, beginnt im Alter von zwei bis drei Jahren und wird bis ins Jugendalter fortgesetzt. Laut Cory Hammond wird das Kind gewöhnlich nackt auf eine Pritsche geschnallt und kommt an einen Tropf mit Demerol. Die bösen Ärzte stechen die Kanüle ins rechte Ohr und leiten »unheimliche, verwirrende Geräusche« ins andere. Das Opfer wird gezwungen, eine Apparatur vor den Augen zu tragen, von der Lichtblitze ausgehen, die die Muster seiner Gehirnwellen steuern. Überall am Körper werden Elektroden angebracht, über die der Programmierer Elektroschocks verabreichen kann.

Sobald die Apparatur angeschlossen ist, stellen die Programmierer eine Reihe von Fragen und erwarten Antworten; dabei setzen sie Elektroschocks ein, um die richtigen Antworten zu bekräftigen und die falschen Antworten zu bestrafen. Die Sitzungen können bis zu drei Stunden dauern, alle dreißig Minuten gibt es eine Pause. Mit Hilfe dieses Systems erzeugt und programmiert die Sekte nach Hammonds Überzeugung andere Persönlichkeiten, die vielfältige Aufgaben erfüllen, die dem scheinbar normalen Opfer unbekannt bleiben.

Bei der Konferenz beschrieb Hammond den ausgeklügelten Programmaufbau:

Alpha enthält die allgemeine Programmierung. Bei Beta geht es anscheinend um sexuelle Programme, beispielsweise, wie man auf eine bestimmte Weise oral verkehrt, wie man pornographische Filme mit Kindern produziert und inszeniert oder wie man Kinderprostitution organisiert. Delta ist der Killer; den Menschen, die Delta als andere Persönlichkeit haben, wird beigebracht, bei Zeremonien zu töten und auch sich selbst einige Verletzungen zuzufügen. Theta ist der übersinnliche Killer. Dieses Phänomen geht auf ihren Glauben zurück, übersinnliche Fähigkeiten zu haben, wozu auch die Überzeugung gehört, daß sie jemanden dazu bringen können, einen Hirntumor zu entwickeln und zu sterben. Bei Omega handelt es sich um selbstzerstörerische Programme, die Patienten dazu verleiten können, sich selbst zu verstümmeln oder zu töten. Gamma-Systeme sind Schutz- und Täuschungsprogramme, die Fehlinformationen produzieren, mit denen man in Versuchung geführt und in die Irre geleitet werden soll. Es gibt noch weitere, mit griechischen Buchstaben bezeichnete Programme. Zeta hat mit Filmproduktionen zu tun, bei denen es zu echten Tötungen von Menschen kommt. Omikron hängt mit den Verbindungen der Sekten zur Mafia, zur Geschäftswelt und zu führenden Politikern zusammen. Sie sollten [mit Ihren Patientinnen] das griechische Alphabet durchgehen... Diese Programme bewirken, daß die anderen Persönlichkeiten von etwas Roboterhaftem umgeben sind und daß sie Handlungen wie Roboter ausführen.

Jene, die diese programmierten Sektenopfer steuern, führen Buch über alle Befehle, die die unterschiedlichen Verhaltenstypen bei jedem Mitglied in Gang setzen. »Die Programmierer haben tragbare Computer«, sagte Cory Hammond. »Sie enthalten Daten selbst darüber, was sie vor zwanzig Jahren gemacht haben.«

Cory Hammond schätzt, daß wahrscheinlich zwei Drittel derjenigen, die für sich in Anspruch nehmen, von satanischen Sekten mißbraucht worden zu sein, eine solche Programmierung durchlaufen haben. Diejenigen, die zwar angeben, von diesen Sekten mißbraucht worden zu sein, aber nicht bereit sind, seine Geschichte über die Programmierung zu bestätigen, sind laut Hammond ohne jeden Zweifel ebenfalls mißbraucht worden, jedoch von Sekten, die sich von der Verschwörung zwischen der CIA und den Nazis abgespalten haben. Er warnt seine Zuhörer, daß die Hälfte derer, die richtiggehend programmiert wurden, nicht nur weiterhin in die Sekte verstrickt sind, sondern daß auch ihre Therapie von Sekteninformanten überwacht wird.

Obwohl Hammonds detailreiche Vorstellung, wie seine Klientinnen programmiert worden sind, bemerkenswert ist, so verblaßt sie doch angesichts der Methode, die er entwickelt hat, um diese Programme aufzudecken und auszuschalten:

Ich werde Ihnen jetzt den Fehler im System verraten. Innerhalb des Programms sind Löschcodes eingebaut, die aus Sätzen oder Zahlen bestehen. Sie können diese Löschcodes von der Patientin erfahren. Indem sie der Patientin den Code erneut sagen und die Erinnerungen, die mit diesen Programmen verbunden sind, abreagieren lassen, können Sie die Programme löschen. Sie sollten die Patientin immer fragen: »Was wird geschehen, wenn ich diesen Code sage?« Indem Sie den Löschcode aussprechen, können Sie der ursprünglichen Persönlichkeit all die Erinnerungen zurückgeben, die mit diesen Programmen verbunden sind.

Für jedes Programm gibt es Sicherungsprogramme mit jeweils eigenen Kopien. Fragen Sie den Patienten, wie viele Sicherungskopien es für ein Programm gibt, und ob ein Löschprogramm für alle Programme existiert. Deshalb sollten Sie den Code für Omega und alle Kopien von Omega zuerst bekommen.

Wenn Sie den Code aussprechen und die Patientin fragen, was sie erlebt, wird sie folgendes beschreiben: Computer surren, Dinge werden gelöscht, explodieren und lösen sich in nichts auf. Unterhalb der Ebene der anderen Persönlichkeit befindet sich die nach Dr. Green benannte »Green-Programmierung«. Unterhalb der Green-Programmierung liegen Ultra-Green und der Green-Baum. Wie tief geht diese Programmierung? Da können wir nur raten.

Wenn er das ausgeklügelte System erklärt, ist manchmal nicht recht klar, was bildlich und was real gemeint ist, und ob sich Hammond mit dieser Frage überhaupt beschäftigt. Beispielsweise erscheint die Metapher vom Denken als einem Computer, der unter DOS läuft, so sehr ausgeschmückt, daß unklar bleibt, ob Hammond glaubt, das Denken könne automatisch auf das Aussprechen des »Löschcodes« reagieren. Bei anderen Aspekten seiner Theorie ist die Trennlinie zwischen Metapher und Realität verschwommen. »[Wenn Sie Patientinnen deprogrammieren,] werden sich Ihnen manchmal Roboter in den Weg stellen«, erzählte er seinen Zuhörern. »Sie können Ihren Patientinnen sagen, gehen Sie um den Roboter herum, schauen Sie sich seinen Hinterkopf an und berichten Sie mir, was Sie erkennen können. Sie werden Drähte sehen und vielleicht einen Schalter. Ich fordere sie auf, die Drähte herauszuziehen oder den Schalter umzulegen; das wird den Roboter bewegungsunfähig machen. Dann sage ich ihnen, sie sollen in den Roboter hineinschauen und mir berichten, was sie sehen. Im allgemeinen finden sie mehrere Kinder. Ich fordere sie auf, die Kinder herauszuholen und dann den Roboter in die Luft fliegen zu lassen. Gewöhnlich sind sie überrascht, daß das funktioniert.« Und das sollten sie auch wirklich sein.

In seinem Vortrag gab Cory Hammond einige Hinweise, wie er zu seinen Theorien gekommen ist. So erwähnte er, daß er den ersten Fall von satanischem Mißbrauch erst entdeckte, nachdem er an einer Konferenz teilgenommen hatte, wo es um eine Fallstudie ging. Er erwähnte auch, nach mehreren Jahren der Arbeit mit rituell mißbrauchten Patientinnen seien ihm aus geheimnisvoller Quelle »bestimmte Informationen in den Schoß gelegt worden«. Er nannte diese Quelle nicht, gab aber zu verstehen, daß sich die Informationen aufgrund der Bestätigung durch zwei seiner drei Klientinnen mit rituellem Mißbrauch als stichhaltig erwiesen hätten. Am aufschlußreichsten sind wohl seine therapeutischen Verfahren zur Bestätigung. Eine Methode, die er beschrieb, bestand darin, zunächst die Patientin davon zu überzeugen, daß er mit ihrer »Kernpersönlichkeit« kommunizieren könne: einem Teil der Patientin, der von allen anderen Persönlichkeiten getrennt ist, aber für alle anderen Persönlichkeiten als Gruppensprecherin auftreten kann. Hammond kommuniziert mit dem inneren Kern seiner Patientinnen, indem er Fingerzeichen festlegt, mit denen dieses Kernwesen auf Fragen mit Ja oder Nein antworten kann. Natürlich besteht das Problem bei dieser Methode darin, daß alle hervorgebrachten Informationen vom Therapeuten und nicht von der Patientin stammen. Weil die Patientin nur Ja oder Nein antwortet, kann sie keine Einzelheiten schildern, sondern die Geschichte, die der Therapeut entwickelt, nur grob steuern.

Für seine »nichtmanipulativen« Techniken der Patientenbefragung führte Cory Hammond nur ein Beispiel an. Bei der Erklärung, wie er herausfand, daß »Patientinnen aus dem ganzen Land« alle den Namen seines bösen Erzfeindes kennen, sagte er: »Ein Weg, Patientinnen die Frage zu stellen, ist: ›Wenn ein Arzt mit Ihrer Sektenprogrammierung zu tun gehabt hätte und sein Name der einer Farbe wäre, welche Farbe wäre es dann?‹« Cory Hammond wertet die Tatsache, daß viele Patientinnen auf den Namen »Dr. Green« kamen, als zuverlässige Bestätigung seiner Theorie. Wenn diese Frage typisch ist – und es gibt keinen Grund anzunehmen, daß das nicht der Fall ist –, dann ist seine Fragetechnik weit davon entfernt, unparteiisch zu sein. Analysiert man sie, dann kann diese Frage kaum als nichtmanipulativ durchgehen; denn von den wenigen Farben, die es im englischsprachigen Raum auch häufiger als Nachnamen gibt – Grün, Braun, Weiß und Schwarz – ist Grün eine der geläufigsten und vielleicht, wenn man an eine Farbe denkt, die naheliegendste.

Doch trotz der wenigen Antwortmöglichkeiten, die die Frage zuläßt, widerspricht eine falsche Antwort nicht notwendigerweise der Schlußfolgerung. Über die eine Patientin, die die falsche Farbe auswählte, sagte Cory Hammond, er habe später entdeckt, Dr. Green habe in der Zeit, als diese spezielle Patientin programmiert wurde, einen weiteren Arzt mit eben diesem Namen mit den Techniken vertraut gemacht. Auf dieselbe Weise glättet er andere mögliche Diskrepanzen zwischen Geschichten von Patientinnen. So erklärt er etwa, die griechischen Buchstaben, die den unterschiedlichen Aktivitäten zugeordnet werden, würden häufig von Jahr zu Jahr gewechselt, um Nachforschungen zu erschweren. Bei den Fingersignalen wie bei seinem Fragemodus hat er das System anscheinend so vervollkommnet, daß alle Informationen seine Auffassungen bestätigen und alle Widersprüchlichkeiten hinweginterpretiert werden können.

Laut Cory Hammond haben andere Therapeuten dieselbe Programmierung entdeckt. »Wenn man anfängt, dieselben hochgradig esoterischen Informationen überall von Kalifornien bis nach Florida zu finden, versteht man allmählich, daß da etwas vor sich geht, das ziemlich umfassend, sehr gut koordiniert und ausgesprochen systematisch ist.« Nicht klar zum Ausdruck bringt er, wie viele andere Therapeuten seine Mutmaßungen bestätigt haben beziehungsweise worin die Bestätigung bestand. Während er an einer Stelle sagte, »viele« Therapeuten hätten seinen Verdacht unabhängig voneinander bestätigt, wiederholte er während des Vortrags mehrfach etwas, was zu derselben Geschichte über einen Therapeuten zu gehören schien, der eine Patientin mit Alpha-, Beta-, Delta- und Gamma-»Programmen« samt ähnlich zugeordneten Merkmalen behandelte.

Es gibt verschiedene Erklärungsmöglichkeiten für Hammonds Behauptung, alles sei überprüft und bestätigt. Die erste ist, daß er einfach Informationen ohne Beweiskraft von anderen Therapeuten neu interpretierte und das als handfesten Beweis darstellt. Bezieht man seine ausgefallenen Behauptungen (wie etwa seinen Verdacht, die Satanisten hätten in Hollywood die Macht ergriffen) mit ein, dann scheint es mehr als genug Anlaß für die Frage zu geben, ob er die Fähigkeit besitzt, Informationen eindeutig und vorurteilsfrei zu bewerten und darzustellen. Eine weitere Möglichkeit ist, daß ein anderer Therapeut (oder andere Therapeuten) tatsächlich eine ähnliche Geschichte von einer Patientin hörten, es sich jedoch um Informationen handelte, die auf Hammond selbst zurückgingen. Betrachtet man die Kommunikationswege zwischen Therapeuten und Patientinnen, ist die Wahrscheinlichkeit dafür hoch, daß die Informationen, die er insgeheim unter den Therapeuten über seine Theorie verbreitete, einfach ihren Weg zu ihm zurück fanden. »Seit langer Zeit habe ich einer ausgewählten Gruppe von Therapeuten, die ich kenne und denen ich vertraue, von den Informationen, die ich gerade entdeckte, erzählt«, räumte er während seines Vortrags ein. »Ich sagte ihnen, sie sollten diese Informationen verbreiten, jedoch meinen Namen nicht nennen. Ich pflegte zu sagen: ›Das ist es also, was ich in Erfahrung gebracht habe. Geben Sie nicht weiter, von wem Sie es haben.‹ Die Therapeuten waren ganz begierig auf diese Informationen.«

Cory Hammond will damit zu verstehen geben, daß er gezwungen war, die Informationen als Gerüchte unbekannten Ursprungs zu streuen, weil er um sein Leben fürchtete. Trotz dieser Paranoia es nicht unwahrscheinlich, daß seine Überzeugungen zur Sektenprogrammierung bei Patientinnen wie Therapeuten der Bewegung zur Aufdeckung von Erinnerungen eine große Verbreitung fanden. Wenn man das berücksichtigt, erscheint es möglich, daß einige Patientinnen diese Einzelheiten verinnerlichten und sie an ihre Therapeuten weitergaben. Mit seiner eigenen Methode der Informationsverbreitung – Leuten etwas zu sagen und sie zu bitten, die Informationen ohne Nennung seines Namens weiterzugeben – hat Hammond selbst die Möglichkeit ausgeschlossen, jemals den Weg einer Information wieder zurück zu ihm aufzuspüren.

Bei Beweisen, die aus Quellen außerhalb der Therapeutengemeinschaft stammen, scheint Cory Hammond nicht in der Lage zu sein, zwischen Beweisen für das Vorhandensein von Satanisten und denen für das Vorhandensein einer weitverbreiteten *Furcht* vor Satanisten zu unterscheiden. Stolz zitiert er beispielsweise die Umfrage einer Zeitung in Utah, die ergab, daß 90 Prozent der Befragten glauben, es gäbe wirklich satanisch-rituellen Mißbrauch. Als Antwort auf die Frage, welchen Beweis es für die Verbindung der Regierung mit der Verschwörung gäbe, meinte er, ein Freund von ihm habe »ganze Tische voller Kisten« mit freigegebenen Dokumenten zur Erforschung von Gedankenkontrolle. Cory Hammond scheint nicht zu erkennen, daß Zeitungsumfragen oder Kisten voller Dokumente für sich genommen noch kein Beweis für irgend etwas sind.

Wenn er scheinbar handfeste Beweise zitiert, dann macht er das auf eine Weise, die davon abhält, ihnen nachzugehen. »Wenn Leute Ihnen erzählen, es gäbe keinen Beweis für das, was ich sage, dann ist das Quatsch«, sagt er. »In Idaho fand man den Rumpf eines Jungen. Letzten Sommer gab es einen Mord in Detroit. Sie werden erkennen, daß Ärzte viel damit zu tun hatten. Zwei von ihnen hat man in Utah erwischt.« Um jenen Zuhörern den Rücken zu stärken, die vielleicht zögerten, ihm zu glauben, versicherte er:

»Menschen, die meinen, es gäbe in Wirklichkeit gar keinen rituellen Mißbrauch, sind entweder naiv – wie die Leute, die nicht an den Holocaust glauben – oder niederträchtig.« Bei dieser entschiedenen Feststellung unterbrach das Publikum seinen Vortrag mit Applaus.

Bei einer Kritik an Hammonds Arbeit muß man dagegen ankämpfen, sich über ihn lustig zu machen. Es wäre nicht schwer, ihn mit Hilfe seiner eigenen Worte als lächerliche Don-Quijote-Karikatur zu beschreiben. Seine Theorien müssen jedoch unter dem Aspekt betrachtet werden, daß sie sich verheerend auf die Patientinnen auswirken, die er behandelt, und daß sie Einfluß auf die Arbeit anderer Therapeuten haben. Sein hier beschriebener Vortrag war als Weiterbildungsveranstaltung der American Medical Association anerkannt.[24]

Wenn sich auch nur eine dieser Geschichten von Generationen übergreifenden, Babys opfernden, kannibalistischen Sekten als wahr erweisen sollte, dann verdient sie eine intensivere landesweite Aufmerksamkeit als die, die angesichts der Charles-Manson-Morde oder der mit einem Voodoo-Kult verbundenen Tötungen bei einem Drogenring im mexikanischen Matamoros erreicht wurde. Sollte es sich herausstellen, daß zehn dieser Sekten tatsächlich existieren, dann wird das einen grundlegenden Wandel im Selbstverständnis unserer Gesellschaft und Geschichte in Gang setzen. Obwohl zehn solcher satanischen Sekten noch nicht einmal 1 Prozent aller Sekten, über die in Therapien berichtet wird, ausmachen würden, bedeutete das doch, daß sich zehn ausgesprochen bösartige Organisationen so lautlos in das Gefüge unserer Gesellschaft eingeschlichen hätten, daß sie bis jetzt unbemerkt geblieben sind.

Obwohl Therapeuten häufig die Jim-Jones-Sekte, den Manson-Clan und die Morde von Matamoros anführen, gibt es hier kaum Parallelen. Die Gefolgsleute von Jim Jones, der Manson-Clan sowie die anderen waren schon vor ihren Schreckenstaten keine ehrbaren Mitglieder unserer Gesellschaft. Charles Manson und viele seiner Anhänger waren vor den Morden an Sharon Tate und Leo La Bianca Dutzende von Malen mit dem Gesetz in Konflikt geraten, und der Auslöser für das Selbstmordmassaker bei der Jim-

Jones-Sekte war eine parlamentarische Untersuchung gewesen. Keine dieser Gruppen konnte töten, ohne physische Spuren zu hinterlassen, oder Opfer auswählen, die nicht von der Familie und den Freunden vermißt wurden. Keine Gruppe konnte über Generationen hinweg ungeheuerliche Verbrechen begehen. Die Geschichten, die aus der Therapie herausdringen, lassen darauf schließen, daß es eine ganze Zahl asozialer Gruppen gibt, die unbemerkt geblieben sind, weil sie eine lückenlose psychologische Kontrolle über ihre Mitglieder und eine amtliche Kontrolle über die Gebiete ausüben, in denen sie wirken. Das ist der entscheidende Unterschied. Laut der Überzeugung, die von vielen Therapeuten vertreten wird, gibt es keine Anzeichen, die verraten, daß es sich bei vielen, die scheinbar normale, gesetzestreue Bürger sind, in Wirklichkeit um böse Satanisten handelt, die nachts schreckliche Verbrechen begehen. Den Geschichten nach sind sie unbemerkt geblieben, weil sie außerhalb der Sektenzusammenkünfte ein absolut normales Leben führen und Sektenmitglieder in den Gemeinden Schlüsselpositionen als Leichenbestatter, Ärzte und Polizeibeamte einnehmen, damit die Verbrechen rasch und ohne viel Aufhebens vertuscht werden können. Nach näherer Beschäftigung mit den Aussagen zweier Opfer, Michelle Smith, dargestellt in ›Michelle Remembers‹, und Jenny, beschrieben in ›Suffer the Children‹, kommen Professor Philip Jenkins und Professor Daniel Maier-Katkin von der Pennsylvania State University zu der Schlußfolgerung: Um allein diese beiden Geschichten akzeptieren zu können, müßte man daran glauben, daß raffinierte Geheimsekten in der Lage sind, »straflos zu töten, und daß keine einzige Person aus einer solchen Sekte je ihre Geheimnisse verraten oder deren Existenz gegenüber einer örtlichen Kirche, der Polizei oder einer Zeitung aufgedeckt hat«. Um bloß diese beiden Geschichten zu glauben, so die Autoren, »wäre es nicht nur erforderlich, über Zweifel hinwegzusehen, sondern vielmehr müßte man die Geschichte der Vereinigten Staaten und Kanadas völlig umschreiben«.[25]

Die Berichte über Mißbrauch durch satanische Sekten sind die Achillesferse der Bewegung zur Aufdeckung von Erinnerungen. Ohne zusätzliche Beweise werden letztlich die meisten vernünftigen Menschen die Stichhaltigkeit der Geschichten über satanischen Mißbrauch in Frage stellen. Therapeuten, die skeptisch sind, befinden sich in einer Sackgasse. Wenn sie auch nur einen einzigen Bericht über Mißbrauch anzweifeln, greifen sie die gesamte therapeutische Struktur an und gefährden damit ihre Position innerhalb der Bewegung zur Aufdeckung von Erinnerungen. Sie gehen außerdem, wie dieses Zitat aus einer zwölf Punkte umfassenden Broschüre zeigt, das Risiko ein, Klientinnen zu verlieren: »Suchen Sie sich einen Therapeuten, der Ihnen Glauben schenkt. Ein Therapeut, der andeutet, Sie erfänden da Phantasiegeschichten, ist kein guter Therapeut. Verlassen Sie sofort seine Praxis. Auch ohne daß da jemand ist, der Ihre eigene unsichere Überzeugung untergräbt, ist es schon schwer genug, sich dem Geschehenen zu stellen.« Innerhalb der Bewegung beruht der Glauben an die Erinnerungen einer Klientin nicht auf Beweisen oder gar auf Plausibilität, sondern auf dem Festhalten an einem Dogma. Dieses Dogma besagt, daß alle Geschichten wahr sein müssen.

Die Befürworter der Therapie zur Aufdeckung von Erinnerungen sehen sich in eine andere Ecke gedrängt. Geben sie zu, daß die Geschichten über satanischen Mißbrauch nicht stimmen, dann würden sie damit auch zugeben, daß ihre Therapiemethoden zu falschen Vorstellungen geführt haben, die von den Klientinnen als Erinnerungen mißverstanden wurden. Wenn sie das täten, dann würden sie alle Erinnerungen in Frage stellen, die durch die ganz speziellen Vorgehensweisen bei dieser Behandlung aufgedeckt wurden, seien sie nun glaubwürdig oder nicht, satanisch oder nicht.

Als Cory Hammond bei einer landesweit ausgestrahlten Fernsehsendung gefragt wurde, ob er irgendwelche Beweise für die von ihm vertretenen Theorien hätte, sagte er, er sei weder dafür verantwortlich, etwas zu beweisen, noch gäbe es wahrscheinlich irgendwelche Beweise. »Im Grunde genommen werden wir nicht viel finden; zumindest glaube ich das nicht, weil das, was Therapeuten im ganzen Land hören, bedeutet, daß in vielen Fällen Leichenbestatter und Ärzte beteiligt sind, die gefälschte Sterbeurkunden ausstellen können.«

Wie die Anthropologin Sherrill Mulhern feststellte, tadeln die Therapeuten und die Propagandisten des Schreckens meist diejenigen, die handfeste Beweise dafür einfordern, daß die von den Patientinnen beschriebenen Sekten existieren, oder sie bringen ihnen gegenüber sogar unverhohlenen Abscheu zum Ausdruck. Sie zitiert Dan Sexton, den Direktor der landesweiten telefonischen Nothilfe bei Kindesmißbrauch: »Gott sei Dank bin ich kein Beamter der Strafverfolgungsbehörden! Ich bin Psychologe, also brauche ich keine Beweise; ich habe eine andere Position, deshalb muß ich keine Beweise sehen, um es zu glauben... Es ist mir egal, wie die Strafverfolgungsbehörden das sehen, das ist nicht meine Sichtweise. Ich bin im psychosozialen System tätig. Ich muß einen Weg finden, um den Überlebenden zu helfen, das Trauma zu überwinden, das sie als Kinder erlebt haben, und anderen Klinikern, die versuchen, Überlebenden und Opfern dieser Art von Verbrechen zu helfen, unterstützend beiseite zu stehen.«[26]

Diese Argumentation, daß Therapeuten sich nicht von Beweisen ablenken lassen sollten, sondern weiter im Reich des Glaubens verharren, läßt sich in der gesamten Bewegung ausmachen. Therapeuten rechtfertigen ihre Einstellung als Haltung, die sich an den Bedürfnissen der Patientin ausrichtet. Sie ließe sich aber auch genausogut als Position verstehen, die Therapeuten davor bewahrt, sich mit der Realität auseinandersetzen zu müssen. Sie können dann auch nicht für das, was sie in ihren Behandlungszimmern propagieren, verantwortlich gemacht werden. So argumentierte auch der Psychiater Roland Summit, Autor von ›The Child Sexual Abuse Accomodations Syndrome‹, auf einer Therapeutenkonferenz: »Weil wir es vom Standpunkt eines Klinikers betrachten, sehen wir etwas, daß im klinischen Sinne für uns real ist. Und ob nun unsere Kollegen, die Presse, die Wissenschaft in ihrer Gesamtheit, Politiker oder die örtlichen Strafverfolgungsbehörden mit dieser Auffassung, daß es sich um etwas Reales handelt, übereinstimmen oder nicht – die meisten von uns haben persönlich ein Gefühl, daß es real ist.«[27] David Sakheim und Susan Devine, Herausgeber von ›Out of the Darkness‹, führen dasselbe Argument an: »Auf der Skala zwischen Skepsis und Zustimmung tun Therapeuten gewiß gut daran, sich eher letzterer zuzuneigen... Legt man die Patientin auf Beweise fest, dann wird das den Prozeß der Erinnerungsfindung nur behindern. Das ist vor allem deshalb der Fall, weil die Therapie soviel damit zu tun hat, dem Patienten oder der Patientin dabei zu helfen, mit der eigenen Skepsis und Verleugnung umzugehen. Aus Sicht des Therapeuten ist es für diesen Prozeß nicht förderlich, wenn man bei Patienten das ohnehin schon tiefe Mißtrauen gegenüber den eigenen Wahrnehmungen verstärkt.«[28]

In ›Trauma and Recovery‹ führt Judith Herman aus, daß »es für die Therapeutin nicht ausreicht, ›neutral‹ oder ›ohne Urteil‹ zu sein«, sie sollte »eine Position der moralischen Solidarität mit dem Opfer einnehmen… Die Therapeutin muß bedenken, daß es nicht ihre Aufgabe ist, Fakten zu finden, und daß es sich bei der Rekonstruktion der traumatischen Geschichte nicht um eine strafrechtliche Untersuchung handelt. Ihre Rolle ist die einer offenen, mitfühlenden Zeugin und nicht die einer Kriminalbeamtin.«[29] Dan Sexton formulierte es in seinem Eröffnungsvortrag bei einer Therapeutenkonferenz am schärfsten: Er riet denjenigen, die sich nicht in der Lage sähen, den Geschichten über satanische Sekten Glauben zu schenken, sich von der Arbeit mit Patientinnen, die sich als Opfer verstehen, fernzuhalten. »Wenn Sie nicht glauben, daß das geschehen sein kann, dann sollten Sie nicht auf diesem Gebiet arbeiten. Wir wollen Ihre Beteiligung nicht, denn Sie tragen bloß dazu bei, daß das Thema noch verwirrender und schwieriger wird.«[30]

Der Vergleich zwischen der Aufregung über satanische Sekten und den Hexenverfolgungen beziehungsweise Gerüchten über satanische Aktivitäten im Mittelalter drängt sich auf. Geschichten über Satanisten, die sich insgeheim treffen, um gemeinsam unaussprechlich böse Taten zu begehen, gibt es schon seit mehr als tausend Jahren. Die Parallelen zwischen den Geschichten aus der Therapie und diesen jahrhundertealten Vorstellungen sind auch denjenigen nicht entgangen, die heute die Auffassung vertreten, es gäbe in unserer Gesellschaft Sekten, die Kinder morden. Statt sich von den Hexenverfolgungen zu distanzieren, haben mehrere der heutigen Befürworter solcher Geschichten jene Vorstellungen als Beweis dafür genommen, daß die derzeitigen Anschuldigungen gegen Sekten stimmen und stichhaltig sind.

Bei ihrem Versuch, »Klinikern dabei zu helfen, es als eine Möglichkeit zu betrachten, daß [eine Patientin mit satanisch-rituellem Mißbrauch] bruchstückhafte oder teilweise dissoziierte Erinnerungen an tatsächliche Ereignisse beschreibt«, haben Sally Hill und Jean Goodwin vom Fachbereich Psychiatrie am Medical College of Wisconsin weder Zeit noch Mühe gescheut, Parallelen zwischen gegenwärtigen Berichten über rituellen Mißbrauch und Berichten über Rituale herauszuarbeiten, die auf die Zeit vor der Inquisition zurückgehen. Dabei vergleichen sie zwei heutige Geschichten über rituellen Mißbrauch mit historischen Darstellungen. »Diese [heutigen] Bilder [über satanisch-rituellen Mißbrauch] erscheinen der normalen Erfahrungswelt so fremd«, schreiben sie, »daß weder die Patientin noch der Therapeut einen Bezugsrahmen haben..., innerhalb dessen sich solche erschreckenden und häufig bruchstückhaften Bilder einordnen, strukturieren oder verstehen ließen.«[31]

Sally Hill und Jean Goodwin versuchen ihren Teil dazu beizusteuern, diesen Bezugsrahmen herzustellen, indem sie Ähnlichkeiten zu satanischen Geschichten aus dem 1. Jahrtausend n. Chr. herausarbeiten. »Wenn man zeigen kann, daß die Praktiken bestimmter satanischer Sekten über Jahrhunderte hinweg dokumentiert wurden«, versprechen sie zu Beginn des Artikels, »dann könnte dieses Wissen dazu beitragen, daß Therapeuten und Patientinnen ähnliches Material, wenn es in der Psychotherapie aufkommt, als Tatsache behandeln.«

Aus historischen Unterlagen stellten sie eine Liste mit elf Bestandteilen satanischer Rituale zusammen; sieben davon entsprechen modernen, von der Therapie beeinflußten Berichten. Die elf Bestandteile sind: »(1) geheimes nächtliches Festessen an einem besonderen Tisch oder Altar; (2) ritueller orgiastischer Sex, bei dem es auch um übliche [*sic*] Sexualpraktiken geht; (3) Imitationen und Pervertierungen der katholischen Messe, etwa durch das Tragen eines religiösen Ornats; (4) Verwendung von Blut, Samen, Urin oder Exkrementen zu rituellen Zwecken, häufig in Verbindung mit Initiationsriten; (5) Opferung von Föten und Kindern unter Zuhilfenahme von Messern, großen Kesseln oder Feuer; häufig zu kannibalistischen Zwecken; (6) ritueller Mißbrauch von

Tieren; (7) rituelle Verwendung von Fackeln, Kerzen und Dunkelheit; (8) lautes Singen, vor allem der Namen von Dämonen; (9) Einnahme einer Droge oder eines Zaubertranks; (10) Tanzen rückwärts im Kreis oder ritueller Einsatz des Kreises; sowie (11) Zerstückelung eines Körpers und Herausholen des Herzens.«[32]

Die Arbeit von Jean Goodwin und Sally Hill enthält einen katastrophalen und offensichtlichen Fehler: Sie können keinen einzigen Beleg dafür anführen, daß die Berichte über satanische Praktiken vor tausend Jahren mehr sind als religiös begründete Gerüchte. Die beiden versuchen, diese Lücke in ihrer Arbeit zu überbrücken, indem sie der Leserin versichern, daß sie diesem Punkt nachgegangen sind. »Wie bei klinischen Befunden bleiben auch bei historischen Daten viele Fragen zur Stichhaltigkeit offen. Um den Fehler gering zu halten, werden wir nur Primärquellen aus der Zeit vor der Inquisition, also von vor 1200, verwenden. Durch den Einsatz von Propaganda, durch Folter und durch Vermögenseinziehungen sind historische Materialien aus der Zeit der Inquisition derartig verzerrt, daß wir uns entschieden haben, auf sie zu verzichten.«[33]

Allem Anschein nach fordern sie die Leserin auf, eine Teilmenge der Berichte einzig und allein aus dem Grunde für glaubwürdig zu halten, weil sich eine andere Teilmenge der Informationen als unglaubwürdig erwiesen hat. Offensichtlich geschieht das in der Absicht, der Leserin Gewißheit zu geben, sie hätten sorgfältig zwischen wahren und falschen Berichten unterschieden. Trotz dieser Beteuerung gibt es jedoch im Artikel keinen Hinweis darauf, daß sie das getan haben. Sie erklären nicht, wieso die Leserin Berichte aus der Zeit vor der Inquisition ernster nehmen sollte als Berichte aus irgendwelchen anderen Zeiten.

In einer weitschweifigen historischen Abhandlung über den Satanismus vom 3. Jahrtausend v. Chr. bis zur Gegenwart schrieb ein anderer Forscher die Geschichte um, um Belege für die heute in der Therapie aufgekommenen Geschichten zusammenzutragen: Martin Katchem, Mitglied des Cult Awareness Network und Forscher auf dem Gebiet der Dissoziation und der Hypnotisierbarkeit, versteigt sich dazu, die Hexenjäger zu verteidigen. Damit rechtfertigt er die Parallelen zwischen den heutigen Therapeuten, die das qualvolle Abreagieren einsetzen, um Geschichten über satanische Sektenaktivitäten zu entlocken, und den Richtern des 16. Jahrhunderts, die eine konventionellere Form der Folter anwendeten, um ähnliche Geschichten herauszubringen. Seiner Meinung nach ergeben die Hexenverfolgungen des 15. und 16. Jahrhunderts damit »einen anderen Sinn, als man bisher annahm«.

»Es ist sehr gut möglich, daß Hexerei eine Verbindung zwischen den damaligen politischen Bewegungen und dem organisierten Verbrechen war«, schreibt er. »Die Annahme, daß all diejenigen, die wegen Hexerei angeklagt wurden, Opfer fanatischer dominikanischer Inquisitoren gewesen seien, die Folter einsetzten, um Geständnisse herauszupressen, welche ihre Vorurteile bestätigten, erscheint als vereinfachende Überreaktion.«[34]

Martin Katchem definiert die Inquisition um in eine »Polizei«. Aus seiner Sicht ermordete die Inquisition nicht Zehntausende von unschuldigen Menschen, sondern versuchte einzig, »Ermittlungen anzustellen und Verbrecher der Gerechtigkeit zuzuführen. Einige davon waren nicht nur nach den Gesetzen der mittelalterlichen Kirche Verbrecher, sondern auch nach denen jeder modernen Gesellschaft. Die Schwierigkeiten hinsichtlich der Zuverlässigkeit von Beweisen, Übereifer und politischem Druck, mit denen die Inquisition konfrontiert war, sind auch Probleme für die heutige Polizei und für ernsthafte Ermittler auf dem Gebiet des Satanismus in seiner gegenwärtigen Form.«[35]

Daß Martin Katchem, Jean Goodwin und Sally Hill bereit sind, die historischen Beschreibungen von Satanismus als Beweis für die heutigen heranzuziehen, zeigt die Bereitschaft derjenigen, die den Glauben an satanische Sekten propagieren, Beweise auf den Kopf zu stellen, um ihre Sache voranzutreiben. Es gibt keinen Beweis, so Professor Norman Cohn, Historiker aus Oxford und vielleicht der prominenteste Gelehrte auf diesem Gebiet, daß es im Mittelalter oder während der Inquisition Teufelsanbeter und Hexensabbate – ob mit oder ohne magische Kräfte – gab. Die Tatsache, daß Hexen in den meisten Fällen wegen Verbrechen angeklagt wurden, für die keine reale Grundlage existieren konnte, steht im Gegensatz zu Martin Katchems Beteuerung, daß es sich bei den Hexenjägern lediglich um eine andere Form der Polizei gehandelt habe.

Wie Norman Cohn in ›Europe's Inner Demons‹ dokumentiert, wurden Hexen angeklagt und hingerichtet, weil sie angeblich Geister beschworen hätten, zu entlegenen Sabbaten geflogen seien, um mit dem Teufel zu kopulieren, Männer mit dem Fluch der Impotenz belegt und die Ernte verwünscht hätten. Kurz, Menschen wurden für Verbrechen getötet, die man gar nicht begehen kann.

Um »Forscher« dazu zu bringen, Belege aus fragwürdigen Quellen zu akzeptieren – wie etwa das Buch ›Michelle Remembers‹ und Geständnisse, die von der Inquisition erpreßt wurden –, empfiehlt Martin Katchem: »Man muß die Tatsachen von den theologischen Auffassungen der Autoren trennen... Die Tatsachen müssen für sich betrachtet werden.« Wenn nun, wie in ›Michelle Remembers‹, Berichte über buchstäbliche Christus- und Teufelserscheinungen enthalten sind, dann dürfe der »seriöse Forscher« nicht zulassen, daß wegen dieser eindeutig sektiererischen Phantasien Zweifel an Abschnitten des Buches aufkommen, die real sein könnten. Wenn eine »Hexe« 1200 n. Chr. dafür verurteilt wurde, daß sie bei einem Sabbat, zu dem sie geflogen war und bei dem sie auch mit Dämonen kopuliert hatte, die in Gestalt von Tieren auftraten, Babys gegessen habe, dann sollten wir in ähnlicher Weise den Anklagepunkt, Babys gegessen zu haben, als potentiell erwiesene Tatsache betrachten – einfach, weil das der einzige Punkt der Anklage ist, der real möglich ist.

Selbstverständlich sollten diese Geschichten nicht von einem derartigen Zweifel profitieren. Das Übernatürliche ist so eng mit Mythen über satanische Sekten verwoben, daß es völlig unmöglich und unlogisch ist, echte Informationsanteile von Geschichten herauszuarbeiten, die zum größten Teil offensichtlich falsch sind. Obwohl Wissenschaftler häufig den Gedanken geäußert haben, daß es tatsächlich Gruppen von Häretikern gab, die den Teufel anbeteten, so haben sich ihre Belege laut Cohn bei näherer Betrachtung doch als »völlig unzuverlässig« erwiesen. »Jeder [zitierte Bericht über eine mögliche Teufelsanbetung] ist mit Aussagen verbunden, die alles andere als plausibel sind«, schreibt er. »Um zu verstehen, warum das Stereotyp der teufelsanbetenden Sekten überhaupt aufkam, warum es soviel Faszination ausübte und warum es so lange überlebte, muß man die Vorstellungswelt der Orthodoxen selbst betrachten ... und nicht den Glauben und die Verhaltensweisen der Häretiker. Viele Menschen, vor allem zahlreiche Priester und Mönche, waren allmählich immer mehr von der überwältigenden Macht des Teufels und der Dämonen überzeugt. Darum schloß ihre Vorstellung des absolut Bösen und Antihumanen auch Teufelsanbetung zusammen mit Inzest, Kindermord und Kannibalismus ein.«[36]

Den Beweis führen zu müssen, daß einige Bruchstücke einer ansonsten falschen Darstellung vielleicht stimmen könnten, ist in der Tat eine ziemliche Bürde. Diejenigen, die plausible Tatsachen mühsam aus Phantasieberichten heraussuchen, müssen uns erklären, warum wir vielleicht einige Einzelheiten als wahr betrachten sollten, wenn der größte Teil der Geschichte offensichtlich eine Ausgeburt der Phantasie ist. Norman Cohn sieht das so: »Geschichten, die eindeutig unmögliche Elemente enthalten, sollten nicht als Beweis für materielle Ereignisse akzeptiert werden.«

Laut Cohn können nach sorgfältiger Untersuchung die Hexenverfolgungen »in der Tat als Extrembeispiel für eine umfassende Tötungsaktion an unschuldigen Menschen durch eine Bürokratie herangezogen werden, die in Übereinstimmung mit Überzeugungen handelte, die ... allmählich für selbstverständlich gehalten und als sich selbst erklärende Wahrheiten betrachtet wurden. Sie illustrieren deutlich sowohl die Fähigkeit der menschlichen Vorstellungskraft, ein Stereotyp aufzubauen, wie auch ihre Weigerung, die Gültigkeit eines Stereotyps, ist es erst einmal allgemein akzeptiert, in Frage zu stellen.«[37]

Martin Katchem, Jean Goodwin und Sally Hill zeigen nicht auf, daß es sich in der gesamten Geschichte bei den Verfassern von Schriften über satanische Sekten nahezu immer um selbsterklärte Antisatanisten handelte, die jene Gefahren beschworen, die drohten, wenn man der christlichen Lehre entsagte. Die von ihnen zitierten Arbeiten stammen von religiösen Eiferern, von denen die Gesellschaft vor den Übeln des Satanismus gewarnt wurde. Unter diesem Aspekt sind Martin Katchem, Jean Goodwin und Sally Hill als interessante Ergänzung dieser Tradition zu sehen. Sie warnen vor den mit dem Satanismus verbunden Übeln und Gefahren nicht, weil sie eine religiöse Lehre verteidigen und propagieren wollen, sondern um die Theorien, Praktiken und Ergebnisse der Therapie zur Aufdeckung von Erinnerungen zu verteidigen und zu propagieren.

Alle Schattierungen der Psychotherapie fristen in gewissem Maße ein Inseldasein und sind resistent gegenüber Kritik. Jerome Frank legt in ›Persuasion and Healing‹ dar, daß Praktiker bei unterschiedlichen Techniken trotz aller Belege, die gegen ihren Einsatz sprechen, zäh an ihren Vorgehensweisen festhalten. »Ein Grund für die Haltbarkeit aller Theorien der Psychotherapie, auch der Psychoanalyse, ist der, daß Therapeuten den Patienten Material entlocken, das ihre Ansichten bestätigt.« Und wegen der übereinstimmenden Theorien, wegen des gemeinsamen Wortschatzes und wegen ähnlicher klinischer Erfahrungen neigen Therapeuten mit ähnlicher Orientierung dazu, sich vor allen Dingen mit ihresgleichen zu treffen und sich so auf die wahrgenommene Gültigkeit der von ihnen verwendeten Verfahren zu einigen und kritische Stimmen gar nicht erst aufkommen zu lassen. Wie Jerome Frank feststellt, wären Therapeuten, wenn sie ihren Standpunkt aufgeben, in der schwierigen Position, daß sie zugeben müßten, sich geirrt zu haben. »Daß vielleicht die Methode nicht nach Wunsch funktioniert und die Lehre zweifelhaft ist, kann übrigens paradoxerweise die Dogmentreue des Analytikers noch festigen, weil dies ein möglicher Weg ist, aufkommende Bedenken zu unterdrücken... Denn eine der besten Möglichkeiten, Selbstzweifel zu beschwichtigen, ist die, andere zum eigenen Standpunkt zu bekehren, wobei man von ihnen Bestätigung für dessen Richtigkeit erlangt.«[38]

Die Anhänger der Therapie zur Aufdeckung von Erinnerungen und die Propagandisten der Verschwörung satanischer Sekten haben viele unterschiedliche Taktiken eingesetzt, um die kritische Auseinandersetzung mit ihnen in ein schiefes Licht zu bringen, beispielsweise indem Kritiker beschuldigt werden, offene Frauenfeinde zu sein. Aufgrund der Reaktionen auf Carol Tavris' Artikel im ›New York Times Book Review‹, in dem sie viele der Bücher aus der Bewegung wegen ihrer simplifizierenden Auffassungen hinterfragte, druckten die Herausgeber der Zeitung drei volle Seiten mit Leserbriefen ab, darunter auch den von E. Sue Blume, Autorin des Buchs ›Secret Survivors‹: »Es gibt sie tatsächlich, die dramatische Polarisierung, die Frau Tavris beschreibt, und ihr Aufsatz stellt sie unmittelbar auf die Seite von Mißbrauchern, Vergewaltigern, Pädophilen und anderen Frauenfeinden – auf eine Seite, für deren Wahl sie sich ganz gewiß entschuldigen sollte.« Die Befürworter der Therapie zur Aufdeckung von Erinnerungen behaupten mittlerweile, daß sie Ziel eines »Gegenschlages« sind, der von einer finanzstarken Verschwörung der Kräfte organisiert wird, die sich gegen Frauen und Opfer zusammengeschlossen haben. In der Bewegung zur Aufdeckung von Erinnerungen mitzumachen ist vergleichbar mit dem Aufenthalt in einem schalldichten Raum, in den nur Informationen dringen, die den Realitätsgehalt verdrängter Erinnerungen und die Wirksamkeit der Therapie bestätigen.

Kürzlich kam, um der zunehmenden Kritik entgegenzutreten, ein weiteres Argument hinzu, bei dem es weniger um die Verteidigung der Therapie geht, sondern eher um die Verunglimpfung derjenigen, die derartige Auffassungen in Frage stellen. Einige Therapeuten und Experten wehrten sich gegen die Infragestellung einer Mißbrauchsgeschichte mit der Begründung, Patientinnen sollten das Recht haben, ihre Vergangenheit so zu sehen, wie sie selbst es für angemessen halten. Im Fernsehprogramm »Sonya Live« betonte die Koautorin von ›Courage to Heal‹, Ellen Bass: »Es ist sehr wichtig, daß Opfer, die diese Sendung sehen, wissen, daß sie das Recht haben, sich selbst zu vertrauen. Jedes Opfer hat das Recht und die Fähigkeit, seine oder ihre eigene Erfahrung zu kennen und zu benennen. Das muß im Endeffekt dabei herauskommen.« Als ein beschuldigter Elternteil beim Sender anrief und seine Unschuld beteuerte, gab Ellen Bass auch denjenigen, die von ihren erwachsenen Kindern beschuldigt werden, dieses Recht und sagte: »Jedermann hat das Recht, an das zu glauben, woran er glaubt.«[39]

Sie impliziert damit, daß diejenigen, die die in der Therapie entstandenen Mißbrauchsüberzeugungen in Frage stellen, in dieses Recht eingreifen. Auf den ersten Blick erscheint dieser Gedanke plausibel. Wenn wir alle das unveräußerliche Recht haben, unser

Leben auf die Weise zu leben, die wir für angemessen halten, sollten wir dann nicht ein entsprechendes Recht haben, uns an dieses Leben ähnlich frei zu erinnern? Leider beruht dieses neue »Recht« darauf, daß die Unterscheidung zwischen Tatsache und Glauben in sich zusammenbricht. Dadurch nimmt man sich die Möglichkeit, je zu etwas zu gelangen, das die Wahrheit oder die Realität auch nur annähernd wiedergibt. An die Stelle der Frage: Was *geschah*? tritt das modische Psychogeschwätz: Wie du dich *fühlst*, das ist das einzige, was zählt.

Überlegt man, was bei derartigen Erinnerungen auf dem Spiel steht, wird dieses »Alle-haben-das-Recht« auf ihre eigenen Erinnerungen als »Endeffekt« widersinnig. Fragt man die Patientinnen, die glauben, Erinnerungen daran aufgedeckt zu haben, sie seien während satanischer Rituale von ihren Vätern vergewaltigt und gefoltert worden, oder die Väter, die mit solchen Beschuldigungen konfrontiert wurden, dann werden sie wahrscheinlich sagen, daß im wirklichen Endeffekt die faktische Wahrheit der Erinnerung zählt, nicht jedermanns Recht, zu glauben, was man möchte. Der Grund, warum hier die Tatsachen wichtiger als der Glauben an das sind, was geschah, sollte für die meisten auf der Hand liegen, selbst wenn er Ellen Bass entgangen ist. Kommt man zu der Überzeugung, die eigene Mutter und der eigene Vater seien Ungeheuer, sexuell Abnorme, Folterer oder Mörder, dann wird das wiederum die gesamte Beziehung zu den Eltern bestimmen. Wenn die Wahrheit der Geschichten für Ellen Bass nicht von Bedeutung ist, so ist sie es gewiß für die Patientinnen, die sich dieser Therapie unterziehen, sowie für die, die sie zu hassen lernen.

Ellen Bass' Beteuerung, daß die Patientinnen das Recht hätten, zu glauben, was sie wollen, wird noch widersinniger, wenn man bedenkt, wie dieses Recht unentwegt den Patientinnen, die in die Therapie kommen, verweigert wird. Wie wir nachgewiesen haben, nehmen die Therapeuten in den frühen Stadien der Behandlung an, das Denken der Patientinnen sei von Verdrängung und Verleugnung vernebelt; die ehrliche Überzeugung der Patientin, sie sei nicht mißbraucht worden, könne man ignorieren oder ändern.

Noch ein weiteres Argument, das Therapeuten verwenden, um Kritik abzuweisen, ist die Behauptung, jegliche Skepsis oder Mißbilligung sei ein Zeichen dafür, daß der Rest der Welt traurigerweise nicht darauf vorbereitet sei, sich mit der schrecklichen Wahrheit auseinanderzusetzen, wie sie es tapfererweise gemacht hätten. Colin Ross, Vorsitzender der International Society for the Study of Multiple Personality and Dissociative Disorders, geht über Kritik an seinen Behandlungsmethoden hinweg, indem er die Meinung vertritt, es handle sich um eine »Pseudodiskussion«, die »bloß politisch« sei. »Es geht im Grunde genommen darum, daß diese Leute nichts von Kindesmißbrauch hören und nicht darüber sprechen wollen; sie wollen auch nicht, daß ihre Patientinnen darüber sprechen.«[40] Indem diese Therapeuten zu verstehen geben, sie seien moralisch überlegen – bereit, der Wahrheit ins Auge zu sehen, wo doch der Rest der Gesellschaft störrisch den Mißbrauch leugnet, den sie aufdecken –, versuchen sie, beim Rest der Welt eine Scham davor aufzubauen, ihre Theorien und Methoden in Frage zu stellen.

Einige Therapeuten sind auf Nummer sicher gegangen und bringen vor, ihre Arbeit ließe sich rechtfertigen, *selbst wenn sich die Geschichten vom satanischen Mißbrauch als falsch erweisen sollten.* »Auch wenn wir entdecken, daß eine solche Verschwörung gar nicht existiert«, schreiben David Sakheim und Susan Devine, »müssen wir immer noch Verfahren entwickeln, um die tatsächlich stattfindenden kriminellen Handlungen zu untersuchen und strafrechtlich zu verfolgen; ebenso müssen wir in derartigen Fällen Behandlungsmethoden für die Opfer entwickeln und bereitstellen.«[41] Die Überlegung, der Kampf, den die Therapie zur Aufdeckung von Erinnerungen gegen eine imaginäre satanische Sektenverschwörung führt, sei etwas, bei dem man nichts verlieren könne, ist ein wahrhaft trauriges Argument. Denn hier wird geflissentlich der Schaden übersehen, der durch diesen Kampf angerichtet wird. Sollten wir schließlich herausbekommen, daß es in unserer Gesellschaft keine satanischen Sekten gibt, die straflos schreckliche Verbrechen begehen, dann sind die Therapeuten dieser Ausrichtung dafür verantwortlich, daß das Leben Tausender von Patientinnen und ihrer Familien zerstört wurde. Wenn man an die von Cory Hammond und vielen anderen vorgebrachten Theorien zu satanischen Sekten glaubt, dann setzt das zudem voraus, daß man die Annahme aufgibt, der eigene Nachbar (oder der Arzt oder der Lehrer, der auf mein Kind aufpaßt) verhielte sich anständig. Stimmen diese Theorien jedoch nicht, dann müssen diese Therapeuten nicht nur die Verantwortung dafür übernehmen, daß sie dem Leben und den Familien vieler Einzelpersonen Schaden zugefügt haben, sondern auch dafür, daß ganze Gemeinschaften in Stücke zerbrachen, weil sie das Vertrauen untergruben, das die Menschen miteinander verbindet.

Selbst wenn wir den angerichteten Schaden außer acht lassen, dann wäre es immer noch nicht möglich, überzeugend die Auffassung zu vertreten, daß die Hysterie, die von diesen Therapeuten erzeugt wird, für die Gesellschaft von Vorteil sei. Solange man imaginäre Ungeheuer verfolgt, ignoriert man die ganz normalen Übel. Wer hat noch Zeit, sich um Reformen in unserer Gesellschaft zu kümmern, während er oder sie glaubt, eine satanische Sekte morde und programmiere vorsätzlich unsere Kinder? Wenn man eine Hexenjagd gegen imaginäre Ungeheuer veranstaltet, dann stärkt man damit nicht unsere Fähigkeit, die realen Probleme und Traumata anzugehen; man erreicht das Gegenteil.

Wenn Therapeuten Gründe dafür anführen, warum wir den Gedanken akzeptieren sollten, daß blutrünstige satanische Sekten unentdeckt in unserer Gesellschaft existieren, dann bringen sie häufig das Beispiel, viele Amerikaner hätten ursprünglich bestritten, daß es im nationalsozialistischen Deutschland einen Holocaust gegeben habe. Diese Logik wird gelegentlich vor Zuhörern vertreten, um zu erreichen, daß sie wachsam hinsichtlich der Möglichkeit bleiben, daß satanische Sekten bestehen, beziehungsweise vor Patientinnen, damit sie ihren Glauben im selbst erzeugten Labyrinth der Meinungen aufrecht erhalten können.

Wir möchten diese Parallele aus einer anderen Perspektive heraus diskutieren. Die Argumentationskette, die benutzt wird, um die Furcht vor satanischen Sekten zu propagieren und zu verstärken, folgt derselben Linie, die gegenwärtig von sogenannten »Holocaust-Revisionisten« vertreten wird. Mit zunehmendem Erfolg haben jene die Auffassung verbreitet, das alles sei ein großer Schwindel. Laut Deborah Lipstadt, die kürzlich das Buch ›Denying the Holocaust: The Growing Assault on Truth and Memory‹ veröffentlichte, haben sich diejenigen, die leugnen, daß der Holocaust stattfand, einen Anstrich wissenschaftlicher Respektabilität gegeben und ein System geschaffen, das nicht auf Beweisen beruht, sondern auf dem ständigen Zitieren und Bezugnehmen auf andere, die derselben Auffassung sind. »Sie halten wissenschaftliche Konferenzen ab und haben sogar eine respektabel erscheinende Zeitschrift«, sagte die Autorin kürzlich in einem Interview. »Ihre Beweise bestehen darin, daß sie sich gegenseitig die Bälle zuspielen. Ein Experte zitiert einen anderen Experten, der wiederum einen weiteren Experten zitiert, der einen vierten zitiert. Die Argumentation dreht sich wie ein Karussell im Kreis. Aber sie stellen sich selbst als Menschen dar, die nach der Wahrheit suchen. Es ist ein Mantel der Respektabilität, der viele Menschen täuscht.«[42]

Die These von Deborah Lipstadt lautet, daß es sich bei denjenigen, die den Holocaust leugnen, nur um eine von vielen Gruppen handelt, die ohne Rücksicht auf Beweise die Geschichte umschreiben. Diese Geringschätzung des Beweisbaren ist die Verballhornung des Grundgedankens des Dekonstruktivismus: Wissenschaftliche Befunde haben keine besondere Bedeutung, nur unsere *Interpretation* des Befunds ist von Bedeutung. Daß diese Gruppen und ihre Theorien immer mehr akzeptiert werden, ist nach ihrer Auffassung ein Hinweis auf die Brüchigkeit der Argumentation in unserer Gesellschaft und auf einen gefährlichen Relativismus, der es unmöglich macht, zu sagen, etwas sei Unsinn. »Ein vernunftgeleiteter Dialog hat nur ein begrenztes Vermögen, einem Angriff durch die mythische Macht der Unwahrheit zu trotzen, vor allem wenn diese Unwahrheit ihre Wurzeln in einem uralten sozialen und kulturellen Phänomen hat«, schreibt sie. »Für Gebildete wie für Ungebildete sind mythisches Denken und die Macht des Irrationalen gleichermaßen von einem seltsamen und unwiderstehlichen Zauber.«[43]

Ihre Anklage gegen »Historiker«, die absichtlich Beweise verfälschen und alle Tatsachen ignorieren, die ihrer Auffassung widersprechen, könnte leicht auf Therapeuten ausgeweitet werden, die Geschichten über blutrünstige satanische Sekten propagieren.

»Einem vernunftgeleiteten Dialog, vor allem wenn es um das Geschichtsverständnis geht, liegt die Auffassung zugrunde, daß es eine historische Wahrheit gibt, die sich – obwohl sie Gegenstand vielfältiger Interpretationen von Historikern sein kann – im Endeffekt finden läßt und die man nicht erfindet... Selbst ein Historiker mit einem bestimmten Vorurteil unterscheidet sich deutlich von den Propagandisten dieser pseudorationalen Ideologien. Letztere formen oder schaffen sich ganz nach Belieben Informationen, die ihre Überzeugungen stützen, und weisen jeglichen Befund, der ihnen widerspricht, als nicht plausibel zurück. Sie gebrauchen zwar die Sprache der wissenschaftlichen Forschung, doch handelt es sich um eine rein ideologische Unternehmung.«[44]

Genauso verhält es sich mit der Bewegung zur Aufdeckung von Erinnerungen. Der Anstrich von Respektabilität, den sich die Therapeuten dieser Ausrichtung erfolgreich verschafft haben, ist jedoch viel stärker als der, der die Arbeiten der Auschwitz-Leugner ziert. Cory Hammond, Bennet Braun and andere mit ähnlichen Überzeugungen behandeln weiterhin Patientinnen, bilden andere Therapeuten aus, veröffentlichen wissenschaftliche Bücher und Artikel und nehmen wichtige Positionen in Universitäten, Kliniken und Berufsverbänden ein. Die Tatsache, daß diese Experten so prominent sind, macht deutlich, wie tief diese Überzeugungen in breiten Kreisen von Praktikern verwurzelt sind – und sie zeigt auch die Unfähigkeit dieser Berufsgruppe, in wirksamer Weise die Behandlungsmethoden dieser Experten bloßzustellen und ihnen Einhalt zu gebieten.

Cory Hammond, Bennet Braun und andere haben keine zwingenden Beweise für ihre wilden Theorien, sondern nur klinische Anekdoten, ihre eindrucksvollen akademischen Titel und die ständige Beteuerung, daß es in Kürze überzeugende Beweise geben werde – wenn wir nur offen dafür bleiben. Die zunehmende Bereitschaft unserer Kultur, die Geschichte der Beliebigkeit anheimzustellen – zu glauben, alles sei möglich und daher könne auch alles wahr sein –, ist das Fundament, auf dem die Geschichten über satanische Sekten gebaut werden. Wir werden aufgefordert, der Vernunft zugunsten des Glaubens abzuschwören.

Indem die selbsternannten Experten auf dem Gebiet satanischer

Sekten behaupten, die Kritiker ihrer Geschichten seien mit denen vergleichbar, die anfänglich nicht verstehen wollten, daß es in Deutschland zum Holocaust kam, entgeht ihnen die naheliegendere Parallele zwischen dem Holocaust und ihren eigenen Arbeiten: Es ist die Verunglimpfung unschuldiger Menschen, die einen Holocaust möglich macht.

Multiple Persönlichkeitsstörung: Eine Krankheit wird produziert

»Nieder mit dem Zweifel, es lebe die Bewußtheit!«
Text auf einem Button, der auf einer Konferenz
für MPS-Therapeuten ausgegeben wurde

Die Diagnose Multiple Persönlichkeitsstörung (MPS) hängt eng mit der Bewegung zur Aufdeckung von Erinnerungen zusammen, denn dort glaubt man, ein Kindheitstrauma bewirke, daß Kinder und junge Erwachsene neue Persönlichkeiten »abspalten«. Diese Persönlichkeiten entstehen, das ist die Auffassung, um den Mißbrauch zu überstehen und es der Gastgeberpersönlichkeit zu ermöglichen, frei vom Schmerz der gewaltsamen Angriffe wie vom Wissen um das Problem zu leben. »Praktisch jeder Mensch, bei dem Multiple Persönlichkeitsstörung diagnostiziert wurde, ist schwer mißbraucht worden ... als kleines Kind«, schreiben Ellen Bass und Laura Davis in ›The Courage to Heal‹. »Um mit diesem Trauma fertigzuwerden, blockt das Kind die Gefühle und Erinnerungen vom Bewußtsein ab, und ein anderes Selbst, die andere Persönlichkeit, übernimmt die Kontrolle und bleibt funktionsfähig.«[1]

Ob der Therapeut zuerst nach anderen Persönlichkeiten oder nach verdrängten Erinnerungen sucht, scheint von Therapeut zu Therapeut unterschiedlich zu sein. Weil die MPS als Ergebnis eines besonders traumatischen Kindesmißbrauchs betrachtet wird, fängt die Suche nach den Symptomen oft erst dann an, wenn sich andere Therapieformen als unwirksam erwiesen haben oder die Therapie zur Aufdeckung von Erinnerungen schon eine Weile andauert. Im Durchschnitt beträgt die Therapiedauer fast sieben Jahre, bevor die Diagnose Multiple Persönlichkeitsstörung gestellt wird.[2] Häufig laufen die Suche nach Erinnerungen und die nach verschiedenen Persönlichkeiten parallel. Die Therapeuten, die Erinnerungen aufdecken, glauben, daß sich in jeder neuen Persönlichkeit andere Gruppierungen von Mißbrauchserinnerungen verbergen können. Sobald eine neue andere Persönlichkeit in der Therapie zum Vorschein gekommen ist, wird erwartet, daß er, sie oder es (einige Persönlichkeiten sind keine Lebewesen, sondern etwa eine »Wolke«) in der Lage ist, von den Erfahrungen zu berichten, die diese andere Persönlichkeit gemacht hat.

Im Gefolge mit der Therapie zur Aufdeckung von Erinnerungen hat die Diagnose Multiple Persönlichkeitsstörung in den letzten zehn Jahren sprunghaft zugenommen. Bis 1979 gab es in der gesamten Medizingeschichte nur zweihundert dokumentierte Fälle von MPS. In der folgenden Dekade nahm die Diagnose mit dem wachsenden Einfluß der Therapie zur Aufdeckung von Erinnerungen zu. Seit 1980 wurde Tausenden von Klientinnen dieser Therapie mitgeteilt, in ihnen befänden sich multiple Persönlichkeiten. Dr. Colin Ross, einer der prominentesten Vertreter der MPS-Diagnostik, ist der Auffassung: »Die Kriterien, nach denen sich in jemandem multiple Persönlichkeiten verbergen, treffen auf 1 Prozent der Bevölkerung zu.«[3] Allein in den Vereinigten Staaten gäbe es damit über zwei Millionen Menschen mit MPS.

Wer eine MPS-Patientin nach mehreren Jahren Therapie beobachten könnte, hätte wenig Zweifel, daß es sich um eine deutliche, spezifische und schwer belastende Störung handelt. Sobald die Patientin und der Therapeut beide die Vorstellung akzeptiert haben, daß die Patientin mehr als eine Persönlichkeit hat, die Persönlichkeiten abwechselnd in Erscheinung treten und den Körper kontrollieren, nehmen die Verhaltensweisen der Klientin oft atemberaubend bizarre Formen an. Beobachtet man, wie Patientinnen innerhalb von Sekunden von einem schreienden Kind zur Persönlichkeit eines bedrohlichen erwachsenen Mannes überwechseln, kann man die Überlegung, diese Patientinnen seien nur gute Schauspielerinnen, die ihre Therapeuten oder die übrige Welt absichtlich in die Irre führen wollen, schnell ausschließen.

Die Videoaufzeichnung einer gruppentherapeutischen Sitzung, die Dr. Ross an seiner Klinik in Dallas leitete, macht das deutlich.[4] Das Band zeigt ihn, umgeben von zehn erwachsenen Frauen, die auf dem Fußboden sitzen und alle ihre Kindpersönlichkeiten ausagieren. Eine Frau kichert und versucht, Seifenblasen mit der Zunge aufzufangen, während sich eine andere zusammenrollt und am Daumen lutscht. Sie schieben beim Sprechen ihre Lippen vor, ihre Stimmen sind hoch, und sie lispeln. Später fragt Dr. Ross eine der Klientinnen, ob sie mit dem Teufel sprechen könne, der in ihr sei. »Ich bin Dr. Ross«, sagt er zu der Frau, »kann ich mit dem Teil von Ihnen sprechen, der sich selbst als Teufel bezeichnet?« Bei der Antwort auf die Frage werden die Augen der Klientin ganz schmal, und ihre Wirbelsäule und ihre Schultern werden steif. »Wer erdreistet sich, nach mir zu rufen?«, sagt sie; ihre Stimme ist jetzt tief und voller Ärger. Als sich die Teufelpersönlichkeit im Zimmer umsieht und die anderen Frauen anschaut, die immer noch ihre anderen Kindpersönlichkeiten ausagieren, fangen einige von ihnen aus Angst an zu weinen. Kurz danach weinen alle hysterisch. Einige der Frauen kuscheln sich zusammen, schluchzen und trösten sich gegenseitig.

Das Verhalten dieser Frauen ist nur die Spitze des Eisbergs bei MPS. Laut den Veröffentlichungen zum Thema bringen Patientinnen häufig Dutzende, manchmal Hunderte von Persönlichkeiten zum Vorschein. Von einigen dieser Persönlichkeiten wird behauptet, sie seien anderen Geschlechts, während andere sogar Tiere sein können. Manche Tierpersönlichkeiten können sprechen, während andere nur wie ein Wolf heulen, wie ein Bär brummen oder wie ein gequältes Kaninchen quietschen.[5] Eine weitere Persönlichkeit, von der man annimmt, das sie im Laufe der MPS-Behandlung zum Vorschein kommt, ist ein Alter ego, das die Gastgeberpersönlichkeit durch Selbstmord oder riskantes Verhalten zerstören will. Häufig zeigen diese Persönlichkeiten, wie ernst sie es mit ihren Drohungen meinen, indem sie sich selbst Schnittwunden oder Verstümmelungen beibringen oder Selbstmordversuche unternehmen. Aus solchen Gründen müssen MPS-Patientinnen oft in eine Klinik zur stationären Behandlung eingewiesen werden.

Wenn man sich die Störung nach einigen Jahren Therapie ansieht, wird man kaum unbeeindruckt bleiben von der Vielschichtigkeit und Schwere der Symptome, ebenso wie von den tapferen Therapeuten, die darum kämpfen, ihren Patientinnen zu helfen. Colin Ross zum Beispiel erscheint bei seiner Arbeit mit gleich zehn schwer gestörten Frauen als Inbegriff des Heilers – mitfühlend und maßvoll.

Allerdings entgeht einem der beunruhigendste Aspekt der Störung, wenn man sie nur im Hinblick auf Patientinnen betrachtet, die sich schon lange in Therapie befinden: der Prozeß, durch den MPS diagnostiziert und aufgedeckt wird. Betrachtet man MPS als Ganzes, überrascht als erstes die Tatsache, daß zu *Beginn* der Behandlung weder dem Therapeuten noch der Patientin bewußt ist, daß sie diese schwere und chronische Störung hat. Selbst nachdem die Diagnose gestellt ist, vergeht möglicherweise eine ganze Weile, bis die Patientin anfängt, so wie die Patientinnen von Dr. Ross die Persönlichkeiten zu wechseln.

Bei dieser Störung ist ebenso besorgniserregend wie aufschlußreich, daß die Patientinnen ihre schwersten und kraftraubendsten Symptome erst im Laufe der Behandlung entwickeln. Therapeuten geben bereitwillig zu, daß die Patientinnen zu Beginn der Therapie in ihrer Gegenwart nicht zwischen kindlichen und erwachsenen Persönlichkeiten hin und her wechseln. Weder heulen noch brummen noch schreien sie unkontrollierbar, noch reden sie als Teufel oder sprechen mit einer fremden Stimme vom Verlangen, die Gastgeberpersönlichkeit zu töten. Vergleicht man einmal die ersten und die letzten Seiten jener Bücher, mit deren Hilfe die Kliniker das Problem diagnostizieren und behandeln sollen, läßt sich ein bemerkenswerter Unterschied feststellen zwischen den Symptomen, über die Patientinnen anfangs berichten, und jenen, die sie später nach einem gewissen Lernprozeß aufweisen. Eugene Bliss, Autor von ›Multiple Personality, Allied Disorder, and Hypnosis‹, teilt an der einen Stelle mit, daß die MPS-Symptome häufig von der Patientin oder den ihr nahestehenden Personen unbemerkt bleiben können, weil die Anzeichen so subtil sind, während er an anderer Stelle im selben Buch schreibt, daß MPS-Patientinnen »buchstäblich in einer anderen Welt leben«, in der Phantasie und Realität nicht voneinander unterschieden werden können. »Der Teufel jagt ihnen Schrecken ein; selbstmörderische Persönlichkeiten ängstigen sie; mörderische Persönlichkeiten werden versteckt oder eingekerkert; sie sitzen schutzsuchend auf dem Schoß der Mutter Maria. Eine Vergewaltigung, die im Alter von sieben Jahren stattfand, wird mit all den Ängsten, der Wut und den körperlichen Schmerzen des ursprünglichen Ereignisses neu durchlebt. Eine Persönlichkeit stiehlt, eine andere legt Feuer, eine dritte spricht als Prostituierte Männer an, eine weitere schlitzt sich die Pulsadern auf... In der Patientin findet ein ständiger Kampf zwischen bewahrenden und zerstörerischen Kräften statt.«[6]

Frank Putnam bestärkt Therapeuten am Anfang seines Buchs zum Thema darin, MPS zu vermuten, wenn Patientinnen gewisse Schwierigkeiten haben, die Chronologie ihres Lebens zu schildern, beispielsweise wenn sie sich nicht erinnern können, ob ein bestimmtes Ereignis vor oder nach einem anderen stattfand.[7] Einhundert Seiten später jedoch, wenn er die Ausführungen darüber, wie man eine multiple Persönlichkeit entdeckt, abgeschlossen hat und dazu übergegangen ist, die Störung darzustellen, schreibt er: »Multiple Persönlichkeiten ... sind ›losgelöst von der Zeit‹. Die Vergangenheit und die Gegenwart vermischen sich und werden in ihrer Abfolge durcheinandergebracht. Rückblenden und damit einhergehende Verzerrungen des eigenen Alters- und Körperbilds werfen die Patientin in die Vergangenheit zurück, um das Trauma erneut zu durchleben, das jetzt scheinbar lebendiger ist als zum tatsächlichen Zeitpunkt... Für multiple Persönlichkeiten ist die Zeit etwas Diskontinuierliches... Die Überprüfung der Realität ist erschwert, weil ein beständiges ›Jetzt‹ fehlt, zu dem man die Vergangenheit und die Gegenwart in Beziehung setzen kann.«[8]

Warum suchen die Kliniker nicht gleich zu Beginn der Behandlung nach den schwerwiegenden Symptomen, die von Eugene Bliss und von Frank Putnam beschrieben werden? Die einfache Antwort, auf die sich in der Diskussion alle geeinigt zu haben scheinen, lautet, daß diese Symptome – wie auch die anderen Persönlichkeiten – zu Beginn der Behandlung im Verhalten der Patientin nicht vorhanden sind. Diese Tatsache führt zu zwei heiß diskutierten Möglichkeiten. Die erste ist, daß die Patientin diese kraftraubenden Symptome bereits zeigt – jedoch nur *außerhalb* der therapeutischen Situation. Es wird angenommen, daß bei MPS die anderen Persönlichkeiten aus dem Unbewußten aufsteigen und die Kontrolle über den Körper der Patientin übernehmen, ohne daß die Gastgeberin sie dazu auffordert *oder davon weiß*. Die Patientin, die zu Beginn der Behandlung abstreitet, multiple Persönlichkeiten zu haben, lügt daher nicht, sondern weiß einfach noch nicht, daß sie außerhalb der Therapie MPS-Verhalten zeigt. Eugene Bliss schreibt: »Die Persönlichkeiten vieler Patientinnen bleiben von den Klinikern und den Familien unentdeckt, bis die Hypnose das Vorhandensein ganzer Populationen von ihnen aufdeckt – in einem Fall achtzehn, in einem anderen fünfzig und in einem dritten mehr als hundert… Daß Dritte keine offen in Erscheinung tretenden Persönlichkeiten bestätigen können, ist kein Ausschlußgrund für die Diagnose. Was in einigen Fällen … in der Seele der Patientin geschieht, ist für den gelegentlichen Beobachter nicht immer offensichtlich.«[9]

Bedenkt man noch einmal, wie schwer die Symptome sind, die sich nach mehreren Jahren der MPS-Therapie bei den Patientinnen zeigen, fragt man sich, ob im Leben vor der Therapie eine derartige Störung bei der Patientin unbemerkt bleiben konnte. Hatte die Patientin tatsächlich achtzehn oder hundert verschiedene Persönlichkeiten, von denen viele völlig unterschiedliche Erinnerungen, Einstellungen, Gefühle und Verhaltensweisen mit sich brachten (manche waren vielleicht ein Kind, ein Tier oder ein Mitglied des anderen Geschlechts), dann müßte es überall in der Lebensgeschichte der Klientin Hinweise auf diese Störung geben. Die Vorstellung, die Störung könne bis zur Therapie verborgen bleiben, erscheint absurd angesichts des Arguments, zum Wechsel zwischen den Persönlichkeiten komme es spontan und ohne bewußte Absicht der Klientin. Laut Eugene Bliss kommt es zum Hin- und Herwechseln, wenn Patienten mit Belastungen konfrontiert werden, »die er oder sie nicht bewältigen kann«.[10] Hat die Person keine Kontrolle darüber, wie sie die Persönlichkeiten wechselt, wenn sie einer belastenden Situation ausgesetzt ist, wie konnte dieses Verhalten dann unbemerkt bleiben? Selbst wenn die Klientin das Wissen auf irgendeine Weise von sich abschottete, so hätten doch gewiß ihr Mann, eine Freundin, Lehrer oder Kollegen etwas bemerkt und Kommentare über ihre Neigung abgegeben, zu gewissen Zeiten wie ein Kleinkind zu sprechen oder in die »Drachenpersönlichkeit« überzuwechseln, die ausschließlich fauchen kann.

Die andere Erklärungsmöglichkeit für das Fehlen beobachtbarer Symptome zu Beginn der Behandlung ist, daß die Symptome *zu Beginn der Behandlung nicht vorhanden sind*. Dr. Paul McHugh, Dekan des Fachbereichs für Psychiatrie und Verhaltenswissenschaft an der Klinischen Abteilung der Johns Hopkins University, formuliert es kurz und bündig: Diese Möglichkeit führt zu der Schlußfolgerung, daß »es sich bei MPS um ein iatrogenes Verhaltenssyndrom handelt, das durch Suggestion gefördert und durch die Zuwendung in der Therapie, die sozialen Folgen und die Loyalität der Gruppe aufrechterhalten wird«.[11] Die Beweise, daß die MPS ein Produkt der Therapie ist, häufen sich, und sie stammen aus unterschiedlichen Quellen; die bemerkenswertesten Argumente kommen von früheren MPS-Patientinnen selbst und von prominenten Vertretern der psychosozialen Berufe, die die Störung als weiteres Exemplar in der langen Geschichte der durch Therapie erzeugten Verhaltensweisen betrachten.

Der Vorwurf, MPS sei ein Produkt der Therapie, wird nicht leichtfertig geäußert. Stimmt er, müssen Therapeuten nicht nur die Verantwortung für die Pseudoerinnerungen an Mißbrauch übernehmen, die in der MPS-Therapie als Begründung für die Symptome aufgedeckt wurden, sondern sie müssen auch die Rolle anerkennen, die sie bei der Entstehung vieler kraftraubender und gefährlicher Verhaltensweisen spielten, die die Patientinnen erlernt haben. Das gibt vor allem dann Anlaß zur Sorge, wenn man das Überhandnehmen anderer Persönlichkeiten bedenkt, die Selbstmordversuche unternehmen und sich Schnitt- und Brandwunden beibringen oder sich auf andere Weise verstümmeln.

Bei den Beschwerden, mit denen unter MPS leidende Patientinnen in die Therapie kommen, handelt es sich meist um Allerweltssymptome – depressive Verstimmungen, Beziehungsschwierigkeiten, verschwommene Ängste.[12] Andere Patientinnen haben eine lange Liste früherer Diagnosen vorzuweisen, die sie in Jahren psychiatrischer Behandlung angesammelt haben. Weil sie zu Beginn der Behandlung keine offensichtlichen Anzeichen aufweisen, ist nach Meinung der Experten eine große klinische Erfahrung erforderlich, um potentielle MPS-Patientinnen auszumachen. Frank Putnam schreibt: »Ein klinisch tätiger Therapeut wird MPS nicht erkennen, es sei denn, er oder sie ist bereit, danach zu suchen.«[13] Wie lange sollte diese Suche dauern? Man braucht meist eine »lange Zeit profunder Therapie«[14], so Putnam, bevor man die wahren MPS-Symptome entdeckt, wie etwa das Hin- und Herwechseln zwischen Persönlichkeiten.

Frank Putnam listet eine Reihe von Fragen auf, die er stellt, um eine Vielzahl subtiler Hinweise aufzudecken, über die er zu dem Verdacht kommt, bei einer Patientin gehe es um verborgene multiple Persönlichkeiten. Wie es auch weitere MPS-Experten empfahlen, nimmt er zunächst die chronologische Lebensgeschichte der Klientin auf; er beginnt mit ihrer »frühesten Erinnerung« und geht – wobei ihm ihre Schulstufen als Bezugsrahmen dienen – nach und nach ihre Lebensgeschichte durch. Bei Patientinnen, die sich später als multiple Persönlichkeit herausstellen, findet Frank Putnam oft signifikante Erinnerungslücken. Er geht dann dazu über, die Patientin zu fragen, ob sie die folgenden Erfahrungen gemacht habe: »eine Lügnerin genannt worden zu sein; schwankende Schulleistungen; fertige Klausuren und Hausaufgaben, an deren Erledigung sie sich nicht erinnern konnte; die Entdeckung, an einem Kurs teilgenommen zu haben, an den sie sich nicht erinnern konnte«.[15]

Frank Putnam fragt auch nach Alpträumen oder bedrohlichen Bildern, die seiner Meinung nach unter MPS-Patientinnen weit verbreitet sind. Zudem fragt er nach Rückblenden – die er als die Erfahrung beschreibt, sich so lebhaft an ein Ereignis zu erinnern, daß es sich in der Gegenwart abzuspielen scheint. Ein Therapeut sollte sich jedoch bei der Diagnose nicht beirren lassen, wenn die Patientin sagt, sie habe keine Rückblenden. »Ein Kliniker muß möglicherweise mehrere ähnlich geartete Fragen stellen, um bei einer Patientin das Vorhandensein dieses Phänomens aufzudecken«, schreibt er und merkt an, daß eine »MPS-Patientin, die Rückblenden hat, diese Erfahrung eingestehen kann oder auch nicht«.[16] Wann man davon sprechen kann, daß sich eines dieser Symptome zeigt, bleibt unklar. Erneut hat hier der Therapeut die Freiheit zu hören, was er möchte. Frank Putnam drückt es so aus: »Es ist wichtig, genau zuzuhören, was diese Patientinnen sagen.

Sie sind möglicherweise Meisterinnen darin, anscheinend das eine zu sagen, aber in Wirklichkeit das andere zu meinen.«[17]

Wie bei der Symptomliste, die bei den Therapeuten zum Verdacht führt, es lägen verdrängte Erinnerungen vor, scheinen einige der angeblichen Symptome geeignet – wenn nicht sogar so formuliert zu sein –, auf jeden zuzutreffen. Ein schlechtes Zeitgefühl – auf jede erdenkliche Art und Weise definiert – ist eine weit verbreitete Erfahrung. Wenn man sich einem Tagtraum hingibt oder sich auf so prosaische Aufgaben wie das Autofahren konzentriert, geht die Zeit ohne die sonst üblichen Hinweise auf Zeitintervalle vorüber. Wenn man auf einen Monat, ein Jahr oder ein Jahrzehnt zurückblickt, hat man oft nicht das Gefühl, die Ereignisse und Erinnerungen seien in einem kontinuierlichen Fluß begriffen. Das ist in keiner Weise anomal. Frank Putnams Technik, mit der er seine Klientinnen zur Vergangenheit befragt, scheint in der Tat darauf ausgerichtet zu sein, Lücken offenzulegen und Patientinnen zu der Überzeugung zu bringen, es gäbe riesige und unerklärliche dunkle Flecken in ihrer Lebensgeschichte. Wenn er Patientinnen bittet, sich ihre früheste Erinnerung ins Gedächtnis zu rufen, und sich dann durch die Schulzeit vorarbeitet, offenbart er einen erschreckenden Mangel an Verständnis für die Funktionsweise des Gedächtnisses. Wenn man uns mit der Aufforderung konfrontiert, Erinnerungen aus unserer gesamten Kindheit aufzulisten, wären die meisten von uns erschrocken und um Antworten verlegen – vor allem wenn wir nach Hausaufgaben gefragt würden, die wir vor einigen Jahrzehnten gemacht haben. Der Grund dafür ist nicht nur, daß viele Erfahrungen vergessen werden, sondern vor allem, daß Erinnerungen eben nicht nach dem zeitlichen Ablauf angeordnet sind. Erinnerungen werden uns durch Assoziationen bewußt, nicht durch willkürliches Abfragen von Teilinformationen. Patientinnen, die zu der Auffassung gekommen sind, sie sollten dazu fähig sein, ihre Lebensgeschichte abzuschreiten und die Erfahrungen chronologisch aufzulisten, könnten leicht zu der Überzeugung gelangen, daß sie riesige Gedächtnislücken haben. Die Angst, die durch eine solche falsche Erkenntnis hervorgerufen wird (»Mein Gott, ich kann mich nicht mehr daran erinnern, was mit mir in der vierten Klasse passierte«), könnte einen ziemlichen Einschnitt bedeuten und viel dazu beitragen, die Klientin davon zu überzeugen, daß sie dringend der Expertenbetreuung durch ihren Therapeuten bedarf, um in den Normalzustand zurückzukehren.

Der Nachweis für das Vorhandensein verschwommener MPS-»Symptome« ist nach den Veröffentlichungen zur MPS lediglich die Einleitung zu dem Prozeß, bei dem die anderen Persönlichkeiten zum Vorschein gebracht werden. Nach der Bestätigung dieser Symptome muß der Therapeut eine Reihe von Schritten einleiten, mit denen der Versuch unternommen werden soll, die Störung offenzulegen. »Die Aufgabe, die vermuteten anderen Persönlichkeiten auszumachen und hervorzulocken, kann für die Patientin wie für den Therapeuten schwierig und beängstigend sein.«[18]

Im ersten Abschnitt des Prozesses, bei dem es um das *Herauslocken* einer anderen Persönlichkeit geht, so Frank Putnam, stellt der Therapeut eine Reihe gezielter Fragen. Die Patientin wird gefragt, ob sie sich je »wie eine andere Person gefühlt« habe. Funktioniert das nicht, empfiehlt Putnam, danach zu fragen, ob sich die Patientin manchmal so fühle, als gäbe es »einen anderen Teil von Ihnen, der hervorkommt und Dinge sagt oder tut, die Sie normalerweise nicht sagen oder tun würden«. Haben Patientinnen manchmal das »Gefühl, als wären Sie nicht allein, als ob da jemand anders oder ein anderer Teil von Ihnen wäre, der Sie beobachtet?«[19] Diese Vorgehensweise wird auch von anderen Experten auf diesem Gebiet empfohlen. »Es kann vorkommen, daß eine andere Persönlichkeit in der [diagnostischen] Phase von selbst zum Vorschein kommt, doch es ist wahrscheinlicher, daß das nicht geschieht«, schreibt Stephen E. Buie, Leiter des Behandlungsprogramms für Dissoziative Störungen am North Carolina Hospital. »Also müssen Sie die andere Persönlichkeit herauslocken... Sie können mit indirekten Frage beginnen, etwa: »Haben Sie je das Gefühl gehabt, ein anderer Teil von Ihnen mache Dinge, die Sie nicht steuern können?«[20]

Mit diesen Fragen, schreibt Stephen Buie, »versuchen Sie, sich ein Bild davon zu machen, wie die andere Persönlichkeit beschaffen ist... Zu diesem Zeitpunkt können Sie die Gastgeberpersönlichkeit fragen: ›Trägt diese Gruppe von Gefühlen einen Namen?‹ ... Häufig wird die Gastgeberpersönlichkeit das nicht wissen. Sie können sich dann auf ein bestimmtes Ereignis oder ein Bündel von Verhaltensweisen konzentrieren.«[21] Frank Putnam pflichtet dem bei: »Stimmt die Patientin zu oder antwortet sie nicht eindeutig auf diese Fragen, ist es wichtig, nach besonderen Beispielen zu fragen. Ich suche vor allem nach einem Namen, einer Eigenschaft, einer Wirkungsweise oder einer Beschreibung, die ich als Bezeichnung einsetzen kann, um diesen anderen Teil direkt herauszulocken.«

Wie bei den Symptomen, die den Therapeuten dazu brachten, die Störung zu vermuten, könnten die meisten Menschen auf einige oder die meisten dieser Fragen mit Ja antworten. Je nachdem, wie die Kriterien festgelegt sind, wann man sich wie eine andere Person fühlt (was wiederum im unklaren gelassen wird), könnten wir alle uns an Zeiten erinnern, in denen wir so in Verlegenheit gebracht wurden oder derartig intensive Emotionen erlebten, daß wir – im Rückblick – eine andere Person zu sein schienen. Eine Klientin, die bereit ist, auf solche vagen Fragen mit Ja zu antworten, könnte leicht bestimmte Erinnerungen verdrehen und damit weitere Fragen in diese Richtung provozieren. Klientinnen, die hoffen, dadurch dem Therapeuten zu gefallen, erzählen möglicherweise von besonders ärgerlichen, traurigen oder glücklichen Augenblicken in ihrem Leben – und übernehmen die Sprache und die Erwartungen, die die Fragen implizieren.

Die Motivation der Patientinnen, bestimmte Verhaltensweisen oder Handlungen so zu beschreiben, daß sie in die Struktur passen, die der MPS-Therapeut vorgibt, geht häufig tiefer, als nur dem Therapeuten gefallen zu wollen. Eine Patientin, die etwa zuviel trinkt oder ihr Kind schlägt, kann zutiefst verwirrt darüber sein, warum sie sich so selbstzerstörerisch verhält oder warum sie das Wesen, das sie am meisten liebt, verletzt. Bestätigt sie nun den Verdacht des Therapeuten, indem sie diese Handlungen als etwas einstuft, das ihr wie das Verhalten einer anderen Person erscheint – was rückblickend durchaus stimmen mag –, dann wäre das nicht nur ein Schritt zur Erklärung dieser Verhaltensweisen, sondern es erteilte ihr auch gewissermaßen eine Absolution dafür.

Während diese Fragen wenig dazu beitragen, in einem bestimmten Fall die Diagnose auszuschließen, so öffnen sie der Klientin ganz gewiß die Augen für den Kurs, für den sich der Therapeut entschieden hat. Hat die Klientin bis zu diesem Zeitpunkt den Verdacht des Therapeuten noch nicht erkannt, empfehlen die Experten, der Therapeut solle die Klientin mit der Diagnose konfrontieren. »Der erste Schritt ist, der Klientin das Problem bewußt zu machen«[22], schreibt Eugene Bliss. »Die Diagnose MPS zu stellen, ist nicht einfach«, stimmt Bennet Braun zu, ein weiterer prominenter Vertreter dieses Gebiets und Direktor der Abteilung für Dissoziative Störungen an einem Krankenhaus in Chicago. »Hat der Therapeut die Diagnose gestellt, muß er das der Patientin mitteilen... [Selbst] wenn die Deutung zu einem angemessenen Zeitpunkt kommt und die Patientin sie akzeptiert..., muß der Therapeut darauf vorbereitet sein, daß die MPS-Diagnose während der frühen und der mittleren Phase der Behandlung abwechselnd akzeptiert und zurückgewiesen wird.«[23] Unglücklicherweise ist es wegen des Buchs ›Sybil‹ und wegen des Films ›The Three Faces of Eve‹ heutzutage unwahrscheinlich, daß irgendeine Patientin keine Vorstellung davon hat, wie MPS-Patientinnen agieren. Bei den gegenwärtigen Fällen ist davon auszugehen, daß aufgrund der umfassenden Beschäftigung mit dieser Diagnose in den Medien wahrscheinlich alle Patientinnen einen gewissen Begriff davon haben, welche Verhaltensweisen zur Diagnose gehören. Cornelia Wilbur, die Therapeutin der berühmten Sybil, empfiehlt nicht nur, daß die Patientinnen über die Diagnose informiert werden, sondern auch, daß sie Informationen darüber erhalten sollten, welche Verhaltensweisen multiple Persönlichkeiten zeigen. Sie schreibt: »Ein praktikabler Weg für den Analytiker mag darin bestehen, MPS und ihre Auswirkungen zu erklären.« Und sie fügt hinzu: »Die Patientinnen sollten dazu angeregt werden, wirklich jede Frage zu stellen, die ihnen zu diesem Thema in den Sinn kommen mag.«[24]

Die erste andere Persönlichkeit dazu zu bringen, hervorzukommen und die Kontrolle über den Körper der Klientin zu übernehmen, ist die größte Hürde, die in der Therapie genommen werden muß. Sowohl Stephen Buie als auch Frank Putnam empfehlen, daß Therapeuten, die bei einer Klientin MPS vermuten, die andere Persönlichkeit direkt auffordern sollten, hervorzutreten und die Kontrolle über das Bewußtsein der Klientin zu übernehmen. Dies kann mit oder ohne den Einsatz von Hypnose und Trance erzeugenden Medikamenten geschehen. »Wenn der Therapeut den begründeten Verdacht hat, eine Patientin könne MPS haben, aber nicht spontan auf eine erkennbare andere Persönlichkeit trifft, dann kommt der Zeitpunkt, an dem er oder sie die andere Persönlichkeit eventuell direkt bitten muß, in Erscheinung zu treten. Oft ist dieser Augenblick für den Therapeuten schwieriger als für die Patientin. Man kommt sich vielleicht verrückt vor, doch es ist häufig erforderlich.«[25] Dabei sollten, so Frank Putnam und Stephen Buie, die Informationen, die man während der Befragung bekommen hat, dazu verwendet werden, eine Persönlichkeit zu rufen. Hat eine Patientin oft bei Wutanfällen das Gefühl gehabt, eine »andere« Person zu sein, kann der Therapeut darum bitten, »direkt mit dieser Seite« der Person »sprechen zu dürfen«. Wenn man sich auf langen Autofahrten an Sonntagen wie eine andere Person fühlte, schreibt Stephen Buie, dann sollte der Therapeut fragen: »Kann ich zu dem Teil von Ihnen sprechen, der diese langen Überlandfahrten unternimmt?«[26] Dieser Moment einer MPS-Therapie ist entscheidend. Ist die Patientin dazu motiviert, mit dem Heiler zusammenzuarbeiten, dann ergibt sich für die Patientin durch diese Art der Aufforderung, den »Teil« von sich auszuagieren, der diese langen sonntäglichen Autofahrten macht, eine einfache Gelegenheit, über ihren Schatten zu springen und in die seltsame Welt der MPS-Behandlung einzutreten. Wenn die Patientin versucht, das Verhalten der Sonntagsfahrerin auszuagieren, dann gibt sie dem Therapeuten die erste Möglichkeit, die Existenz einer anderen Persönlichkeit wahrzunehmen.

Frank Putnams Warnung, Anfragen an eine andere Persönlichkeit könnten den Therapeuten in Verlegenheit bringen, ist entlarvend. Berücksichtigt man das Verhältnis, das sich oft zwischen Klientin und Therapeut entwickelt, dann ist die Klientin möglicherweise stark motiviert, die erbetene Persönlichkeit auszuagieren, um den hochgeschätzten Therapeuten davor zu bewahren, als der Dumme dazustehen. Nicholas Spanos, ein Kritiker des MPS-Phänomens, schreibt, Therapeuten würden von den Klientinnen in den meisten Fällen als Experten betrachtet, deren Auffassungen »sehr geachtet sind und mit deren Empfehlungen sehr ernsthaft umgegangen wird«. Die Klientinnen ihrerseits sind häufig traurig und unsicher, »mit einer ausgeprägten Neigung, das Mitgefühl, das Interesse und die Zustimmung des Therapeuten zu erlangen«.[27] Wenn man diese Machtverteilung im Verhältnis beider Personen zueinander bedenkt, dann erscheint es nicht unwahrscheinlich, daß die Patientin viel unternehmen wird, um die gewagte MPS-Diagnose des Therapeuten zu bestätigen.

Patientinnen, die einer MPS-Therapie ausgesetzt waren, berichten häufig von Therapeuten, die sich aktiv bei ihren Patientinnen dafür einsetzen, daß sie ihre Diagnose annehmen. Eine ehemalige Patientin, die sich Victoria nennt, war überrascht und akzeptierte es nicht, als ihre Therapeutin zum erstenmal erwähnte, sie habe möglicherweise MPS. Als Victoria ihr sagte, die Diagnose treffe auf sie nicht zu, war die Therapeutin nicht davon abzubringen. Sie begann, Victoria von ihrer Auffassung zu überzeugen, indem sie ihr sagte, sie hätte viele der »klassischen Symptome«, etwa kein Zeitgefühl und das Hören von Stimmen. Und sie empfahl ihr, sie solle die Diagnose für eine gewisse Zeit »ausprobieren«, um zu sehen, ob sie zuträfe oder nicht. Um ihre Klientin dabei zu unterstützen, andere Persönlichkeiten zu finden, bat sie Victoria, einen Notizblock mit sich herumzutragen, damit sie jedesmal, wenn sie den Sinn für die Zeit verlöre oder eine innere Stimme höre, das aufschreiben könne. Im Verlauf der Therapie gab sie ihr ein Päckchen Karteikarten und forderte sie auf, Namen für eine kindähnliche Persönlichkeit und eine zu Selbstmorden neigende andere Persönlichkeit niederzuschreiben. Außerdem brachte sie Victoria in einer Gruppentherapie mit anderen zusammen, die glaubten, sie litten unter MPS.[28]

Selbst in den eigenen Büchern der Experten gibt es Hinweise, daß Therapeuten aktiv versuchen, Klientinnen davon zu überzeugen, daß sie die vermutete Störung hätten. Eine Patientin, die im Buch von Eugene Bliss beschrieben wird, berichtet, Bliss habe lange Zeit aktiv auf sie einreden müssen, daß die Diagnose stimme. Die Patientin wird folgendermaßen zitiert: »[Dr. Bliss] bezeichnete meine Art von Verrücktheit als multiple Persönlichkeiten; es war mir nahezu unmöglich, daran zu glauben... Ich hatte weder unterschiedliche Namen noch unterschiedliche Garderoben noch hatte ich meine Erinnerung daran verloren, was ich an einem Tag oder in einer Woche gemacht hatte. Ich stritt mich mit [Dr. Bliss] so oft darüber.«[29] Die Patientin fährt fort, »gedrängt« worden zu sein, verschiedene emotionale Zustände und Erfahrungen mit Namen zu versehen. Aus dieser Beschreibung der Behandlung – veröffentlicht in seinem eigenen Buch – wird deutlich, daß sich Eugene Bliss nicht nur aktiv darum bemühte, seine Klientin davon zu überzeugen, in ihr seien unterschiedliche Persönlichkeiten, sondern daß er ihr auch das angemessene Verhalten beibrachte, indem er darauf beharrte, daß sie ihren Emotionen Namen gab.

Zu Beginn der Behandlung ist es anscheinend so, daß der Therapeut – und nicht die Klientin – fast alle Impulse gibt, die die Therapie in Richtung MPS lenken. Die Methoden, mit deren Hilfe Fragen gestellt und Empfehlungen ausgesprochen werden sowie aktiv versucht wird, Patientinnen zu überzeugen (bis hin zu dem Punkt, mit ihr darüber zu streiten), sind eine offene Aufforderung an die Patientinnen anzufangen, ein Symptom der vermuteten Störung zu zeigen. Nach Ansicht von Fachleuten wie etwa Paul McHugh handelt es sich bei den beschriebenen Verfahren zur MPS-»Diagnose« um nichts weniger als eine »unverhohlene Form der Suggestion«.[30] Weil die Klientin über einen längeren Zeitraum hinweg nach und nach mit diesen Gedanken vertraut gemacht wird, kann man den Vorgang nicht nur als einen Prozeß betrachten, bei dem Patientinnen in Richtung auf MPS-Überzeugungen indoktriniert werden, sondern auch als einen Prozeß, bei dem diejenigen durchfallen, die nicht bereit sind, bei den Mutmaßungen und Spekulationen des Therapeuten mitzumachen.

Obwohl viele Praktiker, die sich auf diese Diagnose spezialisiert haben, abstreiten, daß man Klientinnen MPS-Verhalten antrainieren kann, so geben sie doch zu, daß einzelne andere Persönlichkeiten häufig durch das Stellen manipulativer Fragen erst hervorgerufen werden. Im Zusammenhang mit der Feststellung, daß MPS-Patientinnen hochgradig hypnotisierbar und für Suggestionen empfänglich sind, warnt der Psychiater Moshe Torem in der Zeitschrift ›Dissociation‹ davor, daß diese neuen »Ich-Zustände« möglicherweise erst als Reaktion auf Suggestionen entstehen, die in den Fragen des Therapeuten enthalten sind. Er beschreibt eine Therapieszene, bei der aus einer MPS-Patientin mit zwölf Persönlichkeiten eine neue andere Persönlichkeit hervorgelockt wurde, die dem Therapeuten traurig und deprimiert erschien.

»Als der Therapeut dieses Verhalten beobachtet, reagiert er mit: ›Wer bist du? Du siehst so traurig aus… Wie heißt du? … Ich glaube, wir haben noch nie miteinander gesprochen.‹«[31] Moshe Torem stellt korrekterweise fest, daß der Patientin durch diese Fragen die Erwartung des Therapeuten übermittelt wurde, er habe eine neue Persönlichkeit gefunden. Die Patientin antwortete in diesem Fall, ihr neuer Name sei »Sadie«; diese Persönlichkeit eines sechs Jahre alten Mädchens, war für die ganze Traurigkeit der Patientin verantwortlich. Diese Fragen, die Moshe Torem als manipulativ bezeichnet, erscheinen als nahezu identisch mit jenen, die Stephen Buie, Frank Putnam und andere den Therapeuten empfehlen, die darauf hoffen, die erste andere Persönlichkeit zu finden. Obwohl Moshe Torem die Therapeuten auffordert, so direktive Fragen lieber durch verstecktere wie etwa »Wie soll ich Sie jetzt nennen?« zu ersetzen, löst ein derartiger semantischer Eiertanz das Problem wohl kaum. Eine Patientin, die tief in ihre MPS-Überzeugung verstrickt ist, wäre wahrscheinlich nicht in der Lage, den Unterschied zwischen der von Moshe Torem vorgeschlagenen Frage und dem direkteren »Wie heißen Sie?« festzustellen.

Wenn Therapeuten, wie übereinstimmend angenommen wird, die dreizehnte, siebenunddreißigste oder hundertste Persönlichkeit erschaffen können, was spricht dann dagegen, daß sie nicht auch für die Erschaffung der ersten anderen Persönlichkeit verantwortlich sind – und, im Laufe der sich lang hinziehenden Behandlung, für deren Gesamtheit? In den Veröffentlichungen fanden wir keine angemessene Antwort auf diese Frage. Die Kritik, sie hätten bei ihren Patientinnen möglicherweise erst einen pathologischen Befund erzeugt, versuchen MPS-Experten häufig dadurch abzuwehren, daß sie schlicht der Welt beteuern, sie würden sich da besser auskennen. »Das beste Argument gegen die iatrogene Erklärung der MPS ist bis heute die umfassende klinische Erfahrung«,[32] verkünden Colin Ross und andere in einem bekannten

Artikel zum Thema. Offensichtlich können deshalb nur diejenigen, die sich besonders für die These einsetzen, daß es sich bei MPS um eine echte Störung handelt, dieses »beste Argument« verstehen.

Selbst bei so offenkundigen Suggestionen, wie sie von den MPS-Experten beschrieben werden, fällt es schwer, sich vorzustellen, daß sie ausreichen, um eine Patientin davon zu überzeugen, ein so merkwürdiges Verhalten wie das einer anderen Persönlichkeit auszuagieren oder die häufig genannte Amnesie zwischen den Persönlichkeiten für sich zu reklamieren. Um wirklich zu verstehen, wie und warum Patientinnen überhaupt damit anfangen, ihr verstecktes Selbst auszuagieren, müssen wir zunächst einmal die enge Beziehung zwischen der MPS-Behandlung und dem Einsatz von Hypnose untersuchen.

Diejenigen, die MPS behandeln, wissen am besten, daß bei der Diagnose und bei der Behandlung von MPS fast immer Hypnose eingesetzt wird.[33] Häufig wird die Hypnose zwanglos in die therapeutische Situation eingeführt. Ein Therapeut bietet vielleicht ein Verfahren der hypnotischen Beeinflussung an, um der Klientin zu helfen, sich zu entspannen oder um mit Ängsten und Belastungen umzugehen. Richard Horevitz bietet in einem Artikel für die Zeitschrift ›American Journal of Clinical Hypnosis‹ MPS-Therapeuten die folgenden acht Schritte an:

(1) Vermutung der Diagnose, (2) Bestätigung der Diagnose, (3) Annahme der Diagnose durch die Patientin, (4) Zugang zu bereits bekannten Persönlichkeiten und Entdeckung weiterer Persönlichkeiten, (5)Förderung des Wechsels zwischen den Persönlichkeiten, (6) Beschreibung des Systems durch die Patientin, (7) Förderung eines Ko-Bewußtseins und (8) Beginn des Einsatzes von Hypnose für Untersuchungszwecke. Hypnose kann in all diesen Stadien nützlich sein *[Hervorhebung hinzugefügt].*[34]

Drei von Patricia Brassfield dargestellte Fallgeschichten, die ebenfalls im ›American Journal of Clinical Hypnosis‹ veröffentlicht wurden, sind Standardbeispiele dafür, wie die MPS entdeckt und durch Hypnose verstärkt wird. Obwohl eine der drei Patientinnen (selbst eine Therapeutin) vermutete, sie habe multiple Persönlichkeiten, hatte zu Beginn der Therapie nicht eine von ihnen eine bewußte Kenntnis von irgendwelchen MPS-Verhaltensweisen. Nach Auffassung der Autorin sei dies nicht ungewöhnlich, wenn man bedenkt, daß »die meisten Patientinnen wegen einer Depression und wegen Selbstmordversuchen in die Therapie kommen, ohne den Verdacht zu haben, es könne um multiple Persönlichkeiten gehen«.[35] Wie Patricia Brassfield erklärt, wurde Hypnose nicht nur eingesetzt, um »die Persönlichkeiten auszumachen«, sondern auch, um »den Persönlichkeiten die Möglichkeit zu geben, miteinander zu kooperieren oder in einigen Fällen schwierigere Persönlichkeiten zu manipulieren. Es wurde eine Kontrollhierarchie aufgebaut.«

Um den Vorwurf zu entkräften, daß es sich bei der MPS um ein durch Hypnose herbeigeführtes Verhalten handelt, veröffentlichten die MPS-Befürworter Untersuchungen, mit denen gezeigt werden soll, daß die Störung auftritt, bevor mit Hypnose gearbeitet wird, und daß manche Fälle (gewöhnlich ein kleiner Prozentsatz der Fälle) ganz ohne Hypnose entdeckt und behandelt wurden. Aufgrund einer Befragung von amerikanischen Psychiatern, die MPS-Patientinnen (insgesamt 48) behandeln, berichten Colin Ross und andere, daß Hypnose nur in 32 Prozent dieser Fälle vor der Diagnose eingesetzt wurde.[36] (Sie führen weiter an, daß nach der Diagnosestellung in 72 Prozent der Fälle Hypnose zur Anwendung kam.) Aus zwei Gründen erweist sich diese Untersuchung leider als unbrauchbar für die Beantwortung der Frage, ob Hypnose die zentrale Einflußgröße ist, auf die das Entstehen der MPS-Symptome zurückgeht.

Zum einen differenzieren Colin Ross und seine Kollegen nicht zwischen dem Diagnosezeitpunkt und dem ersten Auftreten einer anderen Persönlichkeit. Während die Absicht der Autoren eindeutig darin lag, zu der Schlußfolgerung zu gelangen, daß hypnotische Beeinflussung nicht zum Auftreten der anderen Persönlichkeiten führte, wird aus den oben zitierten Veröffentlichungen klar, daß die Diagnose gestellt werden kann, lange bevor die erste andere Persönlichkeit in der Therapie auf den Plan tritt. Der Kliniker, der feststellt, seine Patientin habe multiple Persönlichkeiten und dann damit fortfährt, daß er sie hypnotisiert, um die anderen Persönlichkeiten zu finden, kann bei einer derartigen Befragung immer noch behaupten, die Hypnose sei *erst* durchgeführt worden, *nachdem* er die Diagnose gestellt hätte.

Der zweite Fehler ist, daß diese Autoritäten nicht berücksichtigen, daß Hypnose und Trancezustände nicht nur dann auftreten, wenn der Therapeut sie induziert, sondern daß sie auch von der Klientin selbst spontan herbeigeführt werden können. Wie wir im Kapitel ›Zwei Beispiele, wie unter Hypnose Geschichten erfunden werden‹ festgestellt haben, handelt es sich bei der Trance nicht unbedingt um einen besonderen Zustand, sondern eher um ein Kontinuum: Eine Person ist in unterschiedlichem Maße dazu in der Lage, ihre Aufmerksamkeit auf einen Gedanken oder ein Verhalten zu konzentrieren und dabei andere Faktoren auszuschalten. Menschen, die leicht hypnotisierbar sind, benötigen häufig keine formale Hypnose, und es gibt auch keine bestimmten Merkmale, die grundsätzlich anzeigen, daß sich die Patientin im Trancezustand befindet. Belege für die These, daß MPS-Patientinnen den Trancezustand als Reaktion auf indirekte Suggestionen seitens des Therapeuten selbst herbeiführen könnten, lassen sich in den Veröffentlichungen finden, die die Diagnose progagieren. Alle MPS-Experten stimmen anscheinend darin überein, daß MPS-Patientinnen hervorragend für die Hypnose geeignet sind. Ein bekannter MPS-Therapeut bezeichnet sie sogar als »hypnotische Virtuosen«.[37] Es spricht für sich, daß zwei der prominentesten Kliniker direkt zu verstehen gegeben haben, daß es sich bei dem Mechanismus, mit dessen Hilfe die Patientinnen zwischen den Persönlichkeiten hin und her wechseln, um Selbsthypnose handelt.[38] Eugene Bliss schreibt: »Die Crux beim Syndrom der multiplen Persönlichkeit ist wohl, daß die Patientin, ohne es zu merken, die Selbsthypnose mißbraucht. Auf diesem unbeabsichtigten falschen Gebrauch scheint der ursprüngliche Mechanismus für die Störung zu beruhen... Durch Selbsthypnose werden zunächst unwissentlich Persönlichkeiten geschaffen und dann später aufrechterhalten.«[39] Obwohl Eugene Bliss die Absicht hatte, zu beschreiben, wie und warum die Patientin *vor* einer Therapie andere Persönlichkeiten entwickelt und zeigt, läßt sich diese Darstellung genausogut auf unser Argument beziehen, daß die Störung *während der* Therapie entwickelt wird. Seine Aussage weist eine so deutliche Parallele zu unserer Behauptung auf, Hypnose sei der zentrale Faktor für die Entstehung des MPS-Verhaltens, daß wir sie nur leicht abwandeln müssen: Die Crux beim Syndrom der multiplen Persönlichkeit ist die *fehlende Erkenntnis des Therapeuten*, daß die Patientin die Selbsthypnose mißbraucht. Auf diesem unbeabsichtigten falschen Gebrauch *in der Therapie* scheint der ursprüngliche Mechanismus für die Störung zu beruhen. Selbsthypnose scheint in der Tat der grundlegende Mechanismus für dieses Verhalten zu sein.

Nachdem die erste Persönlichkeit »erschienen« ist und sobald die Klientin die Diagnose akzeptiert hat, gewinnt die Indoktrination der Klientin mit dem MPS-Glaubenssystem erst richtig an Tempo. Mit ihren Beschreibungen, wie sie die festgestellte Störung »behandeln«, liefern die Therapeuten eine Fülle von Belegen, daß sie die Entwicklung anderer Persönlichkeiten und Verhaltensweisen fördern. MPS-Autoritäten ermutigen Therapeuten beispielsweise, jede einzelne Persönlichkeit erst einmal aufzudecken und sich damit zu beschäftigen, bevor sie den Versuch unternehmen, sie zu einer Identität zusammenzubringen. Therapeuten berichten darüber, wie sie bei diesem Untersuchungsvorgang das Verhalten der Klientin ganz offen manipulieren und suggestiv beeinflussen.

Mehrere Experten weisen Therapeuten in ihren Veröffentlichungen zum Thema MPS wiederholt darauf hin, daß eine dauerhafte Integration der Persönlichkeiten nicht stattfinden könne, bevor nicht jede einzelne der Persönlichkeiten eine Art Einzeltherapie durchlaufen hat. Laut Bennet Braun müssen über jede einzelne Persönlichkeit Informationen gesammelt werden. Dazu gehören ihr Name, wann sie sich entwickelt hat, warum sie in Erscheinung trat, wo sich die Patientin befand, als die Persönlichkeit entstand, und warum sie momentan Bestandteil in der Psyche der Klientin ist. Das Sammeln dieser Informationen ist bloß der Anfang. »Sobald der Therapeut aufgrund der Zusammenstellung der Geschichte eine Vorstellung von der Struktur des Systems bekommen hat«, schreibt Bennet Braun, »kann die Arbeit an den individuellen Problemen jedes einzelnen Persönlichkeitszustands beginnen.«[40] Diese Arbeit setzt nach seiner Auffassung voraus, daß sich der Therapeut jeweils nur auf eine Persönlichkeit »konzentriert«, um ihre individuelle Lebensgeschichte und ihre Probleme zu erkunden. Bennet Braun und andere empfehlen auch, die Patientin solle ihre Persönlichkeiten als Plan oder Diagramm darstellen. Diese Zeichnungen sollten auch die Funktion jeder einzelnen Persönlichkeit und deren Beziehung zu den anderen Persönlichkeiten enthalten. Braun ermuntert zudem Persönlichkeiten seiner Patientinnen, verbal oder gedanklich miteinander zu kommunizieren.

Die Einflußnahme der Therapeuten auf das MPS-Verhalten ist vielleicht der aufschlußreichste Hinweis, daß sie nicht einfach nur das Verhalten manipulieren, sondern es hervorbringen und steuern. Die Fähigkeit von Therapeuten, unterschiedliche Persönlichkeiten aufzurufen, indem sie sie schlicht bitten hervorzutreten, ist ein Beispiel für diese Steuerung. Folgt man den Theorien in MPS-Kreisen, traten vor der Therapie die Persönlichkeiten einer Klientin nur spontan – und ohne ihr Wissen – als Reaktion auf Krisen oder besondere Situationen in Erscheinung. In der therapeutischen Situation jedoch reicht die Aufforderung des Therapeuten, um das Verhalten auszulösen. Die angenommenen Erinnerungsbarrieren zwischen den Persönlichkeiten können ebenfalls auf Befehl des Therapeuten durchbrochen werden. Fordert der Therapeut die Gastgeberpersönlichkeit auf, sie möge beim Auftreten einer anderen Persönlichkeit zuhören, dann kann die Erinnerungslücke vermieden werden, die ansonsten angeblich die Teilnahme ausgeschlossen hätte.

Bennet Braun schlägt vor, einige dieser Persönlichkeiten für die Mitarbeit zu gewinnen und auszubilden, damit sie als Therapeuten für andere Persönlichkeiten fungieren und »zwischen den Sitzungen innere therapeutische Arbeit« leisten könnten.[41] Ein anderer Therapeut, David Caul, geht dabei noch einen Schritt weiter, indem er seine Patientinnen darin unterweist, wie sie eine »Gruppentherapie« mit den unterschiedlichen Persönlichkeiten in sich selbst durchführen können.[42] Sobald die Patientin gelernt habe, wie unterschiedliche Persönlichkeiten für diese Ein-Personen-

Gruppe zusammengerufen werden können, erklärt er, könne sich der Therapeut einfach zurücklehnen und die Patientin ihre eigene »Gruppensitzung« durchführen lassen. Diese Empfehlungen sind nur einige der vielen Hinweise, wie bizarr und komplex der Prozeß der MPS-Behandlung werden kann. Je mehr man über die Behandlung von MPS liest, desto mehr versinkt man wie Alice im Wunderland in einer surrealen Märchenwelt, in der Metaphern und Realität nicht mehr voneinander zu unterscheiden sind.

Die wirksamste Methode, Patientinnen das nach der MPS-Diagnose zu erwartende Verhalten anzutrainieren, besteht wohl darin, sie in reale gruppentherapeutische Sitzungen mit anderen MPS-Patientinnen zu schicken. Wenn man frisch diagnostizierte MPS-Klientinnen in ein solches Umfeld bringt, dann erhalten sie eine Art Schnellkurs in den Verhaltensweisen, verdrängten Erinnerungen und neuen Alter egos, die während der Therapie auf sie warten. Laut den Beobachtungen von drei Experten kommt es in solchen Gruppen im allgemeinen zu »Geschwisterrivalität« und zum »Wettkampf um die Vorherrschaft«. »Die Patientinnen sind in der Lage, ihre Multiplizitäts-›Fähigkeiten‹ dafür einzusetzen, um die Ehre als beste multiple Persönlichkeit in der Gruppe zu kämpfen.«[43]

Das Training, das Patientinnen in diesen Sitzungen erhalten, ist so effektiv, daß aus Therapiegruppen, die sich aus Patientinnen mit und ohne MPS zusammensetzen, neu zu dieser Diagnose Bekehrte rekrutiert werden können. Bei der Arbeit mit einer Gruppe beobachteten zwei Therapeuten, daß die beiden Patientinnen ohne MPS begannen, das entsprechende Verhalten zu zeigen, sobald sie in der Gruppentherapie mit MPS-Patientinnen zusammengekommen waren. Trotz des eindeutigen Beweises, daß diese Patientinnen die MPS erlernten, konnten sie in der Gruppe bleiben. Um diese Entscheidung zu rechtfertigen, führen die Autoren an, sie wollten nicht, daß die Patientinnen das Gefühl des Gruppenzusammenhalts verlieren, und fügen hinzu, die anderen MPS-Patientinnen hätten darum gebeten, daß die neu Bekehrten in der Gruppe bleiben dürften.[44]

Indem sie eine ganze Reihe unterschiedlicher Quellen heranziehen, wollen heutige Befürworter der MPS-Diagnose häufig den Eindruck erwecken, die Störung habe es schon immer gegeben. Frank Putnam bezeichnet MPS als eine »uralte Störung«: »Die Archetypen der MPS, schamanische Transformationen und Zustände der Besessenheit, gehen so weit zurück, wie man religiöse Vorstellungen und Verhaltensweisen zurückverfolgen kann.«[45] Was diese Beispiele quer durch die Geschichte in der Tat beweisen, ist die Fähigkeit des Menschen, zu dissoziieren und im Rollenspiel jede beliebige sozial angemessene Verhaltensweise anzunehmen. Sie sind jedoch kein Beleg für MPS, sondern vielmehr dafür, daß die Störung Teil einer lange zurückreichenden Geschichte leicht hypnotisierbarer und/oder seelisch kranker Menschen sein könnte, die gesellschaftlich geächtete Verhaltensweisen zeigen, weil Kirchenleute, Schamanen, Ärzte und Psychotherapeuten das von ihnen verlangen.

Blickt man auf die Geschichte zurück, wird deutlich, daß das, was Individuen unter einer formalen Hypnose oder unter Selbsthypnose tun, völlig davon abhängt, was andere von ihnen erwarten. Wie Dr. Martin Orne und Dr. Brad Bates von der University of Pennsylvania aufzeigten, haben durch (selbst induzierte wie andere) Trancezustände hervorgerufene seltsame Verhaltensweisen eine lange Tradition – aber immer sind es Verhaltensweisen, die der jeweilige Heiler prophezeit hatte. Franz Anton Mesmer, einer der Hypnose-Pioniere, pflegte seine Patienten um einen Tisch zu versammeln, auf dem Eisenspäne lagen. Sobald er die Szene betrat, bekamen die Patienten so heftige Anfälle, daß sie Beobachter in Angst und Schrecken versetzten. Die Patienten verhielten sich so, weil sie wie Mesmer daran glaubten, daß sich das magnetische Fluidum in ihrem Körper in Reaktion auf seine Anwesenheit und auf die Eisenspäne neu ausrichtete.[46] Mesmers Fehler war, anzunehmen, das Verhalten seiner Patienten resultiere aus ihrem inneren Zustand und würde nicht durch äußere Reize beeinflußt. Dieser Fehler wurde in der Geschichte der Hypnoseforschung immer wieder gemacht. Ein anderer Wissenschaftler kam zu der Überzeugung, seine hypnotisierten Patienten hätten übersinnliche Kräfte bis hin zur Telepathie, und diese seien typisch für Trance.

Ein weiterer prominenter Hypnotiseur jener Epoche zog den Schluß, Starrkrampf, Lethargie und Schlafwandeln wären wesentliche Symptome für den Trancezustand. »Jeder Forscher ... war davon überzeugt, daß das Verhalten und die Erfahrungen seiner Patienten in der Trance etwas waren, was aus dem Prozeß heraus zu erklären war«, schreiben Martin Orne und Brad Bates. »Alle weigerten sich zu glauben, daß das Verhalten, das jene im Trancezustand zeigten, von ihrer eigenen Vorstellung abhing, wie sich ein hypnotisierter Mensch verhalten sollte. Im Rückblick ist klar, daß sich alle Forscher irrten. Aus unserer Perspektive kann man den massiven Einfluß, der durch den Glauben und die Erwartung des hypnotischen Subjekts an die hypnotische Erfahrung ausgeübt wurde, nur schwer übersehen.«[47]

Die Praxis des Exorzismus in der katholischen Kirche führt die extreme Verformbarkeit des Verhaltens bei verstörten und zu Trance neigenden Menschen vor. Wenn Priester versuchen, verwirrten Menschen durch Geisteraustreibung zu helfen, dann zeigen jene häufig genau die Symptome, die vom Kleriker prophezeit worden sind – beispielsweise winden sie sich, wenn sie mit Weihwasser bespritzt werden oder sprechen mit tiefer, bedrohlicher Stimme. Die Einflüsse und Erwartungen, die bei einem Exorzismus zum Tragen kommen, sind durchaus vergleichbar mit denen, die sich in einer intensiven therapeutischen Situation finden lassen. In beiden Situationen wird ein verwirrter Mensch, der Halt und Hilfe sucht, sich der Intuition und den Erwartungen der Person fügen, die den Heilungsversuch unternimmt.

Merkwürdigerweise sind MPS-Experten die ersten, die sich diese Ähnlichkeiten zu eigen machen. Colin Ross schreibt in ›Multiple Personality Disorder: Diagnosis, Clinical Features, and Treatment‹, daß die Diagnose von MPS und dämonischer Besessenheit weitgehend dieselbe ist. Vor einer Auflistung der Gemeinsamkeiten stellt er Besessenheit von Dämonen als weitgehend »kulturabhängigen« Prozeß dar, in dessen Rahmen die Person erst lernen muß, welches Verhalten für die Besessenheit angemessen ist, bevor sie in der Lage ist, die Symptome zu zeigen. »Dieser Prozeß kann die Identifikation mit jemandem aus der direkten Umgebung oder aus der Vergangenheit, hypnotische Suggestion oder Verstärkung durch andere beinhalten. Die Person geht dann in einen Zustand wacher Besessenheit über, in dem sie glaubt, ihre Gedanken und Regungen kämen nicht aus ihr selbst, sondern von einem anderen Wesen in ihr ... je nach Einfluß ihrer Kultur geht die Person in eine entweder wache oder schlafwandlerische Besessenheit über; dies hängt von der kulturellen Erwartung ab und davon, wie gut sie hypnotisierbar ist.«[48] Die Tatsache, daß die Handlungen eines besessenen Menschen von den kulturellen Stimuli abhängen, die er erfährt, akzeptiert Colin Ross als offensichtlich.

Wenn Ross Besessenheit als kulturabhängiges Verhalten beschreibt, das auf hypnotischer Suggestion beruht und durch die Erwartungen des Klerikers verstärkt wird, nimmt er uns die Mühe der Argumentation ab: MPS enthält genau dieselben Elemente und kann als just dasselbe kulturabhängige Konstrukt betrachtet werden. Bemerkenswerterweise geht er sogar noch weiter: »Verbietet die Kultur die Möglichkeit, von Dämonen besessen zu sein, dann kann man erwarten, daß dieser Prozeß [der zur Besessenheit führt] zu einer weltlichen Form der Dämonenbesessenheit führt; in unserer Welt ist das die MPS.«[49] Ross gibt zu, daß sich ohne Priester und kulturabhängige religiöse Vorstellungen das für die Dämonenbesessenheit spezifische Verhalten in nichts auflöst. Bedauerlicherweise – aber das ist keine Überraschung – folgt er nicht derselben Logik, wenn es um Therapeuten wie ihn selbst geht, die die gegenwärtige MPS-Manie verbreiten.

Wenn man sich genauer mit der Geschichte der MPS beschäftigt, finden sich Myriaden von Hinweisen, die nahelegen, daß diese angebliche Störung ebenso von kulturellen Stimuli und den Erwartungen des Heilers beeinflußt ist wie ältere, mit Trance verknüpfte Verzückungen. Obwohl die Diagnose in gewisser Form schon seit über hundert Jahren kursiert, kam Kindesmißbrauch als Ursache für diese Symptome erst ins Gespräch, nachdem 1973 das populäre Buch ›Sybil‹ erschienen und ein Film danach gedreht worden war.[50] Offenbar sorgte diese populäre Geschichte beim allgemeinen Publikum wie bei den klinischen Praktikern in den USA für die Verbreitung der Annahme, daß Gewalt in der Kindheit für die Entstehung der MPS verantwortlich sei. Erst nach der Veröffentlichung von ›Sybil‹ fanden Therapeuten, häufig unter Einsatz der Hypnose, andere Persönlichkeiten und dazu passende angeblich »verdrängte« Mißbrauchsgeschichten.

In einem Artikel für das ›British Journal of Psychiatry‹ beschäftigte sich Dr. Harold Merskey mit allen Fallgeschichten, die dem jüngsten Interesse an dieser Diagnose vorausgingen, um herauszufinden, ob es irgendeinen Hinweis gibt, daß das Phänomen je für sich genommen existierte. Er stellte fest, daß bei keinem dieser Fälle – über den Zeitraum der letzten 110 Jahre – »die Möglichkeit auszuschließen ist, künstlich erzeugt worden zu sein«.[51] Bei seiner Untersuchung der frühen MPS-Behandlungen entdeckte er ein Beispiel nach dem anderen für Therapeuten, die ihren Klienten, manchmal subtil und häufig ganz offen, suggeriert hatten, das Verhalten einer anderen Persönlichkeit zu zeigen. Er zog den Schluß: »Es wurde kein Fall gefunden, bei dem MPS, so wie wir sie heute verstehen, nachweislich durch unbewußte Prozesse und ohne jede Formgebung oder Vorbereitung durch externe Faktoren entstanden ist… Es ist wahrscheinlich, daß MPS bei Erwachsenen nie als ein spontanes, andauerndes natürliches Ereignis auftritt.«[52]

Mit dem Nachweis, daß Therapeuten ihren Patientinnen die MPS-Symptome suggerieren und sie bestärken, diese zu zeigen, soll nicht behauptet werden, die daraus resultierenden Symptome seien nicht kraftraubend und nicht zerstörerisch oder würden von der Patientin nicht wirklich empfunden. Im Kapitel über Hypnose haben wir Untersuchungen zitiert, die zu dem Schluß führen, daß durch Hypnose herbeigeführtes Verhalten von leicht hypnotisierbaren Personen als unwillentlich wahrgenommen werden kann. Das heißt, die Patientin kann zutiefst davon überzeugt sein, ihre MPS-Symptome seien endogen. Wenn die Störung erst einmal im Verhalten zum Ausdruck kommt, wird sie so real wie die selbstzugefügten Schnittverletzungen oder Verbrennungen und die Selbstmordversuche, die unter MPS-Patientinnen so verbreitet und so häufig erfolgreich sind.

Das selbstzerstörerische Verhalten, das von bestimmten anderen Persönlichkeiten ausagiert wird, bedarf einer besonderen Erwähnung. Liest man die Veröffentlichungen, dann scheint ein MPS-System ohne eine oder mehrere andere Persönlichkeiten, die sich der Wut hingeben und ein böses Ziel verfolgen, nicht vollständig zu sein. Als sich Martin Orne und Brad Bates die Berichte über Selbstverstümmelungen bei MPS-Verhalten im letzten Jahrzehnt ansahen, stellten sie fest, daß die Häufigkeit dieses Verhaltens bei MPS-Patientinnen von 21 auf 48 Prozent angestiegen war. Da bei den ersten Fällen dieser Störung nur selten Selbstverstümmelungen vorkamen, stellten sie die Frage, warum sich die Häufigkeit von Selbstverstümmelungen mehr als verdoppelt hat, nachdem sie vor zehn Jahren erstmals beobachtet wurden und darüber berichtet wurde, und folgerten: »Es ist möglich, daß die gefährliche Symptomatik, die derzeit gemeinsam mit der Störung auftritt, wie auch die ungünstige Prognose bei diesem Zustand aufgrund der Einstellungen und Überzeugungen derjenigen, die sie behandeln, ihre Form erhält.« Der weitere Faktor, der für die Zunahme von MPS-Patientinnen mit Selbstverstümmelungen verantwortlich sein könnte, ist die Bestärkung durch Therapeuten, bei Klientinnen, die sich Brand- oder Schnittverletzungen beigebracht haben, nach MPS-Symptomen zu suchen. Martin Orne und Brad Bates verweisen als Beispiel auf den Anfang eines bekannten Artikels zu diesem Thema:

Die Häufigkeit von Selbstverstümmelungen bei Patientinnen mit dissoziativen Störungen im Rahmen dieser Studie, vor allem bei MPS-Patientinnen, verlangt von Klinikern erhöhte Wachsamkeit bezüglich Hinweisen auf Dissoziation bei Patientinnen, die solche Verhaltensweisen zeigen. Zudem sollte der Kliniker das Vorhandensein von Selbstverstümmelung als ein Warnzeichen für die Möglichkeit einer Lebensgeschichte mit Kindesmißbrauch betrachten ... der Kliniker sollte auch die verschiedenen dissoziativen Störungen abwägen und sorgfältig nach Hinweisen auf Gedächtnisverlust suchen, der möglicherweise nicht unmittelbar ins Auge sticht.[53]

Wenn diese Aufforderung von Klinikern aufgriffen wird, so stellen Martin Orne und Brad Bates fest, dann ist es nicht unwahrscheinlich, daß die nächste Untersuchung Selbstverstümmelungen bei weit über 50 Prozent der MPS-Patientinnen aufdecken wird.

Wenn eine Persönlichkeit in der Therapie als selbstzerstörerisch – erfüllt von dem Verlangen, Selbstmord zu begehen oder sich Verletzungen beizubringen – ausgemacht worden ist, welches Verhalten muß die Klientin dann zeigen, um das Vorhandensein und die Echtheit dieser Persönlichkeit zu belegen? In den Veröffentlichungen zur MPS finden wir das stillschweigende Eingeständnis, daß das Verhalten durch den Vorgang des Findens und Skizzierens der einzelnen Persönlichkeiten ausgelöst werden kann. Eugene Bliss schreibt: »Der Prozeß der Fragmentierung und der Delegierung sorgt zusammen mit einem Gedächtnisverlust dafür, daß diese Gefühle intensiver werden, so daß es durch die Einstufung als Selbstmordpersönlichkeit, selbst wenn die Patientin nur leicht depressiv ist, zu einem Selbstmordversuch kommen kann, um etwas gegen die Melancholie zu unternehmen.«[54] Obwohl der Autor hier wiederum Bezug nimmt auf die Erfahrungen der Patientinnen vor der Therapie, paßt diese Aussage genau auf die Art der Skizzierung und Verhaltenszuordnung, die in der Therapie gefördert wird.

Obwohl die Störung zu Beginn der Therapie nicht vorhanden ist, gibt es doch wenig Zweifel daran, daß die Patientinnen wirklich leiden, wenn sie anfangen, die Diagnose des Therapeuten zu übernehmen. Beschäftigt man sich näher mit der Modediagnose MPS, dann wird besonders deutlich, wie grausam die Therapie zur Aufdeckung von Erinnerungen ist. Tausende von Klientinnen haben gelernt, die oft kraftraubenden Symptome einer Störung zu zeigen, die sie nie hatten. In immer geringerem Maße können sie ein normales Leben führen, sie werden immer abhängiger von der Therapie und unweigerlich immer verstörter.

Die Tatsache, daß Patientinnen erst während der Therapie die schwächenden und absonderlichen Symptome der MPS erlernen, ist denjenigen, die der Patientin nahestehen, beziehungsweise den Patientinnen selbst nicht entgangen. »Finden Sie nicht, daß es merkwürdig ist, wenn es niemandem besser geht und alle sich verletzen und töten wollen, nachdem sie zu Ihnen in die Therapie gekommen sind?« hat eine frühere MPS-Klientin ihren Therapeuten gefragt. Selbstverständlich haben die Therapeuten perfekte Ausreden, um solche Fragen abzubiegen. Konfrontiert mit dieser wütenden Patientin, deren Leben durch die MPS-Therapie zerstört worden war, reagierte der Therapeut mit einer Gegenfrage: »Mit welcher Persönlichkeit spreche ich gerade?«[55]

Colin Ross hält ein noch absonderlicheres Gegenargument bereit, um zu erklären, warum eine zunehmende Zahl von Menschen meint, daß Hypnose und übereifrige Therapeuten der Hauptgrund für das MPS-Phänomen sind: Er glaubt, die Kritiker seien auf die CIA hereingefallen.

Um diese Logik zu verstehen, muß man wissen, daß Ross davon ausgeht, viele seiner Patientinnen seien als Kinder von bösen Geheimagenten der CIA dazu ausgebildet worden, multiple Persönlichkeiten zu sein. In einem Exposé für ein Buch, das er zirkulieren ließ, versprach er, dieses »umfassende und immer noch vorhandene Programm« aufzudecken, mit dessen Hilfe es gelang, »Marionetten« hervorzubringen, die es nun zu »Tausenden oder Zehntausenden« gibt. Seit den späten vierziger Jahren mißbrauche die CIA, erklärt Ross, in ihren Laboratorien systematisch Kinder, indem »Halluzinogene, Entzug sensorischer Reizung, Schwebetanks, Elektroschocks, verstärktes Auswendiglernen und andere Techniken« eingesetzt würden. Diese »Marionetten werden vom Geheimdienst ständig für Spionage- und Überwachungszwecke sowie möglicherweise für Mordanschläge eingesetzt.«[56]

Colin Ross wiederholte seine Anschuldigungen im kanadischen Fernsehprogramm ›The Fifth Estate‹ und meinte damit, daß die jetzt aufkommende Kritik an der Therapie von MPS-Patientinnen Teil einer von der CIA finanzierten Verschwörung sei, um zu vertuschen, was er gerade entdeckt habe. »Wenn man bei der Arbeit an Dissoziationen Programme zur Gedankenkontrolle aufdeckt, die sich hinter anderen Persönlichkeiten verbergen, dann sind diese Leute natürlich nicht begeistert von dem, was da vor sich geht«, sagte er, nachdem er erklärt hatte, wie der Geheimdienst MPS erzeugt. »Es war erforderlich für sie, eine Art politischer Strategie zu entwickeln, um dagegen anzugehen.« Nach seiner Auffassung bestand die politische Strategie der CIA darin, das Gerücht zu verbreiten, die MPS werde »durch die Therapie hervorgerufen, [sie sei] nichts Reales, [sie werde durch] Hypnose [erzeugt].«

Wenn man die Veröffentlichungen zum Thema MPS liest, dann hat man manchmal das Gefühl, daß sich die Realität unter den Füßen in Nichts auflöst. Die CIA-Theorie von Colin Ross und Bennet Brauns Überzeugung, viele Patientinnen hätten die Symptome, weil sie als Kinder durch ein internationales Netz satanischer Sekten zu Tieren gemacht worden seien, sind vorzügliche Beispiele dafür. Sind diese Psychiater nun von ihren beruflichen Standesorganisationen zur Ordnung gerufen worden, weil sie ihren Klientinnen so seltsame Verschwörungstheorien anhängen?

Unglückseligerweise scheinen derartige Überzeugungen unter Klinikern belohnt zu werden. Im Verlauf des letzten Jahrzehnts amtierte sowohl Colin Ross wie auch Bennet Braun als Vorsitzender der International Society for the Study of Multiple Personality and Dissociative Disorders – einer Gesellschaft, die stolz darauf ist, heute über 3000 Fachleute als Mitglieder zu haben.

Therapie einer Hohepriesterin

Wir sind keine Götter. Ich kann nichts sicher behaupten.
Ich kann nur aufgrund meines besten Wissens,
meiner Fähigkeiten und meiner Erfahrung urteilen.
Aussage des Psychiaters Bennet Braun
bei der Anhörung in einem Sorgerechtsverfahren

Mit der Geschichte von Anne Stone* dringen wir aus verschiedenen Gründen zum Kern der Debatte über aufgedeckte Erinnerungen vor. Sie zeigt den Schaden, der bei einer einzigen Frau und ihrer Familie angerichtet werden kann. Bei Annes psychischem Verfall in der Therapie handelt es sich um ein Beispiel vom extremen Ende des Spektrums. Mit der bei ihr diagnostizierten Multiplen Persönlichkeitsstörung und ihrer Überzeugung, sie sei einer qualvollen Folterung durch eine satanische Sekte ausgesetzt gewesen, führt sie uns vor Augen, was schlußendlich das Ergebnis einer Therapie zur Aufdeckung von Erinnerungen sein kann: Die »Erinnerungen«, auf die sie in der Therapie kam, waren so schrecklich und vielschichtig, wie man es sich schlimmer nicht vorstellen kann, und ihre Behandlung war so unmenschlich wie keine, die bislang dokumentiert worden ist. Doch Varianten von Annes Behandlung wiederholen sich in diesem Augenblick in unserem ganzen Land Hunderte von Malen in den Klinikabteilungen für dissoziative Störungen. Ihre Therapieerfahrung ist das Beispiel dafür, wohin eine Therapie zur Aufdeckung von Erinnerungen im schlimmsten Fall führen kann. Es gibt jedoch einen weiteren, ebenso wichtigen Grund, Annes Schicksal darzustellen: Sie verbrachte viele Jahren ihrer Behandlung unter der Obhut der beiden bekanntesten amerikanischen Experten auf dem Gebiet der Therapie zur Aufdeckung von Erinnerungen und der Therapie

* Die Namen von Anne Stone und ihren Familienangehörigen wurden geändert.

von Multiplen Persönlichkeitsstörungen, dem Psychiater Dr. Bennet Braun und der Psychologin Dr. Roberta Sachs. Beide haben, teilweise gemeinsam mit anderen Autoren, eine Vielzahl von Veröffentlichungen herausgebracht, und Bennet Braun führte Dutzende von Fortbildungsseminaren durch, während Roberta Sachs in Lehrfilmen für künftige MPS-Therapeuten auftrat. Am Rush Presbyterian Hospital in Chicago richtete Bennet Braun Mitte der achtziger Jahre als erster eine stationäre Abteilung für Patientinnen ein, bei denen MPS und andere dissoziative Störungen diagnostiziert worden waren. 1984 wurde er Vorsitzender der gerade gegründeten International Society for the Study of Multiple Personality and Dissociation Disorders; inzwischen leitet er am Rush North Shore Medical Center in Skokie, einer Unterabteilung des Rush Presbyterian-St. Luke's Medical Centers, eine Station mit zwölf Betten, die auf die Behandlung von MPS spezialisiert ist. »Jede Patientin im Land mit MPS sollte Buddy [Braun] persönlich zu Dank verpflichtet sein«, sagte Richard Kluft, Direktor der Abteilung Dissoziative Störungen am Forschungsinstitut des Pennsylvania Hospital. »Alle Zentren [zur Behandlung Multipler Persönlichkeitsstörungen] in den USA folgten dem Weg, den er vorgab... Er hat sich als bedeutende Persönlichkeit erwiesen.«[1]

Anne wurde nicht nur an der wohl renommiertesten Klinik für MPS behandelt, sie war auch, wie Bennet Braun ihr sagte, seine wichtigste Patientin. Er erzählte ihr des öfteren, daß viele seiner Theorien über die Multiple Persönlichkeitsstörung und seine Kenntnisse über rituellen satanischen Mißbrauch durch die Arbeit mit ihr geprägt seien. Wenn andere Ärzte die Station besuchten, dann ließ er sie an der Visite bei Anne teilnehmen. Wenn er Vorträge hielt, brachte er häufig seine Patientin mit. Einmal begleitete Anne ihn sogar zu einer lokalen Fernsehstation, wo sie gemeinsam in einer mehrteiligen Sendung auftraten. Der Titel lautete ›Wie man aus Anne wieder etwas Ganzes macht‹.

Weil die Theorien von Bennet Braun und Roberta Sachs über die Aufdeckung von Erinnerungen an rituellen satanischen Mißbrauch und MPS die Arbeit so vieler Praktiker beherrschen, verdient die Behandlung von Anne durch die beiden eine nähere Betrachtung. Die folgende Beschreibung von Anne und ihrer

Behandlung basiert hauptsächlich, wenn nicht ausdrücklich anders vermerkt, auf Interviews mit ihr selbst und ihrem Mann. Ihre Geschichte wurde, wo immer dies möglich war, anhand der Krankenhausakten, der Veröffentlichungen von Bennet Braun und Roberta Sachs sowie anderer wichtiger Dokumente überprüft. Roberta Sachs verweigerte ein Gespräch, und Bennet Braun antwortete nicht auf die mehrmals vorgetragene Bitte um ein Treffen.

Wie bei vielen Patientinnen, die sich einer Therapie zur Aufdeckung von Erinnerungen unterzogen, standen die Probleme, die dazu führten, daß Anne eine Behandlung begann und schließlich zu Bennet Braun und Roberta Sachs kam, in keinem Zusammenhang mit Satanismus, Symptomen einer Multiplen Persönlichkeitsstörung oder Erinnerungen an einen Mißbrauch in der Kindheit.[2] Am 15. April 1982 brachte sie ihr zweites Kind Steve auf die Welt. Die Entbindung dauerte vier Stunden und war sehr schwierig, so daß Mutter und Kind beinahe daran starben. Erst fünfzehn Minuten nach seiner Geburt konnte Steve selbst atmen. Wegen des Geburtstraumas war sein rechter Arm gelähmt, und er wurde umgehend auf eine Intensivstation für Neugeborene gebracht. Annes Beckengelenke waren derartig überbeansprucht worden, daß sie nicht lange genug stehen oder gehen konnte, um ihr Baby zu besuchen. Als sie ihr Kind dann endlich sah, hatte es immer noch so viele blaue Flecken von der Entbindung, daß es, wie sie sagte, »aussah, als hätte man es aus einem Autofenster geworfen«. Zwei Wochen nach der Niederkunft stellte sich heraus, daß der Arzt bei der Geburt so stark auf ihren Bauch gedrückt hatte, daß die Gallenblase gerissen war. Sie mußte für eine Notoperation wieder ins Krankenhaus.

Die Tatsache, daß sie noch Wochen nach der Gallenblasenoperation ihr Kind nicht hochnehmen konnte, und ihre enttäuschte Erwartung, es würde ein Mädchen werden, führten zu dem immer stärkeren Gefühl, sie könne zu dem Neugeborenen keine Bindung entwickeln. Zusätzlich steigerte sich in ihr eine Wut auf die Ärzte, weil sie ihrer Meinung nach bei der Entbindung gepfuscht hatten. Es kamen auch Schuldgefühle in ihr auf, weil sie es als Versagen empfand, kein gesundes, unversehrtes Kind geboren zu haben. Sie glaubte, ein Therapeut könne ihr vielleicht in dieser Phase innerer Unruhe durch ein Gespräch helfen, und sie vereinbarte in der örtlichen psychiatrischen Ambulanz einen Termin mit einer Sozialbetreuerin, die ihr von einem Frauenarzt empfohlen worden war.

Vom späten Frühjahr bis zum Sommer desselben Jahres sprach Anne mit dieser Therapeutin über ihre emotionalen Schwierigkeiten nach der Geburt; wegen der hohen Kosten brach sie die Behandlung im Herbst ab. Sechs Monate später ging sie jedoch erneut in die Therapie, weil die Probleme weiterhin bestanden. Steves Geburt ließ sie nicht los. Wegen der quälend langsamen Fortschritte bei seiner Rehabilitation war sie täglich mit den unerträglichen Folgen der Entbindung konfrontiert. Jeden Tag machte ihr Mann Joseph mit Steve anstrengende Übungen, um die Muskeln im geschädigten Arm zu dehnen und zu strecken, damit es nicht zu Muskelschwund kam. Wenn sie nur noch einmal von vorn anfangen könnte, so meinte sie, dann würde sie gleich die richtigen Fragen stellen und Vorkehrungen treffen, so daß ihrem Kind diese Schmerzen erspart blieben.

Erneut in Therapie bei derselben Sozialbetreuerin begann sie, weitere beunruhigende Symptome zu entwickeln. Eine Zeitlang hatte sie Angst, wieder ein Kind zu erwarten, obwohl ein Schwangerschaftstest diese Vermutung widerlegt hatte. Ihre Befürchtungen hinsichtlich Steves körperlicher und geistiger Entwicklung nahmen ebenso zu wie ihre Wut auf die an der Entbindung beteiligten Ärzte. Sie hatte Phantasien, die Ärzte umzubringen. Als sie ihrer Therapeutin davon berichtete, meldete die der Polizei den Vorgang. In depressiven Phasen lief für Anne manchmal tagelang alles wie in Zeitlupe ab. Zu anderen Zeiten schossen ihr die Gedanken wie Schnellfeuer durch den Kopf. Je länger die Therapie andauerte, desto schneller wechselten diese Zyklen.

In dieser Zeit verwendete die Therapeutin verschiedene Entspannungstechniken, die Anne helfen sollten, sich zu konzentrieren und in der Therapie unbefangen zu sprechen. Sie waren ähnlich wie die, die normalerweise bei der Einleitung einer Hypnose eingesetzt werden, und sie ermöglichten es Anne, ihre Aufmerksamkeit einzig auf den Gegenstand der jeweiligen Therapiesitzung zu richten. Sie entdeckte, daß sie sich recht gut in diese wachen

Trancezustände versenken konnte. Sie wußte bereits, daß sie leicht hypnotisierbar war. Einige Jahre zuvor war sie auf einem Jahrmarkt spontan in Trance gefallen, als sie nur beobachtet hatte, wie ein Schausteller ein paar Freiwillige auf der Bühne hypnotisierte.

Zur selben Zeit, als Annes Symptome schlimmer wurden, begann eine Sozialbetreuerin, die sich die Praxisräume mit Annes Therapeutin teilte, mit der Behandlung einer Patientin, von der angenommen wurde, daß sie unter einer Multiplen Persönlichkeitsstörung litt. Nachdem die Therapeutin mit dieser Kollegin gesprochen hatte, meinte sie, Annes Stimmungsumschwünge könnten eventuell ein Hinweis auf dieselbe seltene Störung sein. Monatelang diskutierten Anne und die Therapeutin die Möglichkeit, daß sich in ihrer Seele mehrere anomale Persönlichkeiten verbergen könnten, die sich, ohne daß sie es wußte, zeigten und ihr Verhalten steuerten. Die beiden begannen, über die Stimmungsumschwünge Buch zu führen und hielten sorgfältig Ausschau nach Erinnerungslücken wie auch nach Zeiten, über die sie nichts wußte.

Eines Morgens wachte Anne auf und begrüßte ihren Mann mit einer kindlichen Stimme. »Hallo«, sagte sie, »ich bin Kathy Love.« Obwohl sie nur für einen kurzen Augenblick die Rolle dieses Kindes angenommen hatte, wirkte die Therapeutin erleichtert, als sie ihr von diesem Vorfall berichtete, erinnert sich Anne: »Die Therapeutin hatte anscheinend das Gefühl, endlich eine Vorstellung von dem zu bekommen, was vor sich ging, und gemeinsam mit mir in der Lage zu sein, alles zu entwirren. Ich war erschüttert. Ich erinnere mich, daß ich mich fragte, ob ich jetzt bald wahnsinnig würde und wie Sybil Geschirr zerbrechen würde.« Wegen der Annahme, MPS resultiere aus einem frühkindlichen Trauma, sprachen die beiden nicht mehr über Annes Entbindung und die gestörten Empfindungen gegenüber ihrem Sohn Steve, sondern beschäftigten sich nun mit ihrer Kindheit. Anne war sich sicher, nie sexuell mißbraucht und körperlich mißhandelt worden zu sein; sie hatte jedoch Erinnerungen, die so beunruhigend waren, daß sie ins Zentrum der Therapie rückten. Sie erinnerte sich daran, daß ein Nachbar, den sie als junges Mädchen gut gekannt hatte, Selbstmord begangen hatte, und beschrieb, wie ihre Schwester als kleines Baby starb und beerdigt wurde.

Während der nächsten Monate blieb es eher die Ausnahme, daß »Kathy Love« in Erscheinung trat. Doch obwohl auch keine weiteren Persönlichkeiten mit deutlich anderen Eigenschaften, etwa bezogen auf Stimme oder Alter, auftraten, fingen sie und ihre Therapeutin an, ihren verschiedenen Stimmungen Namen zuzuordnen. Allmählich machten sie unterschiedliche Persönlichkeiten aus. Anne erinnert sich daran, wie sie immer leichter von einer Persönlichkeit zur nächsten wechseln konnte. Und sie erinnert sich auch, daß sie ständig wußte, was sie tat, und daß sie sich immer bewußt dafür entschied, die Persönlichkeit zu wechseln. Daß sie sich stets im klaren war, wann und wo es angemessen war, in eine bestimmte Rolle zu schlüpfen, sieht sie als Beweis dafür, daß dieser Wechsel immer aus eigenem Willen geschah. Sie betont, daß sie niemals irgendwelche anderen Persönlichkeiten in Gegenwart ihrer Kinder, am Arbeitsplatz oder in Gesellschaft Fremder in Erscheinung treten ließ.

»Wenn ich in eine andere Persönlichkeit schlüpfte, dann war es nicht so, daß ich versuchte, irgend jemanden zu täuschen, sondern es war eher so etwas wie eine Befreiung«, erläutert Anne ihre Erfahrung. »Anfangs war es wie ein Druckventil. Wenn ich eine andere Persönlichkeit annahm, dann brauchte ich für das, was ich sagte, keine Verantwortung zu übernehmen. Ich mußte nicht mehr die Mutter sein, die diese schreckliche Entbindung hinter sich und Schwierigkeiten im Beruf hatte. Ich mußte nicht die Person sein, die für zwei Kinder verantwortlich war und dafür, daß ein großes viktorianisches Anwesen saubergehalten wurde. Wenn ich ein nettes elfjähriges Mädchen sein wollte, dann konnte ich das. Ich glaube, irgendwie war ich von diesem Fluchtweg abhängig.«

Zu dem Zeitpunkt, als die Therapeutin die Multiple Persönlichkeitsstörung diagnostizierte, war Anne seit drei Jahren in Therapie. Und obwohl sich ihre Symptome nicht besserten, schaffte sie es bis dahin, sich um ihre beiden Kleinkinder zu kümmern und ihrer Arbeit als Computeroperator nachzugehen. Nach der Diagnose als multiple Persönlichkeit entglitt ihr jedoch die Kontrolle über die eigenen Lebensumstände. Während ihre neu ausgemachten Persönlichkeiten im Verlauf der nächsten Therapiemonate immer klarer voneinander abgrenzbar wurden, litten ihr Familienleben und ihre berufliche Tätigkeit immer stärker darunter. Eines Abends, nach einer Auseinandersetzung bei der Arbeit mit einem männlichen Vorgesetzten, nahm Anne eine Überdosis eines Medikaments zur Muskelentspannung und mußte für drei Tage ins Krankenhaus. Als ihre Therapeutin davon hörte, begann sie, für Anne nach einem Psychiater zu suchen, der auf multiple Persönlichkeiten spezialisiert war und ihr vielleicht bei der Behandlung helfen und entsprechende Medikamente verschreiben konnte.

Annes Beziehung zu Kollegen und Vorgesetzten wurde immer schlechter; sie war ständig gereizt und ängstlich. Als sie anfing, bei ihren Söhnen die Geduld zu verlieren, und sich dabei ertappte, wie sie ihren älteren Sohn Mark eines Tages heftig schüttelte, beschloß sie, in eine psychiatrische Klinik zu gehen und sich auf ihren Gesundheitszustand zu konzentrieren. Weil sie ihr Leben immer weniger im Griff hatte, beschlossen Anne und ihr Mann, das Haus zu verkaufen, damit sie eine intensivere Therapie in einer Klinik bezahlen konnten.

Anne probierte zunächst die Menninger-Klinik in Kansas aus; doch als sie mit Joseph dort ankam und sich anmeldete, störte sie sofort einiges. Ihr Mann durfte zu keinem der Erstinterviews mitkommen, und, was sie noch schlimmer fand, man sagte ihr ganz offen, daß sie nicht von sich selbst als »wir« sprechen und versuchen sollte, nicht zwischen den Persönlichkeiten hin und her zu wechseln. Das brachte sie in Konflikte. Ihre Therapeutin, der sie vertraute, hatte ihr erklärt, die einzige Möglichkeit zur Heilung wäre, ihre unterschiedlichen Persönlichkeiten auszuleben. Am zweiten Tag ihres Aufenthalts in der Menninger-Klinik bat sie ihren Mann, sie nach Hause zu bringen.

Auf der Rückfahrt fühlte sich Anne ausgesprochen schlecht; sie mußten sechsmal anhalten, damit sie ihre Therapeutin anrufen und mit ihr sprechen konnte. Sie hatte das Gefühl gehabt, ihre letzte Hoffnung sei eine stationäre Behandlung, und nun stellte sich auch das als Sackgasse heraus. Als sie nachts um halb zwölf zurückkam, traf sie sich noch mit ihrer Therapeutin. Nach dieser therapeutischen Notsitzung ging Anne nach Hause und warf noch erschöpft einen Blick in die Zeitung. Wie als Zeichen Gottes stand auf der ersten Seite ein Artikel über multiple Persönlichkeiten. In ihm wurde Frank Putnam vom National Institute of Mental Health zitiert, und Anne rief ihn gleich am nächsten Morgen an. Nachdem sie ihre Persönlichkeitsstörung und ihren verzweifelten Zustand beschrieben hatte, sagte ihr Frank Putnam, daß sie Glück hätte, im Mittleren Westen zu leben; denn ganz in ihrer Nähe praktiziere einer der besten Experten auf dem Gebiet multipler Persönlichkeiten, Dr. Bennet Braun. Bei dem Versuch, Dr. Braun zu erreichen, erfuhr Anne, daß in Kürze eine Konferenz stattfinden würde, bei der ihre Störung im Mittelpunkt stand, und faßte den Plan, daran teilzunehmen.

Die Konferenz erwies sich als Wendepunkt für Annes Leben. Ihre Verzweiflung und das Gefühl der Isolation nahmen ab, als sie dort andere Menschen mit multiplen Persönlichkeiten traf. Zum erstenmal konnte sie über ihr eigenartiges Verhalten mit anderen sprechen, die anscheinend genau wußten, wovon sie redete, und sogar Witze darüber machen. »Es war so, als wacht man auf und hat plötzlich im Leben ein Ziel, auf das man hinarbeiten kann«, erinnert sie sich an die Tagung. »Das ganze Hotel war voller Ärzte, Schwestern und Journalisten. Ich war erstaunt. Weil ich andere mit multiplen Persönlichkeiten traf, erkannte ich, daß ich vielleicht keine Aussätzige war.«

Einiges, was sie erfuhr, machte ihr Sorgen. Sie nahm an einer Veranstaltung teil, bei der es um mögliche genetische Faktoren für Multiple Persönlichkeitsstörungen ging. Das verstärkte eine ihrer größten Ängste – daß ihre Kinder wegen ihrer Fehler leiden müßten. Vor kurzem hatte ihr Sohn Mark das Bild eines Roboters gemalt, es dann in einzelne Stücke zerrissen und jedem Roboterteil einen anderen Namen gegeben. Anne war darüber so sehr beunruhigt, daß sie die Bildschnipsel in ihrer Tasche mit sich herumtrug und hoffte, ein Teilnehmer der Konferenz könnte das Verhalten ihres Sohnes analysieren.

Auf Empfehlung eines Arztes, den sie schließlich ausgequetscht hatte, hielt Anne nach einer Kollegin von Dr. Braun, der Psychologin Dr. Roberta Sachs Ausschau. Es gelang Anne, Dr. Sachs vor einem Tagungsraum abzupassen, wo diese gerade einen Vortrag gehalten hatte. Während sie auf dem Weg zu Dr. Sachs' nächstem Termin durch das Labyrinth der Gänge gingen, beschrieb Anne eilig ihre bisherige Therapie und ihr Verhalten. Sie zeigte ihr sogar die Teile von Marks Zeichnung. Als sie zur Tür des Haupttagungsraumes kamen, entdeckte Frau Dr. Sachs Dr. Braun und winkte ihn heran. Sie berichtete kurz, was Anne ihr erzählt hatte. Anne erinnert sich, wie Frau Dr. Sachs, die nur wenige Minuten lang etwas über den Fall erfahren hatte, Dr. Braun empfahl, Anne in die Abteilung für dissoziative Störungen am Rush-Krankenhaus aufzunehmen und daß ihr Sohn Mark – dies schockierte Anne am meisten – ebenfalls eingewiesen werden sollte. Dr. Braun stimmte zu.

»Frau Dr. Sachs erzählte mir, daß meine Kinder in einer ›psychotoxischen‹ Umgebung lebten und daß die Zeichnung, die Mark zerrissen hatte, beweise, daß auch er an einer Multiplen Persönlichkeitsstörung litte und versuche, sein Problem künstlerisch auszudrücken. Sie sagte, er hätte das Bild nicht zeichnen können, wenn er nicht wüßte, wie es ist, eine Multiple Persönlichkeitsstörung zu haben. Diese Leute wußten anscheinend sofort Bescheid«, sagt Anne und schnippt kurz mit den Fingern. »Offensichtlich war ihnen alles so klar. Mir rauchte der Kopf.«

Zurück zu Hause bei ihrer Therapeutin war sich Anne immer sicherer, daß sie unter einer Multiplen Persönlichkeitsstörung litt. Zur Vorbereitung ihres ersten offiziellen Zusammentreffens mit Dr. Braun arbeitete sie zusammen mit ihrer Therapeutin daran, die Unterschiede zwischen ihren verschiedenen Persönlichkeiten zu benennen, zu erkunden und aufzuschreiben. Bis zu diesem Zeitpunkt hatten die beiden insgesamt 21 einzelne Persönlichkeiten festgestellt, die sich angeblich in Anne befanden.

Nach zahlreichen Anrufen und nach einem scheinbar endlosen Schriftverkehr mit Versicherungsformularen und Fragebögen schaffte es Anne schließlich einige Monate später, ein Treffen mit Dr. Braun zu vereinbaren, dem Experten, der sicher ihre Probleme lösen könnte. An dem Morgen, als sie mit ihrem Mann zu dem Termin fuhr, lag dichter Nebel über Chicago. Als klar wurde, daß sie zu spät kommen würden, rastete sie aus. Sie war davon überzeugt, daß die Einweisung in die Abteilung für dissoziative Störungen am Rush-Krankenhaus ihre letzte und beste Chance war, Hilfe zu finden. Als sie endlich im Krankenhaus angekommen waren, wurde ihr am Empfang mitgeteilt, Dr. Braun stünde nicht mehr zur Verfügung. Anne zitterte und war den Tränen nahe. Nach einer Weile überredeten sie die Angestellte in der Aufnahme, Dr. Braun ausrufen zu lassen. »Als er schließlich in die Empfangshalle kam, war ich in einer richtigen Krise. Ich war völlig durcheinander«, erinnert sich Anne. »Seine ersten Worte mir gegenüber waren: ›Hoffentlich haben Sie einen guten Grund, denn ich hatte einen sehr wichtigen Termin.‹« Anne hatte das Gefühl, sie würde jetzt besser mit jeder einzelnen Persönlichkeit aus ihrem Repertoire aufwarten, um zu zeigen, was für ein schwerer Fall sie sei.

Im Lauf des Tages traf sie sich mehrere Male mit Dr. Braun und Dr. Sachs. Frau Dr. Sachs brachte ihr bei, wie sie unter Hypnose per Fingerzeichen direkt mit ihrem Unbewußten kommunizieren könne. Und sie sagte Anne, daß sie sich wegen der Schnelligkeit, mit der sie die Technik erlernt hätte, sehr darauf freue, mit ihr zu arbeiten. Am Abend wurde entschieden, daß Anne für drei Monate ins Krankenhaus aufgenommen werden sollte und daß Mark, den bis dahin dort noch niemand gesehen hatte, für sechs bis acht Wochen zur Beobachtung kommen sollte. Im März 1986 war schließlich ein Platz in der Abteilung frei, und Anne und Joseph machten sich erneut auf den Weg nach Chicago.

Am Morgen ihrer Aufnahme ins Krankenhaus fragte sie Dr. Braun in der Empfangshalle, ob sie als Kind mißbraucht worden sei. Als Anne ihm erzählte, das sei nicht der Fall, schüttelte er den Kopf und sagte, das müßte doch so sein, denn bei 97 Prozent aller Personen mit Multipler Persönlichkeitsstörung läge Kindesmißbrauch vor. Sie berichtete ihm vom Selbstmord des Nachbarn und vom frühen Tod ihrer Schwester, versicherte ihm jedoch, daß sie nicht mißbraucht worden sei. Darauf antwortete Dr. Braun, so Anne, daß sie sich möglicherweise jetzt nicht daran erinnere, die Erinnerungen wahrscheinlich ins Unbewußte verdrängt hätte und diese während der Behandlung hervorkommen würden.

Da sie während ihrer Ehe nur selten die Nacht über von ihrem Mann getrennt gewesen war, gestalteten sich die ersten Therapiewochen für Anne recht schwierig. Außerdem stritt sie sich sofort mit Dr. Braun darüber, ob sie anfangen sollte, das Beruhigungsmittel Xanax und das Herzmittel Inderal zu nehmen. Er informierte sie darüber, daß Inderal vom Bundesgesundheitsamt nicht für die Behandlung von MPS zugelassen worden sei. Er sei jedoch der Meinung, daß es für ihre Behandlung von entscheidender Bedeutung sei, daß sie an dem Forschungsprogramm teilnehme, das er für die Herstellerfirma durchführte.

Nachdem sie sich einige Wochen lang geweigert hatte, die Medikamente zu nehmen, drohte ihr Dr. Braun, sie würde, wenn sie sich nicht an diesem Programm beteilige, aus der Abteilung herausgenommen und an ein staatliches Krankenhaus überwiesen werden. »Er sagte, er würde mich in das Chicago Reed Psychiatric Hospital stecken, das als Ort des Grauens galt. Er verbrachte viel Zeit damit, mir zu beschreiben, welche Erfahrungen ich in einer solchen Einrichtung machen würde.« Auch andere Ärzte und Krankenschwestern übten Druck auf Anne aus. Schließlich setzte Dr. Braun ihr eine letzte Frist von einer Woche, bis dahin müsse sie sich zur Zusammenarbeit bereit erklären. Zu dem Zeitpunkt, als Anne vor dieses Ultimatum gestellt wurde, war ihr Sohn einige Stockwerke tiefer in der Kinderabteilung aufgenommen worden. Ein paar Tage später, an Annes dreißigstem Geburtstag, nahm Dr. Braun sie mit zur Visite bei dem fünfjährigen Mark. Dr. Braun beobachtete, wie sie mit ihrem Sohn sprach und spielte. Auf dem Rückweg zu Annes Abteilung fragte er sie, ob ihr der Besuch gefallen habe. Sie erzählte ihm, wie sehr sie ihre Kinder vermisse. Nach Annes Darstellung deutete er an, daß sie Mark häufiger sehen könne, wenn sie die Medikamente nehmen würde. Daraufhin erklärte sie sich sofort dazu bereit. Zurück in ihrer Abteilung bekam Anne auf der Stelle ein Beruhigungsmittel und ihre erste kleine Dosis Inderal, die langsam gesteigert werden sollte.

Anne wurde täglich mehrmals hypnotisiert. Zu einem typischen Tagesablauf gehörte, daß ein angehender Mediziner, eine Krankenschwester aus der Psychiatrie, Dr. Sachs und Dr. Braun jeweils eine Stunde oder mehr mit ihr verbrachten und mit ihren verschiedenen Persönlichkeiten sprachen. Zu Beginn der Behandlung nahmen die Befragungen durch den Assistenzarzt häufig mehrere Stunden in Anspruch, und es war nicht ungewöhnlich, daß sie einen Großteil des Abends mit ihm telefonierte. Nach dem, was er ihr erzählte, hatte er von Dr. Braun den speziellen Auftrag, etwas über den Kindesmißbrauch bei ihr herauszufinden. Zwischen den Sitzungen unterhielt sie sich oft mit ihrer Zimmernachbarin oder verbrachte ihre Zeit damit, zwischen verschiedenen Persönlichkeiten hin und her zu wechseln. Bald erfuhr sie, daß andere Patientinnen schreckliche Geschichten über ihren Mißbrauch durch satanische Sekten aufdeckten. Bei der Maltherapie sah sie, daß andere Patientinnen Bilder von Figuren in Kutten und merkwürdigen Altären malten. Einmal beobachtete sie, wie eine Patientin einen roten Stift nahm und wie wild ihren ganzen Körper bemalte. Ihre Zimmernachbarin erzählte ihr Geschichten, wie sie rituell vergewaltigt worden sei und wie sie Menschenfleisch essen mußte. Eine weitere Patientin zeigte ihr Polaroid-Fotos von einer Szene rituellen Mißbrauchs, die sie in einem Sandkasten mit Hilfe von Plastikfiguren nachgebaut hatte. Doch am erschreckendsten war wohl, daß alle, vom Krankenhauspersonal bis zu den Patientinnen, ständig davon ausgingen, auch sie würde sich bald an ähnliche Horrorgeschichten erinnern.

Anderthalb Wochen nachdem sie mit der täglichen Hypnose und der Einnahme von Medikamenten begonnen hatte, saß Anne eines Tages in ihrem Zimmer und stellte sich vor, sie sei eine ihrer anderen Persönlichkeiten, als Dr. Braun zur Tür hereinkam. Er sagte, er sei gerade in der Kinderabteilung gewesen, habe mit Mark gesprochen und würde ihr jetzt gern noch eine Frage stellen. An seiner Stimme erkannte Anne, daß es eine wichtige Frage sein würde. Dr. Braun fragte sie, ob sie jemals in ihrem Leben Menschen gekocht und gegessen habe. Sie war selbst überrascht, daß sie mit einem einzigen Wort antwortete: »Ja.«

Anne erinnert sich daran, daß er »einen Gesichtsausdruck hatte, als wolle er ›Bingo!‹ sagen. Zu mir meinte er: ›Das wollte ich hören‹, und ging hinaus.« Anne war erschüttert und verwirrt über ihre Antwort. Sie nahm ihre Bibel, schlug sie an irgendeiner Stelle auf und las einen Vers, der sich auf die Vertreibung der Juden und die Opfer zur Wiedergutmachung der Sünden bezog. Der Vers, so meinte Anne, enthielt die Botschaft, daß sie Dr. Brauns Frage richtig beantwortet hatte. In der nächsten Therapiesitzung erzählte er ihr, die Tatsache, daß sie den Kannibalismus eingestanden habe, sei ein Durchbruch bei ihrer Behandlung. Die Medikamente und die Hypnose begännen zu wirken, und die schrecklichen, unterdrückten Teile ihrer Vergangenheit kämen langsam an die Oberfläche. All die Augenblicke in ihrer Vergangenheit, die sie bislang in der Therapie erkundet hatte – die schmerzvolle Schwangerschaft, der Tod ihrer Schwester, der Selbstmord ihres Nachbarn –, hatten von nun an keine Bedeutung mehr, da sie ja auf der Suche nach verborgenen Erinnerungen an satanischen Mißbrauch war. Ungefähr zur selben Zeit erlebte sie bei einer Sitzung mit dem Assistenzarzt einen weiteren Durchbruch. Gegen Ende einer dreistündigen hypnotischen Trance, während der sie eine ihrer jüngeren Persönlichkeiten ausagiert hatte, schaffte es der Student, sie per »Altersregression« an einen Tag zurückzuversetzen, an dem sie ihren Vater in der Limonadenfabrik besuchte, in der er arbeitete. Als sie mit einer kindlichen Stimme die Szene beschrieb, stellte sie sich bildlich vor, wie ihr Vater und dessen Kollegen sie sexuell mißbrauchten.

Während der nächsten Wochen und Monate deckte sie in immer größerem Tempo Mißbrauchsszenen auf. Die Bilder enthielten satanische Riten, auch den Ritualmord an Menschen. Obwohl sich Anne bei allen Therapeuten solche Szenen vorstellte, erinnert sie sich, daß Dr. Sachs bei ihrer Suche nach solchen Geschichten am unerbittlichsten war. Zu Beginn jeder Sitzung gab sie ganz genau an, welche Art von Erinnerungen sie sich für diesen Tag von ihr erhoffte. Nachdem sie Anne hypnotisiert und aufgefordert hatte, eine ihrer Persönlichkeiten anzunehmen, half sie ihr dabei, sich eine Szene auszumalen. Wenn es sich um ein Ritual im Freien handelte, sagte sie etwa: »Es ist eine kühle Herbstnacht, und Sie sind draußen im Dunkeln. Können Sie die Sterne sehen?« Sobald Anne zugestimmt hatte, ja, sie könne die Sterne sehen, ging Dr. Sachs zum nächsten Detail über. »Es sind Blätter auf dem Boden. Können Sie sie riechen?«

»Und ziemlich bald konnte ich die Blätter riechen«, erinnert sich Anne. »Dann fragte sie so etwas wie: ›Schauen Sie sich um, ob Ihre Mutter da ist.‹ Und ich blickte mich um und konnte meine

Mutter sehen. Danach fragte sie mich, wer sonst noch da sei, und ob sie Kapuzen trügen. Also erkannte ich recht bald, daß sie alle Kapuzen und Kutten trugen.«

Die lenkenden Fragen gingen über das reine Ausmalen der Szenerie hinaus. Hatte sich Anne erst einmal ein klares Bild von einer Szenerie für ein satanisches Ritual gemacht, fragte sie Dr. Sachs beispielsweise, ob sie jemanden schreien hören könne. Wenn Anne sich vorstellen konnte, jemanden schreien zu hören, fragte Dr. Sachs sie, wer diese Person sei und ob sie an dem Ritual teilnähme. Oft führte sie Anne direkt zum zentralen Akt der Zeremonie und hörte dann plötzlich mit den suggestiven Fragen auf. Je mehr sich die Einzelheiten in ihrer Vorstellung herauskristallisierten, desto stärker wurden Annes Emotionen. Sie erinnert sich zum Beispiel daran, daß Dr. Sachs sie bis zu dem Moment führte, in dem sie sich selbst sah, wie sie sich mit einem Dolch in der Hand über eine schwangere Frau beugte.

»Sie sagte dann: ›Sie wollten dieses Messer nicht in der Hand halten, und Sie wollten nicht tun, was Sie tun mußten‹«, berichtet Anne. »Ich war stark beteiligt an diesen Szenen und sehr verstört über die Ereignisse, die ich sah. Ich konnte schmecken, fühlen und hören, wonach sie fragte, und alles erschien mir so real. Ich kam zum entscheidenden Augenblick der Zeremonie, und an dieser Stelle hielt sie inne. Genau von diesem Punkt an sollte ich die Erinnerung an das wiederfinden, was ich getan hatte.« Diese Vorgehensweise, der nach Annes Schilderung auch Dr. Braun folgte, ließ wenig Zweifel daran, worum es in der vorgestellten Szene gehen sollte. Sobald Anne sich in allen Einzelheiten vergegenwärtigt hatte, was für ein Gefühl es ist, ein Opfer zu erstechen, fing Dr. Sachs erneut an, Fragen zu stellen; so führte sie Anne aus der Szene heraus und versicherte ihr, daß sie gezwungen worden sei, jene Taten auszuführen.

Obwohl die Szenen bei Dr. Sachs im allgemeinen die grauenvollsten waren, entdeckte sie ähnliche Szenarien, wenn sie von Dr. Braun, den Krankenschwestern oder dem Assistenzarzt hypnotisiert wurde. Ergänzt wurden diese Sitzungen durch eine Maltherapie, wo sie Bilder von dem Mißbrauch, unter dem sie gelitten hatte, malte. In jeder Sitzung »durchlebte« sie eine neue Szene oder erzählte eine Szene, die bereits aufgetaucht war, noch einmal. Da dieser Prozeß mindestens viermal pro Tag ablief, entstanden so viele Szenen, daß sie Schwierigkeiten hatte, auf dem laufenden zu bleiben. »Wenn es bei einer Szene nicht darum ging, ein Baby zu töten, dann ging es darum, eine schwangere Frau zu töten, auf einem Altar vergewaltigt zu werden oder jemand anders zu vergewaltigen«, sagt Anne. »Immer und immer wieder. Man kann es sich nur schwer vorstellen, aber man fängt an, gegenüber diesen Geschichten abzustumpfen.«

In den restlichen Frühjahrswochen und den ganzen Sommer über sprudelten die Geschichten über die satanische Sekte nur so aus ihr heraus und nahmen immer mehr Form an. Während es bei einigen der Geschichten um bestimmte Szenarien ging, konzentrierten sich andere auf größere Lebensabschnitte und gaben ihr einen Überblick über das, was mit ihr geschehen war. Sie fingen an, eine Handlung aufzubauen, mit deren Hilfe die Struktur der Sekte und die sich ändernde Position von Anne innerhalb der Organisation erklärt wurden. Häufig geschah es direkt nach einer Therapiesitzung, wenn Anne emotional ausgelaugt war, daß sie Einblicke in die Funktionsweise und die Mitgliedschaft der Sekte bekam.

Anne erinnert die Sitzungen bei Dr. Sachs als brutal. Das Tempo, mit dem sie Szenen voller sexueller Gewalt in der Sekte durchleben mußte, war außerordentlich hoch, und die Haltung von Dr. Sachs erschien Anne kalt und grausam. Bei Dr. Braun entwickelten sich die Szenen langsamer. Sein Verhalten während der Sitzungen überzeugte Anne davon, daß es sich bei ihm um einen ausgesprochen fürsorglichen Arzt handelte, bei dem ihr Wohlergehen ganz obenan stand. Die Therapiesitzungen konnten zu jeder Zeit stattfinden. Häufig kamen Dr. Braun oder Dr. Sachs nach Mitternacht herein und weckten sie auf, bevor sie mit der Hypnose begannen. Weil Dr. Braun wie auch Dr. Sachs jederzeit zu einer Sitzung auftauchen konnten, war es unter den Patientinnen immer ein Thema, wann die Therapeuten kommen und zu wem sie zuerst gehen würden.

Die Therapiesitzungen fanden fast immer im Patientenzimmer statt. Dr. Braun hängte gewöhnlich ein Schild an die Tür, auf dem

THERAPEUTISCHE SITZUNG stand, zog seinen Arztkittel aus und setzte sich zu ihr auf den Bettrand. Um sie zu hypnotisieren, ließ er sie auf die leere Wand starren und bat sie, sich auf seine Stimme zu konzentrieren. Er sagte ihr, sie solle alles in ihrem Bewußtsein ruhig werden lassen, und instruierte sie dann, eine bestimmte Persönlichkeit hervortreten zu lassen. Während der Sitzungen, so erinnert sich Anne, hielt er häufig ihre Hand, um sie zu trösten, wenn er ihr half, die Folterungen zu beschreiben, die sie durchlitten hatte. Am Ende einer Sitzung küßte er sie manchmal auf die Wange oder auf die Stirn oder legte ihren Kopf auf seine Schultern und streichelte ihren Hinterkopf. »Er machte mir klar, daß ich für ihn wirklich eine besondere Patientin war. Er vermittelte mir den Eindruck, daß er sich persönlich für meinen Fall einsetzte.«

Obwohl die Erinnerungen bei Dr. Braun langsamer hochkamen als bei Dr. Sachs, waren sie doch genauso emotional und im psychologischen Sinne schmerzhaft. Dr. Braun erklärte ihr, daß ihre traumatischen Erlebnisse zu einem Zeitpunkt im Gedächtnis enkodiert worden seien, in dem sie angsterfüllt und emotional erschöpft war. Um Zugang zu diesen Erinnerungen zu bekommen, sei es deshalb notwendig, daß sie sich wieder in demselben angstvollen Zustand befinde. Manchmal brachte Dr. Braun sie für eine »Sitzung zum Abreagieren« in einen Raum, der »Ruhezimmer« genannt wurde. Im Ruhezimmer stand ein Bett, das mit Lederriemen für Arme, Beine und Rumpf ausgestattet war. Anne erfuhr, daß Dr. Braun den so eingerichteten Raum dazu nutzte, Erinnerungen durchleben zu lassen, die so schrecklich waren, daß eine nicht angeschnallte Patientin sonst sich selbst oder Dr. Braun verletzen könnte. Sie erinnert sich, auf dem Weg zu diesem Zimmer intensive Angstgefühle gehabt zu haben, daß die Erinnerung, die sie bald erleben würde, etwas wirklich Schreckliches sein würde. Wenn Dr. Braun sie anschnallte, polsterte er ihre Hand- und Fußgelenke mit Handtüchern, um Quetschungen zu verhindern.

Sobald sie angeschnallt war, erklärte er die Grundregel: Sie würden den Vorgang erst dann beenden, wenn sie sich ganz durch die traumatische Erinnerung hindurchgearbeitet hätte. Nachdem er sie in Trance versetzt hatte, gab er an, welche Art von Erinnerungen sie aufdecken würden. In einem Fall bestand die Szene, die Anne »durchlebte«, darin, daß sie vergewaltigt wurde, während sie auf einen Altar gebunden war. »Er fragte mich: ›Erinnern Sie sich daran, was für ein Gefühl es war, die Kontrolle zu verlieren?‹ oder ›Erinnern Sie sich, was für ein Gefühl es war, nicht in der Lage zu sein, die Beine zu bewegen?‹ Natürlich konnte ich diese Gefühle sehr gut verstehen, weil das ja gerade in dem Moment mit mir geschah, in dem er diese Fragen stellte. So verwirrt ich zu jener Zeit auch war, ich wußte doch, daß das falsch war. Ich wußte, daß man so etwas mit keinem Menschen macht.«

Dr. Brauns Fragen suggerierten, wie die von Dr. Sachs, viele Details. Während Anne die Vergewaltigungsszene auf dem Altar durchlebte, fragte Dr. Braun unter anderem, ob sie den Alkohol im Atem der Person, die sie vergewaltigte, riechen könne. Anne war inzwischen Meisterin darin, den Inhalt einer Frage sofort in die Erinnerung zu übernehmen. Sobald Dr. Braun nach einem Detail fragte, konnte sie es sich sofort vorstellen.

Die Sitzungen zum Abreagieren im Ruhezimmer ängstigten Anne in besonderer Weise. Wenn Patientinnen in diesem Raum verschwanden, konnte man die Schreie oft im gesamten Flur hören. Eine Patientin mußte in ihr Zimmer zurückgetragen werden. Anne sah, wie Dr. Sachs die erschöpfte und weinende Patientin festhielt.

Trotz seiner brutalen Behandlungsweise schien Dr. Braun häufig ein Gutteil der Leiden, die Anne durchmachte, mitzuempfinden. Sie erinnert sich an Sitzungen, in denen er zusammenbrach und ebenfalls weinte; manchmal unterbrach er sie und sagte, er könne nicht weiter zuhören. Zu anderen Zeiten schien es Anne, daß Dr. Braun gar nicht genug von den Geschichten, die sie entwickelten, hören konnte. Mehrere Male, als Anne Szenen sexueller Gewalt beschrieb, entschuldigte er sich, daß er erregt worden sei.

Weil der Kannibalismus eine wichtige Rolle in der Therapie spielte, bekam Anne Schwierigkeiten mit dem Essen und verlor rasch an Gewicht. Mit dem, was Dr. Braun Anne gegenüber als Versuch darstellte, näher an ihre Erinnerungen heranzukommen, erzeugte er in ihr häufig neue Aversionen gegen das Essen. Eines Abends fragte er während des Essens, so Anne, woher sie wisse, daß der Hamburger, den sie äße, nicht aus Menschenfleisch sei. Bei einer anderen Gelegenheit fragte er sie, ob der Hüttenkäse sie an irgend etwas erinnere und ob sie jemals ein menschliches Gehirn geöffnet habe. Obwohl es schwer ist, sich vorzustellen, wie man mit solchen Fragen einen therapeutischen Zweck verfolgen kann, glaubte Anne zu diesem Zeitpunkt daran, daß Dr. Braun alles nur zu ihrem Wohl mache. »Wenn er sagte, daß es derartige Fragen seien, die mithelfen würden, mich zu heilen, dann war es egal, wie schrecklich alles war; ich war gewillt, da durchzugehen«, sagt Anne. »Ich glaubte, er wollte mir helfen, meine Vergangenheit zu verstehen und darüber hinwegzukommen. Ich vertraute ihm wirklich.«

In vielerlei Hinsicht ähnelten die satanischen Szenen, die sich Anne vorstellte, denen, die sie von anderen Patientinnen der Abteilung kannte, oder waren identisch mit ihnen. Sie erfuhr, daß ihre Familie seit Generationen – seit 1604 – einer satanischen Sekte angehörte. Sie glaubte, sie sei vergewaltigt und gezwungen worden, ihre eigenen, rituell abgetriebenen Föten zu essen. Sie war auch davon überzeugt, daß sie an Opferungen von Kindern und Erwachsenen teilgenommen hatte. Sie fing an, Geschichten von der Sekte nicht nur aus ihrer Kindheit, sondern auch aus ihrem Erwachsenenleben wiederzuentdecken. Obwohl sie keine »normale« Erinnerung an diese Erlebnisse hatte, wiesen ihre wiederentdeckten Erinnerungen darauf hin, daß sie der Sekte bis zum Zeitpunkt angehörte, als sie in die Klinik kam, und ihre Ärzte hatten den Verdacht, daß sie immer noch telefonisch und brieflich mit der Organisation in Kontakt sein könnte. Im weiteren Verlauf der Therapie deckten sie auf, daß sie in der Sekte bis zum Rang einer »Hohenpriesterin« aufgestiegen war – eine Position, in der sie angeblich für neun Bundesstaaten verantwortlich war.

Selbst damals, als Anne die Geschichten von ihrer Beteiligung an der Sekte erzählte, erkannte sie, daß ihre Erzählungen unlogisch und widersprüchlich waren und oft ans Unmögliche grenzten. Während sie bestimmte Szenen durchlebte, änderten sich die Charaktere und Szenerien häufig wie in einem Traum. Sie beschrieb brennende Fackeln als Sexualinstrumente, Beerdigungen, die Tage andauerten, und daß sie im Jahr Fleisch von 2000 Menschen essen mußte. Ihr Wissen, daß sie ihre Menstruation erst bekam, nachdem sie schon längst auf der High-School war, hielt sie nicht davon ab, zu glauben, daß sie als Jugendliche zahlreiche Male schwanger gewesen sei. Ihrer Aufgabe als Hohepriesterin, bei der sie ihrer Meinung nach häufig in andere Bundesstaaten reisen mußte, ging sie angeblich ohne Wissen ihres Mannes nach.

Dr. Braun half ihr immer, so berichtet Anne, Erklärungen für die unwahrscheinliche Seite ihrer neuen Überzeugungen zu finden. Um zu untermauern, daß sie in der Lage gewesen sei, im Jahr Fleisch von 2000 Menschen zu essen, entwickelten sie und Dr. Braun die Theorie, daß die Sekte ein Netz von Computern haben müsse und eine Spedition, die mit der Aufgabe betraut war, die Leichen anzuliefern. Woher kamen die Leichen? Einige, glaubten sie, waren die von Obdachlosen, andere kamen aus Altersheimen und wieder andere waren die von Babys, die für Opferungen ausgetragen wurden. Wann immer es möglich war, nutzte Dr. Braun ihre Erinnerungen aus der Zeit vor der Therapie, um ihre Überzeugungen zu untermauern. Die Tatsache beispielsweise, daß sie sich daran erinnerte, vor der High-School ihre Periode noch nicht regelmäßig gehabt zu haben, war der Beweis, daß sie als Jugendliche praktisch ständig schwanger war. Wenn Einzelheiten auftauchten, die einfach zu phantastisch waren, um erklärt werden zu können, versicherte ihr Dr. Braun einfach, daß die Fakten, wenn sie sich nur genügend Zeit ließen, alle irgendwann einen Sinn ergäben.

Als die anderen Patientinnen in der Abteilung von Annes Position in der Sekte erfuhren, bauten sie sie in ihre eigenen Mißbrauchsgeschichten mit ein. Dr. Braun erzählte ihr, daß andere Patientinnen gesehen hätten, wie sie die Zeremonien der Sekte, bei denen sie selbst mißbraucht worden seien, geleitet hätte. Anne sagt, er hätte ihr sogar erzählt, daß ihm eine andere Patientin Fotos gezeigt hätte, die von ihr gemacht worden seien, als sie an einem Treffen der satanischen Sekte in einem anderen Bundesstaat teilnahm. Als sie darum bat, die Bilder anschauen zu dürfen, sagte er ihr, sie sei noch nicht so weit. Sie erfuhr auch, daß eine andere Patientin sie bezichtigt hätte, deren Kind getötet und gegessen zu haben. Teils weil sie als Sektenführerin galt und teils weil ihr Dr.

Braun besonders viel Aufmerksamkeit schenkte, wurde Anne zunehmend von den anderen Patientinnen gemieden. Wenn sie dazukam, verstummten Gespräche plötzlich, und die Frauen weigerten sich, beim Essen neben ihr zu sitzen.

Je bedeutender Annes Position innerhalb der satanischen Sekte wurde, desto wichtiger schien sie auch für Dr. Braun zu werden. Mehrmals begleitete sie ihn zu Konferenzen, wo er Vorträge über MPS hielt. Wenn Reporter mit einer MPS-Patientin sprechen wollten, bat er häufig Anne, sich interviewen zu lassen. Auf Vorschlag von Dr. Braun hielt sie bei einer Konferenz einen Vortrag über ihre Krankengeschichte und den Verlauf ihrer Behandlung. Zu jener Zeit lief auch der Mehrteiler mit ihr und Dr. Braun im Lokalfernsehen.

So, wie Anne selbst ihre Behandlung beschreibt, und nach dem, was Dr. Braun damals öffentlich erklärte, wird deutlich, daß er ernsthaft an die satanischen Geschichten glaubte, die er aus seinen Patientinnen herauslockte. Er sprach ständig mit Anne über seine Angst, daß Sektenmitglieder darauf aus seien, ihn wegen seiner Arbeit zu töten. Er erzählte Anne, daß er sein Haus über einen Strohmann gekauft habe, damit kein öffentlich zugängliches Dokument seine Privatadresse enthielt, und erwähnte auch, daß jemand versucht hätte, ihn von der Autobahn abzudrängen.

Viele Male kam Dr. Braun zu Anne, um Informationen über die Arbeitsweise der Sekte zu bekommen. Wenn sie unter Hypnose in die Rolle der Hohenpriesterin versetzt war, bestätigte und bekräftigte sie viele seiner Theorien und Mutmaßungen. Häufig zeigte er ihr Postkarten mit Genesungswünschen, die andere Patientinnen bekommen hatten, und bat sie, für ihn die in den Bildern und Texten verborgenen Nachrichten der Sekte zu deuten. Die Grußformeln wie die Farben enthielten danach unterschiedliche satanische Botschaften. Sie analysierte auch Telefonnummern, Termine und Blumensträuße. Obwohl sich Anne nicht ganz sicher ist, wie sie gerade auf die jeweiligen Formulierungen kam, war es ganz einfach für sie, auf Dr. Brauns Fragen zu antworten: Sie sah sich die Telefonnummer oder die Postkarte intensiv an, und die Antworten fielen ihr ganz plötzlich ein. Jede neue Deutung baute auf früheren

Antworten auf; so wurde ein komplexes Vokabular entwickelt, mit dessen Hilfe ihrer Meinung nach die Sekte mit ihren widerspenstigen Mitglieder im Rush-Krankenhaus kommunizierte.

In einer weiteren Serie therapeutischer Sitzungen stellte sich Anne einen riesigen Computerraum vor, von dem aus die satanische Sekte gesteuert wurde; sie verbrachten Wochen damit, seine Lage und das Computerprogramm herauszufinden, mit dessen Hilfe man das System zerstören konnte. Bei einer anderen Sitzung zeigte ihr Dr. Braun ein Foto von einem Redner und sagte, er wisse, daß dieser Mann einer der Sektenführer sei. Er bat Anne nur, den Vornamen zu nennen; er wisse, daß sie nicht den vollen Namen angeben könne, weil sie sonst Angst haben müsse, von der Sekte getötet zu werden. Als sie zögerte, nannte er zwei Namen und bat sie, einen davon auszuwählen. Und als sie daraufhin einfach einen riet, nickte er und sagte ihr, daß sie seinen Verdacht bestätigt habe.

Als Anne Dr. Braun fragte, warum bisher niemand Hinweise auf die satanische Sekte gefunden habe, sagte er, ursprünglich habe auch niemand geglaubt, daß der Holocaust stattgefunden hat. Bei einem Zivilprozeß in Kalifornien, wo er über seine Meinung zu rituellem Mißbrauch befragt wurde, äußerte er sich entsprechend: »Wie viele Menschen glaubten das, was die Nazis oder die Kambodschaner taten? Sie konnten das verbrannte Fleisch riechen, Menschen kamen nicht mehr nach Hause. Trotzdem wurde grausam geleugnet ... Menschen tun anderen Menschen schreckliche Dinge an.«[3]

Als sich Annes Überzeugungen gefestigt hatten, verständigte Dr. Braun das FBI. Bei einer Zusammenkunft erzählte sie den Beamten alles über die Sekte. Sie nannte die Namen von Ärzten, Rechtsanwälten und Politikern, die ihrer Meinung nach darin verwickelt waren. Zu diesem Zeitpunkt umfaßte Annes und Dr. Brauns frei phantasierte Sektenverschwörung Firmen und Organisationen wie AT&T, Hallmark-Grußkarten, die CIA und den Blumenversand FTD. Auch die Fernseh-Wohltätigkeitsgala von Jerry Lewis gehörte dazu, weil Anne glaubte, daß es sich bei den Spendensummen, die dort auf der Tafel gezeigt wurden, in Wahrheit um geheime Botschaften handele, die Instruktionen für Sektenmitglieder im ganzen Land enthielten. Als es dem FBI nicht gelang, Indizien für Dr. Brauns Theorien zu finden, galt auch das FBI als Teil der satanischen Verschwörung. Monate später erzählte Dr. Braun Anne, daß er gerade eben einem Mordanschlag entkommen sei, den das FBI auf ihn verüben wollte.

Als handfeste Beweise für Dr. Brauns Theorien ausblieben, weitete sich die Verschwörung zum Schutz der Satanisten noch mehr aus. 1988, zur Zeit, als er Anne behandelte, sagte er selbstgewiß in einer Rede: »Wir haben es mit einer nationalen und internationalen Organisation zu tun, deren Struktur auf gewisse Weise der von kommunistischen Zellen ähnelt.«[4] Dr. Brauns Angst vor Mordanschlägen, ein Beleg für seinen Glauben an die Geschichten, erwies sich als Belastung für seine Ehe. Seine Frau Jane empfand ihn in dieser Zeit als »paranoid«. »Er schaute gewöhnlich nach hinten und lief einmal um den Wagen herum, ehe er einstieg«, erinnert sie sich. »Eine Reise nach Wisconsin konnte er nicht richtig genießen, weil er ein Satanssymbol an einer Scheunenwand gesehen hatte.«[5]

Anne erinnert sich: »Wenn Dr. Braun über die Bedeutung der von uns geleisteten Arbeit sprach, vermittelte er mir das Gefühl, daß die Leiden, die ich durchmachte, einem höheren Zweck dienten.« Sie war so felsenfest von dem überzeugt, was sie da machten, daß selbst die Aussicht auf eine Gefängnisstrafe sie nicht davon abhielt, sich gegenüber den FBI-Beamten des Mordes zu bezichtigen. »Obwohl alles so quälend war, hatte ich das Gefühl, ich sei das der Welt schuldig, und allen Menschen, die ich getötet hatte, und allen Müttern, die um ihre Kinder trauerten, die nie wieder nach Hause kommen würden. Ich hatte das Gefühl, ich sei es Gott schuldig, das wiedergutzumachen.«

Es überrascht nicht, daß die Beziehung zu ihrer Mutter und zu ihrem Vater in dieser Zeit immer schlechter wurde. Sie analysierte gemeinsam mit Dr. Braun den Inhalt ihrer Telefonanrufe und Briefe; dabei kamen sie zu der Erkenntnis, daß ihre Eltern ihr geheime Befehle der Sekte übermittelten, sich selbst zu töten. Die Angst, daß Annes Eltern ihren Tod wollten, hielt Dr. Braun jedoch nicht davon ab, sie zu bitten, in ihrem Elternhaus nach Kinderbildern zu suchen, als die Produzenten einer Fernsehsendung sagten, sie könnten sie gut gebrauchen.

Als ihre Eltern zu Besuch kamen, inszenierte Dr. Braun für das Zusammentreffen ein ausgeklügeltes Drehbuch, das einem Spionagefilm gut angestanden hätte. Weil er nicht wollte, daß die Eltern die Abteilung für dissoziative Störungen sahen, ließ er Anne, eskortiert von einem bewaffneten FBI-Beamten und einem breitschultrigen Pfleger, zum Schwesternwohnheim auf der anderen Straßenseite bringen. Anne und Dr. Braun beschlossen auch, daß sie ihren Eltern ein geheimes Signal geben sollte (die Halskette abnehmen), daß sie immer noch unter dem Einfluß der Sekte stand. Auf diese Weise würden sie nicht versuchen, sie zu töten. Das Treffen fand in einer so angespannten Atmosphäre statt, daß es nur wenige Minuten dauerte.

Als ob die in der Therapie eingeschlagene Richtung noch nicht verrückt genug gewesen wäre, kam für eine gewisse Zeit Dr. Walter Young zum Klinikpersonal hinzu. Er half den Klientinnen nicht nur, verdrängte Erinnerungen aus diesem Leben aufzudecken, sondern auch aus früheren Leben. Mit Unterstützung von Dr. Young und Frau Dr. Sachs erinnerte sich Anne daran, einmal ein kleines britisches Mädchen, das bei einem Feuer umkam, und anschließend Katharina die Große gewesen zu sein. Als Dr. Young am Rush-Krankenhaus war, sprach er, so Anne, auch von der Möglichkeit, eine Séance abzuhalten. Das sollte geschehen, weil man hoffte, mit den Seelen jener Menschen in Kontakt zu treten, die Anne getötet hatte, und herauszufinden, wer sie waren, um auf diese Weise dokumentieren zu können, was geschehen war.

Das Leben ihres Sohnes Mark verlief während der Therapie in ähnlich absonderlichen Bahnen. Als er im Alter von fünf Jahren ins Krankenhaus eingewiesen wurde, machte er einen so normalen Eindruck, daß die leitende Kinderpsychiaterin Dr. Elva Poznanski überredet werden mußte, ihn überhaupt in der psychiatrischen Abteilung zu belassen. Die Krankenschwestern, die Mark zu Beginn der Behandlung unter ihrer Obhut hatten, bestätigten, daß es sich bei ihm anscheinend um ein normales Kind handelte. Nach ihren Aufzeichnungen ergaben sich bei ihm keinerlei Hinweise auf multiple Persönlichkeiten, er zeigte gute verbale Fähigkeiten, war angepaßt, schlief tief und aß ausreichend. Er wurde einer ganzen

Reihe psychologischer und medizinischer Tests unterzogen; seine Werte lagen dabei im normalen Bereich oder etwas darüber. Nur bei einem einzigen Test lag er ganz leicht unter dem Durchschnitt seiner Altersgruppe.

Nicht lange nachdem er ins Krankenhaus gekommen war, gab es jedoch Probleme. Ursprünglich war sein schlechtes Benehmen wohl die Reaktion darauf, daß er von Zuhause und von seinen Eltern getrennt worden war. Mehrmals versuchte er, seinen Vater bei dessen wöchentlichen Besuchen mit Gewalt vom Weggehen abzuhalten. »Helft mir, helft mir«, schrie Mark nach dem Bericht der Krankenschwester einmal. »Macht doch etwas, daß er hier bleibt.« Bei einem anderen Besuch versuchte er, seine Tür zu verbarrikadieren, damit sein Vater nicht gehen konnte, und sagte: »Bitte geh' nicht, Papa! Wann kommst du wieder? Eine Woche dauert so lang.« Er bettelte auch um die Aufmerksamkeit und um die Zeit seiner Mutter, die ihn an den meisten Tagen besuchte. Meist benahm er sich schlecht, wenn – wie das häufig geschah – einer ihrer geplanten Besuche von Dr. Braun abgesagt wurde.

Aus den Berichten der Krankenschwestern geht klar hervor, daß Mark eins schnell gelernt hatte: Wenn er über irgend etwas Gewalttätiges sprach, schenkten ihm die Krankenschwestern und Ärzte mehr Beachtung. Mehrere Male notierten die Krankenschwestern, daß Mark meinte, er müsse gewalttätig reagieren oder über Gewalttaten sprechen, um ihre Aufmerksamkeit auf sich zu ziehen. Eine Krankenschwester schrieb, daß Mark »sich immer häufiger auf Gewaltthemen bezieht ..., nach Aufmerksamkeit heischt, indem er darüber redet oder Entsprechendes tun will, und das alles, damit man seine Grundbedürfnisse befriedigt.« Auf die Frage, woher er seine plastische Sprache habe, sagte er bloß: »Aus dem Fernsehen.« Als er nach einem Nachmittag mit seinem Vater und seinem Bruder widerstrebend in die Abteilung zurückkam, erzählte Mark einer Schwester: »Ich werde mich umbringen.« Als die fragte, warum er das wolle, antwortete er: »Um Sie glücklich zu machen.«

Außerdem schien er zu der Überzeugung gekommen zu sein, daß die Besuche seiner Eltern davon abhingen, ob er sich schlecht benahm und Gewaltphantasien beschrieb. »Ich muß wilde Sachen machen, damit meine Mutter kommt«, erklärte er der Tonbandaufzeichnung zufolge nach einem ihrer Besuche. »Wenn ich keine wilden Sachen mache, wird sie nicht zurückkommen.« Ein andermal sagte er: »Ich möchte nicht artig sein. Ich muß ungezogen sein. Wenn ich artig bin, darf ich meine Mutter nicht sehen.« Eines Tages, als Dr. Braun Anne nicht erlaubt hatte, ihren Sohn zu besuchen, sagte Mark zu einer Krankenschwester: »Die Dinosaurier haben mir alles über Dinosaurier und Menschen beigebracht, und sie haben mir gezeigt, wie man Menschen frißt.« Durch diese Äußerung zog Mark ohne Zweifel viel besorgte Aufmerksamkeit auf sich, denn er fing an, das Thema Menschenfressen häufiger zu bringen. Einmal erwähnte er, er wolle aus einem seiner Lehrer »Barbareneintopf« machen. Das veranlaßte offensichtlich Dr. Braun, Anne zu fragen, ob es in ihrer Vergangenheit zu Kannibalismus gekommen sei.

Obwohl Mark zu Beginn der Behandlung keine Symptome einer Multiplen Persönlichkeitsstörung zeigte, hielt das Klinikpersonal bei ihm ständig Ausschau nach Hinweisen, ob sich möglicherweise andere Persönlichkeiten in ihm verbargen. In den Akten notierte man rasche Stimmungsumschwünge sowie alle Aktionen und Reaktionen, die auf die Störung hätten hindeuten können. Eines Tages zeigte er auf sein Spiegelbild und sagte: »Ich bin ich.« Offenbar mit dem Hintergedanken, das könne MPS-Verhalten sein, fragte ihn die Krankenschwester, ob die Person, zu der er spreche, einen Namen habe. Mark sagte, er spreche mit seinem eigenen Spiegelbild und sein Name sei Mark. Ein anderes Mal gebrauchte er das Pronomen »wir«, als er eine Karte mit Genesungswünschen für seine Mutter bastelte. Die Krankenschwester fragte sofort, wer mit diesem »wir« gemeint sei, und er antwortete, das seien sein Vater, sein Bruder und er selbst.

Trotz der Unergiebigkeit dieser Hinweise blieb das Klinikpersonal wachsam. Eine Krankenschwester stellte eine Liste auf, wie seine Stimme jeweils klang: »Singsang«, »laut«, »plaudernd«, »süß« und »Babysprache«. Zusätzlich zu dieser sorgfältigen Beobachtung mußte Mark bei einer Psychodrama-Übung mitmachen, bei der man ihm beibrachte, so zu tun, als wäre er eine andere Person. Schließlich stellte er sich stärker auf die Anforderungen im

MPS-Spiel ein und schlüpfte manchmal in eine »Roboter«-Persönlichkeit.

Im Spätsommer 1986, als sie schon mehrere Monate in Behandlung war, hatte Anne die Offenbarung, daß die Sekte ihren jüngeren Sohn Steve an Halloween töten werde, weil sie in der Therapie die Geheimnisse der Sekte preisgegeben hatte. Mit vier Jahren wurde Steve zu seinem eigenen Schutz ins Krankenhaus eingewiesen. Nachdem Annes Vorstellungen über die satanische Sekte mehr Substanz bekommen hatten, hielten sie, Dr. Braun und Dr. Poznanski gemeinsame Sitzungen ab, in denen sie versuchten, den Kindern zu helfen, sich an den satanischen Mißbrauch zu »erinnern«, unter dem sie gelitten hatten. Anne berichtet, daß Dr. Braun häufig Mark einstimmte, indem er ihm erzählte, er müsse sich an die schlechten Dinge, die geschehen seien, erinnern, damit es seiner Mutter wieder besser ginge und sie nach Hause gehen könnte.

Wie Dr. Poznanski später enthüllte, kam das satanische Material aus den Jungen nur »sehr langsam, über einen Zeitraum von wohl mindestens einem oder anderthalb Jahren heraus«. Schließlich schilderten die Kinder Geschichten, in denen es um »kultische Handlungen mit der Mutter, einem Onkel und einer Tante« ging. Eine Erinnerung handelte davon, daß Steve in einen Käfig gesteckt und von der Mutter unter Wasser gedrückt wurde. Außerdem schafften es Anne und Dr. Braun, Mark und Steve davon zu überzeugen, daß sie ihrer Mutter dabei geholfen hätten, Babys zu töten. Aufgrund der Fragen von Dr. Braun und der Unterstützung durch seine Mutter brachte Mark eigene Einzelheiten zu den Ritualen und den bösen Taten, die er angeblich begangen hatte, zur Sprache.

Um ihren Söhnen dabei zu helfen, sich zu erinnern, benutzte Anne dieselbe Art suggestiver Fragen, wie sie sie bei Dr. Braun und bei Dr. Sachs kennengelernt hatte. Beide Jungen lernten schnell, auf die Suggestionen der Mutter einzugehen. Zudem erfanden Anne und Dr. Braun ein Brettspiel, bei dem die Kinder würfeln und mit einer Figur ziehen mußten. Das Feld, auf das sie gelangten, bestimmte, über welche Art von Erinnerung sie an diesem Tag sprechen würden.

Um Dr. Poznanski zu überzeugen, die einigen der von Dr. Braun und Anne herausgelockten Geschichten gegenüber skeptisch war, entschied sich Dr. Braun, Beweise zu liefern. Zu einer Therapiesitzung mit Anne, ihren beiden Kindern, der Kinderpsychiaterin und ihm selbst brachte er einen Aktenkoffer mit, in dem Pistolen lagen. Das Wissen der Kinder darüber, wie man Faustfeuerwaffen hält und wie man damit umgeht, würde zeigen, daß ihnen das von der Sekte beigebracht worden sei. Er gab jedem im Raum eine der ungeladenen Waffen. Anne erinnert sich daran, daß die Griffe der Pistolen für die Hände der Kinder zu groß waren und das Gewicht der Läufe es den Jungen nicht ermöglichte, sie richtig in der Hand zu halten. Anne versuchte, ihren Kindern bei der Antwort zu helfen, als Dr. Braun die Jungen bat, zu beschreiben, wie man ihnen beigebracht habe, Babys zu erschießen. Im Verlauf der Sitzung fingen beide Jungen an zu weinen. Die drei Erwachsenen brachten die hysterisch schreienden Kinder in den Ruheraum der Kinderabteilung. Doch statt sie zu trösten oder zu beruhigen, zog Dr. Braun ein Paar Handschellen hervor und forderte die Kinder auf, sie ihm, ihrer Mutter und Dr. Poznanski anzulegen. Damit sollte den Kindern gezeigt werden, daß sie alles im Griff hätten und »machtvoll« seien. »Bloß, die Kinder verstanden es nicht«, berichtet Anne. »Die ganze Szene war einfach schrecklich.«

Die Dokumente, die später bei einer Anhörung im Sorgerechtsverfahren um die Kinder zum Vorschein kamen, lassen wenig Zweifel daran, daß sich das Verhalten der Jungen und ihre psychische Gesundheit während der jahrelangen Behandlung verschlechterten. Dr. Poznanski, die ursprünglich erst überredet werden mußte, Mark ins Krankenhaus aufzunehmen, sagte als Zeugin aus, daß sie bei ihm nach drei Jahren »Behandlung« schließlich MPS diagnostiziert habe und daß beide Kinder schwerwiegende »Störungen« aufwiesen. Mark, der zu Beginn der Behandlung von einer Krankenschwester als »warm, angemessen reagierend und freundlich zu Gleichaltrigen sowie zum Krankenhauspersonal« bezeichnet worden war, wurde drei Jahre später von Dr. Poznanski als unfähig zu »sozialem Verhalten« und als jemand, der »lügt und die Rechte der anderen verletzt«, beschrieben.

Zusammenfassend hielt eine Krankenschwester über Marks Behandlung fest: »Wegen der Eigenart des Falles sind Marks Erfahrungen begrenzt, er weiß wenig vom normalen Leben... Das

Krankenhaus ist ein so sicherer Ort, daß Mark vor Dingen ›geschützt‹ wurde, mit denen die meisten Kinder ihre Erfahrungen machen. So spielte Mark beispielsweise nie Fangen, hat nie einen Halloween-Umzug mitgemacht, hatte nie einen Schulweg, überquerte nie allein eine Straße, fuhr nie Fahrrad und wurde nie von einem Freund nach Hause mitgenommen.«

Zusätzlich bekamen die Kinder hohe Dosen des Herzmittels Inderol und nahmen im Laufe der Behandlung sowohl das Beruhigungsmittel Xanax wie auch das Schlafmittel Halcyon. Am schlimmsten ist, daß die Kinder während der Therapie davon überzeugt wurden, ihre Mutter habe ihnen sexuelle Gewalt angetan und befohlen, schreckliche Verbrechen zu begehen. Man kann sich nur fragen, was diese Kinder empfanden, als sie mit anhören mußten, wie ihre Mutter und deren Arzt ihre Beteiligung an diesen schauerlichen Szenen in der Sekte beschrieben.

Der Weg aus der Therapie begann für die Familie teilweise, weil Annes Verhalten und Zustand immer schlimmer wurden. Nachdem sie versucht hatte, eine Steppdecke in Brand zu setzen, wurde sie auf eine Intensivstation und schließlich in eine andere psychiatrische Klinik überwiesen. Eines Tages hatte sie eine ihrer Kleinmädchen-Persönlichkeiten angenommen und beschlossen, nicht mehr zu ihrer Erwachsenenpersönlichkeit zurückzukehren. Man drohte ihr, sie müsse die Station verlassen, wenn sie nicht bis zum nächsten Morgen wieder in ihre Erwachsenenpersönlichkeit geschlüpft sei. Als der Morgen kam, agierte sie immer noch ihre kindliche Persönlichkeit aus. Zur Strafe wurde sie in die allgemeinpsychiatrische Abteilung eines anderen Krankenhauses verlegt.

In der neuen Abteilung wurde sie wie die anderen psychiatrischen Patienten behandelt, ohne Rücksicht auf ihre Stellung als Hohepriesterin und ohne die Erwartung, daß sie zwischen verschiedenen Persönlichkeiten hin und her wechseln würde. Obwohl sie immer noch regelmäßig zu Dr. Braun ging, war ihr Tagesablauf nicht mehr von dem ständigen Wiederkäuen von Sektengeschichten bestimmt. Niemand weckte sie nach Mitternacht auf, um sie zu hypnotisieren und schauerliche Geschichten aus ihr herauszulocken. Die Betreuer in der neuen psychiatrischen Abteilung waren eher wenig an satanischen Sekten interessiert. Statt dessen wollten sie lieber mit ihr über ihre momentane Situation sprechen, über ihre Einsamkeit und die Trennung von ihrem Mann und ihren Kindern. Schon bald wurde sie in die allgemeinmedizinische Abteilung überwiesen und verbrachte nur einen Teil des Tages in der Psychiatrie. In dem Maße, wie sie wieder das Gefühl bekam, normal zu sein, begann das Glaubenssystem, das sie unter der Obhut ihrer Therapeuten aufgebaut hatte, Risse zu bekommen.

Weil die neue Klinik keine Einrichtung für eine Langzeitunterbringung war, hielten Anne und Dr. Braun nach weiteren Kliniken Ausschau, die sie und ihre Kinder hätten aufnehmen können. Anne hatte ein Krankenhaus in Georgia ausgemacht, aber es kam zu Problemen, weil Dr. Poznanski sich ärgerte, daß Dr. Braun die Überweisung der Kinder geplant hatte, ohne sie vorher zu konsultieren. Als die Kinderpsychiaterin sich weigerte, die Überweisung zu unterschreiben, wurde die Verlegung nach Georgia verschoben; Anne bat Dr. Braun, sie am Programm einer örtlichen psychiatrischen Tagesklinik teilnehmen zu lassen. Ihr Mann und sie mieteten sich daraufhin eine Wohnung in der Nachbarschaft.

Die Therapeuten in der Tagesklinik waren entsetzt, als Anne ihnen von der Behandlung erzählte, der sie und ihre Familie am Rush-Krankenhaus ausgesetzt gewesen waren. Sie behandelten sie nun nicht länger als Patientin, sondern als erwachsene Frau und Mutter. Einige Angestellte gaben ihr Ratschläge, wie sie ihre Kinder aus dem Rush-Krankenhaus herausbekommen könne. Nachdem mehrere Entlassungstermine für die Kinder angesetzt und dann wieder zurückgenommen worden waren, beriet auch Dr. Braun, der sich mit Dr. Poznanski überworfen hatte, Anne dabei, wie sie vorgehen sollte, um ihre Kinder frei zu bekommen. 1988 endete der Streit um die Zukunft der Kinder vor einem Jugendgericht. Dr. Braun bot an zu bezeugen, daß Anne ihrer Rolle als Mutter gerecht würde.

Obwohl Anne ihr Leben jetzt zunehmend selbst in die Hand nahm und seltener in eine ihrer anderen Persönlichkeiten schlüpfte, glaubte sie zum Zeitpunkt des Prozesses nach wie vor, daß sie tief in eine satanische Sekte verstrickt gewesen sei und ihre Kinder gezwungen habe, schreckliche Verbrechen zu begehen. Während der Vernehmungen kamen viele der in der Therapie produzierten Überzeugungen zum Vorschein. Im Zeugenstand sagten Anne, Dr. Braun und Dr. Poznanski aus, Anne und die Kinder hätten Menschen getötet und gegessen. Dr. Braun seinerseits blieb dabei, daß Anne ihrer Rolle als Mutter gerecht werden könne, obwohl sie Dutzende oder vielleicht Hunderte von Schwerverbrechen begangen hatte. Indem sie ihre Kinder gezwungen hatte, Menschen zu ermorden, so argumentierte er, habe sie in Wirklichkeit verhindert, daß Mark und Steve selbst geopfert wurden – dies sei die Tat einer zutiefst fürsorglichen Mutter. Selbst während der Folterungen in der Sekte lag Anne das Wohl ihrer Kinder am Herzen, erzählte er dem Richter. Entweder akzeptierte der Richter diese Argumentationslinie, oder er hielt die in der Therapie wiedererlangten Erinnerungen für Humbug – jedenfalls sprach er Anne und Joseph schließlich wieder das Sorgerecht zu.

Im Dezember 1990 machte Anne einen weiteren entscheidenden Schritt weg von der Behandlung. Sie hörte schlagartig auf, Xanax, Inderol, Halcyon und die anderen Medikamente zu nehmen – mit den entsprechenden Folgen. Über Wochen hinweg hatte sie schreckliche körperliche Entzugssymptome. Joseph mußte sie manchmal stundenlang festhalten, wenn sie Schweißausbrüche bekam und ihr Körper bebte. Es dauerte Monate, bis sie wieder einen klaren Kopf bekam. Sobald sie die Medikamente abgesetzt hatte, wechselte sie auch nicht mehr zwischen ihren verschiedenen Persönlichkeiten hin und her. Bei den Therapiesitzungen fiel es ihr immer schwerer, in Trance zu fallen.

Schließlich wurde ihr die Unwahrscheinlichkeit des Ganzen immer bewußter, und ihre Überzeugung, Hohepriesterin einer internationalen satanischen Sekte gewesen zu sein, löste sich in nichts auf. Im Sommer 1992 ging sie noch einmal zu Dr. Braun, um ihn damit zu konfrontieren. Sie teilte ihm mit, sie glaube nicht mehr daran, Hohepriesterin einer satanischen Sekte gewesen zu sein oder irgendwelche anderen Persönlichkeiten zu beherbergen. Jetzt, nachdem sie die Medikamente abgesetzt hatte, nicht mehr regelmäßig hypnotisiert wurde und weg von all den anderen Patientinnen war, erschienen die Geschichten über einen Mißbrauch durch eine satanische Sekte absurd und unglaubwürdig.

Dr. Braun sagte ihr, daß sie die einzige sei, die diese Erinnerungen in Frage stelle, und daß sie eines Tages wissen würden, ob die Informationen, die er bei seinen Patientinnen während der Therapie aufgedeckt habe, stimmten oder nicht. Und was das Verschwinden der anderen Persönlichkeiten beträfe, meinte er, lebe sie momentan in einer ihrer anderen Persönlichkeiten – eine, die in der Lage sei, normal zu funktionieren –, aber das sei möglicherweise nur vorübergehend. Er meinte, die Zeit würde zeigen, ob sie rückfällig würde.

»Ich sagte ihm, das sei Blödsinn. Ich sagte ihm, daß die Probleme, die ich hatte, auf das Krankenhaus zurückzuführen seien«, betont Anne nachdrücklich. »Ich sagte ihm, daß er mir und meiner Familie Schreckliches angetan hat.«

Im Jahre 1992, lange nachdem Anne die Therapie beendet hatte, hielt Dr. Braun einen ausführlichen Vortrag über seine Behandlung von Patientinnen, die seiner Überzeugung nach von satanischen Sekten mißbraucht worden seien. Seine Darlegungen vor mehreren hundert Fachleuten aus dem psychiatrischen Bereich bei der Midwestern Conference on Child Sexual Abuse and Incest beweisen, daß Dr. Braun noch immer an die Geschichten glaubt, die er zusammen mit Anne und mit Patientinnen wie ihr erfand.

Nach Dr. Brauns Auffassung handelt es sich bei den Patientinnen, die ohne jegliches Wissen um einen Mißbrauch eine Therapie beginnen, um diejenigen, die wirklich von einer satanischen Sekte mißbraucht worden seien.* Der satanische Mißbrauch habe mit größerer Wahrscheinlichkeit einen realen Hintergrund, sagte er, wenn der Therapeut »es erst aus ihnen herausholen« muß. Angesichts dieser Aussage überrascht es nicht, daß sich Dr. Braun durch Annes ursprüngliche Behauptungen, sie sei nie sexuell mißbraucht

* Dr. Braun hat auch bei anderen Gelegenheiten erklärt, daß Patientinnen in den meisten Fällen ohne jegliches Wissen über den satanischen Mißbrauch in die Therapie kämen. 1991 sagte er bei einem Zivilprozeß in Südkalifornien aus: »Die meisten Patientinnen kommen zu mir und wissen nichts über rituellen Mißbrauch. Nur ganz selten kommt jemand und spricht sofort über satanische Mißbrauchsrituale.« Normalerweise geschehe es erst im Verlauf der Psychotherapie, sagte er, daß Patientinnen beginnen, Geschichten über satanischen Mißbrauch zu erzählen. (Zitiert nach ›Los Angeles Times‹, 3. April 1991.)

worden und erst recht nicht die Anführerin einer internationalen Sekte, nicht beirren ließ. Für ihn ist es nur normal, wenn so etwas anfangs abgestritten wird.

Was die eigentliche Therapie betrifft, bestätigte er, daß er seinen Patientinnen oft eine ganze Latte von Medikamenten verschreibt, unter anderem Mittel gegen Angstzustände wie Xanax, Antidepressiva, krampflösende Mittel und beträchtliche Dosen des Herzmittels Inderol. Obwohl er zugesteht, daß es bis jetzt noch keine Beweise für die Wirksamkeit von Inderol gibt, verschreibt er gelegentlich Dosen, die zehnmal so hoch sind wie die höchste Dosis für Herzpatienten.[6]

Dr. Braun berichtete seinem Publikum auch, daß er seine Patientinnen während der Sitzungen zum Erinnern und Abreagieren häufig anschnallt. Vor solchen Sitzungen, sagte er, arbeite er oft über eine Woche lang gemeinsam mit der Patientin daran, was während der Sitzung zum Abreagieren geschehen soll. »Meist lasse ich die Patientinnen in ihrem Tagebuch aufschreiben, was sie erwarten.«[7]

Zur Frage, wie intensiv die Abreaktionen werden könnten, erklärte er, Patientinnen spürten die Empfindungen, die sie gerade beschrieben, häufig hautnah, und es sei üblich, daß sie schrien und vor Wut schäumten. Eine Patientin stellte sich ihre Auspeitschung so lebhaft vor, daß auf ihrem Rücken Striemen sichtbar wurden. Während er jetzt Abreaktionen auf eine Stunde begrenze, sagte er, hätten sie in der Vergangenheit manchmal neun Stunden gedauert. Gegenüber seinem Publikum wiederholte er auch, was er Anne bereits gesagt hatte: Bestimmte Erinnerungen seien leichter zugänglich, wenn sich die Patientin im selben emotionalen Zustand befinde wie zu der Zeit, als die Erinnerung ursprünglich enkodiert wurde. »Informationen lassen sich am besten im selben physiologischen Zustand abrufen, in dem sie abgespeichert wurden. Je stärker sich die Reize unterscheiden, desto weniger wird erinnert werden.« Das ist offensichtlich eine seiner Rechtfertigungen, Patientinnen anzuschnallen und dazu zu bringen, Angst und Schmerzen zu empfinden.

Dr. Braun wollte sich nicht recht festlegen lassen, wie viele Fälle satanischen Mißbrauchs er für authentisch halte; er legte aber nahe, daß vielleicht fünf Prozent der Patientinnen sich ihre Geschichten »ausdenken«. Ein Großteil der Informationen, die er seinem Publikum da anbot, war jedoch ungesichert. »Satanischer Mißbrauch ist keine neue Erscheinung«, verkündete er. »Er ist so alt wie die Menschheit, und es handelt sich um etwas, womit man rechnen muß. Ich habe den Verdacht, daß wir es immer schon damit zu tun hatten.« Diese satanischen Sekten werden laut Dr. Braun finanziert durch »Prostitution, den Verkauf von Drogen, Filmproduktionen mit wirklichen Morden und über die Politik«. Die Sekten verdienen außerdem Geld mit bezahlten Mordaufträgen, die oft von den Kindern in der Sekte ausgeführt werden. »Kinder eignen sich hervorragend für Morde im internationalen Stil. Wer rechnet schon damit, daß sich ihm ein Zehnjähriger in den Weg stellt und ihn niederschießt?«

Er erklärte dem Publikum, daß Kinder häufig in Kindertagesstätten mißbraucht würden, um sie auf ihre Sektenmitgliedschaft vorzubereiten. »Man muß das Nervensystem für diese Art von Verhalten empfänglich machen«, sagte er. Nachdem die Kinder in der Kindertagesstätte mißbraucht wurden, »holt man sie sich in der High-School« und indoktriniert sie für die Sekte. Die Sekten stehen, so hat er herausgefunden, in enger Verbindung mit dem Ku Klux Klan, Gruppen von Neonazis, der Mafia, der Großindustrie, den Geheimdiensten bis hin zur CIA und dem Militär. Er listete seinem Publikum die zwölf großen Ps auf, unter denen er diejenigen zusammengefaßt hat, die mit satanischem Mißbrauch zu tun hätten: »Puffmütter, Pusher, Prostituierte, Praktische Ärzte, Psychiater, Psychotherapeuten, Pädagogen, Pietätsunternehmer, pflichtvergessene Beamte, Polizisten, Politiker und Richter, Priester und Geistliche aller Religionen«.

Daß es Dr. Braun nicht gelungen ist, irgendeinen handfesten Beweis für eine weltweite Sektenorganisation zu finden, hat nicht dazu geführt, daß er seine Überzeugungen hinterfragte, sondern zu einigen bemerkenswerten Vorschlägen, wie man die geheime Sekte bekämpfen solle. Nachdem er den Umfang des Problems beschrieben hatte, sagte er: »Ich schütze die Leute vor einer Panik. Wenn es wirklich eine internationale Organisation gibt, dann existierte sie schon vor unserer Geburt. Wenn sie nicht nur unsere

Gesellschaft, sondern auch die Weltwirtschaft steuert, dann tut sie das schon seit langem, und weder Sie noch ich werden in der Lage sein, das zu ändern.«

Deshalb, so Dr. Braun, habe er nicht die Hoffnung, die Sekte zu stoppen, aber die, die Einstellung der Sekte zum Mißbrauch von Kindern zu ändern. Er möchte das bewerkstelligen, indem er die Welt davon überzeugt, daß Menschen sich eher loyal verhalten, wenn man sie gut behandelt. »Wenn man wirklich Kontrolle über Menschen ausüben möchte, dann glaube ich fest daran, daß man dieses Ziel wesentlich besser erreichen kann, wenn man nett zu ihnen ist, als durch Furcht und Einschüchterung«, verkündete Dr. Braun vor den Therapeuten. »Mit Loyalität schafft man sehr viel mehr. Meine Hoffnung ist, daß wir, wenn wir Loyalität und Fürsorglichkeit predigen, die Welt auf dieser Ebene ändern können. Wir werden damit viel erfolgreicher sein als mit dem Versuch, gegen eine Organisation anzukämpfen, deren Voraussetzungen, das zu tun, was sie tut, viel besser sind als unsere organisatorischen Mittel, gegen sie anzugehen.«

Offensichtlich ist es für Dr. Braun völlig in Ordnung, wenn eine satanische Sekte die Welt kontrolliert, solange sie bereit ist, ihre Macht durch Kinderfreundlichkeit statt durch Mißbrauch zu etablieren. Die Frage zu stellen, ob so ein internationaler Ring böser Satanisten sich tatsächlich für eine solche Veränderung seiner Vorgehensweise hin zum Guten gewinnen ließe, hieße, sich auf die Ebene dieser absurden Argumentation zu begeben. Es spricht für Dr. Brauns Verstrickung in den Mythos satanischer Sekten, daß er angesichts seiner Unfähigkeit, die Sekte zu entlarven, seine Überzeugungen nicht aufgegeben hat, sondern nur von der Idee Abstand genommen hat, man könne sie enttarnen und damit stoppen. Seine Argumentationskette illustriert, wie weit man sich von der Wirklichkeit entfernen kann, wenn man in der Welt der aufgedeckten Erinnerungen lebt.

Es gibt Anzeichen, daß die aufbrandende Welle von Skepsis gegenüber seinen Theorien Dr. Braun nicht völlig entgangen ist. Das hält ihn zwar nicht davon ab, seine grandiosen Einsichten zu verbreiten, veranlaßt ihn aber dazu, die Therapeuten im Publikum ausdrücklich aufzufordern, »nicht bestimmten Schlußfolgerungen aufzusitzen« und sich Zeit für das Sammeln von Beweisen zu nehmen. Gelegentlich leitet er seine Aussagen über Aktivitäten und Geschichte der Sekte sogar ein mit: »Patientinnen haben mir erzählt ...« oder »Mir wurde erzählt, daß ...« Um zu beweisen, daß er nicht alles glaubt, was ihm in der Therapie berichtet wird, entdeckte er seinem Publikum das Geheimnis, wie er jetzt die 5 Prozent der Patientinnen herausfindet, die sich ihre Geschichten ausdenken. Er erklärte, einige der Hochstaplerinnen könne er daran erkennen, daß sie zwar ein allgemeines Wissen, aber wenig Detailkenntnisse über die Aktivitäten der Sekte hätten. Er habe insbesondere diejenigen in Verdacht, die zu ihm mit der Vorahnung kommen, daß sie etwas mit einer Sekte zu tun hätten. Diese Patientinnen erzählten häufig Geschichten, die jenen widersprechen, die seine über hundert Patientinnen, die satanischen Mißrauch erfahren haben, berichten. Natürlich ist es überhaupt nicht überraschend, daß die Geschichten von Patientinnen, die ihre satanischen Überzeugungen in anderen Situationen entwickelt haben, im Widerspruch zu den Einzelheiten der ausgeklügelten satanischen Welt stehen, die sich Dr. Braun zusammen mit Patientinnen wie Anne aufgebaut hat. Dr. Braun übersieht den eigentlichen Punkt: Die Geschichten, die er aus den Patientinnen »herausgeholt« hat, bestätigen seine Erwartungen, weil er *an ihrer Erfindung beteiligt war.*

Obwohl Dr. Braun längst wußte, daß Anne ihre Sektengeschichte widerrufen hat, verbreitete er bei dem Vortrag weiterhin die Theorien, zu denen Anne und er damals gemeinsam gekommen waren. So sprach er über Blumensträuße und zeigte Dias von Grußkarten. Anhand der Interpretationen, die Anne und er entwickelt hatten, führte er seinem Publikum vor, wie die Sekte Botschaften an die Patientinnen übermittelt. »Rosa Blumen bedeuten Selbstmord, rote Schnittwunden.« Dr. Braun benannte diese Bedeutungen so sachlich, als lese er eine Liste vor. »Rote Rosen oder weißes Schleierkraut bedeuten blutiger Selbstmord. Rosa Rosen bedeuten Erhängen. Blau ist Tod durch Ersticken. Gelb ist Schweigen oder Feuer. Grün ist die Aufforderung, etwas zu tun. Wenn eine Karte mit ›Ich liebe Dich‹ unterschrieben ist, dann ist das ein Zeichen von Gefahr.« Obwohl viele seiner Deutungen aus seiner Arbeit mit Anne resultierten, wies er sein Publikum nicht auf den Umstand hin, daß diese Patientin nicht mehr daran glaubte.

Dr. Braun erläuterte auch verschiedene Verfahren, wie man den Wahrheitsgehalt einer gehörten Geschichte feststellen könne. Sein Lieblingsverfahren bezeichnet er als die »Fünferregel«: Wenn er ein ähnliches Detail über die Arbeitsweise der Sekte von fünf verschiedenen Personen hört, dann nimmt er an, daß »wahrscheinlich etwas dran ist«. Leider erwies sich die Fünferregel, so Dr. Braun, nur zu Beginn seiner Arbeit mit den Opfern satanischer Sekten als wirksam. Nur Geschichten, die er vor 1987 hörte, seien ganz sicher unbeeinflußt von dem Buch ›Michelle Remembers‹. Er erklärte: »Für mich fallen die Informationen über satanischen Mißbrauch, die ich vor 1987 erhalten habe, in eine andere Kategorie als die späteren. Wegen der Veröffentlichung von ›Michelle Remembers‹ Mitte 1987 sind mir die Informationen lieber, die ich vor 1987 bekam. Mir ist das so wichtig, weil ich mir wirklich Sorgen über den Kontaminationseffekt mache.«

Unter den heutigen Patientinnen, so Dr. Braun, breiten sich die Informationen unglaublich rasch aus. »Ich könnte eine Frage über die Sekte stellen und eine Patientin würde dann vielleicht antworten: ›Das kommt mir bekannt vor. Ich gehe heute abend zu einer Selbsthilfegruppe und werde nachfragen.‹ Bei dem Treffen erfahren zehn weitere Frauen von dem Detail, und am nächsten Morgen wissen allein in Kalifornien – diese Frauen haben kolossale Telefonrechnungen – fünfhundert Menschen darüber Bescheid. Das ist kein Witz.« Wegen dieser Informationsausbreitung, sagte er, könne ein Therapeut selbst die »Fünfhunderterregel« nicht mehr anwenden, um den Wahrheitsgehalt einer Geschichte zu beurteilen. Ähnlich aufsehenerregend ist nach Dr. Braun der Schneeballeffekt unter den Therapeuten. Nachdem er einem Kollegen eine Geschichte erzählt hatte, die er in der Therapie gehört hatte, erfuhr er innerhalb von einer Woche von der Existenz dreier weiterer Fälle. Als er die Geschichte zurückverfolgte, merkte er, daß es sich in allen drei »Fällen« um unterschiedliche Versionen seiner eigenen Geschichte handelte. Er kam zu dem Schluß, daß einige die Geschichte, während sie von einem Therapeuten zum nächsten weitergegeben wurde, aus mehr als einer Quelle hörten und glaubten, weil die Geschichten leicht unterschiedlich waren, sie hätten dank verschiedener Fälle den Beleg für die Stichhaltigkeit der Geschichte erhalten.

Nach dem, was Kritiker der Geschichten über satanische Sekten herausfanden, ist Dr. Brauns Aussage über die Auswirkung des Buchs ›Michelle Remembers‹ und die anschließende Ausbreitung von Geschichten über satanische Sekten zutreffend – bis auf ein entscheidendes Detail. ›Michelle Remembers‹ wurde nicht 1987 veröffentlicht, wie Dr. Braun seinem Publikum erzählte, sondern 1980, sieben Jahre früher.*

Trotz dieses Fehlers ist Dr. Brauns Aussage im Kern richtig – die Informationen nach der Veröffentlichung von ›Michelle Remembers‹ sind suspekt. Da er nach seiner Aussage erst ab 1985 Sektenopfer behandelte, gab es keinen Zeitpunkt bei seiner Arbeit, an dem diese Geschichten nicht von ›Michelle Remembers‹ »kontaminiert« gewesen sind, wie er es selbst nennt.

Dr. Brauns felsenfeste Überzeugung, daß es eine internationale satanische Sekte gibt, und seine Bereitschaft, Belege nach seinen Bedürfnissen zurechtzubiegen, zeigten sich auch bei anderen Gelegenheiten. 1991 wurde er bei einem Zivilprozeß angehört, in dem zwei Frauen ihre Großmutter bezichtigten, sie dazu gebracht zu haben, an satanischen Ritualen teilzunehmen; Dr. Braun machte deutlich, daß er an die satanischen Geschichten glaube, die in Therapien überall im Land aufkamen. Er sagte aus, er habe Patientinnen aus verschiedenen Bundesstaaten kennengelernt, die sich nie gesehen hätten, aber die Geschichten der anderen bestätigten;

* Leider kann man nicht davon ausgehen, daß es sich hier einfach um einen Versprecher handelte. Dr. Braun wiederholte zweimal, daß ›Michelle Remembers‹ 1987 veröffentlicht worden sei, und auch der Zusammenhang, in dem er das Datum nannte, zeigt, daß er wirklich glaubt, das Buch sei zu diesem Zeitpunkt erschienen. Für ihn ist es ein Meilenstein seiner Arbeit; anschließend konnte er Geschichten über satanischen Mißbrauch nicht mehr so übernehmen, wie sie ihm erzählt wurden. Er glaubt eindeutig, das Buch sei veröffentlicht worden, nachdem er 1985 begonnen hatte, solche Patientinnen zu behandeln. Hätte er wirklich gewußt, daß das Buch 1980 veröffentlicht wurde, und sich nur versprochen, hätte er die Aussage nicht in diesen Zusammenhang gestellt.

mehrere Patientinnen, die sich untereinander nicht kannten, hätten ihm Namen genannt und äußere Beschreibungen anderer Sektenmitglieder gegeben. »Einiges von dem, was ich gehört habe, ist so bizarr, daß man es nicht wahrhaben will...«, sagte Dr. Braun im Zeugenstand. »Ich konnte es gar nicht glauben.«[8]

Bei dieser Anhörung bezog sich Dr. Braun offensichtlich auf die Behandlung von Anne und ihren Söhnen und deutete an, daß sich dabei einige der zwingendsten Beweise für satanische Sekten in unserer Gesellschaft ergeben hätten. Laut einem Bericht der ›Los Angeles Times‹ erklärte er im Zeugenstand, daß die Beteiligten identische Beschreibungen satanischer Rituale, an denen sie gemeinsam teilgenommen hätten, abgegeben hätten, obwohl die beiden Jungen während der Behandlung keinen Kontakt zu ihrer Mutter gehabt hätten.[9] Diese Darstellung der Therapie von Annes Kindern widerspricht nicht nur Annes eigenen Erinnerungen an die Ereignisse, sondern auch dem, was Dr. Braun selbst bei seiner Anhörung in dem Sorgerechtsverfahren 1989 gesagt hat. Das Protokoll zu diesem Punkt ist absolut eindeutig:

Rechtsanwalt: Sie haben angedeutet, daß Anne während der Therapie tatsächlich einiges aus den Kindern herausholte.
Dr. Braun: Das stimmt.
Rechtsanwalt: War die Mutter denn ein wesentlicher Bestandteil der Therapie?
Dr. Braun: Absolut. Ich glaube nicht, daß [die Erinnerungen] sonst herausgekommen wären.
Rechtsanwalt: Könnten Sie das etwas ausführlicher darstellen?
Dr. Braun: ... Die Kinder sagten nichts, es sei denn, die Mutter entlockte es ihnen... Die wichtigsten Informationen, die in diesem Fall herauskamen, ergaben sich in Gegenwart der Mutter.
Rechtsanwalt: Also war die Mutter immer ein integraler Bestandteil bei der Therapie der Kinder.
Dr. Braun: Richtig.

Aus Dr. Brauns eigenen Worten wird damit klar, daß die Kinder nicht unabhängig von Anne die Geschichte ihrer Mutter bestätigten.* Seine Behauptung, daß die beiden Kinder während der

Behandlung keinen Kontakt mit der Mutter hatten, sollte nicht als beiläufige Verdrehung der Wahrheit abgetan werden. In diesem Moment stand er unter Eid und machte eine Zeugenaussage in einem Zivilprozeß, der beträchtlichen Einfluß auf die Lebensumstände der Beteiligten hatte.

In dem Maße, wie die breite Öffentlichkeit den Geschichten, die seine Klientinnen mit seiner Unterstützung entwickelten, größere Skepsis entgegenbringt, wird sich Dr. Braun zweifellos immer weiter von der Verantwortung für diese Konstruktionen distanzieren. Vielleicht wird der Prozentsatz der Patientinnen, von denen er sagt, daß sie Geschichten erfinden, höher als fünf Prozent werden. Eventuell wird er auch anfangen, seine Aussagen über die Sekte mit Vorbehalten wie »Patientinnen erzählten mir« oder »Mir wurde berichtet« zu versehen. Auch wenn Dr. Braun den Patientinnen die Schuld dafür gibt, daß sie die Geschichten erfanden, kommt er jedoch nicht an einer entscheidenden Tatsache vorbei: Laut seines eigenen Eingeständnisses kamen bis auf wenige Ausnahmen alle Patientinnen, die anfingen, an diese verwickelten satanischen Verschwörungen zu glauben, in seine Betreuung, ohne irgend etwas über ihre Beteiligung an einer derartigen Organisation zu wissen. Weil die Geschichten nur durch seine Behandlung entdeckt wurden, gibt es offensichtlich nur einen logischen Grund für ihre Entstehung.

Für Anne ist die Vorstellung heute lächerlich, daß ihre Persönlichkeit als Hohepriesterin beziehungsweise ihre »Erinnerungen« an die Sekte irgend etwas anderes sein könnten als Erfindungen, die während einer auf schlimmste Weise fehlgeleiteten therapeutischen Behandlung zustande kamen. Mit einer bemerkenswerten Willensanstrengung brachte sie ihre Familie wieder zusammen und fing ein neues Leben an. 1993 strengte sie einen Prozeß gegen Dr.

* Die Tatsache, daß Anne intensiv daran beteiligt war, ihren Kindern die satanischen Geschichten zu entlocken, wurde bei der Anhörung nicht nur von Dr. Braun, sondern auch von der Kinderpsychiaterin Dr. Poznanski bestätigt. Sie bezeugte: »... es gab gemeinsame Sitzungen mit der Mutter, dem Psychiater der Mutter, Dr. Braun, mir selbst und den beiden Kindern... Das muß sich über einen Zeitraum von anderthalb Jahren erstreckt haben.«

Braun und das Rush-Krankenhaus wegen Fahrlässigkeit an. In ihrer Reaktion auf Annes Klage leugneten Dr. Braun und das Rush-Krankenhaus alle Anschuldigungen. Bei Drucklegung dieses Buchs dauerte der Prozeß noch an. Um ihre Behauptung aufrechterhalten zu können, daß Mißbrauchsüberzeugungen kein Produkt der Therapie sind, müssen die Experten für aufgedeckte Erinnerungen Annes Geschichte entweder ignorieren oder geltend machen, sie sei in die Phase der »Verleugnung« ihres Mißbrauchs zurückgefallen. Angesichts von Geschichten wie der Annes ist es bemerkenswert, daß viele Vertreter der Therapie zur Aufdeckung von Erinnerungen weiterhin beschwören, niemand habe je bewiesen, daß es möglich sei, falsche Mißbrauchsüberzeugungen bei Patientinnen zu erzeugen.

Der Mord, die Zeugin und die Psychiaterin

Von allen Fällen angeblich verdrängter und wiedergefundener Erinnerungen ist der von Eileen Franklin Lipsker der bekannteste. Sie deckte eine intensive, verdrängte Kindheitserinnerung auf, wie ihr Vater zwanzig Jahre zuvor ihre Freundin Susan Nason ermordete. Aufgrund von Eileens Aussage – und zu einem großen Teil der der Psychiaterin Dr. Lenore Terr aus San Francisco, die vor den Geschworenen ein Kolleg über ihre spezielle Theorie zur Verdrängung von Erinnerungen abhielt – wurde George Franklin 1990 wegen Mordes verurteilt. Der Franklin-Prozeß war für die amerikanische Justiz wie für die amerikanische Öffentlichkeit ein besonders eindrucksvoller Fall: Zum ersten Mal wurden die Theorien und Vorstellungen über Aussagen, die auf verdrängten Erinnerungen basieren, bei einem Strafprozeß dargelegt und als Beweis verwendet. Durch die selbstsichere Expertise von Dr. Terr erfuhren erstmals Geschworene von einer Theorie, wie Erinnerungen verdrängt werden und warum sie wieder hochkommen.

Der Fall Franklin hat die landesweite Diskussion über die Therapie zur Aufdeckung von Erinnerungen in starkem Maße beeinflußt. Für viele, die den Fall nur flüchtig kennen, bestätigt George Franklins Verurteilung zu lebenslanger Haft die Annahme, daß Erinnerungen ins Unbewußte abgeschoben werden und jahrelang dort verborgen bleiben können. Über den Prozeß und das Urteil der Geschworenen gab es zahllose Berichte in Zeitungen und im Fernsehen. Eileen erzählte ihre Version in der Sendung ›60 Minutes‹, als Koautorin in einem populären Buch und in einem Fernsehfilm, bei dem Shelley Long die Hauptrolle spielte. Kürzlich sind neue Versionen der Geschichte in den Büchern ›Once Upon a Time‹ von Harry MacLean und ›Unchained Memories‹ von Lenore Terr erschienen.

Würde der Prozeß heute geführt, würden ganz sicher andere Fragen im Zentrum stehen als 1990. Weil Eileens Erinnerung an den Mord sich ständig änderte, versuchte George Franklins Verteidiger Doug Horngrad nachzuweisen, daß sie log. Anfangs ging er zwar der Frage nach, ob Eileen die Erinnerung unter Hypnose aufgedeckt habe – was sie ursprünglich ihrem Bruder erzählt hatte –, verfolgte aber, als sich das nicht beweisen ließ, nicht die Überlegung, ob ihre Erinnerung durch die Therapie entstanden sein könnte, der sie sich damals unterzog. Harry MacLean beschreibt in ›Once Upon a Time‹ Eileens wechselnde Erinnerung, aber hinterfragt so gut wie nicht die Therapie als mögliche Quelle für die Beschuldigung. Wegen der Bedeutung des Falls Franklin und wegen der Tatsache, daß (außer den beiden Möglichkeiten, daß Eileen log oder die Wahrheit sagte) nie eine andere Erklärung für ihre Erinnerung in Erwägung gezogen wurde, haben wir uns noch einmal genauer mit dem Prozeß beschäftigt. Betrachtet man ihn mit dem zeitlichen Abstand von drei Jahren – in denen zudem ein Quantensprung im Verständnis dieser Therapieform stattgefunden hat –, erweist sich der Mordprozeß gegen George Franklin als dramatisches Beispiel für die Probleme und möglichen Folgen der Therapie zur Aufdeckung von Erinnerungen und die Gefahren, die von einem fragwürdigen psychiatrischen Gutachten über Gedächtnis und Verdrängung ausgehen.

In ihrem kürzlich erschienen Buch erzählt Dr. Terr noch einmal die bekannteste Version der Geschichte, wie Eileen sich erstmals an den Mord erinnerte. An einem Januartag 1989 sah Eileen ihrer Tochter beim Spielen zu, als sich plötzlich ihre Blicke kreuzten:

Und genau in diesem Augenblick erinnerte sich Eileen Lipsker an etwas. Die Erinnerung war ein Bild. Sie sah ihre rothaarige Freundin Susan Nason, die aufblickte, ihren Kopf drehte und versuchte, Eileens Blick auf sich zu ziehen.

Die achtjährige Eileen stand draußen, etwas oberhalb der Stelle, an der ihre beste Freundin saß. Was da geschah, passierte 1969, vor zwanzig Jahren. Die Sonne schien Susan direkt in die Augen. Eileen konnte sehen, daß Susan Angst hatte. Todesangst… Sie löste sich von diesen Augen, die ihren Blick festhielten, und sah die Silhouette ihres Vaters. George Franklin hatte beide Hände hoch über seinen Kopf erhoben. Er umklammerte einen Felsbrocken. Er blieb stehen, um den Stein herunterzustoßen. Sein Ziel war Susan.[1]

Dr. Terr schreibt dann, daß Eileen »überhaupt nichts vom psychologischen Abwehrmechanismus der Verdrängung wußte«[2], und betont später, daß sie keine Vorstellung davon hatte, worum es bei der Verdrängung geht. Auf diese Weise porträtiert sie Eileen als Unwissende, die unabsichtlich eine schreckliche, in ihrem Unterbewußten gespeicherte Erinnerung aufdeckte. Weitgehend dieselbe Beschreibung, wie die Szene wieder hochkam, gab auch Eileen vor den Geschworenen und dann in ihrem Buch sowie im Film zum Thema ab. Zum Zeitpunkt der Zeugenaussage schilderte Eileen nicht nur anschaulich den Augenblick des Mords, sondern berichtete auch, sie habe beobachtet, wie ihr Vater Susan vergewaltigte, ehe er sie erschlug.

Dr. Terr erwähnt nicht, daß diese wohlbekannte Version der Geschichte, wie Eileen zu ihrer Überzeugung kam, nicht die einzige ist, und sie ist, berücksichtigt man alle Umstände, auch nicht die wahrscheinlichste. Wie Harry MacLean in ›Once Upon a Time‹ schreibt, erzählte Eileen ursprünglich ihrem Bruder, sie hätte sich unter Hypnose an den Mord erinnert. Später sagte sie ihrer Schwester, sie sei in der Therapie auf diese Erinnerung gestoßen, jedoch nicht unter Hypnose; zu einem anderen Zeitpunkt erklärte sie, die Szene sei ihr in einem Traum erschienen. Und in einem wiederum anderen Bericht sagte sie, zu diesem Wissen sei sie durch eine Verbindung von Traum und Therapie gekommen.[3]

Die Tatsachen im Zusammenhang mit Eileens Überzeugungen sind sehr viel komplizierter, als Dr. Terr sie beschreibt. In dem Jahr, in dem Eileen die Gewißheit erlangte, sie sei Zeugin von Susans Ermordung gewesen, war sie bei *zwei* gut ausgebildeten Therapeuten in Behandlung und aktiv dabei, eine Reihe angeblich verdrängter Kindheitserinnerungen aufzudecken. Die beiden Therapeuten sagten im Prozeß gegen George Franklin aus, sie hätten sich näher mit der Verdrängung aus der Erinnerung und deren Aufdeckung beschäftigt und Eileen mit diesen Theorien vertraut gemacht.[4] In der Tat zeigen die Akten, daß es sich bei der bildhaften Vorstellung von dem Mord nicht um die erste »Erinnerung«

handelte, die Eileen während der Therapie aufdeckte. Dr. Terrs Behauptung, Eileen habe »überhaupt nichts gewußt« von der Theorie der Verdrängung, widerspricht der Aussage von Eileens Therapeutin Katherine Reider; sie bezeugte, sie hätten im Sommer 1988 über Verdrängung gesprochen, als Eileen eine Erinnerung daran aufdeckte, daß ihr Vater mit den Fingern in sie eingedrungen sei. Katherine Reider berichtete wahrheitsgemäß, sie hätte Eileen in diesem Sommer erklärt, es sei in der Tat möglich, traumatisches Material zu verdrängen und zu einem späteren Zeitpunkt im Leben die Erinnerung daran wiederzuerlangen. Dr. Terrs Bericht und Eileens Aussage vor Gericht stehen auch in Widerspruch zu der Aussage ihres zweiten Therapeuten in dieser Zeit, Kurt Barrett.

Kurt Barrett lernte Eileen im Frühjahr 1989 kennen. Damals kamen sie und ihr Mann Barry zu ihm in die Eheberatung. Nach einer Reihe von Sitzungen brach Barry die Therapie ab, und Eileen kam von da an zu Einzelgesprächen. Um es Eileen leichter zu machen, Erinnerungen hervorzubringen, wies Kurt Barrett sie an, sich zu entspannen, tief zu atmen und ein Gefühl der Sicherheit zu erleben. Diese Technik eignet sich gut dazu, einen hypnotischen Trancezustand herbeizuführen. Als praktizierender Hypnotherapeut hätte Barrett das wissen müssen. Sie erkundeten Eileens Kindheitserinnerungen und ließen ganz nach Belieben Erinnerungen und Assoziationen aufkommen. Es war nicht Barretts Stil, seine Patientinnen mit Fragen zu bombardieren, wenn eine Erinnerung aufkam. Nachdem sich Eileen entspannt hatte und sicher fühlte, ließ er das Gespräch von ihren Assoziationen leiten. Er erklärte später: »Meine Absicht bestand wirklich nur darin, ihr dabei behilflich zu sein, jene Erinnerungen zu haben.« Es war bei ihm auch üblich, die Patiententräume zu besprechen und die Patientin aufzufordern, einen Notizblock auf den Nachttisch zu legen, damit sie die Alpträume und Traumbilder direkt nach dem Aufwachen festhalten konnte.

Eine Kindheitserfahrung von Eileen, die mehrfach bei diesen Sitzungen zur Sprache kam, war die Tatsache, daß ihre beste Freundin Susan Nason entführt und ermordet worden war. Kurt Barrett berichtet, sie hätten viele Einzelheiten, die sie schon immer über diesen Mord wußte, besprochen, auch den Umstand, daß Susans Ring zerschmettert worden war, aller Wahrscheinlichkeit nach, als sie die Hände hochriß, um den Hieb des Mörders abzuwehren. (Eileens Schwester Janice hatte den zerschmetterten Ring gegenüber der Polizei identifiziert.) »Wir sprachen über ihre Kindheit und darüber, wie einsam sie sich gefühlt hatte; und das war der Punkt, an dem sie mir von Susans Tod erzählte«, sagte Kurt Barrett vor Gericht aus. »Das geschah im Kontext mit vielen anderen Erinnerungen daran, wie ihr Leben gewesen war, wie es ihr in der Schule erging, wie isoliert und einsam sie sich fühlte... Mein Eindruck war, daß sie in einem Umfeld voller Mißhandlungen aufgewachsen ist. Darin kamen viel Wut, viel Gewalt und Alkoholismus vor. Und das hat sie schwer in Mitleidenschaft gezogen.«

Mehrere Sitzungen lang sprachen sie über Susans Tod, erforschten Eileens gegenwärtige Empfindungen über das Verbrechen und die Art und Weise, wie es sie als Kind beeinflußt hatte. Als sie diesen Abschnitt ihrer Kindheit durchgingen, reagierte Eileen mehrmals sehr emotional und weinte. In dieser Zeit begann sie, über eine Reihe von Bildern zu berichten, die sie vor ihrem geistigen Auge sah. Kurt Barrett sagte aus, Eileen hätte diese Vorstellungen als Bilder beschrieben, die blitzartig in ihrem Geist auftauchten und wieder verschwanden. Bei dem ersten handelte es sich um ein Bild von einem Kleidungsstück auf einem Bürgersteig, bei dem zweiten um den zerschmetterten Ring des Opfers, und dann sprach sie von der bildhaften Vorstellung, wie sie im VW-Bus der Familie saß. Laut Barrett beschrieb Eileen diese Momentaufnahmen als überraschend klar. »Sie sagte, sie sei verwirrt über einige Dinge, die ihr in den Sinn gekommen seien«, erklärte er vor Gericht, als es um die ersten bildhaften Vorstellungen ging. »Und sie erzählte mir von einigen der Bilder, die dabei hochkamen. Es müssen beeindruckende Bilder gewesen sein, aber sie wußte nicht, ob sie dabei war, verrückt zu werden... Sie wußte nicht, wie sie diese Erinnerungen haben konnte. Und deshalb war sie so verwirrt.«

Kurt Barrett war sofort klar, daß diese Bilder etwas mit Susans Tod zu tun hatten. Er sagte später aus: »Ich nahm an, wir sprachen über Susan Nason, als wir von dem Ring redeten.« Als Eileen ihn nach seiner Meinung fragte, ob es möglich sei, schreckliche Erfahrungen aus der Erinnerung zu verdrängen und sie später wieder aus dem Gedächtnis abzurufen, bestätigte er, was ihr ein Jahr vorher Katherine Reider erzählt hatte. »Ich sagte ihr, ja, es sei möglich, und es sei nicht ungewöhnlich. Es ist eine Schutz- und Anpassungsreaktion, um etwas zu verdrängen, das einen überwältigt oder zu mächtig ist... Jeder Mensch verdrängt Dinge.«

Die Bilder, die sich in Eileens Vorstellung formten, wurden in das therapeutische Gespräch einbezogen und analysiert.*

Entscheidend ist die Feststellung, daß sich laut Barrett Eileens Erinnerungen in der Zeit der Therapie und nicht selten in den Sitzungen selbst »entwickelten«. Mit Hilfe der Entspannungsübungen und der Techniken der freien Assoziation wurden diese Erinnerungen während der anderthalbstündigen Sitzungen häufig mit Details angereichert. Wenn Eileen über die Bilder und die Entwicklung der Geschichte in der Therapie berichtete, kam in ihr angesichts dessen, was sie sich da vor ihrem geistigen Auge ausmalte, oft eine derartige Angst auf, daß Kurt Barrett sie beruhigen und ihr versichern mußte, daß die Ereignisse, die sie sich vorstellte, keine Bedrohung für sie seien.

Kurt Barrett erinnert sich daran, daß Eileen von Juni – dem Zeitpunkt, als sie erstmals ein Element dessen visualisierte, was einmal die Verbrechensszene werden sollte – bis Ende Juli in den Sitzungen wie auch außerhalb daran arbeitete, die Bedeutung ihrer Gefühle, bildlichen Vorstellungen und Erinnerungen zu erkennen. Er erklärte Eileen damals, es sei »unwichtig..., ob ihre Vorstellungen in der Realität begründet seien oder nicht« und sie könnten sich »später damit auseinandersetzen«. In dieser Zeit fügten sich die Details langsam zu einer Geschichte zusammen. Eines Tages berichtete sie Barrett, sie habe kurz das Bild einer Person gesehen, die mit einem Felsbrocken auf Susan einschlug – *aber sie konnte nicht erkennen, wer die Person war.* Laut Barretts Darstellung enthüllte sie erst mehrere Sitzungen später, in einem Moment, der

* Eine Aufzeichnung dieser Therapiesitzungen hätte sicher zu einem besseren Verständnis dieses Vorgangs wie des Prozesses beigetragen, auf welche Weise Eileen im Endeffekt zu ihren Überzeugungen hinsichtlich des Mords kam. Doch Kurt Barrett ließ weder ein Tonband mitlaufen, noch machte er sich Notizen oder fertigte andere Berichte über die Sitzungen an.

stark von Emotionen geprägt war, daß sie endlich das Gesicht des Mannes sehen könne, der Susan tötete. Es sei das Gesicht ihres Vaters...

Barretts Beteuerung, es sei »unwichtig«, anfangs zu wissen, ob Erinnerungen in der Realität begründet seien oder nicht, findet sich in Büchern über die Therapie zur Aufdeckung von Erinnerungen immer wieder. Genau wie Patientinnen unter Hypnose wurde Eileen darin bestärkt, ohne willentliche Steuerung geistige Bilder und Einfälle zu produzieren, die ein Maximum an Emotion enthalten und deshalb als besonders effektiv für die Therapie gelten. Obwohl Barrett seiner Patientin zugesichert hatte, sie würden später dem Wahrheitsgehalt der Bilder und Einfälle nachgehen, geschah das offenbar nie. Aufgrund seiner Aussage ergibt sich eindeutig, daß er diese Bilder immer als Widerspiegelungen tatsächlicher Ereignisse behandelte und sie als »Erinnerungen« bezeichnete. Befragt, wie er auf Eileens Beschreibungen ihrer geistigen Bilder reagiert hätte, beschrieb er, daß er sie beruhigte, indem er ihr beteuerte, es sei »bloß eine Erinnerung«. Auf die Frage, ob er meinte, die Erinnerungen entsprächen der Wahrheit, erwiderte er: »Ja, ich glaubte ihr.« Und als ihm die Frage gestellt wurde, ob er Eileen gegenüber *jemals irgendeinen Zweifel* am Wahrheitsgehalt der Erinnerungen *zum Ausdruck gebracht* hätte, antwortete er einfach: »Nein, das habe ich nicht.«

Als er seiner Klientin versicherte, es sei anfangs unwichtig, ob ihre geistigen Bilder wahr oder falsch seien, sie würden sich aber später noch mit dieser Frage beschäftigen, gab Kurt Barrett ein falsches Versprechen, wie es viele Therapeuten tun, die Erinnerungen aufdecken. Unglückseligerweise kommt es bei dieser Therapie, wie in Eileens Fall, nie zu diesem Später. Bis aus den Bildern, Emotionen und anderen Einzelheiten eine Geschichte entstanden ist, haben der Therapeut wie auch die Patientin so viel Kraft aufgewendet, sie stichhaltig zu machen, daß sie keinen Grund sehen, nun dazu beizutragen, sie wieder auseinanderzunehmen. Je mehr Bedeutung die Geschichte für die Patientin hat – je stärker das Gefühl des »Aha, jetzt verstehe ich das« ist –, desto größer ist die Wahrscheinlichkeit, daß sich bei der Patientin wie beim Therapeuten die Überzeugung festigt, sie hätten die Erinnerung an reale

Begebenheiten aufgedeckt. Die Geschichte am Ende ihres Entstehungsprozesses wieder zu verwerfen, würde dem Vorgang und dem eigentlichen Zweck der Geschichte zuwiderlaufen.

Zwischen dem Zeitpunkt, an dem Eileen schließlich überzeugt war, Zeugin eines Mords gewesen zu sein, und dem Termin ihrer Aussage vor Gericht änderte sich ihre »Erinnerung« weiterhin entscheidend; neue Einzelheiten über den Mord, über die in der Presse berichtet worden war, kamen hinzu, und jene, die den Tatsachenbeweisen widersprachen, verschwanden passenderweise aus ihrem Gedächtnis. An ihrer ursprünglichen Darstellung war falsch, daß der Mord sich morgens und neben einem Waldweg ereignet hätte. Auch die Kleidungsstücke, die Susan angeblich getragen haben sollte, entsprachen nicht den Tatsachen. Die einzigen Details, die wirklich stimmten, waren die, daß Susan mit einem Felsbrocken erschlagen wurde und daß ihr Ring dabei zerschmettert worden war – und das waren genau die, an die sie sich, wie sie Barrett erzählte, ihr ganzes Leben lang erinnert hatte. Während der Tag der Zeugenaussage näherrückte und Einzelheiten der ursprünglichen polizeilichen Ermittlung in den Medien ans Licht kamen, wurde Eileens »Erinnerung« an ihre Fehler immer klarer. (MacLeans Buch ›Once Upon a Time‹ enthält eine bedrückende und detaillierte Darstellung, wie sich ihre Erinnerung bis zu dem Augenblick, wo sie in den Zeugenstand trat, ständig wandelte.)

Die Szene, wie ihr Vater ihre Freundin tötete, war nur eine aus einer ganzen Reihe von Vorstellungen, die Eileen Lipsker während der Therapie entwickelte und ausgestaltete. Sie »erinnerte« sich auch daran, mit drei Jahren sexuell mißbraucht worden zu sein und gesehen zu haben, daß ihr Vater eine namenlose Frau ermordete. Sie stellte sich vor, daß George Franklin ein Tagebuch vergrub, in dem er angeblich den Mord gestanden hatte. Im Verlauf der Therapie brachte sie zudem die Mosaiksteinchen für die Geschichte zusammen, daß ihr Vater sie zu einem Schwarzen gebracht und sie festgehalten habe, während der Mann sie vergewaltigte. Zu einem späteren Zeitpunkt der Therapie wurde dieser Mann weiß und nahm die Gestalt ihres Patenonkels an.

Die Rolle ihrer Schwester Janice in dieser Sache erklärt ein gut

Teil, warum Eileen ihren Vater in ihren wiederentdeckten Bildern ausmachte, und verdeutlicht auch die Fragwürdigkeit ihrer Darstellung. Janice, die ihren Vater haßte, hatte ihn schon lange in Verdacht, Susan ermordet zu haben. 1984 war sie mit ihrem Verdacht zur Polizei gegangen, doch der Fall wurde nicht weiter verfolgt. Janice wurde damals von der Polizei zu den Aktivitäten ihres Vaters an dem Nachmittag befragt, als Susan verschwand. Janice unterlief ihre eigenen Beschuldigungen, als sie berichtete, daß der Vater zusammen mit ihr zu Hause gewesen sei, als Susan entführt wurde. In Eileens ursprünglicher Version der Mordgeschichte befand sich Janice im VW-Bus, als sie anhielten, um Susan mitzunehmen; George Franklin habe hier zu Janice gesagt, sie solle aussteigen. Leider hatte Janice bereits eine andere Geschichte zu Protokoll gegeben. Um dieses Problem beizulegen, wandelte sich *Eileens* Erinnerung, und allmählich verschwand das Bild von Janice aus der Szene. Auf ähnliche Weise änderte auch Janice schließlich ihre Erinnerung an jenen Tag, an dem Susan entführt wurde, so daß sie mit Eileens Geschichte übereinstimmte. Nach einigen Therapiesitzungen bei Kurt Barrett konnte sich Janice wieder daran erinnern, daß sie am Tag von Susans Tod wahrscheinlich erst viel später nach Hause gekommen sei. George Franklins Alibi für die entscheidenden Stunden, als Susan verschwand, wurde durch die Psychotherapie zunichte gemacht.[5]

Um Kurt Barretts Darstellung des Therapieprozesses gegen die Version von Dr. Terr und Eileen abzuwägen, muß man in Rechnung stellen, welche dieser Geschichten der Realität beim Prozeß der »Aufdeckung von Erinnerungen« näher kommt. Zu bedenken ist einmal die Frage, ob Kurt Barrett (oder Katherine Reider) gelogen haben könnte. Er sagte ohne Umschweife aus, er glaube, Eileens Erinnerungen seien wahr. Da er Eileen glaubte, gab es für ihn sicher keinen Grund, ihre Geschichte fragwürdig erscheinen zu lassen. Vielleicht am bedeutsamsten ist jedoch die Tatsache, daß seine Version im wesentlichen den Geschichten entspricht, die Eileen ursprünglich ihrer Familie über die Aufdeckung der Mordszene erzählte: daß sie die Szene entweder durch Träume oder unter Hypnose in der Therapie beziehungsweise durch eine Kombination von Träumen und Therapie aufgedeckt hätte. Alle diese ursprünglichen Erklärungen können stimmen. Kurt Barrett führte an, daß Eileens Geschichte während der Therapiesitzungen immer klarer wurde und daß er seine Klientinnen aufforderte, Träume als Material für die Sitzungen zu verwenden. Was die Frage der Hypnose betrifft: Obwohl Barrett – als praktizierender Hypnotherapeut – geltend macht, er habe keine formale Hypnose eingesetzt, so können doch die Entspannungsübungen, die er mit ihr machte, wie eine Hypnose wirken. Und weil es keinen klar definierten hypnotischen Zustand gibt, sondern nur graduelle Abstufungen, sich auf geistige Bilder konzentrieren und auf Suggestionen reagieren zu können, ist es durchaus möglich, daß sich Eileen während dieser Sitzungen in Trance befand. Daß sie sichtlich Angst bekam, als die bildlichen Vorstellungen während der Therapie hochkamen (was Kurt Barrett veranlaßte, ihr gegenüber zu beteuern, daß das, was sie sich vorstellte, »bloß eine Erinnerung« sei), kann auch ein Hinweis darauf sein, daß sie sich in einem Trancezustand befand. Der oben beschriebene Fall von Paul Ingram zeigt, wie durch scheinbar harmlose Entspannungsübungen eine Trance spontan herbeigeführt werden kann. Eileen mag erkannt haben, daß in ihrem Fall die Entspannungsübungen in der Therapie der Einleitung einer Hypnose gleichkamen. Als sie zum ersten Mal ihre Geschichte veränderte, um behaupten zu können, daß sie die Erinnerung nicht unter Hypnose aufgedeckt hätte, erklärte sie, so erinnert sich ihre Mutter, daß das, was sie erlebt hätte, nur eine »leichte Hypnose« gewesen sei.*

Berücksichtigt man Barretts Aussage im Zusammenhang mit Eileens erstem Bericht darüber, wie die »Erinnerung« aufgedeckt wurde, dann ist es wahrscheinlicher, daß Eileens Visualisierung der Mordszene nicht an einem Januartag 1989 entstand, als sie ihre Tochter ansah. Die Befundlage verweist eindeutig darauf, daß sich Eileen ihre Überzeugung sechs Monate später in den therapeutischen Sitzungen *aufbaute*, zu dem Zeitpunkt, als sie sich intensiv mit ihrer Kindheit beschäftigte, und ein Jahr, nachdem ihre erste Therapeutin ihr von der angeblichen Fähigkeit der Seele erzählt

* In diesem Zusammenhang ist auch von Interesse, daß sich Eileens Geschichte änderte, nachdem sie einen Rechtsanwalt aufgesucht hatte; der erklärte ihr möglicherweise, daß eine unter Hypnose erlangte Kenntnis bei Strafprozessen nicht zugelassen wird.

hatte, ein Trauma zu verdrängen. Es überrascht kaum, daß sie sich bei der Erkundung ihrer Erinnerungen auf den Mord an Susan Nason konzentrierte, denn Therapeut und Patientin beschäftigten sich, wie Kurt Barrett aussagte, bereits verstärkt damit, welche Auswirkungen Susans Tod auf Eileen gehabt hatte. Daß sie ihren Vater als den Bösewicht in der Geschichte auswählte, wird auch nachvollziehbar, wenn man bedenkt, daß ihre Schwester ihn schon seit langem wegen des Mordes in Verdacht hatte und deshalb sogar zur Polizei gegangen war. Hinzu kommt, daß Eileen während der Therapie bereits die bildliche Vorstellung von einer Szene, in der der Vater sie sexuell belästigte, entwickelt hatte. Diese Tatsachen führten zusammen mit den immer vorhandenen Erinnerungen daran, daß ihr Vater der Familie gegenüber gewalttätig war, wahrscheinlich dazu, daß Eileen erwartete, verborgene Erinnerungen an weitere Untaten zu finden, die George Franklin begangen hatte.

Wenn diese Analyse korrekt ist, dann gibt es genauso wenig Grund, daran zu glauben, daß Eileen Zeugin des Mords an Susan war, wie an die Geschichten über satanischen Mißbrauch, Entführungen durch Außerirdische oder frühere Leben zu glauben, die durch einen vergleichbaren Prozeß der Aufdeckung von Erinnerungen zustande kamen.

In ihrem Buch behauptet Dr. Terr, sie habe die Fakten dieses Falls sorgfältig überprüft und sei zu dem Ergebnis gekommen, daß Eileens aufgedeckte Erinnerung vermutlich wahr sei. Um entscheiden zu können, ob traumatische Erinnerungen wahr oder falsch seien, müsse man, schreibt sie, »gute Detektivarbeit« leisten und alle Befunde berücksichtigen. Liest man ihre Darstellung, ohne die Fakten des Falls zu kennen, dann hat sie anscheinend genau das getan. Sie führt an, daß die Erinnerung an den Mord zahlreiche Verhaltensweisen erklärt, die Eileen lange Zeit Probleme bereitet hatten – am auffälligsten die, sich als Kind die Haare auszureißen, so daß Eileen eine kahle, blutige Stelle am Kopf bekam.

Für sich genommen ist Dr. Terrs Darlegung der Geschichte eindrucksvoll. Mit dem Scharfsinn einer Märchenerzählerin jongliert sie mit Fakten, um ihre Schlußfolgerung zu stützen, daß Eileen Lipsker wahrscheinlich Zeugin wurde, wie ihr Vater Susan Nason tötete, und dann zwanzig Jahre lang die Erinnerung daran verdrängt hatte. Obwohl der Richter Dr. Terr anhielt, bei ihrer Aussage nicht direkt auf ihre persönliche Meinung über Eileens Erinnerung einzugehen, machte das für Folgerungen, die die Geschworenen aus ihrer Aussage zogen, wahrscheinlich keinen großen Unterschied. Sie war sich ihres Urteils über Eileens Erinnerung so sicher, daß sie, wie sie zugibt, ihre hypothetischen Bilder und Beispiele für Erinnerungen so gestaltete, daß die Geschworenen ihre Aussage ohne größere Schwierigkeiten intuitiv als Bestätigung von Eileens Geschichte begreifen konnten. Sie erwähnt auch, daß sie nach dem Prozeß erfahren habe, daß mehrere Geschworene, die George Franklin schuldig gesprochen hatten, erst durch ihre Aussage zu diesem Urteil gekommen waren. »Daraus habe ich etwas gelernt«, schreibt sie, »manchmal sind Hypothesen ebenso zwingend wie präzise Aussagen. Für konkret denkende Menschen wie mich handelt es sich hier um eine Offenbarung.«[6]

Man könnte zur Verteidigung ihrer Darstellung die These anführen, sie habe Eileen die letzte Version von der Aufdeckung der »Erinnerung« einfach geglaubt. Doch selbst nach dem Prinzip »im Zweifel für die Angeklagte« bleibt die Frage im Raum, warum sie Kurt Barretts entscheidende Aussage über die Entwicklung von Eileens Geschichte übergeht. Dr. Terr erwähnt Kurt Barrett nur, wenn sie selbstbewußt verkündet, Eileen sei nie hypnotisiert worden, und ihren Lesern versichert, daß er »weder den Versuch unternommen hat, Eileens Erinnerungen an den Mord zu bestätigen, noch den, sie in Abrede zu stellen«. Dr. Terrs Auslassungen und Fehler, was Eileens Wissen über Verdrängung und die Wiedererlangung ihrer Erinnerung angeht, erweisen sich als besonders vorteilhaft für ihre Darstellung. Weil sie die Aussagen von Eileens Therapeuten zu großen Teilen übergeht, kann sie ihrer Leserschaft die wesentlich sensationsträchtigere Geschichte anbieten, daß Eileen eines Tages, als sie ihre kleine Tochter beobachtete, plötzlich sah, wie der Mord geschah.

Andererseits kann man Dr. Terrs Darstellung von Eileens Fall auch als ein Beispiel dafür betrachten, wie Therapeuten aus einer Fülle von Informationen, die sie ihren Patientinnen entlocken, zwingende Geschichten formulieren können. Bei Dr. Terrs geschickter Wiedergabe des Falls bleibt keine der von ihr angeführten Tatsachen unvermittelt im Raum stehen. Für alle Informationen, die sie präsentiert – dazu gehören sogar Befunde, die ihren eigenen Theorien zuwiderlaufen –, werden einleuchtende Erklärungen gefunden, oder sie werden so gedreht, daß sie ihre Schlußfolgerungen stützen. In diesem besonderen Fall können wir froh sein, die Aussagen zahlreicher anderer zu haben – vor allem die von Eileens Therapeuten, aber auch den genauen Bericht von Harry MacLean –, mit denen sich Lenore Terrs Darstellung vergleichen läßt.

Um beispielsweise zu erklären, warum Eileen ihre Erinnerung zu eben jenem Zeitpunkt wiedererlangte, belehrt Dr. Terr die Leser von ›Unchained Memories‹, daß verdeckte Erinnerungen oft dann wiederkommen, wenn im eigenen Leben ein »Niveau der Sorgenfreiheit« erreicht worden ist. Nach ihrer Auffassung hatte Eileen im Alter von 28 Jahren das Gefühl, daß es ihr gut ging, und hatte gelernt, »entspannt und ein bißchen weniger streng gegen sich selbst zu sein… Als Eileens Seele zur Ruhe kam, wurden auch die starken Hemmungen obsolet, die ihre Erinnerungen blockiert hatten. Die Erinnerung an den Mord konnte nun zum Vorschein kommen. Der Boden für den Abruf der Erinnerung war bereitet.«[7] Für alle, die Eileen damals kannten, dürfte diese Behauptung der Autorin eine ziemliche Überraschung sein.

Es ist offenkundig, daß Eileen zu der Zeit, als sie an neuen Erinnerungen aus ihrer Kindheit arbeitete, alles andere als sorgenfrei war. »Eileen versuchte, diesem Ungeheuer von einem Ehemann, den sie verabscheute, zu entfliehen«, sagte Harry MacLean, als er kürzlich von uns befragt wurde. »Sie war in einer emotional verletzenden und lieblosen Ehe gefangen. Sie hatte die Scheidung beantragt. Als sie zusammen mit ihren Kinder weggehen wollte, hatte ihr Mann gedroht, er würde sie aufspüren und anzeigen, weil sie Gelder aus seiner Firma unterschlagen hätte. Eileen selbst sagte, sie habe sich zu jener Zeit schrecklich gefühlt.«[8] Dr. Terr kannte diese Fakten genau, denn sie wurde just zu diesem Punkt beim Kreuzverhör in die Enge getrieben. Der Verteidiger Doug Horngrad fragte sie ausdrücklich, ob sich ein Mensch, der die Scheidung beantragt hat, der sich auf eine Auseinandersetzung um das Sorgerecht für die Kinder vorbereitet und dem eine Anzeige wegen

Unterschlagung droht, sicher und geborgen fühlen könne. Als sie erkannte, daß der Verteidiger Eileen meinte, machte sie einen Rückzieher und sagte, sich geborgen und entspannt zu fühlen, sei wirklich nur einer der Gründe dafür, warum ein Mensch in der Lage sein kann, eine traumatische Erinnerung aufzudecken. Doch obwohl Dr. Terr beim Prozeß anscheinend eingeräumt hat, daß sich ihre Theorie vom »Niveau der Sorgenfreiheit« auf Eileen nicht anwenden läßt, trägt sie diese Auffassung in ihrem Buch erneut vor; denn in diesem Zusammenhang muß sie nicht damit rechnen, daß ein Rechtsanwalt auftaucht und sie ins Kreuzverhör nimmt. Ohne Rücksicht auf Tatsachen, die für das Gegenteil sprechen, ist sie offensichtlich bereit, ihre Theorie zur Aufdeckung von Erinnerungen auf Eileens Geschichte anzuwenden.

In einer anderen Passage von ›Unchained Memories‹ schreibt Lenore Terr, daß es Eileen wegen ihrer Liebe zum Vater weiterhin schwer fällt, sich der Erinnerung zu stellen, daß er Susan nicht nur streichelte, sondern auch vergewaltigte, bevor er sie umbrachte. Als Beweis dafür, daß Susan vergewaltigt wurde, führt Dr. Terr an, im Körper des Mädchens sei Sperma gefunden worden.[9] Bei diesem wichtigen Detail hat sie unrecht. Man fand keinerlei Sperma, weil der Leichnam, der zweieinhalb Monate lang offen auf einem Abhang gelegen hatte, nahezu völlig verwest war. Dummerweise schreibt Dr. Terr nur zwei Seiten vor der Behauptung, Sperma sei im Körper gefunden worden, daß das, was die Polizei noch von Susan fand, kaum mehr war als mumifiziertes Gewebe und Knochen.*

Indem Lenore Terr aus entscheidenden Fehlern, Weglassungen und Schlußfolgerungen, die auf weitgehend unbestätigten und manchmal gar nicht vorhandenen Beweisen basieren, eine Geschichte konstruiert, belegt sie anschaulich Donald Spence' These, daß Therapeuten oft aus einer Fülle von Hinweisen nur

* Laut Harry MacLean unterlaufen Dr. Terr hinsichtlich der Fakten noch verschiedene andere Fehler, unter anderem, wenn sie behauptet, man habe Susans Leichnam in einer Art Grab gefunden. Sie schreibt auch, George Franklin habe einen alten Hippie-Bus gefahren. Er fuhr zwar einen VW-Bus, doch der war 1969 ein Jahr alt und gerade bei jungen Familien ein durchaus übliches Fahrzeug. Obwohl das nur ein unbedeutender Fehler ist, zeigt er doch, daß sie anscheinend darauf aus ist, die Tatsachen so zu drehen, daß sie ihre Schlußfolgerungen bekräftigen – in diesem Fall die, daß es sich bei George Franklin um einen »Hippie« mit zweifelhaftem Charakter handelt.

ganz bestimmte auswählen, um daraus eine zwingende Geschichte zu entwickeln. In ihrer Darstellung des Falls Franklin tut sie so, als gäbe es keine offenen Fragen, und läßt ihren Lesern wenig Raum zum Nachdenken. Angesichts der Menge fragwürdiger Fakten und der großen Zahl wichtiger Aussagen, die einfach weggelassen wurden, stellt sich die Frage, ob die Wissenschaftlerin nicht von der Geschichtenerzählerin verdrängt wurde. Statt die komplizierten Tatsachen und die widersprüchlichen Aussagen zu Eileens Bericht über die Aufdeckung ihrer Erinnerung zu hinterfragen, bügelt sie alle Unebenheiten nieder.

Nachdem Harry MacLean Lenore Terrs schriftliche Ausführungen zu diesem Fall gründlich gelesen hatte, lautete sein Kommentar, sie sei anscheinend »weder Journalistin noch Wissenschaftlerin«, und er fügte hinzu: »Sie beschreibt nur eine Version der Tatsachen, obwohl es viele mögliche Versionen *gibt*. Sie unterläßt es nicht nur, andere Versionen zu überprüfen, sondern weist ihre Leserschaft auch mit keinem Wort darauf hin, daß es andere Versionen gibt. Was sie geschrieben hat, ist ein Märchen – eine gute Geschichte. Wenn die Fakten, die sie in ›Unchained Memories‹ anführt, die Basis ihrer Schlußfolgerungen sind, dann müssen diese Schlußfolgerungen in Frage gestellt werden.«[10]

Dr. Lenore Terr kam in der Tat zu Schlußfolgerungen über Eileens Erinnerung, und aus diesen Schlußfolgerungen leitete sich ihre Aussage in einem Prozeß ab, bei dem es um Freiheitsentzug für einen Menschen ging. Laut ihrer eigenen Darstellung war ihre Aussage zur Theorie der Verdrängung und der Aufdeckung von Erinnerungen ein entscheidender Faktor für die Verurteilung von George Franklin.

Als die Staatsanwältin Elaine Tipton dem Richter im Fall Franklin erklärte, warum sie Dr. Terr in den Zeugenstand rufen wolle, sagte sie, sie wolle den »Mythos« und das »Mißverständnis« anfechten, daß es unmöglich sei, eine Erfahrung wie die von Eileen zu vergessen. »Ich habe das Recht, dieses Mißverständnis zu widerlegen, zu erklären, wie das Gedächtnis funktioniert, wie ein Trauma die Erinnerung beeinflussen kann, welche Faktoren dazu beitragen, daß das traumatische Ereignis verdrängt wird oder nicht, was die Wiedererlangung dieser Erinnerung hervorruft, was zum auslösenden Prozeß dazugehören kann und welche Merkmale mit der Auslösung einer echten Erinnerung im Gegensatz zur Konfabulation einer falschen Erinnerung in Einklang stehen.«

Wie von Elaine Tipton erhofft, setzte Dr. Terr tatsächlich ihren eindrucksvollen Ruf dazu ein, das Konzept der Verdrängung aus der Erinnerung und deren Aufdeckung mit dem Siegel wissenschaftlicher Glaubwürdigkeit zu versehen. Sie sagte nicht nur aus, daß es sich bei der Verdrängung aus der Erinnerung und bei deren Aufdeckung um allgemein akzeptierte Fakten handele, sondern bestätigte auch ein hypothetisches Szenario, das ein genaues Abbild jenes Porträts war, das die Staatsanwältin von Eileen zeichnete. Auf deren Frage, ob ein Kind, das Zeuge bei einem besonders gewalttätigen Ereignis sei, diese Erinnerung verdrängen würde, wenn sich das in einer Kindheit ereignen würde, die insgesamt von Gewalt und Mißhandlungen geprägt sei, erwiderte Dr. Terr: »Meiner Meinung nach wird ein solches Ereignis sehr wahrscheinlich – sogar mit äußerst hoher Wahrscheinlichkeit – verdrängt.«

Da Dr. Terr als praktische Therapeutin und als Wissenschaftlerin tätig ist, stellt sich die Frage, wie sie zu dieser Schlußfolgerung gekommen ist. Hat sie aus empirischen Untersuchungen gefolgert, daß Erinnerungen verdrängt werden können, daß sie jahrelang unzugänglich sind und dann mit außerordentlichem Detailreichtum wieder zum Leben erwachen? Oder wurden diese Theorien aus anderen Quellen abgeleitet? Im Vorwort zu ihrem Buch macht sie zu diesem Punkt ein bemerkenswertes Eingeständnis. Sie schreibt, erst im Sommer 1990, nachdem sie Eileen befragt hatte, sei für sie das Thema, wie Erwachsene ein Trauma verdrängen und es wieder aufdecken können, zu einem »neuen« Interessensgebiet geworden. Die Frau, die »mich zu einem neuen Bereich der Psychiatrie führte, kam im Sommer 1990 in meine Praxis in San Francisco«, schreibt Dr. Terr. »Diese Frau brachte mich dazu, über die Erinnerungen nachzudenken, die Erwachsene von frühen Traumata bewahren oder die sie wiedererlangen. Ihr Name war Eileen Franklin Lipsker.«[11] Somit gibt Dr. Terr offenbar zu, daß sie erst *wenige Monate* bevor sie in einem Mordprozeß aussagte, begonnen hatte, über Verdrängung aus der Erinnerung und deren Aufdeckung nachzudenken – Themen, für die sie sich selbst als Expertin anbot.

Woher stammten die Informationen für Dr. Terrs Aussage? Im Zusammenhang mit diesem »neuen Bereich« verdrängter Erinnerungen und deren Aufdeckung beschreibt sie einen glücklichen Zufall, der ihr »ungeheuer« dabei half, sich das Wissen für den Prozeß anzueignen. In eben jenem Sommer wurde sie als Reaktion auf ihr erstes Buch ›Too Scared to Cry‹ mit Briefen überschüttet. »Die Schreiberinnen dieser Briefe haben mich vieles gelehrt«, erinnert sie sich. »Sie zeigten mir, welch große Vielzahl von Abwehrmechanismen es gibt, die Erwachsene daran hindern, sich an Schrecken zu erinnern, die sie als Kinder erlebten. Und sie zeigten mir, welche vielfältigen Wege die Erinnerung gehen kann, um wieder zurückzukehren.« Einige dieser Wege, auf denen die Erinnerung zurückkehrt, schreibt sie, seien »das Beobachten von Träumen, das Verfassen von Gedichten, Malen und Tagebuchschreiben«.[12] Ihr Vertrauen in diese Briefe, die ihr »unter der Tür durchgeschoben« wurden, ist beunruhigend. Weil die darin erwähnten Methoden für die Wiedererlangung von Erinnerungen weithin in der Therapie zur Aufdeckung von Erinnerungen verwendet werden, ist es durchaus möglich, daß die Psychiaterin ihre Kenntnisse über Verdrängung aus der Erinnerung durch Patientinnen erhielt, die sich verschiedenen Varianten dieser Therapie unterzogen. Sie erwähnt nicht, daß diese Therapie 1990 schon seit über fünf Jahren in unterschiedlicher Form praktiziert wurde. ›The Courage to Heal‹ und mehrere andere Bücher zum Thema waren schon lange auf dem Markt, und Tausende von Frauen glaubten bereits, sie hätten verdrängte Erinnerungen an einen Mißbrauch aufgedeckt, und das mit Hilfe einer Reihe fragwürdiger Methoden – von denen Dr. Terr einige auflistet. Trotzdem hat sie anscheinend die Briefe als stichhaltige Zeugnisse für die Wiedererlangung von Erinnerungen akzeptiert und als Grundlage für ihre Analyse des Falls Franklin genommen.

Hätte sich Dr. Terr auf ihre eigenen empirischen Untersuchungen über die Erinnerungen von Kindern an Traumata beschränkt, dann hätte ihre Aussage die Anklage gegen George Franklin wahrscheinlich zu Fall gebracht. Als sie die 26 Kinder untersuchte, die

1976 im kalifornischen Chowchilla gekidnappt und in einem Schulbus lebendig begraben wurden, fand sie heraus, daß sich alle Kinder selbst viele Jahre danach noch an das Ereignis erinnerten.[13] In ihrer Studie mit sechzig Kindern aus der Heimatstadt von Christa McAuliffe, die live im Fernsehen miterlebten, wie die Lehrerin bei der Explosion der Weltraumfähre »Challenger« ums Leben kam, entdeckte sie wiederum, daß alle diese Kinder die Erinnerung an diesen Vorfall behalten hatten.[14] Sogar ihre Untersuchung mit neunzehn Kindern, die vor ihrem sechsten Lebensjahr mißbraucht wurden, zeigte, daß sich fast alle an das Trauma erinnerten.[15] Als sie diese Kinder im Schnitt viereinhalb Jahre nach ihrer traumatischen Erfahrung (für die es jeweils eine Bestätigung von Außenstehenden gab) befragte, erzählten nur vier der Kinder nichts davon.* Diese Untersuchung ist von besonderer Bedeutung, weil alle Kinder, die im Alter von über drei Jahren *wiederholt Traumata* erlitten hatten, sich daran erinnern und darüber sprechen konnten.

Um Eileens Überzeugungen und die Geschichten aus den Briefen, die sie bekommen hatte, zu begründen, bot Dr. Terr im Franklin-Prozeß die neue Theorie an, daß ein einziges traumatisches Ereignis – in einem ansonsten nicht traumatisierten Leben – im Gedächtnis bleibt, während wiederholte traumatische Ereignisse mit höherer Wahrscheinlichkeit verdrängt werden. Das heißt, das Kind lernt von einem Trauma zum nächsten, wie es negative Erfahrungen vergessen kann. Um Eileens Erinnerung zu erklären, führt Dr. Terr an, Eileen habe intuitiv gelernt, wie man ein Trauma verdrängt, weil George Franklin manchmal betrunken und gewalttätig war (Erinnerungen, die nie verdrängt wurden). »Diese

* Die vier Kinder, die sich nicht an das Trauma erinnerten, verdienen eine nähere Betrachtung. Es überrascht nicht, daß zu ihnen die beiden Kinder gehören, die zum Zeitpunkt des Traumas am jüngsten waren. Ein Kind war sechs, das andere sieben Monate alt. Die beiden anderen Kinder waren zwei Jahre beziehungsweise zwei Jahre und vier Monate alt gewesen. Daß sich diese Kinder nicht an traumatische Ereignisse erinnerten, als sie Jahre später dazu befragt wurden, stimmt völlig mit der schon lange unstrittigen Beobachtung überein, daß kleine Kinder die meisten, wenn nicht alle Ereignisse aus ihrer frühen Kindheit vergessen. Dr. Terr selbst kommt in dem Artikel zu der Schlußfolgerung: »Das Alter von zweieinhalb bis drei Jahren scheint der Zeitpunkt zu sein, ab dem die meisten Kinder in der Lage sind, eine Form verbaler Erinnerung an ein Trauma abzulegen und später wiederzuerlangen.« Sie beruft sich dabei nicht auf irgendeinen starken Verdrängungsmechanismus, sondern verweist auf das seit langem anerkannte Phänomen der infantilen Amnesie.

Erfahrungen«, erläutert Dr. Terr in ihrem Buch, »kamen wahrscheinlich häufig genug vor und waren so schrecklich, daß sie es Eileen ermöglichten, die Kunst der automatischen Verdrängung zu erlernen.«[16]

Dr. Terrs vor Gericht dargelegte Theorie, daß ein einziges Trauma wahrscheinlich erinnert und ein wiederholtes Trauma wahrscheinlich verdrängt wird, ist mindestens in einer Hinsicht wirklich bemerkenswert: Diese Theorie erlaubt ihr, der psychologischen Mode zu folgen, ohne ihre früheren Forschungsergebnisse widerrufen zu müssen, die offensichtlich vehement gegen die These einer massiven Verdrängung sprechen. Verdrängung resultiert nicht aus dem Schock durch das Ereignis, folgert sie, sondern erfolgt dann, wenn das Kind das Trauma antizipieren kann und beginnt, angesichts der Erfahrung zu dissoziieren, indem es sie nicht im Gedächtnis enkodiert. »Eine Person wird sich mit einer geringeren Wahrscheinlichkeit daran erinnern, wenn sie eine Reihe von Ereignissen durchgemacht hat«, sagte sie aus. »Das Kind antizipiert die Ereignisse, statt von ihnen überrascht zu sein… Sobald ein Kind beginnt, Ereignisse zu antizipieren, kann es in der Tat Mechanismen einsetzen, um die Wahrnehmung zu blockieren, sogar um die Aufnahme und die Abspeicherung zu verhindern.«

Nach unserem Verständnis der Terrschen Theorien folgt daraus, daß die Kidnapper von Chowchilla einen Schulbus voller Kinder entführten, von denen keines vorher geschlagen oder mißhandelt worden war beziehungsweise mehrfache Traumata erlitten hatte. Wenn Verdrängung, wie Dr. Terr im Fall von Eileen bestätigte, durch die Erfahrung erlernt werden kann, einen betrunkenen und gewalttätigen Vater zu haben, dann ist es bemerkenswert, daß keines der 26 Kinder, die zwischen fünf und zwölf Jahre alt waren, aus einer Familie kam, wo es körperlichen oder anderen Traumata ausgesetzt war. (Nimmt man ihre Definition dessen, was in Eileens Fall ein Trauma ausmachte, muß man sich fragen, ob alle diese Kinder tatsächlich als Personen, die in ihrem Leben nur ein »einziges traumatisches Ereignis« erlitten haben, eingestuft werden können.) Als es um die Kinder ging, die die Explosion der Weltraumfähre miterlebten, schaffte es Dr. Terr *wiederum*, sechzig Kinder zu finden, die dadurch kein wiederholtes Trauma erlitten hatten und daher keine andere Wahl hatten, als sich an das beunruhigende Ereignis zu erinnern.

Dr. Terrs Theorie, warum ein wiederholtes Trauma verdrängt wird, ist auch deshalb schwer nachzuvollziehen, weil sie anscheinend ständig modifiziert wird. In ihrem früheren Buch ›Too Scared to Cry‹ erklärt sie, Kinder, die ein wiederholtes oder lange andauerndes Trauma erfahren haben, entwickeln die Fähigkeit, die »Realität zu leugnen«, weil sie »kriegsmüde« werden. Ein Kind lernt, »seine Sinne abstumpfen zu lassen und sich gegen das Nachdenken zu wehren«.[17] Das macht in der Tat Sinn. Die Erinnerung an einen Bombenangriff, den man überstanden hat, ist sicher viel klarer, wenn es sich um ein einzelnes Ereignis und nicht den siebenundvierzigsten in einer Serie von einhundertzehn Bombenangriffen handelte, die man durchgemacht hat. Das beruht jedoch nicht auf Verdrängung, sondern hat den einfachen Grund, daß ein siebenundvierzigster Bombenangriff nichts Neues ist und deshalb mit einer geringeren Wahrscheinlichkeit in allen Einzelheiten erinnert, erzählt oder immer wieder aufgewärmt wird. Doch würde das Kind vergessen, daß all diese Bombenangriffe überhaupt stattgefunden haben? Menschen, auch Kinder, haben die Fähigkeit, sich an das Schreckliche zu gewöhnen und abzustumpfen. Auch wenn es stimmen mag, daß Kinder Wege finden, sich von wiederholt auftretenden, verwirrenden Ereignissen abzulenken, würde das zudem die Enkodierung des Ereignisses ins Gedächtnis beeinflussen und von zweifelhafter Auswirkung auf das Wiedererlangen von Erinnerung sein (das heißt, auf Wiedererlangung dessen, was da auch immer enkodiert worden sein mag). Würde ein Kind über ein Jahrzehnt hinweg wiederholt mißbraucht werden, dann würden diese traumatischen Ereignisse in der Erinnerung ineinander verschwimmen und ließen sich weniger klar als Einzelereignisse voneinander trennen. Diese ganz offensichtliche Tatsache als Beweis dafür anzubieten, daß eine über zehn Jahre andauernde Serie von Traumata dem Bewußtsein völlig entgleiten kann, ist einzig als kurios zu bezeichnen.

Obwohl Dr. Terr ihre ursprüngliche Auffassung über die unterschiedliche Abrufbarkeit von Erinnerungen an einen einmaligen Mißbrauch und denen an wiederholten Mißbrauch anscheinend auf diese Weise ableitet, nahm im Fall Franklin alles einen anderen Verlauf. Sie widerspricht sich selbst, wenn sie schreibt, die Erinnerung an wiederholten Mißbrauch sei ebenso lebendig, wenn nicht sogar detailreicher, als die an ein einmaliges Trauma – der einzige Unterschied bestehe darin, daß wiederholte Traumata ins Unbewußte gedrängt werden können. Wie sie gegenüber der Staatsanwältin im Fall Franklin erklärte, sind verdrängte Erinnerungen an wiederholte traumatische Ereignisse recht klar und »scheinen im Laufe der Zeit nur geringfügig schwächer zu werden«.[18] Als Beleg für diesen zentralen Punkt verweist sie auf die klaren Erinnerungen der Kinder von Chowchilla – offenbar erkennt sie dabei nicht, daß das ihrer früheren Theorie widerspricht, daß deren Erinnerungen an die Entführung eben deshalb so klar seien, weil sie *nicht* wie Eileen einem wiederholten Trauma ausgesetzt und daher dem schrecklichen Ereignis gegenüber nicht abgestumpft waren. Diesen grundlegenden Widerspruch in ihrer Fallanalyse spricht sie nie an: Wenn wiederholt traumatisierte Personen in der Lage sind, die »Wahrnehmung zu blockieren« und die »Abspeicherung der Ereignisse zu verhindern«, warum sollte es dann bei wiederaufgedeckten Erinnerungen normal sein, daß sie außergewöhnlich detailreich und lebendig sind?

Durch die Tatsache, daß Dr. Terrs eigene empirische Untersuchungen wenig Hinweise enthalten, um die These von einer derartig massiven Verdrängung aus der Erinnerung, wie im Fall von Eileen Lipsker behauptet, zu stützen, ließ sich Dr. Terr nicht davon abhalten, selbstgewiß die Theorien im Zusammenhang mit Eileens Geschichte zu bestätigen. Neben den Briefen, die sie im Sommer 1990 erhielt, führte sie auch Anekdoten aus ihrer eigenen klinischen Arbeit mit Patientinnen sowie aus anderen Quellen an, um ihre These zu belegen. Sie sagte aus, sie hätte pro Jahr drei oder vier Patientinnen gehabt, die jahrzehntelang unterdrückte Erinnerungen aufdeckten, darunter auch »zwei«, die Erinnerungen wiedererlangt hätten, Opfer einer satanischen Sekte gewesen zu sein und rituelle Morde mit ansehen zu müssen.

Dr. Terr beschränkte sich bei ihren Anekdoten nicht auf Menschen, die sie aus ihrer Praxis oder wenigstens persönlich kannte. So sagte sie beispielsweise aus, sie kenne die Eigenart eines Traumas, das der Schriftsteller Stephen King als Kind erlitten habe. Sie erzählte den Geschworenen die Geschichte, wie sie den Film ›Stand By Me‹ gesehen habe, der auf einem Drehbuch von Stephen King beruht. Darin gibt es eine Szene, in der einige Jungen von einer Eisenbahnbrücke fliehen, um nicht von einem Zug überfahren zu werden. Als sie die Szene sah, dachte sie: »Ich hatte das Gefühl, nah bei jemandem zu sein, der beinahe von einem Zug überfahren worden wäre... Es war so angsteinflößend.« Später erfuhr sie, daß Stephen King einen Freund hatte, der als Kind von einem Zug überfahren und getötet worden war. Ihre Analyse seiner Vergangenheit geht weit über die wenig überraschende Schlußfolgerung hinaus, daß sein Drehbuch vom Tod des Freundes beeinflußt war. Sie behauptete, sie könne sagen, er sei *Zeuge* beim Tod seines Freundes gewesen – was Stephen King selbst in Abrede stellt.

»Wie einige von Ihnen wissen, die Stephen Kings Bücher mögen, schreibt er über mechanische Ungeheuer, die Menschen immer wieder überrollen. Er lebt unter dem Einfluß dieses schrecklichen Ereignisses, das er sah.« Später im Kreuzverhör formulierte sie ihre Erkenntnisse aus Stephen Kings Lebensgeschichte noch schärfer: »Als Kinderpsychiaterin weiß ich, daß King [den Tod seines Freundes] sah, denn ich sehe, was er hervorbringt. Alles bei King ist mechanisch und schrecklich, und er zeigt mir jedesmal wieder, was er macht, wenn ... wenn auf dieselbe Weise Menschen niedergemäht werden... Man weiß es eben – zumindest als Kinderpsychiaterin –, King kann mit dem, was er macht, nicht aufhören.« Um ihre Behauptung zu stützen, sagte sie aus, sie habe vor kurzem, als sie in einem Café in Hollywood saß, zufällig gehört, wie King und einige seiner Produzenten über eine Filmproduktion sprachen. Sie erinnerte sich, daß die Produzenten ihm sagten, er könne in seinem nächsten Film nur eine Person sterben lassen, und King erwiderte: »Ich muß mehr Leute töten, denn es ist ein Teil von mir. Ich muß es machen.«

Anhand dieses Beweises kommt sie zu der Schlußfolgerung: »Die traumatisierte Person kann mit dieser Art von Verhalten nicht aufhören. Und sie ist sich vielleicht auch gar nicht bewußt, warum das Verhalten mit dem Trauma zusammenhängt; doch es ist da, und es muß wiederholt werden.« Darüber, daß sie eine Szene aus einem Film und eine mitgehörte Unterhaltung als Beleg für ihr »Sachverständigengutachten« anführt, macht sie sich keinerlei Gewissensbisse. Mit kaum verhohlenem Stolz gibt sie in ›Unchained Memories‹ diesen Teil ihrer Aussage wieder. Sie schreibt, anhand des Beispiels von Stephen King konnte sie den Geschworenen erfolgreich das Bild nahelegen, wie sich Eileen die Haare ausreißt. »Diese zwölf Menschen, die über das Schicksal von George Franklin entschieden, sollten wissen, daß Verhaltensweisen, vor allem wenn sie traumaspezifisch sind, den Kern der Erinnerung bestätigen.«[19]

An einem Beispiel aus ihrer klinischen Praxis illustrierte Dr. Terr dann, wie sie dazu beitragen kann, das Trauma anhand verräterischer Symptome zu erkennen. Sie berichtete von einer Frau, die sie als ältliche Jungfer porträtierte und die erst mit vierzig ihren ersten Liebhaber hatte. In der Therapie beschrieb die Patientin beunruhigende Träume, in denen sie zu sexuell verfänglichen Situationen gezwungen wurde. Außerdem, erklärte Dr. Terr, hätte sich die Frau geschämt, weil sie versucht hatte, mit ihrem Liebhaber oralen Sex zu praktizieren. »Er war schockiert, und sie war schockiert«, sagte sie, »und sie wußte nicht, woran das lag.«

Dr. Terr und ihre Patientin nahmen sich offensichtlich die Aufgabe vor, eine Erklärung für diese Geschichte und dieses Verhalten zu finden. Am Ende waren sie beide in der Lage, zu erklären, warum die Frau Männer mied, warum sie beunruhigende Träume hatte und warum sie sich so über den oralen Sex schämte; sie ermittelten, daß die Frau als Kind am Strand von San Francisco von einer Gruppe Fremder gezwungen worden war, oral mit ihnen zu verkehren. Frau Dr. Terr erklärte: »Es scheint so, daß diese Frau zu oralem Sex gezwungen wurde, als sie noch ein kleines Kind war, und daß das die einzige Art von Sex, Liebeserlebnis oder dergleichen war, womit sie Erfahrung hatte. Und sie hatte keine Erinnerung an diese Ereignisse.«

Im Kreuzverhör befragt, wie sie sich sicher sein könne, daß die Schlußfolgerung, die Frau sei am Strand sexuell mißbraucht worden, auch tatsächlich stimme, räumte Frau Dr. Terr ein, daß es keine handfesten Beweise dafür gäbe; doch aufgrund der Symptome, der Träume und der Verhaltensweisen könne sie sagen, daß die Geschichte wahr sei. Sie erklärte, daß Patientin und Therapeutin oft mit einer »von beiden Seiten bestätigten Ahnung, daß das tatsächlich geschehen ist«, weiterarbeiten müssen. »Ich gebrauche zwar das Wort ›Ahnung‹, aber in Wirklichkeit meine ich, daß diese Frau aller Wahrscheinlichkeit nach unten am Strand von einer Gruppe Fremder sexuell mißbraucht wurde. Und nach den Regeln der Wahrscheinlichkeit wurde sie oral mißbraucht, weil sie genau das jetzt mit ihrem Freund praktizierte... Die Patientin und ich, wir sind beide ganz sicher, daß sie von einer Gruppe Fremder sexuell mißbraucht wurde.«

Dr. Terr sagte weiter aus, daß sie anhand der genauen Beschäftigung mit einer »Gruppe« von Symptomen und Anzeichen aus der Lebensgeschichte einer Klientin erkennen könne, welche Art von Trauma die Klientin durchgemacht habe. Auf diese Weise, sagte sie, sind Therapeuten oft »in der Lage, herauszuarbeiten, daß das Trauma sexueller Natur war; daß es ihr von einem Erwachsenen angetan wurde; daß es durch einen fremden Erwachsenen oder daß es durch einen Erwachsenen aus der Familie herbeigeführt wurde.« Aus dem Verhalten und den Symptomen könne sie »ablesen, daß das Kind dort war« und Zeuge der vermuteten traumatischen Erfahrung wurde. Sie sagte, Psychiater könnten dank ihrer besonderen Ausbildung Symptome und Anzeichen für ein früheres Trauma identifizieren und es intuitiv erkennen – selbst wenn die Patientin nichts davon weiß. »Wenn man sich als Psychiater das Symptom anschaut, dann betrachtet man es, um zu erkennen, ob es einen unmittelbaren Zusammenhang mit dem Ereignis gibt.«

Wendet man die Methode, Symptome zu identifizieren, beim Fall eines bekannten Traumas an, ist das, selbst wenn das Ergebnis nicht stimmt, zuträglich und vielleicht sogar von geringfügigem therapeutischen Effekt, weil sich die Klientin ihr Verhalten erklären kann, indem sie es mit einem einzelnen Ereignis oder einer Reihe von Ereignissen in Zusammenhang bringt. Wenn es keinen Zweifel zum Kern des Traumas gibt, dann ist die Frage, ob diese Zusammenhänge richtig sind oder nicht, nicht unbedingt entscheidend. Wie wir bereits im Kapitel ›Symptome einer Pseudowissenschaft‹ festgestellt haben, ist es jedoch ein Hirngespinst, zu glauben, Therapeuten könnten über die Analyse von Symptomen Kenntnis von einem unbekannten Ereignis erlangen. Dr. Terrs Auffassung, Psychiater könnten aufgrund ihrer besonderen Ausbildung Symptome zu einem bestimmten Ereignis in Beziehung setzen, ist in der wissenschaftlichen Psychologie oder Psychiatrie nicht anerkannt. Diese Auffassung im Gerichtssaal gelten zu lassen, ist gelinde gesagt gefährlich.

Im Prozeß erklärte Dr. Terr, um in der Lage zu sein, eine bestimmte Art von Trauma zu bestätigen, müßten die Symptome für einen Psychiater »überzeugend sein. Es muß sich um Symptome handeln, die in Übereinstimmung mit dem Geschehenen stehen und auf das Geschehene zurückgehen.« Hierbei bezieht sie sich wohl auf Eileens Aussage, sie habe sich noch fünf Jahre nach dem Mord an einer bestimmten Stelle die Haare ausgerissen. In ihrem Buch schreibt Dr. Terr: »Sie fing an, sich seitlich am Kopf die Haare auszureißen, was zu einer großen, kahlen, blutigen Stelle in der Nähe des Scheitels führte.« An anderer Stelle bezeichnet sie das Verhalten als »das blutige Ausreißen von Haaren während ihrer gesamten mittleren Kindheit« und erklärt: »Sehr wahrscheinlich machte sich die kleine Eileen unbewußt daran, die schreckliche Wunde, die sie am Kopf von Susan Nason gesehen hatte, zu kopieren. Diese Neuinszenierung per Verhalten war für mich eine innere Bestätigung, daß Eileens Erinnerung wahr ist.«[20]

Diese Selbstverstümmelung erfüllt in der Tat Dr. Terrs Kriterien, daß das Verhalten spezifisch und aufschlußreich sein muß. Sie scheint jedoch einer grundlegenderen Frage nicht nachgegangen zu sein: Trat dieses Verhalten wirklich auf? Das ist besonders peinlich, wenn man bedenkt, daß sie betont, ein Psychiater, der sich mit diesen Fragen beschäftigt, müsse wie ein guter Detektiv arbeiten. Hätte ein guter Detektiv nicht bei Eileens Mutter, bei den Geschwistern oder in den medizinischen Akten überprüft, ob eine derartige Selbstverstümmelung stattgefunden hat?

Bis 1993 glaubte Eileens Mutter Leah Franklin, ihre Tochter habe wirklich gesehen, wie George Franklin Susan Nason tötete. Es war die Gewißheit in Eileens Stimme, die sie ursprünglich überzeugte. Seit kurzem, nachdem sie einen Vortrag von Lenore Terr über die dramatischen Kindheitssymptome ihrer Tochter gehört hat, fragt sie sich jedoch, ob nicht irgend etwas beim Prozeß gegen ihren früheren Mann schrecklich schiefgegangen ist. Und die Lektüre des Abschnitts über Eileens Kindheit in ›Unchained Memories‹ hat ihre Sorge noch vergrößert, daß Dr. Terr und die Staatsanwaltschaft von einer Reihe falscher Voraussetzungen ausgegangen sind.*

Da Leah Franklin als Zeugin vorgeladen war, hörte sie während des Prozesses die übrigen Aussagen zum Fall nicht. Erst jetzt hat sie alles erfahren, was gesagt wurde – und das war wie eine Offenbarung für sie. Sie machte sich so viele Gedanken über die angeblichen Tatsachen, auf denen Dr. Terrs Schlußfolgerungen beruhten und auf denen die Anklage weitgehend aufgebaut war, daß sie die Autoren des vorliegenden Buchs darüber informierte.

Leah Franklin ist sich ganz sicher, daß Dr. Terr, und vielleicht auch andere, mit unbegründeten Annahmen arbeiteten – an erster Stelle steht dabei die Geschichte von der kahlen, blutigen Stelle. Leah kämmte Eileen während der gesamten Kindheit, schnitt ihr die Haare, flocht ihr Zöpfe und half ihr, sich der Mode entsprechend zurechtzumachen. Man kann sicherlich sagen, daß sie während dieser Jahre Hunderte von Malen auf irgendeine Weise mit den Haaren ihrer Tochter in Berührung kam; und dabei sind Tausende von Augenblicken nicht mitgerechnet, in denen sie einfach zu ihr herunterschaute oder ihr über den Kopf strich. Hätte sich Eileen im Alter von neun bis vierzehn Haare ausgerissen, so daß eine große, blutige Wunde entstand, dann hätte Leah das gewiß gesehen. Nicht nur Leah hat dieses »Symptom« nicht bemerkt, auch kein Arzt, keines von Eileens Geschwistern, keine Freundin und kein Lehrer erwähnte es jemals.

Einige echte Detektive im Fall Franklin suchten offensichtlich nach handfesten Beweisen für dieses Verhalten. Auf Bitten der Staatsanwaltschaft legte Leah über vierzig Fotos von Eileen im Alter zwischen sieben und dreizehn vor. Leah wußte weder vorher noch während des Prozesses etwas von Eileens angeblichem Symptom des Haareausreißens und erkannte deshalb die Bedeu-

* Leah Franklin, das sollte hervorgehoben werden, liebt ihren früheren Mann nicht mehr. Beim Prozeß sagte sie als Zeugin der Anklage aus, George Franklin sei ein schlechter und gewalttätiger Vater und Ehemann gewesen.

tung der Fotos nicht. Die Bilder, die sie den Autoren gerne zeigte, enthalten keinen Hinweis auf eine Selbstverstümmelung. Als Leah sich einige der Klassenfotos ansah, erinnerte sie sich deutlich daran, wie sie ihrer Tochter dabei half, sich an den Tagen, an denen die Aufnahmen gemacht werden sollten, zu kämmen und die Haare in eine modische Form zu bringen. »Es gab nie irgendeinen Hinweis, daß sich Eileen die Haare ausriß«, sagte Leah auf unsere Frage. »Ich bin mir sicher, ich hätte es bemerkt, wenn irgendeins der Mädchen als Kind irgendwelche Haarprobleme gehabt hätte.«[21]

Die Staatsanwaltschaft versicherte Leah, daß man alle notwendigen Fragen stellen und alle von ihr gelieferten Informationen an die Verteidigung weitergeben würde. Man erklärte ihr auch, daß sie nicht verpflichtet sei, mit irgend jemandem aus Doug Horngrads Kanzlei zu sprechen. Mit diesem Ratschlag wurde eindeutig die Strategie verfolgt, Leah von der Verteidigung fernzuhalten, und das funktionierte. Als die Kanzlei des Verteidigers bei ihr anrief, weigerte sie sich, befragt zu werden. Obwohl die Ermittlungsbeamten ihr versicherten, sie würden das gesamte Material an Doug Horngrad weitergeben, gelangte es offensichtlich nicht dorthin. Horngrad erklärte, die Verteidigung habe die über vierzig Fotos, die Eileen mit unversehrter Kopfhaut zeigen, nie zu Gesicht bekommen.*

Nach Leahs Überzeugung ging Dr. Terr bei einer anderen von Eileens aufgedeckten Erinnerungen ebenso von einer unbegründeten Annahme aus. In ihrem Buch beschreibt sie, wie der Vater Eileen im Alter von drei Jahren in der Badewanne anal vergewaltigte. »Leah kam ins Badezimmer und wollte wissen, was er da täte. Irgendwie gelang es George Franklin, sich aus dieser prekären Situation herauszuwinden, das Leben ging weiter.« Als Leah diese Darstellung las, war sie mehr als erstaunt: »Die Szene, die sie beschreibt, hat einfach nicht stattgefunden. Keiner von uns badete je zusammen mit den Kindern«, sagte Leah. »Hätte ich ihn in einer

* Wegen der Bedeutung der »kahlen, blutigen Stelle« für die Aussage im Prozeß hätten sich diese Bilder nach unserer Einschätzung als Entlastungsmaterial erwiesen. Da es sich um Beweise handelte, die für die Unschuld des Angeklagten hätten sprechen können – im amerikanischen Strafrecht bezeichnet man das als »Brady-Material« –, wäre die Staatsanwaltschaft verpflichtet gewesen, diese Fotos den Verteidigern zugänglich zu machen. Die Tatsache, daß der Verteidigung das Brady-Material nicht vorgelegt wurde, könnte dazu führen, daß das Verfahren neu aufgerollt werden muß.

derartigen Situation erwischt, dann würde ich mich gewiß daran erinnern. Wahrscheinlich hätte ich ihn umgebracht.«

Diese Episoden ließen in Leah die Erkenntnis reifen, daß Eileens Erinnerung und deren Bewertung durch Dr. Terr grundlegende Fehler enthalten. »Ich merke langsam, daß vieles von dem, was im Prozeß vorgebracht wurde, nichts mit den Tatsachen zu tun hat, die ich kenne«, sagte Leah. »Ich erkenne allmählich, daß da etwas nicht zusammenpaßt. Was ich da nach und nach höre, stimmt nicht mit der Realität überein.«

Weder die Verteidigung noch die Reporter, die über den Fall berichteten, waren sich der Tatsache genügend bewußt, daß sich Eileen zu dem Zeitpunkt, als sie zu der Überzeugung kam, sie habe zugesehen, wie ihr Vater ihre beste Freundin ermordete, einer Therapie zur Aufdeckung von Erinnerungen unterzog. Sollte George Franklin je einen neuen Prozeß bekommen, dann wird der sich gewiß stärker um das drehen, was mit Eileen in der Therapie geschah. Ein neues Verfahren könnte dazu beitragen, die Öffentlichkeit über die Fehler bei der Therapie zur Aufdeckung von Erinnerungen so wirksam zu unterrichten, wie die öffentliche Meinung durch den ersten Prozeß in die Irre geleitet wurde. Aufgrund der Erkenntnisse der letzten Jahre würde Dr. Terrs selbstgewisse Aussage heute als Spekulation angefochten werden, die weder durch die Wissenschaft noch durch ihre eigenen empirischen Untersuchungen noch durch die Tatsachen im vorliegenden Fall gestützt wird.

Todesfälle in der Familie

Vermeiden Sie es, bei Ihren verdrängten Erinnerungen zögerlich zu sein. Erzählen Sie sie nicht einfach; bringen Sie zum Ausdruck, daß sie wahr sind. Sollten Sie nach Jahren oder Monaten herausfinden, daß Sie sich in einzelnen Punkten geirrt haben, dann können Sie sich immer noch entschuldigen und das Ganze richtigstellen.

Renee Fredrickson, ›Repressed Memories‹

Der Fall von George Franklin blieb nicht der einzige, bei dem die Theorien der Therapie zur Aufdeckung von Erinnerungen vor Gericht vorgetragen wurden. In den letzten Jahren strengten Menschen, die der Überzeugung sind, sie hätten lange verdrängte Erinnerungen an Mißbrauch aufgedeckt, Dutzende von zivilrechtlichen Prozesse an. In dem Maße, wie die Theorien im psychosozialen System Widerhall fanden, wurden sie in vielfältiger Weise auf immer neue Situationen angewandt. An dieser Stelle muß über die Geschichte der kleinen Stephanie West berichtet werden, nicht nur weil sie zeigt, welchen Schaden diese Theorien letztlich anrichten können, sondern auch, weil durch sie deutlich wird, daß die Theorien, die der Therapie zur Aufdeckung von Erinnerungen zugrunde liegen, allmählich auch bei der Behandlung von Kindern umgesetzt werden. Da manche Therapeuten annehmen, Kinder besäßen die Fähigkeit, Wissen über sexuellen Mißbrauch sofort zu verdrängen, haben sie angefangen, zweifelhafte Techniken einzusetzen, um bei Interviews mit angeblichen kindlichen Opfern Erinnerungen wiederzuerlangen. Weil die Verjährungsfristen bei mutmaßlich verdrängten und wieder aufgedeckten Verbrechen geändert wurden, eröffnet diese neue Anwendung der Therapie die Möglichkeit, Eltern und andere Personen aufgrund von »Erinnerungen«, von denen das Kind nichts wußte, bevor es mit dem Therapeuten zusammentraf, strafrechtlich zu verfolgen.

Im Jahre 1991 wurde die zwölfjährige Stephanie West* mit der erschreckenden Realität des Todes konfrontiert. Anfang des Jahres war ihre Lieblingstante plötzlich verstorben, und nur zwei Wochen später stellte man bei ihrer Großmutter die Diagnose Krebs im Endstadium. Stephanies Reaktion auf diese Ereignisse wäre jemandem, der sie nicht so genau kannte, nicht weiter aufgefallen. Sie war eher wie ein Junge in einer Familie aufgewachsen, in der man keine Emotionen zeigte, und sie hatte von ihrem Vater gelernt, eine harte Schale zu präsentieren. Sie weinte nie und sprach auch nicht so schnell über ihre Ängste. Doch ihre Mutter Barbara entdeckte Anzeichen dafür, daß sie zutiefst deprimiert und verwirrt war. Einmal hatte Stephanie ihr anvertraut: »Ich habe Angst, daß alle sterben und ich als einzige übrigbleibe.« Trotzdem konnte Stephanie mit den Traumata anscheinend einigermaßen gut umgehen. Zumindest dachten das ihre Eltern, bis der Hausdetektiv des nahegelegenen Kaufhauses Mervyn's sie anrief. Stephanie war wegen Ladendiebstahls verhaftet worden.

Es war das erste Mal, daß Stephanie in ernsthafte Schwierigkeiten irgendwelcher Art gekommen war. Sie war sechs Jahre älter als ihre Schwester und eine begeisterte Sportlerin, seit sie einen Ball schießen oder werfen konnte. Die anderen jungen Familien, mit denen ihre Eltern befreundet waren, hatten meist Söhne, und Stephanie lernte von klein auf, bei jedem Wettkampf die Nase vorn zu behalten und sich bei Raufereien durchzusetzen. Klein und stämmig, wie sie war, spielte sie als Fänger in einer Baseball-Jugendmannschaft, die überwiegend aus Jungen bestand, und als Torwart in einem Fußballklub, wo sie das einzige Mädchen war. Ihre große Liebe galt dem Baseball; mit elf Jahren konnte sie den Hartball mit einer Geschwindigkeit von hundert Kilometern pro Stunde werfen und fast jede Position im Spiel einnehmen. Nachdem sie gesehen hatten, welche Kraft in ihrem Wurfarm steckte, wußten die anderen Mannschaften schnell, daß sie kaum Punkte ergattern konnten, wenn Stephanie West gegenüber dem Schlagmal stand. Sie war mehr als nur eine gute Spielerin, sie war Mannschaftsführerin. Als Fänger dirigierte sie die Positionen der Feldspieler und

* Die Namen von Stephanie West, ihrer Familie und ihren Therapeuten wurden geändert.

hatte keine Probleme, sich bei ihren Mannschaftskameraden Respekt zu verschaffen.

Die Sportleidenschaft war es, die Stephanie mit ihrem Vater Jeff, der als Trainer für ihre Mannschaft arbeitete, verband. Wie er selbst eingestand, war er ein strenger Vater und ein Trainer, der hohe Anforderungen stellte. Er war Marineoffizier gewesen, und nach seiner aktiven Dienstzeit hatte er eine zivile Verwaltungsposition beim Militär übernommen. Bei der Vorbereitung auf ein Spiel pflegte er den Jugendlichen zu sagen, wenn sie sich nicht hundertprozentig einsetzten, würden sie ihre Mannschaft und sich selbst betrügen. Jeff förderte den ausgeprägten Kampfgeist seiner Tochter; und wenn er sich bei seiner Mannschaft oder seiner Tochter durchsetzen wollte, schreckte er nicht davor zurück zu schreien. Mit Stolz erinnert er sich daran, wie sie einmal in eine Schlägerei verwickelt wurde, weil sie einen ihrer kleineren Mannschaftskameraden verteidigte, der von der anderen Mannschaft gefoult worden war. Als Barbara meinte, er solle ihre Tochter zur Rede stellen, weil sie eine Schlägerei angefangen habe, weigerte sich Jeff, das zu tun. Stephanie hätte das Richtige getan, sagte er zu seiner Frau; sie hätte einen Mannschaftskameraden verteidigt. Als seine Tochter am Saisonende in die Bestenauswahl kam, war das für Jeff einer der stolzesten Augenblicke seines Lebens. Seine große Hoffnung war, daß sie einmal als erste Frau den Ball in einer College-Baseballmannschaft werfen würde.

Als Stephanie älter wurde, hatte Jeff das Gefühl, daß die Beziehung zu seiner Tochter außerhalb des Spielfelds schwieriger wurde. Wenn seine Tochter irgend etwas bedrückte, pflegte er sie zu einer Tasse Schokolade oder zu einem Milchshake einzuladen; doch immer häufiger kam er sich unbeholfen vor, wenn er versuchte, Gefühle aus ihr herauszulocken. Stephanie zog sich dann in sich zurück, und das Gespräch kam gleich wieder auf Baseball.

Wie die meisten Jugendlichen legte es Stephanie anscheinend darauf an, zu Hause die Grenzen auszutesten. Jeden Abend gab es mit ihrer Mutter Streit über halbfertige Mathematikaufgaben. Sie schien genau zu wissen, wie weit sie gehen konnte, bevor ihr Vater einschreiten würde. Doch auch wenn sich ihr Vater an der Schreierei beteiligte, machte sie bisweilen keinen Rückzieher. Jeff versuchte, die Disziplin, die er beim Militär gelernt hatte, auch zu Hause anzuwenden. Er war der Meinung, daß er von ihnen ein gewisses Maß an Gehorsam erwarten durfte, wenn er seinen Kindern klare Regeln setzte und deutliche Grenzen zog, was erlaubt war und was nicht. Bis zum Alter von neun Jahren bekam Stephanie, wenn sie ungehorsam war, manchmal von ihm oder seiner Frau eine Tracht Prügel. Als sich bei seiner Tochter die ersten Anzeichen zeigten, daß sie zu einer jungen Frau wurde, stellte er die körperliche Züchtigung ein. Er hatte jedoch die Angewohnheit, mit dem Finger gegen ihre Wange zu schnipsen, wenn sie nicht auf ihn hörte, und in jüngster Zeit trat er sie einmal mit dem Außenrist in den Hintern, um sie dazu zu bewegen, ihr Zimmer aufzuräumen.

Doch trotz dieser gelegentlichen Rangeleien waren Barbara und Jeff stolze Eltern. Es gab viele Anzeichen, daß aus Stephanie einmal eine Frau mit starkem Willen und ausgeprägtem Verantwortungsgefühl werden würde. Beispielsweise betreute sie jeden Sonntag während des Gottesdiensts die Kleinkinder ihrer Gemeinde. Während die anderen Helfer sich miteinander unterhielten, war Stephanie stolz darauf, sich ausschließlich um die Kinder zu kümmern. Wenn sie bei Freundinnen zum Essen war oder bei ihnen übernachtete, dann schwärmten die anderen Eltern immer von ihren guten Manieren. Wann immer die Schule oder der Sportverein Geld sammelten, war es Stephanie, die die meisten Süßigkeiten oder Zeitungsabonnements verkaufte. Sie war keine aggressive oder aufdringliche Verkäuferin, sondern eher respektvoll und hartnäckig auf eine Weise, die Erwachsene bezauberte.

So höflich sie anderen Menschen gegenüber auch war, ihren Eltern gegenüber war das mit zunehmendem Alter immer weniger der Fall. Während Barbara und Jeff zum Kaufhaus Mervyn's fuhren, um ihre Tochter abzuholen, besprachen sie, wie sie reagieren sollten. Stephanie würde vermutlich eher zornig als reumütig sein, deshalb beschlossen sie, eine Konfrontation erst einmal zu vermeiden. Als sie Stephanie im Büro des Hausdetektivs sahen, hatte sie die Arme ineinander verschränkt, und in ihrem Blick lag etwas Bösartiges. Der Overall, den sie stehlen wollte, war genau der, bei dem sich Barbara kurz zuvor geweigert hatte, ihn ihr zu kaufen;

deshalb war Stephanie geneigt, ihrer Mutter die Schuld an dem Vorfall zu geben. Statt ärgerlich zu werden oder sich in einen Streit über die Schuldfrage einzulassen, sagten Jeff und Barbara mit ruhiger Stimme zu ihr, sie seien enttäuscht über das, was sie getan hatte. Zu Hause angekommen schickten sie Stephanie auf ihr Zimmer. Als Barbara später bei ihr nachschaute, entdeckte sie, daß Stephanie aus dem Fenster geklettert war. Drei Stunden später kam sie wieder nach Hause.

Obwohl Stephanie immer launischer wurde, blieb der Ladendiebstahl für den Rest des Winters, im Frühjahr und auch im Sommer eine einmalige Verirrung. Im Mai flog sie mit ihrer Mutter nach Florida, um ein letztes Mal ihre Großmutter zu besuchen, die dann im Sommer starb. Am Ende des siebten Schuljahres erklärte sie ihrer Mutter, daß die Schule jetzt eine zentralere Rolle in ihrem Leben spielen würde. Sie war sehr begabt und hatte einen Intelligenzquotienten von 135, selbst beim Hochbegabtenprogramm der Schule lag sie immer über dem Durchschnitt. Kurz zuvor hatte sie gehört, daß die Verwaltungsgremien, die über die Zulassung zu einer Hochschule entscheiden, oft die Zeugnisse bis zurück zur achten Klasse heranziehen; deshalb wollte sie sicherstellen, später einmal die Universität ihrer Wahl besuchen zu können. Stephanie hatte in diesem Jahr beschlossen, Ärztin zu werden und sich auf Sportmedizin zu spezialisieren. Barbara war sich nicht sicher, ob Hochschulgremien Zeugnisse ab der achten Klasse zugrunde legen würden, doch sie hatte nicht vor, den neuen Vorsatz ihrer Tochter in Frage zu stellen. Als Stephanie im Sommer einen Leistungskurs in Geschichte belegte, waren ihr Vater und ihre Mutter skeptisch, ob sie dieser Verpflichtung ernsthaft nachkommen würde. Doch im Verlauf des Sommers übertraf sie sich selbst und mußte nicht einmal daran erinnert werden, ihre Hausaufgaben zu machen. Den Kurs schloß sie mit 1- ab.

Zu Beginn des neuen Schuljahrs kam Stephanie wieder mit dem Tod in Berührung. Einer ihrer Lieblingslehrer, der auch ehrenamtlich in ihrem Schachklub als Trainer tätig war, brach zusammen und starb an Herzversagen. Sie nahm am Beerdigungsgottesdienst teil und trug danach immer eine Kopie der Todesanzeige mit sich herum. Zur selben Zeit bemerkte Barbara, daß Stephanies Benehmen zu Hause einen neuen Tiefpunkt erreichte: Sie war ständig wütend und aufgeregt. Wenn Barbara ins Zimmer kam, ging Stephanie hinaus. Bei einer der wenigen Gelegenheiten in diesen Wochen, wo sie mit ihrer Tochter reden konnte, erfuhr sie nur, daß Stephanie dabei war, ein Referat über ein Buch zum Thema Gewalt in der Familie zu schreiben. In diesem Buch hatte sie gelesen, daß es viele Arten verbaler Konfrontation gibt, die genauso gewalttätig wie Schläge sind. Sie begann, die lautstarken Wortgefechte, die sie mit ihren Eltern hatte, als eine Form der Kindesmißhandlung umzudefinieren. In derselben Woche, am Tag nach einem lauten Streit mit ihrem Vater, erzählte Stephanie einer pädagogischen Hilfskraft, ihr Vater mißhandele sie verbal und sie habe Angst, nach Hause zu gehen. Ihr Vater habe kürzlich das Rauchen aufgegeben, sagte sie, und sei jetzt die ganze Zeit über reizbar und verärgert. Die Hilfskraft rief die Polizei an und berichtete, was Stephanie ihr erzählt hatte. Als Barbara kam, um Stephanie von der Schule abzuholen, sah sie, wie Stephanie mit zwei Polizeibeamten die Stufen herunterkam. Als sie sich mit dem Schulpsychologen, dem Rektor und den Polizeibeamten zusammensetzten, räumte Stephanie ein, sie ärgere sich eher über ihren Vater, als daß sie Angst vor ihm habe. Beeindruckt davon, wie sich Barbara der Sache annahm, empfahlen die Polizeibeamten, den Fall nicht weiter zu verfolgen.

Eine Woche danach kam Stephanie in den Erste-Hilfe-Raum und zeigte auf einen Bluterguß dicht neben ihrer Schläfe. Als die Krankenschwester sie fragte, was passiert sei, erzählte ihr Stephanie: »Mein Vater hat mich geprügelt.« Weil die Schwester gesetzlich dazu verpflichtet war, rief sie die zuständige Jugendschutzbehörde an und berichtete, was ihr erzählt worden war. Sie hatte auch Schrammen an Stephanies Arm bemerkt. Stephanie sagte zuerst, die habe sie sich an einem Zaun geholt, doch später gestand sie ein, daß sie sich die Schrammen in der Schule selbst mit einer Zirkelspitze beigebracht hatte.

Ein Sozialbetreuer der Jugendschutzbehörde besuchte die Familie, schlug den Fall dann jedoch nieder. Er erfuhr, daß der Bluterguß an Stephanies Kopf nicht durch ihren Vater verursacht worden war, sondern durch einen Fußball, der sie aus nächster

Nähe getroffen hatte. Dutzende von Leuten hatten den Vorfall mit angesehen, und die Schiedsrichter hatten das Spiel sogar unterbrochen, um sicherzugehen, daß sie keine Gehirnerschütterung hatte und weiterspielen konnte. Obwohl Stephanie schließlich zugab, daß ihr Vater sie nicht geschlagen hatte, schien die Angelegenheit doch den Keil zwischen Stephanie und ihren Eltern tiefer getrieben zu haben. Meist war sie düsterer Stimmung, auf Fragen antwortete sie mit Achselzucken, und sie sah ihren Eltern nur selten in die Augen. Dann und wann schaffte es Jeff, sie in ein Gespräch über Sport zu verwickeln, doch das dauerte gewöhnlich nicht lange. Am Abend, nachdem sie gemeldet hatte, ihr Vater hätte sie geprügelt, sprang Stephanie aus ihrem Schlafzimmerfenster und rannte weg. Barbara bekam einen Anruf von der Mutter einer ihrer Freundinnen; die sagte ihr, daß ihre Tochter bei ihnen sei, und fragte, ob Stephanie dort übernachten könne. Barbara überlegte zunächst, ob sie ihre Tochter holen sollte, entschied dann aber, daß sie alle eine kleine Erholungspause von den Spannungen gebrauchen könnten.

Jeff und Barbara machten sich eher Sorgen um die Schrammen an Stephanies Arm als um die falsche Beschuldigung. Sie sprachen darüber, was sie tun sollten, falls diese Selbstverletzungen zunähmen, und begannen, sich nach professioneller Hilfe umzusehen. Barbara verabredete einen Termin mit einer weiblichen Polizeibeamtin, die auf die Beratung schwieriger Jugendlicher spezialisiert war. Die Beamtin, eine robuste und sachliche Frau, auf die Stephanie anscheinend reagierte, stellte klar, daß sie bei ihrem Gespräch kein abwehrendes Verhalten dulden würde. Sie erwarte, daß man ihr in die Augen sehe und laut und deutlich mit ihr spreche; ansonsten könne sie Stephanie auch ins Heim schicken – das gehöre, sagte sie Stephanie, zu ihren Befugnissen. Nachdem sie auf diese Weise Stephanies Aufmerksamkeit geweckt hatte, sprach sie eine Stunde lang mit ihr und versuchte, ihr klarzumachen, daß ihre Entschlüsse und Handlungen ernsthafte Konsequenzen hätten. Als Stephanie der Beamtin erzählte, daß sie die Art und Weise nicht mochte, wie ihre Eltern versuchten, ihr Leben zu bestimmen, versuchte die Beamtin, ihr die positiven Seiten ihrer Familie zu zeigen. »Viele Jugendliche, mit denen ich hier zu tun habe, haben

Eltern, die sich nicht um sie kümmern«, sagte sie. »Jeder hat einmal Streit mit seinen Eltern. Doch deine Eltern mögen dich sehr.« Die Beamtin erzählte Stephanie, sie selbst habe sich als Jugendliche häufig mit ihrem Vater gestritten; doch jetzt, wo er tot sei, würde sie alles in der Welt darum geben, nur ein paar Minuten gemeinsam mit ihm zu verbringen.

Die direkte Sprache der Beamtin schien bei Stephanie anzukommen. Ihre Mutter, die sie beobachtete, konnte sehen, wie der harte, abwehrende Gesichtsausdruck weicher wurde. Am Ende dieser Stunde fragte die Beamtin, ob Stephanie ihrer Mutter irgend etwas sagen wolle. Stephanie drehte sich zu Barbara um. »Es tut mir leid, Mami«, sagte sie und fing an zu weinen. Nach dieser Begegnung ließ ihre Wut ein paar Tage lang nach, und sie sprach offener mit beiden Eltern. Doch schon bald gab es wieder eine lautstarke Auseinandersetzung – über etwas, an das sich niemand erinnern kann –, und die Spannungen im Haus der Familie West nahmen wieder zu. Stephanie sagte zu ihren Eltern, sie alle benötigten ihrer Meinung nach einen Therapeuten. Obwohl Jeff eher dagegen war, willigte Barbara ein, und sie vereinbarten einen Termin mit einem örtlichen Ehe- und Familienberater namens Dean Graham.

Sowohl Stephanie wie auch ihr Vater mochten Dean Graham auf Anhieb, und die ersten beiden Sitzungen zeigten, daß die Kommunikation in der Familie durch die Beratung tatsächlich lockerer werden könnte. In den Sitzungen richtete sich Stephanies Ärger meist gegen den Vater. Sie beschwerte sich bei Dean Graham darüber, daß ihr Vater zuviel fernsehe, immer gereizt sei, weil ihm seine Zigaretten fehlten, und nur dann mit ihr rede, wenn er ihr etwas befehlen wolle. »Ich will eine Beziehung zu meinem Vater«, sagte sie, »doch er versteht mich nicht.« Ihr Vater reagierte bisweilen unnachgiebig auf ihre Kritik, doch andererseits gab er auch Fehler zu.

»Ich war sofort in der Lage, mit allen Familienmitgliedern eine therapeutische Beziehung aufzunehmen und sie für die Therapie zu motivieren«, schrieb Dean Graham später. »Die Sitzungen ... beschäftigten sich vor allem mit Stephanies Frustration über den Kommunikationsstil ihres Vaters«, der, wie Graham feststellte, von »Starrsinn, Schwarzweißdenken und Einschüchterungsversuchen« geprägt war.

Am Tag der zweiten Sitzung mit ihrem neuen Therapeuten bekam Stephanie ihr erstes Teilzeugnis für die achte Jahrgangsstufe, und sie war eine der Besten in der Klasse. Nach der Sitzung ging die Familie gemeinsam zum Essen, um die guten Noten zu feiern, und dann auf ein Billardspiel – ein Spiel, das Stephanie besonders mochte – in eine Spielhalle. Ihre Stimmung war besser geworden, sie schien stolz auf ihre schulischen Leistungen zu sein und sich auf ihren bevorstehenden dreizehnten Geburtstag zu freuen. Ihre Mutter hatte eine große Party mit den Kindern mehrerer Familien geplant, mit denen Stephanie zusammen aufgewachsen war. Doch auch diese positive Wendung sollte nicht lange andauern. Als sie in der Spielhalle feierten, gelang es Stephanie, ihrer Mutter die Scheckkarte zu stehlen. Am selben Abend ging sie zu einem Geldautomaten und hob sechzig Dollar ab.

Als Barbara am nächsten Tag herausfand, was geschehen war, sorgte sie dafür, daß ihre Tochter aus der Klasse geholt wurde, und beschuldigte sie in Gegenwart des Schulpsychologen. Zunächst leugnete Stephanie, die Scheckkarte gestohlen zu haben. Doch als ihre Mutter ihr erklärte, die Bank habe Überwachungskameras installiert, und man könne schnell feststellen, wer das Geld abgehoben habe, gab Stephanie den Diebstahl zu, weigerte sich jedoch hartnäckig, zu sagen, was sie mit dem Geld gemacht hatte. Barbara ärgerte sich über die Dickköpfigkeit ihrer Tochter. Sie erklärte Stephanie, sie bekäme für die kommenden Wochen Hausarrest und ihr dreizehnter Geburtstag würde nur im Kreis der engsten Familie gefeiert. An diesem Abend sprang Stephanie aus dem Fenster und rannte zu einer Freundin. Diesmal ging Barbara hin und holte sie ab.

Stephanie fing an, allen Freunden und Erwachsenen, die sie kannte, zu erzählen, wie gemein ihre Eltern seien. »Seit mein Vater das Rauchen aufgegeben hat, ist er nicht mehr zu ertragen«, sagte sie zu einer Lehrerin. »Alles, was meine Eltern können, ist, mit mir zu schimpfen«, beklagte sie sich bei einer anderen. Ihr Schulpsychologe erhielt so viele Berichte über Stephanies Klagen, daß er schließlich mit ihr ausmachen mußte, in der Schule nur noch mit ihm und der Krankenschwester über Familienprobleme zu sprechen. In den Sitzungen mit dem Familienberater richtete sich ihr

Ärger jetzt nicht mehr vornehmlich gegen ihren Vater, sondern stärker gegen ihre Mutter.

Stephanies dreizehnter Geburtstag am 3. November war eine traurige Angelegenheit. Weil sie sich weiterhin weigerte, ihren Eltern zu sagen, was sie mit den gestohlenen sechzig Dollar gemacht hatte, setzte Barbara ihre Drohung, nur im kleinen Familienkreis zu feiern, in die Tat um. Stephanie bekam Geburtstagskarten und durfte sich aussuchen, was ihre Mutter kochen sollte, aber sie bekam keine Geschenke. In der folgenden Woche erhielt Barbara einen Anruf von der Krankenschwester der Schule. Einer von Stephanies Lehrern hatte bemerkt, daß sie etwas an ihrem linken Oberarm verbarg. Barbara sagte, sie würde sofort kommen, und bat die Schwester, Stephanie zu untersuchen. Als Barbara in der Schule ankam, erfuhr sie, was sie schon vermutet hatte: Stephanie hatte sich selbst weitere Schnitte beigebracht. Diesmal jedoch stammten die Wunden nicht vom stumpfen Ende eines Zirkels, sondern von einer Rasierklinge.

Barbara hatte sowohl mit dem Familientherapeuten als auch mit dem Schulpsychologen darüber gesprochen, was sie tun sollten, wenn das mit Stephanies Selbstverstümmelungen schlimmer würde, und sie waren überein gekommen, daß es eine Möglichkeit sei, Stephanie in ein psychiatrisches Behandlungszentrum einweisen zu lassen, wenn sie für sich selbst zur Gefahr würde. Als sie mit Jeff darüber am Telefon sprach, glaubten sie, keine andere Wahl zu haben. Ihre Tochter verletzte sich selbst, und es schien keinen Weg zu geben, an sie heranzukommen. »Das ist meine Sache«, pflegte Stephanie zu sagen, wenn ihre Eltern sich um sie Sorgen machten oder fragten, warum sie so wütend sei. »Das geht euch nichts an.« Im Erste-Hilfe-Raum fragte Barbara ihre Tochter, ob sie bereit sei, für eine gewisse Zeit in ein Krankenhaus zu gehen, um herauszufinden, was es mit ihren Problemen auf sich habe. Sie sagte ihrer Tochter, sie seien dann nicht nur in der Lage, die bestmögliche fachliche Hilfe, sondern auch ein wenig Distanz zu bekommen und die Probleme, die sich anscheinend immer schneller verschlimmern würden, aus einem anderen Blickwinkel zu sehen. Stephanie stimmte achselzuckend zu.

Barbara fuhr ihre Tochter von der Schule direkt in die Southwood Psychiatric Clinic, eine Einrichtung zur stationären Behandlung, die ihnen von dem Therapeuten empfohlen worden war. Während Barbara noch die Versicherungsformulare ausfüllte, wurde Stephanie von einer Krankenschwester zu ihrer Lebensgeschichte befragt. Sie sagte der Schwester, sie habe nie Drogen genommen oder geraucht und sich nie sexuell betätigt. In den Formularen war von einem vierwöchigen Klinikaufenthalt die Rede, doch die Angestellte in der Aufnahme erklärte Barbara, meist seien keine vier Wochen erforderlich. Ihre Versicherung würde 80 Prozent der Kosten in Höhe von 25 000 Dollar monatlich tragen. Barbara wußte nicht genau, woher die Familie die restlichen 5000 Dollar nehmen sollte, doch sie war sich sicher, daß es den Preis wert wäre, selbst wenn sie das Geld in Raten abzahlen müßten, falls man ihrer Tochter in der Klinik nur helfen könnte.

Janet Baker war die erste Psychologin, die am nächsten Tag mit Stephanie sprach. Stephanie erklärte zu Beginn: »Meine Stimmungen ändern sich manchmal ganz plötzlich«, und erzählte Janet Baker, wie wund ihre Hände seien, weil sie in der vorigen Nacht immer wieder gegen die Wand gehauen habe. Als Janet Baker fragte, warum sie ihrer Meinung nach in der Klinik sei, antwortete Stephanie: »Wegen meinen Eltern und wegen der Sachen, die sie mir antun.« Sie erzählte der Psychologin, sie habe kürzlich daran gedacht, sich umzubringen oder vielleicht erst ihren Vater zu töten und dann sich selbst. Nach zwei langen Sitzungen mit ihr schrieb Janet Baker, Stephanie sei eine willensstarke junge Frau, die anscheinend immer dazwischen schwanke, ob sie »liebenswürdig, widerspenstig, passiv, aggressiv oder reumütig« sein wolle. Sie kam zu dem Schluß:

Sie klagt irrational und verbittert darüber, daß sich ihre Familie zuwenig um sie kümmert und daß sie von Gleichaltrigen ungerecht behandelt wird... Möglicherweise versucht sie, anderen gegenüber entgegenkommend und gehorsam zu sein, doch hat sie gelernt, Desillusionierungen zu antizipieren, und trägt oft zur erwarteten Enttäuschung bei, indem sie provokative Fragen stellt und das von anderen ihr gegenüber geäußerte Interesse und deren Hilfsbereitschaft anzweifelt. Sie greift zu selbstzerstörerischen

Handlungen und gebärdet sich, als wolle sie Selbstmord begehen, um Aufmerksamkeit und Sympathie entgegengebracht zu bekommen… Es ist wahrscheinlich, daß diese Jugendliche aktiv um mehr Aufmerksamkeit und Zuwendung wirbt und bittet, als man es unter anderen Umständen erwarten würde. Das fragile Vertrauen, das Stephanie anderen gegenüber empfindet, wird leicht erschüttert; das führt zu neuen Forderungen, Selbstmitleid und manchmal zu Wutausbrüchen und zur Abschottung nach außen… Es sind Zweifel angebracht, ob sie ihre Auffassung schnell ändern wird, wenn sie erst einmal einen Standpunkt zu einem Thema hat… Mit anderen Worten, wenn sie sich einmal entschieden hat, dann möchte sie nicht durch Fakten durcheinandergebracht werden.

Barbara und Jeff war gesagt worden, sie sollten ihre Tochter am ersten Behandlungstag nicht im Therapiezentrum besuchen, damit sie sich in Ruhe an die neue Umgebung gewöhnen könne. Als sie am nächsten Tag kamen, wurde ihnen mitgeteilt, Stephanie sei verärgert und wolle sie nicht sehen, und der behandelnde Psychiater habe an diesem Tag zuviel zu tun, um ein Gespräch mit ihnen zu führen. Beim nächsten Besuch weigerte sich Stephanie erneut, ihre Eltern zu sehen. Als Barbara und Jeff darum baten, mit dem behandelnden Arzt sprechen zu können, mußten sie eine Stunde warten. Als Dr. Daniel Farmer schließlich erschien, stellten sie ihm eine ganze Reihe von Fragen. Wie war Stephanies seelischer Zustand? Warum wollte sie ihre Eltern nicht sehen, und warum bestanden die Ärzte nicht darauf, daß sie mit ihnen redete? Was ließ sich aus Stephanies momentanem Verhalten ablesen? Könnten sie Hypnose oder eine Wahrheitsdroge einsetzen, um herauszufinden, was hier nicht stimmte? Welche Art von Behandlung planten sie? Hatten sie irgendeine biochemische Analyse durchgeführt, um herauszufinden, ob es chemische Ungleichgewichte gab? Dr. Farmer war ganz offensichtlich über die Fragen verärgert und beantwortete nur einige davon zu ihrer Zufriedenheit. Stephanie würde mit ihnen zusammenkommen, wenn sie dazu bereit sei, sagte er den beiden und versicherte ihnen, obwohl er ihr Mittel gegen Depressionen verschrieben habe, sei das Problem nicht biologischer Natur.

In der Klinik war Stephanie von schwierigen Patienten aller Altersgruppen umgeben. Die Ärzte verordneten ihr zwei gruppentherapeutische Sitzungen, die jeweils einmal täglich stattfanden. Die eine Gruppe bestand aus Jugendlichen mit Problemen von Drogen- und Alkoholmißbrauch bis hin zu gewalttätigem und unkontrollierbarem Verhalten. In der zweiten Gruppe, an der sie teilnahm, waren Frauen, die von ihren Eltern mißbraucht worden waren.

Binnen einer Woche nach ihrer Aufnahme begann Stephanie, dem Klinikpersonal eine Lebensgeschichte zu erzählen, die sie zuvor niemandem enthüllt hatte. In der Gruppensitzung für gestörte Jugendliche sprach sie davon, daß sie einen achtzehnjährigen Freund habe, mit dem sie häufig sexuell verkehre, und daß sie vor ein paar Monaten auf einer Party gezwungen worden sei, mit einem Jungen zu schlafen. In der nächsten Sitzung sagte sie, sie gehöre einer Straßenbande an, sie rauche gerne Zigaretten und Marihuana und hätte Kokain geschnupft wie geraucht. Als ihre Eltern von diesen Enthüllungen hörten, wußten sie nicht so recht, was sie davon halten sollten. Drogen? Sex? Banden? Ihre Eltern wußten nicht, wann sie neben Baseball, Fußball und dem Glockenchor Zeit für derartige Aktivitäten gehabt haben könnte. Stephanie durfte nach Einbruch der Dunkelheit nicht mehr aus dem Haus, es sei denn, ihnen war bekannt, wo sie sich aufhielt, und es war ein Erwachsener dabei. Sie riefen den Schulpsychologen an, die Lehrer, die Freunde und andere Eltern, doch nicht einer von ihnen konnte irgend etwas zu diesen Geschichten beitragen. Nachdem sie bei der Polizei angerufen hatten, um zu fragen, welche Gerätschaften und anderen Indizien es gäbe, die auf Drogen hindeuteten, durchsuchten sie einen ganzen Abend lang Stephanies Zimmer, doch sie fanden nichts. Als in der nächsten Woche die Geschichten über ihre Vergehen wüster wurden (sie hatte eine neue Geschichte darüber erzählt, daß sie bei einer Unterweltparty vergewaltigt worden sei), gelangten Barbara und Jeff zu der Überzeugung, ihre Tochter habe sich groteskerweise entschlossen, den anderen in den Gruppen immer um eine Nasenlänge voraus zu sein. Nichts von dem, was Stephanie erzählte, stand in irgendeinem Zusammenhang mit dem, was sie über ihre Tochter wußten.

Ihre Freunde, die sie mit nach Hause brachte, waren keine Kriminellen, sondern die besten Schüler einer weiterführenden Schule. Stephanie war nicht Mitglied einer Bande, sondern eines Schachklubs.

Sie sagten den Ärzten in der Klinik, was sie von dem hielten, was Stephanie erzählte. Es stellte sich heraus, daß die Ärzte bereits zu einem ähnlichen Schluß gekommen waren. Den schriftlichen Berichten ist übereinstimmend zu entnehmen, daß die behandelnden Therapeuten Stephanies Geschichten über Drogenmißbrauch und Bandenaktivität für Fiktionen hielten, die sie erzählte, um entweder die Aufmerksamkeit des Klinikpersonals auf sich zu ziehen oder um besser zu den anderen Jugendlichen der Abteilung zu passen. »Vielleicht hat sie ein bißchen Haschisch geraucht«, schrieb ein Psychologe, der sie begutachtete, »aber ihr Äußeres und ihr Gewicht weisen darauf hin, daß sie mit Kokain und dessen Derivaten nicht viel zu tun hatte, und der angebliche Straßenhandel mit Drogen scheint eher etwas mit ihrer Vorstellung und Phantasie zu tun zu haben als mit einer echten Erfahrung.«

Trotz der unwahren Aspekte der Lebensgeschichte, die sie erzählte, zweifelte niemand an der Schwere ihrer Verhaltensprobleme oder an der Ernsthaftigkeit ihrer ständigen Drohungen, sich selbst zu verletzen. Mehrere Male hatte sie so heftige Wutausbrüche, daß sie von den Pflegern der Klinik niedergerungen und ihr eine starke Dosis Thorazin gegeben werden mußte. Die Ärzte erhöhten auch die Dosis des Antidepressivums.

In der Gruppe mit den Frauen, die als Kinder mißbraucht worden waren, beklagte sich Stephanie darüber, ihre Eltern würden sie immer anschreien, wenn sie ihr Zimmer aufräumen oder ihre Hausaufgaben machen solle, und sie verstünden sie nicht. Sie erzählte den Frauen, daß ihr Vater sie einmal in den Hintern getreten habe, und dann wiederholte sie die Geschichte, daß er ihr kürzlich mit der Faust gegen den Kopf geschlagen habe und sie davon einen Bluterguß bekommen habe. Man gab Stephanie die Bücher ›The Courage to Heal‹ und ›Outgrowing the Pain: A Book for and about Adults Abused as Children‹. Letzterem, einem Werk von 88 Seiten mit Texten und Cartoons, entnahm sie, daß emotionale Vernachlässigung – wenn Eltern ihre Kinder nicht

»umarmen und liebhaben« und »im allgemeinen emotional unzugänglich« sind – eine Form von Kindesmißhandlung sei, die so schwerwiegend sei wie sexuelle oder körperliche Belästigung.[1] Sie las auch, daß »die meisten Erwachsenen, die als Kinder mißbraucht wurden, zu Beginn eine Zeit durchlaufen, in der sie sich nicht entscheiden können, ob sie zur Gruppe der ›Mißbrauchten‹ gehören. Der Grund ist, daß Erwachsene meist einen Abwehrmechanismus haben; sie *verleugnen*, was geschehen ist, und schützen sich so vor allem, was zu schmerzhaft ist. Die Verleugnung trägt dazu bei, unangenehme und schmerzvolle Erinnerungen abzublocken.« In ›Outgrowing the Pain‹ werden die »Überlebenden« aufgefordert, den erlittenen Mißbrauch nicht herunterzuspielen oder zuzulassen, daß die Entschuldigungen oder das Leugnen ihrer Eltern »sich störend auf die entscheidende Aufgabe auswirken, zu akzeptieren, daß der Mißbrauch sich tatsächlich ereignet und er Sie tatsächlich verletzt hat.«

Barbara und Jeff konnten ihre Tochter schließlich eine Woche nach ihrer Klinikeinweisung anläßlich der nächsten Familienberatungssitzung sehen. Die Familie hatte beschlossen, die wöchentlichen Sitzungen mit ihrem Therapeuten Daniel Graham fortzusetzen und sich dazu in der Klinik zu treffen. Barbara und Jeff brachten ihre jüngere Tochter Samantha mit. In dem Augenblick, als Stephanie das Zimmer betrat, kam aus ihrem Mund eine Woge von Obszönitäten, wie sie sie noch nie von ihrer Tochter gehört hatten. »Ihr Wichser habt mein Leben versaut«, sagte sie unter anderem. »Ihr liebt mich nicht. Ich bin euch egal. Ihr liebt Samantha mehr als mich. Ich hasse euch beide.« Die laute Beschimpfung ging noch über eine Minute so weiter. Samantha versteckte sich hinter ihrem Vater und klammerte sich an seine Hand.

Um die Haßtirade zu beenden, langte Stephanies Mutter über den Tisch und hielt Stephanie an den Handgelenken fest. »Schau mich an«, schrie sie ihre Tochter an, als die versuchte, sich loszureißen. »Wir müssen anfangen, über diese Dinge zu reden. Miteinander zu reden ist die einzige Möglichkeit, die Dinge wieder ins Lot zu bringen.«

»Verpiß dich«, schrie Stephanie zurück. »Das ist meine Sache, und ich muß über gar nichts mit dir reden.« Sie befreite sich aus dem Griff ihrer Mutter, rannte aus dem Zimmer und schlug die Tür hinter sich zu. Sie riefen einen Mitarbeiter der Klinik ins Besprechungszimmer und baten ihn, Stephanie in die Sitzung zurückzubringen. Der Mitarbeiter sagte ihnen, jemanden zur Teilnahme an einer Sitzung zu zwingen, sei keine im Hause übliche Vorgehensweise. »Kann ich gehen, um sie zu holen?«, fragte Barbara. Man sagte ihr, sie könne das nicht machen. Stephanie müsse mit ihnen sprechen wollen.

In einer Sitzung mit einem Psychologen der Klinik berichtete Stephanie später, ihre Mutter habe sie über den Tisch hinweg geschlagen. Der Vorfall wurde zu ihren Akten genommen.

In der Gruppe mit den Frauen, die als Kinder mißbraucht worden waren, entdeckte Stephanie bald, daß andere Gruppenmitglieder weit schwerwiegenderen Mißhandlungen ausgesetzt gewesen waren, als die, die sie enthüllt hatte. Einige der Frauen berichteten, von ihren Eltern wiederholt geschlagen und ausgesetzt worden zu sein. Andere waren dabei, verdrängte Erinnerungen an sexuelle Gewalt aufzudecken, unter der sie als Kinder gelitten hatten. Sie beschrieben intensive Rückblenden, durch die plötzlich Szenen schrecklicher Belästigungen aus ihrem Unterbewußten hochkamen. Manchmal brachen diese Rückblenden während der Gruppensitzungen mit einer erschreckenden emotionalen Kraft aus ihnen heraus. Aus dem Buch ›Healing the Pain‹ erfuhr sie, daß Menschen, die mißbraucht worden waren, ihre Erinnerungen oft so aufdecken, »als sähen Sie einen Film, in dem plötzlich Szenen aus dem eigenen Leben ablaufen. Möglicherweise ist es der Augenausdruck, den Ihre Mutter hatte, als sie Sie zum ersten Mal fesselte, oder es ist der Blick Ihres Vaters, als er Ihre Hand zu seinem Penis führte. Diese Rückblenden sind Ihre Erinnerungen, die versuchen, ihren Weg in Ihre Realität zu finden.«[2] In ›The Courage to Heal‹ werden Rückblenden ähnlich beschrieben: »[Sie] können von Gefühlen begleitet sein, die Sie zu jener Zeit empfanden, oder sie können sachlich und distanziert sein, so als schauten Sie sich einen Film über das Leben eines anderen Menschen an.« Ein Opfer wird mit den Worten zitiert, seine Rückblenden seien so wie »Dias in einem Diavortrag«.[3]

Stephanie begann, ein Rückblenden-Tagebuch zu führen, in dem sie alle ungewöhnlichen körperlichen Empfindungen oder geistigen Vorstellungen festhielt. Kurz darauf hatte sie ihre erste Rückblende. Nachdem sie die einzelnen Teile zu einem Bild zusammengesetzt hatte, erzählte sie in ihrer Therapiegruppe, sie habe eine verdrängte Erinnerung daran aufgedeckt, daß sie als Neunjährige auf dem Heimweg von der Schule von einem Fremden vergewaltigt worden sei.

Mitte Dezember wurde Stephanie in eine Abteilung für Langzeitbehandlung verlegt. Barbara mußte erneut eine ganze Reihe von Formularen ausfüllen. Diesmal wurde mit einer Behandlungsdauer von vier Monaten gerechnet; die zu erwartenden Kosten betrugen 60 000 Dollar, wovon Barbara und Jeff 12 000 Dollar zahlen müßten. Barbara sagte der Klinikangestellten, daß die Familie nicht soviel Geld habe. Nach Rückfrage bei einem Vorgesetzten sagte ihr die Angestellte, sie müsse die 12 000 Dollar nicht zahlen, sondern nur in den Formularen unterschreiben, daß sie das Geld zahlen würde. Dann, so sagte man ihr, könne die Klinik von der Krankenversicherung 80 Prozent der Rechnung verlangen, und die Klinik würde für den Rest »aufkommen«.

Als Weihnachten näherrückte, nahmen die Konfrontationen bei den wöchentlichen familientherapeutischen Sitzungen mit Daniel Graham an Heftigkeit zu. Meistens verließ Stephanie den Raum. Die Eltern und Daniel Graham versuchten, sie aus sich herauszulocken, doch nichts von dem, was sie sagten, konnte ihre Überzeugung erschüttern, daß die Welt gegen sie sei. Am ersten Weihnachtstag brachten die Eltern Samantha und einige engere Freunde der Familie mit, um den Tag bei Stephanie in der Klinik zu verbringen. Es gelang ihnen, das Gespräch von allen Themen fernzuhalten, die Stephanie möglicherweise erzürnt hätten.

Zwei Tage nach Weihnachten hatte die Familie die erste ergiebige Therapiesitzung seit Wochen. Daniel Graham verhinderte mit Erfolg, daß Stephanie mit Vorwürfen und Jeff mit Rechtfertigungen begann; deshalb sah sich Barbara auch nicht gezwungen, die Vermittlerin zu spielen oder sich für eine der beiden Seiten zu entscheiden. Daniel Graham ermutigte die Familie, Fragen miteinander zu besprechen, ohne beweisen zu wollen, wer recht und wer unrecht hatte, sondern sich als Individuen zu betrachten, die dasselbe Problem aus unterschiedlichen Blickwinkeln heraus sehen. Leider hatten die Fortschritte in dieser Sitzung keine Auswirkungen auf die Kliniksituation, wo für Stephanie ihr Status anscheinend von ihren Geschichten über Schikanierung und Straffälligkeit abhing. Nach der Sitzung hörte Daniel Graham, wie Stephanie zu einem Klinikmitarbeiter sagte, daß das Treffen mit der Familie eine weitere Horrorgeschichte gewesen sei – ihre Eltern hätten sie eine volle Stunde lang verbal angegriffen. Einige Tage später berichtete sie, bei der vorigen Sitzung hätte Samantha einen Bluterguß auf der Stirn gehabt. Sie sagte, Samantha hätte ihr anvertraut, ihr Vater habe sie geschlagen. Obwohl man auf Nachfrage bei Daniel Graham hätte erfahren können, daß Samantha an keiner der letzten Familiensitzungen teilgenommen hatte, gab die Klinik die Information an die Jugendschutzbehörde weiter, und es kam zu neuen Ermittlungen.

Ein paar Tage später, in der Nacht zum 5. Januar, wurde Stephanie hysterisch und schlug gegen die Wände ihres Zimmers. Man hielt sie mit körperlicher Gewalt zurück und gab ihr eine Thorazinspritze. Als sie dadurch nicht ruhiger wurde, erhöhten sie die Dosis und verdoppelten sie schließlich. In dieser Nacht stellte sich Stephanie eine Reihe schrecklicher Szenen vor, bei denen es sich ihrer Meinung nach um Rückblenden auf Mißbrauch handelte, den ihr die Eltern angetan hatten. Während der Gruppensitzungen berichtete sie über das, was sie in ihrer Vergangenheit entdeckt hatte. Sie hatte Szenen gesehen, in denen sich ihre Eltern dabei abwechselten, auf sie und ihre Schwester mit Stöcken, Töpfen, Pfannen und Vasen einzuschlagen. Sie gelangte zu der Überzeugung, ihre Mutter hätte sie, als ihr Vater bei der Marine war, wochenlang allein gelassen. In dieser Zeit sah sie auch erstmals das Bild vor ihrem geistigen Auge, wie ihr Vater sie sexuell berührte. Später hatte sie Rückblenden, wie er sie schlug und dann vergewaltigte. Schließlich glaubte sie, es sei zwischen ihrem neunten und elften Lebensjahr an jedem zweiten Wochenende zu einem Mißbrauch gekommen. Aufgrund dieser neuen Beschuldigungen wegen sexuellen Mißbrauchs handelten die Kliniktherapeuten sehr schnell, um sicherzustellen, daß Samantha vor ihren Eltern geschützt würde. Stephanie bekam einen Rechtsanwalt, und es wurden Anhörungen angesetzt, um ihren Eltern das Sorgerecht zu entziehen. Die neuen Enthüllungen über sexuelle Belästigungen, schwere körperliche Mißhandlungen und Alleinlassen des Kindes wurden an die Abteilung der Jugendschutzbehörde weitergegeben, die bereits ermittelte, wie die Eltern Stephanies Schwester Samantha behandelten.

Nachdem die Therapeuten, von denen die Mißbrauchsgruppe geleitet wurde, zunächst berichtet hatten, daß Stephanie häufig versucht hatte, durch Verkriechen in sich selbst Aufmerksamkeit zu erlangen, stellten sie nun fest, daß sie aufgrund der neuen Rückblenden ein produktives und vollgültiges Mitglied der Gruppe geworden sei. »In der Vergangenheit hat die Patientin versucht, die Aufmerksamkeit auf sich zu lenken, indem sie sich aus der Gruppe zurückzog oder sich widerspenstig und depressiv verhielt, in dieser Woche jedoch hatte sie nicht das Bedürfnis, so etwas zu tun, um die Aufmerksamkeit zu bekommen, die sie für nötig hielt.« In einem weiteren Bericht schrieb einer der Therapeuten: »Die Patientin war dazu fähig, sich offen und ehrlich zu Themen wie Selbstmordphantasien oder auch ihrem Zustand der Hoffnungs- und Hilflosigkeit zu äußern… Die Patientin hat ein klares Verständnis zur Ätiologie ihrer Depression, die sich hauptsächlich auf eine Lebensgeschichte mit Mißbrauch und Belästigung zurückführen läßt.« Nirgendwo in diesen Aufzeichnungen läßt sich ein Hinweis darauf finden, daß die Therapeuten die Möglichkeit in Erwägung zogen, daß die bildlichen Vorstellungen vielleicht nicht auf realen Erfahrungen beruhten.

Die neue Akzeptanz, die Stephanie in der Mißbrauchsgruppe zuteil wurde, wurde wieder aufgewogen durch die tiefgehende Angst, die sie nun bekam; die Jugendschutzbehörde hatte eine Untersuchung wegen Verletzung der Aufsichtspflicht bei ihrer Schwester und das Gericht ein strafrechtliches und ein sorgerechtliches Verfahren gegen ihre Eltern eingeleitet. In den Gruppensitzungen sprach sie von ihrer Angst, daß man ihr nicht glauben würde. In ihren Tagebüchern schrieb sie jedoch von der Angst davor, daß die Gerichtsverfahren ihre Familie für immer auseinanderreißen würden. Nachdem sie einem ihrer Psychologen erzählt hatte, sie habe das Gefühl, die gerichtlichen Anhörungen und Untersuchungen würden ihrer Kontrolle entgleiten, notierte der Psychologe in ihrer Behandlungsakte, daß Stephanie über alle Untersuchungen und rechtlichen Schritte gegen ihre Eltern informiert werden sollte, weil ihr dies helfen würde, sich als weniger »hilflos und ohne Kontrolle« zu empfinden.

Am 16. Januar holten Beamte der Jugendschutzbehörde Samantha in ihrer Schule ab und brachten sie zur Vorbeugung in ein Heim. Barbara und Jeff verbrachten die zweite Januarhälfte und den gesamten Februar im wesentlichen damit, sich mit Rechtsanwälten und den mit der Sache befaßten Beamten der Jugendschutzbehörde zu treffen. Als Barbara die neuen Vergewaltigungsbeschuldigungen hörte, forderte sie eine gynäkologische Untersuchung von Stephanie. Die ergab, daß ihr Hymen intakt und für ihr Alter normal entwickelt war.

Im Heim, in dem Samantha untergebracht war, wurden »direkte und indirekte« Befragungstechniken sowie anatomisch korrekte Puppen eingesetzt, um festzustellen, ob Samantha mißbraucht worden war. Während der ganzen Zeit, in der sie von ihren Eltern getrennt war, blieb Samantha dabei, ihr sei nichts Böses angetan worden. »Ich möchte nach Hause und bei meiner Familie sein und immer dort bleiben, immer, selbst mit meiner Schwester«, zitierte sie einer der Untersuchungsbeamten. Der Gerichtstermin für die Familie West wurde für den 9. März angesetzt. An diesem Tag sollte Stephanie über den Mißbrauch aussagen. Im Vorgriff auf die Anhörung hatten die Beamten der Jugendschutzbehörde einen Bericht verfaßt, in dem die Empfehlung ausgesprochen wurde, Samantha solle wieder in die Familie zurück, Stephanie jedoch auf Dauer aus der Familie herausgenommen und in ein Heim eingewiesen werden, bis man eine geeignete Pflegefamilie für sie gefunden hätte.

In der Klinik wurde Stephanie wegen der baldigen Anhörung immer aufgeregter. In der Frage des Sorgerechts für sie und ihre Schwester würde wahrscheinlich eine Lösung gefunden werden, doch ihre neuen Erinnerungen hatten auch zu einer strafrechtlichen Ermittlung gegen ihren Vater geführt. Bei der Anhörung würde sie zum ersten Mal ihre neuen Überzeugungen in Gegenwart ihres Vater wiederholen müssen. In ihrem Rückblenden-Tagebuch beschrieb Stephanie – nur fünf Tage vor der gerichtlichen Anhörung – die Bilder, die sie gesehen hatte. »Ich habe meinen Vater gesehen, wie er mich berührte; er versuchte, mit mir zu verkehren, und ich sagte immer wieder nein und versuchte, ihn abzuwehren, doch er schlug mich immer wieder und sagte, es würde wehtun; doch als ich schrie, verpaßte er mir einen wirklich schweren Schlag, und ich wurde ohnmächtig.« Am Rand notierte sie, diese Bilder seien ihr »den ganzen Tag« durch den Kopf gegangen, »und sie bringen mich wirklich völlig durcheinander«. Zu einer weiteren Rückblende heißt es: »Ich sah meine Mutter, wie sie immer wieder auf mich einschlug, mich beschimpfte und nicht aufhören wollte. Sie schlug mich ganz lange und als sie endlich aufhörte, blutete ich, und ich hatte überall schlimme Blutergüsse. Dann rief sie jemanden an und erzählte, wie böse ich bin und wie sehr ihr Leben meinetwegen zur Hölle geworden sei.«

Am Abend des 6. März, einen Tag vor Stephanies Termin mit ihrem Rechtsanwalt und drei Tage vor dem Anhörungstermin, bekam Barbara einen Anruf von dem Psychiater der Southwood-Klinik, der Stephanies Behandlung leitete. Es habe einen Unfall gegeben, und Stephanie sei in das nahegelegene Kinderkrankenhaus gebracht worden. Als Barbara und Jeff wenige Minuten später dort eintrafen, sagte ihnen die Krankenschwester, daß die Ärzte Stephanie noch behandeln würden und sie warten müßten. Nach einer Stunde wurde ihnen gestattet, ihre bewußtlose Tochter auf der Intensivstation zu besuchen. An beide Arme war ihr ein Tropf angelegt worden, und eine Maschine neben ihrem Bett pumpte Luft in ihre Lungen. Bevor sie den Arzt fragen konnten, was geschehen sei, sahen sie die Blutergüsse rund um ihren Hals. Stephanie hatte versucht, sich in ihrem Zimmer zu erhängen. Man hatte sie am Boden zusammengekrümmt vorgefunden, der Gürtel des Bademantels war fest um ihren Hals geknotet.

Am nächsten Tag führten die Ärzte eine Reihe von Tests durch, um das Niveau der Hirnaktivität festzustellen, und erklärten Stephanie, obwohl ihr Herz immer noch schlug, für tot. Die Ärzte, nicht Stephanies Eltern, fällten die Entscheidung, die Maschinen abzuschalten, so daß es zum Atemstillstand kam. Barbara und Jeff durften sich nicht an dieser schrecklichen Entscheidung beteiligen, weil ein Termin angesetzt war, bei dem Stephanie zu ihren aufgedeckten Erinnerungen, daß ihr Vater sie belästigt habe, aussagen sollte.

Auch zwei Jahre nach Stephanies Tod grübeln ihre Eltern weiterhin über die grauenhafte Eigendynamik der Ereignisse jenes Jahres. Unter all den Dokumenten und Berichten, die sie zum Tod ihrer Tochter zusammengetragen haben, befindet sich auch das Tagebuch, in dem Stephanie die Rückblenden und körperlichen Empfindungen beschrieb, von denen sie gelernt hatte, sie als Erinnerungen zu bezeichnen. Zwischen den vielen Darstellungen von Mißbrauch springt ein Eintrag ins Auge. Nur wenige Tage vor ihrem Selbstmord schrieb Stephanie: »Eine meiner Befürchtungen ist, daß es keine Lösung geben wird. Es sieht danach aus, denn meine Eltern scheinen sehr böse auf mich. Ich möchte, daß sich das ändert, denn ich möchte nicht, daß meine Schwester traurig ist, weil sie nicht bei meiner Mutter ist. Ich möchte, daß es eine Lösung gibt, denn ich möchte nach Hause zurück, wenn alles wieder in Ordnung ist.«

Schlußfolgerung: Die Ätiologie der Therapie zur Aufdeckung von Erinnerungen

Eine Wissenschaft, die davor zurückschreckt, ihre Begründer zu vergessen, ist verloren.
Alfred North Whitehead, ›The Organization of Thought‹

Während die Therapie zur Aufdeckung von Erinnerungen erst in den achtziger Jahren in den USA aufkam, gehören die Annahmen und Vorstellungen, die diese Bewegung überhaupt ermöglichten, schon seit Beginn unseres Jahrhunderts zur Grundsubstanz der Psychotherapie. Viele der theoretischen und praktischen Fehler, die heute von Therapeuten begangen werden, die Erinnerungen aufdecken, machte Sigmund Freud bereits vor einhundert Jahren. Freud vertrat als erster die Auffassung, daß das Unbewußte eine Welt für sich ist – eine Welt, in der Erinnerungen, Gedanken, Wünsche und Triebe einen Kampf miteinander austragen, um die Kontrolle über das Verhalten zu erlangen. Ein Großteil des bewußten Lebens wird laut Freud von dieser Unterwelt der Kräfte beherrscht. Obwohl die Psychoanalyse Freuds Theorien weitgehend überarbeitet hat, haben seine Terminologie und seine romantische Vorstellung vom Seelenheiler – wie Requisiten, die auf der leeren Bühne zurückgeblieben sind – in der Psychotherapie und in unserer Kultur bis auf den heutigen Tag Bestand. Und genau diese Bühne haben die Therapeuten betreten, die sich die Aufdeckung von Erinnerungen zum Ziel gesetzt haben. Ohne die freudianischen Requisiten und Kulissen wären die Befürworter der Therapie zur Aufdeckung von Erinnerungen von ihren Berufskollegen wahrscheinlich nicht toleriert und akzeptiert worden; weder wären sie gebeten worden, Seminare zu veranstalten, noch wären sie eingeladen worden, in landesweit ausgestrahlten Fernsehsendungen aufzutreten oder Bücher für angesehene Verlage zu schreiben. Ohne die Bühne, auf der sich früher einmal die freudianischen Schauspieler tummelten, wäre die Therapie zur Aufdeckung von Erinnerungen, wenn sie überhaupt entstanden wäre, wohl schnell als das erkannt worden, was sie ist – eine Pseudowissenschaft. Obwohl ihre Grundkonzeptionen und Vorgehensweisen keinen wissenschaftlichen Hintergrund haben, mußten die Therapeuten, die Erinnerungen aufdecken, im wesentlichen nicht belegen, daß ihre Theorien Gültigkeit besitzen oder auch nur erklären, was sie mit »Verdrängung« oder »dem Unbewußten« meinen, weil die meisten Menschen dachten, sie wüßten bereits, was das sei.

1996 jährt sich zum hundertsten Male der Tag, an dem Freud seine berühmte Abhandlung ›Zur Ätiologie der Hysterie‹ vorlegte. Darin beschrieb er den Einsatz verschiedener Techniken, um allen achtzehn Patientinnen, die seiner Diagnose nach unter Hysterie litten, Erinnerungen an sexuellen Mißbrauch in der Kindheit zu entlocken. Aus diesen spärlichen Belegen entwickelte er die Verführungstheorie – die Auffassung, alle Neurosen ließen sich auf ein vergessenes sexuelles Trauma in der Kindheit zurückführen. »Wenn wir die Ausdauer haben, mit der Analyse bis in die frühe Kindheit vorzudringen«, schrieb Freud in dem Artikel, »... so veranlassen wir in allen Fällen den Kranken zur Reproduktion von Erlebnissen, die ... als die gesuchte Ätiologie der Neurose [des Patienten] betrachtet werden müssen. Diese infantilen Erlebnisse sind wiederum sexuellen Inhalts... Ich stelle also die Behauptung auf, zugrunde jedes Falles von Hysterie befinden sich ... ein oder mehrere Erlebnisse von vorzeitiger sexueller Erfahrung, die der frühesten Jugend angehören.«[1]

Sigmund Freud verwarf die Verführungstheorie später wieder, weil er feststellte, daß die Mißbrauchsbeschreibungen seiner Patientinnen nicht stimmen konnten: »Als diese Ätiologie an ihrer eigenen Unwahrscheinlichkeit und an dem Widerspruche gegen sicher festzustellende Verhältnisse zusammenbrach, war ein Stadium völliger Ratlosigkeit das nächste Ergebnis. Die Analyse hatte auf korrektem Wege bis zu solchen infantilen Sexualtraumen geführt, und doch waren diese unwahr. Man hatte also den Boden der Realität verloren… Vielleicht harrte ich nur aus, weil ich keine Wahl mehr hatte, etwas anderes zu beginnen.«[2]

Als Freud erkannte, daß die Beschreibungen seiner Patientinnen faktisch nicht stimmten, hatte er bereits seine Methode der Psychoanalyse veröffentlicht und behauptet, die Ursache für die Hysterie entdeckt zu haben. Sein Rettungsanker war die Theorie, daß seine Methode richtig sei, nur sei die aufgedeckte Wahrheit tiefgehender, als er zunächst erkannt hatte – das unbewußte Begehren der Patientin nach dem Vater in ihrer Kindheit. Die Geschichten über einen sexuellen Kontakt gingen nicht auf verdrängte Erinnerungen, sondern auf verdrängte Phantasien zurück. Was er mit Hilfe seiner Methode entdeckt hatte, war ein unbewußter Bereich brodelnder sexueller Bedürfnisse bei Säuglingen und Kleinkindern. Freud erweiterte dann seine Theorie, indem er sagte, nahezu alle Formen seelischer Krankheiten brächten die unbewußten Wünsche und Ängste des Patienten zum Ausdruck. »Wenn die Hysteriker ihre Symptome auf erfundene Traumen zurückführen«, schrieb er, »so ist eben die neue Tatsache die, daß sie solche Szenen phantasieren, und die psychische Realität verlangt neben der praktischen Realität gewürdigt zu werden.«[3]

Wie Allen Esterson überzeugend darlegt, war die landläufige Version lange Zeit die Vorstellung, Freud habe die Geschichten seiner Patienten über sexuellen Mißbrauch nur passiv entgegengenommen. In ›Seductive Mirage: An Exploration of the Work of Sigmund Freud‹ zitiert Allen Esterson aus den Werken eines halben Dutzends von Biographen und Historikern, die praktisch immer wieder dieselbe Geschichte berichten – die Freud selbst auch verbreitete –, daß er zunächst an die Mißbrauchsbeschreibungen glaubte und sie dann später als Phantasien einstufte. Dieser Argumentation wurde in neuerer Zeit in Jeffrey Massons 1984 erschienenem Buch ›The Assault on Truth‹ am meisten Beachtung geschenkt. Der Autor gibt der Geschichte noch eine weitere Wendung, indem er behauptet, Freud habe seine These primär deshalb geändert, weil ihn seine Kollegen und die viktorianische Gesellschaft unter Druck setzten, die Realität des Kindesmißbrauchs zu leugnen. Laut Masson ist Freud eingeschüchtert worden und hat deshalb der dunklen Wahrheit, die er da entdeckt hatte, den Rücken gekehrt.

Diese Geschichte über Freuds Frühwerk ist überall in den Veröffentlichungen der Bewegung zur Aufdeckung von Erinnerungen zu finden. »Freud wollte einfach nicht glauben, daß so viele Väter – möglicherweise auch sein eigener – ihre Kinder mißbraucht haben könnten«, schreiben Ellen Bass und Laura Davis in ›The Courage to Heal‹. »Freuds neue Theorie war offenbar für die Gesellschaft und für den patriarchalischen Berufsstand, dem er angehörte, leichter zu verdauen ... er ersetzte sie durch die Theorie zum Ödipuskomplex und verkehrte damit die Realität des Mißbrauchs zu einer kindlichen Phantasie.«[4] Befürworter der Bewegung zur Aufdeckung von Erinnerungen haben Freuds frühe Theorien zur Hysterie ausgegraben und seine Methoden und Entdeckungen dort zur mutigen bahnbrechenden Arbeit hochstilisiert. In ›Trauma and Recovery‹ etwa schreibt Judith Herman zu Freuds Text über die Hysterie: »Ein Jahrhundert später kann es dieser Artikel immer noch mit den zeitgenössischen klinischen Beschreibungen der Auswirkungen von Kindesmißbrauch aufnehmen. Es handelt sich um ein brillantes, einfühlsames, flüssig geschriebenes und in sich schlüssiges Dokument.«[5]

Wenn die Therapeuten dieser Ausrichtung die frühen Vorgehensweisen und Ergebnisse der Freudschen Arbeiten so uneingeschränkt loben, dann übersehen sie ein Problem: Die oft erzählte Geschichte, daß Freud seinen Patientinnen bei diesen Mißbrauchserinnerungen passiv zuhörte, steht in krassem Gegensatz zu vielen seiner eigenen Behandlungsberichte. Wie bei den Therapeuten zur Aufdeckung von Erinnerungen finden sich in Freuds eigenen Schriften Belege dafür, daß er seine Klientinnen beeinflußte, seine Voreinstellung zu bestätigen, alle Hysterikerinnen seien als kleine Kinder sexuellem Mißbrauch zum Opfer gefallen. Freud legte diesen Druck ganz offen dar und erklärte, daß die Erinnerungen von den Patientinnen nur gegen deren »äußerstes Widerstreben« aufgedeckt wurden. Außerdem behandelte Freund eindeutig keine Frauen, die vor der Therapie Erinnerungen an sexuellen Mißbrauch hatten. »Die Kranken wissen vor Anwendung der Analyse nichts von diesen Szenen«, schrieb Freud und fügte hinzu, daß »sie sich zu empören [pflegen], wenn man ihnen etwa das Auftauchen derselben ankündigt; sie können nur durch den stärksten Zwang der Behandlung bewogen werden, sich in deren Reproduktion einzulassen...«[6] In einem weiteren Artikel zum selben Thema sprach er davon, daß er »mit stärkstem Druck« gearbeitet habe, um den »ungeheuren Widerstand« zu bezwingen. In zwei Briefen an Wilhelm Fließ verglich er seine Vorgehensweise mit dem Druck, der erforderlich war, um aus Frauen, die der Hexerei verdächtigt wurden, Geständnisse herauszupressen. »Warum sind die Geständnisse auf der Folter so ähnlich den Mitteilungen meiner Patienten in der psychischen Behandlung?«[7] Und: »Ich träume also von einer urältesten Teufelsreligion, deren Ritus sich im geheimen fortsetzt, und begreife die strenge Therapie der Hexenrichter.«[8]

Doch selbst wenn Patientinnen Freuds Aufforderungen, sie sollten eine solche Szene beschreiben, nachkamen, muß er eingestehen, daß sich bei ihnen »nicht wie bei anderem Vergessen ein Erinnerungsgefühl eingestellt hat«, und sie ihn »entschieden ihres Unglaubens« versicherten.[9] Beurteilt man es nach seinen eigenen Schriften, waren Freuds Vorgehensweisen brutal und unnachgiebig. Schlicht gesagt, schüchterte er seine Patientinnen ein, damit sie seine Theorien und Deutungen bestätigten. Diese Schlußfolgerung ist unvermeidlich, da Freud selbst einräumte: »Wenn man den vorliegenden Fall von neurasthenischer Neurose sicher diagnostiziert und dessen Symptome richtig gruppiert hat, so darf man sich die Symptomatik in Ätiologie übersetzen und dann von den Kranken dreist die Bekräftigung seiner Vermutungen verlangen. Anfänglicher Widerspruch darf einen nicht irre machen; man besteht fest auf dem, was man erschlossen hat, und besiegt endlich jeden Widerstand dadurch, daß man die Unerschütterlichkeit seiner Überzeugung betont.«[10] Laut Professor Frederick Crews wartete Freud auf Belege, »die es ihm erlauben würden, seine persönlichen Annahmen ins Spiel zu bringen«, und zwang den Patienten seine Schlußfolgerungen rücksichtslos auf. Er blieb »wie eine Bulldogge« bei seinen Deutungen, so Frederick Crews, und nahm sich erst später die Zeit, sich selbst als jemanden zu porträtieren, der »den Fall nach und nach mit derselben klugen Objektivität und nachtwandlerischen Sicherheit wie seine literarische Lieblingsfigur

Sherlock Holmes gelöst hat«.[11] In der Tat wird die Schlußfolgerung, daß Freud in der Lage war, bei jedem Patienten den Widerstand zu brechen, auch durch das in Frage gestellt, was er selbst geschrieben hat. Er räumte später ein, daß seine Vermutungen über Ereignisse im Leben der Patienten nicht während der Behandlung als Erinnerungen reproduziert wurden, sondern das Ergebnis einer Konstruktion seien. Dieses Eingeständnis legt nahe, daß Freud zu einigen seiner Überzeugungen hinsichtlich der Vergangenheit von Patienten komplett ohne deren Hilfe oder Kooperation gelangt war. Daß Therapeuten wie Judith Herman Freuds Frühschriften als »brillant« und »einfühlsam« herausstellen, zeigt, wie gern diese Experten den Zwangscharakter jedweder Vorgehensweise ignorieren, solange die daraus resultierenden Erinnerungen ihre Überzeugungen bestätigen. Judith Herman erwähnt die Härte von Freuds Vorgehensweise nicht einmal, genau wie sie die ähnlicher heutiger Techniken nicht zur Kenntnis nimmt (und damit die Augen vor dem Schmerz von Patientinnen in Vergangenheit wie Gegenwart verschließt) – einzig, weil die Ergebnisse ihre ideologische Position bestätigen. Um Freuds Frühwerk als »in sich schlüssig« zu verkaufen, muß man mit derselben Blindheit geschlagen sein, mit der Judith Herman und andere heutzutage schwerwiegende Fehler bei der Therapie übersehen.

Freuds Arbeit und die Therapie zur Aufdeckung von Erinnerungen gleichen sich wie perfekte Spiegelbilder. Seine Berichte, wie man einen starken Widerstand brechen kann, und seine Bereitschaft, die Aussage seiner Patientinnen zu ignorieren, ihre bildlichen Vorstellungen hätten nichts von dem Erlebnis einer Erinnerung an sich, werden in den Veröffentlichungen der Bewegung zur Aufdeckung von Erinnerungen nahezu wörtlich reproduziert. Wie heute diese Therapeuten legte auch Freud damals eine unerbittliche Entschlossenheit an den Tag, Patientinnen seine unbegründeten Annahmen über das menschliche Gedächtnis und über Ursachen psychischer Krankheiten aufzuzwingen. Er entwickelte ein Behandlungssystem, das, wie Frederick Crews feststellt, die »Selbstwahrnehmung der Patientin als nicht authentisch« abtat und »ideal darauf abgestimmt war, das Selbstbild unsicherer Patientinnen zu attackieren«.[12] Das Bild von Freud, das sich schlußendlich herausschält, zeigt einen Mann, der die Überzeugungen seiner Klienten über ihre Kindheit manipulierte, damit sie mit seinen Theorien übereinstimmten; es zeigt einen schamlosen Propagandisten in eigener Sache und einen Heiler, der seinen Klienten die Schuld für seine eigenen Fehler gab. Alles in allem gibt Freud das Urbild für die heutigen Vertreter der Therapie zur Aufdeckung von Erinnerungen ab.

Sigmund Freud machte letzlich zwei unverzeihliche Fehler: mit Druck falsche Erinnerungen aus seinen Patienten herauszulocken und ihnen dann die Schuld für das Entstehen dieser Überzeugungen zu geben. Vor allem der zweite – die Folgerung, nahezu alle Beschreibungen sexuellen Mißbrauchs, ganz gleich ob sie nun durch die Therapie hervorgebracht oder einfach erinnert wurden, seien Phantasien seiner Klienten – hatte wohl die verheerendsten Auswirkungen. Indem Freud alle Beschreibungen sexuellen Mißbrauchs in eine Schublade warf und mit dem Etikett Phantasie versah, verschaffte er jenen Teilen der westlichen Gesellschaft, die der Psychoanalyse positiv gegenüberstehen, eine Rechtfertigung, die Realität des sexuellen Mißbrauchs von Kindern über weite Strecken des 20. Jahrhunderts nicht zur Kenntnis zu nehmen.

Ganz gewiß stand keine Gruppe innerhalb der westlichen Gesellschaften der Psychoanalyse positiver gegenüber als die Psychoanalytiker selbst. Sie wurden zweifellos durch Freuds Folgerung, Patienten phantasierten die sexuellen Erlebnisse mit ihren Eltern nur, verleitet, Tausende ehrlicher Berichte über sexuellen Mißbrauch zu verdrehen. Man teilte Patientinnen, die über sexuelle Belästigungen berichteten, von denen sie ihr ganzes Leben lang gewußt hatten, häufig mit, sie hätten das Erlebnis nur phantasiert. Nachdem Psychoanalytiker die eine unbegründete Extremposition akzeptiert hatten, scheinen sie nun erschreckenderweise bereit zu sein, sich die andere unbegründete Extremposition zu eigen zu machen. Vielleicht aus Schuldgefühlen darüber, daß sie die Realität des Kindesmißbrauchs so lange geleugnet haben, sind bestimmte Therapeuten nun bereit, alle durch Therapie hervorgebrachten Visualisierungen sexuellen Mißbrauchs als wirklichkeitsgetreue Wiedergabe der Vergangenheit zu werten. Ein Analytiker schrieb kürzlich: »Hundert Jahre lang glaubten wir Psychoanalytiker, daß Inzest in unserer Gesellschaft oder zumindest in der Mittel- und Oberschicht eigentlich nicht vorkommt, daß es sich lediglich um eine ödipale Phantasie handelt. In den letzten fünfzehn Jahren haben wir erfahren, daß es ihn gibt und daß er zu schweren Krankheiten führen kann… Vielleicht ist das Pendel jetzt etwas zu weit zur anderen Seite ausgeschlagen. Aber nur ein bißchen zu weit. Können wir all den Patientinnen, die tatsächlich Mißbrauch hinter sich haben und darunter leiden, die Hilfe verweigern? Können wir sagen, alles sei eine falsche Erinnerung? Das können und das dürfen wir nicht.«[13] Eine solche Argumentation übersieht die Tatsache, daß niemand behauptet, »alles sei eine falsche Erinnerung«, und erkennt nicht den elementaren Unterschied zwischen Erinnerungen, die die Patientin zu Beginn der Therapie hat, und den Vorstellungen, die durch die in hohem Maße aufgeladene therapeutische Situation erzeugt werden.

Obwohl die Auffassungen der Analytiker vielleicht einen gewissen Einfluß auf unsere Kultur hatten, so ist doch der Gedanke, die ganze Gesellschaft sei Freud in seinem Fehler gefolgt, einfach lächerlich. Für zahllose Ärzte, Krankenschwestern, Sozialbetreuer, Lehrer, Eltern und jeden, der eine nüchterne Vorstellung vom abweichenden Verhalten der Menschen hat, war die Realität des Kindesmißbrauchs und der Schikanierung von Kindern seit langem offenkundig. Die Tatsache, daß diesem Problem nicht die erforderliche Aufmerksamkeit geschenkt wurde, ist nicht gleichbedeutend damit, daß man das Problem nicht kannte. Es bedeutet auch nicht, daß die betroffenen Betreuer die sexuellen Bedrohungen, denen die Kinder ausgesetzt waren, nicht zur Kenntnis nahmen. Die psychotherapeutische Gemeinschaft hat ihre eigenen Fehler auf die Gesellschaft als Ganzes projiziert.

Die Gründe, warum Freud als Vater der Modeerscheinung Aufdeckung von Erinnerungen gelten kann, reichen weit über seine Verführungstheorie hinaus. In Anwendung der Begrifflichkeit, die Thomas Kuhn in ›The Structure of Scientific Revolutions‹ entwickelt hat, könnte man sagen, daß Freud ein pseudowissenschaftliches Paradigma für die psychosozialen Berufe geschaffen hat.*

Das heißt, Freud erstellte eine allem Anschein nach imposante intellektuelle Konstruktion zum Verständnis des Verhaltens, ohne sich durch irgendwelche quantitativen Befunde, genauen Beobachtungen oder nachweisbaren Auswirkungen einengen zu lassen. Thomas Kuhn erklärt, daß wissenschaftliche Paradigmen geschaffen und aufrechterhalten werden, wenn ein Forschungsgebiet sich so sehr mit einer Gruppe von Theorien beschäftigt, daß es bei der Arbeit der Wissenschaftler vor allem darum geht, die Grundgedanken, die das Paradigma bilden, zu erweitern und zu präzisieren. Begründer neuer Paradigmen müssen seiner Auffassung nach Theorien anbieten, »die so beispiellos sind, daß sie dauerhaft eine Gruppe von Anhängern anziehen und von konkurrierenden Formen wissenschaftlicher Aktivität abwerben«; gleichzeitig müssen sie »unfertig genug sein, damit der neudefinierten Gruppe von Praktikern noch alle möglichen zu lösenden Probleme verbleiben«.[14] Freuds Theorien besaßen diese beiden Charakteristika.

Freud glaubte – und versprach das auch seinen Anhängern –, daß sein intellektuelles Geistesprodukt am Ende nahezu alles erklären würde, was Menschen tun: vom Versprecher bis zur Kunst, von der Entwicklung der Zivilisation bis zur psychologischen Grundlage der Religion. Wie es Begründer von Paradigmen gewöhnlich tun, versuchte Freud, seine Vorstellungen auf alle Bereiche anzuwenden. Kraftvoll behauptet nehmen die Grundpostulate von Freuds Theorie die Erscheinungsform einer riesigen und komplizierten Maschine mit ordentlich ineinandergreifenden Zahnrädern an, die von einem mächtigen Motor angetrieben wird. Ihre schiere Komplexität trotzt einer kritischen Analyse. Der Teil, mit dem man sich gerade beschäftigt, hängt immer mit einem Dutzend weiterer zusammen, und es wird nie ganz klar, was der untersuchte Teil bewirkt und wie er mit dem Ganzen verbunden ist.

Obwohl Freuds Vorstellungen die Funktion eines Paradigmas

* Kuhn geht bei seiner Analyse der Bedingungen wissenschaftlicher Umwälzungen davon aus, daß alle Wissenschaft sich im Grunde um empirische Beobachtung und Analyse von Phänomenen dreht, wozu die Erhebung von Daten, ihre Analyse und die empirische Überprüfung von Theorien gehören. Es wäre unangemessen, Kuhns Vorstellungen uneingeschränkt auf Freuds Arbeit anzuwenden, weil es bei letzterer nicht um empirisch überprüfbare Theorien ging. Weil Freuds Formulierungen sich jedoch wie ein wissenschaftlicher Paradigmenwechsel auswirkten, entschlossen wir uns, Kuhns Terminologie zu verwenden.

bekamen, waren sie doch vorwissenschaftlich und basierten nicht auf zuverlässigen empirischen Befunden. Wie in den vorwissenschaftlichen Zeiten anderer Disziplinen wurden seine Theorien aufgrund einer allgemeinen Übereinkunft akzeptiert – nicht wegen irgend etwas, was auch nur entfernt wie ein empirischer Befund aussah, sondern wegen der magnetischen Kraft und der verführerischen Allgemeingültigkeit seiner Vorstellungen. Zweifellos waren es die Arroganz und die großspurige Anwendung seiner Theorien, die für Intellektuelle und Praktiker aus psychosozialen Berufen reizvoll waren; sie waren glücklich, behaupten zu können, sie verstünden, was Menschen motiviert – obwohl sie eigentlich die Wirkungsweisen dieser Theorien nicht erklären und noch viel weniger deren Wahrheitsgehalt und Stellenwert belegen konnten. Diejenigen, die seine Theorien übernahmen und seine Annahmen verteidigten, erlangten durch diese Verbindung in gewisser Weise den Status von Freud, zumindest bei Fachfremden. Die Vertreter der Therapie zur Aufdeckung von Erinnerungen haben sich in vielerlei Hinsicht innerhalb des Rahmens von Freuds pseudowissenschaftlichem Paradigma betätigt. Für das Studium der Seele und des Verhaltens sind sie damit das geworden, was die Astrologen für die wissenschaftliche Beschäftigung mit Sternen und Planeten sind. Sie haben sich für eine Unternehmung engagiert, die sich nicht auf Wissenschaft gründet, sondern auf Impressionen, Mythen, Metaphern und der machtvollen Überzeugungskraft der therapeutischen Situation.

Die zahlreichen neueren Kritiken an Freuds Vermächtnis verdienen Beachtung, denn sie lassen sich genauso leicht auf das Paradigma, das er begründete, und daher auch auf die Therapie zur Aufdeckung von Erinnerungen übertragen. Professor Crews hätte ebensogut jeden beliebigen Experten für aufgedeckte Erinnerungen, satanische Sekten oder Multiple Persönlichkeitsstörung gemeint haben können, als er Freud als einen Mann beschrieb, der seine »autoritativ anmutenden Behauptungen aus zahlreichen nicht anerkannten Quellen, manche davon eher folkloristisch als wissenschaftlich«, zusammentrug und dann »als nüchterne Schlußfolgerungen aufgrund von Befunden aus seiner klinischen Praxis weitergab… Nachdem er zu diesen Behauptungen gelangt war, blieb er, wie wir sehen können, mit einer blinden und kampfeslustigen Sturheit dabei – trotzdem war er durchaus bereit, das theoretische System ad hoc zu erweitern, um die neuerlich erkannten Schwierigkeiten einzubeziehen.«[15]

Obwohl Crews speziell auf die Praxis der Psychoanalyse zielt, hätte er auch von den Problemen der Bewegung zur Aufdeckung von Erinnerungen sprechen können, als er schrieb, »die anti-empirischen Züge der Bewegung sind Legion«:

Dazu gehören … ihr lässiges, anekdotisches Vorgehen bei der Beweisführung; ihr anmaßendes Abtun ihres hartnäckigsten epistemischen Problems, nämlich der Suggestion; ihre ständige Verwechslung von Spekulationen und Tatsachen; ihre Neigung zum Verallgemeinern aus einer kleinen Zahl unvollständig untersuchter Fälle; ihre Weitergabe theoretischer Gebilde ohne überprüfbare Bezüge; ihre mangelnde Wachsamkeit gegenüber inneren Widersprüchen; ihre Mehrdeutigkeiten und Sonderklauseln, durch die negative Ergebnisse als positive gewertet werden können; ihre Gleichgültigkeit gegenüber konkurrierenden Erklärungen und gegenüber den Hauptströmungen der Wissenschaft; das Fehlen jeglicher Methodik, anhand derer man sich für eine bestimmte Deutung und gegen eine andere entscheiden kann; ihr Beharren, daß nur die Eingeweihten ein Recht auf Kritik haben; ihre Stigmatisierung von Widerspruch als »Widerstand« (oder im Falle der Therapie zur Aufdeckung von Erinnerungen als »Verleugnung«) und damit zusammenhängend die logische Folgerung, daß all dieser Widerstand, wie Freud es ausdrückt, »in Wirklichkeit der Beleg für deren Korrektheit…« ist.[16]

Wir vermuten, daß einer von Freuds Beweggründen – und vielleicht seine zentrale Rationalisierung für die Manipulierung seiner Patienten – seine Überzeugung war, er enthülle erstmals in der Geschichte die dunklen Wahrheiten der menschlichen Natur. Im Rahmen der Überhöhung seiner historischen Bedeutung wurden seine Patienten Mittel zum Zweck: der Bestätigung seiner brillanten Theorien. Eine ähnliche grandiose Selbstgefälligkeit haben auch viele Therapeuten, die Erinnerungen aufdecken, entwickelt.

Die Veröffentlichungen der Bewegung zeigen, daß einige der prominenten Experten glauben, sie erkundeten nicht einfach nur die Vergangenheit ihrer Patientinnen, sondern sie würden dabei das Böse ans Licht zerren, das im Verlauf der gesamten Geschichte der patriarchalischen Gesellschaft unentdeckt geblieben ist, und vielleicht sogar eine weltbeherrschende satanische Geheimorganisation entlarven. Was geschieht mit der einzelnen Patientin – und der Familie dieser Patientin –, wenn sie in eine Bewegung verwickelt wird, die sich einer so großartigen und noblen Sache verschrieben hat?

Freud selbst zeichnet das Urbild vom professionellen Seelenheiler als so etwas wie eine Mischung aus Genie, Schamane und Lebensberater. Die schwärmerische Darstellung des brillanten Therapeuten, der dramatische und lebensverändernde Deutungen liefert – Einsichten wie Zauberformeln für den Klienten anbietet –, ist unverändert geblieben. Diese Auffassung von der Rolle des Therapeuten behielt ihre Anziehungskraft für jene potentiellen Heiler und Patienten, die der Selbstsicherheit, die solche sich permanent selbst lobenden Fachleute ausstrahlen, besonders leicht erliegen.

In der eigenen Beschreibung seiner Arbeit zeigt Dr. Lawrence Pazder, wie manche Therapeuten dazu beitragen, bei ihren Klienten dieses schwärmerische Ideal aufzubauen. Der Autor beschreibt in ›Michelle Remembers‹, einem der ersten Bücher über aufgedeckte Erinnerungen, seine Behandlung von Michelle Smith. Er erklärte ihr: »Bevor man in die eigenen Tiefen eintauchen, also jene Reise riskieren kann, setzt das eine Atmosphäre, einen Vertrag, eine Beziehung voraus, die ausreichend vertrauensvoll und sicher ist… Erst dann ist der Patient dazu in der Lage, bis zu seinem Kern vorzudringen, seine Vergangenheit wiederzuerleben… Nach meiner Erfahrung kommen wirkliche Veränderungen nur durch Tiefenerfahrungen, durch Wiedererleben und durch Reintegration zustande. Ich beschreibe diesen Prozeß gern als Kernerkenntnis.«[17] Dr. Colin Ross schreibt in ›Multiple Personality Disorder‹, die Arbeit mit den Patienten vermittle ihm das Gefühl des Einsseins mit einer »höheren Intelligenz« im Universum. »Das Gefühl, daß da eine höhere Intelligenz am Werk ist, beschworen durch die

Vielschichtigkeit des [MPS-]Systems und die ungeheure Menge an Informationen, die es organisiert, speichert und abruft, stellt den MPS-Therapeuten auf die gleiche Stufe mit Molekularbiologen. Bei der Arbeit mit MPS-Patienten hat man das Gefühl, in die tiefsten Schichten des Geistes vorgedrungen zu sein und unmittelbar auf die grundlegende Struktur zu schauen; ganz ähnlich muß das sein, wenn man die DNS untersucht.«[18]

Es ist diese Art anmaßender Selbstbeweihräucherung – verbunden mit einem Glauben an die starke Verdrängung und ein allmächtiges Unbewußtes –, die solchen Therapeuten die Annahme ermöglicht, daß Klienten zu Beginn der Therapie ihre eigenen Motivationen und ihre Vergangenheit nur wenig oder gar nicht verstehen. Die Therapeutenrolle, wie sie Freud begründete, erlaubt es dem Therapeuten, die Selbstwahrnehmung eines Patienten als etwas hoffnungslos Fehlerbehaftetes, Unechtes und von seelischen Abwehrmechanismen Umwölktes abzutun. Patienten lassen das oft zu, weil sie glauben, ihr Heiler sei im Besitz eines einzigartigen Wissens über alle Facetten des menschlichen Wesens, einschließlich des Gedächtnisses und der Symptomatologie, und habe die nahezu magische Fähigkeit, ihre wahre Vergangenheit zu erkennen.

Wenn ein Fach zur Wissenschaft wird, wird es immer schwieriger, durchschlagende große Theorien zu entwickeln. In dem Maße, wie sich das Wissen aufgrund von Forschungen entwickelt, lassen sich allumfassende Theorien, die auf Vorannahmen und Anekdoten beruhen, nicht mehr so gut vermarkten, weil sie kaum Erklärungskraft für die Gesamtheit der immer weiter zunehmenden empirischen Befunde haben. Wenn sich die Maßstäbe für die Bewertung einer gegebenen Hypothese ändern, ersetzen Beweismittel und Daten die Demagogie. Gewisse Bereiche der psychosozialen Profession sind auf dem Weg, diese Veränderung durchzumachen.

Für große Teile des Berufsstands sind Fortschritte beim Verständnis psychischer Krankheiten und ihrer wirksamen Behandlung gleichbedeutend mit dem Fortschreiten der wissenschaftlichen Arbeit. Seit dem Zweiten Weltkrieg wurden hier außerhalb des Freudschen Paradigmas auf zwei Gebieten bedeutsame Fortschritte erzielt: Bei der Nutzbarmachung der Ergebnisse der biomedizinischen und der genetischen Forschung für das Verständnis schwerer psychischer Störungen und bei den Psychotherapien, die sich auf Rehabilitationsmaßnahmen konzentrieren. Angesichts der wissenschaftlichen Fortschritte, die bis dato gemacht wurden, sagen manche den Tag voraus, an dem spezielle, für schwere psychische Erkrankungen prädisponierende genetische Faktoren gefunden und ihre Auswirkungen biomedizinisch durch Medikamente und Gentherapie bekämpft werden können. Das kann nur durch eine gewissenhafte, teure und langwierige Anwendung von Wissenschaft erreicht werden.

Zur selben Zeit, wo sich die Hoffnung abzeichnet, dank der Anwendung wissenschaftlicher Methoden eine Klasse der psychischen Probleme in den Griff zu bekommen, hat auch die Nutzung praktischen Wissens im verbal orientierten Teil des Berufszweigs Fortschritte gemacht. Der Psychiater Samuel Guze definiert die Psychotherapie, die sich auf die Rehabilitation konzentriert, als Methode, »dem Patienten dazu zu verhelfen, die gegenwärtige Krankheit oder das Problem besser zu verstehen, und Ansätze zu entwickeln, die mit der Krankheit oder dem Problem verbundenen Schwierigkeiten und Behinderungen möglichst gering zu halten«.[19] Wie er hervorhebt, erfordert dieser Ansatz keine Annahmen und großen Theorien zur Ursache der Störungen, sondern er konzentriert sich auf die individuellen Lebensumstände des Patienten. Patient und Therapeut sind bemüht, nicht mehr und nicht weniger zu tun, als die Lebenstüchtigkeit des Patienten zu steigern, indem sie das problematische Verhalten und entsprechende Bewältigungsstrategien ausfindig machen und über Wege zur Verbesserung nachdenken. »Wenn ein solcher psychotherapeutischer Prozeß gelingt, wird sich der Patient besser fühlen, leidet weniger unter Behinderungen und hat wirksamere Bewältigungsmöglichkeiten.« Obwohl dieser Prozeß vom Heiler verlangt, ein gewisses Maß an Vermutung und Überzeugung einzusetzen, beruht die Behandlung nicht auf diesen Faktoren. Bei der Veränderung des Verhaltens kann ein Psychotherapeut gegen eine psychische Krankheit oder eine fehlerhafte Sozialisation ziemlich ähnlich angehen wie ein Arzt, der einen zu hohen Blutdruck bekämpft, indem er sich bei der Behandlung auf körperliches Training, die Ernährung und Streßfaktoren konzentriert. Von Patienten in einer rehabilitativen Therapie wird nicht gefordert, einen großen Teil ihres Leben und ihrer Energie auf die Therapie zu verwenden oder sich für eine politische oder gesellschaftliche Sache einzusetzen. Man erwartet von ihnen auch nicht, daß sie während der Therapie die Lebenstüchtigkeit verlieren, selbstmordgefährdet werden, ihre Lebensgeschichte oder ihr Selbstgefühl neu bestimmen, ihre Familie verleugnen, sich neue »Wahlfamilien« schaffen oder zu irgendeiner geistig verwirrenden therapeutischen Gestalt kommen.

Dr. Paul McHugh von der Johns-Hopkins-Universität hat konstatiert, daß in der psychosozialen Profession eine Art Bürgerkrieg tobt. Auf der einen Seite stehen die Romantiker, die sich auf Eingebung und Mythos verlassen, und auf der anderen die Empiriker, die argumentieren, die Praxis im psychosozialen Bereich müsse auf wissenschaftlichen Beobachtungen und der methodengeleiteten Untersuchung von Patienten basieren. »Die Empiriker sind dabei zu gewinnen, weil ihr Ansatz unser Wissen über psychische Störungen in eindeutiger und zufriedenstellender Weise erweitert hat«, schreibt er und fügt hinzu, daß die Romantiker an Boden verlieren, weil »sie, wie es Romantikern eigen ist, in ihre eigene Gedankenwelt vernarrt sind. Sie behaupten, Kenntnisse zu besitzen, die sie nie zu belegen versuchen. Sie sind verzaubert vom Ungewöhnlichen und nehmen mausgraue Tatsachen nicht zur Kenntnis, ja verschmähen sie sogar. In jüngster Zeit nahm ihr Denken eine schreckliche Wendung hin zum Chaos, die bei den Patienten und ihren Familien viel Leid verursacht hat.«[20]

Der allwissende Therapeut verschwindet, glaubt Paul McHugh, genau wie »die sexuellen Metaphern und die griechischen Mythen aus psychiatrischen Erklärungen«. »An ihre Stelle tritt die Einschätzung, daß das Seelenleben der empirischen Erforschung ebenso zugänglich ist wie andere Bereiche der Welt. Der empirische Ansatz erlaubt Psychiatern und Patienten, mit dem zu arbeiten, was beobachtet und bestätigt werden kann – es wird das betont, was wir wissen und wie wir es wissen. Das gibt vor, wie Entscheidungen bei der Behandlung gefällt werden, wie ihre Stärken eingeschätzt und wie ihre Fehler korrigiert werden. Es schließt die Inspiration nicht aus, beläßt sie jedoch in ihren Grenzen.«[21]

Obwohl diese Entwicklungen ermutigend sind, wird weder die Therapie zur Aufdeckung von Erinnerungen noch das Freudsche Paradigma der Psychotherapie bald von der Bildfläche verschwinden. Diese Art sozialen Wandels wird Jahrzehnte in Anspruch nehmen. Die augenblickliche Neubewertung von Freud sowie die eindrucksvollen Entwicklungen in der biomedizinischen Psychiatrie und der rehabilitativen Psychotherapie deuten darauf hin, daß sich Freuds eiserner Griff um die psychosoziale Profession lockert.

Wir würden gerne glauben, daß die Therapie zur Aufdeckung von Erinnerungen der letzte Triumph der Romantiker ist, doch ihre starke Verbreitung in der Praxis und die positive Aufnahme ihrer Thesen in der Öffentlichkeit sprechen eher gegen diese Hoffnung. Wagt man eine Prognose (was immer ein riskantes Unternehmen ist), dann sollte man die sehr reale Möglichkeit in Betracht ziehen, daß die Therapie zur Aufdeckung von Erinnerungen künftig innerhalb des Berufsstands der Therapeuten zur Institution und in unserer Gesellschaft allgegenwärtig sein wird. Auch wenn man sich dieses Ergebnis nur schwer vorstellen kann, sollte man sich vor Augen halten, daß Anfang der achtziger Jahre niemand das Ausmaß ihrer heutigen Verbreitung vorausgesagt hätte und daß keiner hätte schätzen können, wie viele Patientinnen und Familien zerstört würden. Daß in mehr als der Hälfte der US-Bundesstaaten die pseudowissenschaftlichen Ideen dieser Therapie so leicht zur Grundlage für Gesetze werden konnten, zeigt, wie bereitwillig unsere Kultur diese Ideen aufnimmt.

Obwohl viele im psychosozialen Bereich die Therapie zur Aufdeckung von Erinnerungen als einen unentschuldbaren Fehler betrachten, der einen ungeheuren Schaden verursacht, gibt es bedauerlicherweise keine Einrichtung, die ihre Anwendung stoppen kann. Manche blicken auf die großen Standesorganisationen – vor allem die American Psychological Association und die American Psychiatric Association, die für die verschiedenen psychosozialen Berufe zuständig sind – und vertrauen darauf, daß sie vor fehlgeleiteten und gefährlichen Therapeuten ebenso geschützt sind, wie sie davon ausgehen, daß es heutzutage kaum einem großen Teil der Ärzteschaft möglich sein dürfte, Blutegel für das richtige Mittel zur Heilung einer Lungenentzündung zu halten. Wir möchten jedoch darauf hinweisen, daß dieses Vertrauen fehl am Platz ist. Leider arbeiten diese Organisationen weniger als Überwachungsgremien, um die Sicherheit der Patienten zu gewährleisten, sondern eher als ständische Verbände, die ihre Mitglieder schützen und fördern. Immens unterschiedliche, törichte und oft schädliche Behandlungen wurden häufig toleriert, weil die Konsequenzen einer offenen Diskussion darüber unvermeidlich das Vertrauen der Öffentlichkeit in den Berufsstand insgesamt erschüttern würden. Es ist sicher unrealistisch, zu glauben, irgendein von diesen Organisationen aufgestelltes Gremium sei dazu fähig, in einer Frage, die die Mitglieder so polarisiert wie die Therapie zur Aufdeckung von Erinnerungen, eine klare Haltung einzunehmen.*

Daß sich die Mehrzahl der Mitglieder der großen Organisationen im psychosozialen Bereich dafür entschieden hat, die Therapie zur Aufdeckung von Erinnerungen zu tolerieren, ist unverantwortlich und tollkühn. Letztlich wird diese Therapieform einen Skandal auslösen, der dem Ansehen ihres Berufsstands schaden und sie ihren guten Ruf als Praktiker kosten wird. Bedauerlicherweise werden erst, wenn dieser Skandal seinen Höhepunkt erreicht hat, die normalen Praktiker erkennen, daß sie handeln müssen, um sich von den gefährlichen Techniken zu distanzieren, die einige ihrer Kollegen anwenden. Bis dahin wird viel zusätzlicher Schaden bei ahnungslosen Patientinnen und deren Familien wie auch für den Fortschritt innerhalb dieses wichtigen Berufszweigs angerichtet sein.

* Tatsächlich setzte die American Psychological Association 1993 eine Untersuchungskommission ein, die sich mit der Diskussion um die Therapie zur Aufdeckung von Erinnerungen beschäftigte. Obwohl manche glaubten, daß diese Kommission wegen Beschwerden gegen die Therapie eingerichtet worden sei, wurde sie, wie wir aus interner Quelle erfahren haben, ins Leben gerufen, weil die Vertreter der Therapie zur Aufdeckung von Erinnerungen ihre Methoden, Theorien und Schlußfolgerungen durch die Standesorganisation absegnen lassen möchten. In ihrer momentanen Zusammensetzung – drei Wissenschaftler und drei Kliniker, von denen zwei diese Therapie praktizieren – wird die Kommission keine eindeutige Position beziehen.

Interessanterweise war die American Medical Association in der Lage, eine wesentlich klarere Haltung in dieser Frage einzunehmen als die Profession, die am direktesten mit dem Problem konfrontiert ist. Da die AMA in der Mehrzahl Ärzte repräsentiert, die sich auf andere Fachgebiete als die Psychiatrie spezialisiert haben, hat nur ein geringer Teil ihrer Mitglieder ein unmittelbares Interesse daran, die Epidemie der aufgedeckten Erinnerungen zu ignorieren. Im Juni 1994 verabschiedete die AMA eine Resolution, in der davor gewarnt wird, daß den Techniken, wie sie von den Spezialisten zur Aufdeckung von Erinnerungen eingesetzt werden, die Gefahr innewohnt, falsche Erinnerungen zu erzeugen.

Die Verwendung der Lobotomie in den vierziger und fünfziger Jahren ist das beste Beispiel aus der neueren Geschichte, daß Berufskollegen nicht bereit und nicht dazu fähig sind, den Einsatz ungerechtfertigter und gefährlicher Praktiken zu regeln beziehungsweise zu unterbinden. In ›Great and Desperate Cures‹ beschreibt Elliot Valenstein den barbarischen Charakter dieser Prozedur: »Nachdem er zwei oder mehr Löcher in den Schädel des Patienten gebohrt hatte, führte der Chirurg irgendein merkwürdiges Instrument ins Gehirn ein – manche ähnelten einem Apfelentkerner, andere einem Buttermesser oder einem Eispickel – und zerstörte, oft ohne sehen zu können, was er da zerschnitt, Teile des Gehirns.« Eine Zeitlang war die Lobotomie in der Psychiatrie weit verbreitet, »es grassierte ein unkritischer Enthusiasmus, der bei verzweifelten Patienten großen Schaden anrichtete«.[22] Auf dem Höhepunkt der Behandlungswelle wurden Zehntausende dieser verstümmelnden Hirnoperationen vorgenommen, und 1949 erhielt Dr. Egas Moniz, der Arzt, der das Verfahren eingeführt hatte, den Nobelpreis für Medizin. Fast ein Jahrzehnt lang wurde die an diesem Verfahren durchaus geäußerte Kritik nur mit leiser Stimme vorgetragen. Zur gleichen Zeit wurde die Operation von »berühmten Psychiatern und Neurochirurgen empfohlen, und viele davon arbeiteten für medizinische Einrichtungen und Universitäten von hohem Ansehen«. Zudem »stellten Zeitschriften und Zeitungen mit Millionenauflagen jede neue ›Wunderheilung‹ mit unkritischer Begeisterung dar, wobei sie gewöhnlich ihre Unzulänglichkeiten und Gefahren übersahen«. Diejenigen, die gegen das Verfahren waren, veröffentlichten während der ersten zehn Jahre nur recht wenige kritische Kommentare, unter anderem wegen einer, wie Valenstein schließt, »lange zurückreichenden Tradition, für die es ans Unmoralische grenzte, die Behandlung eines anderen Arztes in der Öffentlichkeit zu kritisieren.«[23]

Im Unterschied zu den Patienten, die durch die Therapie zur Aufdeckung von Erinnerungen geschädigt werden, handelte es sich hier in der Regel um verlorene Seelen, die bereits in psychiatrischen Anstalten untergebracht waren – ihre Familien und ihr sozialer Umkreis hatten sie seit langem als hoffnungslose Fälle aufgegeben. Durch den Schaden, den ihre Ärzte bei ihnen angerichtet hatten, waren sie nur in den seltensten Fällen in der Lage, um eine Entschädigung zu kämpfen. Es gab keinen Interessensverband, der sich für sie einsetzte, und es gab niemanden außer dem Patienten, der geschädigt worden war. In dieser Hinsicht sind die sozialen Umstände bei der Epidemie aufgedeckter Erinnerungen völlig andere. Bei den Patientinnen handelt es sich überwiegend um Frauen aus der Mittelschicht ohne schwerere psychische Störungen. Abgesehen von den Belastungen, Problemen und Sorgen, die sie in die Therapie führten, waren diese Patientinnen vor der Behandlung vollwertige Mitglieder der Gesellschaft. Aus ihrer Fehlbehandlung in der Therapie zur Aufdeckung von Erinnerungen resultiert noch eine zweite Reihe von Opfern: Eltern mittleren oder fortgeschrittenen Alters, Familienmitglieder und andere Erwachsene, die abscheulicher Verbrechen beschuldigt werden. Diese zweite Reihe von Opfern hat sowohl ein Interesse daran, ihre Kinder, die zu Opfern gemacht wurden, zu beschützen, als auch daran, ihr Ansehen, ihre wirtschaftliche Sicherheit und ihre Freiheit zu behalten.

Die Anschuldigungen, die Zivilprozesse und manchmal auch die strafrechtlichen Vorwürfe, die gegen diese angeblichen Kinderschänder vorgebracht wurden, haben die Diskussion über die Stichhaltigkeit der Therapie zur Aufdeckung von Erinnerungen aus den Behandlungszimmern herausgetragen und in die Öffentlichkeit gebracht. Weil diese Therapie Leben und Familien zerrüttet, haben viele der weltweit führenden Experten öffentlich zu den damit zusammenhängenden wissenschaftlichen und psychologischen Fragen Stellung bezogen. Patientinnen, die ihre Eltern öffentlich als Ungeheuer gebrandmarkt haben, sowie die wütende Reaktion der beschuldigten Eltern zogen die Aufmerksamkeit der Medien auf sich. Während der ersten Jahre, in denen die Medien über diese Epidemie berichteten, neigten sie dazu, nur das Belästigungsmärchen der Patientinnen wiederzugeben. Seit kurzem beschäftigen sich die Medien stärker mit den therapeutischen Praktiken und Theorien. Die Frage, die sich die Öffentlichkeit heute stellt, lautet, ob diese Therapeuten ihren Patientinnen helfen oder sie schädigen.

Weil niemand bereit war, einen Streit vom Zaun zu brechen, wurde die Lobotomie nahezu zwanzig Jahre lang praktiziert. Es ist zu hoffen, daß dank der öffentlichen Diskussion über die Therapie zur Aufdeckung von Erinnerungen deren Praktizierung schneller ein Riegel vorgeschoben wird.

Im Laufe dieser anhaltenden Debatte wird nach und nach bekannt werden, welchen Schaden diese Therapeuten anrichten. Selbstmorde werden registriert werden, Patientinnen und Eltern werden Gerichtsverfahren anstrengen, und es werden viele Geschichten über Familien erzählt werden, die auseinandergerissen wurden. Die Beschreibung des Schmerzes, den diese fehlgeleiteten Methoden verursacht haben, wird jedoch immer unvollständig bleiben; wir werden auch nicht wissen können, was diese Patientinnen mit der Zeit, der Energie und den Geldern, die sie verschwendet haben, in ihrem Leben besser hätten anfangen können.

Eine Dimension des Schadens, der durch die Therapie zur Aufdeckung von Erinnerungen angerichtet wird, ist in diesem Buch noch nicht angesprochen worden: die wirtschaftlichen Auswirkungen auf die US-amerikanische Gesellschaft. Keine der Parteien hat sich bislang ernsthaft mit dieser Frage beschäftigt; vielleicht liegt das daran, weil es schwierig ist, hier zuverlässige Informationen zu bekommen. Obwohl wir keine gesicherte Schätzung liefern können, wie hoch die Gesamtrechnung für diese Art von Therapie ist, sind wir aufgrund unserer Nachforschungen sicher, daß Hunderte von Millionen Dollar aus dem ohnehin knapp bemessenen Gesundheitsetat verschwendet werden. Es liegt auf der Hand, daß mehr als die Hälfte, vielleicht sogar drei Viertel des Geldes, durch das die Therapie zur Aufdeckung von Erinnerungen finanziert wird, entweder von den Krankenkassen oder aus staatlichen Quellen kommt. Das heißt, die Steuerzahler sind die Geldgeber, und das Geld wird dem limitierten Topf entnommen, aus dem die medizinische Versorgung in den Vereinigten Staaten bezahlt wird.

Parallel zum Aufschwung der Therapie zur Aufdeckung von Erinnerungen wurden im letzten Jahrzehnt an vielen Krankenhäusern Abteilungen für dissoziative Störungen eingerichtet. Diese Abteilungen führen Langzeitbehandlungen von Patientinnen durch, die als MPS-Fälle eingestuft wurden; häufig sind sie der Ort, wo die Suche nach verdrängten Erinnerungen vonstatten geht. Indem man die Patientinnen stationär und nicht ambulant behandelt, wird es möglich, die Verträge mit den Krankenkassen optimal auszunutzen, weil dafür die Behandlungssätze entschieden höher sind. Die Abteilungen für dissoziative Störungen sind gewinnträchtig für die Krankenhäuser, die sie etabliert haben.

Zudem schossen landesweit besondere Einrichtungen aus dem Boden, wo Frauen während einer Therapie zur Aufdeckung von Erinnerungen wohnen können. Diese Therapiezentren liegen häufig in landschaftlich attraktiver Umgebung, und sie werben für sich in einer Weise, daß der irreführende Eindruck entsteht, sich dem Prozeß der Therapie zur Aufdeckung von Erinnerungen zu unterwerfen sei so etwas wie ein Urlaub. Es scheint, als würden diese Einrichtungen als die psychologische Version der Ferien auf dem Bauernhof propagiert – als Erinnerungsbauernhof.

Nach dem, was wir in Erfahrung bringen konnten, ist es nicht ungewöhnlich, daß sich die Kosten für die Behandlungen durch verschiedene Psychiater, Psychologen, Sozialbetreuer und Kliniken für die einzelne stationäre MPS-Patientin auf über eine Million Dollar summieren. Wir stießen auf einen Fall, bei dem sich die Rechnung auf 2,75 Millionen Dollar belief. In einem weiteren Fall wurde eine Frau in eine staatliche Einrichtung abgeschoben, nachdem das Eine-Million-Dollar-Limit ihrer Versicherungspolice erreicht worden war. Die staatliche Einrichtung entließ sie nach kurzer Zeit, weil man feststellte, daß sie keine wesentlichen psychopathologischen Symptome aufwies.

Über sein Betreuungsprogramm für Opfer finanziert der Bundesstaat Oregon, um ein weiteres Beispiel anzuführen, die Therapie von Frauen, die kurz zuvor Opfer von sexueller Gewalt und Vergewaltigungen wurden, wie die von Frauen, die zu der Überzeugung gelangt sind, sie hätten verdrängte Erinnerungen an einen Mißbrauch in der Kindheit aufgedeckt. Im Schnitt zahlt der Staat Psychotherapeuten weniger als 2000 Dollar für die Behandlung eines Vergewaltigungsopfers, aber über 9000 Dollar an Therapeuten, die Erinnerungen aufdecken – für ihre Arbeit, eine Klientin davon zu überzeugen, daß sie in der Kindheit schrecklicherweise sexuell mißbraucht worden ist.

Die Therapie zur Aufdeckung von Erinnerungen ist wie die Lobotomie ein Beispiel für den schlimmsten aller möglichen medizinischen oder psychiatrischen Fehler. Im Unterschied zu nutzlosen Behandlungen, die den Patienten einfach nur nicht helfen, schädigen die Therapeuten mit dieser Praxis die Patientinnen und sind dafür verantwortlich, daß sie leiden. Das muß nicht passieren. Die Tolerierung der Therapie zur Aufdeckung von Erinnerungen schadet uns allen, weil sie uns von Problemen ablenkt, die real und vielleicht lösbar sind; durch diese Therapieform wird Geld vergeudet, das für die Betreuung von Menschen in Not da sein sollte.

Die große Menge von Forschungsbefunden, die über andere Beeinflussungssysteme vorliegt, besagt, daß nahezu ständige Anstrengungen erforderlich sind, um erfolgreich neue Vorstellungen und Perspektiven aufrechtzuerhalten, die lange bestehenden Überzeugungen zuwiderlaufen: Um bei Überzeugungen bleiben zu können, die unserem gewohnten Verständnis von Realität widersprechen, müssen wir von Gleichaltrigengruppen und Autoritätspersonen umgeben sein, die uns helfen, mit den immer wiederkehrenden Zweifeln und Vorbehalten umzugehen. Innerhalb der Bewegung zur Aufdeckung von Erinnerungen ist diese Unterstützungsstruktur ungewiß, weil viele Patientinnen unvermeidlich entdecken, daß die Therapie nicht erfüllt hat, was sie implizit oder explizit versprochen hat. Obwohl die Veröffentlichungen der Bewegung empfehlen, daß Patientinnen ihre Verbindung zu jenen abbrechen, die die Schlußfolgerungen aus der Therapie in Frage stellen, und ihr soziales Leben auf eine kleine Gruppe von Gläubigen begrenzen, wo der absolute Glaube an die Realität aller Erinnerungen gefordert ist, wird diese Form der Vorkehrung zunehmend schwieriger. Viele werden wohl erkennen, daß die Identität als »Überlebende« keine Basis ist, um ein erfülltes Leben und eine sinnvolle Identität zu entwickeln. In zunehmendem Maße werden Patientinnen entdecken, daß die Mißbrauchsgeschichte ihre akuten Probleme nicht verändert hat (und in vielen Fällen sogar, daß sich ihr Leben deutlich zum Schlechteren hin verändert hat) und daß die Therapiegruppe ihrem Anspruch als einer selbst gewählten »Familie« nicht gerecht geworden ist. Mit diesen Erkenntnissen gerüstet werden die Patientinnen aus der Struktur ausbrechen, die sie daran hindert, ihre Mißbrauchsgeschichte in Frage zu stellen. Die Diskussion über diese Therapie wird nicht auf den Seiten von Büchern und Zeitschriften, sondern im Denken derjenigen, die dieser Behandlung ausgesetzt waren, zu einem überzeugenden Abschluß kommen. Haben wir in diesem Punkt recht, dann werden diese Auffassungen nach einer gewissen Zeit von selbst in sich zusammenbrechen. Je häufiger das auch nur ansatzweise geschieht, desto wahrscheinlicher wird es, daß die Struktur der Therapie nach und nach Risse aufweisen wird, und desto wahrscheinlicher ist es auch, daß eine immer größer werdende Zahl von Frauen und Männern den Mut finden wird, sich ihren höflichen, einfühlsamen und inkompetenten Heilern zu verweigern.

Anhang: Drei Untersuchungen

Wie bereits erwähnt, stehen der Bewegung zur Aufdeckung von Erinnerungen praktisch keine empirischen Forschungsbefunde zur Verfügung, welche die Vorstellung von der massiven Verdrängung belegen und die Stichhaltigkeit des Vorgehens begründen würden, durch das die Therapeuten dieser Ausrichtung angeblich Erinnerungen ausfindig machen. Drei Forschergruppen haben sich vorgewagt, um diese wirklich peinliche Lücke zu schließen. Zwei der daraus resultierenden Abhandlungen versuchen zu zeigen, daß Verdrängung häufig bei Frauen vorkommt, die mißbraucht worden sind. Die dritte, bei der Judith Herman Koautorin ist, gibt vor zu beweisen, daß die Mehrheit der befragten Frauen in der Lage war, ihre Erinnerungen anhand externer Quellen zu bestätigen. Bei näherem Hinsehen wird nicht nur klar, daß diese Abhandlungen bei dem Versuch scheitern, das nachzuweisen, was sie belegen sollen, sondern es zeigt sich auch, und das ist vielleicht noch wichtiger, von wie schlechter Qualität das ist, was in diesem Bereich des psychosozialen Systems als korrekte Forschung akzeptiert wird.

Bei der zuletzt veröffentlichten Untersuchung befragte Linda Meyer Williams 129 Frauen, die als Kinder in den Jahren 1973 bis 1975 wegen sexueller Belästigung in einem Krankenhaus untersucht worden waren und deren Geschichten in den Akten dokumentiert sind.[1] Der Mißbrauch, den diese Kinder laut den Angaben ihrer Eltern erlitten hatten, reichte von bloßen Berührungen bis zur Vergewaltigung. Die Frauen, die zum Zeitpunkt des Mißbrauchs zwischen zehn Monate und zwölf Jahre alt waren, wurden siebzehn Jahre später untersucht. Linda Meyer Williams fand heraus, daß 49 dieser Frauen keine Erinnerung mehr an das Ereignis hatten, das in den Akten festgehalten war. »Der Befund, daß 38 Prozent der Frauen der Interviewerin nichts über den sexuellen Kindesmißbrauch erzählten, der in den Krankenhausakten dokumentiert war, ist... sehr überraschend«, schreibt sie. Aus ihren Ergebnissen zieht sie eine Reihe weitgehender Schlußfolgerungen, die die Prädisposition der Therapeuten, die Erinnerungen aufdecken, nach Mißbrauch zu suchen, rechtfertigen. »Es ist weit verbreitet, keine Erinnerung an sexuellen Kindesmißbrauch zu haben, nicht nur bei erwachsenen Opfern, die in Therapie sind, sondern auch bei Frauen aus der Allgemeinbevölkerung, von denen aktenkundig ist, daß sie in ihrer Kindheit sexuell mißbraucht wurden... Die gegenwärtigen Befunde... lassen es angezeigt erscheinen, daß Therapeuten die Möglichkeit in Betracht ziehen, daß sexueller Kindesmißbrauch bei Klientinnen vorliegen kann, die von keiner Erinnerung an einen derartigen Mißbrauch berichten.«[2]

Sieht man sich jedoch die Methoden und die Ergebnisse der Autorin näher an, wird das Bild sehr viel unklarer. Erstens wird die Tatsache, daß 33 der 49 Frauen, die sich nicht an den speziellen, in den Akten festgehaltenen Mißbrauch erinnern konnten, durchaus von anderen Belästigungen in ihrer Kindheit erzählten, im Artikel nicht hervorgehoben. Es bleiben also 16 von 129 Frauen (12 Prozent), die weder eine Erinnerung an das spezielle Ereignis noch Erinnerungen an einen anderen Mißbrauch in der Kindheit hatten. Es gibt keinen Grund zu glauben, daß nicht normale Vergeßlichkeit der Grund für ihre Unfähigkeit war, ihre Erlebnisse aus dem Gedächtnis abzurufen. Niemand stellt die Tatsache in Frage, daß nahezu alle Erlebnisse – vor allem die von kleinen Kindern – irgendwann einmal vergessen werden. Unter dieser Perspektive ist das aufsehenerregendste Ergebnis der Williams-Studie wohl, daß fast 90 Prozent der Frauen, die als Kinder mißbraucht wurden, als Erwachsene wissen, daß sie mißbraucht worden sind, auch wenn sie möglicherweise ein bestimmtes Vorkommnis (oder mehrere) vergessen haben.

Die Tatsache, daß viele Menschen, die wissen, daß sie als Kinder sexuell mißbraucht wurden, ein besonderes Ereignis dieser Art vergessen, ist jedenfalls kein Beleg für einen Verdrängungsmechanismus, sondern nur für das Faktum, daß traumatische Erinnerungen manchmal vergessen werden können. Die Zahlen von Linda

Meyer Williams selbst sprechen für diese Schlußfolgerung. Die Frauen beispielsweise, die sich nicht an den in den Krankenhausakten festgehaltenen Mißbrauch erinnerten, berichteten mit derselben Häufigkeit von anderen Mißbrauchserlebnissen wie die Frauen, die sich an das vom Krankenhaus dokumentierte Ereignis erinnern *konnten*. Das widerspricht der Theorie von Dr. Lenore Terr und anderen, die im Artikel von Linda Meyer Williams angeführt werden, daß Kinder, die die Fähigkeit erlangen, ein Trauma zu verdrängen, mit größerer Wahrscheinlichkeit einen nachfolgenden Mißbrauch verdrängen. Der Befund, daß die Frauen, die sich nicht an das angesprochene Ereignis erinnern können, mit derselben Häufigkeit andere Fälle von Mißbrauch erinnerten, ist ein zwingender Beleg dafür, daß diese Frauen keine besondere Fähigkeit hatten, unangenehme Ereignisse aus ihrem Bewußtsein zu verbannen.

Es ist äußerst problematisch, daß Linda Meyer Williams die sechzehn Frauen ohne jede Erinnerung an einen Mißbrauch (weder an das bestimmte Ereignis noch an andere Episoden in ihrer Kindheit) nicht getrennt von der größeren Gruppe der 49 Frauen untersuchte, die sich bewußt waren, mißbraucht worden zu sein, sich aber nicht an das angesprochene Ereignis erinnern konnten. Weil die Autorin nicht berichtet, welche Art von Mißbrauch diese Frauen erlitten haben (der Mißbrauch an den 129 Frauen reichte von Vergewaltigung bis zum nicht gewalttätigen Streicheln), und auch nicht, wie alt sie zum Zeitpunkt der Behandlung waren, ist es unmöglich, schlüssig zu sagen, warum diese Erinnerungen nicht mehr vorhanden sind. Es gibt jedoch keinen Grund anzunehmen, daß dies auf irgendeinen machtvollen Verdrängungsmechanismus zurückgeht. Manche dieser sechzehn Frauen mögen ihre Erlebnisse einfach vergessen haben, während andere eventuell bei der Befragung keine Mißbrauchserlebnisse enthüllen wollten. Weil es keine Kontrollgruppe gab (beispielsweise Kinder, die aus einem anderen Grund im Krankenhaus behandelt wurden), liefert die Autorin ihrer Leserschaft keinen Grund, nicht zu glauben, es sei ein normales Vergessen dafür verantwortlich gewesen, daß das in den Akten dokumentierte Ereignis nicht erinnert werden konnte.

Linda Meyer Williams behauptet auch, daß ihre Untersuchung aufsehenerregende Schlußfolgerungen über den Zusammenhang zwischen dem Alter und der Fähigkeit zuläßt, sich an Mißbrauch zu erinnern. Die Ergebnisse zeigen, wie zu erwarten, daß es einen Zusammenhang zwischen dem Alter und der Abrufbarkeit aus dem Gedächtnis gibt (diejenigen, die sich an den Mißbrauch erinnerten, waren im Durchschnitt zwei Jahre älter als die gewesen, denen dies nicht gelang). Trotzdem fand Linda Meyer Williams angeblich heraus, daß sich fast die Hälfte der Frauen, die zum Zeitpunkt des Mißbrauchs jünger als vier Jahre waren, siebzehn Jahre später daran erinnerten. Diese Befunde hätten tatsächlich einen entscheidenden Einfluß auf die Annahme, daß ganz kleine Kinder nahezu jede Erfahrung (ob sie nun traumatisch ist oder nicht) vergessen, gäbe es da nicht die bemerkenswerte Fußnote, in der die Autorin zugibt: »Manche der ›Erinnerungen‹ könnten auf Informationen zurückgehen, die sie von anderen zu einem späteren Zeitpunkt in ihrem Leben bekamen; dies wurde jedoch im Interview nicht detailliert erfragt.« Die Tatsache, daß sie sich nicht darum bemühte, zwischen einem Mißbrauch zu unterscheiden, den die Probandinnen erinnerten, und Ereignissen, von denen sie lediglich aus anderen Quellen erfahren hatten, stellt den Nutzen der gesamten Untersuchung in Frage – vor allem hinsichtlich der »Erinnerungen« derjenigen, die vor dem fünften Lebensjahr mißbraucht wurden. Legt man die hier verwendeten Kriterien zugrunde, dann müßten Probandinnen, die berichten würden, etwas über die näheren Umstände ihrer Geburt zu wissen, ebenfalls so eingeschätzt werden, daß sie das Ereignis »erinnern«.

Die Williams-Studie ist auch aufgrund mancher Dinge interessant, die in ihr nicht erwähnt werden. Offensichtlich gibt es in den Krankenhausakten an keiner Stelle einen Hinweis, daß diese jungen Opfer ihr Trauma sofort oder kurz nach dem Ereignis vergaßen, wie es viele Therapeuten in der Bewegung zur Aufdeckung von Erinnerungen für wahrscheinlich halten. Zudem beschrieb offenbar keine der Frauen, die sich an ihr Trauma erinnerten, daß sie nach Jahrzehnten ihre Erinnerungen mit all den Empfindungen und Emotionen wiedererlebten (wie es häufig von diesen Therapeuten dargestellt wird). Da sie keine Aufdeckung vergessener

Erinnerungen dokumentiert, gibt Linda Meyer Williams letztlich zu, daß sich ihre Untersuchung eben nicht mit der »Stichhaltigkeit ›aufgedeckter‹ oder aus dem Gedächtnis abgerufener Erinnerungen an einen einst vergessenen Mißbrauch oder mit dem Zusammenhang zwischen solchen Erinnerungen und einer bestimmten Symptomatik bei Erwachsenen« beschäftigt. Die Autorin belegt lediglich, daß Kinder manchmal in der Lage sind, die von ihnen erlittenen traumatischen Ereignisse zu vergessen. Obwohl diese Untersuchung von Therapeuten, die Erinnerungen aufdecken, ständig als Beleg für ihre Grundannahmen herangezogen wird, sagt diese fehlerhafte Studie wenig Neues zur Erinnerung aus (weil sie nicht zwischen Erinnerung und Wissen unterscheidet) und nichts über den Verdrängungsmechanismus, der heutzutage von vielen Therapeuten als gegeben vorausgesetzt wird.

In einer Abhandlung mit dem Titel ›Self-Reported Amnesia for Abuse in Adults Molested as Children‹ (›Erwachsene berichten vom Verlust der Erinnerung, als Kinder mißbraucht worden zu sein‹) versuchen John Briere und Jon Conte, die Existenz der Verdrängung auf direkterem Wege zu belegen. Das Forscherpaar stellte 450 Therapiepatientinnen, die sich selbst als Opfer von Mißbrauch bezeichneten, die Frage, ob es vor ihrem achtzehnten Geburtstag eine Zeit gegeben habe, in der sie sich an den Mißbrauch »nicht erinnern konnten«. Als Antwort auf diese Ja-Nein-Frage gaben 59 Prozent der Probandinnen an, sie hätten eine solche Zeit erlebt. Aus diesem Ergebnis schlossen die beiden Wissenschaftler: »Verlust der Erinnerung an Mißbrauch ... ist anscheinend ein verbreitetes Phänomen unter Opfern sexuellen Mißbrauchs, die sich in klinischer Behandlung befinden.« Zur Frage, wie ihre empirischen Schlußfolgerungen in der klinischen Situation in die Praxis umgesetzt werden sollten, schreiben John Briere und Jon Conte: »Es ist wahrscheinlich, daß ein bedeutender Teil der psychotherapeutischen Klientinnen, die leugnen, in der Kindheit zum Opfer geworden zu sein, unter einem Trauma wegen sexuellen Mißbrauchs leidet... Daher ist der Kliniker, der einigen Grund zur Annahme hat, daß seine oder ihre Klientin als Kind belästigt worden ist..., wohl gut beraten, in der Behandlung weiterhin dieser Hypothese nachzugehen, selbst wenn keine spezifischen Mißbrauchserinnerungen vorhanden sind.«[3]

Man muß kein Sozialwissenschaftler sein, um zu sehen, daß die Frage, die John Briere und Jon Conte stellten, um dann ihre weitreichende Schlußfolgerung daraus zu ziehen, von Grund auf fehlerhaft ist. Die Frage (»Gab es in der Periode zwischen ihrer ersten erzwungenen sexuellen Erfahrung und ihrem achtzehnten Geburtstag je eine Zeit, in der sie sich nicht an die erzwungene sexuelle Erfahrung erinnern konnten?«) verleitet zu einem »Konnte-nicht-erinnern«. Die Patientinnen werden nicht nur gebeten, sich an eine Zeit zu erinnern, in der sie sich an nichts erinnerten, sondern zu wissen, ob sie sich in dieser Zeit an das Ereignis hätten erinnern können oder nicht, wenn sie es versucht hätten. Die Patientinnen zu bitten, sich an eine Zeit zu erinnern, in der sie sich an etwas nicht erinnern konnten, ist logisch widersinnig. Die Frage grenzt ans Lächerliche, weil sie voraussetzt, die Patientin hätte ein Wissen über den Zustand ihrer Erinnerung in einer Zeit, in der ihr diese Erinnerung nach ihrem eigenen Eingeständnis nie bewußt wurde.

Retrospektiv arbeitende Untersuchungen, um frühere Symptome zu erfassen, sind, wie bereits festgestellt, problematisch, weil Patienten dazu neigen, Erfahrungen in der Terminologie der vom Arzt gestellten Fragen darzustellen. Mit der Annahme, Patientinnen wüßten nach mehreren Jahren noch, woran sie sich erinnern konnten und woran nicht, treibt die von John Briere und Jon Conte gewählte Frage dieses Problem auf die Spitze, und ihre Formulierung scheint darauf ausgerichtet zu sein, daß die Befragten mit größerer Wahrscheinlichkeit ihre Antwort an die wahrgenommenen Annahmen der Fragesteller anpassen. Weil die Frage so allgemein und so unklar ist, werden Menschen mit relativ durchgängigen Erinnerungen wahrscheinlich antworten, sie hätten Zeiten erlebt, in denen sie sich *nicht erinnern konnten*, einzig, weil sie Zeiten erlebt haben, in denen sie nicht an den Mißbrauch *dachten*.

Ein weiteres, auf der Hand liegendes Problem bei dieser Untersuchung ist, daß sich die von John Briere und Jon Conte ausgewählte Stichprobe höchstwahrscheinlich zu großen Teilen aus Patientinnen zusammensetzte, die sich in einer Therapie zur Aufdeckung von Erinnerungen befanden und definitionsgemäß ihre in der Therapie gefundenen »Erinnerungen« als etwas einstuften, das in der Zeit vor der Therapie unzugänglich war. Wenn die Erinnerungen an Mißbrauch in der Therapie nicht »aufgedeckt«, sondern vielmehr dort »erzeugt« wurden, dann glaubte die Patientin natürlich, sie habe im Hinblick auf dieses Material eine Gedächtnislücke gehabt. Damit soll gesagt werden, daß die Untersuchung nur dann stichhaltig sein kann, wenn die aufgedeckten Erinnerungen auch zutreffen. Die Autoren bieten keine Gegenbeweise an und sagen nur, aufgrund ihrer »langen klinischen Erfahrung« bezweifelten sie, daß Konfabulationen über Mißbrauch für die Erforschung des Mißbrauchs ein zentrales Problem seien. Die Stichhaltigkeit dieser angeblich empirischen Untersuchung beruht dann auf der klinischen Annahme, Patientinnen würden in der Therapie wahrscheinlich keine Geschichten über Mißbrauch erfinden. Jetzt, wo es Belege dafür gibt, daß Therapeuten – geleitet vom falschen Vertrauen in ihre Fähigkeiten, die Symptome für Mißbrauch zu erkennen – in der Lage sind, falsche Erinnerungen an Mißbrauch im Kopf ihrer Patientinnen zu erzeugen, und dies auch häufig in die Tat umsetzen, sollte jene Annahme nicht mehr unwidersprochen gelten dürfen. Daß John Briere und Jon Conte weiterhin Therapeuten ermutigen, ohne Rücksicht auf die Erinnerungen der Patientinnen (oder deren Mangel an Erinnerungen) bei ihren Mißbrauchsdeutungen zu bleiben, verschlimmert das Problem nur noch.

›Recovery and Verification of Memories of Childhood Sexual Trauma‹ (›Aufdeckung und Verifikation von Erinnerungen an ein sexuelles Trauma in der Kindheit‹) von Judith Lewis Herman und Emily Schatzow ist vielleicht der am häufigsten zitierte Artikel der Bewegung zur Aufdeckung von Erinnerungen. Für diese Untersuchung arbeiteten die Forscherinnen mit 53 Patientinnen in Gruppentherapie und forderten sie auf, nach Beweisen für die Richtigkeit ihrer Mißbrauchserinnerungen zu suchen. Sie kamen zu der Schlußfolgerung: »Drei von vier Patientinnen waren in der Lage, die Stichhaltigkeit ihrer Erinnerungen durch handfeste Beweise aus anderen Quellen zu belegen.«[4] Mit dieser Formulierung sind

Judith Herman und Emily Schatzow noch bescheiden. Weil sechs dieser Patientinnen (11 Prozent) keinen Versuch unternahmen, ihre Mißbrauchserinnerungen zu belegen, könnte man auch sagen, daß sogar 89 Prozent der 47 Frauen, die sich darum bemühten, in der Lage waren, ihre Erinnerungen zu bestätigen.

Diese Untersuchung, die im renommierten ›Journal of Psychoanalytic Psychology‹ veröffentlicht wurde, hatte einen entscheidenden Einfluß auf die Diskussion über aufgedeckte Erinnerungen. Sie wird nicht nur häufig in der Literatur der Bewegung zitiert, sondern auch in Zeitungs- und Zeitschriftenartikeln zum Thema Therapie zur Aufdeckung von Erinnerungen. Judith Hermans Verdienste als Ärztin, ihre Zugehörigkeit zur Harvard University und ihr älteres Buch ›Father-Daughter-Incest‹ brachten ihr landesweit ein hohes Renommee ein. Begeistert wurde ihr kürzlich herausgekommenes Buch ›Trauma and Recovery‹ in der ›New York Times Review of Books‹ als eine der »wichtigsten psychiatrischen Arbeiten, die seit Freud veröffentlicht wurden«, gefeiert.

Wenn man die Ergebnisse dieser Untersuchung in die Debatte über die Aufdeckung von Erinnerungen einbringt, besteht das vordringlichste und folgenreichste Problem darin, daß sich die Studie nicht auf Frauen konzentrierte, die ihre Erinnerungen angeblich verdrängten und dann wieder aufdeckten. Die 53 Frauen teilten sich in drei Gruppen: diejenigen, die sich an den Mißbrauch erinnerten (38 Prozent), diejenigen mit einer »leichten« Gedächtnislücke (36 Prozent) und diejenigen mit »schweren Gedächtnisdefiziten« (26 Prozent). Die übergroße Mehrheit der Patientinnen hatte demnach zumindest ein bestimmtes und offenbar kontinuierliches Vorwissen über den Mißbrauch. Nur fünfzehn der 53 Frauen hatten, wie Judith Herman und Emily Schatzow es nennen, schwere Gedächtnisdefizite; sie wurden dieser Gruppe zugeordnet, wenn »sie darüber berichteten, daß vor kurzem plötzlich Erinnerungen, die sie völlig verdrängt hatten, in ihr Bewußtsein vorgedrungen seien, oder wenn diese Art des Wachrufens von Erinnerungen im Laufe der Gruppenbehandlung aufgetreten ist«. Bei der Darstellung ihrer Ergebnisse hinsichtlich der Klientinnen, die den Mißbrauch bestätigten, unterscheiden Judith Herman und Emily Schatzow nicht zwischen Patientinnen mit einem Vorwissen über Mißbrauch und denjenigen, die während der Therapie entdeckten, daß sie mißbraucht worden waren.

Laut Angaben der beiden Forscherinnen konnten fast alle Frauen, die sich zu Beginn der Therapie nicht an Mißbrauch erinnerten, ihre Erinnerungen direkt während der Gruppensitzungen wiedererlangen. Die Autorinnen stellen fest, daß »sich die Teilnahme an der Gruppe bei Patientinnen mit einer großen Gedächtnislücke als starker Stimulus für die Aufdeckung von Erinnerungen erwies«. Es lohnt sich, die Frage aufzuwerfen, warum sich diese Frauen, wenn sie sich ursprünglich nicht an den Mißbrauch erinnern konnten, für die Teilnahme an speziell für »Inzestüberlebende« eingerichtete Gruppen entschieden. Damit ist folgendes gemeint: Woher wußten sie, daß sie von Mitgliedern ihrer Familie sexuell mißbraucht worden waren, wenn sie keine Erinnerung an diese Ereignisse hatten?

Der Fallbericht über eine der Frauen mit einer »schweren Amnesie« beantwortet diese Frage und wirft ein bezeichnendes Licht auf die Arbeit dieser beiden Therapeutinnen. Wie im Artikel beschrieben wird, ging Doris, eine 37jährige Hausfrau und Mutter von vier Kindern, zusammen mit ihrem Mann wegen sexueller Probleme zur Paartherapie. Laut Judith Herman und Emily Schatzow war es der Paartherapeut, der sexuellen Mißbrauch vermutete und Doris an eine ihrer Gruppen für Inzestopfer verwies. In den ersten fünf der wöchentlichen Sitzungen sagte Doris fast nichts und hörte zu, wenn die übrigen Gruppenmitglieder von ihren Mißbrauchserinnerungen berichteten. In der sechsten Sitzung begann Doris, so die Autorinnen, »zu stöhnen, zu winseln und verzweifelt die Hände zu ringen. Mit kindlicher Stimme schrie sie: ›Die Tür geht auf! Die Tür geht auf!‹« Aus Angst, ihre Erinnerungen kämen zu schnell, wies die Gruppentherapeutin sie an, »ihren Erinnerungen zu erklären, daß sie weggehen und nicht wiederkehren sollten, bevor sie bereit sei, sie zu haben«. Doris war dem Bericht nach dazu fähig, indem sie mit ihren Erinnerungen redete – sie sagte ihnen immer wieder, sie sollten in ihr Unbewußtes zurückgehen. In den drei Wochen nach dieser Sitzung wurde Doris »von Erinnerungen« an sexuellen Mißbrauch zwischen ihrem siebten und dreizehnten Lebensjahr »überflutet«. Sie erinnerte sich unter anderem daran, daß ihr Vater sie vergewaltigte, daß sie gezwungen wurde, einer Gruppe seiner Freunde zu »dienen«, während er zuschaute, und auch daran, daß sie von ihrem Vater schwanger wurde und zu einer Engelmacherin gebracht wurde.

Dem Artikel zufolge gehörte Doris zu der Gruppe von fünf Frauen, die ihre Erinnerungen nicht völlig »bestätigen« konnten, doch einen Beleg hatten, der mit »großer Wahrscheinlichkeit« dafür sprach, daß sie mißbraucht worden waren. Dieser Beleg bestand bei Doris darin, daß eine ihrer Schwestern sie beim Erntedank-Essen gefragt hatte: »Hat Papa je etwas Merkwürdiges mit dir angestellt?« (Es würde natürlich nicht einer tragischen Ironie entbehren, wenn Doris' Schwester selbst in Therapie gewesen wäre und versucht hätte, ihre eigenen gerade aufkommenden verdrängten Erinnerungen zu bestätigen.) Judith Herman und Emily Schatzow erklären nicht, auf welche Weise und warum diese Frage als Beleg für die Stichhaltigkeit von Doris' neuer Überzeugung gewertet werden sollte, daß sie jahrelang sexuelle Gewalt, erzwungene Abtreibungen und Bandenvergewaltigungen erleiden mußte.

Doris' Fall ist auch deshalb interessant, weil er zeigt, daß die Forscherinnen nicht zwischen Belegen, die schon vor der Aufdeckung der verdrängten Erinnerungen existierten, und solchen unterscheiden, die erst danach ans Licht kamen. Der Beleg für die Stichhaltigkeit der aufgedeckten Erinnerungen geht bei Doris auf einen Zeitpunkt zwei Jahre vor den Erinnerungen selbst zurück. In der Tat mag es sogar genau dieses Ereignis gewesen sein, das Doris bewog, in eine Therapie zur Aufdeckung von Erinnerungen zu gehen. Die Frage der Schwester scheint bei Doris die Angstanfälle ausgelöst zu haben, die dann der Grund für ihre Teilnahme an einer Therapie waren. Weil die Therapie zur Aufdeckung von Erinnerungen oft mit der Identifizierung eines möglichen Täters beginnt, ist es wahrscheinlich, daß jemand, der durch eine andere Quelle der Pädophilie verdächtigt ist, in den verdrängten Erinnerungen der Patientin als Täter ausgemacht wird. Bei Doris war diese Quelle vielleicht die Frage ihrer Schwester. Auf jeden Fall sollte, wenn es ein gegebenes Informationsbruchstück war, das die Patientin veranlaßt hat, sich auf die Suche nach verdrängtem Mißbrauch zu begeben, dieses nicht als Bestätigung gewertet werden.

Die fragwürdige Art und Weise, wie bei den Frauen mit schwerer Amnesie die Erinnerungen hochkamen, hängt eng mit den Folgerungen der Autorinnen über die Bestätigung dieser Erinnerungen zusammen; allerdings muß man ein bißchen tiefer gehen, um den Grund zu verstehen. Liest man einen Artikel, den Judith Herman und Emily Schatzow drei Jahre zuvor geschrieben haben und in dem ihre Methoden der Gruppentherapie dargestellt sind, dann erfährt man, daß auf die Gruppenmitglieder Druck ausgeübt wurde, im Laufe der Zusammenkunft ein zuvor gesetztes »Ziel« zu erreichen. Zu Beginn der zehn oder zwölf Sitzungen, die im Wochenabstand stattfanden, wurden die Patientinnen aufgefordert, sich persönliche Ziele für den Behandlungsverlauf zu setzen. Bei vielen der Patientinnen, die im Artikel aus dem Jahre 1984 beschrieben werden, bestand dieses Ziel darin, vermeintlich verdrängte Erinnerungen aufzudecken. Aus der Beschreibung der Patientinnen bei Judith Herman und Emily Schatzow wird deutlich, daß es einen beträchtlichen Gruppendruck gab, etwas über Mißbrauch in der eigenen Vergangenheit herauszufinden und dadurch die Mitgliedschaft in der Gruppe zu rechtfertigen. »Frauen, die den Wunsch hatten, Erinnerungen aufzudecken«, schrieben sie 1984, »waren oft mit zwanghaften Zweifeln beschäftigt..., ob sie überhaupt in die Gruppe gehörten.« Sie ergänzten, daß einige Frauen ihr Behandlungsziel so formulierten: »›Ich möchte nur in der Gruppe sein und fühlen, daß ich dazugehöre.‹«[5]

Nach der fünften Sitzung pflegten Judith Herman und Emily Schatzow ihre Patientinnen daran zu erinnern, daß sie jetzt die Halbzeit in der Therapie erreichten. Damit sollten die Gruppenmitglieder dazu angespornt werden, »sich ihrer Ziele klarzuwerden und anzufangen, aktiv zu werden«. Dies verstärkte zweifellos den Druck auf die Gruppenmitglieder, denen es bis dahin nicht gelungen war, irgendwelche Erinnerungen herauszufinden oder ihr Ziel zu erreichen. (Interessant ist die Feststellung, daß Doris in der *sechsten* Sitzung erstmals von hochkommenden Erinnerungen berichtete.) Da verwundert es nicht, wenn die Autorinnen angeben, daß zu diesem Zeitpunkt die Ziele der Gruppenmitglieder häufig in einer Art »Kettenreaktion« erreicht wurden.

Diese Art von Zielsetzung und der Gruppendruck haben entscheidende Auswirkungen auf die 1987 veröffentlichte Untersuchung, weil davon auszugehen ist, daß ein ähnlicher Prozeß in Gang gesetzt wurde, als die Patientinnen aufgefordert wurden, eine »Bestätigung« für ihren Mißbrauch zu finden. »Die Teilnahme an der Gruppentherapie bot vielen Patientinnen die Gelegenheit, handfeste Beweise für den Mißbrauch zusammenzutragen«, schrieben die Autorinnen 1987. »Die Gruppen wurden dadurch strukturiert, daß die Patientinnen ein mit Mißbrauch zusammenhängendes persönliches Ziel formulierten und erreichten.« Der Druck, das formulierte Ziel zu erreichen und bis zum Ende der Gruppentherapie Belege zu finden, wie auch der Druck, zur Gruppe gehören zu wollen, hatten ganz gewiß einen bedeutsamen Einfluß auf die Berichte über eine »Bestätigung«. Es ist nicht schwer, sich vorzustellen, daß die subjektiv wahrgenommene Verpflichtung, ihre Ziele zu erreichen, der Druck von seiten der Therapeutinnen und auch die Gruppendynamik die Qualität dessen beeinflußt haben könnten, was die Patientinnen als »Bestätigung« akzeptierten.

Das führt zu zwei weiteren kritischen Problemen: Die Autorinnen sagen zum einen nie genau, welche Art von Belegen sie als Bestätigung einstuften, und zum anderen unternahmen sie keinen Versuch, die Berichte der Patientinnen von unabhängiger Seite bestätigen zu lassen. Sie versichern, daß 40 Prozent der Frauen positive Belege vom Täter selbst, von anderen Familienmitgliedern oder aufgrund körperlicher Spuren bekamen, während weitere 34 Prozent ihren Verdacht durch die Entdeckung bestätigt sahen, daß ein anderes Kind in der Familie vom selben Täter mißbraucht worden war. Warum schauten sich die Autorinnen keinen der materiellen Beweise selbst an, warum überprüften sie die Geschichten nicht, indem sie direkt mit den jeweiligen Informanten sprachen? Anscheinend wurde das gesetzte Ziel von der Patientin erreicht, wenn sie vor der Gruppe schlicht und einfach berichtete, daß ihre Erinnerungen bestätigt worden seien. Außerdem wird nicht angegeben, zu welchem Prozentsatz die bestätigenden Berichte von jenen Frauen kam, die ihr Leben lang von ihrem Mißbrauch wußten.

Anders betrachtet, bietet die Untersuchung von Judith Herman und Emily Schatzow ein gutes Beispiel dafür, welche Macht allein schon die Gruppensituation behinhaltet, damit eine Konformität der Gruppenmitglieder erreicht werden kann. Doch das ist nichts Unbekanntes. Die Schlußfolgerung, daß Gruppensituationen geeignet sind, eine Meinungskonformität zu erzeugen, ist bei weitem nicht neu oder überraschend und würde den Veröffentlichungen über interpersonellen und gruppenspezifischen Einfluß nichts hinzufügen.

Anmerkungen

Einführung

1. Herman 1992, S. 2.
2. Bottoms u. a. 1993.
3. Valenstein 1986, S. 291.
4. Herman 1992, S. 9.
5. Gould 1981, S. 22.
6. Ebenda.
7. Haaken und Schlaps 1991.
8. Swink und Leveille 1986.
9. Steinem 1992, S. 157, S. 162.
10. Tavris 1992, S. 321.
11. Herman 1992, S. 9.

Die Mythen der Erinnerung

1. Die Einzelheiten zu Christines Geschichte wurden durch eine Befragung ihrer Mutter und anhand ihres Briefwechsels sowie anderer schriftlicher Dokumente zusammengetragen. Einige Details wurden abgeändert, um die Anonymität der Beteiligten zu gewährleisten.
2. Bass und Davis 1988, S. 298.
3. Ebenda, S. 289.
4. Erdelyi 1990.
5. McClure 1990, S. 1–4.
6. Bass und Davis 1988, S. 42.
7. Lew 1988, S. 101.
8. Davis 1991, S. 204.
9. Fredrickson 1992, S. 24.
10. Clark 1993.
11. Bliss 1986, S. 133.
12. Westerlund 1993.
13. Briere 1989, S. 49.
14. Bass und Davis 1988, S. 22.
15. Singer 1990, S. xi–xii.
16. Holmes 1990, S. 98.

17. Ebenda, S. 86.
18. DSM III 1987, S. 395.
19. Erdelyi 1990, S. 4.
20. Holmes 1990, S. 96–97.
21. Braun, B. Auf Tonband aufgenommener Vortrag, gehalten auf der Midwestern Conference on Child Sexual Abuse and Incest, University of Wisconsin, Madison, 12. Oktober 1992.
22. Loftus und Loftus 1980, S. 409–420.
23. Brewer 1991, S. 5.
24. Steinem 1992, S. 163–165.
25. Neisser und Harsch 1992.
26. Pynoos und Nader 1989, S. 320–325.
27. Malmquist 1986, S. 320–335.
28. Westerlund 1993, S. 17–31.
29. Bliss 1986, S. 143.
30. Smith 1993.
31. Holmes 1990, S. 96.

Auf der Suche nach Bedeutung

1. Britton 1992, S. 188.
2. Frank 1973.
3. Kris 1955, S. 54.
4. Viderman 1979, S. 259.
5. Gannon 1989, S. 96.
6. Blake-White und Kline 1985, S. 402.
7. Brewer 1991, S. 7–8.
8. Peterson 1991, S. 79.
9. Burpee 1992.
10. Guze 1992, S. 69–70.
11. Ebenda, S. 20–21.
12. Ebenda, S. 22–23.
13. Spence 1982, S. 25.
14. Ebenda, S. 32.
15. Ebenda, S. 268.
16. Ebenda, S. 31.
17. Viderman 1979, S. 269.
18. Ebenda.
19. Ebenda, S. 270.
20. Spence 1982, S. 276, S. 280.
21. Shengold 1989, S. 33–36.
22. Langs 1973, S. 524–529.

23. Ebenda.
24. Ebenda.
25. Ebenda.
26. Ebenda.
27. Ebenda.
28. Prozan 1992, S. 203.
29. Ebenda.
30. Ebenda.
31. Ebenda, S. 206.
32. Ebenda, S. 207.
33. Bass und Davis 1988, S. 80.

Symptome einer Pseudowissenschaft

1. Bass und Davis 1988, S. 22, S. 81.
2. Blume 1990, S. xxvii.
3. Bass und Davis 1988, S. 35.
4. Fredrickson 1992, S. 48–51.
5. Brewer 1991, S. 13.
6. Bradshaw 1992.
7. Fredrickson 1992, S. 53–54.
8. Poston und Lison 1989, S. 93–95.
9. Salter und Ness 1993.
10. Phillips 1993, S. 241–248.
11. Greenfield 1990, S. 20.
12. Lehrman 1987.
13. Weiss 1988.
14. Boskind-White und White 1983.
15. Lehrman 1987.
16. Elkind 1988.
17. Zitiert in Cosmopolitan 1992.
18. Poston und Lison 1989.
19. Schwartz 1990.
20. Singleton 1992.
21. Pope und Hudson 1992.
22. Tice u. a. 1989.
23. Stuart u. a. 1990.
24. Finn u. a. 1986.
25. Torem 1992.
26. Browne und Finkelhor 1986.
27. Bryer u. a. 1987, S. 1426–1430.
28. Faria und Behlohlavek 1984, S. 465–471.

29. Blake-White und Kline 1985, S. 394.
30. Poston und Lison 1989, S. 195.
31. Rogler u. a. 1992, S. 215–22.
32. Ebenda.
33. Arkes 1981.
34. Bass, E.; von den Autoren durchgeführtes Interview, Herbst 1992.
35. Bass und Davis 1988, S. 33–34.
36. Claridge 1992, S. 244.
37. Herman 1992, S. 180.
38. Bradshaw 1992.

Wie die Mißbrauchsgeschichte entsteht

1. Fredrickson 1992, S. 15.
2. Britton 1992, S. 189.
3. Davis 1990, S. 206.
4. Fredrickson 1992, S. 92.
5. Ebenda, S. 127.
6. Ebenda, S. 154.
7. Brewer 1991, S. 63.
8. Poston und Lison 1989, S. 196.
9. Davis 1990, Inhaltsverzeichnis.
10. Briere 1992a, S. 151.
11. Ebenda, S. 51–52.
12. Ebenda.
13. Ebenda.
14. Brady 1992, S. 168.
15. Herman 1992, S. 185.
16. Blume 1990, S. 99–100.
17. Claridge 1992, S. 243–252.
18. Ebenda.
19. McClure 1990, S. 29–31.
20. Bass und Davis 1988, S. 75–77.
21. Ebenda, S. 154.
22. Maltz 1991, S. 50–51.
23. Fredrickson 1992, S. 109.
24. Prozan 1993, S. 307.
25. Ebenda, S. 262.
26. Ebenda, S. 207.
27. Ebenda, S. 261.
28. Ebenda, S. 260.
29. Ebenda, S. 287.

30. Ebenda, S. 267.
31. Ebenda.
32. Ebenda, S. 270.
33. Ebenda, S. 264.
34. Ebenda, S. 289.
35. Ebenda, S. 300.
36. Ebenda, S. 302–303.
37. Prozan 1993, S. 307.
38. Spence 1982, S. 155–156.
39. Prozan 1993, S. 307–308.
40. Bronson 1989, S. 30–31.
41. Ebenda, S. 192.
42. Ebenda, S. 230–231.
43. Ebenda, S. 208–209.
44. Ebenda, S. 93.
45. Ebenda, S. 235.
46. Ebenda, S. 207.
47. Ebenda, S. 87.
48. Ebenda, S. 93, S. 195.
49. Ebenda, S. 245.

Ringen und den Glauben

1. Fredrickson 1992, S. 17, S. 224.
2. Bass und Davis 1988, S. 87.
3. Ebenda, S. 91.
4. Fredrickson 1992, S. 161.
5. Ebenda, S. 171.
6. Bass und Davis 1988, S. 347.
7. Ebenda, S. 90.
8. Finney 1990, S. 28–29.
9. Bass und Davis 1988, S. 88.
10. Courtois 1988, S. 231.
11. Frank 1973, S. 165.
12. Ebenda, S. 179.
13. Bass und Davis 1988, S. 460–461.
14. Ebenda, S. 352.
15. McClure 1990, S. 53.
16. Kinsler 1992, S. 167–168.
17. Bronson 1989, S. 224–225.
18. Fredrickson 1992, S. 21.
19. McClure 1990, S. xix.

20. Bass und Davis 1988, S. 46–64.
21. Ebenda, S. 305.
22. McClure 1990, S. 51–52.
23. Gil 1983, S. 76.
24. Fredrickson 1992, S. 83–94.
25. Gannon 1989, S. 239.
26. Kunzman 1990, S. 139.
27. Lew 1988, S. 177.
28. Brewer 1991, S. 135.
29. Lew 1988, S. 178.
30. Kunzman 1990, S. 139.
31. Gannon 1989, S. 239–244.
32. Bass und Davis 1988, S. 65.
33. Ebenda, S. 69.
34. Ebenda, S. 48.
35. Davis 1990, S. 69.
36. Bass und Davis 1988, S. 68.
37. Davis 1990, S. 73.
38. Kaminer 1992, S. 26.
39. Ehrenreich und English 1978, S. 98.
40. Wie zitiert in ebenda, S. 97.
41. Bass und Davis 1988, S. 62.

Leben mit Vater

1. Alle Informationen zu diesem Kapitel stammen aus dem Aussageprotokoll und anderen Akten im Prozeß, den Jane schließlich gegen ihre Eltern anstrengte.

Hypnose oder wie man Pseudoerinnerungen erzeugt

1. Siegel und Romig 1990, S. 246–256.
2. Ebenda.
3. Ebenda.
4. Herman 1992, S. 185.
5. Fredrickson 1992, S. 149.
6. Frankel 1993, S. 954–958.
7. Ebenda.
8. Sheehan u. a. 1991.
9. Council on Scientific Affairs 1985, S. 1918–1923.
10. Laurence und Perry 1983.

11. Bei den beiden in Baker 1992 zitierten Untersuchungen handelt es sich um P. S. Silverman und P. L. Retzlafaff: Cognitive Stage Regression through Hypnosis: Are Earlier Cognitive Stages Retrievable? In: International Journal of Clinical and Experimental Hypnosis, 34/1986, S. 192–204, und T. X. Barber, N. P. Spanos und J. F. Chaves: Hypnosis, Imagination and Human Potentialities. New York 1974.
12. Bowers 1991, S. 155–176.
13. Miller, M.: Hypnotic analgesia and stress inoculation in the reduction of a cold-pressor pain. Unveröffentlichte Doktorarbeit, University of Waterloo, Waterloo, Ontario, Kanada, 1986.
14. Hughes, D.: Factors related to heart rate change for high and low hypnotizables during imagery. Unveröffentlichte Doktorarbeit, University of Waterloo, Waterloo, Ontario, Kanada, 1988.
15. Spanos u. a. 1991.
16. Price 1990, S. 344.
17. Lew 1988, S. 305.
18. Herman 1992, S. 185–187.
19. Calof 1993b, S. 44.
20. Finney 1990, S. 185.

Zwei Beispiele, wie unter Hypnose Geschichten erfunden werden

1. Feldman 1993, S. 14.
2. Ebenda, S. 21.
3. Ebenda, S. 15.
4. Ebenda, S. 19.
5. Ebenda, S. 33.
6. Ebenda, S. 36–37.
7. Ebenda, S. 42.
8. Ebenda, S. 42–43.
9. Ebenda, S. 258.
10. Ebenda, S. 55.
11. Ebenda, S. 230.
12. Ebenda, S. 230.
13. Ebenda, S. 235.
14. Ebenda, S. 111.
15. Smith 1980.
16. Feldman 1993, S. 51.
17. Ebenda, S. 207.
18. Weiss 1992, S. 112.
19. Ebenda, S. 18.

20. Zu einer weitergehenden Erklärung des Falls vgl. Ofshe 1992b, Wright 1993 und 1994 oder Watters 1991.
21. Wenn nicht anders angegeben, stammen alle Einzelheiten zum Fall Ingram aus den Gerichtsakten oder aus Interviews, welche die Autoren mit den Beteiligten führten.
22. Wright 1993, S. 67.
23. Um zu belegen, daß Richard Ofshe eine Szene erfand, die keine reale Grundlage hatte, wurde die Tochter, die von Paul Ingram als Teilnehmerin der Szene angegeben wurde, anschließend gefragt, ob sich irgend etwas von dem, was Richard Ofshe geschildert hatte, je ereignet hätte. Sie gab an, daß sich nichts von dem je zugetragen hätte.

Vernunft und Finsternis: Die seltsamen Geschichten vom satanischen Mißbrauch

1. Aus Umfragen der False Memory Syndrome Foundation.
2. Ross, Colin. Interview mit den Autoren, 1992.
3. Gould 1992, S. 207.
4. Smith 1993, S. 2–3.
5. Bottoms u. a. 1993.
6. Briere 1989, S. 128.
7. Rose 1993, S. 40–44.
8. Lanning 1989, S. 62–83.
9. Sakheim und Devine 1992, S. xii, S. xiii.
10. Young 1992, S. 251.
11. Young u. a. 1991, S. 182, S. 187.
12. Zitiert aus einer Rede, die am 12. Oktober 1992 auf der Midwest Conference on Child Sexual Abuse and Incest an der University of Wisconsin gehalten wurde.
13. Smith 1993, S. 58.
14. Ebenda, S. 64.
15. Mulhern 1991, S. 163.
16. Smith 1993, S. 64.
17. Prime Time Live 1993, aus dem wörtlichen Protokoll.
18. Smith 1993, S. 64.
19. Young 1992, S. 262, S. 254.
20. Greaves 1992, S. 61.
21. Young u. a. 1991, S. 81–89.
22. Braun, Tonband 1992, aus dieser Quelle zitiert. Eine umfassendere Erklärung von Brauns Auffassungen zu diesem Thema findet sich im Kapitel Therapie einer Hohenpriesterin.

23. Cory Hammond gab seine Erklärung auf dem Fourth Annual Eastern Regional Meeting on Abuse and Multiple Personality ab, das vom 25. bis 29. Juni 1992 stattfand. Tonbandkopien dieses Vortrags sind erhältlich von Audio Transcripts in Alexandria (Virginia).
24. Victor 1993, S. 295.
25. Zitiert in Best 1991, S. 135–136.
26. Zitiert in Mulhern 1991, S. 146.
27. Ebenda.
28. Sakheim und Devine 1992, S. xvii.
29. Herman 1992, S. 178–180.
30. Zitiert in Mulhern 1991, S. 146.
31. Hill und Goodwin 1989, S. 39–44.
32. Ebenda.
33. Ebenda.
34. In Sakheim 1992, S. 6.
35. Ebenda, S. 7.
36. Cohn 1975, S. 590.
37. Cohn 1975, S. 225.
38. Jerome D. Frank: Persuasion and Healing. The Johns Hopkins University Press 1973.
39. Wie zitiert in der Fernsehsendung Sonya Live. CNN, 3. Mai 1993. Journal Graphics Inc., Protokoll Nr. 288.
40. Wie zitiert in der Fernsehsendung The Fifth Estate.
41. Sakheim und Devine 1992, S. xvi.
42. Aus einem Interview mit Deborah Lipstadt in Fresh Air, National Public Radio, 17. Dezember 1993.
43. Lipstadt 1993, S. 23–24.
44. Lipstadt 1993, S. 25–26.

Multiple Persönlichkeitsstörung: eine Krankheit wird produziert

1. Bass und Davis 1988, S. 424.
2. Ross u. a. 1989, S. 62–65.
3. Persönliches Interview der Autoren, 1992.
4. Video, ausgestrahlt in der kanadischen Fernsehsendung The Fifth Estate.
5. Smith 1989, S. 55.
6. Bliss 1986.
7. Putnam 1989, S. 72.
8. Ebenda, S. 177.
9. Bliss 1986, S. 138.
10. Ebenda, S. 125.

11. McHugh 1993, S. 5.
12. Herzog 1984, S. 210.
13. Putnam 1989, S. 82.
14. Ebenda, S. 34.
15. Ebenda, S. 79.
16. Ebenda, S. 190–191.
17. Ebenda, S. 73.
18. Ebenda, S. 71.
19. Ebenda, S. 90.
20. In McHugh 1993, S. 5.
21. Ebenda.
22. Bliss 1980, S. 285–293.
23. Braun 1986, S. 11.
24. Wilbur 1986, S. 138.
25. Putnam, S. 91.
26. McHugh 1993, S. 5.
27. Spanos 1986, S. 41.
28. Goldstein und Farmer 1993.
29. Bliss 1986, S. 249.
30. McHugh 1993, S. 5.
31. Torem 1989, S. 92.
32. Ross u. a. 1989, S. 62–65.
33. Horevitz 1983.
34. Ebenda, S. 144.
35. Brassfield 1983, S. 146–152.
36. Ross u. a. 1989, S. 62–65.
37. Bliss 1984, Nr. 7, S. 135–198.
38. Bliss 1983, S. 114–23, und Braun 1980.
39. Bliss 1986, S. 125–26.
40. Ebenda, S. 13.
41. Ebenda, S. 13–14.
42. Caul, D. 1984.
43. Caul, D. u. a. 1986, S. 149.
44. L. A. Mason und T. S. Brownback: The Emergence of Two Multiple Personalities in a Group. In: Dissociative Disorders 1985: Proceedings of the Second International Conference on Multiple Personality/Dissociated States.
45. Putnam 1989, S. 36.
46. Orne und Bates, in Druck.
47. Ebenda.
48. Ross 1989, S. 18.
49. Ebenda, S. 19.
50. Irritiert durch die Zunahme dieser Diagnose in der letzten Zeit, brach Dr. Herbert Speigel, der Sybil eine Zeitlang behandelte, sein langes, selbst-

auferlegtes Schweigen. Aufgrund seiner Auswertung dieses außerordentlich bekannten Falls legt er nahe, daß es sich beim Verhalten der Patientin zum größten Teil um das Spielen einer Rolle gehandelt hat, das sie in der Therapie erlernt hatte.

51. Merskey 1992, S. 327–340.
52. Ebenda, S. 337.
53. Coon und Milistien 1990, S. 135.
54. Bliss 1986, S. 132.
55. Aus einem Interview mit einer ehemaligen MPS–Patientin in der Fernsehsendung The Fifth Estate.
56. Im Exposé, das in der Welt der Therapeuten und Gelehrten von Hand zu Hand gereicht wurde, geht er so weit, zu behaupten: »Sirhan Sirhan, der Robert Kennedy erschoß, unterlag anscheinend einer Gedankenkontrolle, und das führt zu der Frage, ob dies nicht auch bei Lee Harvey Oswald der Fall war.«

Therapie einer Hohenpriesterin

1. Zitiert in der Zeitschrift Chicago, September 1992, S. 126.
2. Wenn nicht anders angegeben, stammen alle Zitate und Einzelheiten von Anne Stones Geschichte aus persönlichen Interviews mit ihr und ihrem Mann.
3. Zitiert in der Los Angeles Times, 3. April 1991, Teil B, S. 1.
4. Ebenda, 23. April 1991, Teil A, Spalte 1.
5. Zitiert in der Zeitschrift Chicago, September 1992, S. 127.
6. Braun, B. Auf Tonband mitgeschnittener Vortrag, gehalten auf der Midwestern Conference on Child Sexual Abuse and Incest, University of Wisconsin, Madison, 12. Oktober 1992. Dabei sagte Dr. Braun, im Normalfall läge eine hohe Dosis Inderal bei 160 Milligramm, er verschreibe manchmal Dosen von 1600 Milligramm.
7. Dieses Zitat und die folgenden stammen aus dem Vortrag vom 12. Oktober 1992.
8. Zitiert in der Los Angeles Times, 3. April 1991, Teil B, S. 1.
9. Ebenda.

Der Mond, die Zeugin und die Psychiaterin

1. Terr 1994, S. 2–3.
2. Ebenda, S. 3–4.
3. MacLean 1993, S. 438–439.

4. Alle Zitate der Therapeuten Kurt Barrett und Katherine Reider stammen aus den Protokollen des Prozesses gegen George Franklin.
5. MacLean 1993, S. 340.
6. Terr 1994, S. 85.
7. Ebenda, S. 12.
8. Interview der Autoren.
9. Terr 1994, S. 22.
10. Interview der Autoren.
11. Terr 1994, S. xii.
12. Ebenda, S. xiii.
13. Terr 1993.
14. Terr 1990.
15. Terr 1988.
16. Terr 1994, S. 40–41.
17. Terr 1990, S. 79.
18. Terr 1994, S. 40–41.
19. Ebenda, S. 56.
20. Ebenda, S. 36.
21. Interview der Autoren.
22. Terr 1994, S. 40.

Todesfälle in der Familie

1. Gil 1993.
2. Bass und Davis 1988, S. 22.
3. Ebenda, S. 73.

Schlußfolgerung: Die Ätiologie der Therapie zur Aufdeckung von Erinnerungen

1. Freud, Zur Ätiologie der Hysterie, Gesammelte Werke Bd. 1, S. 438f.
2. Freud, Zur Geschichte der psychoanalytischen Bewegung, Gesammelte Werke Bd. 10, S. 55.
3. Ebenda, S. 56.
4. Bass und Davis 1988, S. 347.
5. Herman 1992, S. 13.
6. Freud, Zur Ätiologie der Hysterie, Gesammelte Werke Bd. 1, S. 440.
7. Freud in einem Brief an Wilhelm Fließ vom 17. Januar 1897. Freud, Briefe an Wilhelm Fließ 1887–1904, S. 237.
8. Freud in einem Brief an Wilhelm Fließ vom 24. Januar 1897. Ebenda, S. 240.

9. Freud, Zur Ätiologie der Hysterie, Gesammelte Werke Bd. 1, S. 440f.
10. Freud, Die Sexualität in der Ätiologie der Neurosen, Gesammelte Werke Bd. 1, S. 498.
11. Crews 1993, S. 60.
12. Ebenda, S. 10.
13. Dieser unveröffentlichte Kommentar war die Reaktion auf einen wissenschaftlichen Artikel, der sich kritisch mit der Therapie zur Aufdeckung von Erinnerungen auseinandersetzt.
14. Kuhn 1970, S. 10.
15. Crews 1993, S. 62.
16. Ebenda, S. 62–63.
17. Pazder 1980, S. 252.
18. Ross 1989, S. 123.
19. Guze 1992, S. 80
20. McHugh 1994, S. 17–18.
21. Ebenda, S. 29.
22. Valenstein 1986, S. xi–xii.
23. Ebenda, S. 147.

Anhang: Drei Untersuchungen

1. Williams 1993.
2. Ebenda.
3. Briere und Conte 1993.
4. Herman und Schatzow 1987.
5. Herman und Schatzow 1984.

Literaturverzeichnis

Ackerman, R. J.: Children of Alcoholics. 2. Auflage, New York 1983.

Adams, K. M.: Silently Seduced. Deerfield Beach, Florida 1991.

Adessa, M., u. a.: Turning Around Bulimia with Therapy. In: Psychology Today, September 1989, S. 14.

Allen, C. V.: Daddy's Girl. New York 1980.

Allison, R. B.: Difficulties Diagnosing the Multiple Personality Syndrome in a Death Penalty Case. In: International Journal of Clinical and Experimental Hypnosis 32(2)/1984, S. 102–117.

Arkes, H. R.: Impediments to Accurate Clinical Judgment and Possible Ways to Minimize Their Impact. In: Journal of Consulting and Clinical Psychology 49(3)/1981, S. 323–330.

Baker, R. A.: They Call It Hypnosis. Buffalo 1990.

Baker, R. A.: Hidden Memories. Buffalo 1992.

Baldwin, C., und C. Orange: New Life, New Friends. New York 1993.

Barbasz, M.: Treatment of Bulimia with Hypnosis Involving Awareness and Control in Clients with High Dissociative Capacity. In: International Journal of Psychosomatics 37(1–4)/1990, S. 53–56.

Bass, E., und L. Davis: The Courage to Heal. New York 1988 (deutsch: Trotz allem. Wege zur Selbstheilung für sexuell mißbrauchte Frauen. 4. Auflage, Berlin 1992).

Beckman, K. A., und G. L. Burns: Relation of Sexual Abuse and Bulimia in College Women. In: International Journal of Eating Disorders 9(5)/1990, S. 487–492.

Van Benschoten, S. C.: Multiple Personality Disorder and Satanic Ritual Abuse: The Issue of Credibility. In: Dissociation 3(1)/1990, S. 22–30.

Berger, G.: Violence and the Family. New York 1990.

Bernheimer, C., und C. Kahane (Hg.): In Dora's Case. New York 1985.

Blake-White, J., und M. Kline: Treating the Dissociative Process in Adult Victims of Childhood Incest. In: Social Casework 1985, S. 394–402.

Bliss, E. L.: Multiple Personalities: A Report of 14 Cases with Implications for Schizophrenia and Hysteria. In: Archives of General Psychiatry 47/1980, S. 285–293.

Bliss, E. L.: Multiple Personalities and Related Spontaneous Self Hypnotic Disorders. In: American Journal of Clinical Hypnosis 26/1983, S. 114–123.

Bliss, E. L.: A Symptom Profile of Patients with Multiple Personalities, including MMPI Results. In: Journal of Nervous and Mental Disease 172/1984a, S. 107–202.

Bliss, E. L.: Spontaneous Self Hypnosis in Multiple Personality Disorder. In: Psychiatric Clinics of North America 7/1984b, S. 135–198.

Bliss, E. L.: Multiple Personality, Allied Disorders, and Hypnosis. New York 1986.
Blume, S. E.: Secret Survivors. New York 1990.
Boskind-White, M., und W. C. White: Bingeing and Purging. In: Glamour, Mai 1983, S. 258–259, 310.
Bottoms, E. L, P. R. Schaver und G. S. Goodman: Profile of Ritualistic and Religion-Related Abuse Allegations Reported to Clinical Psychologists in the United States. Vortrag gehalten auf dem Annual Meeting of the American Psychological Association, San Francisco 1993.
Bowers, K. S.: Dissociation in Hypnosis and Multiple Personality Disorder. In: International Journal of Clinical and Experimental Hypnosis 34(3)/1991, S. 155–176.
Boyer, P., und S. Nissenbaum: Salem Possessed. Cambridge 1974.
Bradshaw, J.: Bradshaw on the Family. Deerfield Beach, Florida 1988.
Bradshaw, J.: Lear's, September 1992.
Brady, M.: Beyond Survival. New York 1992.
Brassfield, P. P.: Unfolding Patterns of the Multiple Personality Through Hypnosis. In: American Journal of Clinical Hypnosis 26(2)/1983, S. 146–152.
Braun, B. G.: Hypnosis for Multiple Personality. In: Clinical Hypnosis and Medicine, hg. v. H. Wain, 1980.
Braun, B. G. (Hg.): Treatment of Multiple Personality Disorder. Washington, D.C. 1986.
Braun, B. G.: Iatrophilia and Iatrophobia in the Diagnosis and Treatment of MPD. In: Dissociation 2(2)/1989, S. 66–69.
Braun, B. G.: Unusual Medication Regimens in the Treatment of Dissociative Disorder Patients: Part I: Noradrenergic Agents. In: Dissociation 3(3)/1990, S. 144–150.
Brewer, C.: Escaping the Shadows, Seeking the Light. San Francisco 1991.
Brickman, J.: Feminist, Nonsexist, and Traditional Models of Therapy: Implications for Working with Incest. In: Women and Therapy 3(1)/1984, S. 49–67.
Briere, J.: Therapy for Adults Molested as Children. New York 1989.
Briere, J.: Child Abuse Trauma. Newbury Park, Kalifornien 1992a.
Briere, J.: Studying Delayed Memories of Childhood Sexual Abuse. In: APSAC Advisor, Sommer 1992b, S. 17–18.
Briere, J., und J. Conte: Self Reported Amnesia for Abuse in Adults Molested as Children. In: Journal of Traumatic Stress 6(1)/1993, S. 21–31.
Briere, J., und D. M. Elliott: Sexual Abuse, Family Environment, and Psychological Symptoms: On the Validity of Statistical Control. In: Journal of Consulting and Clinical Psychology 61(2)/1993, S. 284–288.
Briere, J., und M. Runtz: Post Sexual Abuse Trauma. In: Journal of Interpersonal Violence 2(4)/1988, S. 367–377.
Britton, A. G.: The Terrible Truth. In: Self, Oktober 1992, S. 188–202.
Bronson, C.: Growing Through the Pain. New York 1989.

Browne, A., und D. Finkelhor: Impact of Child Sexual Abuse: A Review of the Research. In: Psychological Bulletin 99/1968, S. 66–77.

Browne, A., und D. Finkelhor: Initial and Long-Term Effects: A Review of the Research. In: D. H. Schetky und A. H. Green (Hg.): Child Sexual Abuse. New York 1984, S. 143–179.

Bryer, J. B., B. A. Nelson, J. B. Miller und P. A. Krol: Childhood Sexual and Physical Abuse as Factors in Adult Psychiatric Illness. In: American Journal of Psychiatry 144/1987, S. 1426–1430.

Burpee, S. A.: Testimony to Senate and Assembly Codes Committee Regarding the Statute of Limitations for Sexual Offenses Committed Against Children. Unveröffentlicht (1992).

Calof, D. L.: Multiple Personality and Dissociation. Park Ridge, Illinois 1993a.

Calof, D. L.: Facing the Truth About False Memories. In: Networker, September/Oktober 1993b, S. 39–45.

Campbell, T. W.: Therapeutic Relationships and Iatrogenic Outcomes: The Blame-and-Change Maneuver in Psychotherapy. In: Psychotherapy 29(3)/1992, S. 474–480.

Caul, D.: Group and Video Techniques for Multiple Personality Disorder. Psychiatric Annals 14/1984, S. 43–50.

Caul, D., R. G. Sachs und B. G. Braun: Group Therapy in Treatment of Multiple Personality Disorder. In: Treatment of Multiple Personality Disorder, hg. v. B. G. Braun. Washington, D.C. 1986.

Chase, T.: When Rabbit Howls. New York 1987 (deutsch: Aufschrei. Das erschütternde Zeugnis einer Persönlichkeitsspaltung. Bergisch Gladbach 1988).

Chu, J. A.: The Critical Issues Task Force Report: The Role of Hypnosis and Amytal Interviews in the Recovery of Traumatic Memories. In: ISSMP&D News, Juni 1992, S. 6–9.

Chu, J. A., und D. L. Dill: Dissociative Symptoms in Relation to Childhood Physical and Sexual Abuse. In: American Journal of Psychiatry 147(7)/1990, S. 887–892.

Claridge, K.: Reconstructing Memories of Abuse: A Theory-Based Approach. In: Psychotherapy 29(2)/1992, S. 243–252.

Clark, K. R.: Season of Light/Season of Darkness: The Effects of Burying and Remembering Traumatic Sexual Abuse on the Sense of Self. In: Clinical Social Work Journal 21(1)/1993, S. 25–43.

Colao, F., und M. Hunt: Therapists Coping with Sexual Assault. In: Women and Therapy 2(2)/1983, S. 205–214.

Coons, P. M.: Iatrogenic Factors in the Misdiagnosis of Multiple Personality Disorder. In: Dissociation 2(2)/1989, S. 70–76.

Coons, P. M., und V. Milistien: Self Mutilation Associated with Dissociative Disorders. In: Dissociation 3/1990, S. 135–143.

Council on Scientific Affairs: Scientific Status of Refreshing Recollection by the Use of Hypnosis. In: Journal of the American Medical Association 253(13)/1985, S. 1918–1923.
Courtois, C. A.: Healing the Incest Wound. New York 1988.
Crabtree, A.: Dissociation and Memory: A Two-Hundred Year Perspective. In: Dissociation 5(3)/1992, S. 150–154.
Crews, F.: The Unknown Freud. In: New York Review of Books, 18. November 1993.
Daly, L. W., und J. F. Pacifico: Opening the Doors to the Past: Decade Delayed Disclosure of Memories of Years Gone By. In: The Champion, December 1991, S. 43–47.
Davis, L.: The Courage to Heal Workbook. New York 1990.
Davis, L.: Allies in Healing: When the Person You Love was Sexually Abused as a Child. A Support Book for Partners. New York 1991.
Edward, J.: The Dream as a Vehicle for the Recovery of Childhood Trauma. In: Clinical Social Work Journal 15(4)/1987, S. 356–360.
Ehrenreich, B., und D. English: For Her Own Good. Garden City, New York 1978.
Elkind, D.: Eating Disorders. In: Parents, April 1988, S. 190.
Ellenson, G. S.: Disturbances of Perception in Adult Female Incest Survivors. In: Social Casework, März 1986, S. 149.
Emslie, G. J., und A. Rosenfeld: Incest Reported by Children and Adolescents Hospitalized for Severe Psychiatric Problems. In: American Journal of Psychiatry 140(6)/1983, S. 708–711.
Engel, B.: The Right to Innocence. New York 1989.
Erdelyi, M. H.: Repression, Reconstruction, and Defense: History and Integration of the Psychoanalytic and Experimental Frameworks. In: Repression and Dissociation, hg. v. J. L. Singer. Chicago 1990, S. 1–32.
Esterson, A.: Seductive Mirage. Chicago und La Salle 1993.
Faria, G., und N. Behlohlavek: Treating Female Adult Survivors of Childhood Incest. In: Social Casework 65(8)/1984, S. 465–471.
Feinauer, L. L.: Comparison of Long-Term Effects of Child Abuse by Type of Abuse and by Relationship of the Offender to the Victim. In: American Journal of Family Therapy 17(1)/1990, S. 48–56.
Feldman, G. C.: Lessons in Evil, Lessons from the Light. New York 1993.
Fennig, S., und E. Bromet: Issues of Memory in the Diagnostic Interview Schedule. In: Journal of Nervous and Mental Disease 180(4)/1992, S. 223–224.
Fine, C. G.: Treatment Errors and Iatrogenesis Across Therapeutic Modalities in MPD and Allied Dissociative Disorders. In: Dissociation 2(2)/1989, S. 77–82.
Finn, S. E., u. a.: Eating Disorders and Sexual Abuse: Lack of Confirmation for a Clinical Hypothesis. In: International Journal of Eating Disorders 5(6)/1986, S. 1051–1060.

Finney, L. D.: Reach for the Rainbow. New York 1990.
Forward, S., und C. Buck: Betrayal of Innocence. New York 1988.
Frank, J. D.: The Bewildering World of Psychotherapy. In: Journal of Social Issues 28(4)/1972, S. 27–43.
Frank, J. D.: Persuasion and Healing. Baltimore 1973 (deutsch: Die Heiler. Wirkungsweisen psychotherapeutischer Beeinflussung vom Schamanismus bis zu den modernen Therapien. Stuttgart 1981).
Frankel, F. H.: Adult Reconstruction of Childhood Events in the Multiple Personality Literature. In: American Journal of Psychiatry 150(6)/1993, S. 954–958.
Franklin, E., und W. Wright: Sins of the Father. New York 1991 (deutsch: Die Sünden des Vaters. Bergisch Gladbach 1992).
Fredrickson, R.: Repressed Memories. New York 1992.
Freud, S.: Gesammelte Werke in Einzelbänden. Hrsg. von Anna Freud, E. Bibring, W. Hofer, E. Kris, O. Isakower, unter Mitwirkung von Marie Bonaparte Prinzessin Georg von Griechenland. Frankfurt/Main 1952.
Freud, S.: Briefe an Wilhelm Fließ 1887–1904. Vollständige Ausgabe. Hrsg. von Jeffrey Moussaieff Masson. Frankfurt/Main 1986.
Friedman, W. J.: Memory for the Time of Past Events. In: Psychological Bulletin 113(1)/1993, S. 44–64.
Ganaway, G.: Historical Versus Narrative Truth: Clarifying the Role of Exogenous Trauma in the Etiology of MPD and Its Variants. In: Dissociation 2(4)/1989, S. 205–220.
Ganaway, G.: Alternative Hypothese Regarding Satanic Ritual Abuse Memories. Vortrag, gehalten auf der Ninety-Ninth Annual Convention of the American Psychological Association, San Francisco 1991.
Gannon, J. P.: Soul Survivors. New York 1989.
Gil, E.: Outgrowing the Pain. New York 1983.
Gilbertson, Alan, u. a.: Susceptability of Common Self Report Measures of Dissociation to Malingering. In: Dissociation 5(4)/1992, S. 216-220.
Goldstein, E.: Confabulations. Boca Raton, Florida 1992.
Goldstein, E., und K. Farmer: True Stories of False Memories. Boca Raton, Florida 1993.
Gould, C.: Diagnosis and Treatment of Ritually Abused Children. In: Out of Darkness: Exploring Satanism and Ritual Abuse, hg. v. D. K. Sakheim und S. E. Devine. New York 1992, S. 207–248.
Gould, S. J.: The Mismeasure of Man. New York 1981 (deutsch: Der falsch vermessene Mensch. Frankfurt/Main 1986).
Greaves, G. B.: Alternative Hypotheses Regarding Claims of Satanic Cult Activity. A Critical Analysis. In: Out of Darkness: Exploring Satanism and Ritual Abuse, hg. v. D. K. Sakheim und S. E. Devine. New York 1992, S. 45–52.
Green, A. H.: Child Sexual Abuse: Immediate and Long-Term Effects and Intervention. In: Journal of the American Academy of Child and Adolescent Psychiatry 32(5)/1993, S. 890–902.

Greenfeld, M.: Disclosing Incest: The Relationships That Make It Possible. In: Journal of Psychosocial Nursing 28(7)/1990, S. 20–23.
Guze, S. B.: Why Psychiatry Is a Branch of Medicine. New York 1992.
Haaken, J., und A. Schlaps: Incest Resolution Therapy and the Objectification of Sexual Abuse. In: Psychotherapy 28(1)/1991, S. 39–47.
van der Hart, O., und P. Brown: Abreaction Re-evaluated. In: Dissociation 5(3)/1992, S. 127–140.
Herman, J. L.: Father-Daughter Incest. Cambridge, Massachusetts 1981.
Herman, J. L.: Trauma and Recovery. New York 1992 (deutsch: Die Narben der Gewalt. Traumatische Erfahrungen verstehen und überwinden. München 1994).
Herman, J. L., und E. Schatzow: Time-Limited Group Therapy for Women with a History of Incest. In: International Journal of Group Psychotherapy 34(4)/1984, S. 605–616.
Herman, J. L., und E. Schatzow: Recovery and Verification of Memories of Childhood Sexual Trauma. In: Psychoanalytic Psychology 4(1)/1987, S. 1–14.
Herzog, A.: On Multiple Personality: Comments on Diagnosis, Etiology and Treatment. In: International Journal of Clinical and Experimental Hypnosis 32(2)/1984, S. 210–221.
Hicks, R. D.: In Pursuit of Satan. Buffalo 1991.
Hilgard, J. R.: Personality and Hypnosis. Chicago 1970.
Hill, S., und J. Goodwin: Satanism: Similarities Between Parent Accounts and Pre-Inquisition Historical Sources. In: Dissociation 2(1)/1989, S. 39–44.
Hoff, J.: Law, Gender, and Injustice: A Legal History of U.S. Women. New York 1991.
Holmes, D. S.: The Evidence for Repression: An Examination of Sixty Years of Research. In: Repression and Dissociation, hg. v. J. L. Singer. Chicago 1990.
Horevitz, R.: Hypnosis for Multiple Personality Disorder: A Framework for Beginning. In: American Journal of Clinical Hypnosis 26(2)/1983, S. 138–145.
Horn, M.: Memories Lost and Found. In: U.S. News and World Report, 29. November 1993, S. 52–63.
Israels, H., und M. Schatzman: The Seduction Theory. In: History of Psychiatry 4/1993, S. 23–59.
Jaroff, L.: Lies of the Mind. In: Time, 29. November 1993, S. 52–59.
Johnson, J., und S. Padilla: Satanism: Skeptics Abound. In: Los Angeles Times, 23. April 1991, S. 1.
Johnson, M. K., u. a.: Phenomenal Characteristics of Memories for Perceived and Imagined Autobiographical Events. In: Journal of Experimental Psychology: General 117(4)/1988, S. 371–376.
Jones, E.: The Life and Work of Sigmund Freud. New York 1961 (deutsch: Das Leben und Werk von Sigmund Freud. 3 Bände. 3. Auflage, Bern 1982).

Kaminer, W.: I'm Dysfunctional, You're Dysfunctional. Reading, Massachusetts 1992 (deutsch: Ich bin k. o. — du bist k. o. Das Geschäft mit der Selbstverwirklichung. München 1993).
Katz, S. J., und A. E. Liu: The Codependency Conspiracy. New York 1991.
Kinsler, P. J.: The Centrality of Relationship: What's Not Being Said. In: Dissociation 5(3)/1992, S. 370–376.
Kinzie, J. D., u. a.: The Psychiatric Effects of Massive Trauma on Cambodian Children. In: Journal of the American Academy of Child Psychiatry 25(3)/1986, S. 370–376.
Klaits, J.: Servants of Satan. Bloomington, Indiana 1985.
Kleinman, A.: Rethinking Psychiatry. New York 1988.
Kline, M. V.: Multiple Personality: Facts and Artifacts in Relation to Hypnotherapy. In: International Journal of Clinical and Experimental Hypnosis 32(2)/1984, S. 198–209.
Kluft, R.: The Simulation and Dissimulation of Multiple Personality Disorder. In: American Journal of Clinical Hypnosis 30(2)/1987, S. 104–117.
Kluft, R.: On Treating the Older Patient with Multiple Personality Disorder: ›Race Against Time‹ or ›Make Haste Slowly‹? In: American Journal of Clinical Hypnosis 30(4)/1988, S. 257–266.
Kluft, R.: Iatrogenic Creation of New Alter Personalities. In: Dissociation 2(2)/1989a, S. 83–91.
Kluft, R.: Reflections on Allegations of Ritual Abuse. In: Dissociation 2(4)/1989b, S. 191–193.
Krauthammer, C.: Defining Deviancy Up. In: New Republic, 22. November 1993, S. 20–25.
Kris, E.: The Recovery of Childhood Memories in Psychoanalysis. In: The Psychoanalytic Study of the Child, hg. v. R. S. Eisler u. a. New York 1955, S. 54–88.
Kritsberg, W.: The Invisible Wound. New York 1993.
Kuhn, T. S.: The Structure of Scientific Revolutions. 2. Auflage, Chicago 1970 (deutsch: Die Struktur wissenschaftlicher Revolutionen. Frankfurt/Main 1973).
Kunzman, K. A.: The Healing Way. San Francisco 1990.
Lacey, J. H.: Incest, Incestuous Fantasy and Indecency. In: British Journal of Psychiatry 157/199, S. 399–403.
Langs, R.: The Techniques of Psychoanalytic Psychotherapy. New York 1973.
Langs, R.: The Psychotherapeutic Conspiracy. New York 1982 (deutsch: Die psychotherapeutische Verschwörung. Stuttgart 1987; Frankfurt/Main 1994).
Lanning, K. V.: Satanic, Occult, Ritualistic Crime: A Law Enforcement Perspective. In: The Police Chief, Oktober 1989, S. 62–83.
Laurence, J. R., und C. Perry: Hypnotically Created Memory Among Highly Hypnotizable Subjects. In: Science 222/1983, S. 523–524.

Lehrman, K.: Anorexia and Bulimia: Causes and Cures. In: Consumer Research, September 1987, S. 29–32.
Levine, H. B. (Hg.): Adult Analysis and Childhood Sexual Abuse. Hillsdale, New Jersey 1990.
Lew, M.: Victims No Longer. New York 1988 (deutsch: Als Junge mißbraucht. Wie Männer sexuelle Ausbeutung in der Kindheit verarbeiten können. München 1993).
Lipstadt, D.: Denying the Holocaust. New York 1993 (deutsch: Leugnen des Holocaust. Zürich 1994; Reinbek 1996).
Lloyd, H. R., R. G. Valgady und W. W. Tyron: Evaluation of Mental Health Issues of Memory in the Diagnostic Interview Schedule. In: Journal of Nervous and Mental Disease 180(4)/1992, S. 215–222.
Loftus, E. F.: Eyewitness Testimony. Cambridge 1979.
Loftus, E. F., und A. S. Christianson: Malleability of Memory for Emotional Events. In: Aversion, Avoidance, and Anxiety: Perspectives on Aversively Motivated Behavior, hg. v. T. Archer und L.-G. Nilsson. Hillsdale, New Jersey 1989, S. 311–322.
Loftus, E. F.: The Reality of Repressed Memories. In: American Psychologist 48(5)/1993, S. 518–537.
Loftus, E. F., und G. R. Loftus: On the Permanence of Stored Information in the Human Brain. In: American Psychologist 35(5)/1980, S. 409–420.
Lubrano, A.: Ritual Abuse. Deadly Memories: Are Macabre Tales Fictions or Felonies? In: Newsday, 10. Mai 1993, S. 15.
Lueger, R. J., und T. P. Petzel: Illusory Correlation in Clinical Judgment: Effects of Amount of Information to Be Processed. In: Journal of Consulting and Clinical Psychology 47(6)/1979, S. 1120–1121.
Lynn, S. J.: Accuracy of Recall by Hypnotically Age-Regressed Subjects. In: Journal of Abnormal Psychology 95(3), S. 298–300.
McClure, M. B.: Reclaiming the Heart. New York 1990.
McHugh, P. R.: Psychiatric Misadventures. In: American Scholar 61, Herbst 1992, S. 497–510.
McHugh, P. R.: Multiple Personality Disorder. In: Harvard Mental Health Newsletter, Herbst 1993, S. 4–6.
McHugh, P. R.: Psychotherapy Awry. In: American Scholar 63, Winter 1994, S. 17–30.
MacLean, H. N.: Once Upon a Time. New York 1993.
McShane, C.: Satanic Sexual Abuse: A Paradigm. In: Journal of Women and Social Work 8(2)/1993, S. 200–212.
Malmquist, C. P.: Children Who Witness Parental Murder: Posttraumatic Aspects. In: Journal of the American Academy of Child Psychiatry 25(3)/1986, S. 320–325.
Maltz, W.: The Sexual Healing Journey. New York 1991. (deutsch: Sexual Healing. Ein sexuelles Trauma überwinden. Reinbek 1993).

Masson, J. M.: The Assault on Truth. New York 1984 (deutsch: Was hat man dir, du armes Kind, getan? Oder was Freud nicht wahrhaben wollte. Freiburg 1994).
Mayer, R. S.: Satan's Children. New York 1991.
Meehl, P. E.: The Cognitive Activity of the Clinician. In: American Psychologist 15(1)/1960, S. 19–27.
Merskey, H.: The Manufacture of Personalities. In: British Journal of Psychiatry 160/1992, S. 327–340.
Mesic, P.: Presence of Minds. In: Chicago, September 1992, S. 101–130.
Miller, A.: Thou Shalt Not Be Aware. New York 1986 (deutsch: Du sollst nicht merken. Frankfurt/Main 1981).
Miller, A.: Banished Knowledge. New York 1990 (deutsch: Das verbannte Wissen. Frankfurt/Main 1988).
Miller, A.: Breaking Down the Wall of Silence. New York 1993 (deutsch: Abbruch der Schweigemauer. Hamburg 1990).
Mulhern, S.: Satanism and Psychotherapy. In: The Satanism Scare, hg. v. J. T. Richardson, J. Best und G. B. David. New York 1991.
Nash, M. R., u. a.: Long-Term Sequelae of Childhood Sexual Abuse: Perceived Family Environment, Psychopathology, and Dissociation. In: Journal of Consulting and Clinical Psychology 61(2)/1993, S. 276–283.
Neisser, U.: Memory with a Grain of Salt. Vortrag, gehalten auf der False Memory Syndrome Conference, Philadelphia 1993.
Neisser, U., und N. Harsch: Phantom Flashbulbs: False Recollections of Hearing the News about Challenger. In: Affect and Accuracy in Recall: Studies of »Flashbulb Memories«, hg. v. E. Winograd and U. Neisser. Cambridge, Großbritannien 1992.
Nurcombe, B., und J. Unutzer: The Ritual Abuse of Children: Clinical Features and Diagnostic Reasoning. In: Journal of the American Academy of Child Adolescent Psychiatry, 30(2)/1991, S. 272–276.
Ofshe, R.: Coercive Persuasion and Attitude Change. In: E. F. Borgatta und M. L. Borgatta (Hg.): Encyclopedia of Sociology, Band 1, S. 212–224. New York 1992a.
Ofshe, R.: Inadvertant Hypnosis During Interrogation: False Confession Due to Dissociative State; Misidentified Multiple Personality and The Satanic Cult Hypothesis. In: International Journal of Clinical and Experimental Hypnosis, 40(3)/1992b, S. 125–126.
Ofshe, R.: Making Grossly Damaging but Avoidable Errors: The Pitfalls of the Olio/Cornell Thesis. In: Journal of Child Sexual Abuse, in Druck.
Ofshe, R., und M. Singer: Recovered Memory Therapy and Robust Repression: Influence and Pseudo-Memories. In: International Journal of Clinical and Experimental Hypnosis, in Druck.
Ofshe, R., und E. Watters: Making Monsters. In: Society, März/April 1993, S. 4–6.

Orne, M. T.: The Use and Misuse of Hypnosis in Court. In: International Journal of Clinical and Experimental Hypnosis, 27(4)/1979, S. 311–341
Orne, M. T., und B. L. Bates: Reflections on Multiple Personality Disorder: A View from the Looking-Glass of Hypnosis Past. In: The Mosaic of Comtemporary Psychiatry in Perspective. New York, in Druck.
Palmer, R. L., u. a.: Childhood Sexual Experiences with Adults Reported by Women with Eating Disorders: An Extended Series. In: British Journal of Psychiatry, 156/1990, S. 699–703.
Pearson, R. W., M. Ross und R. M. Dawes: Personal Recall and the Limits of Retrospective Questions in Surveys. In: Questions About Questions: Meaning, Memory, Expression and Social Interaction in Surveys, hg. v. J. Tanur. In Druck.
Petersen, B.: Dancing with Daddy. New York 1991 (deutsch: Meines Vaters Tochter. Analyse eines Mißbrauchs. Reinbek 1991).
Pettinati, H. M. (Hg.): Hypnosis and Memory. New York 1988.
Phillips, M.: The Use of Ego-State in the Treatment of Posttraumatic Stress Disorder. In: American Journal of Clinical Hypnosis 35(4)/1993, S. 241–248.
Pope, H. G., und J. I. Hudson: Is Childhood Sexual Abuse a Risk Factor for Bulimia Nervosa? In: American Journal of Psychiatry 149(4)/1992, S. 455–463.
Poston, C., und K. Lison: Reclaiming Our Lives. Boston 1989 (deutsch: Weiterleben nach dem Inzest. Traumabewältigung und Selbstheilung. 3. Auflage, Frankfurt/Main 1994).
Price, D. A.: Corporate Headquarters of the Mind. In: Handbook of Hypnotic, Suggestions and Metaphors, hg. v. D. C. Hammond. New York 1990, S. 344.
Prozan, C. K.: Feminist Psychoanalytic Psychotherapy. Northvale, New Jersey 1992.
Prozan, C. K.: The Technique of Feminist Psychoanalytic Psychotherapy. Northvale, New Jersey 1992.
Putnam, F. W.: Diagnosis and Treatment of Multiple Personality Disorder. New York 1989.
Putnam, F. W.: The Satanic Ritual Abuse Controversy. In: Child Abuse and Neglect 15/1991, S. 175–179.
Pynoos, R. S., und K. Nader: Children's Memory and Proximity to Violence. In: Journal of the American Academy of Child and Adolescent Psychiatry 28(2)/1989, S. 236–241.
Richardson, J. T., J. Best und D. G. Bromley: The Satanism Scare. New York 1991.
Rieff, D.: Victims, All? In: Harper's Magazine, Oktober 1991, S. 49–56.
Rogler, L. H., R. G. Malgady und W. W. Tryon: Evaluation of Mental Health. In: Journal of Nervous and Mental Disease 180(4)/1992, S. 215–222.

Rosenfeld, A. A., C. C. Nadelson und M. Kriefer: Fantasy and Reality in Patients' Reports of Incest. In: Journal of Clinical Psychology 40/1979, S. 159–164.

Ross, C. A.: Diagnosis of Multiple Personality During Hypnosis: A Case Report. In: International Journal of Clinical and Experimental Hypnosis 32(2)/1984, S. 222–235.

Ross, C. A.: Multiple Personality Disorder: Diagnosis, Clinical Features and Treatment. New York 1989.

Ross, C. A., G. R. Norton und G. A. Fraser: Evidence Against Iatrogenesis of Multiple Personality Disorder. In: Dissociation 2(2)/1989, S. 61–65.

Rush, F.: The Best-Kept Secret: Sexual Abuse of Children. Bradenton, Florida 1980 (deutsch: Das bestgehütete Geheimnis: Sexueller Kindesmißbrauch. Alice Miller im Gespräch mit der Autorin. 6. Auflage, Berlin 1991).

Sakheim, D. K., und S. E. Devine (Hg.): Out of Darkness. New York 1992.

Salter, S., und C. Ness: Buried Memories, Broken Families. In: San Francisco Examiner, 4.–9. April 1993, S. 1–10.

Saxe, G. N., u. a.: Dissociative Disorders in Psychiatric Inpatients. In: American Journal of Psychiatry 150(7)/1993, S. 1037–1042.

Schetky, D. H., und A. H. Green: Child Sexual Abuse. New York 1988.

Schimek, J. G.: Fact and Fantasy in the Seduction Theory: A Historical Review. In: American Psychoanalytic Association Journal 35(4)/1987, S. 937–964.

Schreiber, F. R.: Sybil. New York 1973 (deutsch: Sybil. Persönlichkeitsspaltung einer Frau. 7. Auflage, Frankfurt/Main 1994).

Schultz, R., B. G. Braun und P. K. Richard: Multiple Personality Disorder: Phenomenology of Selected Variables in Comparison to Major Depression. In: Dissociation 2(1)/1989, S. 45–51.

Schwartz, H. J.: Association of Bulimia with Sexual Abuse. In: American Journal of Psychiatry 147(7)/1990.

Shapiro, L.: Rush to Judgment. In: Newsweek, 19. April 1993, S. 54–60.

Shearer, S. L., und C. A. Herbert: Long-Term Effects of Unresolved Sexual Trauma. In: American Family Physician 36(4)/1987, S. 169–179.

Sheehan, P. W., D. Statham und G. A. Jamieson: Pseudomemory Effects and Their Relationship to Level of Susceptability to Hypnosis and State Instruction. In: Journal of Personality and Social Psychology 60(1)/1991, S. 130–137.

Shengold, L.: Soul Murder. New York 1989 (deutsch: Soul Murder. Seelenmord – die Auswirkungen von Mißbrauch und Vernachlässigung in der Kindheit. Frankfurt/Main 1994).

Siegel, D. R., und C. A. Romig: Memory Retrieval in Treating Adult Survivors of Sexual Abuse. In: American Journal of Family Therapy 18(3)/1990, S. 246–256.

Singer, J. L. (Hg.): Repression and Dissociation. Chicago 1990.

Singer, M. T., und R. Ofshe: Thought Reform Programs and the Production of Psychiatric Casualties. In: Psychiatric Annals 20(4)/1990, S. 188–193.
Slothower, J.: Battle of the Binge. In: Health, Oktober 1987, S. 19–20.
Smith, M.: Ritual Abuse. San Francisco 1993 (deutsch: Gewalt und sexueller Mißbrauch in Sekten. Wo es passiert, wie es passiert und wie man den Opfern helfen kann. Zürich 1994).
Smith, M. C., und R. F. Mollica: Issues of Memory in the Diagnostic Interview Schedule. In: Journal of Nervous and Mental Disease 180(4)/1992, S. 225–226.
Smith, M., und L. Pazder: Michelle Remembers. New York 1980.
Smith, S. G.: Multiple Personality Disorder with Human and Non-human Subpersonality Components. In: Dissociation 2(1)/1989, S. 52–56.
Spanos, N. P.: Hypnosis and Multiple Personality. In: Progress in Experimental Personality Research 14/1986a, S. 3–62.
Spanos, N. P.: Hypnosis, Nonvolitional Responding and Multiple Personality: A Social Psychological Perspective. In: Progress in Experimental Personality Research, 1986b, S. l.
Spanos, N. P., u. a.: Hypnotic Interview and Age Regression Procedures in the Elicitation of Multiple Personality Symptoms: A Simulation Study. In: Psychiatry 49/1986, S. 298–311.
Spanos, N. P.: Secondary Identity Enactments During Hypnotic Past-Life Recognition. In: Journal of Personality and Social Pathology 61(2)/1991, S. 308–320.
Spence, D. P.: Narrative Truth and Historical Truth. New York 1982.
Steiger, H., und M. Zanko: Sexual Traumata Among Eating-Disordered, Psychiatric and Normal Female Groups. In: Journal of Interpersonal Violence 5/1990, S. 74–86.
Steinem, G.: Revolution from Within. A Book of Self-Esteem. Boston 1992 (deutsch: Was heißt schon emanzipiert. Meine Suche nach einem neuen Feminismus. Hamburg 1993; München 1995).
Stuart, G. W., u. a.: Early Family Experiences of Women with Bulimia and Depression. In: Archives of Psychiatric Nursing 4/1990, S. 43–52.
Summit, R. C.: The Child Sexual Abuse Accommodation Syndrome. In: Child Abuse and Neglect 7/1983, S. 177–193.
Summit, R. C.: Misplaced Attention to Delayed Memory. In: ASPAC Advisor, Sommer 1992, S. 21–25.
Swanson, L., und M. K. Biaggio: Therapeutic Perspectives on Father-Daughter Incest. In: American Journal of Psychiatry 142(6)/1985, S. 667–674.
Swink, K. K., und A. E. Leveille: From Victim to Survivor: A New Look at the Issues and Recovery Process for Adult Incest Survivors. In: Women and Therapy 5(2/3)/1986, S. 119–141.
Tavris, C.: The Mismeasure of Woman. New York 1992.
Terr, L.: Chowchilla Revisited: The Effects of Psychic Trauma Four Years After a School Bus Kidnapping. In: American Journal of Psychiatry 140/1983, S. 1543–1550.

Terr, L.: What Happens to Early Memories of Trauma? A Study of Twenty Children Under Age Five at the Time of Documented Traumatic Events. In: Journal of the American Academy of Child and Adolescent Psychiatry 27(1)/1988, S. 96–104.
Terr, L.: Children's Responses to the Challenger Spacecraft Disaster. Vortrag, gehalten auf dem Annual Meeting of the American Psychiatric Association, New York 1990.
Terr, L.: Too Scared to Cry. New York 1990.
Terr, L.: Childhood Traumas: An Outline and Overview. In: American Journal of Psychiatry 148(1)/1991, S. 10–20.
Terr, L.: Unchained Memories: True Stories of Traumatic Memories Lost and Found. New York 1994 (deutsch: Schreckliches Vergessen, heilsames Erinnern. Traumatische Erfahrungen drängen ans Licht. München 1995).
Thigpen, C. H., und H. M. Cleckley: On the Incidence of Multiple Personality Disorder: A Brief Communication. In: International Journal of Clinical and Experimental Hypnosis 32(2)/1984, S. 63–66.
Tice, L., u. a.: Sexual Abuse in Patients with Eating Disorders. In: Psychiatric Medicine 7(4)/1989, S. 257–267.
Torem, M. S.: Iatrogenic Factors in the Perpetuation of Splitting and Multiplicity. In: Dissociation 2(2)/1989, S. 92–98.
Torem, M. S.: The Use of Hypnosis with Eating Disorders. Psychiatric Medicine 10(4)/1992, S. 1992.
Tower, C. C.: Secret Scars. New York 1988.
Trevor-Roper, H. R.: The Crisis of the Seventeenth Century. New York 1968.
Valenstein, E.: Great and Desperate Cures. New York 1986.
Vanderbilt, H.: Incest: A Chilling Report. In: Lear's, Februar 1992, S. 49–77.
Victor, J. S.: Satanic Panic. Chicago und La Salle 1993.
Viderman, S.: The Analytic Space: Meaning and Problems. In: Psychoanalytic Quarterly 48/1979, S. 257–291.
Wagstaf, G. F.: Hypnosis, Compliance and Belief. New York 1981.
Watters, E.: The Devil and Mr. Ingram. In: Mother Jones, Januar/Februar 1991.
Weiss, B. L.: Through Time into Healing. New York 1992 (deutsch: Heilung durch Reinkarnationstherapie. Ganzwerdung über die Erfahrung früherer Leben. München 1995).
Weiss, R.: Bulimia's Binges Linked to Hormones. In: Science News 1988, S. 182
Westerlund, E.: Counseling Women with Histories of Incest. In: Women and Therapy 2(4)/1993, S. 17–31.
Williams, L. M.: Adult Memories of Childhood Abuse: Preliminary Findings from a Longitudinal Study. In: APSAC Advisor, Sommer 1992, S. 19–21.
Williams, L. M.: Recall of Childhood Trauma: A Prospective Study of Women's Memory of Child Sexual Abuse. Vortrag gehalten auf dem Annual Meeting of the American Society of Criminology, Phoenix 1993.

Wilson, G. T., C. M. Franks, K. D. Brownell und P. C. Kendall: Annual Review of Behavior Therapy and Practice, Bd. 9. New York 1984.
Winograd, E., und U. Neisser: Affect and Accuracy in Recall. New York 1992.
Wood, G.: The Knew-It-All-Along Effect. In: Journal of Experimental Psychology 4(2)/1978, S. 345–353.
Wright, L.: Remembering Satan. In: New Yorker, 17. und 24. Mai 1994.
Wright, L.: Remembering Satan. New York 1994 (deutsch: Satans Zeugen. Berlin 1994).
de Young, M.: The Sexual Victimization of Children. Jefferson, North Carolina 1982.
Young, W.: Recognition and Treatment of Survivors Reporting Ritual Abuse. In: Out of Darkness, hg. v. D. K. Sakheim and S. Devine. New York 1992.
Young, W., u. a.: Patients Reporting Ritual Abuse in Childhood: A Clinical Syndrome Report of 37 Cases. In: Child Abuse and Neglect 15, S. 181–189.